政治思想史

金弘明

博 英 社

차　　례

제 5 장 John Locke

제 6 장 계몽의 세기와 les Philosophes

제 7 장 장 자크 루소

제 8 장 프랑스 유물론의 발전

제 9 장 프랑스 대혁명 이후의 사회주의 사상

제10장 게오르크 헤겔

제11장 마르크스와 엥겔스

서문을 대신하여

기존의 사상사 관계서적을 살펴볼 때, 극히 소수의 경우를 제외하고는 자신의 중심문제, 접근방법과 주제에 대하여 거의 언급하고 있지 않다는 놀라운 사실이 발견된다. 사상사의 주제가 지니는 중요성에 비추어 이와 같은 방법론의 생략은 단순한 평가유보라기보다는 저술작업이 의식의 권역 밖에서 기존작업을 반복하는 것이 아닌가 하는 의혹을 갖게 한다. 곧 사상사는 그에 적용될 방법론과 관점, 그리고 저자의 신념이 선행되지 않고서는 그것이 쓰여지게 되는 근거와 필연성이 이미 전제되거나 이를 요구하지 않는 수준으로 머물 수밖에 없다.

사상사 연구의 가치는 때로 사소한 것처럼 보인다. 게텔(Gettell)은 "용어를 정의하고 상호의 관점을 이해할 수 있도록 공동의 논의와 성찰을 가져온" 데서 그 유용성을 찾는다.[1] 좀더 구체적으로, 플라므나츠(J. Plamenatz)는 오늘날 사용되는 가장 중요한 관념들과 가정들이 "잘 알려진, 오래 논의되어온, 때로는 여전히 영향력이 큰 이론들의 저술에서 더 큰 이점을 주도록 음미될 수 있다"[2]고 지적한다. 역으로, 이처럼 사상사 연구를 사소한 것으로 만든 원인은 연구자에게 보여진 사상사의 가치 그 자체에서 찾을 수 있다

1) Lawrence C. Wanlass(ed.), *Gettell's History of Political Thought*(New York: Appleton-Century Crofts, 1953), p. 14.

2) John Plamenatz, *Man and Society: Political and Social Theory*, 2 vols.(New York: McGraw-Hill, 1963), Vol. 1, x~xi.

하겠다.

사상사의 가치는 우선 사상사가 도달가능한 전망에 대한 평가에 의존한다. 현대가 규정하는 이데올로기의 스펙트럼을 투과하는 사상사는 스스로를 부인하는 데 가까울 정도로 자신의 가치에 겸손할 때에만 분화의 일부를 인정받을 수 있게 되었다.

그러한 뜻에서, 게텔은 사상사는 "그 성격에서 상대적이며 절대진리에 대한 권리를 주장하지 않는다"[3]고 시인한다. 혹은 세바인(G. H. Sabine)의 경우처럼, "정치이론이 종점에 도달하지 않는 것은 정치 자체와 마찬가지다"[4]고 할 수 있다. 그러기에 플라므나츠는 "모든 이론은 이러저러한 이유로 부적절하다. 그들은 설명하고자 했던 것을 만족스럽게 설명해내지 못했다"[5]고 인정한다. 그렇다면, 사상사란 기껏해야 현재의 문제들, 그에 담긴 가정들과 쓰인 용어를 좀 더 명료하게 이해하는 데 도움을 주는 수단에 불과하다. 플라므나츠의 말처럼, 우리는 그들이 설명하는 데 실패한 바로 거기서 배울 수 있는 것이다.

이러한 논의는 물론 사상사의 가치에 그 어떤 지성사의 연구에서처럼 기대를 걸 만큼 걸어도 된다는 것을 말해주지만, 우리들의 문제·가정·용어들이 그들의 것과 동일한, 적어도 치환가능한 것을 전제로 한다. 역사적으로 다양한 시기에 상이한 문제가 제기되었다면, 그것은 바로 문제의 표현형식의 차이에도 불구하고 그에 내재한 본질은 커다란 차이가 없으며 과거의 유산인 문제가 우리 시대의 문제를 대변한다는 가정을 하고 있는 것이다. 시간의 연속성이 보장

---

3) *Gettell's History*, p. 5.

4) Geoge H. Sabine, *A History of Political Theory*(3rd Ed.; New YorkL Holt, Rinehart and Winston,1961), v.

5) Plamenatz, op. cit., x.

된 것은 시간으로 측정될 대상물, 곧 사회와 관념으로 표현될 수 있는 이 모든 것들이 역사에서 질적 단절을 경험하지 않았다는 증거이다.

그래서 지성사는 보통 '영속적인 질문'이 있다고 주장되기도 한다. 그런 견해에 따르면, "사상사는 기본적으로 영속적 질문에 대한 답변들로 낙착된다."[6] 역사의 상이한 단계와 시대가 제기하는 동일한 질문은 "자신과 자기의 세계에 대한" 것들이며 바우머(F. L. Baumer)는 이러한 것으로 "신, 자연, 인간, 사회, 역사"[7]를 들고 있다. 그렇다면 우리는 동일한 질문에 대한 상이한, 때로는 우리가 볼 때 '부적절한' 답변이 일정시기를 지배할 수 있었던 근거를 밝힐 필요가 있다.

혹은 그 반대로, 우리에게는 동일한 질문에 담긴 상이한 내용을 역사적으로 구분해내는 작업이 필요할지도 모른다. 사상사는 19세기 중엽에 시작되었다고 할 수 있다. 이 시기 자연과학의 발달은 과학을 철학의 한 분야에서 독립시켰다. 이제 사상사는 철학의 한 분야로서 과학과 분리된 대상에 대한 '사변적' 방법에 만족하거나, 정치과학의 한 분야로서 과학을 포함하는 '과학적' 방법을 선택해야 한다.[8] 소크라테스 이래의 정치철학은 폴리테이아의 소실, 자연법 신념의 위기, 그리고 자연(physis)을 중심으로 하는 과학의 이탈에 의해 현대로부터 내던져졌다.[9] 그렇다고 구원의 복음은 과거의 복원에

---

6) Franklin L. Baumer, *Modern European Thought: Continuity and Change in Ideas, 1600~1950*(New York: Macmillan, 1977), p. 11.

7) Ibid.

8) 과학과 윤리를 조화시키려는 대표적인 애매성이 Paul Janet, *Histoire de la Science Politique dans ses Rapports avec la Morale*, in 2 tomes(Paris: Librairie Philosophique de Ladrange, 1872)의 표제에서 드러난다.

9) Leo Strauss의 입장이다. 그의 *Natural Right and History*(Chicago: University Press, 1953) 및 그와 Joseph Cropsey(eds.), *History of Political*

서 오지 않는다. 그것은 새로운 이해를 요구한다.

사상과 현실의 관계는 사상사 방법론의 핵심문제이다. 그러나 대부분의 기성논의는 대사상가들이 실제로 정치현실에 얼마나 관련되었는가를 살피고 있을 뿐이다. 그 결과 게텔이 지적하는 것처럼 "정치철학자들은 가끔 현실의 정치생활에서 너무 떨어져 있었다."[10] 그럼에도 불구하고 기존정치제도와 방법에 관련하여 그들의 사상이 '비판적'이었는가 '보수적'이었는가를 밝히는 것은 중요한 일이다.[11] 또한 현실정치의 영향을 알아보기 위해서도 환경분석에서는 정치가의 연설, 정부문서, 언론매체를 활용할 필요가 있다.

가끔 현실이 사상에 영향을 끼치는 데 주목한 나머지 그 반대의 경향을 무시하는 측면이 있다. 즉 역사가 인간사고의 산물이라면 사상은 가장 중요한 독립변수이다. 실제로 계몽사상가들은 역사를 이성의 성장으로 이해했으며, 프랑스혁명을 이들의 영향으로 해석한 경우도 허다했다.

사상은 사실과 논리의 명료성으로뿐만 아니라 애매성 — 가정된 믿음 — 으로도 관련된다. 그러므로 사상사는 대사상가의 의도는 물론 그가 미처 생각지 못했던 잠복해 있던 관념들을 문제시한다.

사상사의 접근방법은 전통적으로 저작분석과 환경분석으로 나뉜다. 플라므나츠는 저작분석의 필요성을 경제적 이유와 논리적 당위성의 측면에서 제기한다.[12] 예컨대 영국의 상황이나 그 당시의 정치적 논쟁을 알아보려고 고찰하는 것은 가치있는 일이겠지만, 그것과 홉스의 주장을 이해하는 것과는 여전히 거리가 멀며 그에 대해

Theory(Chicago: Rand McNally, 1963)에 실린 그의 "Introduction" 참조.

10) *Gettell's History*, p. 12.

11) Ibid., p. 10.

12) Plamenatz, op. cit., ix~x.

별로 알아낸 것이 없다는 것이다. 나아가 사상가의 주장의 의미를 알아내는 작업은 그가 사용하는 단어의 의미를 이해하는 것만으로도 충분하다고 한다. 곧 "「리바이어던」의 주장을 이해하는 것과 그것이 쓰여질 수 있었던 독특한 시대를 이해하는 것은 다르다."[13]

그러나 환경분석을 강조하는 스키너(Q. Skinner)의 입장은 다르다. 그는 저작분석이 순수한 사상사를 거의 제고할 수 없다는 점을 지적하면서 주요 저작들이 이루어지는 지적 환경—선대의 유산, 당시의 지적 분위기, 사회·경제적 조건 등—속에서만 그 시대의 정치적 용어들, 주요 논쟁점, 특정문제의 제기방식이 명확해질 수 있다고 주장한다. 즉 환경분석을 통해서, "우리는 그들이 무슨 주장을 제기했는가뿐만 아니라 정치적 논쟁의 지배적인 가정과 관행들을 어디까지 받아들이고 지지하고 의문하고 거부했는가, 혹은 심지어는 논쟁적으로 무시했는가를 보기 시작할 수 있다."[14]

그러나 스키너의 작업목표가 그의 주장대로 "가장 탁월한 이론가들의 저작이 놓일 수 있는 일반적 틀을 구성하는 데 있다"[15]면, 그것은 대사상가의 저작을 한층 명료하고도 정확히 이해하는 선행조건일 뿐 사상사 자체의 작업은 아니라고 할 수 있다. 나아가 대사상가의 저작을 이해하는 데는 '그 시대의 이데올로기적 환경'도 물론 중요하겠지만 현재의 문제를 그 시대의 문제로 환원하는 작업만큼이나 그에 관련된 현대의 이해가 필수적이라고 하겠다.

이상에서 살펴본 기존의 접근방법이 사상사에서—흥미 위주의 혹은 현재의 문제를 이해하는 데 도움을 주는 수단으로서—지

---

13) Ibid., x.

14) Quantin Skinner, *The Foundations of Modern Political Thought*(Cambridge: Cambridge University Press, 1978), xiii.

15) Ibid., xi.

혜를 추구하며, 무엇을 어떻게 이해할 것인가보다도 이미 선정된 대상을 더 적절히 이해하는 데 집중하고 있는 것을 알 수 있다. 동시에 기존의 접근방법은 정치적 사물에 대한 일종의 자연과학이 바로 정치학이라는[16] 것을 잊고 있다. 사상사를 구성하는 것은 정치적 사물이라는 변화하는 대상물을 붙드는 사유의 산물이라고 할 수 있다. 그러나 문제는 무엇이 사상사의 주체인가, 곧 무엇의 역사인가이다.

다른 모든 학문에서와 마찬가지로 사상사의 정립은 어려운 것이다. 특히 사상사는 자신의 출발을 먼저 확립함이 없이는 자신의 성격에 걸맞은 내용을 제시할 수 없다. 모든 학문이 사상·철학에 자신의 근거를 둠으로써 단초의 어려움을 전가할 수 있다면, 모든 학문과 과학의 근거이어야 할 사상은 어디서 자신의 근거·토대를 발견할 것인가? 그것은 '철학자의 돌', 기하학의 '공리'에서처럼 주어진 가설에 이 문제를 내맡긴 채 어둠 속을 헤매고 있을 수는 없다. 곧 사상의 단초가 자신을 학문들의 학문, 모든 학문의 근거로 정립하는 논리적 기초와 역사적 필연성을 동시에 내놓지 않고서는 그것은 외부의존적이고 자의적인 성격 때문에 과학의 아버지임을 자임할 수 없게 될 것이다.

모든 학문에 근거를 주는 사상은 상이한 형식으로 과거부터 있어왔다. 현대의 입장에서 볼 때, 그들은 상이한 문제를 제기했으며 그에 답하는 형식 또한 부적절한 것으로 여겨질 수 있다. 미래가 차단된 채 관행과 전통 속에서 모든 것의 권위를 찾는 관념들, 신앙의 철저한 순환계에 갇힌 감성적 결론, 관념의 객체화에 상응한 존재론의 인식론으로의 변환, 심성으로 회귀하는 무한주관론 등 천여 년에 이르는 관념론의 역사는 사상의 위대성을 한껏 올려세우는 한편 현

16) Leo. Strauss, "Introduction," in Strauss and Cropsey(eds.), op. cit., p. 5~6.

실에 대한 무력함을 완전히 노출시켰다. 그러한 접근방법은 물론 변화하는 대상의 일정한 작용을 반영하고 있겠지만, 존재의 영상에서 존재를 도출하려는 현상학과는 달리 관념의 산물인 존재로부터 현실의 존재의 근거를 찾는 것과 같다. 여기서 회의는 범죄가 되고, 인간의 사고는 주어진 것에 대한 설명에 그친다. 예컨대, 행태주의적 접근이 서 있는 현대의 관념론은 이로부터 얼마나 떨어져 있는가?

중세에는 진리에 대한 독점적 지위가 신학에 주어졌다. 봉건사회에서 교회는 모든 진리를 신의 의미에 종속시켰기 때문에 그러한 사회체제가 안정을 유지하는 동안 철학·과학·예술은 신학의 절대적 위치에서 파생하며 이를 찬미하는 형식으로 분화되었다. 마치 정치가 사회 전반을 지배했던 고대 그리스 시대에 정치학에서 분화되지 않았던 철학이 절대적 권위를 누렸던 것처럼 신학은 중세의 기초를 이룬 셈이다.

자본제의 성립을 가져온 15~16세기의 과도기에 학문은 실용적 관점, 특히 상인계급의 경제적 동기를 중요시하는 방향으로 선회하였다. 뒤이은 과학의 눈부신 발달은 생산과정에서의 임금압박과 극대이윤의 추구가 가져온 결과에 다름아니다. 현대는 모든 학문이 과학의 절대적 권위에 복종할 것을 요구한다. 신학·철학·정치학·예술 등이 노동분화의 일정영역을 담당하게 된 것은 과학의 생산성이라는 물질적 토대 위에서만 가능하기 때문이다. 현대에서 모든 학문은 과학이려고 한다. 믿음 그 자체의 철저한 체계화를 시도했던 중세의 신학처럼, 이제 진리는 과학의 형식으로 경험적 자료와 일정한 논리방법을 동원하여 이론을 구성한다. 고대의 철학, 중세의 신학과 마찬가지로 현대에서는 과학에 최고의 지위를 주고 있다면, 그것은 무엇을 의미하는가?

많은 학자들은 철학·신학·과학의 차이를 개념적 구별에까지 진행시킨다. 그것은 쓰여진 언어적 표현이 상이할 때에는 언어가 지시하는 내용의 의미가 서로 구분될 것이라는 형식주의적 입장에서 너무나 당연하다. 개념의 차이가 서로간의 차이를 인상적으로 느끼게 한다. 이들은 각각 역사적으로 상이한 시기에 각광을 받았다. 그럼에도 불구하고 이들이 동일한 수준의 문제를 접근하는 상이한 시대의 전취물이라는 사실에 주의할 필요가 있을 것이다. 곧 동일한 수준의 문제가 빚는 상이한 시대적 형식이다.

사상은 무엇에 접근하는 것인가? 환언하면, 사상의 대상은 무엇인가? 그것은 한마디로 사상의 대상이 되는 어떤 존재, 시간적·공간적인 물(物)의 존재 그 자체이다. 그러나 이때 물은 특정의 대상이 되는 그런 협소한 존재가 아니며, 현실을 넘어선 그런 추상적인 대상 또한 아니다. 사상은 역사 그 자체가 뿜어내는 풍부함과 다양성 속에서 이 물의 운동에 접근하는 것이다. 철학이 '자연'을 구명하려고 했고 신학이 절대자의 '본질'을 추구했던 것처럼, 사상의 작업은 역사로 표현되는 물의 성격을 철학과 과학의 이름으로 밝히는 것을 내용으로 한다.

사상의 대상은 물이다. 존재영역의 물을 관념에서 포착하는 형식, 그것이 사상이다. 물의 존재성은 밖으로부터의 통찰과 반성을 통해 사유에 반영된다. 거기서 물은 물의 그림자로서, 물의 반영물·범주·사유적 존재로서, 곧 사유의 대상물로 전환된다. 이 전환과정에서 존재는 인식적 존재가 되며, 동시에 거기서 개념의 혼동의 위기가 일어난다.

물의 존재성, 물의 운동을 절대화하고 이를 완전히 파악하는 데 집중할 때, 사상의 역할은 물의 관조·반영일 뿐이다. 소위 기계론적 유물론에서는 사유의 존재에 물의 이해 이외에 아무것도 할 수 없는 무력화현상이 일어난다. 그 결과 실천을 통해 물의 존재를 구명하려는 인간의 의지가 배제되어 버린다. 여기서 사상은 물의 모습을 그대로 그려놓은 수채화이다.

그 반대로 물을 사상에 종속시키는 관념론은 물을 파악하는 사유형식의 독자성·자율성을 과신한 나머지 물의 영상, 곧 물을 지배하는 관념을 독립시키고 마침내는 이것으로 물을 대체하는 존재론적 오류에 빠진다. 그것은 물과 관념의 주종관계를 전도하여 물을 관념의 산물로 파악한다. 관념론의 긴 역사가 전도된 의식의 재생산이라고 한다면, 그것은 변화된 물의 현실을 뒷문으로 들여와 전도된 자기모습을 수정하려는 관념의 끊임없는 노력에 의해서 지속되었다. 유물론과 관념론의 지양은 결국 사유의 존재가 물의 존재성을 훼손하지 않으면서도 물 그 자체와 교류하며 통합되는 데서 찾아진다.

사상의 대상이 물이라고 할 때, 사상은 물의 존재성을 훼손시키지 않는 형식으로 물의 존재, 운동방식, 사유와의 관련성을 법칙으로 정립하는 것을 과제로 삼는다. 그것의 완성은 진리의 귀환이다. 그러므로 진리를 붙드려는 사상은 진리의 내용인 물의 세계를 떠나지 않으며 물의 운동에 한없이 밀착된 관념을 찾으려 애쓴다. 이성의 관념적 조제는 아무런 처방이 아니기 때문이다.

사상의 과제는 먼저 현실을 붙드는 데 있다. 그것은 천박한 현실주의와 구별된다. 마치도 현실이 진리의 모든 것을 완결된 형태로 제시하는 양 현실을 추종하며 현실 그 자체를 절대시하는 천박한 현실주의는 시간의 개념을 현실의 지평에 가두어놓고 있다. 그것은 모든 것을 '지금 여기서'라는 소박한 경험세계의 진리로 측정하려 든다. 그러나 사상의 현실과의 조화는 동시에 현실을 외면하고 현실과 대립하며 '독야청청'하는 주의주의(主意主義)를 또한 경계한다. 그것은 사유가 과거의 낡은 사고에 안일해서가 아니라, 물 자체로 깊숙이 파고들어가 이를 그 운동형식 속에서 붙들지 않고서는 새로운 현실을 잉태하지 못하고 법칙성의 벽에 부딪혀 난파를 피할 수 없기 때문이다.

물의 운동형식을 어떻게 인식할 것인가? 우리의 사유란 존재하는 물의 세계와 여타의 개체인간들과 관련해볼 때 마치도 독립적이고 독자적인 것처럼 생각될 수 있다. 그러나 개체인간의 사유는 그 개체가 서 있는 존재조건과 사유의 역사·사회적 특수성을 이탈할 수는 없는 것이다. 그것은 마치도 한 사유자가 객관존재로서 역사적 산물이며, 자신의 사유형식 — 대상·개념·방식 — 에서 여전히 여타의 개체처럼 사회문화적 조건과 시대의 문제를 매개로 그 시대 여타의 개체들과 상호침투의 과정 속에 들어 있는 것과 마찬가지다. 따라서 사유는 역사·사회적 특수성을 지닌 존재의 세계를 반영하고 있다. "나는 사유한다. 따라서 나는 존재한다"는 데카르트의 명제는 존재의 세계 없이는 존재에 먼저 내맡겨진 사유마저도 — 신의 존재에 근거하여 — 아무것도 사유할 수 없다는 것을 말해준다.

여기서 사유의 내용과 형식이 물의 세계에 맞추어 '투항'된 의미가 밝혀진다. 그러나 이 사유는 사유의 고유성을 무시한 채 물의 성격에만 조준되어서는 안된다. 그러한 관점에서는 사유란 자기반성과 그에 수행(隨行)하는 의식운동이 없이 무의식적으로 물에 투항하여 물에 따라 운동하며 또한 무매개적으로 물의 법칙성에 지배되는 것일 뿐이다. 그 결과 사유의 무의식성은 물의 우연성마저도 추수하는 어리석음을 빚는다. 더 정확히, 여기서 사유는 물의 법칙성을 붙들지 못하고 물의 운동마저도 조응하는 데 실패하고 있음을 드러낸다. 운동하는 물의 현재와 미래에 맞추어진 것이 아니라 물의 운동이 남기고 간 잔영, 껍데기만 남아 있는 그때가 되어서야 사유는 물의 운동에 시차를 가지고 나타난 것을 의미한다. 그것은 시대의 전령이 아니라 시대가 완결한 내용을 각인하기 위하여 뒤늦게 파레토

(V. Pareto)의 '논리화'를 목표로 황혼에 비상하는 미네르바의 부엉이에 비견될 수 있다.

물을 단지 추수하는 것이 아니라, 사유가 물과 동시대적이라는 것, 아니 오히려 사유가 물의 운동을 앞설 수 있는 것은 그것이 물의 운동에 조건적이면서 동시에 이의 운동을 지배하는 법칙을 붙들며 이를 내용으로 물의 운동 그 자체를 추동시키는 다른 하나의 물적 운동을 이룬다는 데서 나오며, 그것은 새로운 매우 중대한 의미를 지닌다. 곧 사유는 물의 세계에 일어나는 모든 변화, 물의 운동의 일정한 요소, 즉 주관적 요소를 구성한다.

주관적 요소로서 사유의 의미는 그것이 물의 운동이 물질적 소재변화·융합을 따라 있게 되는 과학적 화학반응에 기인하는 것이 아니라 오로지 일정조건을 갖춘 역사 속에서 가능하게 된 과학적 소재등장을 말해준다. 곧 신소재로서 주관적 요소란 물의 운동법칙을 붙든 개체사유가 역사·사회적 집산의지로 조직·변화될 때에만 나타날 수 있으며, 이 의지의 강도와 과학성에 따라 한 시대의 운동방향에 중대한 변화를 가져올 수 있다는 사실의 승인에 다름아니다. 그것은 인간개체의 주관성과 무관한 관념이다. 오히려 한 시대에서 사상을 매개로 결합된 인간군 — 계급·민족·종교집단 등 — 이 물의 운동이 만들어놓은 객관조건 위에서 실현하는 운동력이다. 마르크스가 초기저작에서 프롤레타리아트를 붙든 사상이 '물질적 힘'으로 전화한다고 했을 때, 그는 인간의 집산적 의지가 일정조건하에서 물의 운동에 참여할 가능성을 의식했던 것이다.

진리를 붙드는 것이 사상이다. 그리고 진리는 물의 존재·운동양식·성질 그 자체의 언어적 표현이다. 물의 존재는 운동 이외의 방식으로 나타날 수 없으며 물의 성질은 운동의 형식 이외의 다른 데서 찾아질 수 없다면, 엥겔스가 이미 「자연의 변증법」에서 정식화한 바의 "운동은 물질의 존재양식이다"라는 명제는 그 자체의 명징성보다는 진리를 붙드는 구체성, 즉 물질의 운동을 법칙으로 정립하는 지고지난의 과제를 제기하고 있다. 역사적으로 이 어려움은 한 시대의 특권을 누린 철학·신학·과학의 어깨 위에 떨어져왔고, 학문의 형식의 변화에도 불구하고 진리의 내용을 파악하는 과제는 여전히 근본문제로 이어져왔다. 사상은 진리의 현실태, 즉 역사적으로 구현된 물의 운동내용을 붙들기 위하여 이 변화의 내용에 맞춰 자신을 변화시키며 부단한 접근을 하지 않을 수 없다. 왜냐하면 물의 운동은 멈추지 않으며, 존재의 세계를 항상 변화시키면서 새로이 형성된 자신의 세계를 사상이 파악할 것을 요구하기 때문이다. 물의 객관성을 붙들고 물의 운동이 그리는 궤적에 따라 사상을 나아가게 하는, '진보'가 담지된 실천 없이는 사상이란 기껏 그 시대의 유행을 거드는 천박한 작업에 그치고 만다.

사상이 진리를 붙드는 언어적 표현의 형식이라고 규정할 때, 우리는 지금까지의 모든 사상가들이 스스로 설정한 사업에 실패하고 말았다고 손쉽게 단정할 수 있는가? 곧 그들은 한결같이 역사적으로 뒤를 이어 나타난 사상가들에 의해서, 더 정확히는 물의 변화가 이들의 뒤를 이은 사상가들이 반영하도록 강요했던 역사적 결과물에 의해서 한때 누렸던 지배적인 위치를 허무하게도 내어주어야 했던 비극적 주인공들이다. 오늘의 시점에서 본다면, 그들은 모두가 실패한 자들이며, 그런 까닭에 사상사가 이미 진리로서 부정된 그들의 주장들을 나열하는 한 '실패한 사상들을 가지고 엮어 본' 사상사의 운명을 피할 수 없다는 결론이 나온다.

그렇다고 사상의 일면성이 그에 포함된 모든 내용에 대한 부정과 같은 것은 아니다. 거기에는 부정된 내용과 함께 여전히 일정 정도 역사의 시험대를 통과하여 살아있는 내용이 있다. 아니, 이 부정된 내용의 형식을 통해 사상은 진리의 완성을 향한 계기적인 일련의 흐름에서 자신의 역사를 마련한다. 모든 역사의 유물처럼 현재를 알려주는 최선의 길은 부정된 내용을 계승하는 현재의 전사에 있다. 마치도 역사의 전개가 생산의 일반조건 위에서 일정단계의 생산양식을 지양하면서 다음 단계로 이행해갈 수 있었듯이, 현단계의 필수적인 요구로서 전단계를 차지하는 일체의 내용이 우리에게 필요한, 그리고 역사적으로 필수적인 전체의 일부를 이루는 것이다. 부정을 통한 사상의 자기전개, 사상의 부단한 변화, 불휴적 운동이야말로 사상과 역사의 조응과정에 있게 되는 긴장을 진보적으로 해소시키며 역사의 외연을 사상에 포섭하는 계기를 가져온다.

그런 의미에서 사상은 자기자신에 안주할 수 없다. 뒤늦게 변화하는 사상, 변화를 모른 채 스스로의 논리에서 완결된 사상, 오직 경험의 실을 붙들고 거기서 배우는 사상은 역사의 거대한 장애물로 남는다. 현대의 부르주아사상은 모든 물의 변화·전진에 무감각한 채 황혼의 시점에서 잔해를 관조하는 정체의 고독을 즐겨왔다. 그러한 태도는 변화를 요구하는 질풍의 시대에도, 불타는 로마에서도 마찬가지로 존재한다. 이처럼 화석화한 사상의 현주소는 무엇인가? 그것은 한 시대의 모순이 지연되고 지양이 정지된 가운데 성장위축이 있게 되는 시대와 사회에 고유한 현상이었다.

역사는 사상이 된다. 그러나 역사가 사상이 되기 위해서 그것은 먼저 '추상의 힘'을 빌리지 않으면 안된다. 마치 단테가 지옥의 문앞에서 모두에게 편견과 고뇌를 버릴 것을 권유했던 것처럼 사상의 산실인 역사에서 일체의 우연성과 개별성의 모습은 보편의 계기로 포섭될 것이 요구된다.

때로 변화하는 역사가 어떻게 불변인 사상의 모체일 수 있겠는가 하는 잘못된 '질문'이 제기되기도 했다. 그러나 사상은 역사에서 분리된 허구의 관념물이 아니다. 잠 못 이루는 자의 자기확신일 뿐인 절대관념론은 역사가 마치도 몽유병자의 산책로인 양 방황한다. 그와 반대로 역사의 시공에 위치를 차지하는 사상은 최종적으로 역사의 한 산물, 일부일 뿐이며 그 자체가 역사적이다. 그러한 질문의 전제는 우리가 고전에 탐닉하며 모든 진리의 근거를 거기서 검증하려는 훈고학, 그리고 성서 이외의 모든 이성의 결과를 단순한 은총의 편견으로 치부하려는 신학에서 찾아볼 수 있으며 이들은 역사를 사상에 종속시키려는 별로 배울 것 없는 관점을 공유한다. 신학과 동양적 훈고학, 그리고 소크라테스 이후의 사상의 전개가 화이트헤드(A. Whitehead)처럼 그에 대한 주석에 불과하다거나 슈트라우스(L. Strauss)처럼 변종들의 무모한 타락이라고 단언했을 때 우리가 역사에서 배울 수 있는 것은 전적으로 없다는 결론이 나온다.

역사의 이곳저곳에는 화려하고 향기 가득한, 우리의 눈을 유혹하는 숱한 사상의 편린이 놓여 있다. 이들을 수집하고 분류하는 데 바쁜 저자들은 사상사를 무작위적인 편수물인 양 생각해왔다. 인간이 동물이라면 사상사의 작업은 마치도 동·식물, 혹은 미생물학자의 손에서 재단될 성질의 것인가? 더 정확히, 그것은 저자의 편의와 취향에 따른 대상물의 채집과 분류에 의해서 자신의 임무를 수행할 수 있는가?

사상이 역사에 표현된 물의 운동법칙의 냉혹한 포섭이라면, 사상사는 이 법칙의 일관되고 연속적인, 부분인식에서 전체인식으로의 진행 이외의 아무것도 아니다. 그것은 엄격한 기준과 원칙 아래 현실이 진리로 받아들여지는, 경험이 과학이 되는 결정체이다. 그것은 분류로 흩어지는 분석적 진리를 내용으로 하는 것이 아니라 일체의 사물을 종합 속에서 하나로 이끄는 진리 그 자체의 진행이다. 사상사의 방법의 핵심은 간단하다. 그러나 이를 실행하기는 매우 어렵다.

한 시대의 시야 안에서 어떤 사상가는 거대한 구상을, 다른 어떤 사상가는 미미한 정도로 그의 견해를 인정받았다고 하자. 계절의 사상사는 여기저기 피어나는 봄철의 꽃들처럼 그 시대의 무대를 차지했던 이들 사상가들에게 일정한 지면을 할애해야 되지 않겠는가? 아니면, 화랑에 전시된 숱한 그림들처럼 이들이 관리인의 자의에 맡겨져 — 물론 벽면의 위치와 크기 그리고 그림의 호수가 우연의 주요변수를 이루면서 — 여기저기로 떠돌아다니는 것처럼, 시대의 사상들이란 사상사를 쓰는 저자의 의도와 자의에 내맡겨지는 존재들인가?

결론부터 말하자면, 사상사는 오로지 역사법칙적인 사상을 내놓을 수 있었던 그러한 사상가들에게만 자신을 내어줄 수 있다. 어떤 위대한 사상도 우리를 포로로 하지 않고서는 그들의 내용을 넘겨주지 않는다고 한다면 사상사는 결국 몇 안 되는 신의 싸움터, 혹은 신의 이름으로 싸우는 전사들의 전장이 된다. 물론 여기에는 최소한 몇 마디를 부가할 필요가 있다. 첫째, 사상을 점검하는 작업은 필연코 사상사의 밖으로 옮겨갈 것이라는 것이다. 사회경제사, 문화사, 예술사 등은 물론 그 당시의 비교적 덜 알려진 사상가들에 관한 연구가 그 시대의 문제와 언어, 그리고 사상의 내용을 명료화해준다. 대사상가의 환경과 연원으로서 사상의 배경을 이루는 이들은 그러나 연출의 상수로서 무대 밖에 위치지어지는 것이다. 둘째, 대사상의 취사는 때로 우연적 요소에 의해 조장되고 혹은 좌절되었다는 점이다. 역사의 호의를 받은 사상은 그 가치에 관계없이 보존되었으며 그 반대의 경우는 박해받았기 때문에, 때로는 대체물이 희소한 시대에 이 우연성은 중요성을 띠게 되었다. 예컨대, 데모크리투스는 수많은 저술에도 불구하고 적대적인 시대의 희생물이 된 채 겨우 루크레티우스의 손에 의해서 극소부분만이 구제된 반면, 플라톤과 아리스토텔레스의 저술은 기독교의 도움으로 거의 완벽한 보존이 가능했다. 혹은, 천년에 걸치는 소크라테스 이전의 유물론적 역사의 시기는 초보적인 문자사용이 가능했기 때문에 호메로스나 헤시오도스를 제외하고는 매우 불완전한 부분만이 알려져 있을 뿐이다.

사상사는 영웅들의 전시장이 아니다. 비록 사상사가 신들의 싸움터를 방불케 한다고 하더라도, 그들의 성쇠·대체는 산업디자인이나 컴퓨터공학에서처럼 우연의 연속으로 이루어지지 않는다. 문제는 역사의 필연성이다. 계기적으로 일어나는 사상의 연속에는 그 밑에 이들을 일으키고 무너뜨리는 물의 운동이 지니는 필연성이 관류하고 있다. 사상의 내용은 이 필연성을 붙드는 시대의 특수성을 문제삼는다.

마지막으로, 사상사에 필연성이 인정된다고 한다면, 그것은 두 가지 문제를 제기한다. 첫째, 사상사의 주체는 무엇인가? 둘째, 그것은 어떻게 필연성을 관철시키는가?

사상사의 주체는 무엇인가? 모든 사상사의 연구가 일개의 지적 편수물에 불과했다면, 헤겔은 그의 「철학사」의 서문에서 이 문제를 참으로 놀라울 정도로 대담하게 붙들고 있다. 그에게 역사의 주체는 정신·개념·절대자였다. 따라서 사상사는 이의 역사, 즉 이의 현상형태의 진행이었다.

그러나 관념론이 거부된 관점에서 사상사의 주체는 무엇일 수 있는가? 그것은 오로지 생산력에 의존하는 반영물로서 사상의 역사로 나타난다. 사상사는 자신의 내부에 주체를 가지고 있는 것이 아니라 물의 세계에 주체를 가지며, 대상물의 운동을 따라 하나의 반영물의 역사를 기록할 뿐이다. 곧 사상사는 물의 운동을 매개로 물의 역사에 근접한 자신의 역사를 가질 수 있다.

둘째, 사상사의 필연성은 어떻게 관철되는가? 이에 관해서 우리는 이미 앞에서 상당한 논의를 해왔다. 그것은 물의 필연성을 법칙으로 붙들어냄으로써 객관세계의 변혁을 자신의 결실로 또한 가지게 된다. 그러나 더 나아가, 사상은 붙들어진 현재와 미래의 필연성을 현재의 객관세계에 주관적 요소로 작용하게 함으로써 자신의 필연성을 물의 운동에의 참여를 통해 실현한다는 점을 부가할 수 있다. 진정한 사상, 그것은 실천의 영역에서 무력한 그러한 존재는 아니다. 모든 무력한 부르주아사상사 연구가 절망하고 있는 바로 이 시대에 사상사는 역사가 그에게 부여하고 현실이 가로막는 필연성의 문제를 자신의 한가운데 다시금 내세우는 것이다. 사상사는 신들의 싸움터이다.

제 1 장

마키아벨리

봉건제사회가 끝나가는 무렵 현대성의 바람이 하나의 시대정신으로 나타나 서부유럽, 특히 북부 이탈리아를 선두로 불어왔다. 중세도시에서 일어난 상업자본의 발달과 그에 따른 민족중심의 지역적인 시장통합, 장원제구조에서 분리된 부의 증가, 그리고 새로운 소유권의 관념과 개인주의의 등장, 한마디로 자본의 본원적 축적기에 속한 이 시대에 불어닥친 세속적인 관심과 물질적 욕구는 무서운 속도로 그 이전의 정신구조를 엄습하고 압도하기 시작했다. 중세교황권의 분열과 이를 해결하려는 교회평의회운동의 최종적 실패는 법왕절대주의론, 그리고 세계국가로 서 있었던 신성로마제국의 무력성은 국왕절대주의적 주권관념에로 발전하고 있었다. 이처럼 중세적 정치와 윤리세계를 대체하는 세속화경향의 한복판에 마키아벨리의 사상이 놓여 있다. 인간본성에 관한 새로운 관념, 정치현상과 관계에 관한 현실주의적 접근, 국가의 창설, 유지와 발전을 최고선으로 삼은 — 고대 자연법 전통에서 이탈한 — 새로운 폴리테리아의 사상을 내놓은 그에게서 우리는 현대성의 최초의 대변자, 신시대의 역사주의 그리고 현대국가의 탄생지를 발견한다. 그가 때로는 중세사상으로부터 단절하기 위해 고대사상에로 회귀하는 기법을 사용했기 때문에 마키아벨리사상은 과거의 있었던 사상을 현대라는 새로운 환경에 맞추어 재조합한 데 불과하다는 인색한 평가를 유도하기도 했지만, 마키아벨리야말로 사상사의 전체 관심영역을 포괄하는 독창적인 현대의 출발점을 이루고 있다.

제 1 절 마키아벨리의 생애와 저작

Niccolò Machiavelli(1469~1527)는 베르나르도와 바르톨로메아의 4 자녀 중 세 번째로 5월 3일 피렌체에서 태어난 장남이었다. 그는 당시 비교적 소수였던 정치계층인 시민계급에 속했다. 1494년의 한 통계에 의하면 피렌체의 전체인구는 9만 명이었으며 그 중 시민 수는 3,200명에 불과했다. 시민으로서 그가 품었던 조국 피렌체에 대한 자부심과 열정은 널리 알려져 있다. 아버지 베르나르도는 몰락한 귀족으로 법학박사학위를 소지한 변호사로 알려져 있지만, 소송보다는 법무업무에 주로 종사했으며 변변치 못한 수입을 가지고 근근히 생활하고 있었던 것이 사실이다.

1498년 그가 피렌체공화국의 '자유 · 평화 10인 위원회' Dieci di Libertà e Pace의 '서기' Segretário 직책을 맡게 될 때까지의 그의 경력은 거의 알려져 있지 않다.

그러나 그에 관한 1474~87년까지의 생활형편은 약간 엿볼 수 있다. 1954년 찾아진 「베로나르도의 일기」는 마키아벨리가 주판을 익히고 라틴어를 학습하는 것을 보여준다. 학비내역에는 "난방비 9솔티 8다나리, 의자사용료 6솔티"가 적혀있다. 그가 17살이던 어떤 날 그의 아버지가 제본업자에게 일해준 대가로 받은 붉은 포도주 한 통을 운반하기도 하고, 또 다른 날은 아버지 심부름으로 책들이 가득한 자루를 등에 메고 부지런히 책방과 인쇄소를 왕래하기도

한다.

마키아벨리의 「공화국론」(*Discorsi*)으로 유명한 Titus Livius의 「로마사」의 입수경위에 관하여 이런 이야기가 전해진다. 즉 "리비우스의 책에 나오는 모든 도시, 지역, 하천, 섬과 산에 대한 색인을 만들어준 대가로 인쇄업자로부터 얻었다." 어떻든 베르나르도의 장서열은 그가 사면의 벽을 가득채운 서가로 장식할 정도로 대단했다. 인문주의의 파고가 높이 일던 당시 플라톤주의 철학의 아성이 위치했던 피렌체대학이 그리스어 고전을 중심으로 연구가 진행된 것에 비교한다면 마키아벨리의 교육수준은 그에 못미치는 것이라고 할 수 있겠지만, 빈궁하나마 안정되고 학문의 분위기를 유지해준 가정에서 폭넓은 독서를 통해 그가 정신적 성장을 이룩했음이 틀림없을 것이다. 니콜로는 피렌체대학에서 인문계통의 교육을 받아 학업을 마쳤다고 전해진다. 그것은 그가 당시의 신교육에도 노출되었다는 것을 말한다.

1494년 10월 프랑스왕 사를르 8세(재위 1483~98)는 나폴리에 Anjou가를 복원하기 위하여 그곳을 지배하고 있던 Ferrante 2세(재위 1495~96)를 축출하려고 이탈리아를 침공하면서 피렌체를 경유하게 되었다. 이때 피렌체의 지배자였던 Piètro di Mèdici는 항복하였지만 피렌체민중은 봉기하여 메디치정부를 전복하고 지롤라모 사보나롤라를 위수로 하는 세계사적으로 최초의 빈민공화국을 세우게 된다. 그러나 Savonarola의 신권정부는 교황 알렉산더 6세와의 알력과 내부의 반대세력과의 대립, 상인계급과 부에 대한 공격 때문에 "무장하지 않는 예언가"의 운명을 맞이하게 되었다. 1498년 5월 23일 마키아벨리는 그가 근무하는 사무실의 창너머로 시청앞 광장에서 화형되는 사보나롤라와 다른 두 명의 도미니칸 탁발성직자를 보았다.

당시 피렌체는 Pòpolo grandi와 Pòpolo minòri에 의해 운영되고 있었다. 마키아벨리는 전자의 집행부서인 정무 제 2 국 서기로 선출되었다. 정무 제 1 국의 서기로는 법학·논리학 교수였던 베르질리오 안니가 선출되었다. 이보다 훨씬 낮은 직책이었던 제 2 국의 서기 후보에는 변론교수, 변호사, 공증인이 마키아벨리와 경합하고 있었다. 이 가운데 마키아벨리가 선임되었다는 것은 놀라운 일이다. 이는 아마도 1494년 이래 그가 이미 보다 낮은 공직에서 일하고 있었으며 1498년의 상인공화국에서 수장의 칭호인 Gonfolonière로 선임된 Soderini와의 친분에 힘입었을 것이라는 추론이 가능하다.

1498~1512년 동안 그는 외교와 전쟁을 담당하는 '세그레타리오 피오렌티스'(Segretario fiorentis)로서 유럽의 많은 인물들을 만나고, 정확하고 상세한 현지보고서를 정력적으로 쏟아냈다. 스위스를 지나면서 거기의 정치조직에 관해 쓰는가 하면 독일과 프랑스를 방문한 후에는 '독일론', '프랑스인'에 관한 보고서를 썼다.

Mèdici가는 15세기 초 Cosimo가 피렌체에서 창업한 이래 자신의 아들 Lorenzo(1449~92)가 '전하' Il Magnifico의 이름으로 통치하다가 그의 아들 Piètro의 시기에 권력을 잃고 말았다. 형의 권력을 되찾기 위해 Giovanni(뒤에 법왕 Leo Ⅹ, 1513~21) 추기경은 법왕 Julius Ⅱ를 앞세워 1511년 스페인, 베네치아와 '신성동맹'을 맺고 프랑스의 후원하에 있던 피렌체 공화정부를 무너뜨리는 데 성공한다. 평온하게 권력을 이양받고자 했던 Mèdici가는 단지 2명의 관직만을 교체하였다. 최고위직인 곤팔로니에는 소데리니로부터 법왕청 대사인 프란체스코 베톨리에서 넘어가고 마키아벨리는 그 직을 상실했다. 그는 공화주의자로 알려졌으며 유력한 비호세력이 없었기 때문이었다.

게다가 그는 면직되면서 10년분의 급료에 해당하는 벌금을 부과받는다. 다행히도 그의 친구들이 대납해 주었지만, 그로 인한 부채 때문에 마키아벨리가 늘상 한탄하는 빈궁한 삶이 지속되었다. 그는 또한 1년간 피렌체에서 추방되고 정부청사출입이 금지되었다. 그렇다고 그는 피렌체 영내를 또한 떠나서도 안되었다.

뒤어어 연말에 그는 반메디치 공화주의 역모사건에 연루된다. 그리고는 지하의 감옥에서 모진 고문에 시달렸다. 생사가 불투명했던 이 시기 그는 메디치가의 두 인물(피렌체를 책임진 Julio와 법왕이 예정된 Giovanni)에게 자기의 무죄를 탄원하는 편지를 계속 썼다. 후자가 Leo X로 법왕이 되자 대사면령이 내렸으며, 그는 1513년 3월 석방되었다.

빈궁한 처지에 몰린 마키아벨리는 Sant. Andrea로 은퇴하였다. 거기에는 상속받은 별장과 산, 그리고 약간의 밭이 있었다. 그 해 가을 그는 몇몇 친구들 사이에 읽혀지고 있던 「군주국에 관하여」(De principatibus)를 썼다. 메디치정부 아래서 과거의 직책을 회복하고자 헌정되었던 그의 작업은 포도주 2병을 하사받는 데 그쳤다. 그러나 이 책은 후에 「군주론」(Il principe)으로 개칭되어 그에게 악명과 명성을 함께 안기게 된다.

은거생활중 그는 1513~20년 동안 오리첼라리 정원(Orti Oricellari)에서 당대의 용병대장(capitano)들과 자주 회합하였으며 그 결과로 서양최초의 「전쟁론」(Dell'arta della guèrra)을 썼다. 그는 이미 피렌체의 항구도시 Pisa의 방위를 위한 민병대의 조직, 성곽구축 등 실제경험을 쌓고 있었다. 그의 극 만드라골라(mandràgola)는 피렌체뿐만 아니라 로마에서 상연되고 법왕이 참관할 정도로 성공적이었기 때문에, 그는 차라리 당시에는 정치이론가로서보다는 세속적 취향이 듬뿍담긴 풍자적 극작가로 알려졌다.

1520년부터 수년간 그는 Mèdici가의 은급을 받으면서 피렌체

역사(Istorie fiorentine)를 썼다. 그가 메디치가의 신세를 지고 있었기 때문에 어느 정도의 호의를 보였다는 데는 의문의 여지가 없지만 그러나 대체로 공정한 역사서술이라는 평가를 얻었다. 지원이 끊기면서 그의 작업도 중단되었다.

마키아벨리의 시골은거는 사회적 신분의 측면에서 그에게는 견딜 수 없는 추락을 의미했다. 그가 경제적 빈궁에 가세한 운명의 악의를 한탄하고 있었던 것은 1513년 12월 Vettori에 보내는 편지에 담긴 그의 하루일과 속에 기술되어 있다.[1)]

> "아침에 일어나면 두 시간 동안 숲에 나가 나무를 베어 장작더미를 만들고, 냇가를 찾고 닭장을 점검한다. 거기서 나는 단테, 페트라크, 티불루스(Tibullus), 오비드(Ovid)를 읽으면서 그들의 정념과 사랑을 공유한다. 그리고 난 후 가족들과 함께 하찮은 점심을 때우고 다시 여관에 들린다. 거기에는 몇몇 손님이 기다리고 있는데 보통은 푸줏간 주인, 방앗간 주인 그리고 두 명의 용광로 관리인들이다."
>
> "이들과 나는 온종일 천박한 일상에로 빠져든다. cricca 등 카드놀이를 하면서 게임은 수많은 분쟁과 셀 수 없는 모욕적인 언사를 낳는다. 우리는 몇 푼을 놓고 싸우게 되는데, 다투는 소리는 멀리 San Casiano까지 들린다. 이들과 싸우면서 나는 뇌에 곰팡이가 슬지 않도록 하며 운명의 악의에 만족한다. 그녀가 나를 이 길로 이끄는 것을 받아들이면서, 그리고 마침내는 이를 부끄러워 할 것을 생각하면서."

그러나 마키아벨리는 자신의 처지를 불평하는 데 머문 것만은 아니다. 오히려 자신에게 닥친 불운은 그의 사색을 보다 본질적인

1) Machiavelli's letter to Francesco Vettori(1513 12. 10, Florence), in Allan Gilbert, tr. and ed., *Machiavelli; The Chief Works and Others,* in 2 vols.(Durham, North Carolina: Duke University Press, 1965), II, p. 929.

지점까지 끌어 올린다.[2]

> “밤에 나는 집으로 돌아가 서재로 들어선다. 문지방에서 흙과 먼지로 뒤덮힌 하루의 옷을 벗고 예의를 갖춘 정장의 옷차림으로 바꾼다. 단정하게 의복을 갖추고 나는 고대인들이 주재하는 고대의 재판정에 들어선다. 그들은 나를 따뜻하게 맞이하고, 나는 오직 나만의 것이고 내가 태어난 의미를 주는 양식을 소화한다. 거기서 나는 그들과 대화하는 것을 부끄럽게 여기지 않으며 그들이 행동했던 이유를 묻는다. 그리고 그들은 친절하게 답변한다. 4시간 동안 나는 아무런 권태도 느끼지 않으며 모든 번거로운 일상사를 잊는다. 나는 빈곤을 두려워 하지 않으며 죽음마저도 무섭지 않다. 나 자신은 그들에게 전적으로 맡겨진다.”

마리에타 코르시니(Marietta Corsini)와 결혼한 그는 슬하에 딸 하나와 아들 셋을 두었다. 그의 아들이 전하는 바에 의하면, 마키아벨리는 평생을 두고 자신에게 드리운 가난의 그림자를 원망하였다. 시골에 은거지를 가지고 최소한의 향신(鄕神)을 유지할 수 있었던 그에게는 절대빈곤의 문제는 없었을 것이다. 그렇다면 그의 원망은 차라리 자신의 재능과 꿈을 펼치는 데 인색했던 물질적 조건에 향해진 것이었다. 그에게 명성을 가져오고 그의 이름을 불후의 반열에 올려놓은 것은 그러나 오히려 그가 희망했던 공직생활에의 복귀가 배제된 채 쓸 수밖에 없었던 저술의 덕분이었다. 실로 그에게 강요된 좌절과 분노는 그로 하여금 전대미문의 진실과 극명한 결론을 이끌어내도록 했던 것이다.

1527년 신성로마황제 Karl V(재위 1519~56)는 스페인군대를 불러들여 이탈리아 침공을 개시했다. 이때 피렌체는 메디치가를 축출하고 다시 공화정부를 회복했다. 마키아벨리가 평생을 두고 대망

---

2) Ibid.

했던 '세그레타리오 피오렌티스' 직위는 타루치(Francesco Taruci)에게 돌아갔다. 마키아벨리의 열망을 알고 있었음에도 그가 좌절되었던 것은 공화정부에 대한 그의 신념에도 불구하고 메디치가에 결연되었던 그 동안의 행적도 문제가 되었지만 그가 "대담한 언어와 기탄없는 악의 발설로 모든 사람의 증오를 불러일으켰기" 때문이었다. 실망스러운 소식을 들은 그는 수주일 후 사망하였다. 검은 색의 날카로운 눈, 엷은 입술가에 남은 알 수 없는 미소, 광대뼈가 튀어나온 얼굴에 호리호리한 키의 마키아벨리는 그의 능력을 그 자리가 아닌 다른 곳에서 인정받을 것이었다. 1527년 6월 22일 그는 피렌체의 Santa Croce교회에 묻혀졌다. 200년이 지나 단장된 화려한 그의 묘에는 "Tanto nomini nullum par elogium."(상등한 찬사를 얻지 못한 이름)이라는 묘비가 세워졌다.

주요저작

Il principe(군주론, 1513)

Discorsi sopra la prima Deca di Tito Livio(공화국론, 1515~ 20)

La vita di Castruccio Castracani da Lucca(루카의 카스트라카니의 생애, 1520)

Istorie fiorentine(피렌체 역사, 1520)

Allan Gilbert tr. and ed., *Machiavelli: The Chief Works and Others*, in 2 rols.(Durham, North Carolina: Duke University Press, 1965).

Machiavelli, *The Prince and the Discourses*(New York: Modern Library, 1950).

Niccolò Machiavelli, Mario Martelli ed., *Tutte le opere*(Milano: Sansoni Editore, 1993).

제 2 절 마키아벨리의 문제의식

마키아벨리에서 현대정치철학이 시작한다면 그의 사상을 만들어 낸 문제의식이, 그리고 그러한 문제의식이 제기된 객관상황은 어떤 것이었는가가 문제된다. 그의 문제의식은 현대성의 문제를 경험으로 호흡하였을 것이며 또한 그의 현대성의 인식은 현대적인 시대성으로부터 분출하였을 것이기 때문이다.

마키아벨리는 봉건제 생산양식이 여전히 지배적인 시대에 속한다. 그러나 이 생산양식 속에서도 이질적인 도시적인 부와 정신을 대변하는 그의 사상은 특히 봉건제 생산양식이 급속히 붕괴되어가는 시기에 나타났다. 지중해 중개무역을 중심으로 당시에 상당한 부가 집결된 Toscana 지역에서는 금융·상업자본의 축적이 상당히 진전되었기 때문에 자본제적인 우클라드(uklad)가 비상한 속도로 성장하고 있었다. 그러나 15세기 말 아메리카 신대륙의 '발견'과 더불어 지중해무역의 중심지로서 북부 이탈리아는 점차 대서양무역에 그 주도적 위치를 넘겨주면서 사양의 길을 걷게 되었다는 점에서 거기에는 경제적 성장의 요구와 이 지역의 미래에 짙게 드리운 어두운 징후의 그림자가 교차하는 가운데 경제적 관심 — 자본주의적 욕구와 이를 보장하는 제도적 요구 — 이 중요한 사회이슈로 등장하였던 것 이다.

또한 마키아벨리의 시기에 유럽은 이미 정신적인, 그리고 세속적인 보편세계의 분열을 넘어서서 각각 민족국가의 영역으로 고정되었고 심지어는 영역내부에마저도 극단적인 종교적 대립을 경험하게 된다. 16세기 전반기에 일어난 여러 종교개혁운동과 그에 대한 반개혁운동의 진행은 한 때 이상화했던 기독교 세계 universitas christiana의 점진적 추락으로 절정을 이루었다. 역사적으로 볼 때 구교와 신교의 투쟁은 1555년 아우구스부르크 화약(和約)과 1648년 베스트팔리아 화약에 이르러 주요국가들 간의 합의를 얻어내고 있지만 유럽의 정치·전쟁사의 가장 중요한 이슈가 되고 있다. 심지어 개신교내부의 종교탄압은 그 이후에도 지속되었다. 이처럼 소모적인 종교전쟁과 투쟁은 이의 치명적인 결과를 피하기 위해서도 점차로 종교의 비정치화, 즉 종교를 공적 영역에서 배제하여 사적 영역으로 옮겨놓은 해결방식에로 수렴된다. 그리고 종교의 미명하에 실제로 쌓여진 경제문제는 민족국가체제로의 공고화를 통하여 국가들 간에, 그리고 각 국가내부에서 계속 진행하게 되었다. 좀더 구체적으로, 신성로마제국의 점진적 몰락과 함께 스페인, 프로이센, 오스트리아가 이미 민족국가로 발전한 프랑스, 영국과 함께 그리고 북구에서는 덴마크로부터 스웨덴 그리고 거기에서 노르웨이가 민족국가로 분화되어 나오는 과정을 보여준다. 이러한 민족중심의 새로운 정치적 국가의 등장에 이탈리아가 뒤늦게 참여한 데는 로마교황청의 특수성이 자리잡고 있다. 마키아벨리의 시대 이탈리아는 5개의 도시국가로 나뉘어 유럽의 세력균형을 재현하는 축소판과 같았다. 특히 발로아(Valois)가와 합스부르크(Habsburg)가 간의 자존심을 건 승부싸움이 곳곳에서 있었던 이 무렵 이들 간의 싸움터는 종종 이탈리아로 옮겨졌던 것이다. 일찍이 민족국가로 발전하여 강대국으로 존재했던 이들 국가들 사이에 끼어 여전히 부패와 분열을 해결할 수 없었던 이탈리아의 현실은 마키아벨리로 하여금 통일의 열망과 피렌체의 자유를 지상의 과제로 삼게 만들었다.

마키아벨리는 이탈리아의 냉혹한 정치현실을 직시했다. 먼저 민족통일을 이루고 강대국이 되었던 프랑스, 영국, 스페인과 오스트리아를 중심으로 한 신성로마제국의 사이에 이탈리아의 지배권을 두고 서로 각축하는 현실 속에서, 아무런 국가적 존재를 얻지 못하고 내부의 부패와 분열, 음모와 배신이 일상화한 나머지 이들의 공세 앞에서 무기력하게 유린되는 이탈리아를 마냥 방관하는 데 그친다는 것은 그에게 견딜 수 없는 고통이었다. 그의 관심사는 인민의 공동선이나 국가의 정통성과 같은 사변적인 철학문제가 아니라 이탈리아의 현실이 제기하는 실천적인 정책문제일 수밖에 없었다. 곧 어떻게 하면 위기상황에 놓인 국가를 보존하고 나아가 강화할 수 있는가 하는 존재조건의 확립과 생존의 요구가 모든 철학적 담론에 선행하였던 것이다.

둘째, 마키아벨리는 정치의 본질을 다른 여타의 영역과 구분되는 고유영역에서 찾으려고 했다. 정치를 중세적 윤리와 기독교의 교의에서 분리했을 뿐 아니라 사회의 다른 영역과 구분되는 특수한 그리고 가장 중요한 관계를 정치는 반영한다고 그는 생각했다. 그의 눈에 비친 정치는 거의 군사력의 사용범위와 겹치는 영역이었으며, 적과 동지로 나뉘는 권력관계로 단순화되었다. 정치가 그 이외의 요소를 포함한다는 것을 그가 몰랐던 것이 아니라, 정치의 핵심적 요체는 — 그리고 이를 가장 경제적으로 표현한다면 — 권력의 보존과 확장이라는 목표를 향한 제로섬 게임에 다름아니라는 사실에서 적나라하게 드러난다고 그는 보았다. 그의 주장은 과거와 당대의 역사 속에서 교훈을 얻어낼 수 있으며 새로운 군주의 사업은 이에 기초한 실천 속에서 결정될 문제라는 것이다. 정치는 역사적 방법을 통해 과학이 될 수 있으며, 권력의 효율성은 이를 실천해내는 대담성과 집중된 힘의 사용에 의존한다고 그는 보았다.

셋째, 개체가 매몰되었던 중세와는 달리 개체의 발견이 르네상스 시기의 사조라고 한다면, 마키아벨리는 동시에 역사에서 국가를 주체로 상정하고 국가의 존립과 발전의 문제를 주요의제로 삼았다.

국가는 스스로 존재이유가 되며, 국가이성(ragióne di stato)은 공적 도덕의 기준이 된다. 지배자는 개인 자신보다도 국가라는 새로운 집체성을 대표하며 그에 책임을 다하기 위해서도 개인에게 부과되는 기존의 도덕과 의무로부터 해방된다. 그는 사인처럼 기존의 윤리와 법에 구속되는 존재가 아니다. 왜냐하면 그는 존립 자체가 목적이기도 한 국가이성을 대신하여 행사하는 자이기 때문이다.

넷째, 마키아벨리는 국가의 보존과 확장을 통해서 고대의 자유를 추구했으며 동시에 이탈리아의 통일을 통해 민족국가들로 구성된 국제질서 속에서 세력균형을 기대하였다. 이탈리아의 국가적 통일에 대한 그의 열망에는 어떠한 거짓된 부분도 들어있지는 않았다. 단지 대세가 되어 가던 민족국가의 경향을 간파하였으면서도 그가 통일의 열정을 자신의 정치학 속에서 기본의제로 설정하지는 못했던 점이 지적될 수 있을 것이다. 오히려 그에게는 조국 patria이라 부른 피렌체공화국이 그의 의식의 중심에 서 있었다고 할 수 있다.

마키아벨리의 문제의식은 그가 중세시대와는 다른 새로운 시대에 살았으며 그가 이해했던 정치는 중세와는 다른 새로운 대상이었음을 말해준다. 새로운 영역으로서 정치를 접근하면서 그가 전혀 새로운 방법을 적용하여 과학적으로 이해하였다는, 따라서 과거와는 달리 아주 유용한 지식으로 만들었다고 자부했던 것은 결코 과장이 아니었다.[3)]

> "현대의 사건들에 대한 기나긴 경험과 과거에 대한 부단한 연구를 통해서 얻어진 위인들의 행동에 관한 지식만큼 내가 소중하게 또는 높이 평가할 만한 것을 내가 가진 선물들 가운데 발견할 수가 없다 …. 나는 긴 구절과 허황한 말로 혹은 많은 저자들이 자신의

---

3) "Niccolò Machiavelli a Zanobi Buondelmonti a Cosimo Rucellai salute," in *Discorsi*.

작품을 장식하려는 피상적인 추상화와 화려함으로 나의 저작을 윤색하려 들지 않았다."

"그리고 과학이란 고대의 의사들의 경험, 곧 후대의 계승자들이 지침으로 삼고 있는 그것이 아니고 무엇인가? 그러나 공화국을 창업하고 국가를 유지하며, 왕국을 통치하고 군대를 조직하며 전쟁을 이끌고 정의를 베풀며 제국을 확장하는 데 있어서는 그대는 고대의 예증에 호소하는 군주도 공화국도 군대지휘관도 시민도 발견할 수 없다."

마지막으로, 마키아벨리는 정치현상을 과학적으로 분석하려고 했다. 그가 사용한 방법은 고대와 당대의 여러 나라의 사례들을 비교분석하여 거기서 어떤 일반화를 도출하는 것이었다. 곧 그는 역사적 방법을 사용하여 정치현상에 관한 예측가능한 결과를 찾아내는 것을 목표로 삼았다. 그러기 위해서는 정치현상을 다른 분야와 구분되는 고유영역으로 이해하는 것이 전제되어야 한다. 당시의 학문풍토가 중세신학의 부수적인 산물 정도로 인식하고 있는 정치분야였던 만큼 그에게는 정치를 이로부터 독립시켜 기독교적 윤리가 정치현상의 이해를 혼란스럽게 곡해할 수 없도록 철저히 차단할 필요가 있었을 뿐 아니라 나아가 정치영역의 고유성을 거기서 작동하는 요인과 조건에 비추어 과학적으로 규명할 과제가 놓여 있었던 것이다. 종교·윤리·기독교신학의 제 가치들은 단지 유용성의 관점에서 다른 모든 문제와 마찬가지로 정치영역에서 고찰대상으로 다시 태어난다. 환언하면 이러한 문제들은 그것이 정치에 어떤 영향을 미치는가, 곧 국가의 보존과 확장에 어떤 유용성이 있는가에 관련될 뿐 그 반대로 정치의 목적이나 방향일 수는 없는 것이다.

정치현상을 인식하는 데 있어 마키아벨리는 형이상학적 사변이나 추상적인 연역법을 거부했다. 그에게는 오직 현실의 경험적인 관찰만이 문제되었다. 그는 중세의 설명방식, 즉 정의를 내리고 대상의 의의를 이로부터 도출하는 방식이 아니라, 현상 그 자체를 분석하고 고대·당대의 경험을 비교하여 이 현상에 유용한 행동지침을 규정하는 식으로 설명한다. 한마디로, 그의 제시방식은 고대·중세의 자연법관념, 성서와 교부(敎父)의 가르침을 중시했던 중세신학의 유산, 정치의 본질적 문제로 제기되는 정당성, 공동선과 같은 철학적 영역, 정치학에 착종하는 기독교윤리를 모두 거부한다. 그의 정치관은 전통의 권위에 대한 환멸에서 시작한다.

나아가 그의 인식은 종교개혁 이전시기인 르네상스의 특징이라 할 수 있는 인간의 세속적인 삶, 곧 이의 정치적 측면에 한정되지 않는 전체적인 삶보다도 그와 구별되는 관점, 다시 말해 정치영역의 특수성에 맞추어진 가운데 그에 대한 가장 비타협적인 접근방식을 보여주고 있다. 마키아벨리는 정치일반 혹은 국가 그 자체의 연구를 추구했다기보다는 정치의 극한 상황, 혹은 국가의 창업과 보존·확장을 둘러싼 전략과 행동의 효율성 문제에 집중함으로써 "모든 이론가 가운데 가장 정치적인"[4] 사상가였다.

마키아벨리는 민족국가의 형성기에 "민족의 위대성이라는 이상"을 논의한 "최초의 거대한 해설가"였다. 폴 자네(Paul Janet)의 표현처럼, "그는 정치를 민족단위로 변형시켰다." 국가는 거기서 스스로의 존재이유를 가지고 있으며, 다시 말해서 국가는 자신의 상위에 놓인 어떤 실체를 인정하지 않고 따라서 그에 의존하지 않은 채 자신의 존재에서 목적 그 자체를 가진다고 그는 주장했다. 그의 정당성이론은 중세의 "양검(兩劍)의 이론"이나 "왕권신수설"과는 상이한, 집체적 존재로서 정당성을 스스로 가진다는 것, 소위 "국가이

4) John Plamenatz, *Man and Society*, in 2vols,(New York: McGraw-Hill Co., 1963), vol. I, p. 26.

성"의 주장이다. 중세 말 법왕이 면책권을 활용하여 자연법적 한계를 벗어나려고 했다면, 마키아벨리는 이러한 절대주의적 성향의 다른 한 측면으로서 집체의 보존과 확장이라는 목적을 실현하기 위하여 세속적 지배자에게 절대주의적 존재권을 허용하였다. 그의 이론은 국가를 "주권체"로 이해하는 계기를 제공한 것이다. 자본제의 여명기에 그는 "민족적 삶이 새로이 형성되는 조건 속에서 사건들의 논리적 의미를 해석하려고 노력했다." 한마디로, 그의 사상은 당시 유럽사회의 전개과정에 담긴 일반적 경향에 대한 명확한 통찰력을 보여준다.[5)]

> "로마의 안전은 군대에 달려 있었으며… 그것은 어떤 대가를 치르고서라도 구해져야 하며, 그들의 나라의 방어는 명예롭게 혹은 비열한 수단을 쓰거나 간에 언제나 선한 것이다. 불의, 인간애와 잔혹함, 영광과 수치에 대한 어떤 고려도 무게를 갖도록 허용되어서는 안된다. 다른 모든 고려를 제외한다면 제기될 유일한 질문은 '어떤 행로가 나라의 생명과 자유를 구할 것인가?'이어야 한다."

마키아벨리가 대상으로 삼았던 인간은 고대나 중세의 사상가들이 상정했던 당위적 존재로서의 인간이 아니다. 오히려 그의 인간은 성 아우구스티누스가 전제로 삼았던 원죄적 인간, 즉 타락하고 사악한 인간에 가까웠다. 물론 마키아벨리는 인간의 사악한 성격이 부도덕하거나 구제불능한 것인가를 묻지 않는다. 그에게 인간의 모습은 세속적이고 이기적이며, 한마디로 경제적 동물일 뿐이다. 개체의 이기주의는 공동생활을 불가능하게 한다. 그렇다고 공동체의 구상은 그러한 개체를 상대로 하지 않고 사회를 이끌어갈 수 있는 것이 아니다. 공동체의 이익, 곧 공동선의 요구가 개체의 이익에 언제나 앞

---

5) George Sabine and Thomas Thorson, *A History of Political Theory*, 4th ed.(Hinsdale, Ill.: Dryden Press, 1973), p. 328.

서지 않는다면 공동체는 붕괴하고 해체되며, 그 결과 필연적으로 개체의 이익도 위험에 빠진다. 공동체의 안전을 그 자체로서 목적으로 설정한 그의 의도는 여기에서도 나타난다.

공동체의 존재가 따라서 다른 상위의, 혹은 자신 이외의 권위에 의존할 필요가 없이 정당화되는 것은 그 때문이다. 여기에 마키아벨리의 "국가이성"(ragióne di stato)이 등장한다. 이처럼 민족국가의 형성기에 국가의 자기정당성을 주창한 그의 사상은 주권이론의 효시를 이룬다고 할 수 있다.

그의 말처럼 국가가 그 자체로서 존재를 정당화한다고 하더라도 국가 스스로 최고의 목적이 될 수 있는가는 의문될 수 있을 것이다. 국가의 안전이 어떤 희생을 치르고서라도 지켜져야 한다는 것은 옹호될 수 있는 주장이겠지만, 일단 국가의 안전이 위협받지 않는 상황에 놓이게 되면 존재의 정당성 이상의 목적이 요청된다. 곧 국가의 번영과 확장, 그에 따른 구성원의 안락과 행복이 국가가 추구해야 할 상위의 목적이 될 수밖에 없다. 로마의 역사를 살펴보면서, 그는 국가란 끊임없이 확장하거나 아니면 쇠망할 것임을 지적하고 있다. 다른 나라의 정복과 영토의 확장은 본질적으로는 국가의 보존이라는 안전의 연장선상에 놓여있다는 것이 그의 숨어 있는 관점이었다. 그에게는 현대국가 또한 그 본질상 제국주의적인 것이다.

국가는 국내적으로는 사회적 생산의 재생산을 보장하는 일반적 조건을 마련하는 과제를 가지고 있다. 활발한 상업자본의 성장이라는 당시의 조건하에서 마키아벨리는 꿈틀거리는 생산활동을 조장하고 상품시장을 안전하게 확보하는 과제를 국가가 가지고 있음을 직시하였다. 국가의 경제정책이란 국내적인 상공업을 보호하고 장려하여 시장경제의 성장을 추진하는 데 한정함으로써 마키아벨리는 자본제의 문턱에서 역사적으로 요구되는 자유방임(laissez-faire)의 정책을 옹호하였던 것이다.

제 3 절 마키아벨리의 사상분석

마키아벨리는 인간을 있는 그대로 받아들이고 이 전제 위에서 정치와 국가의 기능을 논의하고 있다. 곧 그에게 중요한 질문들은 다음과 같은 것들이다. 인성이란 어떤 것인가? 상황이 요구하는 필연(necessità)은 지도자에게 어느 정도의 행동의 자유를 허용하는가? 지도자가 자신의 목표를 추구하는데서 그는 어떤 기준에 따라 자기의 행동을 평가할 것인가? 그리고 지도자의 궁극적인 목표는 무엇이어야 하는가?

1. 진정한 것보다는 보이는 것이 중요하다

먼저 마키아벨리는 외부지향형 인간의 시대를 그의 시대의 전형으로 삼는다. 지도자는 자신의 심성을 알리는 것보다 남이 좋게 평가하는 속성을 마치 자신의 진정한 심성인 양 드러내 보여야 한다고 그는 주장한다. 인간이 의도한 진정한 심성은 알 수 없거니와 지도자의 경우 그보다도 행위의 결과가 중요한 것이기 때문에 그는 자신의 진정한 심성으로 인해 민중의 호의를 잃지 않도록 이를 감추고 드러나지 않도록 유념해야 하며 오히려 그럴듯한 외관을 진정인양 포장하지 않으면 안된다.[6)]

"그렇다면 상상의 군주들에게만 관계되는 것들은 그만두고 실

6) *Il Principe*, ch. XV.

> 제의 군주에게 관심을 가져오는 것들을 말한다면, 나는 인간들, 특히 높은 위치에 놓인 군주들에게 칭찬이나 비난을 가져오는 어떤 자질로 유명하게 만드는 것을 말한다. 하나는 관대하고 다른 하나는 인색한(misero) 것이며, 하나는 활수하고 다른 하나는 약탈적이며, 하나는 잔인하고 다른 하나는 자비로우며, 하나는 약속을 깨고 다른 하나는 믿을 만하며, 하나는 연약하고 소심한 반면 다른 하나는 사납고 의기충천하며, 하나는 인간적이고 다른 하나는 오만하며, 하나는 음탕하고 다른 하나는 정절을 지키며, 하나는 솔직하고 다른 하나는 기만하며, 하나는 엄격하고 다른 하나는 너그러우며, 하나는 진지하고 다른 하나는 경박하며, 하나는 신앙심이 깊고 다른 하나는 무신앙적이며 등등의 자질을 가진 것으로 생각된다."

소위 L. Strauss가 "위대한 전통을 뿌리뽑기 시작한" 것으로 보았던 「군주론」 15장은 그 증거로서 예증이 하나도 없는 유일한 장이라는 데서 특징적이다. 그가 격렬하게 비난했던 "악마의 손에 쥐어진 필봉"은 과연 반도덕적인 교의를 설파하고 있는가? 혹은, 보다 넓은 지평에서 본다면, 마키아벨리의 사상은 도덕 또는 종교와 어떤 관계에 놓여있는가?

먼저 마키아벨리는 슈트라우스가 논의한 바로 15장에서, 그리고 그 어디에서도 도덕이 있음과 중요성을 결코 부인하지 않는다는 점을 분명히 할 필요가 있다. 이 세상에는 인간이 따라야 할 도덕이 있으며 가능한 한 이를 실현하는 것이 바람직하다는 것은 그의 일관된 입장이라 할 수 있다. 단지 마키아벨리가 다른 사상가들과 차별성을 가지고 말하고 있는 것은 그가 "다른 사람의 의견과 다른" 것을 인정하면서 "상상의 사안보다 사안의 진정한 사실에 들어가는 것이 더 온당한" 이유로 유용성의 문제를, 즉 현실의 정확한 파악, 그리고 그 위에 행동의 지침으로 유용성을 그의 의도의 중심에 두

고 있기 때문이다.[7]

> "많은 사람들은 현실에서 결코 존재하지 않았던 혹은 보지 못했던 공화국과 군주국을 상상하고 있다. 우리가 어떻게 살고 있는가는 우리가 어떻게 살아야 하는가와 너무 멀리 떨어져 있기 때문에 무엇을 도덕적으로 해야 할 것인가를 위하여 무엇을 할 것인가를 포기하는 사람은 자신의 보존보다는 오히려 파멸을 가져온다는 사실을 배우게 될 것이다."

한마디로, 그는 정치현상을 접근하는 데 정의를 내리고 당위의 세계를 논의하는 것에 만족했던 중세의 전통을 철저히 벗어났다. 이 점에서 슈트라우스의 분노는 옳았다. 그렇다고 그가 도덕의 있음, 그리고 심지어는 도덕의 중요성을 방기했는가? 마키아벨리에게 정치의 영역은, 더구나 한계상황의 절박한 요구가 당시에 일반화했던 시대에서, 정치의 과제를 도덕의 수준으로 끌어올릴 만큼의 여유를 허용하지 않는다고 보였다. 정치의 모든 문제는 상황의 요구(necessità)가 제기하는 지평 속에서 평가되어야 했다. 물론 이 평가는 역사적 평가보다도 시대적 평가를 중요시한 관점이지만, 마키아벨리에게는 후자는 전자에로 이어진다는 확신이 깔려 있었다. 도덕과 어긋나는 행동이 요구될 만큼 그 이외의 수단이 무력하게 된 긴급한 상황하에서 지도자는 승리를 위한 결단을 내리고 행동에 들어갈 수밖에 없다. 그것은 지도자에게 선택을 허용하는 문제가 아니라 필연(necessità)이 강요하는 상황이며, 국가의 보존과 번영은 그의 결단에 의존하고 있는 의문될 수 없는 이해문제, 곧 절대선이었다.[8]

> "그러므로 자신을 유지하고 싶은 군주는 사안의 필연(nece-

7) Ibid.
8) Ibid.

ssità)에 따라 어떻게 선량하지 않을 것인가를, 그리고 이 지식을 사용하고 사용하지 않을 것인가를 배우는 것이 필요하다."

"위에 언급한 선량한 자질이라고 알려진 모두를 군주가 소유한다는 것은 매우 칭찬할 만하다고 모두가 받아들인다는 사실을 나는 알고 있다. 그러나 인간의 조건이 허용하지 않으므로 이 모두가 소유되거나 준수될 수 없는 이상, … 그는 나라를 잃게 할 악덕의 추문을 피할 만큼 충분히 신중할 것이 필요하다. 그러면서도 그는 그러한 악덕의 추문 없이는 국가를 구하는 것이 어렵다면 결코 추문을 개의치 말아야 한다. 왜냐하면, 깊이 고려해 볼 때, 덕성으로 보이는 것을 따라갈 경우 자신의 파멸이 되는가 하면 악덕으로 보이는 다른 것은 자신에게 보다 강고한 안전과 번영의 결과를 가져온다는 사실이 알려지기 때문이다."

우리는 마키아벨리가 도덕, 나아가 종교의 가치와 중요성을 얼마나 옹호하여 논의하고 있는가의 문제를 뒤에 다시금 살펴볼 것이다. 여기서는 우선 그가 사회적 통념으로서 도덕을 중요시하고 수용하고 있다는 것을 지적하는 것만으로 충분할 것이다. 그가 도덕률을 벗어난 군주의 재량을 인정했던 것은 가치의 수준에서가 아니라 현실의 상황이 강요한 필연의 수준에서였다. 그리고 그러한 경우마저도 마키아벨리는 군주에게 기성도덕의 위반을 최소화함으로써 그에 대한 저항을 통제할 수 있도록 "신중"을 요구했다. 마지막으로 그는 도덕도 신중함도 뿌리쳐야 할 긴급한 상황의 경우를 국가의 보존이라는 목적에 종속시키고 있을 뿐이다. 왜냐하면 국가의 보존은 그 안에 살고 있는 모든 사람의 생명과 재산, 그리고 번영의 문제이었기 때문에 그 자체가 지상의 목적이었기 때문이다. 그에게 국가목적은 그 어떠한 도덕과 종교, 공동선, 개인의 자유 등, 기타의 고려사항도 그에 대항하여 설 수 없는 최고의 도덕이며 종교 그 자체일 뿐만 아니라 그 이외의 정당성의 근거를 필요로 하지 않는 존재이었던 것이다.

2. 속물적인 대중의 보수성

마키아벨리가 기성도덕의 외관을 유지하는 데 열심이었던 것은 바로 인간의 보수성 때문이었다. 마키아벨리는 인간일반은 모두가 동일한 유의 존재이며, 인간의 정념과 욕구는 따라서 비슷하다고 생각했다.[9)]

> "어느 누구도 남이 해놓은 것을 성취하지 못할까 두려워하지 말게 하라. 왜냐하면 모든 인간은 동일한 방식으로 태어나고 살아가며 죽기 때문에, 따라서 서로가 닮았기 때문이다."
>
> "과거와 현재를 연구하는 누구라도 모든 국가와 인민들이 동일한 욕구와 정념에 의해 언제나 충전되었다는, 그리고 현재도 그렇다는 사실을 쉽게 관찰할 수 있기 때문에 과거에 대한 부지런한 연구를 통해 어떤 공화국에서 미래에 일어날 가능성이 큰 것을 예견하고, 고대에서 사용되었던 처방을 적용하거나 고대인들이 사용했던 어떤 것도 찾아내지 못하면 사건의 유사성으로부터 새로운 처방을 고안해내는 것은 쉽다."

인간 일반이 동일한 욕구와 정념을 가지고 있다는 것은 지도자가 바로 인간의 마음을 읽어낼 수 있는 전제가 된다. 그들은 이기적인 나머지 언제고 이윤추구적이며, 따라서 지도자는 "모든 인간이란 나쁘며 기회가 주어지면 언제나 그들의 사악한 성품을 드러낼 준비가 되어 있다"고 가정하고서 국가를 창업하거나 기타 위업을 이루려면 시작해야 한다고 주장한다.[10)] 문제는 이기적이고 사악한 품성

---

9) *Discorsi*, Bk. I. ch. XII; Ibid., ch. XXXIX.

10) Ibid., Bk. I, ch. III.

을 감추고 있는 인간은 그러나 진실보다는 외관에 의존해서 자신의 판단을 내리는 경향이 있다는 데 있다.[11)]

> "그[군주]는 완전히 자비, 믿음, 일관성, 인정, 선심이 깊은 것처럼 보여야 한다. 특히 마지막 자질을 갖춘 것처럼 보이는 것보다 더 필요한 것은 없다. 왜냐하면 인간 일반은 손보다 눈으로 더욱 판단하는 법이며, 모든 사람이 볼 수 있지만 [진실을] 느낄 수 있는 사람은 극히 적기 때문이다. 모든 사람은 그대의 외관상의 모습을 볼 것이며, 그대의 진실한 존재를 느낄 수 있는 자는 거의 없다. 그리고 이들 소수는 자기를 방어할 수 있는 국가의 주권을 가진 다수에 감히 반대하지 못할 것이다."
>
> "… 속물적 대중(vulgar)은 언제나 외관과 사건의 쟁점에 붙들린다. 세계는 속물적 대중으로 구성되어 있으며, 속물집단에 속하지 않는 극소수는 다수가 군주에게서 결집의 중심을 가질 때 고립된다."

여기서 마키아벨리는 지도자에게 속물적 대중의 보수성을 적극적으로 활용할 것을 권고한다. 만약 그렇지 못할 때에는 그는 부질없이 대중의 저항에 부딪칠 뿐만 아니라 사실상 자기의 의도를 관철해낼 수도 없게 된다. 곧 지도자는 속물적 대중의 판단을 경멸하고 자신의 의지를 관철시키는데 그들의 의견을 무시해도 좋겠지만, 그들의 정서를, 특히 보수적 성향을 고려하여야 하며, 국가를 창업하거나 모든 것을 개조하는 개혁에 들어가면서 "최소한 낡은 형태의 외관을 유지해야 한다." 특히 그는 "기존의 법이나 기존의 세금[제도]에 어떤 변형도 만들어서는 안된다"[12)]고 매우 구체적으로 경고하고 있다.

---

11) *Il Principe*, XVIII.

12) *Discorsi*; Bk. I, ch. XXV; *Il Principe*, ch. III.

이에 덧붙여 마키아벨리는 인민을 다소 경멸적인 언사를 사용하여 묘사한다. 예컨대, 인민이란 그들에게 부과될 큰 해악에 대해서는 쉽게 잊어버리고 굴복하면서도 작은 피해를 입으면 그에 대해 잊지 않고 보복하려 드는 존재이다. 이러한 이유로 다른 나라를 정복한 지도자는 그에 대한 자신의 잔인함을 한꺼번에 보여주고 그 이후에는 조그마한 혜택을 두루 나누어 줌으로서 피정복인민의 마음을 얻을 것을 제안하고 있다. 특히 혜택을 한꺼번에 많이 베풀어 주는 것은 현명하지 못하다. "혜택은 조금씩 허용되어야 한다. 그래야만 그들[정복된 인민]이 더 잘 향유할 수 있을 것이다."[13]

인민의 어리석은 판단력은 그들이 건강한 상태에 놓여있을 때에도 크게 다르지 않다. 견고하게 세워진 좋은 공화국에 있어서도 시간이 지남에 따라 오랜 평화와 지속된 질서에 지친 결과 인민 사이에는 불화가 찾아오게 된다. 그것은 "긴 기간 동안 자유의 조용한 향유는 불가능하기"[14] 때문이다. 이 무렵 공화국에는 탁월한 인물은 무시되고 따라서 사회의 "일반이익을 증진시키기보다 대중을 즐겁게 하려는" 사람들을 선택하는 경향이 노골화한다.[15] 곧 장기간의 평화와 화합은 부패한 인민을 낳으며, 공화국은 대중추수 등의 populism이 지배하는 사회로 변질된다. 이러한 조건 위에서 케사르와 같은 선동가가 나타나고, 그가 공화국을 위기에서 구하는 대신에 자신의 이익을 위해 파멸에로 이끄는 동안에 인민은 이를 열렬히 환영하는 나머지 이미 그 내용에서 공화국이 사망했음을 확인해주는 의식을 치른다.

마키아벨리는 르네상스적인 거대인간에의 경외 때문에 인민에

13) *Il Principe*, ch. VIII.
14) *Discorsi*; Bk. II, ch. XIX; *Il Principe*, ch. III.
15) Ibid., Bk. III, ch. XVI; Ibid., Bk. II, ch. XXII.

대한 인색한 평가를 하고 있지만, 그렇다고 그는 다른 하나의 대립적인 평가, 즉 인민에 대한 무한한 믿음을 포기했던 것은 아니다. 부언하면, 그는 군주·귀족과 비교할 때 인민이 훨씬 더 신뢰될 수 있는 대상이며, 그것은 전자는 압제를 원하지만 인민은 단지 이를 벗어나려는 욕구만을 가지고 있기 때문이라고 설명하고 있다.16) 실로 그는 "인민의 사랑 위에 건설된 요새가 최선의 것"임을 확신한다.17)

물론 여기에는 하나의 조건이 필요하다. 인민은 스스로 신뢰될 수 있는 존재가 아니다. 그들은 단지 필연(necessità)에 의해 강요될 때 가장 튼튼한 신뢰의 축이 될 수 있을 뿐이다. 그리고 그러한 역할은 지도자의 임무에 속한다. 지도자는 자신을 중심으로 구심점을 이루어야 한다. 지도자는 자신의 군대를 가지고 인민이 흔들리지 않고 보호될 수 있도록 할 수 있는 능력이 있어야 하며 인민에게 올바른 행동의 길을 안내할 수 있어야 한다. 그렇기 위해서는 좋은 법, 즉 인민을 방종으로 흐르지 않고 자유를 누릴 수 있도록 해주는 제도적 기제가 필요하다. 한마디로, 인민이 지도자의 필요를 느끼고 그를 요구할 수 있도록 어떤 수단을 찾아내야 하며 오직 그때에만 인민은, 멋대로 흩어져 자기이익만을 추구하는 "대중"이 아닌, 하나의 의지 아래 뭉쳐진 집체를 이룰 수 있는 것이다. 여기서 우리는 뒤에 루소가 개념화한 "인민"의 의미를 마키아벨리가 매우 밀도가 높은 내용으로 제공하고 있는 것을 본다.

---

16) Cf. Ibid., Bk. I, ch. LVIII; Bk. III, ch. XXIX.

17) *Il Principe*, ch. XX.

3. 정치의 영역은 사랑, 그러나 그보다도 두려움으로 실현된다

마키아벨리가 주목한 정치현상은 일상적이고 정상적으로 일어나는 상황이 아니다. 그러한 상황에서 기대되는 도덕과 행동은 누구에게나 기대될 수 있는 종류의 내용일 뿐이다. 오히려 우리가 유념해야 할 문제는 그러한 상황을 예견하고 마련한 처방이 실제의 구체적인 사건을 대응하기에는 너무도 무력하고 교과서 처럼 공허할 뿐만 아니라 차라리 이를 따르면 자신의 파멸로 나아가게 되는 어리석은 지침이 되는 역설(paradox)에 있다. 곧 정치의 영역은 상황의 긴박성과 강제성(necessità)이 지배하고 있으며, 이 영역에서 중요한 것은 행위자의 의도가 아니라 그것이 가져오는 결과이다. 정치의 영역은 윤리가 지상의 목표인 도덕과는 엄격히 구분되는 행동의 영역이며, 행위자의 결단과 추진력이 다수의 사람에게 영향을 미치는 불가피한 선택의 문제에 직면해 있다.

이러한 까닭에 그의 「군주론」 17장 "냉혹함과 관대함에 관하여, 그리고 사랑받는 것과 혹은 두렵게 만드는 것 가운데 어느 것이 나은지에 관하여"라는 유명한 논의가 나온다. 마키아벨리의 논의는 마치도 세간의 평가와 기대와는 정반대로 진행되어 그가 마치 냉혹함과 두려운 대상 그 자체를 경외하는 듯한 인상을 주고 있기 때문에, 사람들은 그를 일러 냉소적인 풍자가가 아니라면 악을 선양하는 부도덕한 저술가라고 비난할 수 있다.[18)]

"체사레 보르지아는 잔혹한 자로 간주된다. 그러나 그의 잔혹함은 로마냐에 질서를 가져왔고 이 나라를 단결시켰으며 평화와 충성

18) Ibid., ch. XVIII.

에로 굴복시켰다."

"… 인간을 두렵게 하면서 동시에 사랑을 하도록 해야 한다. 그러나 이 양자를 함께 하도록 하는 것이 어려운 까닭에 하나를 결여해야만 한다면 사랑받기보다는 두렵게 하는 것이 훨씬 안전하다. 왜냐하면 인간 일반은 고마워할 줄 모르고 변하기 쉬우며 위선자이며 위험을 피하려고 열심이면서도 이익을 탐내는 존재라고 말할 수 있기 때문이다."

이미 마키아벨리의 대중에 대한 낮은 평가를 언급했지만, 그의 눈에 보인 인민의 "일반의지"는 눈앞의 이익에만 급급하며 "대중은 환상적인 선에 속아 종종 자기자신의 파멸을 갈망하는"존재이다.[19] 대중의 여론은 그만큼 무책임하고 단기적인 목표에만 갇혀 있다. 개별이익만을 그것도 단기간에 상취하려는 데 열심인 대중을 만족시키기 위해선 최소한의 외관을 존중하고 유지하는 것이 필요하다. 그러나 여기서 제기되는 정치의 궁극적으로 중요한 문제로 — 그리고 마키아벨리의 온 정신은 이곳에도 향해 있다 — 국가의 존립, 즉 모든 인민의 삶의 조건과 행복의 기초인 국가의 운명에 대항하여 제기되는 기성의 윤리, 대중의 여론, 허튼 명망의 실체를 어떻게 할 것인가에 있다. 그리고 마키아벨리의 선택은 신속하고 명백하다. 그의 결론은 부도덕한 것처럼 보인다. 그럼에도 불구하고 그는 제기되는 가장 엄중하고 긴박한 정치의 핵을 다루고 있을 뿐 한가한 평론가의 넋두리를 개의치 않는다. 그것은 인민의 장기적인 혜택, 즉 국가의 안전과 번영을 통한 인민의 만족과 지지에 근거하고 있다.[20]

"군주는 자신의 신민이 단결하고 충성하도록 하려는 목적으로 잔혹하다는 비난을 초래하는 것을 개의치 말아야 한다. 왜냐하면

19) *Discorsi*, Bk. I, ch. LIII.
20) *Il Principe*, ch. XVII.

> 몇몇 극소수의 예에서 보듯이 과도한 온화함으로 사회혼란이 일어나는 것을 방치하고 그 결과 살육과 약탈이 야기되도록 한 자보다 더 자비로운 자일 것이기 때문이다. 왜냐하면 후자는 일반적으로 전체공동체에 해악을 가져오지만 군주가 결행한 처형들이란 개인들에게 해악을 가져온 것에 불과하기 때문이다."

사랑과 공포에 관한 그의 비유도 마찬가지의 논리에 서 있다. 어느 누가 관대해보이고 사랑받는 지도자로 인정받기보다도 잔혹해 보이고 두려운 대상이 되기를 자청하겠는가? 여기서 제기되는 문제는 누가 다가오는 위기를 대처하기 위해 자신의 힘을 준비하고 기회가 왔을 때 정력적으로 국가의 안전을 지켜낼 것인가이지 누가 더 도덕적이고 사랑받을 수 있는가가 아니다. 마키아벨리에게 모든 인간행위의 평가는 정치의 영역에서 이루어지고 있다. 그리고 정치의 영역은 국가의 안전에 관련되어 있으며, 보다 협소하게 말한다면 공화국의 자유를 증진하는 데 관련해 평가할 문제에 다름 아니었던 것이다.

마키아벨리의 시대는 주권이 주권자의 속성이었듯이 국가의 안전은 군주의 안전과 동일시되었다. 인민의 사랑도 위급한 시기, 즉 필연(necessità)이 강요하는 급박한 상황하에서 국가의 안전을 위해서 얼마나 유용한 것인가를 그는 묻고 있다. "그들[인민]의 말에만 의존하면서 다른 준비들을 해놓지 않은 군주는 파멸한다." 물론 군주는 국제관계에서 동맹세력을 든든하게 만들고, 국내적으로 자국군대를 잘 훈련시키고 전쟁시기를 대비해 생필품을 비축하며, 내외에 신심이 두터운 지도자로서 명성을 쌓아야 한다. 그러나 이 모든 준비에도 불구하고 마지막의 대회전에서 인민이 그의 주위에 결집하여 끝까지 싸워주지 않는다면 국가를 잃게 될 수 있다. 이러한 비상상황을 염두에 두고 그는 역설적으로 보이는 위의 비유법을 사용하고 있다. 누가 두려움만으로 자신의 죽음에 이르기까지 싸워줄 것인가? 군주에 대한 사랑과 존경, 아니 오히려 군주에 대한 무한한 믿음이 두려움을 넘어 그를 죽음에로 이끌지 않겠는가? 결국 사랑과 두려움은 선택의 문제가 아니다. 그러나 그의 비유법의 배후에는 최후의 결전을 앞둔, 진지하다기보다는 너무도 비장한 순간의 결의가 포착되어 있다.[21)]

인간은 자신을 두려운 존재로 만든 자보다 사랑받게끔 만든 자를 불복하는 것을 덜 주저하게 될 것이다. 왜냐하면 사랑이란 인간이 이기적인 나머지 자기의 목적에 기여할 때에는 언제고 깨뜨려지는 의무의 사슬로 유지되기 때문이다. 그에 비하여 두려움은 결코 실패하지 않는 처벌의 공포로 유지되는 것이다.

정상적인 상황하에서 지도자는 두려운 존재일 필요는 없다. 그는 두려운 존재이어서는 안된다. 마키아벨리가 이야기하고 있는 것은 단지 극한상황하에서 두려움이 가져올 수 있는 긍정적 효과임을 잊어서는 안된다. 그것은 평화시에 예비되어야 할 비방(秘方)일 뿐이다. 평화시에 지도자가 두려운 존재로 노출된다는 것은 처방의 과잉이다. 그러나 어떤 경우에도 지도자는 증오의 대상이 되어서는 안된다. 처방의 과잉은 증오의 원인으로 발전할 수도 있다. 마키아벨리가 염두에 둔 증오되는 이유는 대략 두 가지이다.

첫째로 증오되는 경우는 인간의 생명, 재산, 명예에 관련된다. 르네상스의 인간은 더 이상 전체에 매몰된 무의식적인 개인이 아니다. 인간의 생명을 빼앗거나 해악을 끼칠 때에는 피해의 범위에 든 사람들은 이들 범죄자에 대해서 의식적으로 증오하게 될 것이다. 그러나 이미 말했듯이 학살과 같은 대규모의 범죄에 대해서는 인간은

---

21) Ibid.

쉽게 용서하기 마련이다. 그러나 인간의 재산에 대한 침해는 결코 보상할 수 없는 감정을 박탈된 자의 가슴에 심어놓는다.[22)]

"군주가 신민에게 가할 수 있는 여러 해악들은 신민의 재산, 신민 자신, 혹은 그의 명예에 관한 시도로 구성된다. 그 개인에 대한 해악의 문제에 있어서는 위협은 처형보다 나쁘다. 실로 협박은 단지 위험을 낳는다. 처형의 경우에는 죽은 사람은 스스로 보복할 수 없으며 대부분의 경우 살아남은 자들도 복수심을 사자와 함께 매장하도록 허용하기 때문에 [보복할] 아무도 없다. … 이러한 종류의 해악 이외에는, 인간의 재산과 명예는 그가 가장 날카롭게 민감한 쟁점이다. 그렇다면 군주는 이들에 관여하는 것은 피하도록 가장 유념해야 한다."

"이와 같이 첫번째[Servius의 죽음: Ancus의 아들들이 Tarquinius를 살해한 사건]는 자기재산을 박탈당한 자들이 살아있는 동안 결코 안전할 수 없다는 사실을 모든 군주들에게 보내는 경고로 쓰일 수 있을 것이다."

"내가 말했듯이 약탈적이고 그의 신민의 재산과 부인을 빼앗음으로써 그는 주로 증오받게 될 것이다."

"그러면서도 군주는 그가 사랑을 확보할 수 없다면 최소한 증오를 피하는 방식으로 자신을 두렵게 만들어야 한다. 왜냐하면 두려움과 증오의 결여는 함께 진행할 수 있으며, 그가 시민과 신민의 재산이나 그들의 부인에 끼어드는 것을 자제함으로써 언제고 얻어질 수 있는 것이다. … 그러나 무엇보다도 남의 재산을 빼앗는 것을 자제해야 한다. 왜냐하면 인간이란 자신의 상속재산을 잃는 것보다 아버지의 죽음을 더 쉽게 잊기 때문이다."

그러므로 지도자는 증오받게 하는 모든 원인을 피하도록 힘써야 한다. 그러나 지도자가 피해야 할 최악의 상황은 증오되는 것보

22) *Discorsi*, Bk. III, ch. VI; Ibid., Bk. III, ch. IV; *Il Principe*, ch. XIX; Ibid., ch. XVII.

다 경멸되는 것이다. 왜냐하면 증오의 경우 여전히 지도자에 대항하려는 범죄자들에게 극한적인 용기를 요구하기 때문에 그들의 의도를 실행에 옮긴다는 것은 매우 예외적인 데 비하여, 경멸된 지도자에 대해서는 불특정의 다수가 이미 범죄를 결행할 의욕을 자극받기 때문이다. 이런 점에서 마키아벨리는 증오되고 나아가 경멸되었던 코모두스의 살해는 이미 예고된 것이었다고 술회했다.[23)]

둘째로, 첫번째의 증오의 경우와는 달리 자유국가에서 나라를 상실한 민족이 품게 되는 증오의 감정이 있다. 이 두 번째의 경우, 마키아벨리는 해결책이 그리 간단치 않다는 것을 경고한다.[24)]

> "인간이 그들의 군주에 대항하여 음모를 꾸미는 또 하나의 그리고 여전히 강력한 동기가 있다. 그것은 군주에 의해 예속된 전제정으로부터 그들의 나라를 해방하려는 열망이다. 이 열망이 케사르에 반대하여 부르투스와 카시우스를 불러일으켰다. … 그리고 어떤 전제라도 이러한 공격에 대항해서, 그가 자진해서 자신의 찬탈을 포기하는 것을 제외하고선, 자신을 안전하게 할 수는 없다. 그러나 어느 누구도 이러한 [예외적인] 길을 걷지 않을 것이므로 나쁜 결말로 끝나지 않는 사람은 거의 없다."

자유의 파괴자, 공화국의 교살자에게 내린 마키아벨리의 심판은 명백하다. 그는 자신의 파멸 이외에는 해결할 수 없는 길로 들어선다는 것이다. 그는 마치 유명한 풍자가라는 명성을 증명이라도 할 듯이 다른 곳에서 몇 가지 치유책을 내놓고 있다. 즉 스스로 그 나라에 가서 살던지, 그 나라를 완전히 황폐하게 만들어버리던지, 아니면 원주민 모두를 죽이라는 것이다.[25)] 그로부터 그는 아무런 물질

---

23) Cf. *Il Principe*, ch. XIX.

24) *Discorsi*, Bk. III, ch. VI.

25) Cf. Ibid., Bk. II, ch. XXIII; *Il Principe*, ch. V.

적 이득을 정복으로부터 얻지 못하거나 소득없는 거추장스러운 일을 떠맡은 처지에 빠질 것이라고 마키아벨리가 생각했음이 분명하다. 그렇다면 정복자는 과연 무엇 때문에 자유공화국을 유린하였는가 하고 스스로 자신의 행위에 대해 회의할 것이 예상된다.

4. 마키아벨리의 '공화국'(repùbblica)

정부형태의 변화를 설명하는데 마키아벨리는 로마의 폴리비우스를 따라 순환론적 역사관을 이어받은 것으로 보통 알려져 있다. 또한 그는 폴리비우스처럼 혼합정부가 긴 안목에서 볼 때 가장 안정되고 견고한 정부형태로 보았으며 그 예로 스파르타와 로마공화국을 들고 있다고 간주되었다. 그러나 실제는 이와 다르다. 마키아벨리는 결코 혼합정부를 최선의 정부로 이상화하지 않았으며, 오히려 공화정부에 대한 그의 믿음과 선호는 의문의 범위를 넘는다. 그가 플라톤과 아리스토텔레스 이래 일반화된 종래의 분류방법에서 급격히 이탈하여 군주국과 공화국에로의 정부형태의 이분법을 창안했던 배후에는 그의 급진주의적 성향뿐만 아니라 순수형태에 대한 그의 선호가 감추어져 있는 것처럼 보인다.

우선 마키아벨리는 플라톤과 아리스토텔레스가 그러했던 것처럼 모든 국가는 선한 정부에서 전도된 정부로 전환된다고 생각했다. 그들의 삼분법은 6가지 정부형태가 거쳐가는 순환과정의 설명방법이었다. 물론 이런 와중에서 각각의 정부는 정통성과 효율성 차원에서 어느 정도 장점을 가지고 있을 수도 있겠지만, 그는 최선의 정부는 공화정부이며 로마공화정 — 그리고 상당 정도 스파르타도 또한 — 은 그 전형이 된다고 생각했다. 그러나 그는 그 어디에서도 이상국가를 정식화하지는 않았다. 그럼에도 불구하고 우리는 그의 논의 가운데서 이상국가의 모습을 그의 의도를 왜곡하지 않으면서도 어느 정도 재구성함으로써 그 윤곽을 통해 들여다볼 수 있을 것이다.

먼저 국가를 창업하는 일은 매우 어려운 작업이며, 그 자체가 위대한 성취라고 그는 생각했다.[26)]

> "찬양되는 모든 사람들 가운데 가장 가치있는 자는 종교를 만들어내고 세운 자, 그 다음에는 공화국이나 왕국을 창업한 자의 순서이다. 이들 다음으로 가장 기억되는 자는 군대를 지휘했던, 그리고 그가 속한 왕국이나 나라의 영토를 넓혔던 자들이다. 이들에 뒤이어 문예인이 덧붙여질 수 있지만, 그들이 다양한 종류였던 만큼 그들 각각의 탁월성 정도에 따라 그들은 상찬된다. 다른 모든 자들—그들의 숫자는 무한하다—은 그들의 기술과 직업에 적합한 칭찬의 몫을 받는다."

마키아벨리에게 국가의 창업자가 종교를 세운 자만큼 높은 평가를 받게 되는 이유는 분명하다. 국가 그 자체의 존재에 그는 최고 가치를 부여하고 있기 때문이다. 그러한 까닭은 다수의 삶의 안전과 행복이 국가에 달려있을 뿐 아니라 현대의 국제관계에서는 개인의 중요성보다는 국가단위의 활동과 영향이 중심변수가 된 것과 관련된다. 그런 의미에서 헤겔이 마키아벨리를 일러 정치철학에서 현대의 문을 열었다고 평가했던 것은 적절한 것이었다.[27)] 실로 마키아벨리가 제기한 '국가이성'(ragióne di stato)는 기존상황하에서 국가의 자기정당성, 자기목적성이 최소명제임을 재확인한 것이다. 국가이성

26) *Discorsi*, Bk. I, ch. X.

27) Georg Hegel, *Vorlesungen über die Philosophie der Geschichte*(Frankfurt am Main: Suhrkamp Verlag, 1970), IV, ii, 3, S. 482. 마키아벨리는 "최고의 의미에서 국가형성의 필연성을 가지고 시대의 상황하에서 국가가 형성될 수 있는 원칙들을 제시했다."

은 국가의 존재와 목표가 모든 행위의 최종적인 기준이 되어야 한다는 의미에서 막스 베버의 '목적합리적 행위'(zweckrationaler Handeln)의 수준에 있으며 그것은 "목적, 수단, 부수결과를 알게 되고 목적에 대한 수단, 부수결과에 대한 목적과 마찬가지로 최종적으로는 다양한 가능한 목적들 상호간을 합리적으로 신중하게 고려할" 것을 요구한다.[28]

실로 국가의 창업이나 부패한 국가에서의 개혁은 지난한 과제이다. 또한 이 사업은 오직 단일목적적인 집중력을 요구한다. 마키아벨리는 이러한 사업의 성패가 창업자 혹은 개혁가의 단일의지에 모든 것이 달려 있는 문제로 이해했다. *Discorsi*, 제 1 권 9장에서 그는 "새로운 공화국을 창업하거나 기존공화국의 구제도를 완전히 개혁하려는 사업은 오직 한 사람만의 작업이어야 한다"고 선언한다.[29]

> "… 오직 한 개인에 의해서 이루어지지 않는 한 공화국이나 왕국은 잘 만들어지지 않으며, 또는 국가의 남은 제도들의 개혁도 되지 않는다. 혹은 이를 인정하더라도 매우 드물다.… 그러므로 공화국의 현명한 입법가는 그의 목적이, 자신의 사익이 아닌, 공공선의 증진에 있으며 그의 후계자들보다 그의 나라를 선택하기 때문에 그 자신의 몸에 모든 권위를 집중해야 한다."
>
> "[부패한 공화국에서] 이들 제도의 결함이 모두에게 명백하게 되었을 때 이 모든 제도를 일거에 개혁하는 것에 관해서는, 그것은 가장 어려운 작업이다. 이를 해내기 위해서 정상적인 수단을 가지고는 충분치 않기 때문이다. 정상적 수단이란 그런 경우에 심지어는 해로울 수도 있으며 따라서 폭력과 무력 같은 비상수단에 호소할 필요가 있게 되며, 무엇보다도 자기 자신을 국가의 주인으로 만

---

28) Ernst Topitsch, *Sozialphilosophie zwischen Ideologie und Wissenschaft* (Neuwied am Rhein: Hermann Luchterhand Verlag, 1961), S. 96.

29) *Discorsi*, Bk. I, ch. IX.; Cf. Ibid., Bk. III, ch. XV.

들어 자기의 의지대로 재분배할 수 있어야 한다."

특히 부패한 국가에서 전면적 개혁을 통해 공화국의 자유를 회복하는 일은 더욱 어려운 나머지 거의 불가능한 듯 보인다. 그 이유는 과연 그 자체의 어려움보다도 과업을 실행할 지도자가 그가 맡은 과업의 성격과 맞아들지 않기 때문이다. 여기에 정치의 패러독스, 혹은 개혁이 성공하기에는 비현실적인 것이 되고마는 문제가 놓여 있다. 국가의 정치적 조건의 개혁은 선량한 사람을 전제로 하고 있는 데 반해 폭력에 의해 공화국의 군주가 되려는 것은 당연히 악인을 전제로 하고 있는 것이다.[30]

> "선량한 사람이 그의 최종목표가 선한 것이면서도 사악한 수단을 기꺼이 동원한다는 것, 혹은 군주가 된 이후 선한 목적을 위해 기꺼이 힘쓰려들고 사악한 수단을 통해 얻은 권위를 선한 목적을 위해 사용하겠다는 생각이 들게 된다는 것은 결과적으로 극단적으로 드물 것이다."

이 구절 속에서 마키아벨리는 정치의 수수께끼를 거론하고 있다. "사악한 인간이 선한 목적을 가질 수 있는가, 혹은 선량한 인간이 사악한 수단을 거리낌없이 동원할 수 있는 것일까? 그것이 가능하다면, 그것은 극단적으로 드문 현상이다"고 그는 추측하고 있다. 그렇다면 그는 그런 일은 결코 일어나지 않는다고, 다시 말해 흑백의 단순논리 위에서 선한 사람은 오직 선한 수단을 그리고 악한 사람은 단지 악한 수단을 즐겨 사용할 뿐이라고 단언함으로써 그의 도덕적 일관성을 보여주는 것이 더 설득력 있는 설명이 될 수 있지 않았을까? 그러나 그러한 해석은 정치의 논의가 아닌 백치의 귀결일 것이다. 오히려 정치의 영역은 불가능의 예술이 작동하는 변화무

---

30) Ibid., Bk. I, ch. XVIII.

쌍한 영역이며 때로는 행위자의 의도와 관계없이 결과가 발생하며 (不虞之譽), 부패한 국가에서 절대적 지배자의 등장은 — 매우 극단적인 경우이기는 하겠지만 — 공화국의 자유를 회복하는 서곡이 될 수도 있다는 것, 아니 그렇지 않고서는 결코 공화국의 자유는 다시 찾을 수 없으며 인간은 희망을 버릴 수 없는 존재이므로 바로 그 이유로 우리는 "국가의 주인"에게 정치의 수수께끼를 내맡기고 있다.

여기서 문제는 이 절대권력자가 부패하나마 존재는 유지하고 있는 국가의 파괴자가 될 것인가, 아니면 국가의 자유를 회복하는 구원자가 될 것인가이다. 마키아벨리는 환상적인 공상가는 아니었다. 그는 결코 전제자에게 커다란 희망을 헛되이 걸고 있지는 않았다. 그의 경고를 보라. "만약에 전제자가 왕성하여 그의 용기와 무용에 의해 영토를 넓히는 것이 어쩔 수 없는 운명이라면, 그것은 그 자신의 이익을 위해서일 뿐이지 국가의 이익을 위해서는 결코 아닐 것이다."[31]

사악한 심성에 덧붙여 자신의 영화와 야망이라는 사소한 목표에 몰두하는 존재가 대부분의 전제자들이라는 사실을 그는 망각하고 있지는 않았다. 그러나 마키아벨리는 케사르의 경우 모든 것이 너무도 가능하였기 때문에 그는 평정을 잃은 채 그가 다를 수 있기를 기대했다. 그리고 그는 실망 속에서 자신의 결론을 확인했다. 그 역시 또 하나의 비열한 전제자였을 뿐이다. 그는 공화국을 위기로부터 구해낼 수 있는 해방자의 명예를 얻어내는 대신에 멸망에로 이끈 자유의 파괴자로 저주받을 길을 택한 시시한 속물에 불과했다고 그는 평가했다.[32]

"그리고 거의 모든 인간들은 거짓된 선과 거짓된 명예에 속아

---

31) Ibid., Bk. II, ch. II.

32) Ibid.

서 칭찬보다 비난을 받게 하는 것들을 향하여 자진해서 혹은 무지한 나머지 휩쓸려가고 말았다. 자신에게 얻을 수 있는 불후의 영광을 가져올 공화국이나 왕국의 창업이라는 대업은 이처럼 [초라하게] 전제정으로 기울었다. 그들은 얼마나 위대한 영광, 명예, 안정, 만족, 마음의 평정을 박탈하는가를 느끼지 못한 채 그 반대로 무한한 오명, 불명예, 비난, 위험, 불안한 상태를 불러들였다."

"고대의 역사와 기록을 읽는다면, … 스키피오보다 케사르를 더 좋아하는 것은 불가능하다"고 그는 단언했다. 여기서 마키아벨리가 우리의 영웅적 심성에 호소하고 있는 것은 윤리적 열정 그것이다. 그는 반도덕적이거나 윤리와 분리된 정치의 권유가 아니라 국가목적이라는 공화국의 자유를 달성하기 위하여 진정한 인간의 공적 양심, 곧 덕성에 호소하고 있다. 그는 비열한 권력욕을 부추기거나, 그러한 현실을 옹호하지 않았다. 민족국가의 시대가 열리는 시기에 그는 다수의 안전과 복지를 책임지는 정치체의 삶, 나아가 이 집체 속에서 활활 타오르는 자유의 급류와 혼란까지도 필요한 것이라고 생각했다. 공화국만이 확보해줄 수 있는 최고의 덕목, 곧 자유는 결코 포기될 수 없는 이상이었으며, 따라서 자신의 노고와 희생을 개의치 않는 누군가가 공화국의 자유를 회복하기 위해서 일어서는 것은 필연적이라고 그는 믿고 싶어 한다. 그는 열망했다. "그리고 진실로 영광과 세계의 호의적 여론을 얻고자 열심인 군주는 부패한 나라를, 케사르처럼 철저하게 붕괴시킬 것이 아니라 로물루스처럼 다시 재건하기 위하여, 소유하기를 바래야 할 것이다"라고.

그는 국내적인 부패와 국제적인 노예화가 동시에 진행되고 있는 당시의 이탈리아를 아마도 역사상 최악의 필연(necessità)에 놓여 있다고 보았다.[33]

---

33) *Il Principe*, ch. XXVI.

"… 이탈리아에 천재의 위력이 인정되기 위해서는 이탈리아가 현재의 상태로 가라앉은 것이 필요했다. 곧 이탈리아는 히브리인들보다 더 노예화되었고 페르시아인들보다 더 압제를 받으며 아테네인들보다 더 흩어져 사는 것이 필요했다."

이 최악의 상황을 돌파하기 위해서, 이 위기를 기회로 붙잡아 이탈리아의 "해방자"가 될 인물로 그는 체사레 보르지아를 상정했다. 왜냐하면 로마냐를 점령하고 주위를 두렵게 했던 그의 성공은 모두가 그 자신의 용기와 군대에서 나왔기 때문이다. 그리고 그의 실패는 "그 자신의 잘못이 아니라 단지 운명의 가장 비상한 악의 때문이었다."[34]

그러나 그의 논의를 좀더 자세히 살펴보면, 마키아벨리는 보르지아를 홀로 선 인물이 아닌, 그의 아버지인 법왕 알렉산더 6세의 힘에 의해 올라선 사람이라는 사실을 잊지 않았다. 그 결과 그는 스스로의 힘에 의존하여 기초를 세우지 못했기 때문에 위기가 닥쳤을 때 더 이상 자신의 권력을 지탱해낼 수 없었다고 그는 지적했다. 그러한 근거에 서서 마키아벨리는 "운명에 의하여 그리고 남의 무력에 의하여 권좌에 오른 모든 사람들이 모방해야 할 전범(典範)으로 과거에 했던 것처럼 그를 공표하지 않을 수 없다"고 그는 보르지아를 회고했다. 그렇다면 그는 보르지아를 진정한 해방자의 가능성에서 보았던 것이라기보다는, 보다 정확하게는, 운명이 호의적인 동안에 한해서 강력한 지배자였을 뿐 위기의 상황을 타개해나갈 그의 덕성은 보이지 않는다고 그는 생각했던 것이다.

이에 유사한 묘사를 우리는 마키아벨리가 「군주론」을 헌정했던 "Il Magnifico" 로렌쪼에서 찾아볼 수 있다. 그는 단지 삼촌이었던

34) Ibid., ch. VII.

죠반니, 곧 법왕 레오 10세의 후원하에서 피렌체를 관리하고 있던 메디치가의 일원이었을 뿐 그의 능력은 보르지아에 미칠 바가 아니었다. 마키아벨리의 식견과 통찰력으로 보아 그런 위인에게서 이탈리아 통일의 위업을 기대하기란 거의 불가능하다고 믿었음을 의심할 수 없다. 그럼에도 불구하고 스페인 군대의 지원으로 공화국을 무너뜨리고 들어선 메디치 전제정치에서 과거 14년간 즐겼던 그의 관직을 되찾고자 하는 개인적인 욕망은 자신의 공화주의 신념에 비추어 확실히 비난받아 마땅한 것이었지만, 어떻든 그가 로렌쪼를 해방자로 추켜세운 것은 비현실적이었다.

극히 예외적인 상황이 그러나 로마의 창업과 관련하여 일어났다고 마키아벨리는 서술하고 있다. 창업의 전설에 관하여 로마는 아에네아스(Aeneas) 혹은 로물루스(Romulus)에 의해 세워졌다고 알려져 왔으나 그는 전자가능성을 부인한다. 왜냐하면 이방인에 의한 창업은 거주민의 자유를 박탈하여 영원히 자신의 의지를 주민에게 의존하지 않을 수 없게 만드는 반면, 로마는 "자유롭고 독립적인" 국가로 이해되기 때문이다. 로물루스는 아우를 죽이고 동료사령관을 살해한 사악한 인물로 묘사될 수도 있겠지만, 그는 공화국의 자유를 확보했다.[35]

> "현명한 사람들은 왕국이나 공화국을 창업하려는 목적으로 비상한 수단을 동원하는 사람을 결코 책망하지 않는다. 행위가 그를 비난할 때 결과가 그를 용서한다는 것은 잘된 일이다. 로물루스처럼 결과가 선했을 때는 언제나 그를 비난으로부터 면제해줄 것이다. 왜냐하면 비난받아야 할 자는 파괴의 목적으로 폭력을 동원한 자이지 자비로운 목적으로 이를 동원한 자가 아니기 때문이다. 그러나 입법가는 그가 맡았던 권위를 그의 상속자나 어느 누구에게도

---

35) *Discorsi*, Bk. I, ch. IX; *Il Principe*, ch. XVIII.

넘겨주지 않는 것이 충분히 현명하고 고결한 태도이다."

"인간의 행위, 특히 군주의 행위에 있어서는 거기에는 호소할 곳이 없기 때문에 목적은 수단을 정당화한다."

흔히들 마키아벨리의 윗 구절을 인용하여 그가 반도덕적인 교의를 설파하거나 부도덕한 인물로 규정하고 있지만, 우리는 이미 마키아벨리의 의도와 윤리적 입장에 대해 충분히 검토하였다. 그렇다면, 창업에 있어 구체적으로 지도자가 취해야 할 조치들과 창업의 조건은 어떤 것인가?

마키아벨리는 창업의 첫째 조건으로 "좋은 법과 좋은 군대"를 들고 있다.[36)]

"모든 국가들, 새로운, 낡은, 혹은 혼합된 국가의 기본적 기초는 좋은 법과 좋은 군대이다."

"이렇게 해서 그 [새로운 군주]는 새로운 영토에 [국가를] 창업하고 이를 좋은 법, 좋은 군대, 좋은 친구 그리고 좋은 선례들로 장식하고 굳건히 하는 중첩된 영광을 얻게 될 것이다."

그러나 그는 창업의 시작부터 "좋은 헌법"의 필요성을 인정했다.[37)]

"그 반대로 불행한 공화국은 [창업의] 시작에서부터 현명하고 능숙한 입법가의 손에 들어가지 않았기 때문에 스스로 공화국의 법을 개혁하지 않을 수 없게 된다. 더욱더 불행한 공화국은 처음부터 좋은 헌법으로부터 벗어난 경우이다. 공화국의 제도들이 잘못되어 공화국의 진보에 장애가 될 정도로 좋은 헌법에서 멀리 떨어진 공화국은 선한 목적으로 이끄는 올바른 길에서 이탈하도록 만든다. 그러한 조건하에 놓인 공화국은 올바른 길로 되돌려놓는 것이 거의

---

36) *Il Principe*, ch. XII; ibid., ch. XXIV.

37) *Discorsi*, Bk. I, ch. II.

불가능하다.”

이처럼 좋은 법의 필요성은 공화국의 목적과 진로, 이의 정신적 구조에 결정적 영향을 끼친다. 좋은 법 없이는 국가목적도 자기정당화가 어렵다. 국가의 정신은 법에서 구체화한다. 그러나 국가의 탄생, 그것의 존재는 무력, 곧 “좋은 군대”에 달려 있다. 창업은 실제로 “좋은 군대”를 가지고 시작된다.[38)]

> “그리고 강력한 무력 없이는 좋은 법이란 있을 수 없는 것이며 강력한 무력이 있는 곳에서는 좋은 법이 반드시 있게 되는 것이기에, 나는 여기서 법을 논의하지 않고 무력에 관해서 논의할 것이다.”
>
> “나는 다른 곳에서 국가의 기초는 좋은 군사조직이라는 점을 견지하였지만, 그러한 군사조직이 없이는 좋은 법도 다른 어떤 좋은 것도 있을 수 없다는 사실을 여기서 다시 반복하는 것은 불필요하지 않은 것처럼 보인다.”

마키아벨리에게 창업이란 적과의 군사력의 충돌을 의미하는 것이기 때문에 좋은 군대가 있을 때에만 창업의 가능성을 논의할 수 있음은 물론이다. 그러나 창업 이후 들이닥치는 수많은 난관과 위기를 그는 자신의 힘에 의존하여 지탱해낼 수 있어야 하며, 그것은 신민의 호의, 충분한 자원, 유리한 지리조건 등이 도움이 되겠지만, 최종적으로는 그 자신의 군대에 달려있다고 그는 보았다.[39)]

> “넘치는 돈과 혹은 나라의 자연적 강점이 충분치 않으며, 그의 신민의 충성과 호의도 견뎌내지 못할 것이다. 왜냐하면 이 모두는 그들을 방어할 수 없는 군주에게 여전히 충실하지 않을 것이기 때

38) *Il Principe*, ch. XII; Cf. *Discorsi*, Bk. II, ch. VIII.
39) *Discorsi*, Bk. II, ch. X.

> 문이다. 산과 호수, 험난한 지형마저도 거기에 용감한 방어자들이 부족하다면 어떤 난관이 되지 못할 것이다. 그리고 돈만 가지고서는 군주에게 방어의 수단이기는커녕 더욱 약탈당할 수밖에 없게끔 할 것이다."

한마디로, "전쟁의 자산은 황금이 아니라 좋은 군인들이다." 보다 정확히는 "충분한 양의 좋은 군대, 현명한 지휘관들, 그리고 좋은 행운"이 전쟁을 성공으로 이끈다고 그는 보았다.[40]

그에게 좋은 군대란 자국민으로 구성된 민병대이다. 마키아벨리는 동맹국의 정규군이면서 자국을 도우러온 "보조군"과 돈으로 모아들인 "용병"의 무용성과 위험을 충분히 지적하고 있다. 그리고 진정한 지도자는 오직 자국의 군대 그리고 보다 바람직하기는, 자국의 민병대만이 자신의 힘이라는 것을 역설한다. 그에게 전쟁은 국가 간에 피할 수 없는 일상사로 파악된다. 왜냐하면 국가는 군대를 일단 확보하게 되면 확장을 시도하거나 현상을 유지하거나의 하나를 선택할 수밖에 없기 때문이다. 후자의 형태를 택한 스파르타와 베네치아는 정체와 쇠락에로 빠져들었지만, 전자의 형태를 택한 로마는 더욱더 인구를 확장하고 전의에 가득한 인민이 모여들어 끊임없는 영토확장과 그에 따른 번영을 누릴 수 있었다. 이처럼 전쟁과 정복은 윤리적 비판의 대상이 아닌 국가의 생존양식이라고 그는 생각했다. 그렇다면, 전쟁은 오직 적의 이익을 위해 지연 혹은 회피될 수 있을 뿐 당사국들 간에 화해할 수 없는 존재적 이해충돌을 대변하고 있다.[41]

> "그러므로 로마인들은 멀리 있을 때 [다가오는] 혼란을 관찰하고 항상 처방을 찾아낼 수 있었으며 전쟁을 피하기 위하여 혼란이 증대되는 것을 결코 방치하지 않았다. 왜냐하면 전쟁이란 피할 수

---

40) Ibid.

41) *Il Principe*, ch. III; *Discorsi*, Bk. II, ch. XXX.

> 있는 성질의 것이 아니며 오직 상대방의 이익을 위하여 지연될 수 있다는 것을 알았기 때문이다."
>
> "몇 차례나 피렌체인, 베네치아인, 프랑스왕국이 전쟁을 돈으로 사서 해결하려 들었는가를 관련하는 것은 지루한 일일 것이다. 로마인들이 단 한번 당하게 되었던 치욕에 그들은 얼마나 여러 차례 당하게 되었던가. … 황금으로 사들인 것은 무쇠로 방어될 수 없다는 것을 증명하면서."

마키아벨리는 "이처럼 모든 무장한 예언가는 정복하였고 무장하지 않은 예언가는 실패하였다"[42]고 결론지었다. 전쟁의 목적이 최종적으로는 공화국의 자유를 확보하는 것이라면, 우리는 보다 구체적으로 공화국의 존재조건을 검토하는 것이 필요하다.

마키아벨리가 생각했던 공화국의 모델은 두 가지였으며, 이 양자는 공화국의 존재조건을 부분적으로 공유하면서도 서로가 상이한 부분도 가지고 있다. 로마공화국을 가장 바람직한 전형으로 보았던 그는 로마공화국에는 별로 적합하지 못하면서도 스파르타 혹은 독일의 도시국가들에 적합한 조건들을 비교적 경시할 수밖에 없었다. 그러나 뒤에 보듯이 루소 같은 사상가들은 오히려 후자에 적합한 조건들을 강조하고 있다는 점에서, 우리는 이 두 가지를 함께 취급할 필요가 있다.

공화국의 존립조건의 첫번째는 아마도 평등일 것이다. 평등은 그러나 창업시기의 조건일 뿐 사회발전의 과정에서 불평등의 경향을 보다 강화할 수밖에 없기 때문에 바로 이 사회적 조건의 변화는 공화국의 성격에 심대한 변질을 수반한다고 할 수 있다.[43]

> "수많은 향신(gentiluomini)이 사는 나라에서 공화국을 세우고자

---

42) *Il Principe*, ch. VI.
43) *Discorsi*, Bk. I, ch. LV.

하는 사람은 이들 모두를 절멸시키지 않고서는 성공할 수 없는 것이다. 자유와 평등이 우세한 곳에서 왕국이나 군주국을 세우려고 하는 자는 이 일반적 평등으로부터 상당수의 대담하고 야심적인 자들을 내세워 이들에게 성(城)과 영토는 물론 돈과 신민을 주어 이름뿐이 아니라 사실로서 이들을 향신을 만들지 않는 한 똑같이 실패할 것이다."

"그렇다면 평등이 존재하는 곳에 공화국이 세워지게 하자. 그리고 그 반대로 큰 차이의 불평등이 우세한 곳에 군주국이 세워지게 하자. 그렇지 않으면 정부는 적절한 균형을 상실하고 단지 짧은 기간 존속할 뿐이다."

공화국의 창업조건으로서 평등의 문제는 로마나 스파르타 양자에게 마찬가지였다. 마키아벨리는「*Discorsi*」제 1 권 1 장 "국가 일반의 시작, 특히 로마국의 시작에 관하여"에서 국가는 동물적 생활에 머물던 인간의 자연상태로부터 공동의 위험을 피하기 위한 목적으로 처음 출현했다고 말하고 있다. 이러한 정상적인 국가성립의 경우, 창업자는 불모의 땅을 선택하고 거주민들이 부지런히 노동함으로써 생계를 유지할 수 있도록 엄혹한 법을 강제하게 된다.[44] 이 시기 거주민들에게 주어진 평등은 실제에 있어서는 빈곤의 평등 이외의 아무것도 아니다.[45]

"시민들이 합심해서 살기 쉬웠던 것은 리쿠르구스(Licurgo)가 재산에서의 평등과 조건에 있어서의 불평등을 확립했기 때문이었다. 거기에는 평등한 빈곤이 우세했었고, 정부의 직책이 소수의 시민들에게 허용되었는가 하면 인민은 이로부터 배제되었던 까닭에 인민들은 보다 덜 야심적이었다."

"첫번째는 시민을 가난하게 유지하여 그들의 부와 덕성의 결여

---

44) Cf. Ibid., Bk. I, ch. I.

45) Ibid., ch. VI.; Ibid., Bk. III, ch. XV.

가 그들 자신을 부패시키거나 그들로 하여금 남을 부패하게 만들 수 없도록 하는 것이다."

그러나 이미 분명해진 것처럼 여기서의 문제는 로마와 같이 성공적인 국가는 타국의 부를 계속해서 약탈하게 되고 따라서 시민을 가난하게 해놓은 일이란 불가능할 수밖에 없다는 데 있다. 더구나 장기간의 평화는 공화국 내부에 불화를 낳고 때로는 공화국에 해로운 전쟁선동을 유발한다. 결국 부의 증대는 공화국을 창업 당시의 평등한 조건을 파기하고 사실상의 정체변형을 초래하며 공화국성립의 다른 하나의 조건, 즉 부패하지 않는 사회를 지속할 수 없게 만든다. 어찌보면 평등을 보장하고 부패하지 않은 정신의 원천이었던 것은 가난이었으며, 이제 공화국의 성공은 바로 이 가난을 제거하는 것으로 전환한다.

공화국 존립조건의 두 번째는 부패하지 않은 사회이다. 그것은 건강한 공화국의 기본조건이다. 부패하지 않은 사회에서 "조국애는 그들[로마인]에게 다른 어떤 감성보다 강력한 힘을 가졌다."[46] 공화국의 제도가 순수하고 특히 종교의식이 원래의 순정한 형식을 유지했을 때 인민은 부패하지 않았고 사회는 건강할 수 있었다. 그러한 사회에서 격화된 분쟁과 대립은 오히려 공화국의 자유를 지켜주는 활력소이었으며, 당파 간의 격심한 불화는 공화국의 존립에 전혀 위협이 될 수 없는 한마디로 해로운 것일 수는 없었던 것이다. 그러나 이와 반대로 공화국이 부패하였을 때에는 인민의 마음 속에서 조국애는 사라지고, 따라서 고대의 덕성, 즉 조국을 위해 자신을 희생하려는 열망은 부와 거짓된 명예를 위한 치장으로 변질된다. 부패한 공화국은 사실상 죽은 것이나 다름없으며 공화국의 이름을 찬탈하

46) Ibid., Bk. III, ch. VIII.

기 위해서는 단지 몇 명의 지도자를 제거함으로써 충분하다. 부패한 인민의 공화국 사망에 대한 동의서가 이미 거기에 제출되어 있기 때문이다.[47)]

> "그러한 변화가 바로 국가를 위대하게 만들었던 시민의 일반적 동의에 의해 초래될 때에는 인민이 국가의 수장 이외에 어느 누구도 해치려 할 이유가 없다. 로마의 황제정부시기와 타르퀸스 일당의 추방이 바로 이런 경우에 해당한다. [최근의] 경우로서는 피렌체의 메디치정부가 해당되며, 1494년의 그들의 파멸과 추방은 다른 어느 누구에게도 관여되지 않았다."
>
> "로마 자체보다도 더 뚜렷한 예는 없다. 로마는 타르퀸스 일당이 추방된 후 재빨리 자유를 회복하고 지속하였지만 케사르의 죽음, 칼리귤라, 네로, 그리고 전체 케사르계의 절멸 이후에는 자신의 자유를 — 보존하는 것은 말할 필요도 없고 — 심지어 다시 세울 수 없었다. 하나의 동일한 나라에서 사물의 조건이 보여준 이 커다란 차이는 타르퀸스시대 로마인민은 아직 부패하지 않았지만 그 반면 케사르계 아래서는 인민의 부패가 최하위의 수준에로 떨어졌다는 바로 이 사실로부터 전적으로 결과한 것이다."

사물의 전개는 부패를 수반한다. 곧 부패는 부의 축적의 결과 필연적으로 찾아온다. 그러나 마키아벨리는 절망하지 않고 이러한 사물의 경향에 맞서 싸우는 정치의 예술에 기대했다. 그는 사회의 초기에 뿌리내렸던 관행을 지키기 위한 검열관의 역할, 종교의 순수성을 지키기 위한 노력, 스파르타와 같은 국가가 활용했던 이방인에 대한 시민권 불허와 독일 도시국가의 관행이었던 상업활동의 금지 등을 열거하면서 부에 대한 투쟁을 독려하고 있다.[48)]

---

47) Ibid., , Bk. III, ch. VII; Ibid., Bk. I, ch. XVII.

48) 검열관에 관해서는 Ibid., Bk. I, ch. XLIX, 종교의식의 순수성을 보호하는 데 관해서는 Ibid., Bk. I, ch. XII. 이방인의 시민권을 금지한 것에 관해서는 Ibid.,

나아가 「*Discorsi*」 제 1 권 42장 “인간은 얼마나 쉽게 부패하는가”에서 마키아벨리는 부패를 막기 위해서 “인간의 정념을 억제하고 그들이 나쁜 일을 벌받지 않고 저지를 수 있는 희망을 빼앗아야”[49] 한다고 역설하였다. 그러나 그의 처방에 대해 그 스스로도 미봉책임을 인정하고 있다. 변화가 본질이고 따라서 모든 것이 변화한다고 보았던 마키아벨리는 정치체의 운명에 관해서도 그렇게 낙관적일 수는 없었던 것이다.[50]

> “이 세계의 모든 사물은 자신의 존재에 한계를 가지고 있다.…”
>
> “그렇다면, 모든 종류의 정부는 불완전하다고 나는 말한다. 우리가 선한 것으로 규정한 3유형은 너무 단명하기 때문에 그리고 그에 상응한 3개의 전도된 유형은 그에 고유한 사악성 때문에 모두가 결함이 있다.”

결국 마키아벨리의 잠정적 결론은 부패의 진행은 막을 수는 없지만 완화할 수는 있다는 것이다. 그렇다고 우리가 그에 절망할 필요는 없다는 것이 그의 입장이다. 다음의 “운명과 덕성”에서 보는 것처럼 인간은 운명의 의도를 알 수 없기 때문에, 운명의 뜻에 거슬리는 듯하면서도 오히려 인간의 이상을 견실히 추구하는 의지를 그는 높이 평가했다. 그가 부패한 인민을 상대로 개혁 또는 창업을 시도한다는 것이 얼마나 어려운 것인가 혹은 불가능한가를 논의했을 때, 그의 메시지는 인간에게 이처럼 지난한 과제로부터 포기하고 물러서라는 것이 아니라 오히려 더욱 대담하게, 그리고 “힘과 능숙함”을 구비하여 도전하고 그리하여 국가를 창업 또는 재조직하는 위대

Bk. I, ch. VI. 상업부재의 의의에 관해서는 Ibid., Bk. I, ch. LV. 그리고 완전한 평등을 유지한 독일 도시국가들의 부패하지 않은, 완전한 자유에 대해서는 Ibid.를 참고하라.

49) Ibid., Bk. I, ch. XLII.

50) Ibid., Bk. III, ch. I; Ibid., Bk. I, ch. II.

한 성취자가 되라는 독전고이다. 그것은 마치 사보나롤라의 실패에도 불구하고 흔들리지 않고 그에 대한 존경과 지지를 보내는 이유가 된다.[51)]

5. fortuna와 virtù

밀실의 모의에서 시작하여 영웅의 창업, 그리고 이웃나라의 경략에 이르기까지 인간의 부침을 좌우하는 것은 무엇인가? 우리는 마키아벨리의 사상에서 한 사회의 전개법칙이 파악되지 않는 한 역사는 언제고 미궁에 머무른다는 단순한 사실을 본다. 그는 일정한 법칙에 따른 사회의 전개형식을 붙드는 대신에 사물의 진행을 알 수 없는 초개인적 힘에 대항하는 인간의 투쟁으로 그리고 있다. 마키아벨리는 물론 사물이 변화하는 것을 알고 있었다. 그러나 이 변화는 어떤 법칙성에 따르기보다는 오히려 이를 거부하는 변덕과 자의성으로 가득 찬 '운명의 여신'(fortuna)이 보여주는 역사의 장난이었던 것이다. '운명'으로 대신되는 사물의 변화는 인간활동의 상황, 객관적 조건이다. 그러나 문제는 이 객관적 조건의 '의도', 즉 본질적 성격이 행위주체인 인간에게 잘 알려지지 않는다는 데 있다. 그 결과 사물의 객관적 조건과 인간의 자질 사이에는 후자에 의한 전자의 인식 및 전유가 아닌, 가변적 대상과 불변적 인간성 사이의 정합(整合)·부정합의 문제만 남는다. 어떻게 이 객관적 조건이 형성

---

51) 마키아벨리는 Girolamo Savonarola에 대해서 그의 저술에 담긴 "학식과 신중, 용기"를 격찬하면서 "우리는 이처럼 위대한 사람에 대해 모든 경의를 가지고 말해야 된다"고 표현하면서 자신의 마음을 보여준다. Ibid., Bk. I, ch. XLV 및 ch. XI. 그가 사보나롤라에 대해 부정적이었다고 보여지는 「군주론」의 언급은 단지 후자가 무력을 장악할 수 없었던 그 당시의 시대상황을 고려할 때 사실상 논쟁의 의미가 상실된다. *Il Principe*, ch. VI 참조.

되며 어떤 방향으로 조건이 발전해갈 것인가에 관한 역사적 전망이 결여된 채, 문제는 어떻게 하면 인간의 행위가 그에 맞추어질 것인가에 모아진다.

사물의 변화, 이의 운동을 법칙성으로 파악하는 문제가 자본의 본원적 축적기에 속한 사상가의 인식지평에 놓이는 것은 아마도 불가능한 일일는지도 모른다. 당시 사회에서는 전개의 법칙성이 확보되기 이전의, 단지 이의 전제조건인 축적이 목적이기 때문이다. 변화의 본질이 시대의 미성숙에 의해서 잠재되어 있던 이 시대에 마키아벨리가 비밀의 휘장 속에 감추어진 변화의 의미를 모색했을 때, 그것은 단지 여신의 변덕이라는, 합리성이 상실된 세계에 대한 인간의 모색 문제로 접근되고 만다. 변화에 대한 적응을 통해 인간은 출세, 창업, 역사에의 투입을 이루어낸다는 것이다.

운명은 르네상스시대의 여신이다. 물론 이 개념은 14세기 이래의 이탈리아 문학에서 흔히 사용되었다. 그러나 그것은 애증의 극단적 표현이라 할 그리스의 3명의 여신들(Furies)과는 달리, 인간적인 너무도 인간적인 르네상스시대의 여성을 닮았다. 그녀는 세속적이고, 욕정적이며, 변덕스럽고, 또 세련된, 남성의 보호자이다. 그녀는 차가울 정도로 뜨거운 정념을 내밀히 감추고 남성의 접근을 인고의 시간 속에서 보낸다. 내면에서는 마치 해갈을 기다리듯 꿈틀거리는 관능을 억제하면서, 그러나 동시에 그녀는 자신이 선택한 인간이 자신의 포로가 되기를 강요하면서도 포로가 되는 바로 그 순간 그 연인을 거부하는 자존심 강한 존재이다. 어느 누구도 그 앞에 무릎을 꿇지 않고서는 그녀를 붙들 수 없으며 그 순간 그는 그녀의 호의를 잃는다. 성공은 곧 실패의 출발점이 되는 것이다.

운명의 여신은 남성적인, 청년적인 인간을 요구한다. 그녀의 눈빛이 냉담하면 할수록, 마치 위대한 사람이 가장 부패한 장소를 자신의 장소로 선택하는 것처럼 이에 도전하는 청년의 기대는 더욱 커진다. 그녀의 위치가 지고(至高)하면 할수록, 마치 위대한 사람은 현세적인 명예와 치장을 무시하고 자신의 임무를 수행하는 것처럼 더욱더 무모한 정열로 그녀에게 직선적으로 덤벼드는 것이다. 운명의 여신은 사소한 인간, 평범한 작은 꿈에 안주하는 인간을 무시한다. 그녀는 오직 단일의 목적을 위해 생명을 거는 용기와 열정을 지닌 청년을 사랑한다. 역사전개의 비밀은 이들 영웅들에게만 열려지며, 의미를 가지기 때문이다.

'운명', 그것은 14세기 이래 이탈리아 정치사의 무대에서도 끊임없이 논의되고 추구되었다. 운명의 여신의 의중은 무엇이며 어떻게 하면 한 시대의 정치상황에서 그녀의 호의를 얻어낼 수 있을까, 많은 야심가들이 고심해왔다. 마키아벨리의 '운명의 여신'은 이러한 관심사의 연속선상에서 나온다. 그러나 그것은 한층 극적이고 신선미를 주는 음조를 띤 개념이다.

사회전개의 객관조건 혹은 이의 전개법칙을 반영하는 암호로서 '운명의 여신' 개념은 마키아벨리의 사상에서 어떻게 영상화되고 있는가? 그것은 운명의 여신에 대한 세 가지 인간의 가능성과의 관련에서 논의될 수 있다.

첫째, 운명의 여신은 변화의 상징인 데 반하여 인간은 불변적 존재이다. 객관적 조건의 변화가 특정한 인물을 등장시켰다면, 이제는 새로운 변화로 이를 다시금 폐기하는 것이다. 인간의 의도, 의지, 활동의 결과는 이 새로운 변화에 기여할 수 없기 때문에 무의미해진다. 먼저, 어떻게 하면 이 변화의 여신에게 적응할 수 있는가의 문제이다.[52]

---

52) *Il Principe*, ch. XVIII.

> "그[지배자]는 바람에 따라 적응하고 운명의 다양성이 명하는 대로, 움직일 수 있는 심성을 가져야 한다. 그리고 … 가능하다면 선한 것에서 벗어나지 않으면서도 강요된다면 악도 행할 수 있어야 한다."

그런데 인간은 변화에 쉽게 적응할 수 없다. 습관과 성향의 고정성 때문에 그는 상황의 변화에 적응하지 못하고 변화와 더불어 돌연히 폐기된다.[53)]

> "운명은 변화하고 인간은 자기방식에 고정되어 불변하는 까닭에 그들의 방식이 상황에 맞아들 동안 성공을 거두다가도 반대될 때에는 실패하고 만다."
>
> "시기와 상황이 신중하고 사려깊게 행동하는 자에게 호의적일 때에는 그는 성공한다. 그러나 시기와 상황이 바뀌면, 그는 패망하고 만다. 왜냐하면 그는 자신의 행동방식을 바꾸지 않기 때문이다. … 만약 인간이 시기와 상황에 맞추어 자신의 성격을 고칠 수 있다고 한다면, 운명은 결코 변화하지 않을 것이다."

사회의 객관적 조건의 변화는 인간의 적응 문제를 넘어선 문제이다. 혹은 인간의 변화는 이 객관조건의 변화를 따라가는 정도로 가변적인 것은 아니다. 따라서 어느 시대, 어느 상황 아래서 결실을 거둘 수 있는 인간유형은 어떤 것인가를 밝혀보는 작업이 중요하다. 마키아벨리는 단지 행동방식의 상이성을 이에 관련시키고 있다. 그러나 문제는 어떤 행동방식이 변화의 새로운 요소에 부응하는가이다. 왜냐하면 인간은 변화를 더욱 촉진할 수는 있지만 저지할 수는 없기 때문이다.[54)]

---

53) Ibid.

54) *Discorsi*, Libro II, XXIX.

> "모든 역사에 의해 증명된 논박할 수 없는 진리로서 인간은 운명의 여신을 지원할 수는 있어도 그녀를 반대할 수 없다는 것, 인간은 그녀의 의도를 발전시킬 수는 있어도 이를 좌절시킬 수 없다는 것을, 나는 반복한다."

객관적 조건의 변화는 이를 추구하는 인간을 구제하는 것이 아니라 이에 맞는 인간을 선택할 뿐이다. 여기서 인간의 가능성은 단절되고 만다. 즉 운명의 여신은 인간을 선택하면서 동시에 변화와 더불어 다른 유형의 인간을 위해 그를 버리는 것이다. 한때 호의를 얻었던 '성공한 지배자'는 이제 운명의 여신에게는 무의미한 어제의 연인이 되어버린다는 것이다.

둘째, 인간은 여전히 운명의 여신 앞에 숙명적일 필요는 없다. 오히려 역사의 전망은 운명과 인간의 반분적인 역할로 진행된다고 할 수 있다. 왜냐하면 운명의 여신의 무제한적인 능력도 그가 선택하는 인간의 사업에 의해 한정되는 상대적인 것이기 때문이다. 운명 앞에서 자신의 숙명을 한탄하고 비관하기보다는 인간 스스로의 준비와 무장을 통해서 그는 자신을 역사의 변수로 돌려놓을 수 있는 것이다.[55)]

> "운명이 우리들 행동의 반에 대한 지배자이지만 그녀는 남은 반, 혹은 그 정도를 우리가 통제하도록 허용한다는 것은 진리라고 나는 생각한다. 나는 운명의 여신을 격정적인 강물에 비유하고 싶다 … 어느 무엇도 강물에 반대하지 못하고 이의 격노에 손들고 말지만, 그러나 이 강물은 고요할 때 인간이 그에 대해 둑과 수로를 만들어 준비할 수 있는 그러한 것이며, 강물이 불어오를 때 그것은 운하를 따라 흐르거나, 혹은 그렇게 거칠고 위험하지는 않을 것이다."

---

55) *Il Principe*, ch. XXV.

그러나 인간이 역사의 반몫을 해내기 위해서는 그에게 미래를 예측하고 대비할 능력이 필요하다. 마키아벨리가 케이론(Cheiron) — 사자와 여우의 — 을 지배자상으로 묘사하며, 혹은 사랑과 공포의 효과에 대하여, 그리고 인민불패의 신앙과 '무장한' 예언가에 대하여 논의한 것들은 모두가 미래에 대비하는 인간능력의 문제인 것이다.

셋째, 역사의 미래는 인간에게 열려 있다. 미래가 모두 인간에게 가능영역이라는 것은 아니지만 미래는 적어도 알려져 있지 않기 때문에, 그리고 인간에게는 희망 이외에는 아무것도 이 상황에서 도움이 되지 않기 때문에 인간은 오히려 시공적 제한을 무시한 채 자신의 능력을 바로 역사변화의 동력으로 인식하게 된다.[56)]

> "인간은 결코 그[무력함] 때문에 절망해서는 안된다. 운명의 여신이 어둡고 에두른 방식으로 추진하는 목적을 알 수 없는 이상, 인간은 언제나 희망을 잃지 말고 어떤 고난과 불운이 그에게 닥쳐오더라도 절망해서는 안된다."
>
> "운명의 여신은 여성이며, 그녀를 지배코자 한다면 힘으로 정복하는 것이 필요하다. 그녀는 냉혹하게 접근하는 자보다 대담한 자에게 자기를 내어준다는 것을 알 수 있다. 따라서 여성처럼 운명의 여신은 언제나 젊은이의 친구이다. …"

역사의 상황타개는 비상한 인물을 요구한다. 여기서 인간은 마치 모든 것의 주인인 듯 전개의 책임을 떠맡으며 이를 개시한다. 그리고 운명의 여신은 대담한, 열정적인, 단일목적적인 인물을 통해서 자신의 의도를 역사에 각인하는 것이다.[57)]

> "운명은 특히 새 군주를 위대하게 만들려고 할 때에는 … 적들에 대항하여 일어서게 하고 그들에 대한 전쟁을 하도록 강요한다.

---

56) *Discorsi*, Libro II, XXIX; *Il Principe*, ch. XXV.

57) *Il Principe*, ch. XX.

그리하여 그가 이들을 이겨내는 대의를 가지게 하고 그의 적들이 그에게 가져온 사다리의 수단에 의해 위로 올라가도록 해준다."

난국과 역경, 위기야말로 오히려 위대한 사업의 조건이다. 운명의 여신은 인간능력의 극대화를 위해서도 간난의 시기를 그에게 객관적 조건으로 제공한다. 그리고 인간을 여신의 도구로 사용하면서 자기의사를 관철하는 것이다. 따라서 우리는 입법가(legislatori)가 왜 가장 부패한 곳을 선택하는가[58]를, 그리고 창업이 전 인민이 아니라 하나의 위인,[59] 하나의 조직의 사업이 될 수밖에 없는가를 헤아리게 된다.

그러나 의인화된 형태로 나타난 사회의 전개형식이 과연 인간의 무모성, 의지와 용기에 부응해줄 것인지는 의문이다. 운명의 여신에게 거는 기대와 희망은 자칫 막다른 길로 치닫는 환상과 헛수고의 주관주의일 가능성이 크다. 오직 역사의 필연성을 인식하고 그에 자신의 행동을 맞추는 인간만이, 즉 역사의 합법칙성 속에서 행동하는 자만이 그 결실을 거둘 수 있다. 그러한 의미에서, 헤겔의 '이성의 궤계(詭計)'나 마키아벨리의 '운명의 여신'은 그 시대에 과학으로 붙들어질 수 없는 역사의 변화를 인간중심적으로 표상화한 낙관론적 관점을 담고 있다고 하겠다.

6. 종교와 도덕에 관하여

이제 우리는 마키아벨리의 사상내용 가운데 가장 논쟁을 불러일으키는 그리고 그를 위해 변호되지 않는 논의의 영역에로 옮겨가 그의 저술에 근거하여 분석하는 과제에 직면했다. 마키아벨리의 저

58) *Discorsi*, Libro I, IX.
59) Ibid., Libro I, VII.

술이 부도덕한 내용을 담고 있다고 으레 추정되고 혹은 반종교적인 성격을 띠고 있다고 일반적으로 수용되는 전통은 순수한 저작분석의 산물이 아니다. 오히려 그러한 선입견과 비난은 역사적으로 볼 때 그의 사후 1530년부터 그의 저작이 교황청의 금서목록에 포함되었으며 1550년대 영국의 메리여왕시대 마키아벨리가 드라마의 단골 악한으로 등장한데서 출발하고 있다 그러한 인상이 굳어져 이후 가장 온건한 사상가 장 보댕마저도 그를 일러 "사악하고 경박한 인물"로 묘사했으며 프로이센의 음험한 왕 프리드리히 II는 「반 마키아벨리」(Anti-machiavel)를 저술할 정도였다. 그렇다고 그들이 비난에 그쳤던 것은 아니다. 오히려 그 반대로 그를 연구하고 깊이 영향받았다고 할 수 있다. 마키아벨리의 사상을, 그리고 그의 인간성을 공개적으로 표명하고 지지하고 나선 것은 루소의 「사회계약론」에서였다. 헤겔마저도 그의 국가논의를 매우 높이 평가했다. 그 이후 폴자네의 「정치학사」(1872)는 첫 두 장을 마키아벨리에 할애할 만큼 초대형의 사상가로 다루었다. 사상사의 지평에서 그의 사상이 현대사상의 전체를 관통하고 있는 살아있는 부분이라고 한다면 그것은 결코 과도한 평가는 아닐 것이다.

마키아벨리는 종교와 도덕에 반대하여 자신의 주장을 썼는가? 혹은 좁은 의미에서, 그는 정치와 도덕을 분리하여 정치영역을 경험론적으로 논의하는가? 우리는 이러한 질문에 담긴 의미를 좀더 면밀히 음미해야 한다. 즉 그가 종교와 도덕에 반대했다면 어떤 종교와 어떤 도덕에 반대하고 있는가? 그리고 윤리와 이상이 배제된 정치의 논의가, 특히 처방을 염두에 두고 진행되는 논의에서 가능한 것인가? 무엇보다도, 오로지 그의 사상분석을 통해 이를 실증적으로 접근하는 것이 필요하다.

마키아벨리는 먼저 종교와 국가 등의 파괴자를 철저히 비난하

고 있다.[60)]

"종교를 파괴하고, 또는 공화국과 왕국을 전복한 자들, 덕성·문예·인류에게 유익하고 명예스러운 모든 기술의 적들에게는 그 [창시자]와 반대로 치욕과 보편적 저주가 운명지어져 있다. 이들이야말로 독신자(瀆神者)이며, 폭력범이고 몽매인, 한량, 악한 그리고 타락한 자이다."

여기서 그는 인류 누구나 기성의 도덕과 종교의 관점에서 이의 파괴자에게 내려질 비난을 인지하고 있었을 뿐만 아니라 오히려 기존여론의 평가를 긍정적으로 수용하고 있다. 그것은 진리의 문제라기보다는 실용성의 관점에서 접근되었고, 정치적 결과의 측면에서 옹호되고 있다. 나아가 그는 로마공화국이 종교를 무시하고 종교의식을 혼탁하게 허용함으로써 나라의 멸망징후를 드러냈다고 분석한다.[61)]

"그렇지만 이 모든 사건을 고려할 때 누마가 로마에 받아들인 종교는 이 공화국 번영의 주요한 원인의 하나였다. 왜냐하면 종교는 좋은 법이 생겨나게 하고, 좋은 법은 좋은 행운을 가져오며, 좋은 행운으로부터 모든 계획이 행복한 성공으로 결과되는 것이기 때문이다. 신을 모시는 제도들의 준수가 공화국의 위대함을 가져오는 원인이라면 이에 대한 무시는 그들의 멸망을 만들어낸다. 왜냐하면 신에 대한 두려움이 결여한 곳에서는, 종교의 부재를 잠정적으로 보호할 수도 있는 군주에 대한 두려움으로 지속되지 않는 한 거기에 나라는 멸망하게 된다."

실로 마키아벨리는 종교의 영원성, 신적 의지의 영속성을 단테를 따라 동의하고 있다. "인간의 지혜는 주권자로부터 자식에게 드

60) *Discorsi*, Bk. I, ch. XII.
61) Ibid., Bk. I, ch. XI.

물게 전수되는 것/그것이 이를 준 신의 의지일진대/우리가 영화를 호소하는 것은 오로지 그의 손에만 있으니"라는 단테의 구절을 그는 인용한다. 이러한 맥락에서, 그가 사보나롤라의 신의 경배에 담긴 성실과 엄격성을 높이 평가하고 있음은 분명하다.[62)]

> "바로 그의 삶이 보여준 순수성, 그가 설교했던 교의들, 그가 담론으로 선정한 주제들이야말로 인민이 그에 대한 믿음을 가지기에 충분한 것이었다."

그렇다면 마키아벨리는 무종교적이거나 반종교적이라고 불리울 수는 없다. 오히려 그는 공화국을 부패하지 않고 건강하게 보존하기 위해서는 종교와 관행을 유지할 필요가 있음을 주의하였다.[63)]

> "그들[군주]은 인민들이 오랜 기간 만족하고 살아온 법과 고대의 관행을 무시하기 시작했을 순간부터 자기들의 국가를 잃기 시작한다. … 왜냐하면 사악한 자보다 선량한 자들에게 사랑받는 것이 쉬우며, 법을 집행하기보다 법에 [스스로] 복종하는 것이 훨씬 쉽기 때문이다."
>
> "부패로부터 자유롭게 자신을 유지하려는 군주와 공화국은 무엇보다도 종교적 의식의 순수성을 보존해야 하며 이들 의식은 온당한 경의를 가지고 따라야 한다. 왜냐하면 종교가 혼탁해지는 것을 보는 것보다 나라의 멸망을 읽는 데 더 확실한 징표는 없기 때문이다."

여기서 문제가 되는 것은 마키아벨리가 상정하고 있는 종교의 성격이다. 왜냐하면 그는 종교를 세속적인 평가기준에서 논의하고 있기 때문이다. 곧 그는 인간 이상의 초월적인 존재나 그에 의한 기적을 행하는 데서 종교의 가치에 호소하는 것을 삼가고 있다. 마

---

62) Ibid.

63) Ibid., Bk. III, ch. V; Ibid., Bk. I, ch. XII.

키아벨리의 눈에 비친 로마의 종교는 공화국을 위대하게 만든 힘의 원천이었다. 그것은 로마의 자유를 지켜주는 현세적 수호신이었다.[64)]

"과거에 그들 인민[Samnium인]은 자유를 향유했지만, 이제는 노예상태에서 살고 있다. … 왜냐하면 내가 이미 말했던 것처럼 자유를 구가하는 도시국가와 나라들만이 위대함을 달성할 수 있다."

마키아벨리가 옹호한 종교는 세속적 종교, 즉 루소가 말하는 공민종교(la religion civile)이었다. 그것은 국가목적을 성스럽게 하고 공동체를 위하여 집산적 삶을 북돋우는 현세적 종교이며, 조국애와 인민의 유대를 고양시키는 집체의식의 재생산 매체라 할 수 있다. 따라서 국가의 정신적 기반인 종교를 국가권력은 온 힘을 다해 지원하고 이의 순수성을 보호해야 한다.[65)]

"따라서 군주와 공화국의 통수권자의 의무는 그들 나라에서 종교의 기초를 떠받드는 데 있다. 왜냐하면, 그렇게 하면 자신의 인민을 신심이 두텁게 하고 그 결과 인민들이 올바로 행동하고 단결하는 것을 쉽게 만들어주기 때문이다. 그러므로 (종교가 심지어는 거짓이라 믿어지고 있다 하더라도) 종교를 선호하도록 하는 경향을 가진 모든 것은 이를 강화하기 위해 수용되어야 하고 또 이를 유용화해야 한다."

"로마군대의 사령관들은 자신의 군인들이 어떤 계획에 순응하게 하기 위하여 종교를 활용하였다."[66)]

"로마가 로물루스(Romolo)에게 혹은 누마(Numa)에게 더 빚지

64) Ibid., Bk. II, ch. II.
65) Ibid., Bk. I, ch. XII.
66) Ibid., Bk. I, ch. XI.

고 있는가의 질문이 논의된다면, 그에 대하여 나는 최고의 점수를 누마에게 양보해야 한다고 믿는다. 왜냐하면 종교가 존재하는 곳에서만 군대와 훈련을 도입하기 쉽지만 군대는 있고 종교가 없다면 후자를 도입하기가 어렵기 때문이다."

종교의 유용성은 군대의 조직과 훈련에 한정되지는 않았다. "로마공화국을 재조직하는 목적으로 로마인들은 종교를 동원하였다."[67] 또한 시민들의 소요를 진압하는 데 귀족들은 종교를 이용하기도 했다. 이 모든 것이 가능하게 하기 위해서는 종교가 로마인들에게는 자신의 정신적 집체의식을 응결시키는 중심적 매체로 작용할 것이라는 전제가 필요하다.

그러나 기독교의 전파와 더불어 전래의 로마종교는 공민종교로서 기능을 파괴당하게 되었고, 그것은 필연적으로 로마공화국의 자유와 공화국의 존재를 파멸의 길에로 들어서는 계기를 마련하였다.[68]

"인간행위에서 입게 된 것들 [고대의 기록의 파괴]는 종교와 언어의 변화이다. 왜냐하면 새로운 종파, 말하자면 새로운 종교가 생겨나면 첫번째 작업은 (자신을 내세우고 영향력을 얻어내는 방식으로) 낡은 혹은 기존의 종교를 파괴하는 데 있다. 새로운 종교의 창설자가 상이한 언어로 설교하면 구종교의 파괴는 쉽게 초래되기도 한다. 기독교도들이 이교도의 종교에 대해 진행했던 것을 관찰하면 우리는 이를 확인한다. 왜냐하면 그들은 구종교의 모든 제도와 의식들을 파괴했으며 고대신학의 모든 기록을 지워버렸기 때문이다."

이러한 방식으로 서구에 도입되고 지배권을 쥔 기독교는 국가의 존재와 의지에 어떤 결과를 가져왔는가?[69]

---

67) Ibid.
68) Ibid., Bk. II, ch. V.
69) Ibid., Bk. II, ch. II.

"우리의 종교는 무엇보다도 최고의 행복을 천대, 비하 그리고 세속적인 물질에 대한 경멸에 둔다. 그에 반해서 다른 종교는 최고의 선을 영혼의 원대함, 육체의 강건함 그리고 인간을 가공할 존재로 만드는 자질들에 두고 있다. 만약 우리의 종교가 영혼을 강인하게 한다고 주장한다면 위대한 행위를 이루어낸다기보다는 우리가 고통을 더욱 견디도록 하는 것이다.

이들 원리는 우리를 더욱 연약하게 만드는 것으로 나에겐 보이며, 사악한 사람에게 쉬운 희생물이 되도록 만드는 원인이다. 그것은 사악한 사람들로 하여금 대다수 사람들이 낙원을 얻기 위하여 그들에 복수하기보다는 그들의 해악을 견디려드는 것을 보면서 더욱 확실하게 이들을 통제할 수 있기 때문이다."

마키아벨리는 기독교의 문제점을 국가의 보존이라는 관점에서 찾고 있다. 그러나 그에게 더욱 심각한 문제는 당대의 기독교가 견지한 부도덕성, 나아가 반종교성에 있었음이 틀림없다.[70)]

"그리고 확실히 기독종교가 만약 처음부터 창시자의 원리에 따라 유지되었다면 기독국가들과 공화국들은 지금보다 훨씬 더 단결하고 행복했을 것이었다. 사람들이 우리 종교의 수장인 로마교회에 더욱 가까이 있을수록 더욱더 종교적이지 못한 사실을 증명하는 것보다 더 큰 퇴폐의 증거는 없다. … 로마재판소의 사악한 예는 이탈리아에서 [신에 대한] 모든 경건과 종교심을 파괴하였으며 그 발자취를 따라 한없는 부정한 행위와 무질서를 야기시킨다. … 우리 이탈리아인들은 로마교회와 그 성직자들에게 우리가 신앙심이 없고 나쁘게 된 것을 빚지고 있다. 그러나 우리가 [로마교회에] 더 큰 빚을 진 것이 있는데, 그 빚은 우리들의 멸망의 원인, 곧 이 교회가 우리나라를 분열시켜 왔고 여전히 분열시키고 있다는 것이다."

마키아벨리의 눈에 비친 기독교회는 원래부터 자유국가의 의지

70) Ibid., Bk. I, ch. XII.

와 생활에 노예적인 정신을 불어넣는 반문화적 성격을 지었다. 그러나 기독교회가 창시자의 기본이념에 충실했다면 그나마도 보상받을 수 있는 부분이 있다. 불행히도 현재의 교회제도와 성직자들은 반도덕적, 반종교적인 나머지 우리 가슴속에 깃들어있던 종교적 신심마저도 상실시켰다. 우리가 현재의 기독교회에게 더욱 역겨운 것은 그것이 자신의 존속과 이익을 위해서 이탈리아 통일의 길목 한가운데서서 우리 모두를 좌절시키는 불가능의 장애물로 기능하고 있다는데 있다. 기독교회에 대한 마키아벨리의 평가와 고발은 이러한 내용을 중심으로 펼쳐진다. 특히 이탈리아 통일의 훼방꾼으로서 로마교황청이 수행하고 있었던 당시의 기막힌 역할을 그는 개탄하였다.[71]

> "그리고 이탈리아가 [프랑스·스페인과] 동일한 조건하에 있지 않는 유일한 이유는, 그리고 하나의 공화국이나 주권자에 의해 통치되지 않는 유일한 이유는 바로 이 교회이다.
>
> 그렇다면 교회는 전체 이탈리아의 지배자가 될 만큼 강력하지도 않으면서 다른 나라가 그렇게 되는 것을 허용하지 않음으로서 이탈리아가 하나의 수장 아래 결코 통일될 수 없도록 하는 직접적인 원인이 되어왔다. … [그 결과] 이탈리아는 강력한 야만인들에게 뿐만 아니라 이 나라를 공격하려고 선택한 누구에게도 희생물이 되었다."

마키아벨리는 기존의 도덕을 중요시했다. 창업을 하거나 심지어는 전면적 개혁의 경우마저도 성공을 위해서는 외관의 형식을 유지함으로의 신·구 가치관의 충돌을 최소화하는 것이 필요하다고 그는 강조한다. 그가 도덕을 무시하도록 허용했던 예외적인 경우는 상황의 필요에 따라 어쩔 수 없이 강요한 필연(necessità)의 결과이었을

71) Ibid.

뿐이었다. 그리고 여기서 필연(necessità)은 자신의 이익을 위해서가 아니라 국가의 안전과 공공의 선 혹은 공적 이익을 앞세워 요구되는 것이었다. 따라서 기존도덕을 유지할 필요나 이를 무시할 경우마저도 그가 관심을 가졌던 문제는 국가의 안위를 위해 지도자가 염두에 두어야 하는 의무이며 그것은 개인의 도덕적 의무를 가리키는 의도의 문제가 아닌 다수의 운명이 걸린 공적 책임의 문제였다.

이와 같은 맥락에서 그는 약속의 의미를 재해석한다. 중세적인 자연법의 관념은 '약속은 지켜져야 한다'였다. 그리고 이러한 규범은 개인들 간의 관계에 타당하게 적용된다. 그러나 이러한 사적 도덕과는 달리 지도자는 공적 도덕의 관점에서 이를 다시 평가하고 필요에 따라서는 그에게 약속의 의무가 주어지지 않는다고 그는 단언한다.[72]

> "다른 하나의 요점은 강제력에 의해 추출된 약속을 무시한 데 대하여 불명예는 없다는 것이다. 공적 사안에 관계되는 약속들은 그리고 힘의 압력 아래서 행해질 경우에는 힘이 더 이상 존재하지 않을 때에는 언제고 무시될 것이며 이는 어떤 불명예도 연관시키지 않는다."

이에 관련하여, 전쟁의 경우처럼 극한적인 상황하에서는 오히려 위약이 보편적이다. 물론 속임수나 위약은 그 자체로서만 본다면 부도덕한 것이라 할 수 있다. 그러나 실제의 삶에서 특히 전쟁과 같은 한계상황하에서 속임수는 결코 부도덕한 것이 아니며, 차라리 일상적일 뿐이다.[73]

> "다른 모든 사안에서 속임수는 혐오감을 불러일으키는 것이지

72) Ibid., Bk. III, ch. XLIII.

73) Ibid., Bk. III, ch. XL.

만, 그러면서도 전쟁행위에서는 그것은 칭찬할 만한 것이며 명예스러운 것이다."

물론 정치는 전쟁과 동일한 차원의 밀도를 가지고 적과 동지가 대치하는 것은 아니다. 그러나 정치의 일정순간에는 또 하나의 전쟁이라고 불리울 수 있는 극한상황이 있기 마련이며, 특히 이 상황이 국가의 존립과 관계될 만큼 공적 이익에 심각한 위협이 될 수 있기 때문에 기성도덕의 가르침을 교조적으로 추종하는 것을 거부할 수도 있음을 마키아벨리는 잊지 않았다. 그러한 예로서 자기 지배하의 신민을 마음대로 이주시킴으로써 마치 모든 문명적 생활을 거의 불가능하게 만들었던 구약성서의 다윗과 마케도니아의 Philippos II처럼 국가유지를 위해 동원된 매우 잔혹한 것일 수도 있다. 그러나 잔혹하다는 비난을 두려워한 나머지 공화국의 자유를 회복할 수 있는 능력과 주권을 지킬 수 있는 적의한 기회를 가졌으면서도 개혁을 주저하고 필요한 조치를 취하는 것을 주저한 모든 인물들에 대하여 마키아벨리의 평가는 결코 관대할 수는 없었다.[74]

"그리고 국가의 올바른 존재를 위해 군주국을 폐지하는 것이 필요한 경우에 자신의 지위를 보존하기 위해서 공화국에 좋은 법을 가져다주는 데 실패한 사람은 약간의 변명을 해도 괜찮을지도 모른다. 그러나 공화국을 올바르게 조직할 능력이 있으면서 아직도 주권을 보존할 수 있는 자에게는 아무 변명도 남아있지 않을 것이다."

마키아벨리는 로마의 창업자 로물루스의 예에서 그의 입장을 보여준다. 곧 그는 로물루스가 국가를 창업하면서 저질렀던 잔혹한 행위 — 그는 그의 동생과 친구를 죽였다 — 를 부도덕한 것으로 보

---

74) Ibid., Bk. I, ch. X.

고 있으면서도 이를 수용한다. 그의 행위는 그 자체로서 옳은 것은 아니지만 국가의 안전과 안녕이라는 결과에서 볼 때 면제되거나 사면되는 것일 뿐이다. 그러나 제 아무리 결과가 성공적이었다고 할지라도 아가토클레스와 올리베르토 디 페르모의 경우처럼 반인륜적이고 잔학한 경우 그는 권력을 얻었다고 할 수 있겠지만 덕성을 가졌다거나 영광을 얻었다고 할 수는 없다고 단언하고 있다.[75]

> "자신의 동료시민을 죽이고 신뢰성이 없으며 동정심도 없고 신앙심이 없는 것을 덕성이라고 부를 수는 없다. 이러한 수법에 의해 그는 실로 권력을 얻을 수는 있겠지만 영광은 아니다."

이상의 논의에서 살펴보았지만, 마키아벨리가 설파한 내용은 결코 반종교적이거나 부도덕한 것이 아니었다. 그의 정치감각이 예리하면서도 일반의 도덕에 풍자적이었다면, 그것은 정치현실 특히 당시의 이탈리아 현실이 그 배후에 놓인 원인이 되고 있다. 그는 정치가 허무하게 허식적인 도덕의 포로가 되는 대신에 오히려 새로운 질서의 수립에는 도덕의 한계를 뛰어넘을 수도 있다는 것을 강조했다. 혹은 그 반대로 마키아벨리의 역설은 그가 속한 사회에서 이미 관행화했던 정치의 현실에 보다 고귀한 공적 도덕의 문제를 부과하였음을 말해준다.

나아가, 정치의 영역에서는 선악의 대조가 흑백의 경계처럼 단순하고 명확한 것이 아니라는 점이 그를 따라다녔다. 정치는 언제나 선택의 문제이며, 그것은 최소한 두 개의 악 가운데 보다 작은 악을 선택하는 문제일 수밖에 없으며 도덕의 기초가 되는 국가사회의 창업은 악의 수단과 필연코 연결되기 마련이다. 그렇다고 도덕군자가 희망한 것처럼 사람은 국가사회를 떠날 수는 없다. 사적 도덕에 기

75) *Il Principe*, ch. VIII.

초하여 지도자의 행위를 비난한 자는 때로는 기성도덕에 근거한 여론을 따라 그 표면은 비난하고 있지만 사적 도덕의 기초를 주는 질서가 그 결과로서 형성된다는 사실에는 충분히 주목하지 못한다.

제 2 장

마키아벨리 이후의 사상

16 · 17세기의 유럽정치의 중심에는 종교문제가 있었다. 더구나 종교개혁운동은 1517년 신성로마제국의 내부에서 시작되었으며 1523~25년 동안 전체 독일지역의 농민전쟁에로 폭발하였다. 마키아벨리의 생애 안에서 일어난 종교적 분쟁에 대하여 그러나 마키아벨리는 아무런 역사적 평가를 남기지 않은 채 침묵하고 있다. 그의 이론 속에 담겨있는 이 이론적 공백의 의미는 무엇인가?

무엇보다도, 마키아벨리로서는 로마교황권과 그 시대의 전횡적이고 부패한 관행에 관하여 간단하지만 충분한 평가를 이미 「*Discorsi*」에서 했기 때문에 그는 더 이상 그에 관해 논의할 필요를 느끼지 않았을지 모른다. 교황권에 대립하는 소위 "이단적" 이론과 운동은 그 이전에도 종종 있어왔다. 루터의 비판은 그러한 조류 속에서 그냥 지나쳐버릴 수도 있었을 것이다. 그러나 그가 신성로마제국의 인구와 경제를 황폐화하고 마는 종교전쟁에 대해 침묵했던 것은 이러한 해석으로 답변될 수는 없는 것이다.

개인적으로, 마키아벨리는 Leo X(재위: 1513~23)에 도움받아 사면되었고 또한 그의 후원하에 미미한 명예를 얻고 있었기 때문에 예컨대 Mèdici가의 소유였던 Pisa대학의 명예교수직을 얻어 「피렌체 역사」를 쓰는 등 신세를 지고 있었기 때문에 그는 교황권에 대한 더 이상의 공격이 허용되지 않았을 것이다. 그리고 뒤에 Clement VII가 되는 Leo X의 사촌이 메디치가를 대표해서 피렌체를 관리했던 시기(1513~27)에 그의 사고와 행동반경은 더욱 위축되었을 것이 명백하다. 그에게는 교황청에 반대하는 인상을 촉발할 수 있는 어떤 견해의 표명도 허용되지 않았을뿐더러 그로서는 자신의 신념에 반하는 로마교회의 옹호를 앞장서 나설 수도 없는 일이었다. 한마디로, 당시의 생활조건은 그에게 종교논쟁이라는 중대한 문제에 부딪쳐 그의 상상을 부채질하기보다는 신중의 고려에 의한 무력화로 빠져들게 만들었다. 당시의 상황하에서 이탈리아 지역에서 종교개혁을 지지한다는 것은 정치적으로 기대할 수 없는 일이었다. 더욱이 마키아벨리로서는 자신의 후원자에 대한 도의적 침묵의무가 있었다.

그리고 마키아벨리로서는 자신의 정치이론으로부터도 종교개혁과 전쟁의 의미를 별개의 중요한 문제로 취급할 이유가 없었다. 공리주의적 입장에서 모든 정치·사회문제를 보았던 그는, 종교문제를 포함하여 사회현상을 그것이 무슨 이익이, 즉 효용성이 있느냐 하는 질문으로 꿰뚫고 있다. 종교적 신념 그 자체를 최우선시하여 진정한 종교를 옹호하기 위한 개혁이나 그에 대하여 로마교황청의 질서를 수호하려는 반개혁의 투쟁은 그 이면에 놓여있는 경제·사회적 문제를 분석하지 않고서는 그 자체로서는 별다른 흥미나 논의가치를 지닌 것이 아니었다. 더구나 14·15세기의 회의체운동(Conciliar Movements)을 통해 진행된 교회개혁의 운동은 Luther의 종교개혁으로 이어졌기 때문에 전자의 실패와 후자의 성공 사이의 질적 차이를 특히 그것의 분열의 성공이 지니는 공리주의적 가치를 인정할 수 없었다. 물론 당시의 치열하고 참혹했던 전쟁의 폐허를 애써 외면했던 그의 태도는 다소 이해할 수 없는 측면이 확실히 있는 것이지만, 기존의 윤리문제, 특히 신학으로부터 정치현상을 분리하고 종교마저도 정치현상의 한 부분으로 인식했던 그의 공리주의적 방법론은 아마도 긴 시간 성공의 결과가 예견될 수 없었던 1520년대의 종교운동, 전쟁현상이 자신의 사상체계를 뒤흔들고 재조정을 요구할 만큼 커다란 본질적 가치를 지닌 사건들로 포섭되는 것을 불가능하게 하였을 것이다.

제 1 절 루터와 칼뱅: 종교개혁운동의 창시자들

마키아벨리가 지적한 바의 로마교회의 부패와 부도덕성, 그리고 보다 직접적으로 로마교회에서 파견된 성직자들에 의한 교회재산의 관리와 성장해가는 독일의 부에 대해 면죄부판매를 통한 유출에 대한 루터의 통렬한 공격의 배후에는 교회의 수탈과 압제에 고통받고 신음하는 독일민중을 대변하면서 꿈틀거리는 독일민족주의의 모습이 놓여있었다. 민족단위의 국가형성이 어느 정도 정착하게 된 스페인, 영국, 프랑스에 이어 신성로마제국의 내부에는 다시금 분화의 계기가 일어나는 상황이었던 것이다. 교회체운동에 대한 반작용으로 로마교황의 절대주의가 일시적으로 나타나고 있지만, 이미 민족단위로 강화된 세속권의 절대주의가 자본의 본원적 축적시기를 반영하였던 데 비해 변화된 물질적 현실에 뒷받침되지 못한 중세적인 기독교 보편세계(universitas christiana)는 이제 해체의 길로 들어섰다.

Martin Luther(1483~1546)는 1517년 그가 소속한 Wittenberg 교회의 문앞에 교황에 제기한 94개의 질문서를 통해 기존교회의 부패와 독일국민에 대한 로마교회의 수탈을 공격하였다. 그는 모든 사람은 성직자가 될 수 있으며 신도와 성직자의 차이는 오직 직위에 있을 뿐이라고 주장했다. 또한 인간의 구원은 오직 신에 대한 믿음에 의해서만(sola fide) 가능하며 교회법과 로마교회의 권위를 부정하고 성서의 엄격한 해석만이 중요하다고 강조했다. 그러나 그는 비록 믿음에 의해서만 신으로부터의 구원이 가능하다고 하였지만 그렇다고 교회의 존재 그 자체를 부인하는 데까지 나아가지는 않았다. 그 이유는 이미 교회가 신도의 믿음을 돕고 지속시키는 데 필요하다는 것일 뿐 구원을 위한 필수적인 제도를 수용한 것은 아니다.

믿음에 의한 구원은 개인의 종교적 자유의 기원이 될 수도 있었다. 그러나 그의 관심은 로마교회로부터 자유를 확보하는 데 있었기 때문에 개인의 양심의 자유를 옹호하는 대로 발전하는 대신에 집단, 특히 독일인민의 자유의 문제로 나아갔으며, 이러한 집단적 자유의 쟁취문제는 더욱더 철저하게 세속적 권위에 대한 복종을 통해서만 가능하다고 주장되었다. 루터에게 개인의 믿음을 보호한다는 것은, 정치의 장에서는, 세속적 군주와 영주들에게 의존하지 않고서는 강력한 로마교회에 대항하여 승리할 수 없다는 것이 명백했다. 이에 따라 그는 초기에 다소 인민의 편에 서서 귀족계급에게 호소하고 있었지만 독일농민전쟁의 심화에 따라 인민을 저버리고 군주의 권위에 더욱 집착할 수밖에 없었다. 루터가 인민의 고통과 불행을 보상하려는 동정심을 가지지 않았던 것은 아니다. 그러나 그는 인민의 권리를 그대로 인정하지는 않았다.

루터는 교권과 속권 사이의 관계에서 "수동적 복종"을 넘어서서 강력한 법질서의 확립을 위해서는 "적극적 복종"의 필요성에로 나아간다. 그의 이러한 태도는 당시 뮌스터지역을 중심으로 재침례교회파 등 하층복음주의운동이 맹렬해지고 농민전쟁을 주도하게 된 독일의 상황에 대한 반발이기도 했다. 그러나 그의 반인민적 입장은 그 당시 자본주의의 여명기에 들어서고 있던 부르주아계급의 환영을 받았음은 물론이다. 이들 16세기 신흥 부르주아계급은 "뒷날 프롤레타리아계급의 비슷한 소요보다도 더 격렬하게 그리고 민감하게 재침례교회파와 농민반란을 두려워하고 증오하였다."[1] 새로이 등장한 부유층 — 상공계급 — 은 루터와 뒷날 칼뱅의 지지를 받으면서 농민대중의 저항을 야만적인 잔혹성으로 무자비하게 압살하였다.

루터의 정치철학은 적극적 복종의 교리, 세속권의 옹호, 복고주의와 자본주의 열망의 이중성으로 요약될 수 있다. 첫째, 그는 기존의 "수동적 복종"을 인정한다. "케사르에게 속한 것은 케사르에게"라는 St. Paul을 인용하여 교권의 세속권에 대한 개입을 부인하는 로마교회의 오랜 입장을 일단 수용하고 있다. 그러나 루터의 주장은 거기에 머물지 않고 나아가 왕권신수설에서 옹호되는 것처럼 세속적 지배자가 신의 권위에 의하여 부여된 현세적 문제의 최종적인 대리인임을 인정하고 신과 세속적 권위 사이에 교회가 개입하는 것을 거부한다. 왕의 권위는 신에 의해서 주어진 이상 교회의 개입이나 인민의 동의 같은 것이 필요치 않는 궁극적 책임의 소재이다. 나아가 세속권에 대한 복종은 "순수하게 신을 위하여" 이루어지는 절대적 복종으로서 무조건적으로 세속권을 수용하고 이에 복종하여야 한다고 그는 강조한다.

둘째, 루터는 민주주의자나 공화주의자이기는커녕 귀족옹호론자, 보다 정확히는 지배자 옹호론자이다. 그가 당시 행해지고 있던 인민의 고통과 비참에 대해 해소하려는 동정심을 가졌던 것은 물론이다. 그러나 그는 폭정이 인민에 대한 신의 징벌이며 인민은 "부당한 권력에 대해 저항할 것이 아니라 묵묵히 견디어야" 한다고 말함으로써 구원을 스스로 쟁취하는 데 반대한다. 루터의 주장은 결코 인민이 권력의 원천이라든가 인민의 동의가 정당성을 가져온다는

---

1) George Sabine and Thomas Thorson, *A History of Political Theory*, 4th Edition(Hinsdale, Ill: Dryden Press, 1973), p. 334.

것이 아니었다. 인민의 이성과 사고는 그 자체로서는 오히려 불신의 근원이며 오직 복종만이 허용될 수 있다고 그는 보았다. 심지어 인민은 무지한 나머지 자기의지를 행동으로 표현하고자 나선 내전시기의 농민은 배추뿌리처럼 무차별하게 베어내는 것이 바람직하다고 선전했다.

이에 관련하여 양심의 자유에 대한 그의 입장을 살펴볼 필요가 있다. 양심은 무력에 의해 강요될 수 없다는 그의 주장은 마치 뒤에 발전하게 된 양심의 자유를 옹호한 것이 아닌가 하는 시사를 보여준다. 그러나 당시의 상황은 양심의 문제를 둘러싸고 로마교회와 세속권이 대립하고 있었기 때문에 이러한 주장은 양심을 개인의 속성으로 보고 있다기보다는 신민의 군주에 대한 종속을 요구하는 내용으로 구체화된다. 루터의 주장은 마키아벨리가 이미 내세웠던바, 영토 내에서 세속권자의 배타적 권리를 승인하는 것이며 이론적으로 민족국가로의 발전에 기여하였다. 1555년 아우구스부르크의 화약은 루터의 주장을 수용하여 제국 내의 종교분쟁을 마무리하는데, 이 교의는 “cuius regio, eius religio”로 요약된다. 곧 지배자의 종교를 신민은 따라야 한다는 것이다.

셋째, 루터의 철학은 사회의 진보를 추동하는 그러나 과학에 대한 반동적 태도를 담고 있다. 중세적인 계약이론이나 집단 간의 동의를 통한 균형을 추구함으로써 그는 중세의 잔재를 옹호하고 중세적인 정치질서의 부활을 기대했다. 또한 종교와 정치의 재결합을 시도함으로써 종교문제를 정치의 주 논점으로 부각시켰다. 이러한 그의 중세적 입장에도 불구하고 이윤의 동기를 받아들이면서 신흥 자산계급의 열망을 대변했다. 그가 비록 자본주의적 태도에 반감을 가졌던 것은 사실이지만 하층민의 욕구를 냉혹하게 거부하고 민족국가를 옹호했던 것만으로서도 그의 철학은 사회의 진보를 반영하는 것이다. 이러한 입장은 그의 교의해석과 종교개혁운동에 직접적인 것은 아니다. 동시에 그는 과학의 발달에 회의적이었고 과학 자체에 반대했다. 그가 코페르니쿠스를 비난한 첫번째 사상가였던 것은 결코 우연이 아니다.

루터가 "신앙만"(sola fide)이 개인의 구원을 줄 수 있다고 보면서 동시에 세속권에 의한 교권의 지배를 허용하였던 것은 로마교황에 대한 독일의 귀족들, 나아가 독일민족주의의 표현이었다. 그에 반대로 쟌 칼뱅(Jean Calvin)에게 세속권이란 단지 종교의 수단에 불과했다. 쇼뱅(Chauvin) 또는 코뱅(Caulvin)으로도 알려진 칼뱅(1501~64)은 1535년 프랑스 국왕 François I에게 「기독종교의 제도」(*Institutes*)를 헌정했다. 중세귀족들이 Valois가에 반대하여 "위그노귀족당"을 결성했던 프랑스의 역사는 François에 이어 Henri II(재위 1547~59)에 의해 탄압되는 신교의 저항운동으로 나타났다. 그러나 개혁의 희망이 있었던 초기의 상황에서, 그리고 훗날 그가 정치적 성공을 거두게 된 Genève의 1550년대의 10년 동안 그의 설교는 저항의 사악함을 밝히는 데 집중되었다.

칼뱅에게 "수동적 복종"은 편의상의 도구에 불과하다. 루터와 마찬가지로 그것은 기독교인에게 의무지어졌지만 그의 신학적 입장은 위에서 본 것처럼 구체적 정치현실에 따라 크게 변화되었다. 그가 비록 국가는 교회의 대리인에 불과하다고 주장했지만 정부를 장악하거나 개혁의 성공가능성이 없었던 프랑스와 스코틀랜드에서는 그의 추종자 John Knox에서 보듯이 저항을 정당화하는 이론으로 선회하였다. Zürich의 Zwingli처럼 국가와 교회의 동맹을 거부했던 것은 국가 내에서 칼뱅주의자들이 처한 정치적 곤경이 산물이었지만 스코틀랜드에서 혁명이 성공하게 되자 칼뱅의 교리로 자리잡게 되었다.

먼저 칼뱅주의가 승리한 곳에서 인민의 저항은 철저히 배격되었다. 칼뱅과 그의 동료는 자신이 지배하고 있던 제네바에서 교회권력은 비록 전체 회중에 놓여있다고 주장했지만 실제로는 도시의회가 임명한 사목(司牧)과 12명의 평신도 장로로 구성된 교회법정이 행사하고 있었으며 게다가 이들 장로들은 어떤 의미에서도 결코 회중의 대표는 아니었다. 칼뱅이 이끌었던 신정은 한마디로 인민대다수가 배제된 채 성직자와 귀족의 연합체인 과도제이었으며 그러한 정체는 반자유주의적이고 억압적이며 심지어는 반동적인 성격을 띠고 있었다. 칼뱅의 눈에 비친 국가권력이란 교회의 독립과 우월성이 전제된 가운데 신의 지배를 현세사회에서 더욱 강화하려는 수단에 불과했다. 세속권을 손아귀에 넣은 교회와 교회사목은 이를 통해 광범한 정보활동과 파괴공작을 통해 자신의 반대세력을 절멸시키는 데 전력을 다하였다. 그러한 염탐과 공작은 시민들의 가장 사적인 영역까지도 섬세하게 규제하는 것으로 나타났고, 사적인 윤리의 통제와 순수한 교의·경배의 수호를 실현한다는 명목으로 진행되었다. 제네바에서 구현된 사회윤리와 수직적인 폭정의 구조는 바로 현세적인 반대세력과 그 자연적 경향에 대한 신학적인 표현이었던 것이다. 환언하면 칼뱅주의는 제네바에서 세속권력을 장악한 교회세력이 강요하였던 폭정과 억압에 대한 인민의 저항을 효율적으로 분쇄하려는 상황의 요구를 반영하고 있었다.

"선발"과 "예정"은 칼뱅신학의 또 하나의 주요한 특징이 된다. 칼뱅은 자신의 교의를 비록 루터로부터 발전시켜온 것이기는 하지만 매우 커다란 차이의 내용을 담은 귀결로 이어지고 있다. 루터처럼, 그 또한 인간은 원죄를 저지른 저주받은 존재이며 신의 구원이 없이는 이 상태를 벗어날 수 없음을 인정한다. 그러나 인간영혼의 구원은 인간의 능력과 노력에 따라 얻어지는 것이 아니라 신의 자유로운 — 오히려 차라리 자의적인 — 은총에서 온다. 신의 은총은 누구에게도 관계되지 않는 순전히 "자의적"인 것이기 때문에 루터처럼 종교적인 특수체험이라는 신비주의의 외피로 싸인 과정 속에서 얻어지는 것이 아니다. 인간은 신의 의지를 표현하는 "선발"의 제도에 대한 믿음을 증명하려는 듯이 자신의 의지를 단련시키고 결의를 견고하게 지키기 위한 부단한 활동 이외에는 다른 방식으로 신의 의사를 헤아릴 수는 없다. 그것은 마치 마키아벨리의 경우 fortuna의 의사를 호의적으로 하기 위해 인간은 전력을 다해 자신의 목표를 추구해야 하는 것처럼 "선발"의 제도는 행동의 명령에로 이어진다. 그것은 인간에게 동포애, 인도주의를 제시하는 대신 엄격한 자기통제와 규율, 삶의 치열한 싸움터에서 상호간의 예양과 존중을 요구한다. 청교도 정신의 중심적 윤리와 덕성은 이러한 가르침에서 발견된다.

"예정"교의는 권력에의 의지가 숨겨진 성직자 중심의 신정통치를 요구한다. 그러나 칼뱅은 마치 권력이 순수교회를 위한 수단인 듯 말하고 있다. 그에게 세속권은 구원의 "외적 수단"이었기 때문에 정부의 첫번째 임무는 신에 대한 순수한 경배를 유지하고 우상, 성소침범, 독신과 이단을 뿌리뽑는 데 있었다. 그의 「기독제도」 Ⅳ, XX는 다음과 같이 이를 확인한다.

> "세속적 통치의 목적은 우리가 인간 사이에 살아가는 동안 신에 대한 외적인 경배를 촉진하고 지원하며, 교회의 입장을 옹호하며, 우리의 삶을 인간사회에 적응시키고 우리의 행위를 사회정의에 맞추어 만들며, 우리들 서로간을 조화시키고 공동의 평화와 정온(靜穩)을 보존하는 데 있다."

칼뱅은 정치영역의 자율성이나 권력의 분석을 문제에서 제거했다. 결과적으로 칼뱅주의는 국가권력이 교회의 목표에 맞추어 집행되는 이외의 어떤 문제도 철폐해 버렸다. 그것은 온갖 수단을 동원하여 사적 윤리에 대한 세심한 검열과 교회 — 그것이 정당하건 말건 — 에서 나온 엄격한 규율준수를 강요했다. 마침내 칼뱅주의는 교회를 절대화하고 성직자집단에게 세속권력의 무조건적인 집중을 허용하였으며, 사실상의 폭압적인 신정의 전제주의로 완결된다.

칼뱅주의는 수동적인 복종의 이론을, 상황의 필요가 일어난 곳에서는, 적극적인 저항의 교의로 변형시키고 발전시켜갔다. 칼뱅이 이를 의도했는가는 분명치 않다. 그러나 그의 어투가 너무도 전투적이며, 그가 통치권의 권위는 상위 및 하위직임자에 공동으로 부여되어 있으므로 따라서 특정의 하위직임자는 지배자의 폭정에 저항할 의무가 있으며 지배자로부터 인민을 보호해야 한다(*Inst.*, IV, XX, 31)고 말하고 있어 최소한 이러한 변형의 시발점이 되고 있다고 볼 수 있다. 이러한 변형은 J. Knox, J. Althusius, J. Locke에로 흘러가고 있다.

그러나 칼뱅은 어떤 경우에도 인민일반의 저항권을 용인하지 않았다. 인민 혹은 특정한 사인(私人)은 신과의 계약 혹은 권위의 근거가 아니기 때문이다. 곧 지배자가 올바로 통치할 의무는 오직 신에게만 있는 것이지 인민의 동의에 달려있지는 않았다. 또한 신이 부여한 권위는 인민이나 사인과 지배자가 공동으로 가진 것이 아니었다. 결국, 지배자의 권력은 신법에 제한되고 있지만 인민의 권리에 의해 제약되지 않는다. 칼뱅의 교의는 귀족정을 지향하는 함의를 담고 있으며, 재침례교회파들(Anabaptists)을 가리켜 "밀짚 속에서 쥐들처럼 난잡하게 사는 자"라고 묘사하는 데서 보듯이 칼뱅은 뒤에 발전되는 인민의 저항권이론의 옹호자가 결코 아니었다.

제 2 절 폭군정벌론(Monarchomachists)

폭군정벌론(Monarchomachi)은 부분적으로 고대사상의 부활을 의미했다. 곧 중세의 전 시기를 걸쳐 폭군의 시해를 정당화하는 이론은 John of Salisbury를 제외하고는 찾아볼 수 없다. 나아가 초기의 종교개혁운동에서도 기존의 세속권에 대한 저항은 결코 정당화되지는 않았다. 루터와 칼뱅은 신의 대리인으로서 세속권을 행사하는 군주는 자신의 행위에 대하여 신민의 수동적 복종의 의무를 요구할 수 있음을 명백히 하고 있다.

다른 한편 종교개혁운동의 성공은 유럽의 전역에 번져나가기 시작했다. 먼저 신성로마제국의 황제 Karl V는 신교의 허용문제를 둘러싸고 자신의 하위적인 왕과 귀족의 도전에 부딪치면서 독일의 농민전쟁이 일어났다. 영국에서 Henry Ⅷ는 로마가톨릭을 변형시킨 영국국교(Anglican Church)를 세우고 이를 세속권과 통합했다. 뒤이어 먼저 스코틀랜드 그리고 나중에 스웨덴과 네덜란드에서 세속권을 장악하기 위한 투쟁은 신교의 투쟁과 교묘하고 효율적으로 결합되어 성공에 이르고 있다. 유럽정치사의 중심인 프랑스에서는 1562~98년의 기간 동안 최소한 8차례의 내전을 겪었으며 Henri Ⅲ와 — 뒤에 1610년에는 — Henri Ⅳ는 로마교황의 자객의 손에 살해되었다. 이와 같은 분열과 각축, 재도전의 시기에 밑에서 이미 일어났던 사회경제적 변화는 종교투쟁의 외피를 쓰고 유럽의 정치사를 장식하였던 것이다.

1. 위그노들의 폭군정벌론

칼뱅주의의 온상은 Navarre 지역을 중심으로 한 프랑스 위그노(Huguenots)였다. 역사적으로 먼저 신교도의 입장에서 구교도인 '폭군'의 정벌을 정당화한 폭군정벌론(Monarchomachi)은 W. Barclay[2)]가 주조한 용어로 알려져 있다. 그러나 뒤이어 신·구교도 모두가 자기의 종교적 입장과 다른 지배자를 "이단"으로 규정하고 그에 대한 저항권을 정당화하고 있다는 의미에서 이 이론은 주장의 내용이나 논리의 무기에서 차별성이 없이 먼저 개신교에 그리고 후에는 로마기독교 측에 의해서 차용되었다. 그들은 모두가 저항권을 옹호하고 있지만 시대상황이 그들에게 유리하게 변화하면 자기들의 입장을 뒤바꾸고 신민의 수동적 복종의 의무를 강조하기도 한다. 그 예로서 당시 위그노의 지도자였던 Henri de Navarre는 기독교신앙의 옹호자인 Henri Ⅲ에 대해 저항권이론을 빌려 반대의 입장에 서 있었지만 자신이 프랑스의 왕이 되면서 기독교로 개종하였을 뿐 아니라 종래의 위그노들에게 수동적 복종의 의무를 요구하였다. 이러한 옹호론이 위그노들에겐 지켜져 그들이 주장해왔던 기존의 저항권이론과 모순되었음은 물론이다.

위그노 저술가들이 반란권 혹은 왕의 시해를 정당화하기 위해 동원한 근거는 두 가지였다. 첫째 그들은 당시의 민족국가적 경향, 그리고 그 중심세력으로 등장한 왕의 절대주의에 반대하여 중세적 관행, 헌법주의에 호소했다. 둘째, 중세적인 계약이론, 자연법의 철학적 기초에 대한 강조를 통해서 인민주권적인 논의를 폈다. 중세의 관행과 헌법, 계약이론과 자연법주장은 모두가 떠오르고 있던 절대주의에 대한 반론의 권위로서 너무도 당연한 것이긴 하지만 역사적

2) William Barclay, 「*De regno et regali potestate*」(1600).

사실과 주권이론의 측면에서 근거가 희박하였다. 그런 까닭에 이처럼 의심스러운 근거는 위그노들은 물론 그 반대론자들에 의해서도 충분히 원용될 만큼 자의적일 수밖에 없었다. 그러나 여기서 제기된 문제들의 논점은 J. Bodin에 의해서 주권이론이 체계화되면서 이론적으로 정리된다.

헌법이론에 관한 위그노 저술가들 가운데 가장 잘 알려진 사람은 François Hotman이다. 오트망은 「*Franco-Gallia*」(1573)에서 프랑스헌법사를 쓸 의도로 당시의 절대왕정이 과거의 선례에 어긋난다고 주장했다. 그에 의하면, 프랑스의 왕위는 선출직이며 그 권력은 왕국 전체를 대표하는 3부회의(l'états généraux)에 의해 제한된다. 심지어는 왕의 세습권마저도 최근의 관례에서 기원한 것이며 이는 인민의 묵시적 동의에 의존한다고 그는 보았다. 그의 주장은 중세적 헌법주의, 곧 정치제도가 보유하는 권력은 공동체 자체에 고유한 먼 옛날의 관행으로부터 유래하며 인민의 동의가 정치권력의 정당한 기초이며 왕의 권위는 공동체의 법적 대리인인 데서 도출된다는 것이다.

자연법이나 계약이론을 동원하여 폭군시해의 철학적 근거를 제공하려는 주장은 권력의 한계는 공동체의 목적에 의해서 내재적이라는 것이다. 그러한 견해는 칼뱅의 친구이며 그의 사후 제네바를 관장했던 Theodore Beza[3]에서 찾아볼 수 있다. 그는 왕제는 사회의 목적에 봉사하기 위하여 설립되었으며 따라서 왕권은 그에 의해서 제한된다고 말한다. 비록 그가 칼뱅과 마찬가지로 신민의 소극적 복종의무를 받아들이고 있긴 하지만, 폭군, 특히 진정한 종교를 위해하려는 군주에 대항하여 일반적인 사인(私人)이 아닌 하위직임자

3) Theodore Beza, 「*De jure majistratuum in subditos*」(1576); 불어판은 「*Du droit des magistrats sur les sujets*」(1574).

(magistrates)는 저항권을 행사할 수 있다고 분명히 그는 말하고 있다.

위그노 저술 가운데 가장 유명한 것은「*Vindiciae contra tyrannos*」(1576)이다.「폭군에 반대하는 자유의 옹호」는 특히 왕과 인민의 이름으로 등장한 귀족의회의 대립위기로 치달은 영국에서 선동적인 팸플릿의 가치 때문에 수차례 반복되어 출판되었다.

「*Vindiciae*」는 4개의 질문에 대한 답변을 통해 저항권을 노골적으로 옹호하기 위해 쓰여졌다. 그것은 Beza나 Althusius 등 귀족정적인 경향을 벗어나 확고히 인민주권의 입장에 서 있다. 곧 인민은 원래 자유롭고 독립적이었으며 그들은 원래 모든 권력을 소유하고 있었지만 국가를 세웠을 때 자기들의 권위를 지배자에게 단지 위임했을 뿐이라고 이 팸플릿은 주장한다.

> "왕은 인민에 의해 세워진 이상, 인민은 전체로서 왕에 우월하다는 것이 거의 확실히 따라온다. … 나아가 왕은 인민의 이익을 위해서 세워졌다는 것이 명백하다."

「*Vindiciae*」에 의하면, 왕권의 권위는 2개의 계약에 근거하고 있다. 첫번째 계약은 신과 왕 및 신민의 사이에 맺어지며, 여기서 왕은 신에 복종하며 신의 영광을 위해 통치할 것을 신과 약속한다. 그리고 왕의 신에 대한 복종의 의무는 절대적인 성격의 것이기 때문에 왕이 이를 위반할 때는 왕과 함께 신과의 계약당사자인 인민에게 불이행상황을 초래하게 된다. 그 결과 인민은 왕을 강제하여 계약을 이행하도록 할 의무를 신에게 진다는 논리를 펴고 있다. 물론 이러한 주장에 상당한 문제가 들어있음은 명백하다. 두 번째 계약은 왕과 인민 사이의 것이며, 왕은 정당하게 통치하며 인민은 그에 상응하는 복종의 의무를 진다. 환언하면 왕은 정의를 실현할 의무를 지고 있으며, 인민의 복지를 확보하는 조건하에서만 인민의 복종의무 또한 현실화한다고 말한다.

「*Vindiciae*」에서 저항권의 근거가 되는 4개의 주장을 유도하는 질문은 다음과 같다.

> "1) 만약 군주들이 신법에 반한 것을 명령한다면, 신민은 여전히 군주들에게 의무를 지고 있으며 복종의무를 가지고 있는가? 2) 신법을 위반하거나 신의 교회를 황폐하게 하는 군주를 저항하는 것은 정당한가? 누구에 의해서, 어떻게, 어디까지 정당한가? 3) 국가를 억압하고 파괴하는 군주에게 저항하는 것은 정당한가? 누구에게, 어떻게, 그리고 무슨 권리나 법에 의해 그것이 허용되는가? 4) 인접군주는, 진정한 종교가 박해받거나 명백한 폭정에 억압받는, 다른 군주의 신민을 지원하거나 혹은 도울 의무가 있는가?"

저항권을 정당화하기 위해 저자는 조심스럽게 고대적 구분을 따르고 있다. 즉 찬탈자이며 따라서 왕권을 주장할 수 없는 폭군과 폭정을 일삼는 적법한 왕의 차이를 인정하고 대중은 전자에 관해서만 저항권을 가지고 그를 시해할 수 있다고 주장한다. 후자의 경우, 저항권은 집산체로서 인민에게 속하며 저항권은 "수많은 머리를 가진" 사인의 집합인 대중에게 속하지 않는다고 분명히 선을 긋고 있다. 어기서 저자는 칼뱅의 이론범위를 벗어나지 않고 수동적 복종의 의무를 이어가면서 단지 특정상황에 따라 저항권을 제한적으로 수용하고 있는데, 그 주체는 오직 "집합체로서 인민" 혹은 이의 "자연적 지도자"인 "하위 직임자"에 한정된다. 즉 귀족, 신분, 지역직임자 등은 그 지위에 의해서 공동체의 자연적 수호자이기 때문에 공동체의 이름으로 왕에 대하여 저항할 수 있다고 보았다. 여기까지 저항권은 민주적이라기보다는 귀족적이다. 그러한 입장은 칼뱅주의의 마지막 주요사상가인 Althusius에서 보다 자세히 논의된다.

「*Vindiciae*」의 저자를 둘러싸고 논의가 있어왔다. "로크의 저작

이전에 그 주제 [저항권]에 관한 가장 중요한 책"으로 평가되는 이 책을 쓴 S. J. Brutus(익명)는 Pièrre Bayle의 「*Dictionnaire historique et critique*」(1697)에서 Hubert Languet로 알려졌으나 1930년 이후 Philippe du Plessis-Mornay로 수정되었다.[4] 1584년 Anjou 공작의 사망으로 위그노의 지도자였던 Henri de Navarre에게 프랑스 왕위의 상속이 분명해졌다. Henri는 가톨릭으로 개종했고 그를 추종하는 위그노일반은 상속권과 lex Salica의 수호자로 전향하였다. Henri의 오른팔이었던 du Plessis-Mornay는 이에 환멸을 느끼고 모든 정치활동을 중단하였지만 주변의 위그노들에게서 "위그노 교황"으로 불리웠을 만큼 커다란 영향력을 지속적으로 유지했다.

「*Vindiciae*」에 수년 앞서 스코틀랜드의 칼뱅주의자 George Buchanan은 1567~70년경 「스코트인 사이의 주권에 관하여」(*De jure regni apud Scotos*, 1579)를 출판했으며 이 책은 프랑스의 위그노들 사이에 널리 유포되었다. 그를 "마키아벨리와 홉스 사이에 가장 현대적인 저술가 중 하나"로 만들었던 이 책은 현대로의 과도기상황에서 중세적인 논의를 펼치고 있다. 부캐넌은 과거의 선례에 근거하여 중세의 계약이론을 전제로 그의 주장을 내세우고 있다. 즉 주권적 권위에 대한 견제는 고대적이며, 관습적이고, 결코 맹목적인 것이 아닌 "중세의 헌법"으로 그에게 비쳐졌다. 또한 그는 최초의 계약을 근거로 왕에 대한 저항권을 정당화했다.

이러한 주장은 당시 모후인 de Guise의 섭정과 Mary 여왕의 시기에 스코틀랜드에서 보여진 그의 활동에서도 나타난다. Mary 여왕의 폐위를 주장하고 그곳에서 칼뱅주의자의 반란권을 옹호했던 덕분에 뒤에 James Ⅵ의 교육을 맡게 된 그는 가장 노골적으로 폭

4) Cf. Ernest Barker, "The Authorship of the *Vindiciae contra tyrannos*," *Cambridge Historical Journal*(1930).

군의 시해를 선동했으며 저항권의 행사는 하위직임자의 자연적 지도력에 의존한다고 역설하였다.

「la Saint Barthélemy의 대학살」(1572)은 피해자였던 위그노에게 마키아벨리와 이탈리아에 대한 격렬한 반감을 정치적으로 불러일으켰다. 거기에는 모후 Catherine de' Medicis의 그림자가 놓여있었다. 저항권이 개인에게 있다는 전제 아래 그러한 권리가 개인에게 심지어는 왕의 신체 그 자체를 공격할 권리까지도 부여한다고 극언한 경우는 아마도 부캐넌에서 유일하게 찾아볼 수 있을 것이다.

위그노의 마지막 중요한 사상가는 Johannes Althusius(1557~1638)이다. 종교적 이유를 빌어 네덜란드가 스페인으로부터 독립운동을 시작한 시기에 칼뱅주의자였던 그는 주권과 주권의 사용권을 분리하여 주권에 사실상 제한을 가하고 있다는 점에서 J. Bodin과 대립하였다. 그에 의하면, 주권적 권리(jura majestatis)는 왕국 혹은 전 영토에 속하는 것이며 통치자는 이 권리의 소유자인 인민으로부터 부여된 관리인에 불과하다. 국가는 공동체 안에서 하나의 권력을 통해 모두를 결합시키는 합의에 근거하고 있다. 이 합의는 시민사회의 조화를 통해서만 도달될 수 있다. 그러나 그것은 평등을 통해서가 아닌, 신분적 차등과 위계질서를 통한 다수결로서 가능하다.

Althusius에 의하면, 모든 조직은 계약의 산물이다. 국가(consociatio universalis)는 가족, 집단, 도시, 지방을 포함하여 역내에서 자급자족을 확보하고 구성원들에게 평안을 가져오는 제도이다. 모든 조직은 계약(pactum)에 따라 지배자의 권리가 인정된다. 예컨대 가족 내에서는 남편에게, 부족에게는 족장에게 지배권이 있다. 그러나 주권의 경우, 모든 인간법이 신법과 자연법에 하위의 법질서라는 점에서, 최고의 속성을 가지지 않으며, 영혼의 영역을 제외한 신체의 영역, 즉 복지를 다루는 정의에 관계될 뿐이다. 주권의 행사가 이 범위를 넘어설 때 지배자는 더 이상 신의 대리인이기를 그치고 직위를 떠난 사인으로 전락하게 되며 그에 대한 신민의 복종의무는 면제된다.

Althusius가 여기서 강조하고 있는 것은 주권자가 단순히 계약에 의해 위임된 권력을 가지고 있다는 것이다. 그는 신의 영광을 높이고 국가의 목적을 위해 세워진 관리인인 이상, 이 경계를 넘어서는 안된다. 정당한 통치만이 인민의 복종을 가져올 수 있다. "정당한 법"(lex proprio)은 신에 의해 모든 인간에게 심어진 "공통법"(lex communis)에 근거하고 있으며 "국가에서 신에 대한 건전한 경배와 두려움은 사적·공적인 행복의 원인, 기원, 원천이다." 비록 그는 지배자의 '신중'을 권고하였지만, 그에 위반하였을 때 하위직임자와 감독관(Ephors)이 계약의 보호자로서 저항을 주도할 것을 적극적으로 주장했다. 그것은 폭군적 지배자를 곧바로 시해하라고 하는 것은 아니었다. 그는 "그들 '감독관'은 그를 폐위하고 그들 사이에서 내쫓을 수 있다"고 용인함으로써 저항권을 단일의 감독관이 행사할 수 있음을 인정했다. 그러나 감독관은 "집산적으로" 최고의 지도자에 우월하기 때문에 그들이 비록 인민에 의해 최초로 위임되었다고 인정하더라도 그가 말하는 "개별적으로" 행사되는 저항권의 근거가 무엇인지는 우리가 알 수 없는 것이다.

2. les Ligueurs(교황주의 폭군정벌론자들)

루터와 칼뱅이 시작한 고압적이고 신랄한 개신교도의 종교개혁운동은 기독교세계의 분열뿐만 아니라 폭군정벌론에서 보아진 것처럼 저항권이론을 정당화하는 이론을 구체화하였다. 그에 대응하여 구교의 이론가들은 프랑스에서 Henri de Guise의 살해를 계기로 본격적으로 등장하였으며 Henri Ⅳ의 왕위확보를 둘러싸고 더욱 격렬하게 그리고 첨예하게 개신교도들에 대해서 전단을 열어가는 이론적 체계화의 과정을 밟고 있다.

이처럼 개신교도와 구교도의 투쟁은 “이단”개신교와 “정통”기독교 사이의 교권헤게모니를 장악하기 위한 쟁탈전의 성격을 띠고 더욱 가열되었고 크리스찬세계 내부에서 서로간에 상대편을 절멸시키고 자신의 정통성을 확보하려는 교권의 야망을 대변하고 있다. 이처럼 서로를 파괴시키지 않고는 자신을 내세울 수 없는 닫혀진 공간에서의 종교적 경쟁은 타협점을 찾지 못한 채 갓 생겨난 국가사회의 존립마저도 위협하는 상황이었다. 이로부터 찾아진 유일한 상황적 처방은 les Politiques의 절충적 입장에서 온건하게 표방되고 있으며, 그것은 원칙으로서가 아닌 상황의 편의에 맞추어진 종교적 관용이었다. 종교적 관용을 통해서 종교문제를 사적 영역으로서 이동시키고 종교적인 이유에 의한 정치적 자유의 제한을 폐기함으로써 크리스찬세계의 종교분쟁은 마침내 역사적으로 종식될 수 있었다. 즉 정치적 자유는 기독세계에서 종교적 대립의 잔여유산이었던 것이다. 그것은 종교적 자유라는 정신적 이상이 아닌 권력의 야망으로 들끓는 종교적 헤게모니를 향한 가차없는 비타협적 정열의 돌파구였을 뿐이다.

les Ligueurs는 de Guise 공작이 Valois가를 이어 새로운 창업과 왕위를 확보하려는 정치적 목표를 두고 결집한 정치세력에서 시작했다. 그리고 이들은 가톨릭으로 개종한 Henri Ⅳ를 거부하고 “이단”으로 규정한 교황세력과 상당한 공통점을 누리고 있다. Louis d'Orleans의 저술들, Jean Boucher의 「*Sermons de la Simulée Conversion*」과 「*De Justa Abdicatione Henrici Tertii*」, Rossaeus의 「*De Justa Reipublicae Christianae Potestate*」가 그 대표적인 경우

이다. d'Orleans의 「*Banquet de Philarète*」는 상상을 동원하여 설득력 있게 잘 쓰여진 저작이며, 또한 그의 「*Dialogue du Manant et Maheustre*」는 les Ligueurs의 입장을 단순하게 대변하면서 훨씬 선정적으로 논의해가고 있다. 이상의 저작들은 Paris의 봉쇄를 통해 권력장악의 시도를 결행했던 de Guise의 정치적 이익을 옹호하기 위해 쓰여진 것들이다. 이 저작들은 같은 시기의 다른 les Ligueurs와 마찬가지로 위그노의 이론적 근거와 논의과정을 반복하여 원용하고 있다는 점에서 구교도의 폭군시해 주장은 별다른 새로운 내용을 덧붙이고 있는 것이 아니다.

les Ligueurs의 대표적인 저작은 아마도 Rossaeus라는 전투적 이름 아래 William Reynolds가 쓴 「기독교국가의 정당한 권력」이며 이 책은 심지어 830면에 이르는 방대한 내용을 담고 있다. Rossaeus는 자연상태와 그 한계는 시민정부의 필연성과 자연성의 기원이라는 설명과 더불어 이 책을 시작한다. 그에 의하면, 역사적으로 볼 때 주권적 인민이었던 신민은 완전히 자발적이고 신중한 선택의 결과로서 정치사회를 가지게 되었다는 것이다. 그는 또 정치사회는 신수설에서처럼 위로부터 권위가 도출되는 신적 위계의 질서관계가 아니라 동지관계(Genossenschaft)라고 규정한다.

제 2 장 "기독교왕의 제한된 권리"에서 Rossaeus는 「*Vindiciae*」의 저자와 같은 논리로 왕위는 자신의 존재목적, 즉 신민의 안전과 자유에 의해 제한된다고 단언하고 있다. 신민이 만약에 생명과 소유권의 안전을 정치사회 안에서 확보할 수 없다면 그들은 결코 국가에 그 대가로 자신의 권리를 포기했을 수는 없기 때문에 모든 정부는 자신의 목적에 모순될 수 없다는 것이다. 그러므로 지배자의 권력은 영광을 위해서(in aedificationem) 주어진 것이지, 파괴하기 위하여(in destructionem) 사용되어서는 안된다. 주권은 결코 무제한적인

것이 아니다.

나아가 Rossaeus는 지배자의 목적으로서 선한 삶을 들면서 지배자는 선한 삶을 위해 존재하기 때문에 생명·재산의 안전과 더불어 덕성의 함양이 모든 정부의 근본조건이라고 첨가한다. 그것은 「*Vindiciae*」의 입장과 같다. 왜냐하면 덕성이란 종교적 도움을 필요로 하며 어떤 정부도 진정한 종교를 받아들이지 않고서는 정당한 것일 수 없다는 결론을 여기서 그가 끌어내고 있기 때문이다. 더욱 극단적으로, 그는 모든 형태의 관용을 거부하며, 즉 어떤 정당한 군주도 이단을 관용할 수 없으며 이단적인 왕은 사실상 폭군에 다름 아니라고 선언한다. 그에 의하면, 영국의 Henry Ⅷ와 Elizabeth I는 개신교도이었기 때문에 자신의 자의 이외의 어떤 법에 근거해서도 통치한 것이 아닌 이유로 최악의 폭군이었다. 심지어는 Valois가의 마지막 왕이었던 Henri Ⅲ마저도 진정한 종교인 가톨릭에 대한 회의와 주저를 품고 있었던 까닭에 네로나 엘리자베스와 동열에 서 있는 폭군임이 명백했다.

Rossaeus는 개신교의 교의를 이교도주의보다 더 나쁜 것으로 비판하면서 그 정점에 칼뱅주의를 꼽고 있다. 이교도인 왕은 그의 신민과 외국의 군주가 폐위시킬 수 있는 권리를 가지고 있다고 주장하면서, 그는 Henri가 타락한 이교도이며 그의 약속은 어떤 믿음도 뒷받침될 수 없다고 단언함으로써 폭군시해를 옹호했다. 그는 개신교도들이 실제로 제네바와 스코틀랜드에서 실현했던 것처럼 '성직자독재'로 나아가고 프랑스에서처럼 '국가 내의 국가'로 발전하는 등 혼란의 소용돌이로 빠져들어 가는 것을 경고했다. 그는 이단의 선동 속에 담긴 혁명의 메시지를 읽었던 것이다.

이 책이 역사적으로 잊혀진 것은 새로운 이론이 담겨있지 않을 뿐더러 문체가 흥미롭지도 유려하지도 않으며 논리적으로 설득력이 떨어지고 과장된 표현에 식상하기 때문이다. 그 내용은 대체로 다른 les Ligueurs보다 민주주의에 더 호의적이고 선정적이고 격렬했기 때문에 논쟁적이었다. 그러나 당시의 위그노와 마찬가지로 시민적 자유의 필요성에 동감하고 최초의 계약에 근거하여 신에게만 책임을 지는 절대권력론은 배격하고 있다. 특히 위그노가 종교를 위해 외국 군주의 지원이라는 표현에서 더 이상 나아가기를 주저하고 있을 때 그가 적극개입을 언급한 것은 당시의 민족국가의 존재를 기독교세계라는 보다 큰 전체의 일부로 보고있다는 점에서 흥미로운 것이다.

구교의 개혁운동으로 1534년 나타난 제주이트교단은 프랑스의 논의를 넘어서 유럽 전체의 국면에서 les Ligueurs의 입장을 확장했으며, 이는 Juan de Mariana와 Francisco Suarez에 의해 주도되었다. de Mariana의 「왕위와 왕의 교육에 관하여」(*De Rege et Regis Institutione*, 1605)는 Felipe Ⅲ의 교육을 위해 쓰여졌으며 독창적이고 실제적인 권고를 담고 있다. 그는 자연상태의 논의에서 시작하고 있는데, 이 상태는 외부의 위협 때문에 가족들의 방어를 위해 서로간에 결집하지 않을 수 없는 점에 이르러 국가의 성립에 의해서 대체된다고 한다.

절대주의에 반대한 그는 "De Tyranno"장에서 폭군이라는 용어를 그리스의 고전에 따라 찬탈자와 억압적으로 통치하는 정당한 주권자로 구분하고 있으나 후자에 관하여 다른 모든 저자보다 한걸음 나아가 극단적이다. 즉 권위가 없는(absque titulo) 폭군을 누구나 살해할 수 있다는 데 대해서 거의 모두가 동의한다. 그러나 합법적인 지배자에 대항하여 시해를 정당화하는 권리를 사인에게 인정하고 있다는 점에서 사상사에서 마리아나는 부캐넌과 함께 드문 예를 보여준다. 그렇다 하더라도 그는 폭군이 마지막 수단으로서 공적인 폐위형식을 갖추어 허용될 수 있음에 유의하고 있다. 그에 의하면 폭군은 비록 공개적으로 혹은 책략에 의하여 시해될 수 있지만, 식품이나 음료를 통해 독살되는 것을 정당하다고 받아들이지 않는다. 그 이유는 이 경우 폭군이 자살한 것으로 인정될 수 있기 때문이다. 이러한 논리적 구분은 이미 John of Salisbury의 「*Policraticus*」에서도 발견된다.

마리아나는 책의 마지막 장에서 동일지역에서 단일종교 이상을 허용하는 관용을 거부하고 있다. 그가 복수종교를 금지한 이유는 이 단자가 약속을 지킬 것을 신뢰할 수 없으며 나아가 사회란 근본적인 믿음 없이는 존재할 수 없다는 데 있다. 그의 눈에는 적대적인 종교 간에 어떤 합의도 있을 수 없으며 이들 대립하는 당사자를 두고 정부가 나서서 호의 또는 공정성을 보이면 오히려 극단적인 위험이 초래될 수 있다고 여겨졌다. 그러나 현실적 고려를 통해 그는 투르크국가에서 종교적 관용이 허용되었던 것처럼 투르크국가에서 모든 시민적 권리가 포기되었던 조건하에서 종교적 관용은 가능할 수도 있을 것이라고 양보한다.

Roberto Bellarmino[5]는 영국에서 이 시기 교황권이론을 펴고 있다. 그에 의하면, 정신세계의 최고위 직임자인 교황은 당연히 정신적 영역에서 배타적인 권력을 가지지만 세속문제에 대해서도 간접적인 권력을 행사한다. 세속권은 신수설의 신봉자처럼 신으로부터 직접 유래한 것이 아니며 극단적 교황주의자처럼 교황을 통해서 부여된 것도 아니다. 그것의 필요와 존재는 원래 인간자신의 세속적인 욕구를 충족시키기 위해 공동사회로부터 생겨난 것이다. 그에 비하여 교황만이 정신적 영역에 관하여 신으로부터 직접적으로 그의 권한이 주어진 것이다. 그러므로 신민에 대한 절대적 복종을 요구할

---

5) Contróversiae christianae fidei adversus huius temporis haereticos(Rome, 1610)의 III. De Summo Pontifice에서 벨라르미노는 자신의 주장을 정교화했다.

권리가 없는 세속권의 근거를 고려할 때 특정상황하에서 교황은 이단적 지배자를 폐위시키고 그에 대한 신민의 충순의무를 면제시키는 조치가 정당화된다. 벨라르미노의 논리는, 제임스 I 가 "제주이트들은 퓨리턴 교황주의자에 불과하다"고 상기시킨 것처럼 칼뱅주의자들과 입장이 다를 바 없는 것이다. 결국 교권의 독립을 위한 투쟁은 교회와 국가를 두 개의 상이한 사회로 나누어놓은 대가로 결실을 거둘 수 있게 되었다.

Francisco Suarez[6]는 기독교를 신봉하는 민족들의 정신적 지도자로서 교황은 인류의 도덕을 단합시키는 대변자라고 인정한다. 그에게 교회는 신이 세운 보편적 제도인 데 반하여 국가는 민족적이고 특수적이다. 이를 근거로 그는 벨라민과 비교할 때 보다 온건하게 정신적 목적과 관련하여 교황에게 세속적 지배자를 규제할 간접적인 권력이 있음을 옹호한다. 이와 상이하게, 인간의 욕구를 다루는 세속적 문제에 관해서는 가족장들의 자발적인 합의에 의하여 이루어진 국가의 권력 내의 문제임이 확실하다. 그러한 목적을 위해 형성된 정치사회는 일반선과 자신의 삶과 필요가 요구하는 무엇이나 할 수 있도록 구성원에 대한 포괄적 권력을 보유한다. 정치권력이 공동체에 고유한 속성이라면 그에 대한 어떤 정치적 의무도 절대적일 수 없다고 그는 결론짓는다. 그것은 공동체의 복지를 위해 존속하며, 존속의 목적을 불이행함으로써 교체되는 것이다. 이 점에 있어 그의 주장은 기독국가의 원칙을 '정신적 복지가 최고의 법'(salus animarum suprema lex)이라고 보았던 마리아나와 구분된다.

수아레즈는 기독세계가 종교·민족 등으로 분열되어 더 이상의 보편사회의 이상이 남아있지 않게 된 시대에 살면서 법의 관념을

---

6) Suarez, 「*Tractatus de legibus ac deo legislatore*」(1612).

통해서 다시금 현실성 있게 통합을 시도한 사상의 한 예라고 할 수 있을 것이다. 그는 중세의 법체계, 법철학을 집대성했으며 그 이후의 자연법이나 법의 원리를 다루는 정치사상의 지류에 상당한 영향을 미치는 원류가 된다. Hugo Grotius 국제법 관념은 이의 연장선상에 놓여 있다고 할 수 있으며, 그러나 수아레즈를 비롯한 스페인의 사상적 전통은 아마도 중세 전통의 마지막 광휘라고 생각된다.

3. les Politiques(가톨릭 시류파)

16세기 후반 신구교 간의 분열과 투쟁은 국가로서 프랑스의 존립을 위협하는 상황에 이르렀다. 이러한 시대적 상황을 고려하여 대립하는 두 세력을 타협시키려는 절충적 입장이 les Politiques라 불리는 가톨릭 온건세력 가운데 나타났다. 이들은 현재의 상황하에서 종교적 통일이 더 이상 보장될 수 없다는 인식 아래 종교적 통일에 집착한 나머지 국가의 파괴국면이 도래할 것을 우려하고 무엇보다 국가의 존속과 일체성을 제 1 의 과제로 제시하였다. 그리고 이 지상의 과제를 수행하기 위해서는 국가가 더 이상 교회와 동일시되는 종래의 입장을 포기하고 종교적 통일 여부에 관계하지 않고 종교문제를 공적 영역에서 배제함으로써만 가능하다고 한다. 종교에 대한 획기적이고 현대적인 사고를 요구했던 그들은 이와 같은 정책의 전환이 없이는 프랑스에 만연한 현재의 무정부상태는 종식될 수 없다고 단언하였다. 폴리티크의 입장은 “이단이 출현한 초기단계에선 무슨 수단을 쓰더라도 박멸하라. 그러나 손실과 고통의 비용이 너무 과도하게 되었다면 가능한 한 이에서 손을 떼라”는 것이었으며 그러한 견해는 Bodin, L’Hôpital, Pasquier 등에 의해서도 견지되었다.

> "나라를 피로 넘쳐나게 하거나 아니면 전 인구 속에 우리의 적들을 계속 보충하는 대가로 지불하고서만 그것[신교도]을 박멸할 수 있을 것이다. 종교적 통일은 축복이다. 그것은 국가의 bene esse이다. 그러나 그것은 esse에 관한 것이 아니며 필요하다면 그것[종교적 통일] 없이도 우리는 살아갈 수 있다."

1572년 la Saint Barthélemy 대학살이 de´ Medicis 모후의 지휘하에 강경한 구교정통파에 의해 자행되면서 이를 계기로 가톨릭 내의 온건세력은 하나의 당파로 역사의 무대에 등장했었다. 그들은 교권파의 파당적 야심이 배태한 위기의 그림자를 직시하였고, 구교정통파와 상이하게 필요하다면 관용의 대가로 국가의 존립을 보호함으로써 국가의 구제가 이루어질 수밖에 없다고 깨닫기 시작했다. 왜냐하면 정통파처럼 맹목적인 충성의 방식으로는 국가의 난파는 불가피할 것이기 때문이다. 위그노 모나코마키스트에 대항하여 les Ligueurs의 팸플릿투쟁이 전단의 홍수를 이루는 시기에 이를 이어 les Politiques의 시류파적인 저작들이 나타났다. 이들 중에는 de Guise 세력의 선동에 반대하여 Henri de Navarre의 권리를 옹호한 Du Bellay의 「*Apologia Catholica*」(1586), Henri Ⅳ를 타락한 이단자로 교서를 통해 파문했던 교황 Sixtus Ⅴ의 프랑스 내정개입을 비난한 Hotman의 「*Brutum Fulmen*」, Servins의 「*Vindiciae*」, 부캐넌·브루투스·부세 등 모든 모나코마키주의자들에 반대한 William Barclay의 「*De Regno*」, Pierre Grégoire de Toulouse의 「*De Republica*」, Jean Bodin의 「*Les Six Livres de la République*」, Michel de l'Hôpital의 여러 연설문, 변호사였던 Etienne Pasquier의 서한들이 대표적이다.

les Politiques의 발흥과 급속한 영향력 확대는 16세기 말의 가장 명료한 징후를 반영한다. 곧 이들 당파는 교회의 종교로 머물던 과거의 위상이 국가의 종교로 오늘날 대체되어 나타났다고 생각하고 혹은 어떤 조직된 사회에서도 국가권력은 지상의 권리를 보유하고 있기 때문에 국민에 대하여 직접적인 충순을 요구할 수 있다고 받아들였던 당시의 시대분위기를 증명하고 있다. les Politiques의 눈에 왕국은 절대적 존재이었으며 국가이익을 종교의 가치 위에 놓았기 때문에, 반대자들에 의해 "마키아벨리스트"라는 별칭을 얻기도 했으며, 혹은 시류에 순응하는 경향을 띠었기 때문에 "정치적인 자들"이라 불리웠던 것이다. 이 무렵 마키아벨리류의 함의는 도덕적 원칙을 공공정책에 의해 변경시키는 것을 가리켰기 때문에 그러한 명칭은 잘못된 것이다. 자연법의 파괴를 의도했던 것이 아니고 프랑스왕정의 근본법을 지키려는 의도에서 그들의 입장을 내세우고 있었던 그들에게는 법률주의적(legalistic)이라 보는 것이 더욱 타당한 듯 보인다. 왕권신수설은 그런 의미에서 오히려 국가의 자연권을 부여하는 근거로 여겨졌던 것이다.

les Politiques는 물론 왕권신수설의 옹호론자였다. 당시 논쟁의 분위기를 살펴보면 국가의 정통성은 Charlemagne의 가계로 거슬러 올라가 Hugh Capet 왕조에서 내려온 왕들은 모두가 왕위의 찬탈자이고 de Guise의 집안만이 Charlemagne 가계 속에서 여자쪽에서 내려온 이상 상속권을 가진다는 정통성의 논쟁은 les Ligueurs에 의해 지지되었지만 오래 갈 수는 없었다. 따라서 '리그'가 인민주권론으로 이동하고, '폴리티크'는 신으로부터서만 왕권의 직임이 가능하다는, 그리고 이 권리는 파기될 수 없는 상속권임을 공표함으로써 왕권신수설의 수용을 통해 정통성의 시비에 마침표를 찍었던 것이다.

폴리티크는 법황세력의 초영토성 주장에 반대하여 국가권력의 완전한 영토적 독립성을 확언했다. 바클레는 성서의 논의, 그리고 법적, 철학적, 자연적 논의를 통해 "신에 의해 왕은 통치하며, 저항하는 자는 저주받을 지어다"라고 경고한다. 군주만이 유일한 정통성(solutus legibus)이며, 군주의 유일한 기쁨은 유효한 법(legis vigorem)이다. 프랑스의 교회는 왕의 허락 없이는 아무런 우월성도 누릴 수 없는 존재이다. 오트망과 세르뱅은 따라서 국왕에 대한 교황의 통제를 근거없는 것으로 비웃고 있다. de Guise를 왕위로 올려놓으려는 파리의 봉쇄기간중 — 파리고등법원의 초대의장이었던 Brisson이 처형되었다 — 이 쿠데타를 지지했던 리그에 반대하여 당시의 변호사들은 Henri Ⅳ의 편에 섰다. 실로 폴리티크는 수세기 동안 이어온 교황지상주의의 원리와 제루이트의 관행에 대한 민족국가적 투쟁의 화신이었던 것이다.

바클레는 종교적 관용에 대하여 공리주의적 입장에서 보고 있다. 그의 논의는 항상 내전이 불러올 현실적 불행을 염두에 두고 진행된다. 따라서 그는 군주에 대한 저항이 공공의 복지에 어떻게 이익을 가져올 수 있는가를 반대자들에게 자주 반복하여 질문한다. "최악의 폭군이 야기한 고통이 한 해의 봉기로 초래한 재앙에 동등할 수 있을까? 나쁜 정부의 병폐를 최악으로 평가해 보자. 그렇더라도 여전히 무정부상태가 빚어올 해악보다는 적을 것이다"고 그는 「*De Regno*」에서 썼다.

Michel de l'Hôspital은 「정의의 개혁론」(*Traité de la Réformation de la Justice*)에서 프랑스사회가 법앞에서 평등관념이 희미함을 지적했다. 그리고 주인공인 Augustus가 자기가 총애하는 여인이 법의 저주를 받게 되는 것을 피하기 위하여 단 한번 개입하는 것을 허용한다. 이 책은 당시에 풍미했던 이익과 부의 세력에 대항하여 이들의 사회적 억압을 제어하기 위해 왕정이 나설 것을 요구하면서 이를 이상화하기도 한다.

Pierre Grégoire의 「*De Republica*」는 시민사회의 자율성을 강조

하고 과거 교회가 담당했던 결혼, 인구, 교육의 기능을 현대국가의 권력범위 내로 이동시킨다. 그레고아는 보댕과 함께 국가가 사회공동체의 최고목적을 실현한다는 관념을 공유했으며, 그것은 정치를 교회세력처럼 제 2 차적인 기제로 보는 대신에 세속적이고 공리적이며 지상의 문제를 관장하는 것으로 인식하는 것이었다. 그러한 기능을 위해서 집권화된 국가는 지방의 자치정부보다 더 효율적으로 작동하는 유형의 관료기구였다. 프랑스에서 절대왕정(grand monarque)의 시기는 폴리티크가 추구하는 자연적 목표로서 역사적으로 명예와 수치의 양면을 보여주었다. 이 무렵 정치적 문제는 사회·경제적 문제와 뒤섞이면서 바뀌게 되었고 폴리티크가 제기한 국가존재에 대한 당위적 필요는 서서히 국가가 무엇을 할 수 있는가 하는 질문에로의 변화를 겪게 되었다.

피기스[7]가 "장 보댕은 마키아벨리 다음으로 16세기에 가장 중요한 저술가이다"라고 표현한 것처럼 폴리티크 가운데 가장 중요한 사상가는 보댕이다. 그의 책 「*De la République*」는 "엄격한 의미에서 주권을 다룬 최초의 이론서"이며, 출간된 지 얼마되지 않아 캠브리지대학에서 교재로 사용되었다.

제 3 절 Jean Bodin

1. 생애와 저작

장 보댕(1530~96)은 자신의 활동시기에 일어난 격변하는 프랑

7) J. N. Figgis, *Studies of Political Thought from Gerson to Grotius, 1414~1625*(Cambridge: Cambridge University Press, 1956), p. 110.

스의 정세 속에서 수많은 독서와 온갖 고난의 경험을 통하여 자신의 저작을 완성하였다. 그는 상인의 아들로 Angers에서 출생하여 Toulouse 대학 법과를 졸업한 후 그곳에서 강의를 담당했다. 1560년 파리로 옮겨온 그는 곧 Henri Ⅱ의 주변에 접근할 수 있었으며 파리고등법원의 변호사로서 모후(Catherine de′ Medicis)의 호의도 얻었다. 1567년 Lyon의 검사로 임명되었고 이 무렵 재력가인 바냐르 부인과 결혼하고 Blois에서 제 3 등족회(Trois état)에서 대표로 활동하기도 했으나 1569년에는 이단의 의혹을 받아 투옥되기도 한다. 1571년 당시 Charles Ⅸ의 막내동생인 duc d'Alençon의 개인비서로 영국을 방문하였고 그 이후에는 Lyon에 칩거하였다. 1572년에는 la Saint Barthélemy 대학살이 있으면서 그 또한 거의 처형될 뻔 했다. 프랑스사회가 종교분쟁의 와중에 암살·음모·학살로 이어지는 추악한 정치풍토에 빠져드는 것을 한탄하면서 종교에 대한 관용을 절규하였던 그는 정통파 가톨릭 왕실의 미움을 사고 제거대상에 들어있었던 것이다. 1574년 그의 후원자였던 달랭송 공작의 왕위옹립시도가 실패로 돌아가고 형인 Henri Ⅲ(1574~84)가 왕위를 이어받자 그는 일체의 공직을 단념하고 은둔하였다.

그의 최초의 저작은 「역사방법론」(*Methodus ad facilem historiarum cognitionem*, 1566)이었다. 그는 귀납적 방법을 사용하여 광범한 자료에 뒷받침된 철학명제의 증명을 시도했다. 그것은 철학의 민족적 제한성을 벗어나 광범한 역사자료를 토대로 변화의 법칙을 세우려는 대범한 도전이었다. 그에게 역사는 단지 편협성을 탈피하는 수단이라기보다는 우연이 아닌 법칙이 숨어있는 자료로 충만해있다. 문제는 어떻게 이로부터 법칙성을 발견하고 역사에 담긴 진보를 이해할 것인가이다. 이를 통해서 그는 지배자나 중산층의 진로에 관하여 설명하려고 했다. 보댕을 일러 "역사철학을 제시한 최초의 현대사상가"라 부른 게텔은 그의 주장을 "정치이론이 역사적 관찰에 기초해야 하며 정치제도는 이들의 발전에 관계하여 연구되어야 한다"고 소개한다.[8)]

보댕은 프랑스의 화폐정책에 관심을 가지고 그에 대한 중상주의적인 주장을 펼쳤다. 그가 쓴 「말레스트로와씨의 모순에 대한 답변」(*Réponses aux paradoxes de Malestroit*, 1568)은 웹스터 인명사전에서 그를 "정치경제학의 시조"라는 명예를 가져왔다. 또한 신·구교를 모두 경악시킨 「*Heptaplomeres*」는 기독교·회교·유태교의 우주설명이 왜 실패할 수밖에 없는가를 다루고 있다. 그리고 영국을 방문하여 심령주의가 거기에서 만연한 것을 보고는 그는 아직 봉건적인 프랑스에서 악귀의 존재를 더욱 확신한 나머지 「주술학」(呪術學)(*De la Démonomanie des sociers*)를 썼다. 인간의 삶은 지하세계의 부단한 영향 아래서 지속된다는 전제하에 그는 귀신이 어떻게 관련되고 어느 정도 영향이 미치며 그 결과는 어떻게 나타나는가를 연구하는 데 고심했다.

그는 실로 광범한 지식을 매우 세련되게 수용하였다. 그렇기 위해서 그는 어떤 여가도 휴식도 거부하였다. 모든 사물이 그에겐 끊임없는 연구의 대상이었다. 정치학에서도 기후, 풍토, 성향은 물론 성좌까지도 관련되어 정치형태와 자유의 가능성이 제기된다. 그는 실로 반복과 애매성, 혼란을 능가하는 용장한 표현을 동원하여 방대한 분량의 글을 토해냈다. 그가 하고 싶었던 말들은 섭취한 지식에 버금갈 만큼 광범했다. 그가 보여준 예로서 사족 같은 부분에 집중된 너무도 진지하고 풍부한 자료에 뒷받침된 논의는 동시에 그에 배분된 넘치는 유머와 세련된 어투와 함께 읽는 그 자체에 즐거움

---

8) 게텔, 김경수 역, 「정치사상사」, 상·하권, 상권(장왕사, 1955), 184면.

을 준다. 그러면서도 누구에겐가는 반복과 우회의 문체가 주제의 다양성만큼이나 정돈된 사고를 마비시키고 차라리 "불가능"의 절망을 안겨주기도 할 것이다.

정치학에서 그를 유명하게 만든 「국가론」(*Les six livres de la République*)(1576)을 우리는 논의하게 될 것이다. 그는 마키아벨리가 고전의 철학적 함의, 곧 자연법과 정의에 대한 체계적 논의를 결여한 채 정치공학적 접근에 치중하는 것을 비판하고 있다. 마키아벨리를 일러 "저 가장 경솔하고 가장 악랄한 인간"이라는 혹평을 서슴치 않았지만, 그는 여전히 마키아벨리가 구축한 현대사상의 주제, 곧 국가의 보존과 현실주의적 접근을 충실하게 따르고 있다. "그는 합리적인 정치과학에로 돌아감으로써 마키아벨리의 작업을 더욱 밀어나아갔다"[9]고 게텔이 올바로 평가한 것을 우리는 다시금 되새길 필요가 있다.

2. 보댕 「국가론」의 의의

1576년에 쓰여진 「*Les six livres de la République*」는 프랑스에서 커다란 반향을 일으켰으며 영국에서 광범하게 읽혀졌으며 지식층 사이에 상당한 영향을 끼쳤던 것으로 알려져 있다. 이에 힘입어 보댕은 1586년 라틴어로 「국가론」을 번역하기도 했다. 애초에 그는 「역사방법론」에서 왕권의 제한성을 논의하기도 하였지만 「국가론」에서는 이를 완전히 배제하였다. 그의 주권이론은 종래의 왕권신수설의 전통 위에 서 있었지만, 신수설의 신학적 족쇄를 벗어나 주권의 분석과 이에 관련된 헌법적 논의에로 중심을 옮김으로써 그

9) Ibid.

는 주권이론을 확립하는 최초의 사상가가 될 수 있었다. 그의 책이 출판된 지 반세기 만에 그의 이름은 최고의 성과를 올리게 된다. 그의 책은 독일어, 스페인어, 이탈리아어로 번역되었다.

1572년 성 바르텔레뮈 대학살 이후 폴리티크는 사회 내의 온건세력으로 급속한 성장을 보였으며, 보댕은 그 일원으로서 종교에 대한 관용의 정책을 옹호하고 혼란의 분규 속에 들어선 시대의 여러 현실적 문제들에 관하여 계몽된 정책의 합리적인 기초를 제공할 의도로 이 책을 썼다. 환언하면 그는 대립하는 당파들로부터 정치영역의 자율성을 옹호하기 위하여 진력했으며, 그는 평화와 질서의 수호자로서 왕권을 지지하고 모든 정치세력과 종교적 분파 위에 민족적 통일의 중심이며 상징으로 왕을 세울 필요성을 요구했다. 그것은 왕권의 지속적인 강화를 의미했으며 이를 수단으로 민족국가의 완성이 이루어졌던 것이다.

프랑스는 종교적 분열의 파장으로 국가위기가 초래되었다. 이에 대한 대비책으로 Henri Ⅳ의 낭트칙령 등 합의의 정착과 Catherine de´ Medicis 하의 l'Hôpital 장관의 정책을 고려하면서 그는 최선의 국가구제책으로서 종교적 통일의 목표를 포기하고 서로간에 치유할 수 없는 종교적 차이를 허용함으로써 프랑스의 민족성을 하나로 결집할 것을 희망했다. 이 책을 이끌었던 것은 "16세기의 기념비적 비판정신"[10]이라기보다는 민족주의, 차라리 강력한 민족국가의 열망이었다.

보댕은 국가가 종교를 박해할 권리를 보유하고 있음을 의심치 않았다. 주권을 가지고 있는 국가는 선과 자연법 이외에는 제한받지 않는 절대권력을 행사하기 때문이다. 그러나 중요한 것은 그가 당시

---

10) 장 보댕, 임동휘 역, 「국가론」(책세상, 2005), "해제," 106면에서 재인용.

의 상황을 이미 종교적 박해가 국가 자체마저도 파괴시키는 성향으로 나타난다고 인식하고 있다는 점이며 그는 공리주의적 관점에서 적대세력 간의 타협과 공존을 추구했던 것이다. 그의 입장은 신·구교 반대세력에 의해서 비판되었다. 실로 그는 어떤 교파에 속하는 것도 거부했다. 따라서 그의 입장에 대해서 자신의 영혼을 구원받는 대신에 왕국과 자기 집안의 평안을 선택했다고 비난하고 혹은 왕국이 신의 편에 서서 이단에 대해 전쟁하기보다는 신이 거세된 평화상태를 추구한다고 공격하기까지 했다.

이미 살펴본 것처럼 보댕의 관심사는 분명 폴리티크를 넘어서고 있다. 그는 종교적 당파성으로부터 보기 드물게 초연하려고 했다. 그러한 그의 태도 때문에 누구도 그가 가톨릭인지 개신교도인지 알 수 없었을 정도였다. 그는 고대의 아리스토텔레스가 그러했던 것처럼 현대정치에 역사와 철학의 종합적 체계화를 야심차게 시도했다. 그의 책은 시대의 명성을 그에게 주었으며 어느 누구도 정치사상사에서 주요한 위치를 인정할 정도이다. 후세의 평가는 엇갈린다.

하나는 그의 정치철학을 현대 이전의 저술로 규정하는 시각이다. 세바인에 의하면 "그는 현대적으로 되지 않으면서 중세적이지는 않았다." 곧 보댕의 철학은 현대에서는 구시대적 주제와 방법으로 치부된다는 것이다. 아마도 보댕의 철학이 고대 이래의 자연법을 수용하고 주권이론에서도 이를 지속하기 때문에 "전통적인 자연법이론가들은 보댕을 자신들의 후계자로 여길 것이다."[11] 다른 하나의 시각은 — 아마도 아직껏 충분히 음미되지 않는 그의 지정학적 논의와 더불어 「주술학」과 「*Heptaplomeres*」에 대한 연구가 이끌어 줄 — 보댕철학의 생기 혹은 수많은 관심의 유연성에 대한 재평가에 관계

---

11) 앞책, 112면에서 재인용.

된다.

그는 고대의 철학에 풍부한 역사자료를 가지고 생기를 불어넣었다. 그는 항상 "역사에 의해서 생기가 부여되지 않으면 가르침의 와중에서 기아로 죽게 된다"고 말해왔다. 경험적 자료가 뒷받침되지 않은 철학은 비트겐슈타인의 경우처럼 동의어의 반복이거나 불모의 명제로 남을 수밖에 없다고 그는 생각했다. 동시에 그는 철학이 생략된 정치적 문제와 정치적 접근을 경계했다. 그가 마키아벨리를 일러 "정치철학의 신성한 신비를 오염"시키고 "불의와 독신(瀆神)을 국가의 기초"라고 주장했다고 비판했던 것은 이 때문이었다.[12] 그가 의도했던 것은 단지 국가존재의 절대성을 확인하는 데 그치는 것이 아니다. 국가는 인민의 일상적 삶, 도덕과 지성, 그리고 영혼을 구제하는 현대적 기제이다.[13] 그에게 국가는 이를 위한 수단이었으며, 국가목적은 고대철학에서처럼 정의로 규정되었던 것이다.

이미 논의했던 것처럼 보댕의 문체는 많은 논란을 빚고 있다. 방대한 분량에 다양한 주제, 그리고 너무도 세심한 진지함이 배어있는 우회(迂廻)는 독자에게 전체의 줄거리를 꿰뚫어가기보다도 박학한 자료와 세련된 표현 속에서 헤매는 것을 피하기 어렵게 한다. 곧 "국가론, 실로 그의 저술들은 대체로 잘 짜여있지 않고 어지럽게 배열되어 있으며, 반복적이고 연결되지 않았다. 비록 부분적으로는 그가 명료하게 그리고 그럴듯하게 해내고 있기는 하지만." 이어서 세바인은 말한다: "그는 독자들에게 역사적 선례, 통계, 인용, 경외를 일으키는 박학함에서 모든 법·제도의 설명의 홍수 속에 밀어넣는다." 그것이 그가 죽은 지 100년이 지나지 않아 경시된 이유는 그의 저술이 "견딜 수 없을 만큼 무정형적이고 지루한" 때문이었다. "그

12) Ibid., "서문," 18~19면.

13) 이 순서를 보댕이 따르고 있다. Ibid., 36면.

는 문학적 제시력을 사실상 가지고 있지 않았으며… 그는 철학적인 역사가라기보다는 차라리 고고학자였다"고 혹평하고 있다.[14] 세바인의 깎아내리는 평가에도 불구하고 보댕의 반론은 간결하게 "그 자신의 지성에 비례하여 눈은 사물을 볼 수 있을 뿐이다"로 맺는다.

보댕의 주 저작은 영문판으로 번역되었다. 다음은 그 대표적인 번역서의 목록이다.

Beatrice Reynolds tr., *Method for the Easy Comprehension of History*(New York, 1945).

G. A. Moore tr., *The Response of Jean Bodin to the Paradoxes of Malestroit*(Washington, D.C., 1947).

Richard Knolles tr., *The Six Books of a Commonwealth*(1906).

M. J. Tooley abridged and tr., *Six Books of the Commonwealth* (New York, 1955).

3. 가족과 온정(穩靜)국가

「*De la République*」의 구조는 아리스토텔레스에게서 빌려온 것이다. 거기서 보댕은 국가목적을 다루면서 시작하고 있으며 이어서 가족을 다루고 있다. 보댕에게 국가목적은 고대에서처럼 정의로 돌아가고 있지만 그의 때로는 불필요하게 보이는 장황한 설명을 고려할 때 이상하게도 국가목적의 이론이 없다. 이것이야말로 보댕의 체계의 중대한 결함일 것이다. "국가란 다수의 가족과 이들의 공유재산으로 이루어진 주권을 보유한 정당한 정부이다"라는 그의 정의에는 주요한 많은 내용이 함의되어 있다.

---

14) Sabine, op. cit., 4th ed. p. 374.

먼저 그는 국가를 정당한 정부라 부르고 있는데 그것은 국가가 강도동맹과 같은 부도덕하고 정당하지 않은 결사와 구분되는 것을 의미한다. 정당한 것의 기준은 무엇인가? 그것은 절차상 요구되는 정통성의 문제는 물론 통치가 자연법에 합치할 것을 요구한다. 그리고 정당하기 위해서는 국가목적에 부합한 통치일 것을 의미함은 물론이다.

국가는 신민의 세속적인 행복과 안전을 추구해야 한다. "백성들의 삶을 유지하고 보호하기 위한 필수품을 공급하는 것과 같은 가장 기본적인 일이 제일 먼저 행해져야 한다."[15] 신민에게 안정적인 삶의 기초를 확보하는 것이 국가목적의 선결문제이다. 그러나 그것은 국가목적의 실제적 내용은 아니다. 오히려 보댕에게 국가목적은 사회적 평화와 신민의 소유권의 보호 등 물질적 혜택에 공리주의적으로 한정되어서는 안된다는 것이 분명하다. 국가는 실존으로서 실체와 영혼으로서 최상의 목적을 가진 존재이며, 이상의 모든 것들은 긴박하게 충족을 요구하고 있긴 하지만 국가의 고차적인 목적은 아닌 것이다. 이러한 유형의 목적과 관련하여 그는 '관조'를 말하거나 고대인이 말하는 "유쾌한 죽음" — 영혼이 육체의 감옥에서 해방되는 — 을 시사하고 있긴 하지만, 그가 말하고자 하는 국가의 최고목적이 무엇인지는 애매하다. 국가의 최종적인 목적의 미규정성 때문에 주권자에 대한 신민의 복종의무의 설명도 또한 여기서 미흡한 것이 되고 만다. 국가목적에 관한 보댕의 설명과 그에 따른 복종이론은 상당히 취약한 것이다.

보댕에게 가정(ménage)의 문제는 특징적이기도 하다. 가족은 부모, 자식, 종복 그리고 "공동의 재산"으로 구성되어 있다. 가족은

---

15) 임동휘 역, op. cit., p. 36.

다른 모든 사회에 선행하는 소위 "자연적 사회"이다. 여기서 재산이 가족에 고유한 속성이라고 그는 보았기 때문에, 그는 재산의 자연권을 주장하는 현대의 이론가의 비조라 할 수 있다.

그는 성서와 로마법에 근거하여 아버지 혹은 가장의 절대적 권위를 인정했다. 그러나 현대제도의 측면에서 고대처럼 노예제를 정당화하거나 이의 유용성을 인정하지 않았다. 국가는 가족들로 이루어진 결사체이다. 그것은 필머의 가부장론과 비슷하게 국가를 주권적 권력에 의해 결합된 가족장(pater familias)의 결사로 이해하고 있다. 가족들은 시민사회의 물질적 기호이며 이의 구성부문이다. 그러나 국가는 가족의 연장 혹은 모방이 아니다. 국가는 아리스토텔레스처럼 가족의 결합이 마을로 그리고 이들의 결합이 국가로 이어진 자연적 유기체로 보여진 것이 아니라 국가의 기원은 무력이며 정복은 갈등의 계기가 된다는 점을 그는 간파하였다.[16] 그러나 보댕은 국가의 역사적 탄생에도 불구하고 국가가 물리적 힘에 근거하여 존재한다는 견해를 견지하지는 않았다. 정당한 국가, 주권을 올바로 행사하는 국가는 무력을 전반에 내세우는 일이 없이 신민의 자발적 복종을 이끌어냄으로써 사회내부의 갈등을 잠복시킬 수 있는 것이다.

보댕의 가족이론은 고대의 이론을 이어받은 것이면서도 분명히 현대적인 내용을 부가하고 있다. 그러면서도 어떻게 그의 주장을 국가주권의 문제에 관련시키는가는 쉬운 일이 아니다. 아마도 그는 이 문제를 제기하지 않았다. 또한 그가 국가기원으로서 정복설을 채택

16) "사회는 평화적 기원을 가졌더라도 국가·주권은 한 집단에 의한 다른 집단의 정복을 통해서, 힘에서 발전해 나왔다." Harry Barnes and Howard Becker, *Social Thought From Lore To Science*(Boston: D.C. Heath, 1938), p. 353에서 재인용.

했으면서도 국가는 실력이 아닌 정당한 통치에 의존한다고 말하고 있기 때문에 우리는 그가 어떻게 실력설에서 정당한 통치로 넘어가는가에 관한 설명에 관심을 가지게 되는데 그는 아쉽게도 그에 관한 관심을 가지지 않고 있다.

그는 재산의 신성불가침을 신봉했다.[17)]

> "절대권력은 민법을 위배할 수는 있지만 신법에 도전할 수는 없다. 하느님이 자신의 법으로 분명하게 선언하신바, 타인의 재산을 취하는 것, 아니 그것을 탐하는 것조차 하느님은 허용하지 않으셨다."

국가의 사법권은 집안의 문턱에서 끝난다는 로마법의 관념을 그는 수용했다. 또 그는 공유재산을 논의한 플라톤, 토마스 모어, 재침례교파에 격렬히 반대했다. 재산을 가족에 고유한 속성으로 인정하면 이로부터 사적 영역과 국가가 개입할 수 있는 공적 영역이 분명히 구분된다. 그러므로 우리는 그가 재산의 자연권은 주권자의 권력이 미칠 수 없는 한계를 의미한다는 의미에서 그가 비록 주권의 제한요소로서 신과 자연법을 들고 있지만 최초의 현대적 사상가라고 할 수 있을 것이다. 그러나 그가 가족의 불가침적인 권리로서 재산이 어디에 근거하고 있는가를 명료하게 설명한 것은 아니다. 그는 재산을 단지 가족의 속성으로 보고 그것이 개인보다 가족에 속한다는 것을 말하고 있을 뿐이다.

보댕은 국가의 3 형태를 논의하면서 정당한 통치를 가능하게 하는 정부는 양호한 질서를 유지하는 온정정부(governement bien-ordonée) 뿐이라고 말한다. 그것은 프랑스형 왕정에서 찾아볼 수 있으며, 왕정의 정통성이 lex Salica에 따른 상속권에서 나오는 것은 그것이

---

17) 임승휘 역, op. cit., 89면.

관행과 이성에 합당하기 때문이다. 그에 비교할 때 귀족정과 민주정은 국가를 무정부상태로 이끌어가고 지배자와 신민을 함께 파멸시키기 마련이다. "현실적으로 유일한 온정국가는 주권이 단일인격에 소속됨으로써 여러 단위로 분리되지 않는 국가이다"고 그는 단언하고 있다. 그러나 이러한 표현은 그것이 국가의 이상에 관한 언급인가 현실국가의 묘사인가를 둘러싸고 애매성을 낳고 있다. 즉 "그는 주권이 국가가 소유해야 하는 그러나 현실국가가 때로는 결여하고 있는 어떤 성질인지 혹은 모든 국가가 반드시 소유해야만 하는 성질의 것인지 결코 확실하지 않았다." 그러면서도 그의 개혁구상은 각각의 정치체에 대한 묘사에 숨어있는 것이다.

그는 정부형태의 변천, 특히 혁명을 주권의 교체로 보았다. 또한 혁명의 징후를 얻어내기 위해 사회적 요인은 물론 심지어는 점성술에 호소하기까지 한다. 「주술학」에서 그는 마녀가 "악마와 손을 잡은 반사회적 존재이자 무엇보다도 국가를 혼란에 빠뜨리는 무질서의 원인"임을 발견했다.[18] 「*Heptaplomeres*」에서 대화형식을 빌어 환경과 민족성의 상관성을 규명하려고 추구했다. 비옥한 토양과 척박한 토양, 남·북·중부의 기후가 사회의 문화·사고·성향에 미치는 영향을 모색하면서 그는 아리스토텔레스의 4요소, 히포크라테스의 4기질과 같은 전통의 분류에 "문화적 노동분화"를 가미한다. 나아가 비코, 튀르고, 헤르더, 콩도르세가 그러했던 것처럼 그의 역사철학은 어떤 국가도 오랫동안 안정적 조건 위에 머물 수 없다는 점을 지적했다. 그의 「역사방법론」은 역사의 일면 무질서한 듯한 자료속에서 숨겨진 변화의 법칙을 찾아보려는 '진보에 대한 낙관'을 담고 있다. 이 모두가 정치체의 변화를 법칙적으로 파악하려는 광범한

18) 앞책, 145면.

시도라고 할 수 있으며, 그는 실로 거의 모든 지성과 통념의 관심사를 자신의 정치철학의 필수적 구성부분으로 통합시킨다. 그의 난점은 단지 어떻게 이들 요소들이 혁명과 같은 정치적 변화를 설명하고 그의 주권이론에 관련되는가에 대한 충분한 답변을 보여주지 않는다는 데 있을 것이다. 그럼에도 불구하고 보댕의 정치철학은 현대에서도 일정 정도 우리의 관심을 끈다.

어떻든 보댕이 "그의 시대와 아리스토텔레스의 시대 사이에 사회·정치이론에 관한 가장 체계적인 저술가라는 견해를 이 분야의 많은 저술가들이 가지고 있다."[19] 그는 특히 "역사지식과 문화인류학적 자료에 근거하여 사회철학을 다룬 유럽최초의 저술가"였으며 그의 비교방법은 훗날 몽테스키외에 이어졌다.

4. 보댕의 주권이론

주권이론은 보댕의 정치철학 가운데 가장 중요한 부분일 뿐 아니라 오늘날에도 널리 사용되는 내용을 담고 있다. 그는 세속적 절대주의의 관념을 주권의 이론에서 독립시키고 보다 분리하여 추상적 원리로 발전시켰다. 그것은 국가의 징표이며 마치 윌리암 오브 오캄이나 마르실리오 오브 파두아처럼 세속권의 무제한성을 선언한 것이다. 국가와 여타의 조직은 주권의 소유 여부에서 구별되며, 그는 주권이론에 의해서 다른 모든 사회적, 윤리적, 종교적 고려사항을 시민의 속성에서 제외시킬 수 있었다. 즉 시민은 언어, 종교, 사회조직, 특정법과 관행에 관계없이 오로지 주권에 관계되며 거기서 주권자에 대한 신민의 지위와 의무를 가지기 때문이다.

---

19) Harry Barnes and Howard Becker, op. cit., p. 353.

주권은 국가존재의 범위와 독립성도 정해준다. 그의 주권이론은 국가의 존재, 환언하면 정치사회 내부에 인종적, 종교적, 언어적 기타의 상이한 구별에도 불구하고 공통으로 주권자의 지배 아래 놓인 자족적인 집단에 관한 이론이다. 주권은 "법에 의해 제한되지 않는 신민과 신민에 대한 최고의 권력"이라고 정의된다. 그것은 특정의 시간에 한정되어 유효한 것이 아닌 영속적인 것이다. 동시에 그것은 위임되어 나타나거나 조건이 붙어있는 권력이 아니다. 그것은 양도할 수 없는 것이며, 그때그때의 주문에 따라 변경되는 것이 아니다. 주권자는 법의 원천인 이상 어떤 실정법보다 우위에 서 있다. 그 결과 주권자는 선왕이 취했던 선례, 자신의 약속과 법에 구속될 수 없으며, 자신의 계승자에게 제한을 가할 수도 없다. 신민의 어떤 합법적인 요구도 주권자의 자유로운 의사에 의한 이행 이상을 의미하는 것이 아니다. 주권자를 제약할 수 있는 명료한 단서는 곧 그는 오로지 신에게 그리고 신법과 자연법에 책임질 뿐이라는 것이다.

법이란 주권자의 명령이다. 주권자는 무제한적으로 법령을 내놓을 수 있다. 그는 개별적으로 또한 집단적으로 적용될 법들을 만들고, 전쟁을 선언하며, 조약을 체결하거나 사법권을 행사하고, 사면, 화폐주조와 과세권을 가진다. 주권자의 권력범위는 이루 다 헤아릴 수 없다. 그것은 영토 내에서 포괄적이다. 모든 관습법과 특권, 선임자의 조치는 오로지 주권자의 호의와 허가 안에서 그 효력을 지속한다. 보댕의 주권이론은 "입법은 관행을 변화시키지만 관행은 입법을 바꿀 수 없다"는 것을 명확히 보여준다.

국가의 존재 여부는 주권의 소유에 달려 있다. 정부란 주권을 집행하는 기구로서 주권의 담당자이다. 환언하면 국가는 여러 형태로 존재할 수 없는 것이지만 정부형태는 다양하게 있을 수 있는 것이다. 보댕이 선망했던 '온정질서적 정부'는 주권의 행사가 분리되지 않은 채 하나의 인격에 통합된 국가이다. 보댕에게는, '온정질서적 정부'가 아닌 다른 정부형태를 가진 국가는 모두 불완전한 국가라고 할 수 있으며 주권의 정당한 속성에 못미치는 형식으로 있는 국가일 뿐이다.

국가에 하위적인 일체의 조직은 주권자의 허가 아래서만 존속한다. 그렇다고 보댕이 기존의 모든 종교적·상업적·지역적 집단의 존재를 부인하려 든 것은 아니다. 오히려 그는 사회의 실질적인 분산화를 선호했다. 그러나 이들 중간집단의 존재와 특권이 국가로부터 도출된다는 그의 주권이론은 절대왕정의 시대에 봉건제적 잔여세력의 독립적 위치를 박탈하고 왕권의 지배하에 두려는 그의 입장에서 나온 논리적 필연의 귀결이었다.

세속권의 절대주의를 옹호하려는 보댕이 주권이론을 전개하면서 국가권력을 절대화했음은 물론이다. 그러나 문제는 그가 중요시했던 다른 가치들, 예컨대 주권과 소유권의 관계를 애매하고 불확정적인 것으로 남겨 놓은 듯하다. 단순하게 말하면, 보댕은 주권을 일상적으로 법을 만들고 행사하고 이를 해석할 권위가 주어진 영속적이고 무제한적인 그리고 무조건적인 권력으로 인식하고 있다. 그럼에도 불구하고 그가 주장하는 주권의 절대성에는 사실상의 한계가 숨겨져 있다.

그는 주권이 신과 신법·자연법에 제한된다고 명시적으로 말하고 있다. 신으로부터 권위를 위임받은 군주는 당연히 신의 권위에 의해 제한됨은 물론이다. 그러나 보댕은 다른 신수설 신봉자와는 달리 신의 위임논의를 회피함으로써 위임문제를 비켜가고 있다. 또한 자연법에의 복종의무도 그 근거가 명확치 않다. 환언하면 그는 성서와 고대철학자의 전통에 따라 인간의 법 위에 있는 상위의 법을 인정하고 있는 데 불과하다. 그것은 단지 도덕률, 즉 윤리적 의무에 불과하다고 할 수 있다.

프랑스헌법에 대한 충순(忠順)은 주권자의 의무가 된다. 왜냐하면 주권의 행사와 관계하여 발동되는 특정의 법들, 소위 leges imperii는 파기되는 순간 주권의 소멸이 초래되는 이상 주권자라 할지라도 이를 변화시킬 수 없는 성질의 법이다. 주권이 왕국의 입법·행정기관의 수뇌부에 속한 왕위에 속하는 것이라면 주권은 기본적으로 군주의 지상권을 의미하며 정치사회는 군주와 신민 이외의 관계를 가질 수 없기 때문에 왕국 안에 군주가 변경할 수 없는 자신의 법을 따로이 가질 수는 없다고 할 수 있다. 그에 반해서 국가가 자체의 헌법과 법에 기초한 정치사회라고 가정한다면 주권자와 군주개인이 동일화되는 것은 불가능하게 된다. 보댕이 주권을 군주의 속성으로 인식했을 때 이러한 이론적 구분은 그의 시야에 들어있지 않았다.

주권의 절대성에 관한 그의 확인에도 불구하고 내용상의 혼돈이 배회하게 된 기저에는 무엇보다도 그의 재산에 대한 강력한 믿음이 놓여있다. 그는 재산이 가족의 지울 수 없는 속성이며 가족은 국가에 선행하여 독립적으로 존재하는 단위이며 국가는 그 위에서 뒤에 세워졌다는 의미에서 주권은 가족의 물질적 토대인 재산에 대하여 어떻게 그리고 어디까지 행사될 수 있는 것일까?

다른 한편 그는 '온정질서적 정부'의 논의에서 주권자의 법적 권한에는 한계가 있어서는 안된다고 단언하고 있다. 보댕에 의해 명료히 주장된 두 개의 절대가치들의 충돌을 보면서 우리는 해석상의 조화를 시도할 수 있을 뿐이다. 그 하나의 시각은, 재산권은 가족에 필수적인 것이며 가족이 국가에 필수적인 이상, "이 둘 가운데 재산권이 그의 사상에 더 근본적이었다"는 해석이다.[20] 비록 현대사상의

---

20) Sabine, op. cit., 4th ed., p. 382.

가장 주요한 지표가 소유권에 대한 사상가의 관점이며, 거기서 부르주아시대의 사상적 맹아를 읽어내려는 경향에 대하여 우리가 반대하는 것은 아니지만, 주권을 중심으로 국가단위의 국가가 형성되고 강화되어간 보댕의 시대에 이러한 해석은 사실상 로크 이후의 시민사회적 이상과 이의 변화를 대변하는 관념을 그에 대입하려는 인위적인 해석이라는 관점이 다른 하나의 시각을 이룬다. 어떻든 그가 시민사회적 사상을 처음으로 중요시한 사상가이지만, 현대적이라기보다는 고물수집가에 불과하다는, 보댕이해와 평가에서 모순된 세바인의 설명은 보댕의 이해가 일면적인 방식으로 충분할 수 없다는 사실을 입증한다고 하겠다.

제 3 장

고대유물론의 부활과 경험철학

민족국가의 완성과 함께 보댕에 이르는 기존의 정치철학은 임무를 완수했다. 보댕이 제기했던 방법론상의 문제, 즉 광범하고 우연적인 듯 보이는 역사자료에 숨어있는 변화법칙을 발견하려는 그의 집념은 우주와 자연, 인간에 대한 과학적 태도에서 17세기의 시대정신으로 이어진다. 역사자료뿐만 아니라 기후, 풍토, 토양은 물론 점성술, 마귀 논의에 이르는 그의 문화인류학적 접근이야말로 이후 사물과 현상에 대한 경험론적이고 과학적인 인식태도를 요구하게 되었고 그러한 과학정신은 신학의 외피에 싸여 있는 종래의 형이상학에서 해방된 새로운 세계관과 결합되었다. 곧 경험론은 고대의, 그리고 기독세계의 지배와 함께 억압·소멸되었던, 원자론적 유물론의 부활과 함께 17세기를 열어갔다.

제 1 절 대륙의 유물론적 철학: 갈릴레이, 데카르트, 가상디

로이키푸스, 데모크리토스, 에피쿠로스, 루크레티오스에 의해 대변되는 그리스-로마의 고대유물론은 1500년의 단절을 겪은 후 십자

군전쟁의 후유증으로 유럽에 전파된 아랍세계의 선진문명, 곧 수학, 천문학, 화약과 종이, 나침반 그리고 플라톤과 아리스토텔레스의 원전과 함께 등장하는 계기를 얻게 되었다. 그러나 그에 대한 재도입 과정은 단순한 신사상의 유입형태가 아니라 사회·물질적 현상에 맞지 않는 신학적 지식체계를 탈피하는 과정 속에서 제기되는 것이다. 곧 중세의 기독교적 과학관의 허구를 과학적 관찰로 대체하려는 과학정신이 이 과정을 주도했다.

최초의 과학정신은 코페르니쿠스에 의해 나타났다. 천문학적 관찰에 근거한 그의 지동설은 종래 지구를 중심으로 세계를 체계화하려는 허황된 기독교적 우주관에 대한 돌이킬 수 없는 도전이었다. 그것은 일시적으로 기독세계에서 정치적 사형을 이끌어낼 수 있었지만 앞으로 앞으로 밀고 나아가는 장강의 물결처럼 과학정신의 거센 파도를 따라 시대의 대세로 자리잡게 된다. 코페르니쿠스의 주장은 곧 아리스토텔레스의 낡은 세계관에 고지식하게 매달린 채로 진보의 장애물로 서있던 당시의 기독교적 과학의 비합리성을 폭로하였던 것이다.

이 시기 과학정신은 Galileo Galilei(1560~1642)의 「*Dialogo*」(1632)에서 본격화했다. 피렌체의 귀족가계에서 태어난 그는 피사대학에서 의학을 수업했으며 1592~1610년 동안 발달된 상업자본을 배경으로 로마교황청에서 독립된 채 사상의 자유를 누리고 있던 Venezia 공화국의 파두아대학에서 수학교수로 봉직했다. 이 무렵 그는 Kepler에게 보낸 편지 속에서 코페르니쿠스의 학설을 지지하는 자신의 입장을 밝히기도 한다(1597). 1610년부터 그는 당시 Cosimo Ⅱ가 지배하던 고향 피렌체로 돌아와 그의 장원의 전임수학자 및 철학자로서, 동시에 피렌체에 속했던 피사대학의 석좌교수로 일했다. 1616년 로마교황청이 고집스럽게도 코페르니쿠스의 학설을 “어리석고 이교도적이라" 비판했을 때, 그의 학설을 지지하는 「*Dialogo*」를 출간했기 때문에 결국은 종교재판에 회부되었다. 이어서 1533년 그는 재판정에서 자신의 주장을 철회함으로써 방면되었지만 곧바로 피렌체 부근의 Arcetri에 연금되어 생을 마감하였다. 이 무렵 그가 쓴 「*Discorsi*」(1638)는 당시의 물리학적 발전을 종합하고 있으며 그가 죽은 1642년 마키아벨리와 마찬가지로 Santa Croce 교회의 묘지에 묻혔다. 뒤늦게 잘못을 인정한 교황청은 1835년「*Dialogo*」를 금서목록에서 해제하였으며 1979년에는 때늦게 그에 대한 재판이 강압적이었을 뿐더러 과오였음을 수용하면서 갈릴레이를 복권시켰다.

갈릴레이의 과학정신과 기계론적 사고는 René Descartes(1596~1650)에게 깊은 영향을 미쳤다. Descartes는 프랑스 귀족의 아들로 La Fléche 제주이트대학에서 수학하였으며 수학에 심취하였다. 그는 뒤에 분석기하학, 해석기하학의 창시자로 인정받는다. 1617~21년에는 문관으로 군복무를 하게 되어 30년전쟁에 연관되기도 했다. 1627~48년 동안 그는 종교적 관용과 사상의 자유가 크게 활발한 네덜란드에 살면서 대부분의 저작을 썼다. 1649년에는 스웨덴 여왕의 초청을 받아 스톡홀름으로 거처를 옮겼으며 거기서 다음 해에 타계했다. 1663년 로마교황청은 그의 저작들을 금서목록에 등재하였다. 데카르트는 중세신학적인 낡은 사고를 벗어난 새로운 인식론에서서 과학적인 방법론을 제시하려고 노력했다. 그는「방법론 서설」(1657)과「철학원리에 관한 명상」(1644)에서 수학적 방법을 철학에 적용했다. 마치 기하학의 명제가 공리에서 도출되는 것처럼 그는 수학적 방법을 통해 직관적이고 연역적으로 얻어냄으로써 현상의 경험에 의해 흔들릴 수 없는 과학적인 지식체계를 선험적으로 세울 수 있다고 믿었던 것이다. 그에게는 우연적이고 감각적인 경험이란 불확실하고 통일되지 않은 과도적인 지식으로서 믿어질 수 없다고 생각되었다. 그는 스콜라신학에 반대했을 뿐 아니라 베이컨과 같은 경험론에도 회의적이었다. 그에게 참다운 지식은 오직 선험적으로 확인할 수 있는 일반원리에 근거하여 구체적인 사실의 세계를 연역적인 방법을 통해 추리해내는 것이었다. 그는 감각을 신뢰할 수 없었기 때문에 이성적인 추론에 지식의 완성을 맡길 수밖에 없었다.

데카르트는 시종일관 신중했다. 당시의 험악한 종교분쟁 속에서 그는 중세신학의 잔재를 수용함으로써 일정 정도 타협하고 있다. "생래관념"(生來觀念)의 인정이 바로 그것이다. 누구나 태어나면서 함께 가지고 있는 관념이 있으며 신의 관념은 이들 중 하나라고 그는 생래관념의 존재를 수용하면서 홉스·로크 — 제한적이지만 —, 가상디와 구별된다. 그는 "자기를 극복하기를 바라고 운명을 극복하려고 하지 말라, 자기의 욕망을 바꾸려 할 뿐 세계의 질서를 바꾸려 하지 말라"고 조언할 만큼 그는 반구이저신(反求而諸身)을 말한 공자만큼이나 신중을 모토로 삼았다. "자국의 법률에 순종하라"고, "가장 중용적이고 가장 온화한 사람들 중간에서 인정된 견해를 준수하라"고, 그리고 "사회제도의 결함을 참고 견디라"고 충고하는 데서 자신에게 미칠 사회적 핍박을 피하려고 그가 고심하였던 흔적을 볼 수 있다.

갈릴레이가 종교재판에 회부되어 판결될 때까지 그는 마치 자신이 재판정에 선 것처럼 두려워하면서 경악 속에서 지켜보았다. 그는 갈릴레이의 지구 자전설(自轉說)이 자신의 저작에 문제되는 것이라고 믿었기 때문에 탄압의 여진이 그에게 튈 것을 우려했다. 이 경험으로부터 그는 스스로 이후에는 교회와의 공개적인 대립을 피하기로 결심했다. 그의 이원론은 저작자에 요구되는 신중한 태도를 반영할 뿐만 아니라 나아가 프랑스에서 경제적 지위가 강한 신흥자본가 층과 봉건적 절대주의세력의 타협적 관점을 나타내고 있는 것이다.

그의 연역적 방법은 진리의 표준이 유물론적 반영론에서처럼 실천에서 나오는 것이 아니라 의문할 수 없는 관념 혹은 사유방법에서 나온다는 확신을 갖고 있다. 인간이 획득한 관념들은 부정확하게 객관적 사물을 반영하고 있기 때문에 우리는 편견을 배제하기 위해서 모든 것에 앞서, 모든 것에 대한 '회의'에서 시작해야 한다. 그로부터 '내가 지금 회의하고 있다'는 사실은 더 이상 회의될 수 없으며, 이 사실은 다른 모든 것과 분리된 독립된 관념이다. 따라서 회의하고 있는 나, 곧 생각하고 있는 나는 더 이상 회의되지 않는 지식의 확고한 출발점을 이룬다. 그의 유명한「Cogito, ergo sum.」("Ja pense; donc je suis.")는 신의 존재에 대한 지식, 그리고 그에서 유래하는 객관세계의 존재에 대한 지식의 근거가 된다. 환언하면 그의 방법은 유심론적 연역론에 빠지고 있다.

그는 이원론적 세계관을 전개했다. 이 중 하나는 종래의 신학적 관념의 연장선에 놓여있으며 다른 하나는 대륙의 유물론의 효시를 이루는 계기가 된다. 이들은 절대독립적 존재인 신으로부터 파생된 공간을 필요로 하는 광연적(廣延的) 실체와 공간점령을 필요로 하지 않는 영혼으로 나뉜다. 곧 res extensa와 res cognitans가 바로 이 두 영역이다. 그의 물질세계는 물질의 자기활동적 힘을 인정하고 물질들은 기계적 운동법칙에 따라 활동한다. 기계적 운동을 하고 있는 물질들은 공간에 충만해 있으며 그들의 존재와 운동량은 언제나 불변적이었다. 객관세계에 대한 그의 설명은, 비록 그의 시대에 앞선 '기계적인 운동'을 논의하고 있지만, 기본적으로 유물론적 요소를 내포하고 있었기 때문에 마르크스와 엥겔스는 자본주의 유물론의 — 베이컨과 함께 — 2대원류를 이루며 그의 사상은 이후 프랑스에서 발전하게 된 유물론의 두 경향의 한 주류를 이끌었다고 평가했다.[1] 다른 하나의 경향은 물론 F. Bacon에서 시작하여, Gassendi, Hobbes, Locke에 이어지는 것이었다.

그러나 실제적 내용에서 볼 때, 물질세계는 영원하고 무한한 속성을 가진다는 데카르트의 주장은 더 이상 신의 존재를 요구하지 않는다. 곧 광연(廣延)영역의 본질은 신의 전제를 불필요한 것으로 만들고 있다. 따라서 B. Spinoza는 "Deus sive nature"(신이냐 자연이냐)는 명제 속에서 보듯이 이원론을 지양하고 자연을 절대화하는 귀결에 이르고 있다. 이에 반하여 데카르트의 주관적 관념론적 인식론은 Berkeley를 거쳐 Leibniz에로 이어져가고 있다. 특히 그의 사유하는 '나'의 문제는 Kant에서 이론·실천철학의 규정적 범주로 나타났으며 Fichte에 이어 Hegel에까지 관념론적 인식의 근거로 자리잡고 있다.

데카르트의 이원론적 관점을 지양하고 고대의 유물론에로 돌아감으로써 17세기 유물론적 세계관의 효시를 이룬 것은 두 성직자 Marin Mersenne(1588~1644), Pierre Gassendi(1592~1655)였다. 데카르트보다 8년 선배인 메르센은 La Flèche대학에서 조숙한 그를 만나 훗날 그와 가까워지면서 그에게 일생을 연구에 바치라고 종용했다. 그리고 데카르트가 네덜란드에서 생활하는 동안 메르센은 스스로를 '데카르트의 특사'로 자청하면서 그의 유물론적 관점을 알리는 데 진력했다. 그가 파리의 지성사회를 주도할 무렵 1630년대 초 Hobbes가 해외여행을 하는 동안 그를 만나 거의 매달 교류하였다고 하며 특히 1637년 메르센이 영국을 방문한 이후 서로간에 편지왕래로 이어졌다. 그의 "philosophia civilis"는 훗날의 d'Holbach 서클을 예고했으며 대륙의 유물론철학의 원류를 이루었다. 그가 제기한 주

1) Engels and Marx, "Die heilige Familie oder Kritik der kritischen Kritik," in *Marx·Engels Werke*, 42Bde.(Berlin: Dietz Verlag, 1970), Bd. 2, S. 132.

요 질문에는 "생명체에는 어떤 유형의 운동이 가능하며 어떤 감정과 환영이 이에서 나오는가?"였다. 그의 창세기에 대한 주해는 특히 관심을 끌었으며 그는 자연의 설명에서 케플러, 갈릴레이, 가상디의 주장을 동원했다. 그는 갈릴레이의 「기계론」(*Discorsi e dimostrzioni matematiche*)을 프랑스에서 번역하면서 유명해졌다.

그는 데카르트에 대한 이단의 비난으로부터 그를 옹호하고 그의 교리를 수용했다. 그는 다른 학파들과도 원만하게 지낼 수 있는 성격이었으므로, 프랑스의 탁월한 지식인들의 집합소였던 그의 수도원은 '학문의 공화국'으로 불리고 그는 거기서 심장의 역할을 담당했다. 데카르트의 전기작가 벨레(Bailler)에 의하면, 모든 유형의 철학자들이 선호했던 그의 방에서—학회나 잡지가 일상화되지 않던 시대에—"홉스는 환영받았으며 철학자 가운데 하나가 될 수 있었다"고 한다. 그는 엉터리 외과의의 수술중에 많은 고통을 받으며 죽었다고 한다.

데카르트, 케플러, 갈릴레이의 전통을 이어 메르센과 함께 대륙의 유물론을 고대의 유물론—로이키푸스, 데모크리토스, 에피쿠로스, 루크레티우스 등—을 재생시킨 것은 Pierre Gassendi였다. 그는 신학박사학위를 받고 신부가 되어 Academie de Aix에서 일하면서 갈릴레이와 친할 수 있었다. 그리고 아리스토텔레스의 전통을 계승한 중세의 스콜라철학에 대립하면서 유명론(唯名論; nominalism)에 근거하여 유물론적 철학을 전개했다. 그는 연금술이 가정했던 원자존재의 유동적 속성에 회의적이었다. 그리고 데카르트의 「명상록」에 담긴 관념론적 합리주의에 반대하였다. 1645년에는 Collège de royal de Paris에서 수학강좌를 확보하였고 이어 천문학강의도 맡게 되면서 에피쿠로스의 유물론을 탐구했다. 그는 원자들이 자기 의사에 의해 자유로이 낙하한다는 에피쿠로스의 단순한 설명을 거부하고, 가

속의 설명에서 보다 세련된 이유를 찾아냈다. 곧 원자의 자유운동은 진공상태에서 가능하다고 말함으로써 낙하운동이 외부의 힘에 의한 작용이라는 사실을 간접적으로 증명하였던 것이다. 그것은 1648년 자신의 독자적인 원자이론으로 구체화하고 그의 사후에 출간된 「철학종합」(*Syntagma philosophicum*, 1658)에서는 기존의 철학적 견해들의 총결을 시도했다. '신과학'은 신학과 과학의 분리 속에서만 발전할 수 있으며 아리스토텔레스의 철학을 우상시한 스콜라철학의 교조주의가 과학의 발전에 장애물이 된다고 주장함으로써, 그는 과학의 미래가 사상의 자유에 있음을 밝혔다. 그는 또한 17세기의 유물론적 교의, 예컨대 크기, 양, 모양, 밀도, 무게 등에서 "물질을 단순 불가분, 불멸의 요소"라는 관념론적 전제보다도 물질의 운동적 측면을 강조한다. 즉 물질의 운동은 원자내부에 고유한 물질력량에서 유래한 것이며 물질이 신의 창조물인 것처럼 그 안에 운동이 마련되어 있다. 물질은 새로운 형식으로 변화하면서도 실체의 영원성을 간직하며, 물질의 새로운 형식, 심지어는 생명체로의 변화는 이의 한 형태일 뿐이며 이러한 변화는 양의 새로운 질로의 전화라고 설명하는 데서 보듯이 그는 물질의 실체보다도 운동의 측면에 관심을 환기시켰던 것이다.

가상디는 데카르트를 비판했다.[2] '나는 사유한다'는 명제에서 사유에 실체적 절대성을 인정했던 데카르트에 대하여 그는 사유에는 어떤 고유한 존재도 없다고 반박했다. 그리고 생래관념이란 하나의 신학적 허구일 뿐 모든 지식은 감각적 경험에서 나온다고 단언했다. 신에 대한 생래관념마저도 있을 수 없다고 그는 말한다. 왜냐

2) 가상디의 「*Instantiae*」(1641)는 데카르트와의 학문적 결별을 의미했다. 그러나 둘은 1647년 데카르트의 방문을 통해 인간적으로 화해했다. Howard Jones, *Pierre Gassendi*(Canada: McMaster University, 1981), p. 69.

하면 누구나 자기에 편한 방식으로 신을 상정하기 마련이며 더구나 무신론자는 신의 관념마저도 없기 때문이다. 그는 영혼이 육체로부터 분리하여 존재할 수 없다고 주장하지만 그의 사상은 영혼의 불멸성을 믿고 있는 등 신학적 잔영을 남기고 있다.

제 2 절 Francis Bacon

17세기 유물론의 또 하나의 원류는 프란시스 베이컨(1561~1626)이다. 그는 국새상서의 아들로 Buckingham과 Essex의 지원을 받아 Elizabeth 시기에 의원, 장관, 추밀원에 오른 귀족이었다. 그러나 평생의 정적인 Edward Coke와의 대립에서 연적이었던 그에게 연인을 빼앗겼을 뿐 아니라 대법원장, 법무장관의 싸움에서도 졌으며 그의 전성기인 James I 의 시기에서도 법무장관으로서 대법원장이었던 그의 도전에 대항해 왕의 대권을 옹호하다가 탄핵을 받아 작위를 잃고 중과금이 부과되었으며 말년에는 사면되었음에도 불구하고 불우하고 불명예스럽게 생을 마쳤다. 그럼에도 불구하고 베이컨의 재능은 그의 시대를 넘어 "영국 유물론과 현대 실천과학의 진정한 시조"로까지 마르크스와 엥겔스의 「신성가족론」에서 인정된다. 그의 철학은 당시의 급속한 생산력의 확장과 자연과학적 지식의 수용에 따라 일어난 영국 유물론의 경향을 반영하였으며 그 또한 자산계급화한 귀족으로서 새로운 현실의 한 부분이기도 했다.

베이컨의 「신기관론」(*Novum Organum*, 1620)은 새로운 과학의 방법론을 정립하려는 시도이다. 그의 사상은 중세의 관념론적 신학에 대립하여 경험적 관찰에 근거한 유물론적 성격을 지닌다. 곧 중세신학의 굴레를 벗어나 자연과 사회현상에 대한 경험과 관찰에 근거한 새로운 과학의 필요성을 "유용성"— 자산계급적 — 의 관점에서 인정하였다. 또한 그는 「학문의 진전」(*Advancement of Learning*, 1605)에서 "인간의 지식과 인간의 힘은 하나로 말한다"고 주장하면서 지식의 실천적 유용성을 강조했으며 경험을 과학적인 방법의 유일한 근거로 하여 분립되어있는 여러 과학의 통합을 시도한다. 곧 그는 모든 단계에서 선입견을 배제하고 경험에 입각하여 지식을 얻어내야 하며, 그리고 경험에서 얻어진 지식은 다른 지식이 시작하는 발단이 된다고 생각했다.

이러한 지식의 진전은 먼저 우상(idola)을 파괴하고 귀납적 방법에 의해 얻어진 지식을 종합하여 이로부터 일반적이고 추상적인 수준의 지식으로 상승하는 것을 목표로 삼아야 한다고 그는 주장한다. 먼저 진정한 사물을 접근하는데 장애가 되는 기성관념을 타파하는 것이 필요하며, 이들이 4종류의 우상을 이루고 있다. 종족의 우상(Idola tribus)은 인성에 기초를 두고 있으며 전 인류에게 나타나는 편견이다. 프로타고라스가 '인간이 만물의 척도'라고 말했을 때 그는 인간의 감각이 사물을 측정하고 판단하는 기준임을 의미했다. 그러나 인간이라는 세계의 척도는 기실 모든 인간 개체의 감각에 근거하고 있으며, 인간의 감각과 이성의 불완전성으로 인해 그것은 부정확한 투영일 뿐이다.

동굴의 우상(Idola specus)은 인간 개개인의 한계에서 일어난다. 베이컨에 의하면 "인간은 누구나 자연의 빛을 굴절하고 변색시키는 자기자신의 동굴을 가지고 있기 때문이다." 인간은 시장의 우상(Idola fori)도 가지고 있다. 인간은 여론의 시장에 놓여져 살고 있으며, 그들은 상호간의 교류에 의해서 독특한 부류의 편견을 형성한다. 인종, 문화, 언어, 역사, 풍토, 지리적인 특수성에 의해 영향을 받는 인간군은 그에 따른 배타적이고 본능에 가까운 편향성을 습득한다. 마지막으로 극장의 우상(Idola theatri)은 교의, 지식, 방법의 오류가 전제되었을 때 필연코 따라오는 지식의 장애물이다.[3)]

그에게 '제 1 철학'(philosophia prima)은 단순히 사변의 산물이 아니다. 그것은 개개의 사물에 대한 감각적 지식을 종합하여 이를 체계적으로 정리한, 합리적 내용을 담은 공리로 나타난다. 모든 단계에서 선입견을 배제한다면 우리는 모든 현상으로부터 귀납하는 방법에 만족하여 그 결과에 한정하지 않고 그로부터 나아가 이 현상에 적용하는 법칙을 발견해야 한다. "자연의 섬세성은 인간의 감각과 이해보다 몇 배나 크다." "자연을 지배하려면 먼저 그에 복종해야 한다." 왜냐하면 자연은 인간의 의지에 무관하게 존재하는 것이기 때문이다. 따라서 자연에 대한 '예기'가 아닌, '관찰'이 필요하다. 자연의 관찰방법은 두 단계로 나뉘어 진행하는 것이 옳다고 그는 보았다. 즉 당시 유행하던, 감각과 특수성에서 추상적 공리로, 그리고 이로부터 중간공리를 발견하는 것, 그리고 진리이지만 아직 실험되지 않은, 감각과 특수성에서 점진적이고 단절없이 이어진 상승을 통해서, 모든 것의 가장 일반적인 공리에 도달하는 것이다(Novum Organum, BK.I, XIX).

그는 사물, 특히 물질의 운동 자체가 우리의 관찰대상이어야 한다는 점에서 데모크리토스학파를 높이 평가했다. "자연을 추상물로 해체하는 것보다 여러 부분으로 분해하는 것이 우리의 목적이다. 그것은 자연을 파악하는 데 그 어떤 학파보다도 더 깊이 들어간 데모크리토스학파에서와 같다." 다른 모든 학파들이 사물의 구조와 이미지에 붙들려 전체에 대한 추상에 머물고 있는 동안 데모크리토스와

3) 베이컨은 거짓철학(philosophia falsa)을 세 종류, 즉 궤변철학, 경험철학, 그리고 미신과 신학으로 분류한다. 특히 경험학파는 "몇몇 실험의 편협과 어둠에 토대하는" 연금술사와 이들의 교의를 가리킨다.

그의 학파만이 사물을 이의 구성분자로 분해함으로써 사물의 본질을 사유할 수 있었기 때문에 그들은 자연의 이해에 보다 접근할 수 있었다고 베이컨은 인정했다.[4)]

제 3 절 유토피아와 초기공상주의(初期空想主義)

Hobbes 이전의 사상을 정리하는 데는 초기의 공상주의, 공산주의적 사상가들에 대한 논의를 빼놓고 나아갈 수는 없을 것이다. 장기간에 걸친 중세의 세계관이 무너지고 자본제적 사회가 형성되는 과도기에 '유토피아'라는 피안으로의 도피를 통한 과거지향적 이상의 추구가 과학과 진보의 거센 격류로 흐르는 대세 속에서 하나의 포말(泡沫)을 이루는 반조류(反潮流)로 나타난다는 것은 너무도 자명한 일이다. 토마스 모어, 그리고 한 세기 뒤에 나타난 프란시스 베이컨과 토마소 캄파넬라의 저작들이 이러한 경향을 대표한다. 그들은 중세의 신앙체계를 정화한 가운데 과학의 수용을 통한 현대사회의 색조를 지니면서도 플라톤에서 영감을 가져온 공산주의적 삶과 사회를 꿈꾸었다.

Thomas More(1478~1535)의 *Utopia*(1516)는 그 대표적 산물이다. 그리스어로 "어디에도 없는 곳"이라는 의미를 가진 "유토피아"는 그가 1515년 네덜란드 지역의 Antwerp를 방문하고 Peter Giles라는 그 지역의 영향력 있는 인사를 만나 "유토피아의 구상"을 착안했다. 이 책은 1516년 Louvain의 출판사에서 Latin어로 초판이 나왔으며 1517년에는 Paris에서, 1518년 Basel에서, 1519년 피렌체,

---

4) Leucipus(Novum Organum(1620), BK.I, LI)와 Demokritus학파(Ibid., LVII)에 대한 그의 설명을 참고하라.

빈, 베네치아에서 출판되었으며 뒤늦게 1551년에야 영어판이 나온 역사를 가지고 있다. 책은 2권으로 구성되었으며 내용은 주로 Raphael Hythloday가 진행하는 가운데 Peter Giles와 나 — 모어 자신을 가리키는 — 의 대화를 위해 동원되는 형식으로 진행되고 있다. 유토피아는 히쓸로데이가 여행하면서 관찰한 유토푸스(Utopus) 지배하의 섬나라의 정치조직, 사회제도, 생활방식에 관한 설명이며, 당시의 영국사회에 대한 대안으로서 당장 실현될 수는 없지만 사회개혁의 이상과 척도로서 제시된 현실적 성격을 띠고 있다. 따라서 카우츠키는 그를 가리켜 "최초의 위대한 사회주의자 중 하나"로 마르크스주의전통에서 그의 위치를 인정하고 있는 데 반하여, 예일대학판은 모어를 불평등의 옹호자로 산입시키고 있다.[5)]

"유토피아"는 당시의 영국의 현실에 대한 비판으로 제시되었다. 그것은 사회에 만연한 범죄와 부패, 타락한 삶과 탐욕에 가득찬 인간모순 그리고 빈곤과 절망에 비대칭적으로 성장해간 거대 재산과 활발한 상업활동의 시대상에 대한 야심찬 고발이다. 폭등하는 물가, 농지의 종획과 투기화는 일면 농민을 도둑과 거지로 내몰았으며 반면 귀족과 향신에게는 온갖 형태의 관행을 끌어들여 자기의 신분을 유지하느라 분주하도록 만들었다. 이처럼 자본의 무자비한 축적운동이 빚은 고통과 어려움은 산업구조의 재편에 따른 필연적인 것이었지만 그러나 "소수의 불합리한 탐욕"에 기인한 것으로 분석했던 모어는 이 소수에게 화살을 돌리운다.[6)]

"종복을 내보내고 … 또한 장인(匠人)들마저도, 그래, 나라의 거

---

5) *The Complete Works of St. Thomas More, in 14 vols.*(New Haven: Yale University Press, 1963-1997), vol. 4; Thomas More, *Utopia*(New York: Van Nostrand Co., 1947).

6) *Utopia*, p. 35.

의 모든 경작인들을 내쫓아" "이제 포주, 헤픈여자, 창녀, 첩, 매춘부, 창녀집, 유곽(遊廓), 주점, 맥주집, 선술집과 저속하고 음탕한 그리고 불법적인 게임들이 [그 자리를 차지했다]. [즉 거기에 모여든 사람들]은 그들의 돈이 다 떨어진 다음 곧바로 도둑질과 사냥길에 나서게 되지 않겠는가?"

모어의 「유토피아」가 "야심찬" 것은 실업과 빈곤, 악덕과 타락이 사회적 처방을 통해 제거될 수 있으며 최소한 당시의 절망적인 상황이 개선가능하다고 확신한 데 있다. 그의 눈에는 그러한 사회혁명의 선구는 플라톤이었으며, 곧 플라톤은 "누구나 부와 상품의 평등한 몫을 가지고 향유할 법"을 제시하였으며 "모든 것에서 평등이 정해지고 확립되는" 것이 모두가 받아들일 수 있는 유일한 길이라고 주장했다.[7] 그리고 이 평등사회는 가족에서는 연장자가, 그리고 6,000개의 가족으로 구성된 Amaurote라 이름한 사회에서는 30가족 단위로 선출한 200명 대표자 Syphogrants들이 4명의 후보 중 비밀투표로 선출된 Prince와 4구로 나뉜 회의체가 운영한다.[8]

모어는 소유권의 철폐를 주장했다. 그에게 경제적 불평등은 부자를 사악하게 만들고 빈자에게 사회적 기여를 강제한다.[9]

---

7) Kautsky, *Thomas More and His Utopia*(1927); 예일대학판은 모어의 견해는 히쓸로데이의 주장과 다르다는 것을 유의하면서 그의 "위안의 대화" 속에서 "거기에는 재산가가 반드시 있어야 하며 그렇지 않으면 더 많은 거지가 있게 될 것이다. 부자의 재산이 가난한 자의 삶에 도움이 되는 원천(wellspring)인 것은 명확하다"는 입장과 「유토피아」의 말미에서 "모든 사람이 선하지 않는 한 모든 사물이 잘 되어갈 수 없기에 많은 세월이 지나도록 실천되지 않는 것이라고 나는 생각한다"는 표현에서 그 근거를 제시하고 있다.; *Complete Works*, vol. 4, p. 65.

8) *Utopia*, Bl. II, pp. 75~80.

9) Ibid., p. 65. 그는 "부자는 탐욕스럽고 교활하며 무가치한" 존재인 반면 "가난한 자는 낮추어지고 단순하며 일상의 노동을 통해 자기들보다 사회에 더 기여한다"고 역설한다. *Complete Works*, vol. 4, p. 121.

> "재산의 평등하고 정당한 배분"[만이 해결책이며] "이들의 사유 재산이 망명하고 추방되지 않는 한 모든 사람에게 결코 완전한 부는 있지 않을 것이다." "어떤 것에 있어 소유권은 어디에도 있지 않을 것이다. 각자의 집마저도 매 10년마다 추첨으로 실제로 교체된다."
>
> [유토피아에서] "농업은 남녀 예외없이 누구에게 공통적인 생업이다." "농사짓는 것 외에 … 모든 사람은 각자 특정의 자신만의 기술을 고유의 기능으로 배운다."[10]

유토피아에서는 남녀의 구별없이 모두가 농업에 종사하며 하나의 기술을 가지고 장인으로 활동한다. 이들은 대체로 아버지의 기술을 익히는 것을 원칙으로 하되, 허가를 얻어 다른 기술을 익힐 수 있으며 이 경우 그러한 기술을 전수할 수 있는 가족에게로 입양된다. 혹은 이미 익힌 기술에다 새로운 기술을 추가하려는 경우 또한 허가를 받아 허용된다.

유토피아에서 "어느 누구나 게으르게 앉아 있을 수 없으며 모든 사람은 진지하게 부지런히 자기자신의 작업에 힘쓴다. 오전 3시간과 점심과 휴식 2시간 후 3시간 등, 하루 6시간 두 차례로 나누어 진행되며 8시간의 수면시간이 보장된다. 잔여의 시간은 "다른 사람의 유용한 과학을 [매일 강의를 들으면서] 배우거나 그 자신의 기술직에 종사하게" 된다.[11] 모든 사람이 노동을 하기보다 여가를 즐기고 싶어한다고 전제할 때 여가시간은 사실상 과학학습에 집중된다는 것이 자명하다. 실로, 모어의 「유토피아」는 과거지향적인 이상향이라기보다는 현대성의 측면을 담고 있는 것은 아마도 여기서이다. 즉 그는 과학의 발달이 생산활동에 필수적인 것을 인정하고 있을 뿐 아니라 "농업은 남녀 함께 인간일반의 공통적인 하나의 과학

---

10) Ibid., p. 125; *Utopia*, p. 82.
11) Ibid., p. 83; *Complete Works*, vol. 4, p. 127.

이다"고 함으로써 생산활동과 과학을 거의 동일시하기까지 하나의 생산력으로 언급하고 있는 것이다.[12]

탐욕과 과도한 욕구는 "욕구의 공포"와 "자만"에서 온다.[13] 그것을 부추기는 것은 불평등한 소유구조이다. 모어는 절도범에 대한 극형을 거부하지는 않지만 "생계수단을 제공해 생활해나갈 수 있게 하는 양곡창을 마련할 것"을 주문했다. 또한 타락과 전도의 사회제도로서 술집과 금은 등 보석을 경계하였다.[14]

> "[유토피아에서는] 주점도 맥주집도 없으며, 매음굴도 악덕과 사악의 기회도 없으며 은밀한 모퉁이나 사악한 회의체 혹은 불법집회도 없다. 이 모두는 모든 사람의 충분한 관찰과 감시 아래 놓여 있다."
>
> "모든 위반은 불명예스럽게 낙인지어졌다… 그들의 머리[와 목, 손]에는 금[으로 장식된 귀걸이, 목걸이, 팔찌와 반지]으로 족쇄지어진다."

사유재산의 부산물로서 창궐하는 부도덕을 정화하려는 모어의 노력은 그러나 자칫 사회가 유연성과 다양성을 상실한 메마른 수도승의 사회로 전락할 위험을 안고 있다. 그는 켄터베리 대주교로서 봉직했을 때 종교적 관용에 호의적이지 않았으며 유토피아에서 종교적 이단자를 "인민 사이에서 반란과 분열을 부추긴 자"로 규정하였다. Erasmus와 함께, 그리고 Luther와 마찬가지로, 기독교의 개혁을 통해 새로운 도덕을 구축하고자 했으나, Luther와는 다르게 신앙의 통일은 오로지 교황을 중심으로 하는 기독교회의 통일에서만 가능하다고 믿었다.

12) Ibid., p. 82.
13) Ibid., p. 28.
14) Ibid., pp. 99, 103.

세속사회의 목표는 지복과 쾌락에 있다고 그는 확신하였다. 그러나 무엇이 지복이고 어떤 쾌락을 추구할 것인가는 자명한 것은 아니다. 그것은 교육의 기능이며, 철학은 이를 가르쳐준다.[15)]

"철학은 인간의 습성과 덕성을, 곧 덕성과 쾌락을 다룬다. 그러나 이의 주요하고 기본적인 질문은 무엇에, 하나거나 여럿이거나, 인간의 지복이 있는가이다."

"그들[유토피아에 사는 사람들]은 모든 쾌락에서 지복이 얻어진다고 생각하지 않고 단지 정직하고 선량한 쾌락에서만 지복이 존재한다고 생각한다. 그들은 덕성을 … 자연에 맞추어진 삶의 질서로 규정한다."

"그들은 모든 우리의 행동을 그리고 이와 함께 덕성 자체를 최종적으로는 목적으로서 쾌락과 지복에 관계된다고 생각한다. 그들은 인간이 육체와 정신에서 실제로 환희를 느끼는 상태와 그곳으로 가는 모든 운동을 쾌락이라 부른다."

따라서 모든 쾌락이 아니라 "자연적 쾌락성"(natural pleasantness)을 가져오는 것만이 유토피안들이 추구하는 쾌락이었다.[16)] "추잡스럽고 불명예스러운 욕망이 빚은 전도되고 악의적인, 깜빡이는 유혹을 통해서"는 결코 심신의 "쾌락성"이 얻어질 수는 없는 것이다.

유토피아의 사람들은 평화지향적이었다. 그들은 전쟁을 혐오하였지만 전범자를 노예화하거나 용병을 통한 전쟁을 주저하지는 않았다. 전쟁을 통해 얻어진 전범은 노예가 된다.[17)]

"이런 유형의 노예는 지속적인 작업과 노동으로 유지할 뿐더러 또한 족쇄에 묶여 살게 한다."

---

15) Ibid., pp. 109, 111, 113.
16) Ibid., p. 114.
17) Ibid., p. 127, 139.

> "그들은 전쟁이나 전투를 아주 짐승같은 것으로 경멸하고 꺼려한다 … 그들은 나라 밖에서 유토피아 동쪽 500마일 거리에 주로 사는 Zapoletes를 통해서 군대를 고용한다. 그들[자폴리테]은 괴기한 야만인이며 원시의 숲속과 고산(高山)지대에 사는 용맹한 자들이며 거기서 성장하고 자란다 … 그들은 전쟁만을 위해 태어난 자들이며, 전쟁을 쉬지 않고 진지하게 찾는다 … 이것만이 그들이 이를 통해 생계를 얻어내는 기술이다. 그들은 죽음을 추구하면서 삶을 유지해간다."

모어의 사회비판은 상당한 설득력을 가진다. 그러나 그의 대안으로서 유토피아는 자본제 문명을 대체하는 또 하나의 유령이 될 위험을 시사하고 있다. "공산주의의 긍정적이고 이상주의적인 그리고 최선의 측면에 대한 그의 강조가 강점의 원천이라면 사유재산의 더럽고, 현세적이며 최악의 측면에 대한 강조는 하나의 취약점이다"고 한 예일대학판의 평가는 경청할 만한 것이다.[18)]

모어의 「유토피아」에 이어 100년이 지나면서 초기의 공산주의적 유토피아를 전개한 대표적 사상가는 프란시스 베이컨과 토마소 캄파넬라이다. 그들의 저작은 「유토피아」에 견줄 수 없을 만큼 단조롭고 사상적 가치도 빈약하다. 혹자는 시대와 불화한 경계적 사상가—만약 우리가 그렇게 불러줄 수 있다면—의 논의를 여기서 다루는 것에 대하여 충분히 납득되지 않을 것이다. 그런 만큼 간단한 소개로 그들에 대한 논의를 끝내지 않으면 안된다.

베이컨의 「*New Atlantis*」는[19)] 1617년 이전에 쓰여졌으나 그의 사후인 1627년에야 출간되었으며 그것은 베이컨의 다른 저작에 비

---

18) *Complete Works*, vol. 4, Introduction, cxlii.

19) "New Altantis" in *Ideal Empires and Republics*(New York: Walter Dunne, 1901), pp. 235~274.

해 별다른 관심을 끌지 못했으며, 심지어는 저작을 둘러싼 풍문도 남기지 못했다. 그럼에도 불구하고 베이컨의 저작이 유토피아의 대열에 낀 것은 아마도 그의 이상사회가 상당히 과학의 진보와 조화를 이루고 있다는 점일 것이다. 과학의 필요성을 강조한 베이컨은 이미 모어가 그의 유토피아에서 과학학습의 필요성을 생산에 연계시켰던 것을 넘어선다.[20]

> "우리 [유토피안들]의 [사회의]기초가 되는 목적은 원인들에 대한 지식과 사물들의 비밀스런 운동이다. 이 목적은 나아가 인간세계의 한계를 확장하여 모든 사물에게 가능한 한 영향을 미치는 것이다."

베이컨은 지중해상에서 존재했다가 사라졌던 Atlantis를 연상시키는 "New Atlantis"를 이상화했다. 이 소설에서 서구의 주인공은 페루에서 중국으로 여행하는 동안 난파하여 도착한 섬의 원주민의 전설을 통해 이상국의 모습을 그리고 있다. 원주민에 의하면 1900년 전 — 베이컨의 시대로부터 — 이 섬에는 Bensalem이라는 종족이 살고 있었는데, 그 무렵 이 종족의 입법가였던 Salomona가 헌법과 제도를 도입하여 이상국을 만들었다고 한다.

"뉴 아틀란티스"의 제도는 모어의 유토피아와 달리 사회적 유연성을 보여준다. 거기에는 맥주공장, 빵공장, 대규모의 부엌이 있으며, 의약품점, 다양한 기계기술들, 여러 종류의 제련소는 물론 귀금속, 음향홀, 향수, 제조공장, 수학연구소가 있다.[21]

심지어 베이컨의 뉴 아틀란티스에는 "지각연구소"(perceptive-houses)가 있으며 "거기에서 모든 광선과 방사선 그리고 모든 색상을 실험한다." 그리고 뉴 아틀란티스에는 연극홀과 같은 "감각현혹

---

20) Francis Bacon, "New Atlantis," in *Ideal Empires and Republics*(New York: Walter Dunne, 1901), p. 263.

21) Ibid., pp. 266~269.

의 장"(house of deceits of senses)이 설치된다.[22] "그러나 우리는 모든 협잡과 거짓말을 증오한다. 우리가 이를 우리의 모든 거주민에게 치욕과 벌금의 대가를 치르도록 엄격히 금지하고 있는 것과 마찬가지로."[23]

이처럼 뉴 아틀란티스는 유토피아에서처럼 금욕적이고 반물질주의적인 정신적·도덕적 공동체는 아니다. 거기서는 과학과 사회적 부가 만들어내는 쾌락의 확대가 그들의 향유대상으로 나타나고 있다. 그러면서도 뉴 아틀란티스는 "세계의 처녀지이다."[24] "정숙하지 않는 자는 자기자신을 공경할 수 없다. 인간 자신에 대한 경외는, 종교 다음으로, 모든 악덕에 대한 가장 주요한 고삐이다."[25]

베이컨의 이상국 논의는 이처럼 느슨한 묘사에 그친다. 거기에는 모어와 달리 시원적 자본축적기에 일어나고 있는 과학의 발전과 적용, 공업과 상업의 확대, 그에 요구되는 낭비의 억제와 축적의 욕구, 과학에 장애가 되는 반감각적, 반실험적 스콜라철학의 거부가 담겨 있다. 그러나 그의 방법론, 즉 경험적이고 귀납적인 인식태도가 어떻게 뉴 아틀란티스에 연결되는지는 분명하지 않다. 나아가 그의 과학적 인식에는 종교적 타협을 통한 불철저성이 흐르고 있다. 그럼에도 불구하고 그가 뉴 아틀란티스에서 일체 지식의 원천으로서 과학의 중요성을 강조하고 운동을 물질의 불가분적 성질로 수용하고 있다는 점에서 그는 여전히 "영국 유물론의 시조"라고 하겠다.

수도사 Tommaso Campanella(1568~1639)는 Calabria이 Stilo에

---

22) Ibid., p. 270.
23) Ibid.
24) Ibid., p. 259.
25) Ibid., p. 260.

서 가난하고 문맹인 잡역부의 아들로 태어났다. 14살이 되자 도미니칸 수도단에 들어가 죽을 때까지 자신을 이 수도단에 귀속했다. 그러나 그가 30살이 되는 1599년 어떤 불분명한 — 종교적 이단 혹은 정치적 음모에 연루된 것이라 생각되는데 — 이유로 다른 150명과 함께 체포되어 쇠사슬에 끌려 나폴리로 압송된 이래 그는 끊임없이 감옥을 드나들었으며 특히 1604년부터 1608년, 그리고 1614년부터 1618년 동안 창문 없는 지하감옥 카스텔로 상텔모(Castèllo Santèlmo)에 투옥되어 가장 심한 형벌을 감내하였다. 잘 알려진 그의 「태양의 도시」[26]는 그가 Castèllo Nuòvo 감옥에서 종신형을 복역중인 1602년에 저술되었으며 1623년에 라틴어로 프랑크푸르트에서 「*Civitas solis*」로 초판이 나왔으며 1836년에서야 이탈리아어로 출판되었다.

그의 투옥경력은 지속되어 1626년 그는 여전히 로마로 이송되어 Sant' Maria sopra Minerva에 연금되어 금고에 처해졌으나 1632년 법왕 Urbano VIII의 도움으로 스페인의 영향을 벗어나 프랑스로 가서 Louis XIII와 파리추기경이며 재상이었던 Richelieu에 의해 환영받았다. 정규교육을 받은 바 없이 그 당시의 다양한 조류를 익히고 사회비판과 학문적 경향에 과도하게 나섰던 그가 말년에 평안을 얻을 수 있었다는 것은 다행스런 일이다. 1639년 그는 성 오노레가(Rue St. Honoré)에 위치한 도미니칸 수도원에서 종신하였다.

캄파넬라는 기독교를 옹호했다. 심지어 그는 스페인과 로마교황을 "그의 소중한 개혁의 가장 희망적인 집행자"로 제시했으며, "기

---

26) *Apologia pro Galileo, matematico florentino*는 1622년 쓰여졌으나 1632년 Galilei가 「두 개의 세계체제에 대한 대화」를 출간하자 1636년에 이를 변호하기 위해 다시 쓰여진 것으로, 거기서 그는 "지적 자유"를 옹호했다. Richard Blackwell tr., *A Defense of Galileo*(Notre Dame, Notre Dame University Press, 1944).

Tomaso Campanella, *La città del sole: dialogo poetico*(Roma: Colombo Editore, 1944). 이름의 철자차이는 영어식 표기에 기인한다.

독교사상이 진정한 법이다"고 믿었다.[27] 「태양의 도시」는 그 이름을 구약성서의 구절(Isaiah 19 : 18) 이집트의 5도시 중 "하나는 태양의 도시라 불리울 것이다"에서 나왔다. 한때 적도 부근에서 난파한 경력이 있는 콜럼부스의 선원과 한 기사의 "시적인 대화"—차라리 현학적인 교육서의 형태이지만—에서 어떤 섬나라의 사회제도를 이 선원이 소개하고 있다.

「태양의 도시」는 7개의 구역으로 나뉘어 건축과 도로가 정돈되어 있다. 이 도시국가가 "태양의 도시"라 불리는 것은 태양인들(Solarians)이 모두 기독교사상을 숭배하고 있으면서도 정치·종교적 성장이 태양에 관련된 것에서 찾아볼 수 있다. 정치적으로 정치조직의 최고수뇌부는 Prince Prelate(태양)와 Pon(권력), Sin(지혜), Mor(사랑)으로 구성되어 있으며 후 3인은 각각의 영역을 담당한다. 예컨대 사랑을 표현하는 Mor는 혼인, 교육, 의료, 식품, 의류 및 성관계를 관장한다. 태양을 상징하는 군주 Prince Prelate는 선형자(先形者) Il Metafiscico라 불리우며 정치조직의 최정상을 차지하고 모든 것을 결정한다.[28] 즉, 메타피지코는 거기에서 3개 영도부를 통해 모든 사안을 통치한다.

종교적으로 "그들의 최고성직자는 태양(Sole)이지만, 모든 주요 영도인과 성직자들 또한 참여하며 그들의 과제는 양심을 정화하는 것이다."[29] 그리고 그들은 태양을 신앙의 대상으로 경배하지는 않는다. 캄파넬라는 기독교인의 한계 속에서 범신론적 입장을 견지한 채 태양의 상징성을 보다 자세히 묘사한다.[30]

---

27) Tommaso Campanella, *De Antichristo*(Roma: Edizioni Rinasoimento, 1965)는 그의 또 하나의 저작이다.

28) Campanella, Daniel Donno tr. *The City of the Sun*(Berkley: University of California Press, 1981), pp. 33~36.

29) Ibid., p. 101.

30) Ibid., p. 109.

"그들은 태양과 별들을 살아있는 사물로서, 신의 상징으로서, 하늘의 교회들로서 찬미한다. 그러나 그들은 태양과 별들을 경배하지는 않는다. 신은, 태양의 상징 아래서, 신으로부터 빛과 온기(溫氣) 그리고 모든 다른 것들이 나오며, 신전은 태양을 본받아 지어지고, 성직자는 태양과 별들에 있는 신을 향해 마치 이들이 신의 신전인 것처럼 기도한다 …"

이처럼 "태양의 도시"는 기독교와 양립하는 태양신을 신앙하는 혹은 정교(政敎) 합일적인 태양수뇌부의 나라이다. 그에 어긋나는 학문과 교의는 물론 종교적인 의식과 교리는 폐기되고 혹은 이단으로 금지된다. 먼저 아리스토텔레스의 주장은 거부된다. "그것은 사물 대신에 책들에 근거하여 사변한 것이다." "그들 [태양인들]은 아리스토텔레스의 적들이며 그를 공론가라 부른다."[31]

"태양의 도시"에서 기독교는 "단지 자연법을 따른다." 기독교는 "자연법에 성찬식 외에는 아무것도 추가하지 않는다."[32] 기독교는 범신론적 입장을 벗어나지 않은 채, 그가 "모든 것을 포괄하는 제국에서 교황이 세속적인 정신적 지도자"라고 인식한 것처럼 태양의 도시는 신정국가가 된다. 그는 기성의 기독교회와 관행에 대조적으로 그의 「이상국」에서 정화된 기독신상을 구체화함으로써 현실의 비판수단을 제시하고 있는 것처럼 보인다. 어떻든 태양의 도시는 무신론이나 이신론을 거부하고 자연법 — 과학 — 과 합치하는 정신세계를 거기의 거주민에게 강제하고 있다.

자연질서의 체계는 일정한 윤리원칙과 결합되어 "태양의 도시"에서 하나의 사회체계를 이루고 있다. 사유재산제의 폐지, 의무노동의 도입, 가족제도의 전면적 조정, 성의식의 완전한 전환 등이 거기

---

31) Ibid., pp. 45, 109.

32) Ibid., pp. 101, 121.

서 논의되고 있다.

기존의 사유재산제는 인성의 전도와 자기애와 자만심을 부추겨 사회적 분열을 조장한다.[33]

> "태양의 도시에서 사람들은 말한다. 극단적인 빈곤은 인간을 거짓말쟁이, 위증인, 도둑들, 무법자로 만들어 교활하고 겁먹고 위선적이게 한다. 그에 반해서 부는 인간을 무례하고 거만하며, 무지하고 무정하며, 배신적이고 주제넘게 만든다."

그리고 사회적 분열의 원인이 자기애와 자만심이라고 그는 축소적 논리를 편다. "자기애가 파괴되었을 때 사회에 대한 관심만이 남게 된다." 또 그는 자만심을 가리켜 "자만심은 최대의 죄악으로 간주되며 그것이 저질러진 정도에 따라 처벌된다"고 하면서 태양의 도시에서 이의 추방을 선언하기도 한다.[34] 그에 대한 사회적 처방은 사유재산제의 폐지이다.[35]

> "그러나 재산의 공공소유제는 그들을 동시에 부유하면서 가난하게 만든다. 그들은 모든 것을 소유하고 있다는 점에서 부유하다. 모든 소유물이 그들을 위해 쓰일 수 있는 반면 그들이 자신을 바쳐 일해야 될 소유물을 가지지 않는 의미에서 ― [마치 프롤레타리아가 자기의 쇠사슬이 없어졌을 때처럼] ― 그들은 빈곤한 것이다."

사유재산제의 폐지는 모든 사람에 대한 노동의 의무를 부과한다. "양성(兩性) 모두가 모든 직종에서 훈련된다." "남녀는 함께, 정신적 혹은 기계적 성격이거나, 동일한 과제를 수행한다." 그리고 이

33) Ibid., p. 65.

34) Ibid., pp. 39, 63. More의 「유토피아」에서도 "자만심은 자기자신의 장점에 의한 것이 아니라 상대편의 불리한 점에 의해서 잘 되어가는 것을 측정한다"고 비판된다. *Utopia*, p. 243.

35) Ibid., p. 65.

들은 "단지 하루 4시간" 휴일없이 의무노동이 부과된다.[36] 실제로는 그는 남녀, 연령별, 성향별 차이를 인정하고 특히 체력의 차이에 따른 상이한 노동을 수용하고 있다. "하루 4시간 노동" 주장에는 노동생산성에 대한 낙관적 평가가 전제되어 있다고 볼 수 있다. 그것은 휴식시간을 "다양한 실험"에 사용하는 것에 의해 뒷받침된다.

그는 생산을 절기(節期), 과학과 연결시키고 있으나, 그것은 생산의 과잉을 겨냥한 것이 아니다. 오히려 "잉여생산은 피해진다."[37] 여기서 그는 반유물주의적 경향을 노정한다. 그러면서도 그가 생산에 총력을 기울이는 묘사는 상당히 모순된 듯 보인다.[38]

> "농지와 목축에서 일하는 것은 누구에게나 공통적인 것이다. 그들은 이러한 작업을 가장 소중한 것으로 받아들인다. 더 힘든 노동이 요구되고 이익을 가져오는 일일수록, 대장간과 건축에서의 일처럼, 더욱 칭찬되고 누구도 이런 일은 기피하지 않는다."
>
> "농업은 매우 높이 평가된다. 한 뙈기의 땅도 생산적이지 않게 된 것은 없다. 이러한 작업에 관계된 사안에서는 바람과 상서로운 성좌(星座)가 연구된다. 모든 사람이 깃발을 휘날리며 나팔과 다른 음향기기를 가지고서 들판에 나아간다 …"

노동을 인간의 원리에 대한 징벌로 간주해 온 기독교윤리에 비춰볼 때 아마도 최초로 노동 자체의 가치를 높이 평가한 캄파넬라의 견해는 상당한 관심의 영역이 된다. 또한 그가 모든 사람에게 노동의무를 강조한 것은 시대에 앞선 "사회주의적"이라 하겠다.

---

36) Ibid., pp. 17, 41, 49.

37) Ibid., p. 17~18.

38) Ibid., pp. 81, 83. 그의 유토피아는 정복을 통해서 확대된다. "정복된 도시들과 승자에게 항복한 도시들에서는 모든 재산의 공유제도로 곧바로 전환된다."
Ibid., p. 77에서 공유제와 함께 다른 사회제도가 도입된다는 것은 의문의 여지가 없을 것이다.

캄파넬라는 이전의 공산주의적 사상가들보다 가족제도에서도 급진적이다. 그에게 개별가족이란 의미가 없으며, 오직 사회의 관점에서 가족과 성의 문제가 보아진다. 먼저 그는 "모든 것이 공동으로 유지된다"고 하면서 "부인들의 공동체"를 수용한다.[39] 이유시기가 지나면, "어린이들은 선생의 보호 아래로 넘겨진다."[40] 남녀 상호간이 친밀해질 수 있는 기회는 "남녀가 함께 나체로 씨름경기에 나섰을 때" 주어진다. 그러나 그것은 개인의 선택이 아닌, 우생학적, 미적 고려가 담긴 사회적 결정에 의해 실현될 수 있다. 예컨대, 훤칠하고 대담한 남성은 매끈하고 멋진 여성과 맺어진다. 비만한 남녀는 각각 깡마른 상대와 연결된다.[41] 남는 것은 땅딸보 겁쟁이 남성과 키작고 못생긴 여성이다. 캄파넬라는 이들을 맺어줄 만큼 친절하지는 않다. 그리고 그는 여성지배를 예고하고 있기도 하다.[42]

태양의 도시에는 상설법원도 감옥도 집행관도 없다.[43]

> "반란죄인을 가두어두기 위해 마련한 탑을 제외하고는 거기에 감옥은 없다." "거기에 집행관이 없기 때문에 범인에게 돌을 던지거나 화형시키는 식으로 모두가 참여하지 않고서는 집행[처벌]이 있을 수 없다." "그러나 공화국의 자유 혹은 신, 혹은 수뇌부에 대한 침해가 관계된 경우, 선고가 무자비하게 집행될" [것이며], "사형으로 처벌된다."

끝으로 태양의 도시에서 거주민은 "영혼의 불멸에 대한 믿음"에서 위안을 얻고, "그들은 죽음을 두려워하지 않는다. 왜냐하면 누구나 영혼의 불멸성을 믿기 때문에, 그리고 사후에 그들의 성과에

39) Ibid., p. 39.
40) Ibid., p. 59.
41) Ibid., p. 55.
42) Ibid., p. 123 참조.
43) Ibid., pp. 97, 99.

따라 선한 혹은 악한 혼령의 대열에 합류할 것을 믿기 때문이다."[44]

캄파넬라의 이론은 모어의 "유토피아에서 가정생산단위에 비교할 때 현저하게 진보한" 생산조직을 논의하고 있다. 그러나 거기에는 "허다한 주장이 상당히 낙후한" 측면, 특히 가족제도의 재조정논의에서 발견된다. 그럼에도 불구하고 "「태양의 도시」는 사회주의 정치사상사에서 매우 중요한 지위를 차지하고 있다"[45]고 할 수 있다.

---

44) Ibid., p. 69.

45) Cf. 王辰槐 主編, 「西方政治思想史」(南京, 南京大學出版社, 1993), 142~146面.

제 4 장

Thomas Hobbes

마키아벨리 이래 최대의 사상가는—아마도 몇몇 소수에 의해서 장 보댕이 거론되겠지만—토마스 홉스이다. 지금까지 우리는 대체로 대륙의 사상적 조류를 살펴보았기 때문에, 홉스에 들어가기 전 영국의 상황을 약간 언급하는 것이 필요하다. 1534년 Henry Ⅷ에서 시작된 종교분쟁, 1600년대 Coke vs. the King에서 보듯이 James Ⅰ의 대권의 한계를 둘러싼 헌법논쟁, 그리고 이곳에서 일어난 마키아벨리의 영향력과 평가에 대하여 간단히 살펴보겠다.

1534년 Henry Ⅷ에 의해 제기된 이혼요청이 대륙의 관례와는 달리 법왕에게서 거부되자 법왕의 영향력을 제거하고자 그는 영국국교 Anglican Church를 세우고 그 최고의 직위를 겸하였다. 헨리는 막강한 영향력을 가진 부인 Catherine을 두었으며 그녀의 부모는 아라곤의 페르디난도와 카탈로니아의 이사벨라이었다. 수장령(首長令)에 의해 로마가톨릭은 모두 영국국교로 바뀌었고 혹은 지하에 은밀하게 숨어들었다. 1547년 헨리가 죽자 37년에 처형된 Jane Seymore와의 사이에 태어났던 유일한 아들 Edward Ⅵ가 불과 10세의 나이에 왕위에 올라 Seymore가의 영향력 아래 극단적인 개신교주의를 펼치다가 53년에 의문의 죽음을 맞았고 이 시기 Lady Jane Grey의 20일 간의 왕위찬탈이 있었지만 이어서 헨리와 본처 사이의 Mary—그의 이름앞에는 Bloody라는 악의적인 형용사가 사학자에 의해 붙여졌다 — 가 가톨릭을 국교로 회복시키는 등 이전과 정반대의 극단적인 반개신교정책을 도입했다. 영국의 귀족들은 단합하여 Mary를 폐위시켜 처형하고 1558년에는 Anne Boylen과의 사이에서 태어난 Elizabeth가 왕위를 이어 1603년에 이르기까지 온건한 국교주의를 중심으로 통치하였다. 종교개혁에 부수된 귀족의 교체로 인해 새로 등장한 지배층이 구질서의 복귀를 사활을 걸고 저지하였음은 물론이다. 이 시기는 대체로 반교황주의가 지배적 경향이었지만 그 저류에는 가톨릭의 재기위협이 끊이지 않았기 때문에, 예컨대 스코틀랜드의 메어리(Mary of the Scots) — 그녀의 할아버지 James Ⅳ는 Henry Ⅷ의 누나인 Margaret와 결혼하였다 — 는 Tudor가의 유일한 적통이었지만 영국의 귀족들은 일치하여 그녀의 상속권을 인정치 않고 심지어 처형하게 되는데 그것은 메어리의 어머니가 극단적인 교황주의로 유명한 Marie de Guise이었으므로 그들은 두려워하지 않을 수 없었던 것이다. 곧 홉스 이전의 종교분쟁은 지배층의 사회경제적 기득권을 둘러싼 심각한 대립의 반영이었고 그것은 잠재적인 혼란 속에 놓여있었다. 단지 엘리자베스시대에 반교황주의라는 공통분모 아래 국교의 바탕 위에 종교적 타협을 의미하는 수장법(Act of Supremacy, 1558), 통일법(Act of Uniformity, 1559), 39개조(Thirty-nine Articles, 1562~71) 등을 통해서 외견상 종교분쟁을 물밑에 잠복시킬 수 있었다.

둘째, 1500년대 중반부터 본격화하는 종획운동에서 보여지듯이 농업의 상업화는 자본주의적 요소에 의한 봉건적 제도의 탈각과정을 거치게 되는데 이때 봉건제도의 유지를 통해 왕의 대권을 행사하려는 왕권신수설의 신봉자인 James I[1]와 그에 도전하여 자본주

1) James I, *True Laws of Free Monarchy*(1598).

의적 요소의 활로를 찾으려는 의회파의 Edward Coke 사이의 헌법 논쟁이 1600년대의 전반기 정치를 휩쓸고 있으며 왕의 대변인 Bacon은 그 뚜렷한 희생물이었다. 뒤에 보는 것과 같이 역사적 선례에 근거하여 왕의 대권을 옹호한 Robert Filmer, knight와 타협에 의한 시대의 승인을 요구한 Richard Hooker의 주장은 각각 이러한 입장의 사상사적 반영물이라고 하겠다. Hooker의 「교회체의 법」(*The Laws of Ecclesiastical Polity*, 1594)은 그 방대한 분량과 상세한 종교인용, 상식적 논의에 뒤덮여 있는 이론적 논점이 비교적 간단하고, Filmer의 *Patriarcha*는 1650년대에 쓰여졌으나 실제 논쟁의 중심에 선 시기는 그의 책이 출판된 1679~80년 무렵이었다. 헌법논쟁이 영국사회의 혼란의 원인을 제공하였다고 믿었던 Hobbes는 정치권력의 성격을 자연상태-실정법의 시기로 나누어 형식논리적으로 분명히 설명하도록 이끌었다.

셋째, Elizabeth의 시기에 마키아벨리의 정치저작은 물론 그의 극(劇)과 문학작품마저도 영국에서 커다란 반향을 일으키고 있었다. Bedingfield는 그의 「피렌체역사」를, Edward Dacres는 그의 「군주론」을 번역하였다. Mary 여왕의 시기에 실제로 정치권력을 휘둘렀던 Reginald Pole 추기경은 마키아벨리를 가리켜 "악의 손에 쥐어진 펜"이라고 혹평했다. 이 시대의 분위기는 Marlowe가 쓴 몰타의 유태인(*Jew of Molta*, 1592)에서 엿볼 수 있다.[2)]

> "누군가는 내 책에 대해 공개적으로 비난하겠지만
> 그들은 여전히 나를 읽으면서
> 힘이 왕위를 먼저 만들었고 그 다음엔 법이 가장 확실했던 것은
> 드라콘의 법처럼 이들의 피로써 쓰여진 까닭이다.

2) J. H. Whitefield, *Machiavelli*(Oxford: Basil Blackwell, 1947), p. 1에서 재인용.

이로부터 알게 되기를 강자가 성곽을 짓고
사가가 알려준 것보다 더 많은 것을 명령한다는 것을."

엘리자베스를 마지막으로 Tudor가가 끝나고, 1603년 모계를 따라 스코틀랜드 Stuart가의 Mary의 자식인 James VI가 영국귀족의 이해를 대변한 Cecil[3]의 교섭에 따라 James I로 왕위에 오르게 되었다.

제1절 홉스의 생애와 저작

홉스는 자기에 대해 먼 후대의 사람들이 목마르게 알고 싶어하리라고 믿으면서 84세의 나이에 라틴어로 자서전을 구술시켰다. 그의 아버지 토마스는 Malmesbury에 인접한 Westport의 목사였으며 겨우 교회기도문을 읽어낼 정도의 식자였다. 그에게는 형 존과 여동생이 있었으며 태어날 무렵 Spain의 무적함대의 침공을 두려워한 어머니는 1588년 홉스를 조산하였기 때문에 그는 공포와 더불어 쌍둥이로 태어났다고 말하곤 했다. 태어난 지 얼마되지 않아 그의 아버지는 교구에서 의도적으로 도발한 신도를 폭행한 혐의를 받고 밤중에 도망간 후 홉스는 다시 아버지를 보지 못한 채 Malmesbury의 삼촌 프란시스의 집에서 살게 되었다. 홉스의 교육은 엄격한 Latimer라는 선생의 지도 아래 놓였는데, 매일 밤 9시까지 공부했으며 이미 14살에 유리피데스의 Medea를 라틴어로 번역했다.

3) 영국 메어리 여왕시대의 실력자인 Pole 추기경의 수행비서로 유럽을 방문했던 William Cecil은 이미 개종했던 가톨릭에서 Elizabeth시대에 또 한번 국교로 개종하고 여왕의 폐위 대가로 국무장관(1558~72)을, 1575년에는 1st Baron Barghley라는 작위를 받았으며 1587년에는 스코틀랜드 Mary의 처형대가로 아들 Robert에게 자신의 직위를 승계시킬 수 있었다.

1603년 초 Oxford대학 Magdalen Hall에 입교하여 1608년 대학을 졸업할 때까지 그는 별다른 감명을 받지 못하고 대학을 "몽매주의의 보루"라 불렀을 지경이다. 그에게 대학은 중세 스콜라철학의 온상이거나 그의 시대에 이미 의회세력의 본거지, "퓨리턴의 안식처"였던 까닭에 그의 이상일 수는 없었을 것이다. 그는 때때로 헌책방을 뒤지며 옛지도를 면밀히 살피거나 숲에서 갈가마귀가 미끼를 나꿔채는 모습을 보는 것을 즐겼다. 어떤 때는 "사변적 우울증"을 앓기도 했으며 그의 더부룩한 머리 때문에 그의 별명은 "까마귀"가 되었다.

홉스가 대학을 졸업한 후 그는 당시의 관행이었던 "평생가정교사"의 직을 대학장의 소개로 얻어 안주하게 된다. 당시 그를 고용했던 William Cavendish는 홉스보다 두 살 어린 아들 William의 교육을 위해 그를 고용하였는데, 그는 "Bess of Hardwick"로 알려진 Derbyshire의 상속녀의 세 번째 남편이 되고 뒤에 형의 재산도 상속해 "영국에서 가장 부유한 사람 중 하나"가 되었다. 그는 1618년 James왕에게서 ￡10,000을 주고 Earl of Devonshire라는 작위를 샀으며 그 작위는 Hobbes의 첫번째 제자인 William에게 상속되었다. 어떻든 "가정교사" 홉스는 제자교육보다는 주인의 마름 비슷한 처지에 있었다. "홉스는 그의 시종이 되어 그를 따라 사냥이나 꿩잡이에 나서기도 하고 그의 내탕금을 관리했다." 심지어 그는 주인의 명령으로 이곳 저곳을 다니며 돈을 빌려야 했고, "홉스는 발이 젖어 감기에 걸렸다 한다." 이 일은 그가 주인의 수치스런 역할을 맡았다는 것을 알려준다.

그의 제자 William은 Bruce of Kinross경의 딸과 결혼했는데 그가 Cecil과의 교섭에서 왕위를 확정지었던 인연 때문에 James 왕은 신부에게 ￡5,000의 축하금을 전달하였다. 1610년 홉스에게는 처음인 유럽여행을 제자와 함께 떠났다. 그는 프랑스와 이탈리아를 방문했으며, 이 시기는 "그의 생애에 가장 즐거웠던 때이며"—그가 84세이던 무렵에도—꿈속에서 그 시절의 자기를 다시 보기도 한다고 술회했다.

그는 베이컨과도 교류했다. 그가 베이컨의 제자라고 잘못 전해지기도 하지만, 어떻든 베이컨이 오욕을 견뎌내는 말년의 시기에 홉스가 그를 방문하고 베이컨의 수필(「도시의 위대함」)을 라틴어로 번역하기도 하고 그의 생각을 정리해주기도 했지만, "그와의 접촉횟수는 의문스럽다." 그는 베이컨과 함께 스콜라철학을 거부하고 신과학운동의 일정단계까지는 함께 갈 수 있었지만, 베이컨의 경험적, 실험적 방법을 최상의 것으로 보기보다는 경멸하였으며 베이컨이 짧고 암시적이며 은유로 가득찬 문체를 사용한 데 반해 그는 두루 살피며 직접적이고 비유를 거부하는 어법을 썼다.

1626년 그의 고용인 William이 죽자 제자는 2대 후작(2nd Earl)이 되었지만 2년 후에 사망한다. 그는 낭비벽이 심했으며 재산 일부를 매각하고 "즐거운 생활에 과도하게 탐닉하다가" 죽었다고 한다. 그리고 제자의 아들 William은 이제 막 11살이었다. 제자의 부인은 가사에 정확한 "지적이고 정력적인 여자"였기 때문인지 홉스는 "현재의 상황을 떠나 다른 생계수단을 찾아나서지 않으면 안되었다." 그는 처음으로 카본디시 가를 떠나 Nottinghamshire가의 Clinton의 여행교사가 되어 약 2년간 유럽방문에 나섰다. 이 무렵 나이 40세가 된 홉스가 처음으로 유클리드 기하학을 읽으면서 감명을 받은 장면은 자주 인용된다. 그는 이제 철학을 수학적 방법으로 접근하려고 생각하게 된다.

1631년 파리에 머물고 있던 그는 이전의 카본디시 가의 3세의 교육을 맡도록 초청받는다. 그리고 1634년에는 세 번째의 유럽여행에 나서게 된다. 홉스가 유럽의 당대철학자들에게 소개되고 동료로 인정되는 것은 이 시기이다. 그는 교황청의 심문에 승복하여 자신의 주장을 버리고 피렌체에 연금되었던 갈릴레이를 찾아가 만났으며, 파리에서는 Marin Mersenne가 주도하는 철학 서클을 방문하여 "홉스는 그에 의해 환영받았고 철학자 가운데 한 사람이 되기 시작했다."[4)]

1639년 스코틀랜드에 영국교를 강요하려는 Charles I 의 노력이 스코트 군대의 성공적인 저항으로 좌절되면서 영국에는 40년 11월 장기의회가 소집되고 이어서 내전으로 치닫게 된다. 1640년 4월에 근본적인 정치원칙이 논의되고 있을 때 홉스는 '소논문'의 수고를 회람시키고 있었으며, 그러나 결과가 두려웠던 그는 "그들이 그를 어떻게 이용할지 의심했으며 도망친 전체 중 첫번째로 프랑스로 넘어갔다." 이후 11년의 망명생활중 그는 수천 파운드의 빚을 졌다. "성직자는 통치보다는 사목에 힘써야 한다'"고 말하면서 "이 세상의 다른 모든 것보다 최근 정신적 권력과 정치권력 간의 분쟁이 기독교권의 사회 모두에서 내전의 원인이 되어왔다"고 그는 경고했다.[5)] 장로교파에 비판적이었던 홉스는 종교적 박해도 또한 반대하였다. 그는 "대학들은 이 나라에서 트로이인들에 대한 목마 같은 것이 되었다"고 대학의 교육내용에 불만이었다.

1642년 그의 사실상 최초의 저작 「시민론」(*De Cive*)이 출간되었다. 이 라틴어판은 국가에 대한 교회의 종속을 의도한 것인데 1647년 암스텔담에서 Mersenne와 Gassendi의 "추천의 말"과 함께

---

4) Leslie Stephen, *Hobbes*(Ann Arbor: University of Michigan Press, 1961), p. 22. 홉스는 매우 사교적이었다. "그만큼 많은 친구를 얻은 사람은 적었으며 그 친구들을 지속적으로 유지했던 사람은 거의 없었다." Ibid., p. 23.

5) Ibid., p. 30.

출간되었는데 이때 가상디는 "최고의 찬사"를 썼다. 1651년에 *De Cive*는 「철학단편」(*Philosophical Rudiments concerning Government and Philosophy*)이라는 제하에 그의 영역판으로 출간되었다.

이어서 1651년 중반에 「국가론」(*Leviathan*)이 출간되었다. 어떤 사람(Wallis)은 "올리버[크롬웰]의 직위를 옹호하기 위해 쓰여진" 것이라고 지적하는데 그 자신은 친구 Clarendon에게 "진실은 내가 고국에 돌아가려는 생각을 하고 있었다"고 저술의 의도를 밝히고 있다.[6] 어떻든 그것은 현세적 정부에 대한 복종을 권고하고 있다. 이 책은 그에게 ￡200의 유산을 남겨준 Sidney Godolphin에게 헌정되었다.

1655년에 「물체론」(*De Corpore*), 1658년에 「인간론」(*De Homine*)이 출간되었다. 스콜라철학의 잔해 위에서 신과학은 이제 시대정신이 되었다. "홉스는 신철학의 황금빛대륙에서 대 콜럼버스이다."[7] 1652년 Filmer는 Grotius, Milton과 함께 Hobbes를 비판했다. 이 무렵 홉스는 당대의 탁월한 사상가들과 교류하면서 적의 속에서도 특권을 누렸다. 1662년 창립된 왕립학회(Royal Society)는 유치한 Locke는 초청했지만 성가를 누리는 원로였던 홉스는 초청하지 않았다.

1659년 겨울 Charles Ⅱ가 런던에 왔을 때 모자를 벗고 인사를 건네기 위해 홉스는 Little Salisbury House 문앞에 서 있었다. 파리에서 망명중 수학교사였던 Hobbes는 극진히 대접받았다. 찰스는 "그는 항상 궁정에 접근할 수 있어야 한다"고 명령했으며, 홉스를 가리켜 "여기 미끼를 물려고 곰이 오는구나"고 농담하였다. 그는 매년 ￡100의 연금을 하사했으며 그것은 왕의 스승으로서 홉스의 특권을 두드러지게 만들었다.

---

6) Ibid., p. 41.
7) Ibid., p. 48.

1665년 전염병이 창궐하고 다음 해에는 런던에 대화재가 발생했다. 이를 신의 분노로 읽은 의회는 이교도의 탄압을 법안으로 상정하면서 "홉스의 *Leviathan*"에 대해 정보를 얻기 위한 위원회의 구성이 통과시켰으나 왕의 중재로 철회되었다. 일부 국교도들이 "이단을 이유로 이 노신사를 화형에" 처할 것을 제안한 데 홉스는 경악하였다. 왕은 홉스가 견해를 더 이상 공개하는 것을 금지하였다. 「국가론」의 책값은 8실링에서 30실링으로 뛰었다. 1666년에 쓴 「철학가와 법학도의 대화」(*Dialogue between Philosopher and the Student of Law*)나 1668년에 쓴 「비헤모스」(*Behemoth, or Long Parliament*)는 그의 사후인 1681년과 1682년에 각각 출판되었다. 1673년 「율리시즈의 여행」, 그리고 다음 해엔 「일리아드」와 「오딧세이」를 완역했다. 사람들이 왜 이런 일을 하느냐고 물었을 때 그는 "달리 할 일이 없으므로"라고 답변했다.

1675년부터 마지막 4년간 그는 Chatsworth에 머물렀으며, 1679년에는 병들어 11월 말 Hardwick로 이사했다. 그의 전신은 마비되고 거기서 12월 4일 영면하였다. 그는 Hault Hucknall 교구의 교회에 묻혔으며 검은 대리석 비명에는 "선량하고 올바른 지식으로 들어가는 문의 명성을 지닌 사람"("Vir probus et fama erditionis domi forisque bene cognitus")이라 쓰여져 있다. 그는 생전에는 비명으로 "이것은 진정한 철학자의 비석이다"라고 자기에게 쓰고 싶어 했다. 듬뿍 가득찬 머리, 훤칠한 넓은 이마, 진한 갈색의 구레나룻, 석탄처럼 타오르는 듯한 담갈색이 눈을 가진 홉스는 마침내 카본디시의 영지에서 안식을 얻었다.

제 2 절 홉스의 방법론

1. 홉스철학의 전체적 조망

홉스의 철학은 데카르트에게서 시작된 연역적 방법과 유물론적 철학, 그리고 갈릴레이가 연 기계론적 신과학이론이 종합된 것이다. 그러므로 홉스의 방법론의 논의는 이러한 대륙의 새로운 조류에 대한 조망이 필요하다.

유럽에서는 Mersenne, Gassendi 등 고대유물론의 부활이 아랍세계와의 접촉을 통해 얻어진 수학, 화학 등 과학지식과 화약, 나침반 등 기술의 도입에 힘입어 무력한 중세스콜라철학과 그 이론적 중추인 아리스토텔레스를 대체하여 새로운 과학의 이름으로 지식인을 강력하게 끌어들이고 있었다. 이러한 분위기 속에서 데카르트를 중심으로 Kepler의 연역적 방법이 과학적 예측의 성과를 올리고 있었으며 갈릴레이의 실험을 통한 운동이론이 자리잡고 있었다. 그리고 붕괴해가는 중세신학을 대체하여 새로운 철학에서는 그 근거로서 고대유물론, 즉 Leucippus, Demokritus, Epikuros, Lucretius 등 원자론의 철학이 과학의 발전과 함께 새로운 조명을 받게 되었다.

이러한 대륙의 학문적 경향에 동조하고 합류하였던 홉스는 마침내 1640년경에는 직접 이들을 만나고 이 철학 서클의 일원이 되었던 것이다. 그 시대의 상황을 홉스는 “모든 학문의 별들이 자기네 궤도의 축인 양 메르센느의 주위를 돌고 있었다”고 적고 있다. 홉스가 이러한 대륙의 경향을 지지하지 않았다면 그는 결코 그러한 표현을 쓰지 않았을 것이다. 1636년 4월 피렌체를 방문하여 연금중인 갈릴레이를 만났다. 거기서 “그의 책에서 자신의 깊은 존경을 말하고 있던 이 위대한 인물과의 친교를 허락받았다." 갈릴레이는 그의 기계역학, 특히 관성의 법칙들을 통해 "유일한 실재는 운동뿐이며, 운동양식들의 연구가 과학에서 성공적인 연구를 가져올 수 있는 필수조건이다"는 신념을 얻게 되었다.

홉스에 대한 베이컨의 영향, 특히 갈릴레이의 실험정신에도 불구하고 미비했으며, 그의 관심은 오히려 데카르트의 방법론에 더 큰 공명을 일으킨 것 같다. 왜냐하면 홉스의 지식개념은 대체로 후자의 관심을 반영하고 있기 때문이다. 진정한 지식이란 홉스에겐 두 종류가 존재한다. 하나는 사실적이고 곧 경험을 통해 얻어질 수 있으며, 다른 하나는 논리적인, 다시 말해 정확한 추리를 통해 얻어질 수 있는 것이다.[8)]

> "… 두 종류의 지식이 있으며, 하나는 감각 혹은 원래의 지식 …과 이의 기억이다. 다른 하나는 과학 혹은 명제의 진실에 관한 지식이라고 불리우며 곧 어떻게 사물이 불리우며 이해로부터 파생되는가에 관한 지식이다."

사실에 관한 지식은 내용에서 볼 때 외부세계로부터 우리에게 작용하는 "사물의 효과에 관한 경험"에 한정되어 있으며, 사회과학적으로 본다면 그것은 "역사"에서 얻어진다고 홉스는 말한다. 그것은 경험주의 감관주의적 지식개념보다 유물론적이라고 말할 수 있으며, 그는 마키아벨리, 장 보댕의 전통에 따라 사회과학의 보고이며 원천을 역사에서 찾고 있다. 그러나 홉스의 관심은 이 첫번째 카테고리보다는 두 번째, 즉 명제의 무오류성의 문제에 돌려진다.

그 결과 홉스는 과학을 논리학의 추론과정과 매우 유사하게 사용하고 있으며, 이 추론과정은 아리스토텔레스의 3단논법과는 다른

---

8) Hobbes, *Elements of Law*, I, ch. 6.

방식으로 설명되어진다. 과학이 명제의 진위를 밝히는 작업이라면 과학자의 임무는 사물 자체의 분석과 실험을 통한 반복에 있는 것이 아니라 사물을 지시하고 표상하는 언어, 단어, 명칭의 의미를 엄격히 하고 이들의 동일성, 상이성, 비대칭성에서 출발하는 데 있다. 홉스가 그러한 입장을 옹호하고 있다.[9)]

> "많은 사물을 지칭하는 보편적 명칭 때문에 많은 사람들에게 사물들 자체가 보편적이라고 생각하는 원인이 되고 있다 … [그러나] 이름 이외에 어떤 사물도 보편적일 수 없다는 것은 명백하다."
>
> "이름이란 사물 자체의 표시가 아닌, 우리 인식의 표시이다."
>
> "보편적이란 단어는 결코 자연에 존재하는 어떤 사물의 이름이거나 마음에 형성된 어떤 관념 혹은 환영(phantasm)의 이름이 아니다. 그것은 언제나 어떤 단어의 명칭 혹은 이름이다."

이처럼 홉스는 과학을 마치 언어학의 어의론처럼 말하고 과학의 방법을 논리학의 추론과정에 유사하게 사용하고 있다. 그에 의하면 과학은 에두른 길을 싫어한다. 과학은 은유나 암시, 잠정적인 타협을 필요로 하지 않는다. 과학은 올바른 전제를 가지고 엄격한 추론과정을 거쳐 필연적으로 얻어진 결론일 뿐이다.[10)]

> "거짓은 진리로부터 나올 수 없다. 진실한 명제는 거짓명제로부터 나올 수 있다는 것은 때론 가능하게 일어나지만, 거짓이 진실한 명제로부터 나오는 것은 결코 일어날 수 없는 것이다."

홉스에게는 사람들의 허튼 상식도 때로는 진리에 통할 수 있다는 것이 당연하다. 그것은 우연의, 그리고 극히 적은 확률로 일어날 수 있다. 그렇다고 과학이 대동강의 뱃놀이가 될 수는 없다. 과학은

---

9) Ibid, I, ch. 5; *De Corpore*, I, ch. 2.

10) *De Corpore*, I. ch. 3.

필연성의 추구이다. 과학이란 사실세계에서 일어나는 100%의 개연성을 단지 이성의 추리를 통해 밝히는 작업일 뿐이다. 그리고 여기서 추리의 논리적 적합성이 문제된다.11)

> "증명의 정의는, 곧 이름의 정의로부터 끌어내서 계속하여 마지막의 결론에 이르는 삼단논법 또는 일련의 삼단논법이 증명이다. 모든 진실한 추론은, 그 출발점을 진실한 원리에서 시작하는데, 과학을 생산해내며 진실한 증명[과정]이다."
>
> "삼단논법을 형성하는 것이 바로 소위 추론 혹은 논리적 사고이다."

과학을 얻어내는 데 동원하는 이성은 여기서 추론(ratiocination)을 도출하는 도구이다. 이성 그 자체는 헤겔처럼 세계정신의 한 단계적 모습이 아니라 추론에 사용되는 "계산기" 같은 것으로서 그 자체에 내용이 없는 도구일 뿐이다.12)

> "단어들이란 현자의 계산기이며, 그들은 이것을 가지고 계산한다. 그러나 단어들은 바보들의 돈덩어리이며, 마치 단어를 돈처럼 아리스토텔레스, 키케로, 토마스 등의 권위를 빌어 높이 평가한다."
>
> "인간이란 논리적으로 사유할 때 그는 다름아닌, 부분들의 추가에서 오는, 전체의 합계 혹은, 한 합계에서 다른 합계를 공제한 잔여의 합계를 상정하는 것이다 … 추가 또는 공제의 여지가 있는 경우에는 언제고 논리적 사고가 들어설 여지가 또한 있다. 그런 여지가 없을 경우에는 거기서 이성이 할 수 있는 것은 아무것도 없다."

홉스는 논리적 추론과정을 누구나 알 수 있도록 명징하게 하고 싶었다. 그 결과 그는 추론과정이 수반할 수 있는 복잡한 오류의 문제를 무시하고 이를 단순한 덧셈과 뺄셈의 관계로 단순화했다. 그

11) Ibid, I, ch. 6; *Elements of Law*, I, ch. 5.

12) *Leviathan*, I, ch. 4.; Ibid., I, ch. 5.

안에서 그는 마치 정치적 혼란을 종식시키기 위해서 절대권력의 도입과 그에의 복종 이외의 무슨 대안이 있겠는가 하는 식으로 올바른 명제는 너무나도 쉬운 추론과정을 거쳐 누구도 수용할 수 있는 과학적 결론을 가져온다고 독자를 설득하려고 했다.

홉스의 형식논리는 또 한번 단순화된 인과관계의 설명으로 이어진다. 곧 과학이란 아는 원인에서 무슨 결과가 나올 것인가를 곰곰 생각해보거나 일어난 결과를 놓고 무엇이 원인이었나를 규명해내는 작업이라고 보았다.[13)]

> "철학은 그들[사물]의 원인과 발생에 관한 우리의 지식으로부터 진실한 추론에 의해 우리가 얻게 되는 효과 또는 현상에 관한 지식이다. 그리고 똑같이 처음에 효과를 알고 있는 것으로부터 [규명해야 할] 원인이나 발생에 관한 지식이다."
>
> "철학연구에 있어 방법은 알려진 원인으로부터 결과를, 또는 알려진 결과로부터 원인을 찾아내는 최단의 길이다."
>
> "철학에는 두 가지 방법이 있다. 하나는 사물의 발생으로부터 가능한 효과를, 다른 하나는 사물의 효과 혹은 현상으로부터 같은 사물의 발생가능성을 [추구하는 것이다.]"

이처럼 홉스가 방법론에 있어 베이컨의 경험론적 관점에 머물지 않고 오히려 연역적인 방법의 중요성에 심취하면서 논리·사변적 관점에로 이동한 것은 그가 대륙의, 특히 데카르트의 방법론적 성과를 높이 평가한 데 있었다. 곧 데카르트는 자연을 역학을 가지고 설명할 수 있다고 생각했다. 같은 관점에서 갈릴레이는 수학적인 운동이론으로 그의 기계학을 고안해냈다. 신의 수학과 기하학을 우주에서 찾고 있던 케플러는 그 대신에 현상의 법칙(Gesetz des Geschehens)을 정리했다. 이러한 일련의 성과의 원천은 고전역학을 완성한 데카

---

13) *De Corpore*, I, ch. 1; Ibid., I, ch. 6; Ibid., ch. 25.

르트의 덕분이었으며, 그것은 뒤에 수학적 사고를 동원한 칸트의 행성발견에 이어진다. 또한 수학의 전환점을 이룬 것도 데카르트였다. 데카르트는 자신의 변량(變量)이론을 완성했다. "그것에 의해 운동이, 그것에 의해 수학에서의 변증법이 또한 그것에 의해 곧장 필연적으로 미적분학이 등장한다. 미적분학은 곧 시작되어 뉴턴과 라이프니츠에 의해 거의 완성된다"[14]고 마르크스는 썼다. 그것은 유물론적 관점에 서서 자연에 대한 사변의 성과이었다. 곧 17세기는 경험을 통한 지식의 종합이라는 베이컨의 귀납적 사고보다는 데모크리토스-플라톤주의의 승리를 의미했다. 운동의 수학적 이론, 갈릴레이의 기계론적 물리학, 그리고 거기서 논의하는 홉스의 사회철학이론은 이처럼 사변적 노력의 귀결이었다.

홉스는 갈릴레이가 사용한 분해·조합적 방법을 채택하여 정치사회의 분석에서 이를 적용하려고 들었다. 인간의 신체마저도 분해·조합적 방법의 대상이 됨은 물론이다.[15]

> "지식의 최초의 시작은 감각과 상상의 환영이며 이러한 환영의 존재를 우리는 자연에서 잘 알고 있다. 그러나 왜 이러한 환영들이 존재하며 어떤 원인에서 진행하게 되는가를 알아내는 것은 추론이다. 추론은 (이미 제 2 구절에서 언급한 것처럼) 조합과 분할 혹은 분해로 구성된다. 우리가 사물의 원인을 알아내는데는 조합적이거나 분해적인 혹은 일부는 조합적이고 그리고 일부는 분해적인 방법 이외의 방법은 없다. 분해적인 방법은 보통 분석적인 방법으로, 조합적인 방법이 종합적 방법으로 불리우는 것처럼, 불리운다."

홉스의 "분해·조합적"(resolutive-compositive) 방법은 대상으로서 사물에 대한 유물론적, 기계론적 접근이다. 그것은 방법론상 축

---

14) Marx · Engels, *Werke*, vol. 20, S. 564.
15) Op. cit., I, ch. 6.

소주의(reductionism)의 오류를 가지고 있다고 오늘날 지적될 수도 있다. 어떻든 인체를 시계에 비유하여 부분들로 분해하고 다시 조합하는 "분해수리"의 주문이 통용될 수 있는 듯 말하고 있는 이면에는 부분의 전체 혹은 어느 한 부분의 기능에 맡겨져 있는 정신·혼의 문제를 제거하는 것이다. 그러나 홉스는 17세기의 신철학의 조류를 따라 사고하였기 때문에 사물의 인식에 개입하는 여러 복잡한 문제를 무시하였다. 그는 오직 논리적 연관, 즉 단어의 어의 그리고 엄격한 추리 — 정확한 계산 — 그리고 그에 따른 결론을 중요시했다. 홉스의 이론이 당시 세간의 적대감을 불러일으킨 것은 논리에 대한 그의 학문적 신념 때문이다. 그는 어떤 유형의 논리적 타협, 곧 상식의 판단을 진리아닌 거짓으로, 따라서 과학자가 거부해야 할 첫번째 의무로 보았던 것이다.[16]

> "사물의 진실과 거짓은 짐승에 있게 되는 경우가 아니다. 왜냐하면 진위는 명제와 언어에 부착되기 때문이다. 또한 짐승은 추론을 가지고 있지 않다. 하나의 반 진리를 다른 하나로 증대시키는 추론이야말로 인간에 고유한 것이다."
>
> "진실과 거짓은 언어의 속성이지 사물의 속성이 아니다."

곧 자연의 인식에서 우리는 별다른 문제가 없으며 문제는 오직 이를 해석하고 이해하는 데 있을 뿐이다. 그러나 불행히도 언어는 우리가 방황하도록 — 길잡이가 되는 동안 — 만들기 마련이다.[17]

> "인식의 다양한 맥락, 발음과 표현의 다양성에 의해 애매하지 않도록 될 수 있는 단어는 거의 없다. 이 명칭의 애매성 때문에 이들이 지시되고 있는 관념을 되찾기는 어렵게 된다."

---

16) *Elements of Law*, I, ch. 5; *Leviathan*, I, ch. 4.
17) *Elements of Law*, I, ch. 5.

> "그러나 언어는 불리한 점도 가지고 있다. 즉 동물 가운데 유일하게 인간은 이름의 보편적 의미 때문에 다른 기술과 마찬가지로 살아가는 기술에서 스스로 일반규칙을 만들어낸다. 인간만이 다양한 오류를 만들어내고 다른 인간들이 사용하도록 이 오류를 전파한다. 따라서 다른 동물들보다 더 광범하고 위험하게 잘못을 범하는 것이다."

곧 언어의 애매성은 단순한 이해능력 때문이 아니라 언어에 고유한 것일뿐만 아니라 인간의 편견과 야망에 의해서도 조절되고 있다. 그리고 인간은, 엄격한 학문적 진리의 교육이 없이는, 그것을 벗어날 수 없는 존재이다. 진리를 추구한다는 지식인도 예외가 아니다. 오히려 지식인이야말로 더 위험한 존재이다. 홉스는 지식인을 수학자(mathematici)와 독단론자(dogmatici)로 구분하고[18] 후자가 일상적 오류를 야기시키는 원인으로 잘못된 교육, 부정확한 논리에 서 있는 저술에 의존하거나 속된 언어의 수용에 돌리고 있다.[19]

> "인간의 세치 혀는 전쟁과 반란의 나팔이다. 페리클레스는 때론 그의 유려한 연설로 전체 그리스를 천둥치고 번갯불이 비추는 혼란 속에 빠뜨렸다고 알려졌다."

2. 홉스의 유물론: 물질과 운동

17세기는 과학계에서 유물론이 조류로 자리잡는 시기이다. 다른 그 시대의 유물론자들과 마찬가지로 홉스는 유물론자들의 세계관을 공유하였다. 즉 우주는 물질과 공간으로 구성되어 있으며 모든 존재하는 사물의 기초단위를 구성하는 물질 — 원자 — 은 파괴될 수 없

---

18) Ibid., I, ch. 13.
19) *De Cive*, ch. V, art. 5.

으며 통일되어 있다. 유물론의 일방적 관점에 서서 홉스는 의식, 영혼의 존재의 독자성을 부인, 곧 그것은 존재하지 않거나 존재인 물질에 부수적인 속성으로 이해하려고 했다. 이 세계를 물질의 운동으로 인식하고 관성의 법칙, 항성운동의 법칙, 작용과 반작용의 법칙을 발견했던 것은 데카르트, 코페르니쿠스, 갈릴레이, 케플러, 뉴턴 등이었으며 이들은 소위 '고전적 우주관'을 완성시켰다. 고전역학에 의존하여 "나에게 외연과 운동을 허용하라. 나는 이 [물질과 공간으로 가득한] 우주를 세우련다"고 데카르트는 호언했다. 17세기에 들어서면서 중세의 과학계를 지배해왔던 아리스토텔레스-프톨레마이오스(Ptolemaios)의 자연관이 무너지고 새로운 유물론적 우주관이 들어서는 분위기를 우리는 여기서 읽을 수 있다.

앞에서 우리는 홉스가 4차례나 유럽여행을 나갔으며 특히 학문의 중심이었던 파리에서 1640~51년의 기간 동안 체류하였다는 것을 말했다. 그는 시대의 과학관에 익숙했으며 그 형성에도 부분적으로 기여했다. 더욱 기억할 것은 그가 이 자연관을 자신의 사회철학에 확장하여 상당히 독자적이고 체계적으로 적용했다는 점이다. 그는 데카르트처럼 인간을 신체와 정신으로 나누고 있긴 하지만, 정신의 영역에서 일어나는 현상을 약간의 차이를 가지고 신체의 운동으로 축소해 설명함으로써 데카르트의 이원론에 반대하여 가상디, 메르센느에 동조하였다. 그에게 신체는 스스로 존재하는 물질이며 우리의 사유에 근거를 주는 존재였다.

홉스는 모든 사물의 근저에는 물질이 존재하며 이 물질의 단위는 미립자라고 말했다. 그에게 물질의 운동이란 이들 미립자의 운동이었다. 그는 물질 그 자체를 설명하는 대신에 "자연"이라 부르고 있다. 곧 그는 물질과 이의 운동공간을 가리켜 자연이라 부르고 이 우주의 밖에는 어떤 존재도 없는 환영이 있을 뿐이라고

이해했다.[20)]

> “그들 [사물의 구체성]은 오직 하나의 원인, 곧 운동을 가지고 있다. 온갖 [사물의] 다양한 형태는 이들이 취하고 있는 형태를 운동의 다양성에서 가져오기 때문이다. 그리고 운동은 운동 이외의 다른 원인을 가진 것으로 이해될 수는 없다. 우리가 색깔, 음향, 맛 등 감각을 통해 지각하는 사물의 다양성을 부분적으로 사물에 존재하면서 우리의 감각에 작용하는, — 그리고 추론 없이는 어떤 종류의 것인지 알 수 없는 어떤 유형의 운동의 분명한 방식으로, — 부분적으로 우리 자신에 존재하는, 운동 이외의 다른 원인을 가지고 있지 않다.”

운동은 공간과 시간을 필요로 한다. 그러나 운동은 물질 그 자체의 변화이다. 환언하면 사물에 일어나는 모든 변화는 바로 운동에서 나오며 운동은 사물간의 관계를 변화시킬 뿐만 아니라 사물 자체의 변화를 규정한다.[21)]

> “사물이 정지하고 있을 때 다른 어떤 것이 사물을 자극하지 않는 한, 사물은 지속적으로 정지하고 있다는 것은 누구도 의문하지 않는 진실이다. 사물이 운동중에 있을 때 다른 어떤 것이 멈추게 하지 않는 한 비록 그 논리[즉 어떤 사물도 스스로 변화할 수 없다는 것]는 동일하지만 사물이 영원히 운동중에 있을 것이란 사실은 쉽게 동의되지 않고 있다.”

홉스가 갈릴레이의 관성의 법칙을 따라 설명하고 있는 것은 분명하다. 그에게는 물질의 속성이 운동이며 정지마저도 상대적인 운동이라는 사실은 알려져 있지 않다. 그는 사물을 보고 있으나 그의 시력은 사물의 기저를 이루고 있는 물질의 현실세계에 도달하지는

---

20) *De Corpore*, I, ch. 6.
21) *Leviathan*, I, ch. 2.

못한다. 그가 「국가론」에서 인간은 국가를 구성하는 질료(matter)로 보았던 것은 자연과학적 물질의 개념을 그의 사회이론에 적용하는데 필요한 유물론적 메타포의 유용성을 넘어서는 시도이었다.[22]

> "[사물의] 모든 변형은 운동에 있다."
> "모든 변형은 운동이다. 이 명제가 진실이므로, 변형이란 변화된 물체의 부분이 운동을 겪었다는 것 이외의 다른 것일 수 없다. … 운동이나 변화는 정지에 의해 원인이 될 수 없는 이상, 정지는 사물의 원인일 수 없으며 어떤 활동도 그로부터 나올 수 없다는 사실이 따라온다."

물체는 인간의식에 독립하여 존재하며 그것은 공간과 시간에 관계하면서 운동하고 있다. 즉 물체의 기저에 있는 물질은 비파괴적이며 운동을 통해 물체에 변화를 야기시킨다. 물체가 존재하기 위해서는 공간이 필요할 뿐 아니라 시간이 필요하다. 즉 물체의 변화는 운동이 차지하는 공간과 시간을 가리키고 있다. 물체는 변화하지만 물질은 영원하기 때문에 물질 자체는 초시간적인 존재라 할 수 있다. 이러한 논리적 사고의 연속 아래, 홉스는 물질은 운동을 통해서 그 존재형식을 알고 있기 때문에, 운동은 물질의 속성, 다른 말로 표현해서, 운동의 존재양식이라고 결론짓는다.[23]

> "[사물은 공간의 일부를 전충(塡充)하므로], 이것[사물]은 자신의 외면을 가지는 물체라 불린다. 그것은 우리의 사유에 의존하지 않기 때문에 우리는 사물이 스스로 보존한다고, 그리고 또한 우리의 밖에 있기 때문에 존재한다고 말한다.… 따라서 물체의 정의는 곧, 물체는 우리의 사유에 의존하지 않으며 공간의 어떤 부분에 있는 혹은 전충하는 존재이다."

22) *De Corpore*, I, ch. 6; Ibid., I, ch. 9.
23) Ibid., I, ch. 8.

홉스는 자연의 연구를 물질의 운동을 다양한 측면에서 접근하는 과학의 분과로 나누었으며, 기존의 수학, 기하학, 물리학 그리고 이 원리를 확대하여 적용한 윤리철학을 그 속에 포함시키고 있다. 거기에는 자연과학과 사회과학의, 나아가 윤리학의 차이란 단지 운동영역의 분류에 따른 것 이외의 아무것도 아니라는 확신이 담겨 있다.[24)]

> "물리학 이후에 우리는 윤리철학에로 넘어가며, 거기서 우리는 정신의 운동, 즉 욕망, 혐오, 사랑, 자비, 희망, 공포, 분노, 경쟁, 질투 등이 무슨 원인을 가지고 있으며 무엇에 의해 원인으로 되는가를 고찰하려고 한다. 그리고 이들이 물리학 이후에 고려되는 이유는 이들이 물리학적 응시의 주제인 감각과 상상에 그 원인을 가지고 있기 때문이다."

자연과학적 운동의 법칙을 사회철학에 적용하면서 홉스는 실로 자신을 사회사상의 출발점으로 보았다. 그는 신과학의 방법을 사회이론에 도입하고 적용한 첫번째 사상가로서 자부심을 느꼈다. 역사에서 그 누구도 표현할 수 없는 방식으로 그는 사회과학이 자기자신에게서 시작했다고 선언했다.[25)]

> "자연철학은 그러므로 아직 어립니다. 그러나 사회철학은 훨씬 더 어리며, 나의 책, *De Cive*보다 더 오래되지 않습니다(나는 나의 반대자들이 나에게 거의 영향을 끼친 바 없다는 사실을 알게 하려고 도발적으로 이렇게 말합니다)."

---

24) Ibid., I, ch. 6.

25) "Epistle Dedicatory, to the William, Earl of Devonshire"(1655), in *De Corpore* [Element of Philosophy concerning Body](in Latin), William Molesworth ed. *The English Works of Thomas Hobbes*, in 11 vols, (London: John Bohn, 1839~1845), vol. I, ix.

추상적인 수와 양을 다루는 수학과 기하학에 이어, 그는 물리학을 자연의 인과관계를 규명하는 과학으로 한정한다. 그는 말한다. "수학은 (기하학 및 대수학처럼) 추상의 수준에서 양을 다루는 순수 과학이므로 주제의 작업이 사실에 관한 지식을 요구하지 않는다." 그러나 자연을 주제로 하는 물리학은 다르다.[26)]

> "다른 한편 자연적 산물의 원인은 우리의 힘의 범위에 들어있지 않고 신의 의지에 들어있기에 그리고 이들 중 대부분은 대기(ether)로서 불가시적(不可視的)이므로 이를 보지 못하는 우리는 사물의 원인에서 성질을 연역해 낼 수 없다. 물론 우리가 보는 성질들의 결과를 가능한 한 연역해 가지고 이러이러한 것이 이들의 원인일 수 있다고 증명할 수 있다. 이러한 유형의 증명은 사후적(a posteriori)이며 이 과학이 물리학이다."

신, 정신, 환영 등은 자연의 영역 안에 존재를 갖지 않는다. 홉스의 유물론은 이들에 대해 상이한 메타포를 사용하며 논의하고 있지만, 최종적으로는 과학의 영역 밖으로 내보내고 있다. 즉 이들은 믿음의 영역에 속할 뿐이다. 홉스의 사상이 무신론적이라고 비판했던 당시의 상황을 고려할 때 이러한 박해의 위협 아래 놓여있는 그로서는 매우 신중하게 최대의 예우를 다해 신의 문제의 취급에 투자하고 있는 것과 그의 과학적 태도와는 모순적이라기보다는 무관계한 것이라고 하겠다.

홉스는 "전능한 신은 불가해한 만큼" "신이 존재한다는 것" 이외에는 아무것도 알 수 없다고 단언한다. 그러면서도 그는 신이 "모든 권력 가운데 첫번째 권력이며 모든 원인 중 첫번째 원인"이며, "영원성, 불가해성, 전능성을 의미"한다고 한다. 그러나 전능한 신은

---

26) *De Cive*, ch. X, art. 4.

성서에서 이름이 불려지고 있을 뿐 그 이외에는 그를 이해할 아무것도 없기 때문에 "성서가 신의 말씀이라는 우리의 지식은 단지 신앙이라는 사실에서 나온다"고 문제의 핵심을 비껴가면서 신의 존재의 과학성을 부인한다.[27)]

또한 "철학의 임무는 물체의 발생에서 물체의 속성을, 혹은 물체의 속성에서 이의 발생을 찾아내는 것이므로, 발생과 속성이 없는 곳에서 철학이 있을 수 없다. 그러므로 철학은 신학을 배제한다"고 그는 잘라 말한다.[28)] 우리가 뒤에 보듯이 그의 사회철학에 나오는 신법, 자연법 논의의 함의는 이러한 맥락에서 신에 대한 그의 지극한 외경과 예우에도 불구하고 그가 이를 취급할 논의의 독립적 지위를 조심스럽게 배제하고 있는데서 보다 명백해지고 있다.

우리는 다음 부분에서 홉스가 정신과 환영을 어떻게 취급하는가를 보다 자세하게 살피게 될 것이다. 그러나 여기서는 유물론자로서 물질의 객관적 존재성을 인정하면서 동시에 그에 대한 우리의 지식이 결코 자연 그 자체를 구성하지 않는다는 그의 관점을 일단 지적하는 것으로 충분할 것이다. 그의 관점은 유물론적 신념과 인식의 성격을 구분하는 것을 전제로 하고 있다.[29)]

> "모든 사물은 이 세계에 여전히 존재하고 있으면서도 우리의 그에 대한 측량은 [사물존재 그 자체가 아닌] 우리 자신이 만든 환영에 불과하다."

인식론적으로 볼 때, 우리는 사물에 대한 우리의 관념을 가지고 마치 그것이 사물존재 그 자체인 양 산정하는 오류에 빠질 수 있다

27) *De Cive*, I, ch. II, art. 2.
28) *De Corpore*, I, ch. 1(p. 29).
29) Ibid., I, ch. 7, art. 1.

는 것이다. 당시의 유물론자들이 중세신학과 일정한 단절을 이루면서도 여전히 신과학의 현저한 업적을 중세신학의 원리에 접목시켰던 것처럼, 홉스의 사상에서도 이러한 부분이 그러나 잔해처럼 남아 있었다. 확실히, 홉스는 그의 유물론에서 스콜라철학의 유령을 오직 잔해로 처리했던 것이다.

3. 정념과 이의 운동

물체와 이의 운동에 관한 홉스의 주장은 동물과 인간의 자연세계에로 확장되어 적용된다. 그는 동물과 인간 사이의 근본적인 차이를 부인하고 인간을 정념의 운동체로 규정하고 있다. 환언하면, 인간이란 정념의 운동에 따라 움직이는 수동적 존재에 불과하다.

정념이란 무엇인가? 홉스에 의하면, 정념이란 외부세계와 관계하면서 감각을 통해 인간이 내부에서 일으키는 욕구에 다름 아니다. 정념은 쾌락과 고통의 효과를 수반하는 데 따라 — 혹은 이를 기대하는 데 따라 — 욕망(appetite)과 혐오(aversion)로 나뉜다. 그것은 대상에 대한 감관의 작용이 뇌에 미치는 반응과정에서 나타난다. 감관은 대상이 쾌락과 고통의 저울 속에서 — 과거의 기억의 도움을 받아 — 어느 쪽으로 움직이는가에 따라 그의 혈관 속의 피가 심장으로 이동 혹은 감관에서 뇌로 이동을 하면서 욕망 혹은 혐오의 정도가 결정된다.[30]

> "만약 중대한 운동이 감각에 의해 만들어진 운동에 의해 촉진된다면 기관의 부분들은 신경의 도움으로 그 운동의 보존과 강화에 기여하는 방식으로 정신을 인도하려고 들 것이다. 동물운동 가운데

30) *De Corpore*, ch. 25, art. 12.

> 이것은 첫번째 역소(力素; endeavour)이며 심지어는 태아상태에서 도 발견된다. 이 첫번째의 역소는, 우리가 경험에 의해 알고 있는 즐거운 사물들에 향해져 있을 때, 욕망(appetite)이라고 불리우며 곧 접근해가는 것이며, 첫번째 역소가 문제되는 대상을 피하려 할 때 혐오(aversion)라고 불리우며 난처한 일로부터 도망가는 것이다."

그의 정념이론은 윤리문제도 이 운동의 규칙에 따라 정리해버린다. 인간이 선과 악이라 규정하는 윤리적, 원리적 문제란 실로 쾌락·고통의 계산대 위에 놓인 눈금보기에 다름 아니다. 쾌락과 고통은 그 자체로 존재하는 것이 아니라 인간 — 자연상태와 사회에서 각각 — 자신의 보존과 안락을 기준으로 측정되는 것이므로 그에 따라 선과 악이 나오는 것이다. 자기의 보존과 안락에 기여하면 인간은 이를 선으로, 그리고 그 반대의 경우에는 악으로 인식하는 것은 당연하다.[31)]

> "인간이 욕망이나 욕구를 가지는 대상은 무엇이거나 그의 편에서 선(good)이라 부른다. 그리고 인간의 증오와 혐오의 대상은 악(evil)이라 부른다. 그리고 그의 경멸의 대상은 사소한(vile) 혹은 무시해도 되는 것이 된다."

홉스에게 역소(conatus)는 체내에서 — 뇌의 속에서 혹은 혈관 속에서 — 작용하는 극히 미세한 입자(particle)이다. 인체의 감관에 대한 반응은 촉진 혹은 저항의 방식으로 하나의 미립자가 바로 옆에 있는 미립자에 충격을 주어 운동상태에 들어가게 된다. 유기체의 내부적 운동을 일으키는 것은 외계에 대한 감관의 작용이다. 그것은 보존의 절박한 욕구와 관계하여 전략적(vital) 운동이 된다. 이때 내

---

31) *Leviathan*, I, ch. 6.

부적 운동의 속도와 강도가 질적으로 강화될 것이다. 홉스는 유기체 내부의 운동을 체내의 미립자의 운동으로 이해함으로써 기계론적 역학이론의 연장선상에 서 있다. 자연의 세계에서 동물과 인간은 구별없이 모두가 대상과의 관계에서 자신의 보존을 기준으로 선과 악을 판단한다는 점에서 차이가 발견되지 않는다. 유기체는 대상을 감관을 통해 인식하면서 자기의 보존과의 관계에서 치밀한 계산에 들어간다. 숙고의 각 단계에서 유기체는 자신의 보존에 이익이 되는가의 정도에 따라 그의 경험이 알려준 모든 가능성을 검토하기 때문이다. 우리가 흔히 "자유의지"라고 부르는 우리의 선택은 사실 근거가 없으며, 곧 자유의지의 문제는 여기서 예외가 되는 것이 아니다.[32]

> "의지하고 의지하지 않는 자유는 인간에게 다른 생명체보다 더 큰 것이 아니다. 왜냐하면 욕망이 있는 곳에서는 욕망의 완전한 원인이 진행한다. 그 결과로 욕망의 행위는 선택이 아니라 따르는 것이며, 말하자면 (제 9 장 5구절에서 제시된 것처럼) 필연적으로 추수한다. 그러므로 필연으로부터 자유로운 자유란 인간이나 짐승의 의지에서 발견되지 않는다."

한마디로 인간은 동물과 마찬가지로 초자연적인 힘이나 생래관념의 영향을 받지 않는다. 일반적인 인간이나 동물과 다른 행동을 하는 인간이 있다면 그는 잘못된 교의 혹은 환상을 가지고 자신의 판단을 흐리고 있기 때문에 거기서 그의 욕망의 메커니즘은 자연과 다르게 굴절되어 있다. 일반적으로, 동물과 인간은 자연의 경험세계에서 자신의 감각을 통해 욕망의 메커니즘을 작동한다. 그리고 인간의 정념은 모두가 거의 비슷하다고 홉스는 보고 있다. 자연세계가

---

32) *De Corpore*, ch. 25, art. 13.

주는 평등의 조건에 의해 욕망의 동일성이 보장된다고 홉스는 그 논거를 제시한다.[33)]

> "정신의 운동의 원인들은 추론에 의해서뿐만 아니라 자기 자신 안에서 진행되는 운동을 관찰하는 수고를 마다않는 모든 사람의 경험에 의해서도 알려져 있다."
>
> "나는 정념의 유사성, 즉 모든 인간에게 욕구, 공포, 희망 등에서 동일하다는 것을 말한다. 그것은 욕구되고, 두려워하고, 희망하는 등 정념의 대상의 유사성을 말하는 것이 아니다."

이미 언급한 것처럼 인간의 정념은 비슷하지만, 특히 사회에서 인간은 문화와 환경의 차이에 따라 상이한 관념과 논리를 획득하고 따라서 자신의 욕망 메커니즘을 평균으로부터 일정정도 편차를 가지고 작동할 수 있다. 더구나 인간의 정념은 부정확한 기억과 있지 않은 환영에 의해 현실로부터 상당히 왜곡될 개연성이 있다. 홉스는 이러한 상태를 가정하여 예컨대 인간의 기억이 희미해지면서 환영이 부착된다고 말하고 있기도 하다. 또한 환상(fancies)도 일어난다. 실로 신, 꿈, 미래에 대한 명상은 우리 모두가 겪는 환영들이며 이들이 자연세계에서 혼란을 조성하는 요소가 되고 있다고 그는 지적한다. 그러나 대체로 자연상태하에서 인간의 정념은 평등한 조건하에서 비슷하다고 할 수 있으며 이러한 정념의 편차문제는 오직 사회하에서 고려될 수 있을 뿐이다.

홉스는 또한 정념의 대상과 정념 그 자체를 구분하고 있으며 정념의 동일성을 논의하고 있다. 그러나 정념의 현실화 — 곧 지속적인 가능성이 없다면 정념은 일회성의 존재만이 인정될 것이므로 그것은 착오된 정념일 뿐이다 — 는 대상과의 관계에서 일어난다는

---

33) Ibid., I, ch. 6, art. 7; *Leviathan*, "The Introduction."

점에서 사회 내에 사실상의 평등—사회경제적 평등이 아닌 허울좋은 추상적인, 법앞의 평등과 구별된—이 없다면, 곧 평등의 생존조건이 없는 사회에서 모든 인간의 정념이 동일하다는 가정은 위험한 모순을 안고 있다. 따라서 인간의 정념은 평등의 조건이 확보된 곳에서만 동일성이 전제될 수 있다.

그러나 다행히도 자연상태하에서 인간의 조건은 소극적으로 평등하다. 그들은 빈곤의 평등하에 있다. 그리고 그들의 힘과 지혜는 거의 개발되지 않아 평등하며 "심지어는 가장 약한 자가 가장 강한 자를 죽일 수" 있을 만큼 평등한 상태에 놓여있다. 자연적 평등은 전쟁상태를 필연코 유발한다. "그들은 평등한 자이며, 서로 간에 동등한 일을 할 수 있다."[34]

자연상태하에서 인간의 욕구는 자연권의 행사로 나타난다. 인간의 자연권은 동물과 마찬가지로 누구에게나 허용되는 생존의 수단이다. 누구나 모든 것에 대하여 권리를 가지고 있는 것이 바로 자연권이며, 이러한 자연권을 모두가 행사하는 것이 자연상태의 평등이다.[35]

> "인간이 목적에 대한 권리를 가지고 있으면서도 필요한 수단에 대한 권리가 부인된다면 헛된 것이겠기에, 다음과 같은 결론이 따라온다. 즉 모든 사람은 자기를 보존할 권리를 가지고 있는 이상, 그는 모든 수단을 사용할 권리와, 그것 없이는 자신을 보존할 수 없는 모든 행위를 할 권리가 또한 허용되어야 한다." "그러므로 자연권의 첫번째 기초는 곧 누구나 자기 자신에게 자기의 생명과 구성원을 보호할 노력의 정도가 인정된다."

그런데 홉스는 인간은 동물처럼 대상과의 관계에서 피동인

34) *De Cive*, ch. I, art. 3.
35) Ibid., ch. I, arts. 7, 8.

(patient)이며 대상이 바로 적극적인 동인(動因; agent)이라는 점을 분명히 하고 있다. 곧 인간이 동인이 되는 경우는 상대편의 대상이 되어 그의 욕망과 혐오의 존재가 되었을 때 뿐이다. 인간세계의 대립은 그들 사이의 무제한적인 욕구의 충돌에서 기인한 측면도 있겠지만, 외적 세계의 자원희소성 혹은 욕구의 충족수단의 인위적인 확대에서 지속적이게 된다고 할 수 있다. 곧 사회문제의 해결책이 인간의 개조보다는 사회의 평등조건 확보에 있다는 논리가 여기서 유추될 수도 있는 것이다. 물론 뒤에 보는 것처럼 홉스는 평등을 주권자 앞의 절대복종의 평등에서, 곧 정치적 평등의 문제로 환언하여 사회문제에 대한 정치적 해결을 기대하고 있다. 또한 자원의 희소성의 문제는 욕구의 억제나 문명에서 생산력의 확장 등에서 해결책이 제시될 수도 있겠지만, 홉스는 오히려 인구증가에 따른 식민지의 개척에서 찾는 등 인간 사이의 갈등을 힘의 문제로 해결하는 것을 추구하기도 한다.

결국 홉스는 인간정념의 동일성만을 전제한 채 자연상태하의 인간이 전쟁관계로 돌입할 필연성과 그에 따른 피해와 공포만을 주로 논의하고 있다. 그에 의하면 중요한 점은 자연상태하에서 전쟁상태가 가져오는 필연적인 귀착점은 인간의 공동적 공포이다. 공동의 공포야말로 자연상태하에서 얻어낼 수 없는 평화의 조건, 곧 자연법을 희구하게 되는 주요근거이다. 자연상태를 탈출하려는 인간의 최대욕구 — 왜냐하면 이 상태하에서 인간은 폭력적인 죽음이라는 최악을 피해야 하므로 — 를 충족시키기 위해서 인간은 "공통의 권력"을 세우기로 합의하면서 실정법이 자연법을 대신하여 평화를 가져다 준다. 사회계약과 그 결과 탄생한 주권자의 절대권력을 이의 과정과 보장수단으로 하는 것은 물론이며, 우리는 뒤에 살펴볼 것이다.

사회계약에 의해 성립한 시민사회에서 선악의 기준은 이제 법을 정하는 주권자의 판단에서 나오게 된다. 환언하면 시민은 주권자의 명령에 따라 자신의 행위 여부가 정당하고 부당한 행위가 된다. 여기에 두 가지 질문이 있게 된다. 자연상태의 정념은 시민사회로 넘어오면서 전혀 변하지 않고 오히려 특정부분에 관하여 충족수단의 확대를 통해 확장하였는데, 홉스의 유물론적 인간관이 공리주의적인 법에 의해 정념의 수정 혹은 해결이 가능한 것인가? 둘째, 국가사회는 자연상태보다 더 지구적인가, 곧 인간의 정념에 더 충실한 것인가? 우리는 홉스의 국가이론의 논의에서 이에 관해 어느 정도의 답변을 얻어낼 수 있을 것이다.

제 3 절 홉스의 국가이론

1. "자연상태"의 이론

게텔은 그의 유명한 「정치사상사」에서 홉스의 이론을 기계론적 유물론(일원론), 정념의 기제로서 인간, 사회평화의 수단으로서 국가를 다루는 3부로 구성했으며 이 3부에는 *De Corpore, De Homine, De Cive*가 각각 해당한다고 말했다. 우리는 지금부터 그의 국가이론을 다루려고 하며 그것은 먼저 "자연상태"에 관한 논의에서 출발할 것이다. 인류의 한 시기로서 자연상태에 관한 주장은 홉스 이전에도 종종 사용되어왔다. 그러나 홉스에 이르면서 이 용어는 하나의 이론개념으로 상승한다. 자연상태를 자신의 이론의 핵심적 요소로서, 즉 그의 국가이론의 필수전제로서 이론화한 최초의 사상가는 홉스였다. 그는 자연상태의 풍부함과 부족함을 논의하면서 국가도입의 필연성을 이 상태의 묘사에서 도출하였다.

홉스는 자연상태를 "인류의 자연적 조건"이라고 부르기도 하지만, 그의 시대에 시민사회에서 자행되는 약탈적이고 혼란스러운 상황을 외삽적으로 대입해 묘사하고 있다. 국가권력이 이러한 상황에 효율적으로 대처할 수 없을 때 자연상태에 유사한 상황이 거기서 지속된다고 할 수 있다. 그것은 마치 보댕이 온정국가에 못미치는 불안정한 질서를 가지고 있는 사회에 적용될 수 있는 개념으로서 완전한 국가에 대한 대개념(對概念)이라고 하겠다.

자연상태는 역사적으로 그리고 인류학적으로 접근된다. 원시사회에서는 국가도, 문화도, 부도 있을 수 없다. 원시사회에 부족한 것은 사회적 안전을 보장할 질서만이 아니다. 거기에는 국가도, 경찰도, 무력부대도 없었지만 나름대로의 자기의 사회질서는 있었을 것이다. 그러나 홉스는 현대적 관점에서 그러한 가능성을 부인하고 이 사회를 질서 아닌 전쟁으로 특징지운다.[36]

> "사회에 들어가기 전에 인간의 자연적 상태는 단순히 전쟁이었으며, 그것은 전쟁이었을 뿐 아니라 모든 사람의 모든 사람에 대한 전쟁이었다."
>
> "인간의 욕망과 그들의 정념은 바로 서로 간에 항상 전쟁을 하는 그런 상태였다."
>
> "인간 모두를 두렵게 하는 공동권력이 없이 사는 시기에 인간은 전쟁이라 부르는 조건하에 놓여 있었다. 그러한 조건은 만인의 만인에 대한 전쟁이다. 왜냐하면 전쟁이란 전투에만, 혹은 싸우는 행위에만 존재하는 것이 아니라, 일련의 시간 속에서 전투를 하려는 의지가 충분히 알려져 있을 때 있게 되는 것이다."

자연상태하에 인간은 자기의 보존과 확장을 위해 스스로의 기준에 따라 최선의 행동을 하게 된다. 왜냐하면 인간은 다른 동물과

---

36) *De Cive*, ch. 1, art. 12; *De Corpore*, VI, 7; *Leviathan*, I, ch. 13.

마찬가지로 살아있는 동안 정념이 작동하는 기계처럼 필연의 법칙에 따라 운동하는 존재이기 때문이다. 자연상태하에서 인간은 어느 누구의 정당한 재제도 받지 않고 자신의 자연권을 행사한다. 한 개인의 자연권은 다른 개인의 자연권에 의해 힘의 상황에서 제한될 수 있을 뿐이다. 그러므로 자연권이란 인간이 정념의 지시에 따라 행동할 자유이며 자연상태는 단지 이러한 권리를 제어할 유효한 도덕적, 사회적 기제도 없는 상태이다.[37]

> "저술가들이 흔히 jus naturale라 부르는 자연의 권리는 인간이 자기 자신의 자연을 보존하려고 자기의 힘을 사용할 권리이다. 말하자면 그의 생명의 보존과 결과적으로 그 자신의 판단과 이성으로 그에 적당한 수단으로 생각되는 어떤 것도 할 권리인 것이다."
>
> "인간의 조건은 (앞장에서 알려진 것처럼) 만인의 만인에 대한 전쟁이기 때문에, 그러한 경우 인간은 그 자신의 이성에 지배될 뿐 그의 적에 대항하여 자기의 생명을 보존하는 데 도움이 되는 어떤 것도 사용하지 못할 것이 없다. 그러한 조건하에서 모든 사람은 모든 사물에 대한 권리를, 심지어는 서로 간에 신체에 대한 권리를 가진다."
>
> "자연의 필연성은 그러한 정도로 인간의 복지(bonum sibi)를, 곧 자기에게 선한 것을 욕구하고 그에 대한 의지를 가지며 해로운 것을 피하게 만든다 … 인간이 자신의 신체와 사지(四肢)를 죽음과 고통에서 막을 수 있도록 모든 조치를 취하는 것은 이성에 어긋나지 않는다. 그리고 이성에 어긋나지 않는 것을 인간은 권리 혹은 jus라고 부르며, 우리의 자연적 힘과 능력을 사용할 비난될 수 없는 자유이다. 그러므로 어느 누구도 자신이 생명과 사지를 그가 가진 모든 힘을 다해서 보존하는 것은 자연의 권리이다."

홉스는 자연권의 이름 아래 타인이 신체를 포함해 모든 것에

37) *Leviathan*, I, ch. 14; Ibid.; *Elements of Law*, I, ch. 14, art. 6.

대하여 자신의 보존과 확장을 위해 필요하다면 자신의 힘을 행사할 권리로 규정하였기 때문에, 자연상태는 자기에게 유익한, 즉 선한 것이라면 타인을 살해하는 것도 거리낄 이유가 없다고 딱잡아 말하고 있다. 홉스의 이러한 주장은 논리적이기는 하나 독자들에게 동의하기를 주저하게 하는 정서적 혐오를 심는다.[38)]

> "만약 자연상태하에서 어느 누구나 만인의 만인에 대한 전쟁이라는 이유로 어느 누구나 자신의 선에 도움이 되는 듯 보이면 그때마다 자주 인간을 굴복시키고 나아가 살해하는 것은 정당하다."

모든 동물은 자연권을 거리낌없이 행사한다. 그리고 그들은 여전히 자연상태하에 놓여있다. 그러나 인간만이 자연상태를 벗어나 국가사회로 넘어오게 되는데 그렇게 할 필연성이 자연에 존재하는가? 이에 답하기 위해서는 먼저 자연상태하에서도 사회가 존재하는가, 그리고 동물과 유사한 정념의 운동을 하는 인간에게 유독 자연상태에 머무르는 것이 견딜 수 없을 만큼 느껴지는 원인은 무엇인가를 논의해볼 필요가 있다.

홉스는 동물에게도 사회가 있으며, 그들은 자연적 사회 속에 살고 있다고 단언한다. 곧 동물은 자연상태하에서 평화스럽게, 서로 협력하면서 상당히 안정된 기간 동안 지속적으로 이 사회를 유지하고 있는 것이 관찰된다.[39)]

> "어떤 비합리적인 생명체들은 그럼에도 불구하고 이들의 공동적 이익을 위하여 아주 질서있게 사회를 이루어 자기들 간에 반란과 전쟁이 없이 평화와 이익과 방어를 도모하면서 지속적으로 살아간다는 것을 경험으로 확실히 알고 있다 …"

---

38) *De Cive*, ch. VIII, art. 10.

39) *Elements of Law*, Part I, ch. 19, 5.

동물이 자연상태하에서 "아주 질서있게 사회를 이루어 … 평화와 이익과 방어를 도모하면서 지속적으로 살아간다"면, 왜 인간은 자연상태하에서 사회를 이루지 못하고 개체로 분해되어 각각 정념의 메커니즘의 자의적인 상호작용에 모든 것을 맡긴 채 전쟁상태에 머물게 되는가? 무엇보다 홉스는 인간이 자연상태하에서 가족으로 혹은 종족으로 살아간다는 사실을 무시하고 고립된 개인으로 존재하는 것으로 가정한 것이 눈에 띈다. 그것은 홉스에게는 원자적 개인들로 사회를 분해하여 각 개인의 분석을 끝낸 후 사회를 이의 종합에서 보려는 그의 방법론, 즉 기계론적 유물론의 관점이다.

동시에 이론상 공동권력이 존재하지 않는 상태가 자연상태라고 규정된다면, 국가가 존재하지 않은 채 있는 가족, 주인과 노예의 소사회, 사랑의 공동체 등 국가에 하위적인 자연집산체를 상정해 볼 수 있다. 이러한 자연집산체가 자연상태를 탈출한 이유는 무엇인가? 오히려 그러한 집체는 국가의 출현이 부담스러울 수밖에 없을 것이므로, 적극적으로는 자연상태를 유지하거나 사회계약을 통해 기득권을 보장받고자 할 것임이 틀림없다.

결국 홉스의 "자연상태"이론은 논리적으로 이행의 필연성을 담보하지 못한 채 단지 국가개념(특히 온정국가와 같은 완벽한 국가개념)에서 주권의 개념을 뺏을 때 나올 수 있는 상태를 개념화한 것에 불과하다. 비록 홉스가 이 개념을 역사적 사실을 묘사하는 데 동원한 경우가 있다 하더라도 이론개념으로서의 효용성은 이상과 같은 해석 속에서만 가능하다고 할 수 있다.[40]

그렇다면 주권이 없는 국가사회는 얼마나 비참한 것인가? 홉스

---

40) "만인의 만인에 대한 적이 되는 전쟁시기에 따라오는 것은 무엇이나, 인간이 자기 자신의 지력과 여기서 만들어낸 것들 이외에는 다른 안전책 없이 살아야 하는 곳에도 동일하게 적용된다." *Leviathan*, Bk. I, ch. 13.

는 자연인에게 말하는 것이 아니라 17세기의 영국인에게 향하여 말한다.[41]

> "그런 상태에서는 열심히 일할 가능성도 없다. 근면의 과실이 불확실하기 때문이다. 따라서 지구의 경작도 없다 … 지표에 대한 지식도, 시간의 계산도, 예술도, 학문도, 사회마저도 없다. 그리고 모든 것 가운데 최악인 것은 끊임없는 공포이며 폭력적인 죽음의 위협이다. [실로 거기에서] 인간의 삶이란 고독하고 빈약하고 불결하며 야만적이며 짧기 마련이다."

사회계약은 자연상태의 불이익을 모면하려고 맺은 주권자를 제외한 자연인들의 계약이다. 이 계약에 의해 그들은 자연권을 포기 또는 위임하고 대신에 평화를 얻어낸다. 사회계약은 국가의 성립, 곧 주권자를 세우는 것으로 그 역할을 다한다. 이후 주권자는 모든 신민의 정의를 결정할 권리를 보유하며 이를 실정법으로 제도화한다. 보댕의 이론이 완전히 부활되는 것은 바로 홉스의 주권이론에서이다.

그러나 여기에는 두 가지 문제가 떠오른다. 첫째, 동물사회와 달리 인간은 자연사회를 형성할 수 없는 부적절한 정념을 추가로 가지고 있는 것을 지적할 수 있다. 동물에게는 평화가 약속된 자연상태가 인간에게는 견딜 수 없는 비참한 상태가 되는 것은 인간일반의 정념이라기보다는 이러한 자연사회에 맞지 않는 어떤 부류의 인간의 정념은 아닌가 하는 의문이 일어난다. 홉스도 이 점에 유의했다.

즉 자연상태하에서 인간의 자연권행사는 자연적 욕구의 한계에 제한된다. 만약 거기에 이 한계를 거부하는 사람이 있다면 그들의 권리는 자연상태하에서 "침입자"에게 유보된 것이라 할 수 있다.[42]

---

41) Ibid.

42) Ibid.

그들이 자연질서의 교란자이며 자연상태로부터 사회로 이행을 강요하는 세력이 된다. 심리적으로 본다면, 세계에는 두 종류의 인간이 존재하며, 하나는 '허욕적이며 자기의 동료들보다 선행(先行)과 우위를 갈망하며,' 다른 하나는 '조심스러워하며 단지 자연의 평등을 추구한다.'[43]

영국의 내전을 관찰하면서 홉스는 평민들이 돈을 얻어내기 위해 혹은 약탈하기 위해 전쟁에 들어섰다고 비난한다. 그러면서도 그들이 또한 "정직하게 자기네들의 빵을 얻을 수 있는 수단을 찾을 수 없었다"는 점을 인정했다. 무언가 사회적 혼란의 원인이 보다 깊은 곳에 있었다는 의미이다. 결국 우리는 두 종류의 인간을 이야기할 수 있는가? 아니면 인성이란 어떤 특정의 조건하에서 필연코 대립과 우위를 지향하는 적극적 요소를 만들어내는 것인가 하는 문제에 부딪친다. 사회적 삶에 적합지 못한 인간을 일정하게 억제할 것인가? 아니면 반사회적인 적극요소의 등장을 배제할 수 있는 사회조건을 만들어야 하는가?

2. 홉스의 "자연법"

중세신학은 4개의 법질서를 상정하고 자연법을 인간의 법 위에, 그러나 신의 법 아래에 위치한 것으로 보고 있다. 그것은 신법과 함께 인간행위를 규제하는 상위의 도덕률이다. 홉스가 이러한 토마스 아퀴나스의 자연법을 어디까지 수용하였는가는 의문이다. 그러나 최소한 "자연법"의 존재를 인정한다.

홉스는 자연법의 구체적 내용을 여러 가지로 — 그리고 대체로

43) *De Corpore Politico*, Part I, ch. 1.

비슷한 항목으로 — 나열하고 있다. 예컨대 「법의 요소」(*Elements of Law*)에서는 15장에서 17장에 이르기까지 자연법의 내용을 항목별로 자세히 소개하고 있다. 「시민론」(*De Cive*)에서는 제 2 장에서 제 3 장 24절까지 자연법의 구체적 항목을 설명한다. 또 「국가론」(*Leviathan*)에서는 제 1 부 제14장부터 제15장에서 비슷한 설명을 보여준다.

자연법은 자연적 이성(natural reason)의 명제이다. 그것은 신법에 유래하거나 신법에 근거한 것이 아니다. 오히려 신법과 일치한다. 그것은 신법의 도덕적 내용 속에서 재확인된다.[44]

> "앞장들에서 언급한 법들은 자연법이라고 불리우는데, 그 이유는 이 법들이 자연적 이성의 명령이기 때문이다. 그리고 인간 상호간의 태도와 대화에 관한 것이기 때문에 또한 도덕법이다. 그런 것처럼 이 법들은 저자인 전능한 신에 관하여 본다면 또한 신법이기도 하다. 따라서 성서에서 표현된 신의 말씀에 합치하는, 혹은 최소한 거스르지 않는 것이어야 한다."
>
> "신법에 반대될 수 있는 자연적 이성의 법은 없다. 왜냐하면 전능한 신은 인간에게 이성을 주어 자기에게로 향하는 빛이 되게 하였기 때문이다."

그렇다고 자연법은 자연상태에 적용가능한 법은 아니다. 거기에는 자연법의 집행을 돕는 어떤 기제도 없다. 오히려 자연상태는 실제로 자연권이 무질서하게 활용되고 상호 충돌하는 상태에 있다. 법적 실효성을 보장받지 못한 자연법은 단지 인간의 내면에서만 비추이는 도덕률로 그치고 인간의 외적 행위영역에는 하등의 가치도 가지지 못한 채 무의 존재로 남아있다. 환언하면, 자연법은 그 법적 효력이 자연상태하에서는 정지된 채 존재할 뿐이다.[45]

---

44) *Elements of Law*, I, ch. 18, art. 1; Ibid., I, ah. 18. art. 12.

45) *Elements of Law*, I. ch. 17, art. 10.; *Leviathan*, I, ch. 15.

> "자연법의 강제력은 인간이 이에 복종하게 하는 보장책이 있게 될 때까지 외적인 면에서(in foro externo)가 아니라 언제나 내적인 면에서(in foro interno)만 있을 뿐이다. 그런 상태하에서 복종행위는 안전하지 못하므로 실행할 의지와 준비만으로써 실행한 것으로 간주된다."
>
> "자연법은 내면에 있어서 의무지운다. 말하자면 이 법들은 일어나야 할 욕구들을 구속한다. 그러나 외면에 있어서 곧 이 법들을 실행에 옮기는 데 있어서는 항상 의무지우는 것이 아니다."

위에 본 것처럼 자연상태하에서 자연법은 강제력을 갖지 못하기 때문에 법적 효력을 발휘하지 못하는 것은 자명하다. 그러한 한에서 자연법은 고유한 의미의 법이 아니다. 구속력이 없는 것은 법이 아니기 때문이다. 그렇다고 해서 자연법이란 아예 존재하지 않는다고 할 수는 없다. 그것은 알려져 있는 한 존재하며, 보장책이 마련되거나 혹은 때로 불필요한 상황하에서는 실행될 수도 있기 때문에 자연법은 단지 법으로서 완전한 효력을 가진 것이 아니라고 보는 것이 타당할 것이다. 환언하면, 그것은 하나의 도덕률이며 이의 유용성의 측면에서 설득력을 가질 수 있는 것이기도 하다.

자연법이 자연상태하에서 유효한 법이 아니라는 것은 이미 지적했다. 자연상태하의 행위유형이 처음으로 작동하는 시점에서 자연법은 요구되지도 고려되지도 않는다. 그러나 자연상태의 정상적 운영은 수많은 위반과 규범의 혼란이 축적되어 인간은 경험에 의해 더 이상의 자연상태 유지가 불편할 뿐 아니라 오히려 더 이상 용인될 수 없는, 생존의 최악조건이라는 인식에 도달하지 않을 수 없게 된다. 인간은 자신의 생명, 신체, 재산에 대한 보편적 불안이 현실화되면서 이 상태를 벗어나기 위해 자연법을, 평화의 근본적인 규칙을 받아들이는 것을 심각히 고려하지 않을 수 없을 것이라고 홉스는

보았다.[46)]

> "자연의 제 1 의 그리고 근본법은, 곧 평화가 얻어질 수 있는 곳에서는 평화가 추구될 것이며, 그렇지 않는 곳에서는 우리 스스로 전쟁의 도움을 받는 것이다."
>
> "평화를 얻을 희망이 다가오면 누구나 자신의 선을 위해 평화를 추구할 것을, 그리고 평화가 얻어질 수 없는 사람에 대항하여 자신의 방어를 위해 확보할 수 있는 모든 도움을 받아 자기를 강화해 놓고 이에 필연코 도움이 되는 모든 일을 할 것을 이성은 명령한다."

자연상태의 마지막에 이르면 평화를 선택할 것인가, 아니면 기존의 전쟁상태를 지속적으로 견딜 것인가를 결정할 시점이 온다고 홉스는 말한다. 만약 그들이 지속적으로 전쟁상태에 머물 것을 — 원하지 않지만 더 나은 대안이 없으므로 — 결정한다면 그들은 자연상태하에서 생존을 계속할 것이다. 그들은 자연권을 행사하면서 타인의 끊임없는 공포, 특히 폭력적인 죽음의 공포 속에서 이를 두려워하지 않고 고립된 개인의 존엄을 지킬 것이다. 그러나 만약 그들이 자연상태를 종식시키고 새로운 사회제도에 의해서 살고자 한다면 그들은 사회계약을 맺을 수 있다. 계약에 의해서 그는 자신의 자연권의 일부를 양도하면서 국가권력이 보장하는 사회질서를 얻게 된다. 전쟁상태를 끝내려는 이들의 열망은 자신의 생존에 가장 중요한 수단을 소외시키는 교환행위에 들어가는 것이다.[47)]

> "이 근본법으로부터 도출되는 자연법 중 하나는, 곧 누구나 모든 사물에 대해 가지고 있는 권리는 보유되어서는 안되며, 어떤 특정의 권리들이 양도 혹은 단념되어야 한다는 것이다."

46) *De Cive*, ch. II, art. 2; *Elements of Law*, I, ch. 4 art. 14,(vol. II, p. 16).
47) *De Cive*, ch. II, art. 3(vol. II, p. 17).

사회계약은 평화를 얻기 위한 조치이며 이때 자연인은 자신의 자연권을 일부 포기한다. 곧 평화는 양도된 자연권의 대가이다. 그런데 자연권은 포기되었지만 전쟁이 계속되는 상황이 있게 되면, 사람들은 무의미하게 자연권을 포기한 결과가 된다. 곧 자유로이 자신의 권리를 포기한 사람은 그 결과 아무런 이득을 얻어내지 못하거나 오히려 이로 인해 손해를 보는 일이 있어서는 안된다. 만약 그런 상황이라면 그는 더 이상 이를 받아들일 수는 없게 될 것이기 때문이다. 환언하면 이 교환행위는 인간이 "자신의 선을 위해" 양도한 이상 그 결과로 자신에게 불이익이 증가한다면 그것은 자연법[48]에 위반된다.

그렇다고 해서 이 억울한 사람들이 한번 성립한 사회계약을 제멋대로 무효라고 선언하면서 소란을 피우는 것은 허용되지 않는다. 홉스는 성립된 사회계약이 이처럼 파기되는 것은 물론 어떠한 근거에서도 무효화될 수 없음을 분명히 했다. 거기에 억울한 다수의 사람이 있다. 그러나 사회계약의 결과는 여전히 유효하며 새로운 질서는 이들을 구속한다.

시간이 어느 정도 흐르는 것이 해결책을 마련해준다. 일면 해소할 수 없는 국면에 부딪친 사람들에게 "세월이 약이다"는 옛말이 새삼 고맙게 느껴질 순간이다. 사회계약에 의해 성립된 국가는 시간이 지나면서 내부의 반란 혹은 외부의 정복에 의해서 소멸의 시기가 온다. 곧 반란에 대해서 국가 내의 법을 적용하여 진압을 시도하지만, 반란을 평정하고 혹은 국가가 전복되는 것은 힘의 관계이지 실정법의 영역이 아님을 홉스는 꿰뚫어 보고 있다.[49] 정복의 경우, 모든 신민이 자연권을 회복하는 것은 물론이다.

---

48) *Elements of Law*, p. 84.

49) *De Cive*, ch. XIV, 22.

문제는 사회계약의 범위이다. 계약은 자연권의 일부를 양도·포기하는 약속이며 따라서 일정한 한계를 넘어설 수 없는 성질을 가지고 있는 것이다. 비록 문서화되고 혹은 본인의 서명이 들어갔다고 해서 계약의 내용이 양도할 수 없는 권리를 포기한다고 따라서 계약이 이 양도·포기행위에 효력을 발한다고 할 수는 없다.

> "어느 누구도 어떤 유형의 계약에 의해서도 자신을 죽이거나 상해하거나 혹은 다른 방식으로 자기 신체에 해를 끼치려는 사람에게 저항하지 않을 의무를 지울 수 없다."
>
> "동일한 방식으로 어느 누구도 어떤 유형의 계약에 의해서도 자기 자신이나 자기 자신에게 비참한 삶을 확실히 만들어버릴 피해를 낳을 다른 사람을 비난하도록 구속할 수 없다. 그렇기 때문에 아버지는 아들[의 이해]에 반대되는, 또는 남편은 그의 아내[의 이해]에 반대되는 증언을 할 의무가 없으며, …"

양도할 수 없는 권리에는 어떤 것이 있는가? 신체에 대한 자연권, 나아가 자신의 명예에 손상을 빚을 행동을 거부할 권리에 덧붙여, 홉스는 생존에 필요한 노동권 등을 양도할 수 없는 권리로 인정하고 있다. 따라서 이 경우 약속했다고 해서 계약당사자는 당연히 지킬 의무가 없으며, 보다 정확히는 무효인 계약으로부터 의무는 발생하지 않는다. 그럼에도 불구하고 만약 누군가 이러한 약속을 이행하도록 강요된다면, 거기에는 더 이상의 계약관계에 따른 의무가 아닌 힘의 강제가 있을 뿐이며 그는 자연권을 행사할 것이 기대된다. 이러한 측면의 연장 속에서 홉스의 저항권이 신체·생명에 대한 자연권으로 인정되고 있다.

국가권력이 자연법의 효력을 보장할 수 있을 때 자연법은 비로소 법으로서 실효성을 인정받게 된다. 그러나 자연법의 내용은 그 자체로서 법적 효력을 가진다기보다는 실정법 속에 용해되어 집행되어지는 성격의 것이다. 동시에 자연법은 실정법이 허용한 범위 안에서 실정법의 정신 속에 살아 발휘되어지고 실정법의 해석에 지침을 준다. 한마디로, 자연법은 실정법과 분리된 법체계이거나 혹은 실정법과 분리되어 생각될 수 있는 또 하나의 도덕률은 더 이상 아니다. 왜냐하면 실정법이 발효한 곳에서는 정의와 불의를 정하는 기준은 주권자의 명령, 즉 실정법에서 나오는 것이지 자연법에 내재한 어떤 가치나 소중한 이론에서 나오는 것이 아니기 때문이다.

따라서 자연법은 실정법에 포섭된다. 그 결과 자연법의 독자적인 존립근거는 사실상 소멸한다. 그것이 자연법, 신법으로 논의되는 것은 실정법의 권위를 장식하고 세월의 무게를 얹어 실정법을 한층 더 무겁게 만들어주는 기능을 하기 때문이다.

그렇다고 자연법이 실정법의 밖에 아무런 흔적도 남기지 않는다는 것은 옳지 않다. 오히려 사회의 기원, 국가권력의 목적, 약속의 의미 등 실정법이 구체화하는 절차와 자세한 금지사항 이외에 논의할 수 없는 포괄적이고, 근본적인, 사회 전체적인 관점과 가치를 자연법은 가르쳐준다. 예컨대 국가권력은 인민의 안전을 위해 세워졌다. 따라서 인민의 안전을 위협하는 국가권력은 실정법에 의해 뒷받침되더라도 자연법의 이름으로 저항된다. 절대권력을 논의한 홉스마저도 정치권력의 목적으로부터 일정한 한계가 있음을 시인하고 있다.

우리는 "이성의 명령"이 홉스의 사회에서 어떻게 수용될 수 있는가에 관심을 가지게 된다. 만약 그의 말대로 인간이 반사회적 존재라면, 사회는 단순히 사회계약을 통해 도입될 수 있다고 하더라도 그것이 수용되는 데는 지난한 어려움이 있을 것이다.[50] 사회는 한

---

50) 홉스는 실정법을 "복종할 의무가 있는, 그러나 이를 믿을 의무가 없는"것으로 묘사하면서 반사회적 인민의 사회적용의 어려움을 시사하고 있다. *Leviathan,*

번의 계약행위로 주어질 수 있는 작품이 아니다. 홉스는 교육과 평등한 조건에 의해서 모든 사람에게 자연법이 동일하게 이해될 것을 가정하고 있다. 우리가 남과 동일한 조건하에 놓였을 때 자연법의 무시가 어떤 결과를 가져올 것인가를 생각한다면 독립된 — 그리고 반사회적인 — 개체들은 평화공존의 도덕률을 학습할 수 있다고 그는 보았던 것이다.

3. 그의 "소유권"에 관하여

홉스의 "소유권"이론은 특히 뒤의 Locke의 이론과 관계하여 그의 사상의 중요한 한 측면을 보여준다. 그의 소유권 관념은 지극히 현대적인 색조를 띠고 있으면서도 봉건사회의 잔영이 남아있다. 그리고 최소한 그는 소유권이 자연상태에서 시민사회로 이행하는 데 숨어있는 주된 동기 — 기대이익 — 였다는 점도 충분히 인지하고 있었다.

홉스는 소유권을 주권에 종속적인, 즉 주권의 성립에 따른 부수적인 기대이익으로 제시했다. 자연상태하에서는 나의 것과 네 것의 구분이 없는 까닭에 소유권이 불완전하거나 차라리 고유한 의미의 소유권이 없다고 할 수 있다. 그러나 국가권력이 세워지면서 신민은 각자 소유권을 실정법의 범위 안에서 보장받기 때문에 이제 법적인 소유권이 새로이 생겨난 것과 같다. 곧 주권은 소유권의 논리적 전제인 것이다. 그런 의미에서 홉스는 소유권에 이해를 가진 자연인에게 공동권력을 세우라고, 그리고 같은 말이지만 보다 정확히는 내전의 위협과 혼란한 질서에 놓인 영국시민들에게 주권의 절대성을 인

Part II, ch. 26.

정하라고 권고한 것이다. 절대적인 주권만이 완전한 소유권을 보장할 수 있기 때문이다. 주권은 소유권을 보호해줄 수 있다. 그렇다고 슐레터처럼 "홉스는 자신의 정치체계를 사유재산을 보호하기 위한 최선의 방법이라고 상상했다"는 결론은 성급하다.[51] 홉스가 염두에 두었던 소유권의 보호는 개인의 소유권을 타인의 침해로부터 보호하는 것을 의미할 뿐 이에 대한 국가권력의 개입으로부터 보호하려는 것은 아니었다. 뒤에 보는 것처럼, 로크는 홉스의 이러한 허점 — 그리고 이 문제는 절대왕정의 시기에 신흥자산계급의 가장 예민한 관심사였다 — 을 충분히 이용하여 그의 「정부이론」에서 자산계급의 노골적이고 조악한 이데올로그를 자처하게 만들었던 것이다.

홉스는 공동적 권력의 설정 이전에는 소유권이 존재하지 않는다는, 곧 거기에는 "정의"가 존재하지 않는다는 전제 아래 자연상태 혹은 주권의 절대성이 인정되지 않는 사회의 소유권의 형태를 검토하고 있다. 환언하면 홉스의 소위 "소유권이 존재하지 않는" 상태란 사실상 소유권이 존재하는 상태이며 불완전하게 행사되는 형태를 의미한다는 점을 염두에 두고, 자연상태와 주권의 절대성이 확보되지 못한 국가에서 있게 되는 소유권의 형태를 고찰하고, 이어서 완전한 소유권의 형태를 논의하고자 한다.

자연상태하에서 소유권은 법적인 것은 아니다. 거기에는 실정법이 없으며, 자연법마저도 집행기관이 없이 내면적인 도덕률에 그칠 것이므로 소유권은 단지 자연상태의 "자연권"으로서 존재할 뿐이다.[52]

> 그러나 인간에게는 목적에 대한 권리를 가진다 해도 이의 필요수단이 거부된다면 헛된 것인 까닭에, 어느 누구나 자신을 보존할

---

51) Richard Schlatter, *Private Property: The History of an Idea*(London: Allen & Unwin, 1951), p. 141.

52) *De Cive*, ch. 1, art. 9(vol. II, p. 9).

권리를 가진 이상 모든 사람은 '그것 없이는 자기 자신을 보존할 수 없는 모든 수단을 사용하고 모든 행위를 할' 권리가 또한 허용되어야 한다는 것이 따라온다.

자연상태에는 나의 것과 네 것(meum and tuum)이 있다. 그렇다고 소유권이 없다기보다는 누구나 모든 것에 대하여 소유권을 가지며 그것은 점유 혹은 점유와 이용의 의사로 충분하다. 이것이 자연권으로서 소유권이다. 이러한 자연권에 유사한 형태가 노예에 대한 정복자의 권리에서 나타나고 있다. 단지 사물에 불과한 노예는 정복자에게 "동의"를 줄 수 없기 때문에 그들은 정복자에 대해 "아무런 의무도 지지 않는다."[53] 그렇다고 노예 자신은 물론 그가 생산한 모든 것, 혹은 그에 속한 모든 것이 정복자에게 속하지 않는 것은 아니다. 노예의 동의가 있지 않더라도, — 노예의 반란이 승리로 끝나지 않는 한 — 정복자는 이 모두를 향유하며 사실상의 소유자일 것이기 때문이다. 그것은 한 사람의 자연권이 다른 하나의 자연권에 충돌하지 않고 행사되는 상태라는 점에서 자연상태와 다를 뿐이다.

또 하나의 소유권의 형태는 주권의 절대성이 확립되지 못한 곳에서 얻게 되는 소유권이다. 이 경우 우리는 다시 ⓐ 소유권의 불평등한 관계와 ⓑ 불완전한 주권하의 소유권의 성격으로 나누어 논의한다. 소유권의 불평등한 관계는 주인과 종복의 관계 혹은 주권자와 신민의 관계 같은 것이다. 먼저 주인과 종복의 관계는 비대칭적이다. 주인은 자기의 종복이 가진 모든 것, 즉 그의 부인과 아이들, 그리고 재산에 대해 사용권을 가진다.[54]

종복의 주인은 또한 종복이 가진 모든 것의 주인이다. 따라서

53) *Leviathan*, ch. 20.
54) Ibid.

> 그는 이들의 사용을 강요할 수 있다. 말하자면, '종복이 가진 재물들, 그의 노동, 그에 속한 종들, 그리고 그의 아이들'을 그가 적절하다고 생각하는 만큼 종종 사용을 요구해도 좋다. 왜냐하면 그는 복종의 계약에 의해 종복의 주인으로서 이의 생명을 쥐고 있기 때문이다.

여기서 우리는 홉스가 "사용권"을 말하고 있는 점에 유의할 필요가 있다. 소유권과 사용권은 구별되며, 후자는 처분 등 손상을 의미하지 않는다. 그러나 종복을 "전쟁, 혹은 불운, 혹은 그 자신의 나태를 통해 박탈된 생명을 부여받은"[55] 자라고 규정하고 있기 때문에 노예와 종복의 경계는 상당히 희미하다고 보아야 한다.

주권자에 대한 신민의 관계는 주인과 종복의 관계에 유사하다. 주권자가 자연권을 행사하는 반면 그에 대하여 신민은 주권자의 법 아래서만 소유권을 보호받을 수 있을 뿐이다. 그리고 주권자는 언제고 법을 바꿀 수 있으며 법의 효력을 정지시킬 수 있다. 그러므로 신민의 소유권은 개인으로서 주권자를 상대할 경우가 아니라면 주권자에 대한 대항수단일 수는 없을 것이다. 결국 절대적인 주권하에서도 신민은 주권자에 대해서는 완전한 소유권을 주장하지 못한다. 그러므로 홉스가 공언했던바 절대적인 주권하에서만 소유권이 있다고 하는 명제는 단지 신민들 간의 관계에 한정되는 것이다.

다음, 불완전한 주권하에서는 누구도 완전한 소유권을 보장받을 수 없음은 물론이다. 그것은 주권의 효율성 정도에 따라 소유권이 또한 확실히 보장될 수 있기 때문에 소위 '연성적'(軟性的) 소유권[56] 형태가 나타난다. 소유권의 절대적 보장장치는 주권의 절대성뿐이라

55) *De Cive*, ch. 9.

56) Karl Wittfogel은 동양사회에서, 특히 중국에서 나타난 전면적 권력과 그 아래서 존재하는 취약한 사회제도로서 "소유권"을 유의했다. 그러나 홉스에게는 소유권의 불완전성은 오히려 절대적 주권의 부재가 빚는 현상이 된다.

고 홉스는 단호하게 결론짓는다. 오직 절대적인 주권 아래서 신민들은 서로 간의 관계에 있어 소유권을 완전하게 보장받고 행사할 수 있게 된다는 것이다.

이와 같은 소유하의 완전한 보장은 주인 아래 놓여있는 종복들 상호간에서도 보여진다.[57]

> 주인의 면전에서는 종들은 모두 평등하며 또한 어떤 명예도 전혀 지니고 있지 않다. 그러한 것처럼 신민도 주권자의 면전에서는 마찬가지이다.

소유권의 완전한 보장은 이들 종복들의 상호관계에서 주인의 절대권력을 배경으로 이루어진다. 만약 주인의 지배권이 위협받는 상황이라면 종복들 상호간에 존재하는 소유권마저도 위협받게 된다. 홉스는 국가와 가족을 취급하는데 주권·가부장권의 성격을 동일시하고 있다. 신민 또는 종복에 대한 그들의 법적 권한이 동일한 것은 이를 뒷받침하고 있는 권력으로부터 당연한 것으로 그는 보았다.[58]

> 아버지나 어머니, 혹은 이들과 자식들, 그리고 종복으로 구성된 전체는 하나의 가족이라고 불린다. 그 안에서 가족의 아버지나 어머니는 가족에서 주권적이며, 나머지(자식들과 종들 모두 동등하게)는 신민들이다.
>
> 그것[가족]은 [국가와] 아주 같은 소유권을 가지며, 그것의 권위는 어디서나 [국가와] 동일하다.

이제 우리는 소유권의 범위로 논의를 옮겨가자. 소유권이란 무엇인가? 현대적 의미의 소유권이 발생하기 이전에 "소유권"(property)

---

57) *Leviathan*, ch. 18.

58) "De Corpore Politico," in the *Elements of Law*, Part II, ch. 4; *De Cive*, ch. 9.

은 사물의 성질을 가리키는 용어이며 곧 재산을 향유하는 사람의 고유성, 인격에까지 확장된다. 이러한 중세 철학적 의미로부터 소유권의 첫번째 대상은 이 인격(person)의 소유물로서 신체가 된다. 따라서 홉스는 "모든 사람은 자연법에 의하여 그 자신의 육체에 대한 권리 혹은 소유권을 가진다"[59]고 말하고 있다. 여기서 육체는 로크처럼 자연권으로서 소유권의 정당성, 혹은 소유권을 자연권으로 변형시키는 이론적 근거로서 육체가 아니라, 양도가능한 존재 혹은 매매대상으로서 육체를 염두에 둔 것이다. 우선 홉스는 소유권의 범위를 다음과 같이 열거한다.[60]

> 소유권으로 유지되는 사상(事象)들 가운데 인간에게 가장 소중한 것은 그 자신의 생명과 사지(四肢), 그리고 (대부분의 사람에게) 그 다음의 정도로 소중한 것은 부부애, 그리고 그 이후에는 부와 생계수단이다.

생명은 인격에 유사한 범위를 가리키며, 사지는 육체를 의미한다. 이러한 맥락에서 그가 "어린이는 아버지보다도 차라리 (그가 분리될 때까지 그 일부분으로 있었던) 어머니의 소유인 것이 마땅하다"고 말하면서 아이들이 어머니의 소유권 아래 있음을 인정하고 있다.

육체는 노동의 원천이다. 곧 남의 육체를 소유한다는 것은 그의 노동력을 살아있는 동안 혹은 양도할 때까지 사용한다는 것과 같다. 육체를 소유한다는 것은 곧 그를 노예로 산다는 것이고, 홉스는 노예를 유지하는 데 드는 수고와 비용을 비껴가면서 육체의 시간 단위당 유용성에만 관심을 가지는 현대의 뛰어난 관행을 알고 있었다. 곧 "세습재산을 가지지 못한 자들은 살아있기 위해서 노동해야 할

---

59) "De Corpore Politico" in Ibid.

60) *Leviathan*, ch. 30.

뿐만 아니라 노동을 얻어내기 위해서 투쟁하지 않으면 안된다"[61]고 그는 말한다. 육체가 소유권의 대상이라는 그의 논의는 노동이 "하나의 상품"이며 그것의 가격은 사는 사람이 결정한다는 데까지 나아가고 있다.[62]

끝으로 소유권의 대상은 토지와 동산이다. 홉스는 토지가 지배적 부인 시대에 살았다. 그로서는 오늘날처럼 유·무형의 가치들—예컨대 유가증권, 크레디트, 기대적 소유권 등—에 대해서 알 수 없었음은 물론이다. 자연상태하에서는 상상할 수 없는 재산이나 관리불가능한 것들은 점유나 자연권의 대상일 수 없었다. 최근의 예로서 해당자원을 둘러싼—과거 개발불가능했던 남·북극에서까지—치열한 싸움은 소유권의 범위가 여전히 미확정적인 것을 가리킨다.

어떻든 홉스는 사물의 공유에 부정적인 입장을 가졌다. "모든 사물들이 '공유적'인 경우 어느 개인에 '고유한' 것이란 있을 수 없다"[63]고 그는 생각했다. 사물의 공유적 형태에 그가 회의적이었던 것은 그의 원자적 개인주의에 담긴 유물론적 견해에서 비롯되었다. 그리고 소유권의 논의에서 그는 "소유적 개인주의"로 나아갔던 것이다.

4. 홉스의 주권이론

르네상스 시기의 마키아벨리가 정치를 인간예술의 최대영역이라고 보았던 것처럼 홉스에게 국가의 완성은 인간이 이룰 수 있는 최고의 걸작이라고 생각되었다.[64]

---

61) *De Cive*, ch. 12.
62) *Leviathan*, Part II, chs. 24, 10.
63) Ibid., ch. 26.
64) *Leviathan*, "Introduction."

"예술은 인간이라는 자연의 합리적이고 가장 뛰어난 작품을 모방하여 더욱 나아갈 수 있다. 예술에 의해 국가 혹은 공동의 복지(라틴어로는 civitas)라고 하는 다름아닌 인위적 인간인 거대한 괴물이 창조된다. 이 인위적 인간은 자연적 인간보다 그 모습과 힘에서 거대하지만 자연적 인간을 보호하고 방어할 목적으로 만들어진다. 그 속에서 주권은 전체 신체에 삶과 운동을 가져오는 인위적 영혼이다. 직임관과 다른 사법 및 집행의 관리들은 인위적 관절이고, 상벌(…)은 신경으로서 자연적 신체에서와 동일한 기능을 담당한다. 모든 특정구성원의 부와 재산은 힘이며, 인민의 안전(salus populi)는 인위적 인간의 임무이다 … 형평과 법들은 인위적 이상과 의지이며, 화합은 건강이고, 반역과 선동은 질병, 그리고 내전은 죽음이다. 마지막으로 협약과 계약은, 이에 의해 이 정치체의 부분들이 처음으로 만들어지고 합성되었고 일체화되었는바, 신이 창조의 시간에 내렸던 명령 또는 '인간이 있게 하라'는 언표를 닮았다."

사회계약에 의해 만들어진 "인위적 인간," "거대한 괴물"이 곧 국가이다. 그러므로 홉스에게 국가는 아리스토텔레스처럼 자연적 성장에 의해서 생겨난 것이 아니라 인간이 특정의 목적을 위해서 만들어낸 작품이다. 그는 국가의 성격을 다시 한번 다음과 같이 강조한다.[65]

"그것은 [사회계약에 의하여] 그들 모두가 하나이며 동일한 인격에로 진정 일체화한 것이며 마치 각자가 다른 사람에 대하여 다음과 같은 방식으로 모든 사람이 서로 계약에 의해 만들어진다. 나는 나 자신을 지배하는 권리를 이 사람에게 또는 이 회의체에, 당신도 자신에 대한 권리를 포기하고 그의 모든 행위를 같은 방식으로 위임하는 조건으로, 포기하고 위임한다. 이 계약이 맺어지면 군중은 한 인격에 일체화되어 국가, 라틴어로 civitas라 부른다. 이것

65) Ibid., Part. II, ch. 17.

이 그 거대한 괴물의 발생이며 또는(보다 경미한 표현을 빌리면) 우리 모두가 불멸의 신 아래서 평화와 방어를 빚지고 있는 저 가사적(可死的) 신(mortal God)의 출현인 것이다."

이처럼 국가라고 하는 가사적 신이 사회계약의 결과 태어난다. 그것은 자연상태에 놓인 사람들의 공동의 공포의 산물이다. 서로 비슷한 힘과 지력을 가진 인간들 사이에 정념의 지시에 따른 자연권의 행사의 결과 야기된 전쟁상태는 인간노동의 결실을 기대할 수 없는 야만의 단계에 버려진 채 더구나 사람들은 거기서 매순간 겪게 되는 폭력적 죽음의 공포에 시달렸던 것이다. 이와 같은 절박한 상황을 벗어나기 위해 인간은 국가를 인위적으로 만드는데, 그것은 주권자를 세우는 일과 같다.[66]

"… 도시는 다수의 인간으로 구성된 한 인격으로 정의된다. 한 인격의 의지는 그들이 스스로 맺은 계약에 의해서 그들 모두의 의지로서 존중되어진다. 이 인격은 공적 평화와 안전을 위해 필요한 만큼 각 구성원의 힘과 능력을 사용할 수 있다."

국가에는 주권자와 신민이 존재한다. 신민은 주권자에 의해 대표되고 주권자는 곧 신민의 인격을 일체화한다. 주권자는 왕, 소수의 지배집단, 다수의 인민이 하나의 회의체로 존재할 수 있으며, 홉스는 한 사람이 전체를 대변하는 것이 가장 단순하고 자연스럽다는 의미에서 군주정을 선호하기는 하지만 그러나 이론상 이들 정체의 가치는 동일하다. 따라서 정체의 차이는 커다란 문제가 되지 못하고 중요한 것은 주권의 성격이다. 주권은 절대적이다. 그것은 필요한 모든 조치를 다 취할 수 있다. 그리고 주권은 나뉘어 존재할 수 없다. 여러 기관이 주권을 나누어 행사한다거나 주권자가 다른 기관에

66) *De Cive*, ch. X, art. 5.

제한되거나, 주권자의 명령이 기존의 법과 관행에 종속된다면 거기에는 제한주권이나 삼권분립이 있는 것이 아니라 주권자가 없는 것과 같다.[67)]

> "모든 국가에서 입법자는 주권자뿐이다. 이 주권자는 왕국에서는 한 사람이며, 민주정이나 귀족정에서는 한 회의체이다. 왜냐하면 입법자는 법을 만드는 자이기 때문이다. 그리고 국가만이 우리가 법이라 부르는 이들 규칙의 준수를 규정하고 명령한다. 그러므로 국가가 입법자이다. 그러나 국가는 결코 인격이 아니며, 어떠한 일도 할 능력이 없으므로 대리인(즉, 주권자)에 의해서 이를 행한다. 따라서 주권자는 유일한 입법자이다. "

또한 주권은 분할될 수 없다. 주권은 종교기관과 공유할 수 없으며, 혼합정부도 있을 수 없으며, 헌법에 의한 제한정부도 주권개념과 모순된다. 주권이 분할될 수 없다는 홉스의 입장은 확고하다.[68)]

> "국가권력을 분할한다는 것은 바로 해체한다는 말이다. 분할된 나머지[나누어진] 권력들은 서로간에 파괴에 나설 것이다."

그리고 교회기관이 주권을 공유 또는 주권에 개입하는 것과 관련하여 그는 다음과 같이 경고하였다.[69)]

> "영적인 권력이 양심의 죄가 무엇인가를 규정할 권리에 도전하는 것은 (양심의 죄란 법위반 이외의 아무것도 아닌 이상) 결과로서 무엇이 법인가 규정하는 것에 도전하는 것이 된다. 그리고 다시금, 사회권력이 무엇이 법인지 규정하는 것을 도전함으로써 모든

---

67) *Leviathan*, Part. II, ch. 26.
68) Ibid., Part. II, ch. 29.
69) Ibid., Part. II, ch. 29.

> 신민은, 서로간에 자신의 명령을 법으로 준수할 것을 요구하는 두 주인에게 복종하지 않을 수 없게 되는데, 이는 불가능한 일이다. 그러므로 이들 두 권력이 서로 대립할 때, 국가는 내전의 큰 위험에, 그리고 해체로 들어가지 않을 수 없게 된다."

혼합정부도 정상국가에서는 있을 수 없는 주장이다. 왜냐하면 혼합정부란 기본적으로 주권의 분할 혹은 제한을 의미하는 다른 표현에 불과하기 때문이다. 어느 한 기관이 주권자를 제한하고 있다면, 홉스는 주권자를 오히려 이 제한하고 있는 기관이라고 지적하고 있다.[70] 그러나 그것은 주권자의 기능을 불완전하게 하는 결함있는 정체일 뿐, 한 부분에 대한 제한의 권리가 포괄적인 주권을 부여받은 것으로 해석된다는 것은 의문이다.

주권자의 신민에 대한 관계는 주인의 종복 또는 노예에 대한 관계가 유추적용된다. 왜냐하면 신민은 주권자에 대하여 자연권을 포기·양도한 반면 주권자는 자연권을 그대로 유지하며 행사하기 때문이다. 홉스의 사회계약이론은 이를 분명히 하고 있다. 곧 모든 사람이 자연상태하에서 사회계약의 당사자이며 자신의 자연권을 평화와 교환하는 데 반하여 주권자는 이 계약의 당사자가 아닌 이상 그는 자연상태하의 자연권을 중단없이 지속하고 있는 것이다. 주권자는 국가성립 이후에도 모든 것에 대하여 모든 행위를 할 권리를 가지고 있다.[71]

> "비복의 주인은 비복이 가진 모든 것에 대해 또한 주인이다. 따라서 주인은 이를 취해도 된다. 말하자면, 비복의 재산, 노동, 비복의 종복, 그리고 비복의 아이들에 대해 원하는 만큼 자주 강제해도 된다."

---

70) *De Cive*, ch. VII, 3.
71) *Leviathan*, Part. II, ch. 20.

주권자는 기존의 법, 자신의 약속, 선임자의 관행 모두에서 자유롭다. 그것은 보댕이 주장했던 주권의 속성보다도 더욱 절대적인 형태로 설명된다.[72]

> "국가의 본질에 어긋나는 네 번째 견해는 곧 주권을 가진 자는 시민법에 구속된다는 것이다. 주권자가 자연법에 종속된다는 것은 사실이다. 왜냐하면 그러한 법은 신적인 것이며 어떤 인간이나 국가에 의해 폐기될 수 없기 때문이다. 그러나 주권자 자신이 만든, 곧 국가가 만든 법률에 대해서는 주권자는 구속되지 않는다. … [그러한 견해는] 주권자 위에 법을 설정하는 것이며 또한 주권자 위에 심판관을 세우는 것이며 주권자를 징벌할 권력을 세우는 것이다."

주권자에게는 권력의 한계가 사실상 있을 수 없다고 홉스는 단언하였다.[73]

> "이 제도의 목적은 그들 모두의 평화와 방어이다. 목적에 대한 권리를 가진 자는 수단에 대한 권리를 가진다."

그러나 이미 뒤에서 암시되었듯이 주권자에 대하여 목적에 의한 제한은 여기서 주어진다. 곧 주권자는 평화와 안전을 위해 세워졌다. 따라서 주권자가 그에 반하는 경우 또는 평화와 안전을 가져오지 못할 경우 주권자는 심각한 임무불이행의 상태에 이른다. 그러나 이의 판단마저도 주권자에게 맡겨진다는 점에서 다음과 같이 홉스의 주장을 요약하는 것이 더 정확할 것이다. 즉 주권자는 평화와 안전을 보장할 수 있는 한, 그리고 보장하는 동안만, 신민의 복종을 요구할 수 있으며 그에 대한 신민의 의무도 유효하다고 할 수

---

72) Ibid., Part. II, ch. 29.

73) Ibid., Part. II, ch. 18.

있다.[74)]

> "주권자에 대한 신민의 의무는 그가 신민을 보호할 수 있는 권력을 가지고 있는 한 지속되며 더 이상은 아니다."
>
> "어느 누구도(법의 보호가 실패할 때) 그가 할 수 있는 최선의 수단을 동원해 자기 자신을 보호하는 것을 막을 의무는 없다."
>
> "보호를 얻어낼 수 없는 사람은 다른 곳에서 보호받기를 추구할 수 있다. 그리고 그가 보호를 얻어낸다면(…) 할 수 있는 한 그 때까지 그의 보호를 [힘을 다해] 지켜내야 할 의무가 있다."

환언하면, 사회계약은 신민들 사이에 자연권의 일부를 포기하는 약속이지만 주권자는 그 당사자도 아니며 또한 상의되지도 않았다. 계약의 효과는 주권자와 신민의 교환행위가 되고 있다. 그렇다면 주권자의 입장에서는 신민들의 계약을 추후 승인하고 이를 수용함으로써, 신민들의 선의의 양도를 접수하면서 동시에 평화라는 대가를 — 이것이 사회계약의 내용이므로 — 또한 의무로 진다는 것이 될 것이다. 결국 사회계약은 효력의 측면에서 보면 주권자는 평화와 안전을 보장하고 신민은 주권자의 명령에 복종하는 평등한 거래인 셈이다. 그것이 평등한 것은, 신민의 계약은 자기이익을 위해 만들어졌을 뿐더러 주권자가 이를 묵시적으로 수용할 때 그것을 자기에게 유익한 것으로 보았을 것이기 때문이다. 그러므로 주권의 절대성에도 불구하고 이의 내재적인 한계가 계약의 성격에서 내포되어 있다.[75)]

> "(자연적으로 자유와 남에 대한 지배를 좋아하는 그들을 우리가 국가 안에서 사는 것을 보게 되는바) 인민들의 자기 자신에 대한

---

74) Ibid., Part. II, ch. 21; Ibid., ch. 27; Ibid., ch. 29.
75) Ibid., Part. II, ch. 17; Ibid., Part. II, ch. 30.

> 제한을 도입하는 최종적인 원인, 목적, 계획은, 다시 말해 … 전쟁의 비참한 상황으로부터 벗어나서 이에 대해서 그들 자신의 보존과 더 편안한 삶에 대한 예견이다."
>
> "여기서 안전[이라는 용어]에 의해서 겨우 보존만이 아니라 각자가 적법한 노동을 통해서, 국가에 위험이나 해악을 끼치지 않고, 자신에게 확보케 하는 다른 모든 삶의 안락들을 또한 의미한다."

여기서 국가목적이 안락한 삶의 조건을 형성하는 데 있다고 한 표현에 유의할 필요가 있다. 공동의 공포가 비록 국가성립의 동기이긴 했지만 홉스는 "평화와 방어"라는 소극적 목적에 만족하지 않았다. 오히려 자본축적기의 시대분위기를 감지하고 안락한 삶을 증진시킬 사회적 조건의 확보라는 적극적 목적을 설정함으로써 주권자에 대한 시대적 요구를 이론화했다. 그에 대하여 홉스는 주권자가 자유방임(lasses-faire)의 정책을 통해 국부를 증대할 것을 권고하면서 이의 수단으로서 절대적 주권을 내세웠다.[76)]

또한 인성에 비추어 보더라도 일단 평화와 방어라는 소극적 목적이 달성되면 이 정상상태에 만족하지 않고 더 이상의 안락을 추구하기 마련이다. 왜냐하면 인간은 정념의 기계적인 운동 이외의 아무것도 아니며 인간은 현재 확보하고 있는 힘을 이용하여 이를 수단으로 더 큰 권력 혹은 쾌락을 추구하는 존재이기 때문이다.[77)]

> "인간이 여기저기서 욕구하는 사물을 얻어내는데 지속적인 성공은, 말하자면 지속적인 번영은 말하자면 지복(felicity)이라고 불리운다. 나는 이 세상의 영속적인 지복을 의미한다. 왜냐하면 우리가 이 세상에 사는 동안 정신의 영속적인 안정과 같은 것은 없기 때문이다. 삶 그 자체가 단지 운동이기 때문에 욕망도 없이 공포도

---

76) Ibid., Part. II, ch. 24 참조.

77) Ibid., Part. I, ch. 7; Ibid., Part. I, ch. 10; *Human Nature*, ch. V, art. 4.

없이 지나갈 수 없는 것은 감각이 없이 지나가는 것처럼 불가능하다."

"(보편적으로 이해한다면) 인간의 권력은 미래의 그럴듯한 선을 확보하기 위한 현재의 수단이다."

"인간의 본성은 영양, 운동, 발생, 감각, 이성 등의 능력과 같은 그의 자연적 능력과 권력의 합계이다."

인간의 끊임없는 욕구의 추구는 운동의 법칙으로서 피할 수 없는 현상이다. 홉스는 주권자에게 국가의 적극적 목적이라는 과제라는 의무를 지우고 있으며, 더구나 인간의 권력욕에 대처할 필요성에 고심했을 것이다. 그에게는 아마도 그 어떤 해결책도 인간성의 문제로부터 제기되는 자연상태의 전쟁을 방지하거나 끝낼 수 있는 것은 아니었다. 인간성에 내재한 권력욕으로부터 얻을 수 있는 가정은, 인간에게는 시민사회에서도 소리없는 총성으로 가득한 또 하나의 자연상태를 피할 수는 없을 듯하다.[78]

"그러므로 무엇보다도 먼저 나는 인류의 일반적 성향으로 죽음에 이르러서만 끝나는 지속적이고 부단한 권력추구의 욕구를 든다. … 그가 현재 가지고 있는 권력을 가지고서 그 이상을 획득하지 않고서는 그는 [현재의] 권력과 편안하게 살 수단을 확보할 수 없기 때문이다."

홉스를 일러 W. Petty는 "이 시대의 귀인 중 하나"로 높이 평가했다. 그러나 그는 1662년 무명의 로크가 초청된 왕립학회에 초청되지 못했다. 게텔은 "홉스의 정치철학은 현대의 어떤 철학보다도 그의 시대에 광범하고 악의에 찬 거부반응을 일으켰다"고 썼다. 한때 악한의 대명사였던 "Hobbist"는 그러나 세기말에는 논쟁자의 중

---

78) *Leviathan*, Part. I, ch. 11.

심에 서게 되었다. 그리고 19세기에 들어서면서 홉스의 중요성은 다시 인식되었다. 게텔은 "영국인이 쓴 최초의 포괄적인 정치철학서"로, 마이클 오크쇼트는 「국가론」을 일러 "영어로 쓰여진 정치철학서 가운데 가장 위대한, 아마도 유일한 걸작"이라고 평가하면서 후대에 대한 홉스의 기여를 인정하였다.

제 5 장

John Locke

제 1 절 Hooker vs. Filmer

30년의 시차를 두고 나타난 Locke의 사상은 홉스시대의 문제의식과 정치논쟁의 공유 속에서 이루어지고 있었다. 홉스라는 인물과 사상이 1650년대 이래 그에 대한 찬반의 입장을 놓고 영국의 지식인들에게 커다란 논쟁의 장을 형성했다는 것을 생각할 때 로크가 그의 방대한 저작 속에서 홉스에 대한 언급이나 그의 사상을 전혀 직접 논의하지 않았다는 것은 거의 이상한 일이었다. 더구나 홉스의 절대주권론이 대륙에서 루이 14세의 체제를 정당화한 Bossuet에 의해서 이론적 근거가 되고 있었던 시기에 로크의 그에 대한 침묵은 무엇을 의미하는 것일까? 그의 나타난 태도로 미루어 그는 홉스에 대해 거의 무지하거나 혹은 영향을 별로 받지 않았던 것일까? 아니면, 그의 부인에도 불구하고 그의 논의의 장과 논리의 전개, 그리고 사상적 결론에서 그에 대한 빚을 의도적으로 은폐하려는 것이었을까? 후자의 경우, 그것은 로크사상의 해석에 중요한 단서를 제공할 수도 있다.

로크의 정치이론은 홉스와 마찬가지로 "자연상태"에서 시작되고 있다. 그리고 자연상태는 "자연법"과의 관계에서 논의된다. 그리고 홉스와 마찬가지로 "사회계약"을 통해 시민사회의 성립으로 구체화됐다. 그에게 또한 완전한 소유권의 확보가 주요한, 아니 시민사회의 유일한 목표가 된다. 홉스처럼, 로크도 자연권에 입각한 저항권의 정당성을 주장하고 있다. 그러나 홉스에게는 사회적 평화라는 질서가 가장 중요한 가치이고 이를 옹호하기 위해 절대주권의 필요성을 강조하게 되지만, 로크에게는 소유권이란 재산이 가장 중요한 — 거의 유일한 — 가치이고 국가권력은 자연권으로서 소유권을 위한 인위적 울타리, 요새에 불과하다는 차이가 나온다. 어떻든 로크의 정치이론은 홉스가 제기한 논의의 지평을 떠나지 않고 있으며, 더구나 홉스의 이론에 대한 반론의 성격을 띠고 있는 까닭에 그가 홉스를 의식치 않았다는 것은 실로 믿기 어려운 놀라운 일이다.

로크는 홉스 대신에 Pufendorf를 상대하며, 영국의 사상적 주류를 벗어난 — 그러나 시장의 상식세계에서는 영향력 있는 — 후커에 대한 과도한 상찬과 필머에 대한 유치한 경멸의 어투를 이용하여 자기의 입장에 대한 대중적 호소력이 있는 선동가로서 성공하고 있다. 그가 "현명한 후커"(judicious Hooker)라 부른 형용사는 인기있는 표현으로 수용되었는데 그것은 후커가 중립적이고 교권을 신중하게 옹호한 국교대주교로서 존경받았기 때문이었다. 또한 그의 "반 필머"(Anti-Filmer)는 주권이 양분되었던 내전의 질서가 승계될 가톨릭 왕의 출현과 국왕주권의 위협 속에서 왕의 정통성을 옹호했던 그에 대한 세간의 — 아마도, 오히려 헨리 8세 이래 생겨난 신귀족의 — 증오를 반영하였기 때문에 쉽게 대중에게 수용되었다. 이러한 그의 선동술의 성공이 그렇다고 해서 그의 해석의 정당성을 가져오는 것은 아니다.

로크는 그의 유명한 「인간이해론」과 「정부이론」을 익명으로 출간했으며 죽을 때까지 자신이 저자임을 공개하지 않았다. 그는 "입이 무거운, 정열의 대가"라고 불리기도 했는데 그가 홉스를 불러냈을 때 야기될 번거로움에 대해 신중했을 것이란 추측도 가능하다. 사람들이 로크를 "불쌍한 사람의 홉스"(poor man's Hobbes)라고 부르는 것이 경솔하다면 "혼란된 사람의 홉스"(the confused man's Hobbes)라고 부르는 것이 나을 것이라는 C. B. MacPherson의 말처럼 어떻든 그의 이론틀, 문제의식, 개념의 차용은 홉스에 기원한 듯 보인다. 그러나 로크는 사상가도, 꾸준히 학문에 정진했던 사람도 아니다. 오히려 Lord Schaftesbury의 개인비서로 — 자신의 이재에 몰두했던 시간과 함께 — 영국의 정치현실의 분석가였으며 명예혁명의 과실에 탐닉했던 실제적 인물이었기 때문에 그는 유행하는 논의를 다루는 것만으로 만족했을 수도 있다. 환언하면 그의 의식은 자기의 논의가 사상사적으로 어떻게 생겨났는가 그리고 누가 발전시켰는가 하는 발생학적 관점보다도 그것이 어떤 방향으로 처리되는 것이 여론몰이에 더 도움이 되는가 하는 "상징적"인 관점에 보다 본능적으로 집착했으리라 생각되기도 한다.

국가와 종교 간의 관계가 기복을 거듭하다가 잠정적인 안정의 시기에 들어선 엘리자베스의 시대에 후커는 「교회체의 법」(*Laws of Ecclesiastical Polity*, 1593)를 썼다. 그의 관심사는 가톨릭으로부터 독립하여 설립된 영국교가 이 무렵의 칼뱅·루터 등 개신교와 입장을 어떻게 달리하는 것인가? 또한 중세의 교회법(canon laws)등 철학적 전통을 새로운 정치질서는 어떻게 수용해야 하는가?를 논의한다. 영국교 최고사제로서 교황권 아래서 교권질서가 유지되는 것을 거부한 후커는 동시에 제네바의 칼뱅교도들이 주장하는 신권정부에 대해서도 단호히 반대하였다. 그는 교회사회는 정치사회와는 분리된 존재이며, 존중되어야 하지만 여전히 정치사회에 종속된 정부라는 것을 분명히 하면서 칼뱅주의가 영국에 불러들인 분쟁의 확산을 경계하였다(그리고 로크는 이 칼뱅주의의 승리의 대가로 옥스퍼드대학에 그것도 장학생으로 입학할 수 있었다).

후커에게 성서의 권위는 절대적이다. 그는 오직 성서만에 의존하고 이를 수용하는 태도를 보인다. 그에 따라 그는 정치사회는 절반 정도 자연적인(half-natural) 것이라고 본다. 인간에게는 결함이 있고 또 붙임성(sociableness)이 있기 때문에 이 두 원인에 의해 인간은 사회 속으로 들어온다고 그는 설명한다.[1]

> "우리는 우리의 본성이 바라는 대로 인간의 존엄에 합당한 삶, 즉 삶에 필요한 사물들을 스스로 충분히 공급할 수 없는 만큼, 우리 스스로 홀로 고독하게 사는 데 따른 결함과 불완전성을 보충하기 위하여 타인들과 교제하고 한 집단이 되기를 추구하도록 자연적으로 유도된다. 이것이 처음으로 인간들을 정치사회에 스스로 단합시키는 원인이다. 정치사회는 정부 없이는 존재할 수 없고, 정부는 이미 선언된 특정의 법률 없이는 존재할 수 없다. 공적 사회를 지탱해주는 두 개의 기초는, 하나는 모든 사람을 사교적인 삶과 집단에로 욕구하게 하는 자연적 경향이고 다른 하나는 공동적 삶에로 단결시키는 방식에 관계되는 공개된 혹은 비밀리 합의된 질서이다."

인간을 사회 속에 살게 하는 원인이 "사교적 삶과 형제애의 자연적 경향"에서 찾아진다면, 국가의 법에 대한 복종의 거부는 "인간성에 내재한 은밀한 법"을 가장하고 다투는 것에 다름 아니며, "원죄에 떨어진 인간은 야수보다 조금도 나을 것이 없기" 때문에 사회의 공동선에 맞추어지지 않으면 안된다. 문제는 "사회의 공동선"이

---

1) Richard Hooker, *The Works*, in 2 vols(Cambridge: Harvard University Press, 1977), Bk. I, ch. 10, 1.

다. 후커는 "그것 없이는 우리가 살 수 없는 사물들의 부족과 결핍"이 "우리가 자연적으로 제거하려는 첫번째 장애물"이라고 지적한다. 즉 공공선은 무엇보다도 삶의 물질적 기반확보를 제 1 차적 목표로 설정한다. 둘째, 그는 "신의 왕국이 우리의 목적과 욕구의 첫번째 것임이 틀림없다"고, 그리고 신의 왕국이란 결국 자연법이 지배하는 사회를 가리킨다고 말한다. "자연법은 언제나 구속력이 있지만 실정법은 그렇지 않으며 오직 명시적으로 혹은 기꺼히 부과된 이후에만 구속하는 것이다."[2]

후커가 자신의 주장을 교회사회에 한정하고 있기 때문에 얼마만큼 그의 주장을 정치사회에 적용할 것인가는 분명치 않다. 그러나 그가 이 문제를 생각했다면 그는 그 또한 진실이라고 말하는 것을 피하지는 않았을 것 같다.

그러나 순수한 마음을 가진 후커는 기성교회의 열렬한 옹호론자였다. 비록 로크의 「정부 2 론」이 그에 대한 결과물이지만, 기성교회와 정부 간의 대립의 시기에 그의 이 글은 낡은 형태로 존재했던 교회와 국가 간의 관계를 그대로 유지하기를 바랐던 그의 입장을 대변하고 있다. 그렇기에 이 낡은 형식을 지지하여 성실하고 그리고 독실한 신앙심으로 투쟁했던 그 시대의 사람들의 귀전에는 후커는 자기들의 위대한 지도자의 이름이었다. 종종 후커의 이름을 불러들이면서 "현명한"이라는 상찬을 아끼지 않았던 로크의 전술은 자신의 반대자들에 대하여 신앙심으로 가득찬 전사를 자기편으로 끌어들이고 나아가 전쟁터로 부추기기에 충분했다.

계시는 신앙의 문제에만 관여하며 그 외의 모든 문제에서 신은 인간에게 이성을 자신의 지침으로 두었다고 후커는 말했다. 그리고

2) Ibid., p. 130.

자연에서 평등한 인간들은 타인과 교제하고 한 집단이 되려고 추구한다. 그렇게 해서 그들은 홀로 외롭고 스스로 살아가는 데 따른 결함을 보충할 수 있다. 이것이 인간이 처음으로 정치사회에로 단결하게 되는 원인이었다. 타락한 본성을 올바른 목적에로 인도하는 데 필요하기 때문이다.

후커는 인간은 이 세상에서 행복한 삶을 원한다고 한다. 행복한 삶이란 자기의 적성이 장애받지 않고 마음껏 발휘되는 곳에서 가능하다. 결국 서로간의 불화와 분쟁을 없애기 위해서는 공동의 권력을 세우고 그에 복종하도록 합의하는 방법밖에는 없다는 것이 명확해진다. 왜냐하면 그들이 합의한 주권자, 즉 그의 명령을 받도록 공동적 동의를 하기 전까지 그들의 대립과 고통, 불행과 오류는 끝이 없을 것이기 때문이다. 이러한 동의 없이는 그 누구도 자신을 타인의 지배자 또는 심판관으로 만들 수 없을 것이다. 환언하면, 모든 공적인 규칙이란 인간들 사이에 이 규칙이 편리하고 필요하다고 판단하게 된 신중한 조언, 상의, 타협의 산물이다.

그는 나아가 중앙정부의 권위를 지배자의 의지에 내맡긴다면, "한 사람의 의지에 의하여 살아가는 것이 모든 사람을 비참하게 한 원인이 된다"[3]는 것을 배울 것이라고 경고했다. 신이 모든 사람을 복종시키는 자연법에 의해서 인간의 전체사회를 명령하는 정당한 입법권은 동일한 전체사회에 속한다는 것이 온당하다. 따라서 군주와 어떤 권력가 — 정치적 집단은 물론 자산계급도 — 라도 이러한 입법권을 행사하려면 신으로부터 직접 개인적으로 받은 명시적 위임에 의하거나 또는 이 법의 적용을 받게 될 사람들의 동의에서 최초에 유래한 권위에 의하지 않고서는 입법권의 찬탈이 된다.[4] 그는

3) Ibid., p. 100.

4) Ibid., (Bk. I, ch. 10, 8.) "앞에서 정부권력에 대해서 말했던 것은 여기서 통치

말하기를, 법은 동의에 의해 효력을 갖게 된다고 한다. 동의가 없다면 우리는 어느 누구의 명령에 따라 살아갈 의무도 없다는 것이다. 그는 인민 전체의 동의를 말했지만 로크처럼 자산계급만의 동의를 지칭하지는 않았다.

Robert Filmer(?~1653)는 내전시기 인민주권이론에 반대하여 왕권의 정당성을 옹호했는데 내란의 과정에서 왕당파의 패배로 인해 그의 가부장론 「*Patriarcha*」(1650)는 별다른 관심을 끌지 못한 채 사라졌다. 그러나 1660년 왕정복고 그리고 1685년 가톨릭 James II의 왕위세습을 앞두고 그의 저작에 대한 관심이 커졌는데 그것은 그의 저술이 왕권의 세습에 대한 정통성의 논의뿐만 아니라 1600년 이래 자리잡아간 왕과 의회, 두 기관에 의한 주권의 행사라는 관행이 왕권에 의해 흡수될 위험에 처했기 때문이다.

따라서 필머의 「가부장론」(1679~80)은 다시금 세인의 관심을 끌어 출간되었으며 거기에는 ① 장자상속권에 따른 왕권의 정통성과, ② 영국의 헌법적 역사에 비추어 본 정통성의 논의가 실려 있다. 로크의 "반 필머론"은 ①에 관한 반박을 싣고 있으나, 필머가 제기한 합헌적 정통성의 주장인 ②에 대해서는 답변이 전혀 이루어지지 않은 채 필머의 논의가 희화화되고 있다. 그러나 필머에 의하면, 평민에게 의회가 Saxon 시기에는 없었지만 인민대표가 아닌 왕의 자비에 의해서 곧 왕의 허가에 의해서 Henry I 하의 의회의 한 부분이 될 수 있었다. 따라서 영국의 하원은 정통성의 원천이 아니라 왕권의 정통성의 상징이 되는 것이다.

필머는 인민주권이론을 전면적으로 도전하고 있다. 그는 인간성 그리고 법과 관습에 의해 형성되어온 헌법적 역사에 근거하여 인민

하는 수단이 되는 입법권에 대해서도 적용되어야 한다. 그 권한은 신이 모두에 대해 가지고 있으며, …"

주권, 인민의 동의, 사회계약, 저항권에 대하여 통렬한 반박을 하고 있다. 그리고 이러한 "인류의 자연적 자유"라는 의견이란 칼뱅의 「기독제도」에 유래한 것으로 왕을 "신민의 비난과 탈권에 드러내는" 것을 의도하고 있다는 것이다. 그리고 그는 모든 사람이 그들의 권리로 주장하거나 보유하고 있는 세습재산이나 자유의 세습보유에 나타난 증거들, 행위들 그리고 그들의 성격을 분석해 볼 것을 권유한다.5)

"자연적 자유"는 자연상태와 마찬가지로 철학적 단초이기 때문에, 그에 대한 역사적 고찰은 논의가 될 수밖에 없다. 그러나 필머가 지적한 것처럼, 철학적 관념을 가지고 기존의 제도를 비판할 수는 없으며 더구나 그에 대한 반란을 도모할 수는 없다. 그런 점에서 필머의 주장은 매우 설득력이 있다. 필머를 논박하려면 영국의 헌정사에서 인민의 동의나 인민주권이 언제 있었으며 누구에 의해 어떻게 찬탈되었는가를 역사의 자료에서 증명하지 않으면 안된다.

"자연적 자유"의 논의는 인민주권 내지 인민의 동의이론으로 이어진다. 곧 그는 monarchomachi 주의 교황세력인 벨라르미노(Bellarmino) 추기경을 인용하여 "세속적 [권력] 혹은 정치권력은 인간들에 의해 세워졌다. 인민들이 이 권력을 군주에게 증여하지 않는 한, 그것은 인민의 수중에 있다"고 한 인민주권론을 성서의 권위를 빌려 반박한다. 필머는 인민주권론 대신에, 허구적인 사회계약을 비난하고 국가권력 내지는 왕권이 "신적인 제도"임을 성서를 근거로 확인한다. 곧 하나님은 아담의 자손들에게 그들의 부모에 복종하라고 명하셨다.6)

---

5) "Patriarcha," in Peter Laslett, ed., *Patriarcha and Other Political Works of Sir Robert Filmer*(Oxford: Basil Blackwell, 1949), I(pp. 51~55).

6) Ibid., III.

> "국가권력은 일반적으로 신적인 제도일 뿐만 아니라 심지어는 이를 연장자 부모에게 특히 부여하였다. … 그리고 많은 사람들이 상상하듯이 왕과 인민들 간의 허구적인 계약과 같은 여지는 전혀 없다."

여기까지 그는 칼뱅, 벨라르미노 같은 폭군정벌론의 주장을 논박한 것이 아니라 홉스, 푸펜돌프 같은 사회계약론도 거부한 것을 알 수 있다. 그리고 성서와 헌정사에 근거한 정통성있는 상속의 문제로 넘어가는데 그것은 노아의 대홍수 이전까지 그리고 그 이후에 가부장, 즉 왕의 제도였다는 것이 필머 주장의 요지이다. 대홍수 이전에 그들의 명칭은 "part proye"였으며 그 이후에는 "Pater Patriae"로 불리우는데 모두 가부장의 의미로서 아버지들을 "상속한 자 혹은 [아버지의 권위를] 찬탈한 자"를 가리킨다.[7]

대홍수 이후에는 민족들의 소개(疏開)와 더불어 아버지들은 왕들이 되었다. 필머는 "너의 아버지를 영광되게 하라"는 십계명을 들어 왕권의 자연권을 인정한다. 즉 하느님의 말씀이 아버지의 권위를 완전히 받아들여 그에게 모든 권한을 준 것으로 그는 해석했다.

저항권에 대해서도 필머는 적법한 상속인에 대한 반란의 불법성을 논의한다. "자기상급자에 대한 저항이론에 반대한 그로티우스"에 대하여 그는 동의하면서, 그러나 그가 "누구나 자기 자신의 원하는 자에게 사적인 종복이 되는 것은 정당하다"는 주장에 대하여 인간의 "자유는 주인과 종복 사이에 이루어지는 종속에 반대되는 것이지만 아버지와 자식 사이[의 종속에]는 반대되는 것이 아니다"고 자유의 성격을 들어 반박하고 있다.[8]

또한 필머는 제주이트 이론가인 수아레즈에 대해서도 — 그는

---

7) Ibid., V.

8) Ibid., IX, 4.

벨라르미노 추기경과 비슷하게 자연의 자유상태를 주장했었다 — "언제 그들 [아담의 자손들]이 자유롭게 되었는가?" 묻는다. 이 허망한 "자연적 자유"라는 교의에 속아서 "자기 군주에 대한 배반자가 되면서 조국의 순교자가 되려고" 하는 위험한 선동의 계절을 그는 두려워했다. 그리고 사람들이 그로티우스처럼 "커다란 그리고 확실한 위험"이라고 부르는 내란의 원인에 대하여 심판관이 되려고 나서는 것을 우려했다.

그에게 아리스토텔레스는 유일한 위안이었다. "아리스토텔레스는 왕권의 권위를 부성(父性)에서 찾아냄으로써 성서와 일치한다"고 그는 만족해했다.[9] 그는 인간성의 역사에서 선량한 제왕들이 살해된 숫한 사례를 보았으며, 민주정의 이름으로 지도자의 배신도 다반사였음을 상기시켰다. 그리고 왕권의 행사는 실정법을 결코 침해하지 않는다고 주장한다. 그가 사상사에서 잊혀진 것은 단지 패배한 왕권을 옹호해서만이 아니었다. 그것 때문이라면, 그는 1650년대에 책의 출판과 함께 잊혀졌지만, 1670년대 후반부터 관심을 끌 수도 있었다. 그가 진정으로 잊혀진 것은 그가 다루는 주제의 철학적, 사상사적 함의에 대한 침착하고 깊이 들어가는 탐색보다도 항상 즐겨쓰는 "기사"(knight)답게 사상사의 주요한 쟁점을 일거에 정리하려는 그의 성급한 용기의 탓일 것이다.

9) Ibid., XII.

제 2 절 잊혀진 대안: 제라드 윈스탄리와 기독공산제

1. 서 론

우리가 사상사를 다루는 가운데 잊혀진 사상가, '작은' 사상가를 다룰 이유는 어디에 있는가? 누구나 작은 사상가들에게 관심을 가질 이유가 없기 때문에 사상가의 계열에서 '경계적'이라 할 수 있는, 그리고 그의 시대에 별다른 영향을 지성사에서 끼칠 수 없었던 인물을 다루는 데는 어떤 합리적인 근거가 제시될 필요가 있다.

물론 어떤 사상가, 예컨대 플라톤 시대에 방대한 「제국주의」를 썼던 이소크라테스(Isocrates)는 그의 저작이 온전히 남았다는 행운 때문에, 실재(eidos)의 환상을 극화시켰던 플로티누스(Plotinus)는 플라톤주의의 마지막 재현으로 학문적 관심을 끌 수 있었다. 그러나 이들은 사상사의 계열에서는 그 어디에서도 많은 지면을 할애받기는커녕 이름이라도 거론되는 것으로 만족해야 할 형편이다.

윈스탄리는 어떤가? 영국내전이 대사상가들에게 드러낸 심오한 문제와 동등한 사회적 가치를 지닌 문제를 그의 사상이 붙들어냈다는 점에서 그는 사상가의 대열에 참여할 수 있게 되었다.

곧 영국내전은 사상가들에게 상이한 주요 관심사를 갖게 했다. 홉스가 혼란을 벗어나 질서와 평화를 추구했다면, 로크는 정치권력의 정당성을 소유계급의 옹호에서 찾고 있다. 그와 대조적으로 역사의 뒤안길에 묻힌 이 시대의 사상가 윈스탄리는 대부분의 민중이 직면했던 사회 속의 삶의 요구를 그의 주요 관심사로 삼았던 것이다.

윈스탄리의 진보적 구상은 일찍이 사회민주주의자인 베른슈타인의 「영국대혁명의 사회주의와 민주주의」(1895)에서도 잘 나타난다.[10] 누군가는 19세기에 와서야 가능하게 된 '사회주의'의 이름을 그의 사상에 붙이는 해석의 확장에 대해서 이의를 제기할 수도 있겠다. 베른슈타인도 윈스탄리가 "'경작파운동'의 실패 이후에 퀘이커교도(Quakers)의 급진신앙분파로"[11] 은퇴한 사실을 지적하고 있다. 그러나 그가 윈스탄리의 주저작의 하나인「버킹햄샤이어에 빛나는 빛」(1648)을 십년 뒤의 은퇴시기로 잘못 확인하고 있는 것은 윈스탄리의 전체사상을 종교적 분파의 구상으로 전락시키고 있음을 보여준다.

사상은 그의 시대, 사회경제적 조건을 떠날 수 없다. 그러나 이 평범한 사실에 도전이라도 하듯 베렌스(Lewis Berens)는 "17세기에 윈스탄리가 발견하고 선언한 것을 19세기에 헨리 조지가 재발견하고 다시 선언했다"[12]고 주장한다. 그의 해석은 마치 윈스탄리의 사상에 담긴 새로운 내용을 찾아내자마자 이를 헨리 조지를 위해 묻어버리는 데 열중한 느낌을 준다. 베렌스 해석의 변종인 토마스(Keith Thomas)에 따르면, 윈스탄리는 "공산주의라기보다는 농촌평등사상을 옹호했다."[13] 즉 그의 해석은 기독공산주의 유토피아의 가능성을 배제한다. 윈스탄리의 저작을 방대한 전집으로 묶는 데 성공한 세바인(George Sabine)마저도 윈스탄리의 사상을 '정치적·종교적 은거주의(quietism)'와 20세기의 의미를 함축한 '공산주의'로 나누고

---

10) Eduard Bernstein, *Cromwell and Communism: Socialism and Democracy in the Great English Revolution*, H. J. Stenning trans.(N.Y.: M. Kelly, 1963), ch. 9~10, pp. 105~132.

11) Ibid., p. 108, 132. 물론 윈스탄리는 후에 퀘이커교도로 살다가 죽었다. Richard Vann, "The Later Life of Gerrard Winstanley," *Journal of the History of Ideas*, vol. XXVI, no. 1(Jan.~March 1965), p. 135.

12) Lewis Berens, *The Digger Movement*(London: Holland Press and Merlin Press, 1961), p. 229.

13) Keith Thomas, "Another Digger Broadside," *Past and Present*, no. 42(Feb. 1969), p. 60.

있다.[14] 사실은 오히려 델(Edmund Dell)의 해석에 더 가까울 것이다. 즉 "사회가 그[윈스탄리]에게 부과한 한계는 17세기의 것들이지 19세기나 20세기에 속하는 것들이 아니다."[15] 세바인의 해석은 윈스탄리사상에 대한 분석적 기능을 담당할 수 있을 것이다. 곧 델의 주장처럼 윈스탄리의 사상은 17세기의 산물인 것이 사실이지만, 거기에 담긴 종교적 이론과 사회이론의 요소를 구분해내는 것이 필요할 뿐만 아니라,[16] 나아가 양자의 관계를 살펴보는 것이 중요하다.

윈스탄리에 대한 마르크스주의적 해석에서도 상이한 입장들이 엿보인다. 즉 엘먼(Paul Elmen)은 "유물론적 역사가들은 경작파의 경제적 주장을 하부구조로 그리고 이의 신학적 언어를 상부구조로 보며 … 후자는 전자를 밝히는 데 도움이 되는 한에서 관심을 끌 뿐이다"[17]라고 지적한다. 그러나 그의 언어가 기껏 비과학적인 절충주의의 표현임을 물론이다. 즉 진정한 마르크스주의자는 경제적 구상을 결코 물질적 존재와 혼동하지 않으며, 마르크스주의적 해석의 대상이 되는 다양한 구상에 깔려 있는 그 어떤 공통분모도 있을 수 없는 것이다. 엘먼의 입장은 아마도 지식사회학의 전통에서는 더 적의할 수 있다. 왜냐하면 만하임(Karl Manheim)이 말하는 것처럼 지식사회학의 입장에서 보면 "도덕과 윤리 자체가 어떤 일정한 상황에 의해 조건지어져 있으며"[18] 이 상황의 규정요소에는 사회 내의

14) George Sabine, "Introduction," in his ed., *The Works of Gerrard Winstanley*(Ithaca, N. Y.: Cornell Univ. Press, 1941), pp. 49, 58.

15) Edmund Dell, "Gerrard Winstanley and the Diggers," *The Modern Quarterly*, vol. 4, no. 2(Spring 1949), p. 140.

16) Paul Elmen, "The Theological Basis of Digger Communism," *Church History*, vol. XXIII, no. 3(Sept. 1954), pp. 207~218; Sabine, "Introduction," Ibid.

17) P. Elmen, op. cit., p. 208.

18) Karl Manheim, *Ideology and Utopia: An Introduction to the Sociology of Knowledge*(London: Kegan Paul, Trench, Trubner and Co., 1936), p. 72.

사실은 물론 구상이 포함되기 때문이다.

마르크스주의적 해석에 더 가까운 것은 피터고르스키(David Petergorsky)의 입장이다. 윈스탄리의 사상, 즉 "그의 공산주의는 불가피한 역사적 발전의 산물일 뿐 아니라 정의와 도덕의 근본원리로서 인식되었다"[19]고 그는 이해한다. 여기서 사실의 역사적 한계와 구상의 보편성이 합치하고 있다.

우리는 구상과 사실을 구분하는 데서 출발점을 찾아야 한다. 제아무리 현대의 사고에 친숙한, 따라서 보편적이라는 인상을 주는 구상이라고 할지라도, 그것은 사실의 영역에 들어올 수는 없다. 그러므로 토대에 근접한 경제적 사상이 사실의 반영 이상일 수 없는 것이다. 만약 우리가 윈스탄리의 사상에서 역사의 진보관념을 찾아낼 수 있다면, 그것은 순전히 물질적 부의 생산능력이 인간성의 실현조건으로 발전한 단계에서 의로운 정신이 지식으로 받아들여질 만큼 보편화된 데 기인하는 것이다. 물론 이러한 견해는 예컨대 뒤르껭(Emile Durkheim)의 주장에 전면적으로 맞선다. 구상이 사회적 현실의 구성부분을 이룬다면 그것은 일종의 사회적 사실이 된다고 보고 있는 그는 "사회적 사실의 규정적 원인은, 개별의식의 상태에서가 아니라, 이에 선행하는 사회적 사실들에서 찾아져야 한다"[20]고 주장한다. 그러나 이와 같은 언어의 신비는 다음 구절, 즉 "사회적 사물들은… 심성에 담겨 있는, 아마도 내재적인 구상들의 가시적인 표현태에 다름아닌 것이 된다"[21]는 그의 고백에서 그 알맹이를 드러낸다.

---

19) David Petergorsky, *Left-wing Democracy in the English Civil War: A Study of Social Philosophy of Gerrard Winstanley*(London: Gallancz. Ltd., 1940), p. 151.

20) Emile Durkheim, *The Rules of Sociological Method*(N. Y.: Free Press, 1964), p. 110.

21) Ibid., p. 17.

2. 경작파운동의 구상들

윈스탄리의 사상은 공산주의적 사상의 역사계열에서 나타난 최초의 것도, 독특한 것도 아니다. 그의 사상이 비록 신학적 언어의 외피에 훼손되고는 있지만, 그가 사회적 삶의 근본적인 필요성을 명백하고 직접적인 방식으로 제기하고 있다는 점에서 그것은 영국내전이라는 사회변혁의 격동기가 노출시킨 하나의 주요한 조건을 붙들고 있다.

윈스탄리는 단순히 강단의 설교자는 아니었다. 그 스스로 당시 무수한 빈민대중의 실험대이었음이 분명한 경작파운동을 처음에 써리(Surry)의 성 조지언덕(St. George's Hill)에서 참여했으며 뒤에 허트포드샤이어(Hertfordshire)의 피르턴(Pirton)에서 계속했다. 1649년 4월 1일에서 1650년 말에 이르는 이 기간,[22] 해체중인 수많은 공유지를 둘러싸고 사적 영유권을 확보하려는 자유토지보유자(freeholder), 이에 점유를 통해 잠식해 들어간 임차자본가(tenant-capitalist), 그리고 과거처럼 이에 삶의 터전을 확보하려던 '자유'빈민대중의 치열한 사회적 계급투쟁의 현장이 실연되었음은 물론이다.

당시 영국의 국가권력은 민중들의 자연발생적인 생존권투쟁에 경악했다. 신흥소유계급의 이익을 옹호하기 위해서도 이들 지배집단은 어떻게든 이에 대처하지 않을 수 없었던 것이다. 성 조지언덕에서 일어난 집단적 경작운동은 군권의 차석인 페어팩스 경에게 보고된 국가회의의 내용에서 잘 드러난다.[23]

---

22) 이 운동의 종식시점은 알려지지 않고 있으나 1650년 후반인 듯하다. Vann, op. cit., p. 133. "윈스탄리는 1650년 늦여름과 가을을 … 허트포드샤이어의 피르턴에서 보냈다." Paul Hardacre, "Gerrard Winstanley in 1650," *Huntington Library Quarterly*, vol. XXII, no. 4(Aug. 1959), Notes and Documents, pp. 345~349; Harry Rusche, "Prophecies and Propaganda, 1641 to 1651," *The English Historical Journal*, vol. LXXXIV, no. 333(Oct. 1969), p. 764.

23) Lord Fairfax에게 보내는 Council of the State의 공한(1649년 4월 16일), in

"오트랜드지역에서 그리 멀리 떨어지지 않은, 성 조지언덕이라 불리는 장소에 무질서하고 소란한 군중이 모여들었다. 그들이 거기에 모이게 된 근거로 공언하고 있는 것이란, 매우 우스꽝스러울지도 모르겠으나 군중의 합류는 더 커다란 위험한 결과로 발전하여 공화국의 평화와 안정을 교란하는 데 이를 수도 있는 시발점이 되고 있다."

국가회의가 우려한 것은 모여든 군중의 수나 이들이 의존하는 수단이 아니었다. 그들은 기껏 30~40명에 불과한, 삽을 든 무지렁이였다. 경작파의 출현이 있자마자, 이 운동의 역사적 성격을 정확히 파악한 국가권력은 지배집단에 대한 사회적 폭발로 발전하기 이전에 이를 진압할 필요가 있었던 것이다. 곧 이 운동은 사회의 저변을 이루는 광범한 무산대중의 이익을 자연적으로 대변하고 있었다. 당시의 통신수준을 고려할 때, 국가회의의 요청에 따라 보고서를 작성한 대위가 페어팩스 경에게 보낸 보고서가 요청한 시점에서 불과 3일 만에 접수됐다는 사실은 사안의 긴급성을 말해준다.[24] 그러나 국가회의는 일년이 지난 뒤에도 여전히 "이들[경작파]에 대응하여 효율적으로 진행할 필요성"[25]을 인정하고 있다. 즉 운동은 이 시기 여기저기서 자연발생적으로 일어나고 소멸하였던 것이다.

찰스 1세는 자신과 공화파가 서로 인민의 편임을 주장하는 가운데 1649년 1월 30일 교수형에 처해졌다. 그는 자신의 적들이 "왕국의 평화를 가져올 올바른 길을 취할 것"[26]을 바랐다. 뒤이어 4월

C. H. Firth(ed.), *The Clarke Papers: Selections from the Papers of William Clarke*(London: Printed for Camden Society, 1894), vol. II, pp. 209~210.

24) Ibid, pp. 211~212.

25) *Calender of State Papers*, 1650년 4월 15일(Domestic, Green, 106). Berens, op. cit., p. 159에서 재인용.

26) Godfrey Davies, *The Early Stuarts*, 1603~1660(Oxord: Clarendon, 1937), p. 155.

19일에는 "영국 인민은 … 이에 의해서 공동의 복지와 자유국가에로 구성되고 만들어지고 세워지고 확인되는"[27] 법이 발효되었다. 절대 다수의 민중이 내전에 참여했던 것은 지배집단의 교체가 인민의 억압상태에 근본적인 변화를 가져올 것을 기대했기 때문이었다. 그것은 '인민합의서'(1648. 1. 15)에서도 조야한 형태였지만 명확히 나타나 있다.[28]

> "… 상당수의 우리 동포가 자신의 선을 이해한다면 이 분쟁에서 우리에 반대한다는 일이란 상상할 수 없기 때문에, 우리의 공통의 권리와 자유가 명확할 때 우리의 주인으로 되려는 그들의 시도는 실망스럽게 될 것이다."

억압이 배제된 사회, 주인이 자기 위에서 지배하는 시대가 과거가 되어 버린 사회를 인민[29]은 요구했다. 그러나 이들 수평파(Levellers)의 주장이 민중을 배제한 소생산자의 이익을 대변하는 방식으로 구체화했을 때 국가권력에 의한 이들의 지도자인 수많은 교도하사관(agitators)의 처형을 저지할 수 없었다. 정치적 투쟁에서 밀려난, 그러나 삶의 투쟁에서 양보할 것이 없었던 빈민대중은 경작파 운동으로 다시 재연되었다.

윈스탄리는 생계를 생산할 수 있는 수단을 요구했다. 인간에게 생명을 준 자는 이 세상을 즐길 생존권(birth-right)도 주지 않을 수 없다고 그는 논리화한다. 페어팩스 경을 면담한 1649년 4월 20일 윈스탄리는 같이 간 윌리엄 에버라드와 함께 다음을 주장했다.[30]

---

27) S. R. Gardiner, *The Constitutional Documents of the Puritan Revolution, 1628~1660*(Oxford: Clarendon, 1889), p. 297.

28) Ibid., p. 270.

29) 인민(people)의 용어사용에 관하여, 특히 C. B. Macpherson, *The Real World of Democracy*(Oxford: Clarendon, 1966)를 참고하라.

30) Bulstrode Whitelock, *Memorials of the English Affairs from the Beginning*

> "신의 자식인 인민은 독재와 억압 아래 살아왔다. … 그리고 신은 그의 인민에게 이 노예제를 벗어나 이 세상의 과실과 이익을 즐길 자유를 회복해줄 것이다. … 그들이 했던 바는 이 세상의 과실을 즐기는 고대의 공동체를 재생시키며 이로써 가난하고 부족한 자들에게 이익을 나눠주며 배고픈 자를 먹이고 헐벗은 자를 입히는 것이었다."
>
> "… 그들은 어느 누구의 소유권에도 끼여들 의사가 없으며 어느 말뚝이나 울타리도 제거하려는 것이 아니었다. 단지 공유지로서 경작되지 않는 것에만 관여하여 사람이 사용하는 데 유익하게 하려는 것이었다. 그리고 모든 사람이 기꺼이 와서 노력과 재산을 포기하고 자기들의 공동체에 따를 시기가 갑자기 도래할 것이다.
>
> 그리고 와서 일하려는 자는 고기와 마실 것과 옷들을 가지게 될 것이다. 인간의 삶에 필요한 모두는 바로 이런 것들이며, 돈이란 아무 필요도 없는 것이었다. …"

이들 구상은 에버라드에 돌려지고 있지만, 윈스탄리의 사상과 합치하고 있다. 그들의 생각이 어디까지 상이했는지, 그리고 윈스탄리의 사상의 발전이 내부의 변화를 수반하는지는 알 수 없는 문제이다. 어떤 부분은 뒤에 더 구체화하고, 또 어떤 부분은 추가되기도 했다. 그러나 윈스탄리의 주장은 대체로 다음 여섯 가지의 내용으로 정리될 수 있다.

(1) 사회적 부, 즉 생산수단은 물론 과도한 생계수단은 사회의 공동자산으로 소유된다. 그는 토지를 공동적 재부의 주 요소로 언급한다. 토지가 사회적 부의 기본형태이었던 이 시기에 그의 주장은 이해될 수 있으며, 그가 단순한 농업개혁가로 왜곡될 수는 없는 일이다. 그가 화폐를 폐절하고자 했던 것은 축적수단으로, 그 결과 억

---

of the Reign of the Charles the First to the Happy Restoration of King Charles the Second, 4 vols.(Oxford: Univ. Press, 1853), vol. III, pp. 18~19.

압수단으로 변형되기 때문이다. 직접적으로 사용가치를 충족시켜줄 수 있는 작은 토지에 근거를 둔 가족제도를 그가 옹호했던 것을 생각하면, 그에게 교환수단으로서 화폐까지도 그 기능이 매우 제한적일 수밖에 없었을 것이다.

⑵ 그가 최소한 일정기간 동안이라도 일부일처제도를 유지하는 것이 바람직하다고 생각했던 것은 사회윤리, 특권, 교육, 결혼에 나타나는 기존의 성차별을 먼저 폐지할 필요에서였다. 윈스탄리는 성적 자유를 옹호했지만 랜터(Ranters)들처럼 극단적인 여성공동체에는 반대하였다. 가정 내에서 상대의 성을 독점하는 성소유적 관계를 대체할 새로운 공동적 삶의 양식은 어느 정도 랜터교파에 근접하는 내용이었겠지만, 그는 사회의 비난을 고려했었다.

⑶ 사회적 계급간의 대립이 일상화한 시대에 정의의 최대기준이 공동부양이라고 주장함으로써, 그는 민중의 편에 섰다. 사회에 앞서 자신의 계급적 이익을 충족시키는 수단은 바로 사회적 부의 사유화·독점에 있다고 그는 보았다.

⑷ 생산적 노동에 관련되지 않고서는 인간생활은 부도덕한 것이라고 그는 주장한다. 남에게 도움을 주는 노동을 하지 않고서 인간은 살 권리가 없다. 또한 노동의 사회적 기반은 존재하지 아니한다. 그의 공동체 안에서는 노동하지 않는 사회적 상층계급은 제거된다.

⑸ 사회생활의 경제적 대립은 사라지더라도 다른 대립요소는 존재하기 때문에, 사회적 조화의 필요성은 "너무 많은 논의"[31]의 자유를 제한해야 한다고 그는 말한다. 사회의 노동분화는 그 결과가 평등정신에 위배되지 않는 범위에서 발전될 수 있다고 그는 생각한다.

---

31) Sabine, op. cit., pp. 223~224.

(6) 억압에서 공동이익의 사회로 이행하는 동안 사회가 비폭력에 의존하기를 그는 바란다. 그가 보기에 지금까지의 사회란 노동계급에 대한 비노동계급의 억압·착취를 기초로 하였다. 한 계급이 생산수단을 소유하고 다른 계급이 이에서 배제되어 노예제를 받아들이지 않을 수 없는 이상, 이들 계급간의 공동이익이나 사회적 조화란 환상일 수밖에 없다고 그는 생각했다.

윈스탄리의 공산적 공동체는 확실히 하나의 유토피아였다. 그 스스로도 자신의 기독공산제사회는 지배계급이 수용하지 않는 한 비현실적이라고 생각했다.[32] 그의 후기저작은 유토피아의 실현을 위해 크롬웰을 설득하려는 그의 시도를 담고 있다. 구상의 윤리적 가치는 그의 시대에 실현의 역사적 조건을 가지고 있지 않았다.

그의 구상에는 몇 가지 결함도 있었다. 예컨대 인간이성이 상이한 조건 위에 선 다양한 개인들에게서 동일한 결론을 이끌어낼 것이라고 생각했던 것은 놀라운 일이다. 곧 "모든 사람에게 자기가 대접받고자 하는 바대로 행동할 것을, 즉 서로 사랑하면서 살고 모두와 평화로이 지낼 것을… 가르쳐주는 이성의 원리가 있다"[33]고 그는 믿었다. 현실에 있어서는 상이한 경제적 이해에도 불구하고 이들을 함께 행동하도록 해주는 '이성'의 보장이 있다는 것이다.

윈스탄리는 자신의 주장이 논리적 타당성보다도 신 또는 성서에의 적합성에서 진리라고 생각했다. 그에게 진정한 지식이란 신의 진실성 문제가 된다. 그러나 그의 신 관념은 상이하게 이해될 수 있다. 힐(Hill)과 델은 윈스탄리가 모든 사물에 보이는 정신을 신이라

---

32) 힐의 용어를 빌리면, 윈스탄리는 사회적 세력들을 초월하려고 했다. Christopher Hill, *The World Turned Upside Down: Radical Ideas during the English Revolution*(N. Y.: The Viking Press, 1972), p. 275.

33) Thomas, op. cit., p. 63.

부르고 있는 데 유의한 반면, 토마스와 피터고르스키는 윈스탄리 자신의 원칙에 대한 상징적 표현일 뿐이라고 보고 있다.[34] 그에게 있어서 사회적 타당성의 문제란 기독교의 신앙에서 분리될 수 있겠지만, 신은 그의 사회적 타당성의 전제를 이루고 있다. 그는 유물론적이었지만, 그의 사상은 유물론에서 거리가 멀다. 즉 사회적 조건이 인간의 탐욕과 경쟁의 원인이라고 그가 말했을 때, 유물론적인 인상을 준다. 그러나 이 조건의 산물인 인간이 자신의 원인을 기꺼이 변형시킬 것을 바랐을 때 그의 사고는 순환론적이었던 것이다.

구상은 사회적 조건에서 가능한 사상으로 변형된다. 사회적 부도덕과 억압에 반대하여 그가 보여준 그칠 줄 모르는 노동에 대한 열정은 일정한 사회적 조건에서 체제의 이익을 지속시키는 다른 윤리의 형태로 흡수되고 만다. 영국 부르주아지 주도의 산업성장이 가져온 폭발적인 노동수요는 마치도 무수한 벌레처럼 윈스탄리의 '노동절규'라는 뜨거운 피에서 기어나왔던 것이다.

3. 공동보존의 평화사상

동일한 어휘는 상이한 뜻을 지니고 사상가에게 다가온다. '평화'가 그 한 예다. 홉스가 평화를 전쟁의 부재라고 이해했다면 윈스탄리도 마찬가지이다. 그러나 홉스가 평화를 전쟁의 위협을 억제할 수 있는 공동권력의 문제로 구체화하고 있다면, 그것은 평화의 기초를 인간의 심장에 심어줄 수 있는 공포에서 찾고 있다. 그에 비하여 윈스탄리는 공동권력이 불러들일 공포란 아무런 필요가 없다고 생각한다. 오히려 인간들 간의 사회적 불평등이 만들어낸 모든 부담을

34) Hill, op. cit., p. 236; Dell, op. cit., p. 131; Thomas, op. cit. p. 58; Petergorsky, op. cit., p. 179.

제거하고 "피억압인민을 구제할"[35] 것이 공동권력의 임무이다. 홉스를 향하여 윈스탄리는 다음과 같이 이야기했을 만하다.[36]

> "그리고 여전히 여기 혼란이 있고 그 때문에 묘한 어둠의 정신이 퍼져나가 인민에게 말하기를, 너희는 모두 위에 하나의 왕을 만들고 그가 법을 만들고 모든 사람이 그에게 복종하게 해야 된다고, 그리고 인민이 그에 동의했을 때 그들은 자기의 자유를 포기하고 자기들 위에 억압을 세웠다."
>
> "너는 우리가 지배자의 신민이어야 한다고 말할 것이다. 그것은 옳다. 그러나 지배자가 이 세상을 자기의 것이며 우리의 것이 아니라고 하는 고통을 받으려고 옳다는 것은 아니다. 왜냐하면 그렇게 하면 그들은 자기의 신탁을 배신하고 독재의 행렬에 들게 되고, 우리는 우리의 자유를 잃고 이로부터 적의와 전쟁이 일어난다."

홉스가 평화의 보장책이라고 보았던 공동권력의 형성은 윈스탄리에게는 오히려 억압과 전쟁의 출발점이다. 공동권력을 틀어쥔 집단은 경제적 노예상태와 정치적 압제를 평화스러운 인민에게 강요하고 있다. 윈스탄리에게 시금석은 사유재산이었다. 체제가 사유재산을 옹호한다면 그것은 '왕의 정부'이다. '왕의 정부', '왕의 권력', '왕의 원리'는 전쟁의 원인이며, 사회의 '병든' 형태이다.[37]

> "그리고 실로 이 폭정은, 모든 민족에게서 지금처럼 자주, 모든 전쟁과 다툼의 원인, 그리고 정부가 하나를 다른 하나로부터 이 세상을 배제시키는 원인이다. 그리고 이[왕의] 정부를 호의로 보더라도 그것은 병든 정부이다."

윈스탄리에게 평화의 문제는 곧 전쟁과 불화의 원인인 사유재

35) Sabine, op. cit., p. 556.
36) Ibid., pp. 508, 537.
37) Ibid., pp. 529, 537.

산제도의 폐절의 문제가 된다. 왜냐하면 평화는 사회의 정적(靜寂)과 동의어가 아니기 때문이다. 오히려 적극적으로 모든 사람이 필수품을 충족할 수 있는 환경에서만 평화가 이룩될 수 있는 것이다. 평화는 사회지배에 순종하는 가운데 있는 것이 아니다. 오히려 폭력의 제도화, 즉 구조적 폭력 아래 피억압인민의 평화가 짓밟히고 있는 상황이다. 그러므로 윈스탄리는 평화가 형식적인 전쟁의 부재가 아닌, 전쟁으로 이끄는 내용의 부재, 즉 어떤 구체적인 조건과 상황에서 실현되는 또 하나의 내용을 의미한다고 보았다. 그것은 종(種)으로서 인간의[38] 삶을 보장하는 조건을 전제한다. 사유재산, 그것의 결과로서 경제적 불평등과 사회적 예속화 아래서 평화는 없다. 사적 자유인과 사회적 예속인 사이에는 평화가 없기 때문이다.[39]

> "형이 이 세상의 지주가 되고 동생은 종이 되는 것이 진정한 자유라고 남들은 말한다. 그러나 이것은 반쪽만의 자유일 뿐, 불평과 다툼과 전쟁을 낳는다."
>
> "이 모든 것 그리고 그러한 것들은 자유이다. 그러나 이들은 예속화로 이끌며, 국가를 평화로 안정시키는 진정한 기초자유는 아니다."
>
> "진정한 국가의 자유는 이 세상의 자유로운 향유에 있다. 진정한 자유[40]는 인간이 자신의 보존과 부양을 받는 데, 즉 이 세상의 땅을 사용하는 데 있다. … 이들[자연의 물질들] 없이 인간은 살 수 없다. 왜냐하면 이들의 자유로운 사용을 빼앗아보라. 그러면 몸은

---

38) 초기 마르크스의 종적 존재(Gattungswesen)로서 인간의 본질이 여기서 맹아적 형태를 취하고 있다.

39) Sabine, op. cit., pp. 260, 275, 519~520.

40) "만약 그대가 진정한 자유(true freedom)가 무엇인지 알고자 한다면 여기에 쓴, 그리고 다른 나의 글들을 읽어보라. 그러면 그대는 진정한 자유가 정신의 공동체에 있다는 것, 이 지상의 보고(寶庫)를 함께 쓸 공동체에 있다는 것을 알게 될 것이다." Ibid., p. 317. 그의 자유는 개인의 자유가 아닌, 전체사회의 자유, 즉 사회적 부의 공유에 있었다.

물러지고 정신은 예속된다. …”

홉스의 ‘평화’는 윈스탄리의 ‘노예제’와 같다. 현실세계에서 한 사람의 자유의 확장은, 자유주의적인 ‘소극적 자유’ 개념에서 볼 때, 다른 사람의 희생 아래서만 가능하다. 하나의 자유의 조건은 다른 하나의 노예제 수용에 서 있게 된다. 이러한 논리는 이미 1647년 “당신들의 노예제는 그들의 자유이며, 당신들의 빈곤은 그들의 번영이다”라고 주장했던 클라크슨(Clarkson)의 말에서도 잘 나타난다.[41] 그렇다면 홉스와 윈스탄리는 각각 상이한 계급이익을 반영하고 있었던 것이다.[42]

> “… 영국의 국토는 이제 자유로운 국토이며 모든 영국의 자손에게 개방된 공동보고이다. 그렇지 않다면 이 나라는 정당하게 ‘공동의 복지’국가라고 불릴 수 없다.”
>
> “… 억압이 형제들에게 부과된다면 거기에는 공동복지의 정부가 없으며 여전히 왕의 정부가 있을 뿐이다. …”
>
> “나의 판단에 참으로 의로움의 공동체를 요구한다는 것은 곧 이 세상을 모든 왕의 예속화, 장원의 영주들, 억압적인 지주들, 즉 정복에 의해서 있게 된 세력으로부터 자유를 얻게 하는 것에 있다.”

윈스탄리가 자유와 평화가 가능하다고 보았던 공산제사회는 결코 시도되거나, 실현되지 않았다.[43] 왜냐하면 국가권력을 그대로 두고 버려진 공유지에 삽질하는 것으로서 사회의 건설이라고 불릴 수 없기 때문이다. 그러나 이 사회는 마치 원시기독교의 공산제사회가 역사적인 것인 양 생각되고 있다. 그에 의하면, 공동복지국가는 “부자, 현자, 강자는 물론 피억압자, 약자, 촌뜨기에게 식료를 주는” 때

---

41) Hill, op. cit., p. 172에서 재인용.

42) Sabine, op. cit., pp. 323, 526, 533; *The Clarke Papers*, vol. II, p. 219.

43) Sabine, op. cit., pp. 515, 537.

에만 그 이름에 합당하다. 공동복지 국가에서는 축적을 위한 상품교환이나 전쟁준비는 사라진다. 공동복지정부는 "칼과 창을 갈퀴와 쟁기로 벼리는" 반면, 왕의 정부는 "갈퀴와 쟁기를 창, 총, 칼 등 전쟁무기로" 변형시키기 때문이다.[44)]

모든 정의와 권리의 기초는 공동보존이다. 홉스의 정치사회가 원자적 개인을 단위로 이루어졌다면, 가계의 분석단위가 지니는 공동의 정신을 전 사회로 확장시키는 논리를 우리는 윈스탄리에게서 본다. 비록 홉스의 분석단위가 통상의 해석과는 달리 "가족이라는 사회적 단위로 구성되어"[45)] 있다고 양보하더라도 거기에서 소사회 구성원 간의 상호의존의 정신을 찾아보기는 어렵다. 윈스탄리의 경우는 다르다.[46)]

> "권좌의 원래적 뿌리는 공동보존이며, 처음에 그것은 사적인 가족에서 일어났다. …
>
> 그[아담]의 가족의 공동보존과 평화를 위해 지구의 땅에 곡물을 심어야 할, 필요의 법칙은 아담의 올바른 규칙과 법이었다. 그리고 이 법은 그의 인민들 가슴속에 너무도 명백히 씌어 있었기 때문에 그가 이 목적을 가지고 한 말에 모두가 조용히 동의했던 것이다.
>
> 따라서 아담의 의지만이 아니라 그의 인민의 의지도 마찬가지로 공동보존, 평화, 자유의 법칙이 아담과 그의 가족을 지배한 올바른 법이었다."

우리는 여기서 윈스탄리가 공동이익에 근거를 둔 공동의지를 상정하고 있음을 본다. 이 공동체적인 관점은 최대한 확장될 때 종

---

44) Ibid., pp. 513, 529, 533.

45) Gordon Schochet, "Thomas Hobbes on the Family and the State of Nature," *Political Science Quarterly*, vol. LXXXII, no. 3(Sept. 1967), p. 437.

46) Sabine, op. cit., p. 536.

(種)으로서 인류공동체에서 완결된다. 종교로까지 고양된 진리는 바로 삶의 요구를 충족시킬 수 있는 사회의 건설에 있었던 것이다.[47)]

> "진정한, 더럽혀지지 않은 종교는 곧 과거에 정복의 힘으로 공동의 인민에게서 빼앗아 유지해온 지구의 땅을 반환하는 데 있으며 그렇게 해서 억압받아온 자를 자유롭게 하는 데 있다."

4. 예속화와 자유

윈스탄리의 기독공산제사상은 기존제도의 억압성, 예속화를 더욱 선명히 대조시킨다. 그러나 그것은 단순히 사유재산제도에 한정되지는 않는다.[48)] 오히려 이를 가능케 하는 반사회적인 심성, 관념, 태도를 그는 문제삼는다. 즉 두 종류의 예속화가 이 세계에 있다고 보고 있다. 내적 예속화는 탐욕, 질투, 불결한 욕정, 상상, 위선과 자애 등이다.[49)] 이들은 인간의 심성에 숨어 있는 보이지 않는 적들이라고 할 수 있다. 공동복지를 지향하는 국가는 이의 축출을 시도하겠지만, 그 결과 얼마나 성공을 거둘지는 의문이다.

내적 예속화의 대칭개념은 외적 예속화이다. 이 제도적 예속상태는 바로 '왕의 정부'의 징표이며, 지배계급을 위해 인민을 예속화하는 사회이다. 거기에는 계급간에 끊임없는 내전이 있다. 이들 지배계급에는 지주, 변호사, 성직자, 군인뿐만 아니라 구법, 종교, 사유재산제도가 포함되고 있다.[50)]

---

47) Ibid., p. 373.

48) 이러한 해석은 그가 사회를 경직된 이분화의 시각으로 보는 데서 도출된다. "이들 두 개[사회, 즉 공동복지국가와 왕의 정부] 사이에 중간의 길은 없다." Ibid., p. 513.

49) Ibid., p. 174.

50) "The Diggers Song," in *The Clarke Papers*, vol. II, pp. 221~224; Sabine, op. cit., pp. 663~664. 구법(old laws)의 성격에 관해서는 Ibid., pp. 505, 586;

실제에 있어서는 내적 예속화는 실현조건의 매개변수를 통해 존재할 수 있다. 역으로, 그것은 인성에 내재적인 본성이 아니라 외적 예속화의 제도들이 일으키는 수준의 것들이다.[51]

> "탐욕, 자부심, 위선, 질투, 슬픔, 공포, 절망 그리고 광포와 같은 심성의 내적 예속화는 모두가 한 부류의 인간이 다른 부류에 부과하는 외적 예속화에 의해서 일으켜지고 있다."

독점이 창출한 사회적 결핍현상은 인간의 고통을 불필요하게 확대하며 그 결과 인간사회에 부단히 비물질적인 해악을 발생시킨다고 그는 보고 있다. 문제는 사회의 부, 즉 물질형태로 존재하는 부를 둘러싼 투쟁을 어떻게 해소하는가에 있다. 왜냐하면 인간에게 경제적 동기 이상의 강력하고 본질적인 동기의 경향성은 없다고 그는 믿기 때문이다.[52]

> "당신 자신을 점검해보라. 그리고 마찬가지로 당신이 찾아낼 수 있는 모든 교수들의 수법을 살펴보라. 이 세계의 땅을 향유하는 것을 당신은 낮고 속류의 지식이라 부르지만 당신과 모든 교수들[그리고 속칭 이 세계의 인물들]이 추구하고 얻으려 애쓰는 바로 그것이다."

Berens, op. cit., p. 102; Hill, op. cit., p. 219. "바로 법이 우리들 억압의 굴레이다"라고 John Warr는 주장했다. 종교의 의미에 관해서는 Sabine, op. cit., pp. 522, 567, 579; Hill, op. cit., pp. 76~77, 242~243.

51) Sabine, op. cit., p. 520. "The New Law of Righteousness"나 "England Spirit Unfolded"와 같은 윈스탄리의 초기저작에서는 내적, 외적 굴레(예속화)의 상관성이 명료하게 정리되지 못하고 있다. 그렇다고 여기서 그의 애매성의 문제가 아일머의 해석을 조금도 정당화해주는 것은 아니다. Ibid., p. 152의 논의와 G. E. Aylmer(ed.), "England Spirit Unfolded (by Winstanley)," in *Past and Present*, no. 40, (July 1968), p. 13에서 Aylmer의 해석(Ibid., p. 7)이 나올 수 있는가?

52) Sabine, op. cit., pp. 380, 566.

인간의 욕구, 의지, 사상이 사회적 조건의 산물이며 인간의 동기 가운데 경제적인 것이 규정적이라면, 모든 사회관계는 사회 내의 사물들에 대한 인간의 관계에서 결정된다고 할 수 있다. 인간은 이 사회관계의 물적 표현이다. 그렇다면 현존의 병든, 경쟁적이고 탐욕적인 사회의 산물인 인간이 어떻게 이 사회를 정화할 수 있는가? 곧 "경쟁적인 사회에서는 국가는 경쟁체계의 일부이며"[53] 인간은 다른 일부이기 때문이다.[54]

> "이들 영향력있는 향신(鄕紳)이 큰 땅을 가지려 탐내는 이유는 무엇인가? 그것은 농민 등등이 노예적인 태도로 이들에게 기어들어가 이 땅의 한 귀퉁이를 두고 거대한 액수의 돈을 제시하기 때문 아닌가? 이렇게 해서 자기의 하급인물이라고 불리는 그들의 동료인간들에게 압제를 가하게 한다."

사회적 부에 대한 인간의 위치를 사회분석의 핵심으로 삼았던 윈스탄리는 확실히 영국내전의 시기에 상이한 주요문제를 파악했다. 그러나 그의 분석은 현실적으로 이루어질 수 없는 유토피아적인 사상으로 끝난다. 왜냐하면 거기에는 사회변화의 원인이 제시되지 않고 있기 때문이다. "사회적 관계의 변화가 있기 이전에 '공동복지국가의 아름다움'이 기회를 얻을 가능성은 얼마인가?"[55]라고 힐은 이행전략의 부재를 묻는다. 사회적 조건이 변화한다는 것, 그것은 사회의 물질적 축적에 내재한 모순의 확대·폭발의 결과, 그 반대의 정립에 이른다는 것, 그리고 새로운 사회의 이행은 사회 자체의 물질적 진보에 바탕을 두고 있다는 것이 그에게는 생각될 수 없었다.

---

53) Hill, op. cit., p. 237.

54) Robert Coster, "A Mite Cast into the Common Treasury," in Sabine, Ibid., "Appendix," p. 657; Sabine, op. cit., pp. 196~197.

55) Hill, op. cit., p. 237.

윈스탄리의 사회는 정적(靜的)인 것이었다. 그에게 진리인 것, 윤리는 사회의 물질적 조건의 수준과 무관했다. 그의 사상은 이행의 띠를 가지고 있지 않았던 것이다.

5. 기독공산제의 반'진보'적 성격

과학이 정의나 자유·평등을 정당화할 수 없는 것처럼, 사상의 타당성이 주관적 선호의 결과일 수는 없다. 즉 윈스탄리의 기독공산제의 이상이었던 평등은 과학의 손길 너머 존재하는 유토피아에 불과했다. 진리는 신앙의 강도(强度)에 의해 실험되었던 것이다.

그렇다고 공동자산을 근거로 한 그의 기독공산제가 논리의 타당성을 증명할 수 없다는 사실만으로 사상의 가치를 잃는다고 할 수는 없을 것이다. 왜냐하면 임노동과 자본 간의 모순이 배제된 조건에서 그의 체계는 가동될 수도 있기 때문이다.[56] 이 경우 물론 그가 예상했던 대로 사상의 현실성이 보장되는 것은 아니다. 그러나 각 개인의 평등한 발전을 제공하고 사회적 필요에 부응한 노동능력의 창출을 가져오는 교육제도,[57] 삶과 노동의 긴밀한 결합,[58] 생산의 관리조직으로서 정부[59]는 이미 맹아형태로 그의 사상에 나타나고 있다.

평등한 삶은 토지의 공동경작에 근거를 두고 있다. 과거 토지를 씨족, 가족에게 분할했던 유대인의 모델을 그는 고려했지만,[60] 이를

---

56) Sabine, op. cit., pp. 158~159, 194, 196~197, 200~201, 272, 361, 388, 507, 511~512, 575, 593, 616. 여기서 자본(capital)은 어떤 재산이 잉여가치를, 소유권자의 전유와 함께, 만들어낼 때에만 가능하다고 보고 있다. 즉 생산은 물론 유통과정에서의 이익창출의 근원을 자본으로 확대하고 있는 것이다.

57) Ibid., pp. 578~580.

58) Ibid., pp. 516~517.

59) Ibid., pp. 530, 87, 592~593.

60) Ibid., pp. 522, 525.

수용하는 것은 거부했다. 거기에 여전히 억압이 있었기 때문이었을 것이다. 평등한 토지분할 대신에 오히려 그는 "모든 가족의 공동적 조력"[61]에 의한 토지경작이 이상적이라고 생각했다. 그러나 농업의 기술적 발전이 부과하고 있던 당시의 생산력에 비추어 그의 이상은 비현실적인 것으로, 비효율적인 낙후한 것으로 간주될 수밖에 없었을 것이다.

평등의 원칙이 과학에 의해 뒷받침될 수 없는 사회발전의 수준 속에서 전개되었다는 사실을 고려한다면, 그의 사상은 만년지복의 신비주의로 귀의할 것을 예고한다. 그것은 당시의 생산력의 발전에 부응하는 노동의 결합형식이 아니라, 영국 빈민의 생활이익을 보호하려는 논거에서 출발했던 것이다. 윈스탄리는 "식자층 시민에 친숙해 있지 않았다."[62] 그의 사상의 '경계적' 성격은 이들 경계인의 철학으로 나타난 것에 관련된다. 지상에서 모든 행복한 삶의 근거를 상실한 광범한 빈민대중의 위안물은 종말론적 만년지복주의를 조성했다.[63] 그의 사상은 그 시대 빈민대중의 정서, 즉 "특수한 사회적·정신적 조건의 산물"[64]이었던 것이다.

윈스탄리는 겸손하면서도 자긍심을 지닌 인물이었다.[65] 그의 사상에는 상당히 독창성이 있는 부분이 있으며, 아마도 "자유는 … 평등의 맥락에서가 아니라면 아무 의미를 가질 수 없다"[66]는 것으로

---

61) Ibid., pp. 515, 581.

62) Ibid., p. 508.

63) Rusche, op. cit., pp. 752~770 및 Winthrop Hudson, "Gerrard Winstanley and the Early Quakers,"

64) Bernard Capp, "Godly Rule and English Millenarianism," *Past and Present*, no. 52(Aug. 1971), p. 116.

65) 윈스탄리는 Lord Fairfax를 면담한 자리에서 모자를 벗는 것을 거부했으며 Lady Douglas의 보호를 받으면서도 그녀를 직접 질책하기도 했다. Hardacre, op. cit., p. 348.

66) Petergorsky, op. cit., p. 148.

요약될 수 있을 것이다. 그러기 위해서 그는 사유재산제도를 폐절시키고 공동경작으로 대체할 것을 제의했다. 공동경작이 평등의 마지막 보루일 수 없듯, 자유가 필요의 수준에 갇힐 수 없는 것은 역사에서 생산력의 발전이 이루는 거역할 수 없는 결과이다. 토대의 문제뿐만 아니라 상부구조의 분석을 대상과 밀도에서 끝없이 확대시키는 내포적 심화의 단계에 들어선 오늘날, 삶의 기초에 강조를 둔 윈스탄리의 사상은 본질적이면서도 더욱 관심의 영역을 벗어나는 운명에 처하게 되었다.

제 3 절 로크의 생애와 저작

홉스에 비할 때 로크에 대한 평가는 매우 관대하다. 게텔은 "[18세기] 인간의 정신과 제도에 자신의 사상을 각인시키는 데 있어 그보다 더 중요한 철학자는 없었다"고 평가하는 정도이다. 존 로크(1632~1704)는 초기자본주의의 고전적 분위기를 연상시키는 부상하는 퓨리턴 가정에서 1632년 태어났다. 그의 아버지 Senior는 런던 부근 Somerset County의 부군수인 Alexander Popham의 비서로 일하던 변호사였다. 그는 내전이 일어나자 포팸을 따라 의회군에 가담했으며 그의 휘하에서 대위로 전투에 참여한 경력이 있다. 그러나 별다른 전과도 올리지 못하고 또 영예도 수여받지 못했다. 혁명의 시기에 포팸과 같은 영향력 있는 사람의 지원은 로크에게 큰 도움이 되었다. 그는 포팸의 도움을 받고 있는 주교가 입학허가권을 쥐고 있는 명문 웨스트민스터 학교에 1647년 손쉽게 입학하였다. 1652년 그가 20세 되던 해 그는 옥스퍼드대학의 Christ Church에 입학하였는데 입학한 것은 물론 장학금 수혜자 6명 가운데 꼴찌로 들어가 있어 퓨리턴 세력의 입김을 그대로 감지할 수 있다. 1660년에 그리스어를, 1662년에 변론술 강의를 맡은 것도 배경의 위력에 기인했다. 그 무렵 그는 왕당파의 경향을 노정했다. 1661년에는 아버지가 사망하면서 그는 상당한 토지를 상속받아 그가 평생 자랑하는 지주가 되었고 여기서 그의 일생을 부양하는 수입이 나왔다.

그는 유순해보이기는 했지만 사실 매우 성마른 사람이었으며, 자기의 토지에서 일하는 사람들에겐 무정하고 빈틈없는 주인이었다.[67] 1666년 로크가 위독한 상황에 빠진 Ashley Cooper를 살려낸 것이 그의 일생의 운명을 갈라놓았다. 당시에 그는 면허 없는 — 그리고 의학의 학위도 없었던 — 조수였으며 무모하게도 재무장관이었던 그가 급성간염으로 입원하자 그를 성공적으로 — 하늘이 도운 운이었지만 — 시술하였다. 훗날 샤프스베리 후작(1st Earl of Shaftesbury)이 된 그는 1672년 수상(Lord High Chancellor)의 지위에까지 올랐으며, 그에 상응하여 로크의 운과 재산도 기하급수적으로 상승하였다. 샤프스베리는 왕께 요청하여 로크에게 Christ Church 대학의 종신직을 마련했으며, 그것은 10년 후 그의 임명이 취소되기도 했다. 또한 그는 의사가 되는 것을 갈망했는데 — 로크는 이미 의사가 될 만큼 처지에 있지는 않았지만 어떻든 그는 학위를 전취(戰取)하기를 바랐다. — 대학의 강력한 견제에 부딪혀, — 그것도 로크가 학위를 받을 수 있는 수업 등 근거가 부족하다는 이유로 — 포기하지 않을 수 없었지만 그는 기어이 개업면허증을 받아내고 말았다. 1675년 그는 박사 대신 의학사의 자격도 확보했다.

1668년, 36세의 나이로 별다른 학문적 성취도 독서도 없었던 로크는 왕립학회에 초청되었다. 거기에는 그를 돕는 부류가 있었다.

---

67) Peter Laslett, *Two Treatises of Government*(Cambridge: University Press, 1960), p. 24.

1774~75년동안 왕과 샤프스베리와의 불화는 로크의 운에도 검은 그림자를 드리웠다. 그의 후원자의 면직에 따라 교역, 식민위원회 비서로 일하고 있던 그에게도 동일한 처분이 내려졌다. 수년간에 걸친 James II의 왕위상속 배제노력이 수포로 돌아가고 반란음모가 알려진 시간, 1682년 샤프스베리는 네덜란드로 도망갔는데 거기서 다음 해 죽었으며 같은 해 6월에는 Rye House의 반란음모가 적발되고 로크마저 네덜란드로 도망쳤으며 그의 이름은 소환명부에 올라있었다. 그는 암스테르담, 유트레히트 등에 머물렀다.

6년의 망명을 끝낸 후 1689년 오랑지(Orange)가의 윌리암에 뒤이어 왕위를 받으려고 오는 메어리의 배 위에는 로크도 함께 있었다. James II의 후계자 출산소식을 들은 신흥귀족들은 가톨릭의 복귀를 걱정하는 국내의 분위기를 이용하면서 비밀리에 네덜란드로 가서 협상을 하고 — 이것이 권리청원(Petition of Right)이다 — 그에 따라 왕의 사위인 William은 4백 척의 배를 이끌고 런던을 침공한 것이 명예혁명이다. 네덜란드군은 반란군 — 이 가운데는 처칠가의 창업자 "상병 존"(Corporal John)의 역할이 중요하다 — 과 연합하여 Charles Mordaunt(1658~1735)[68]의 지휘하에 쉽게 런던에 입성하여 권력을 이국인의 손에 기쁘게 넘겨주었다.

1689년은 로크에게는 분주한 해였다. 그는 평생 철학을 전문하지 않았으면서도 「인간이해론」(*An Essay Concerning Human Understanding*)을, 그리고 다음 해에는 「정부이론」(*Two Treatises of Government*)을 각각 익명으로 출간했다. 그것들은 Voltaire가 이를 격찬하기까지 커다란 관심을 끌지는 않았다. 로크는 의회에서도 바쁘게 움직여 관용법(Act of Toleration)을 통과시켰다.

---

68) 당시 네덜란드에 머물고 있던 그의 처는 로크와의 염문으로 주위를 소란하게 하고 있었다.

1691년 이래 그는 젊은 시절부터 애인이었던 Lady Masham[69]의 거처가 있는 Otes에 머물렀다. 이 무렵 그는 몇 개의 중상주의적인 견해를 담은 경제저작을, 그리고 친구 Robert Boyle의 *History of the Air*의 편집에도 관여했으며 출판물 인쇄를 규제한 조치를 철폐하는데도 상당한 영향력을 발휘했다. 1695년 그는 익명으로「기독교의 합리성」(*Reasonableness of Christianity*)을 출간했다.

1696년에서 1700년의 기간에는 많은 시간을 London에서 머물면서 "교역위원회"(Board of Trade)의 Commissioner가 되어 영국에 위협적인 네덜란드의 무역경쟁력을 견제하고, 식민지 관리, 해적문제 등을 다루는 데 열심이었다. 동시에 이 시기 오트에서「인간이해론」의 부록, 혹은 속편으로 생각했던 *The Conduct of the Understanding*을 쓰고 있었다. 그것은 사후인 1706년 미완인 채로 출간되었다. 1697년 그는 책임자로서 교역위원회 보고서를 제출했으나 의회는 채택을 거부했다. 거리의 부랑자들을 모두 조건없이 투옥하고 이들을 노예선에 고정시켜 강제노역에 활용하자는 그의 구상은 야심차게 속도를 내고 있던 당시의 자유주의(liberalism)의 위선자들에게마저 힘겨운 부담이었기 때문이다. 그는 온겨울을 오트에 칩거하면서도 그의 급료를 완불받는 데 아무 거리낌이 없었다. 이때 로크의 재산은 아프리카의 노예무역 등에 투자한 결과 엄청난 액수를 자랑했는 데도 그의 계산은 정확했다. 1700년 당시 수상이었던 Sommers가 Kidd 선장의 해적선을 비밀리 지원하고 있던 사실이 탄로나고 여론이 비등하자 그는 사임하지 않을 수 없었으며 로크에게 해적문제 등의 처리를 위해 임명해준 교역위원회 위원장의 자리도

69) 원 이름은 Damaris Masham이며 남편 Francis와의 사이에 Samuel과 Abigail을 두었다. 사무엘은 장군이었으나 음모에 연루되었고 아비게일은 Anne여왕의 비서장(Headchamber)이었으나 뒤에 불화하였다.

또한 비우지 않을 수 없게 되었다.

그는 1704년 10월 29일 사망했다. 혹자는 마샴 부인의 품안에서 죽었다고 하나, 그것은 한 문학적 표현에 불과하다. 생전의 희망에 따라 그는 부모와 선조가 묻혀있는 Somerset로부터 멀리 떨어진, 마샴가의 집단묘소가 있는 High Laver에 묻혔다. 이를 일러 라스렛은 "가족, 교회, 사회, 지역에 연루되지 않은 자유"를 거론하고 있으나 그가 부모의 지원과 유산을 상속받았으며 고향의 고마움을 무시할 수 있었다는 것은 그의 성격으로 보아 놀라운 일이 아닐 것이다. 무덤에는 그가 지시한데로 "존 로크, 지주"(John Locke, Gent.)라 쓰여졌다.

길쭉한 얼굴, 거기에 맞추어 쳐진 코, 넓은 이마, 두꺼운 눈꺼풀 속의 큰 눈, 엷으면서도 윤곽이 뚜렷한 입술을 가진 존 로크는 항상 유보적이며 도전적이지 않은, 그러나 자존심이 센 사람답게 그의 방식으로 자기를 보여주었다. 그는 철학의 명제 — 놀라움의 추구 — 에 도전하는 "상식의 철학자"였다.

로크의 주요 저작들은 다음과 같다.

1664 von Leyden ed., *Essays concerning the Law of Nature* (1954).
1665~6 Phil Abrams ed., *Two Tracts on Gevernment*(1961).
1667~ Essay concerning Toleration(90 · 90 · 92).
1690 *Essay concerning Human Understanding.*
1691 *Two Treatises of Government.*
1692 Some Considerations of the Consequences of the Lowering of Interest and Raising the Value of Money.
1695 ① Further Considerations concerning Raising the Value of Money.
② Short Observations on the Printed Page.

1694 *Thoughts on Education.*
1695 *Reasonableness of Christianity.*
1706 *The Conduct of Understanding.*
The Works of John Locke, in 10 vols.(London: Thomas Tegg, etc., 1823).

제 4 절 로크의 정치이론

1. 그의 인식론과 정치이론의 병렬성

(1) 로크의 인식론

로크는 독창적인 사상가는 아니었다. 철학사의 전통에서 볼 때 그의 인식론은 경험론자의 대열에 서 있으며 그의 주관심은 데카르트의 합리주의에 반대하여 지식의 성격을 밝히려는 것이었다. 그의 「인간이해론」(*Essay concerning Human Understanding*, 1690)은 "인간지식의 기원, 확실성, 범위에 관하여, 믿음, 의견, 동의의 근거와 정도에 관한 것과 함께, 탐구할" 것(I, i, 2.)을 이 책의 목표로 삼고 있다. 그가 지식의 범위를 한정하고 이에서 중세신학을 배제하고 있다는 점에서 중세적 사상이나 가치와의 단절을 시도했다는 잘못된 주장도 있다. 그러나 로크를 일러 '애매성의 철학가'라 부르거나 그의 사상의 '복잡성'이 논의되는 것처럼 그의 태도는 그렇게 단순하게 읽어질 수 없으며 일관성있는 입장이 그의 인식론과 정치적 주장에서 관철하고 있는 것은 아니다. 오히려 그에게 양자는 병렬상태에 있다고 하겠다. 환언하면, 위의 잘못된 주장과 관련하여, 우리는 그의 'idea' 관념에서 초경험적 존재의 실재를 부인하지 않으면서 중세의 관습과 가치를 현대입헌주의적 이상의 근본가치로 수용하는 입장을 읽을 수 있다.

먼저 지식의 기원을 살펴보기로 한다. 그는 수많은 "지식의 창고"를 논의하면서 "어디로부터 이 모든 이성과 지식의 재료들이 왔는가?" 묻는다(II. i. 2.). 그리고 곧바로 나아가 그는 그것은 경험으로부터 나오며 경험 속의 두 원천은 감각과 성찰이라고 규정한다.[70]

> "이에 대하여 나는 한마디로 경험으로부터라고 답한다. 우리의 모든 지식은 경험에 기초하고 있으며 궁극적으로 경험 그 자체로부터 온다."

로크는 경험을 이야기하고 있지만 뒤에 나타난 감관주의자(Sensualists)들과 달리 그렇게 단순하지 않다. 외적인 대상에 대한 감각의 인상뿐만 아니라 상이한 인간심성의 작용에 의해서 경험의 내용이 얻어진다고 그가 설명하고 있기 때문이다.[71]

> "첫번째, 우리의 감관은 특정의 감각적 대상과 교류하면서, 이들 대상이 감관에 미치는 다양한 법칙에 따라 사물에 대한 여러 상이한 지각을 우리의 심성에 전달한다. 이처럼 우리가 가지고 있는 노란, 하얀, 뜨거운, 차거운, 부드러운, 단단한, 쓴, 단, 그리고 우리가 감각적 성질이라 부르는 이 모든 관념(ideas)에 이르게 된다. … 둘째로, 경험이 이해에 공급하는 관념의 다른 원천은 우리 내부에 있는 우리 자신의 심성의 지각이며, 우리가 알게 되는 관념에 관하여 지각이 동원된다. … 그리고 이러한 것이 바로 지각, 사유, 의문, 믿음, 논리, 앎, 의지 그리고 우리 심성의 모든 상이한 작용인 것이다."

지식의 기원이 경험이며 그것의 내용은 감각적인 결과물과 이를 인식하는 동안 함께 작용하거나 결과물에 대한 성찰을 통해서

---

70) *An Essay concerning Human Understanding*, Bk. II, ch. I, 2.

71) Ibid., Bk. II, ch. I, 2~4.

일어나는 내적인 정신활동에서 발생한다면 최소한 경험이 있기 이전의 선험적인 지식을 가진다는 것은 불가능하다. 보다 명확히 말하면, 인간의 심성은 "처음에 어떤 기호도 입력되지 않은, 어떤 관념도 있지 않는"(I, ii, 15.; II, I. 2.) "비어있는 옷장" 혹은 아무것도 쓰여져 있지 않은 "백지"상태에 놓여있다. 우리가 가지게 되는 지식은 따라서 감각적 대상에 대한 — 그리고 우리 심성의 작용이 그에 덧붙여진 — 경험으로부터 형성된 관념으로 이루어지는 것이다.[72)]

> "심성은 이의 모든 사유와 논구에서 자기자신의 관념 이외의 어떤 직접적인 대상을 가지고 있지 않다. … 우리의 지식은 관념들에 관해 교류하는 것뿐이다."

그는 데카르트가 신의 실재를 증명하는 데 필요한 관념의 선재(先在) 증거로 사용하는 신에 대한 생래관념(innate ideas)의 존재를 단호히 거부한다. 그러한 관념은 필시 성장의 초기에 습관적으로 주입된 암기, 교육, 반복적인 시사의 정착물에 불과한 것이다. 로크는 여기서 우리의 모든 관념이 경험세계에 속하는 것인 이상 경험에서 증명될 수 없는 정보를 비과학적인 것으로, 따라서 지식의 밖을 밀어내야 할 편견, 신앙, 미망 등에 그친다고 말하고 있는 것이다.

로크는 지식의 개념 혹은 지식의 확실성에 대해서도 매우 특이한 — 그리고 이것이 오늘날 사회과학 방법론에서 마치 진리로서 통용되고 있다 — 견해를 가지고 있다. 그는 지식의 여부 혹은 지식의 "확실성"을 관념이 지시하고 있는 사물에 대한 정합성 정도에서 찾고 있는 것이 아니라 "우리관념의 어떤 것에 대한 결합과 합의, 부동의와 모순"(IV, i, 2.)을 알아내는 데서 구하고 있는 것이다. 지식은 그 확실성의 정도에 따라 3종류로 나뉜다. 가장 확실성이 큰 것

---

72) Ibid., Bk. IV, ch. I, 1.

은 직관적 지식이며 다음으로 증명적 지식(연역적 방법을 사용해 얻어낸), 그리고 마지막으로 감각적 지식은 가장 확실성이 낮은 지식이 된다. 그에 의하면 "직관적 지식"은 별다른 노력을 하지 않고서도 검토하거나 증명함이 없이 심성을 바로 확인할 수 있다고 한다(IV, ii, 1.). 따라서 직관적 지식은 객관세계에 대한 충분한 검토나 논리적 사고과정의 수고없이 직접적으로 심성에서 파악된 지식이다. 그에 비하면, "증명적 지식"은 전제로부터 결론에 이르는데, 하나 혹은 몇 개의 "매개관념들"을 동원하여 추론에 의해 얻어진다. "감각적 지식"은 우리의 감관을 수단으로 외적 세계의 대상을 파악한 내용에 불과하다. 그러한 지식은 "확실성을 제공하지 않지만 단순한 가능성을 넘는다. 그에 대한 언급은 확실성의 정도를 지식의 이름으로 통과한다"(IV, ii, 14.).

셋째, 로크는 지식의 범위에 관하여 말하고 있다. 즉 지식은 오직 이성을 수단으로 증명될 수 있는 것에 한한다. 따라서 우리의 지식은 매우 적은 양에 불과하여 그것의 축적은 갈릴레이나 뉴턴과 같은 미미한 노동자(underlabourers)의 도움으로 매우 느리게 점진적으로 추가되어 이루어진다. 지식의 밖에는 신앙, 미신, 또는 증명불가능한 영역이 광범히 존재한다. 지식의 증가는 이와 같은 밖의 영역에 놓인 어떤 것이 지식의 영역으로 넘어오는 과정으로 설명된다.[73)]

> "이들 두 가지, 즉 직관과 증명이 지식의 정도이다. 이 둘 중 하나가 부족하다면 제아무리 다른 담보가 있다고 하더라도 단지 믿음과 의견일 뿐, 최소한 모든 일반적인 진리에 있어 지식이 아니다."

지식은 오직 관념(ideas)의 결합형태를 나타낸다. 우리는 외계세

---

73) Ibid., IV, ch. ii, 14.

계에 대한 관념만을 가질 수 있으며, 지식은 이에 대한 관념들이라고 할 수 있다. 지식의 제한성은 여기에서도 분명하다. 즉 지식은 우리가 가지고 있는 합의된 관념일 뿐이다.

(2) 그의 정치이론에 대한 관계

로크의 정치이론은 대체로 그의 「정부이론」(*Two Treatises of Government*, 1691)의 제 2 부 "시민정부에 관하여"(Of Civil Government)와 부분적으로 「관용서한」(*Letters on Toleration*, 1689, 90, 92)에 실려 있다. 정치이론에 대한 논의에 들어가기 이전에 우리는 그의 인식론이 정치이론에 어떤 관계를 가지는가를 간단히 살펴볼 것이다.

로크의 생애는 1660~62 기간에 각각 한번씩 그리스어와 변론술 강사를 한 바 있었고 1666년부터 Shaftesbury 경의 사망시까지 그의 곁에서 그의 가장 내밀한 비서로 있으면서 다양한 유형의 일을 맡았는데 특히 공문서의 작성, 방대한 정보의 수집, 정치적 분위기와 음모에 깊이 개입했다고 알려져 있다. 특히 경제에도 관심이 많았다. 그는 스스로 아프리카와 미대륙의 성장산업 — 노예무역 — 에서 큰 돈을 모았는데 이 모두는 샤프스베리를 따라한 결과였다. 세상사에 경험이 풍부했고 또한 정치시류도 잘 읽고 있었던 로크는 그러나 그를 유명하게 만든 철학가로서의 학문적 훈련과 일관성있는 천착기회는 가질 수 없었다. 그는 시류를 읽어내는 통찰력과 세간의 여론을 의식한 상식을 동원하여 전개하고 있는 철학문제의 복잡한 이슈들을 편의대로 그를 성공의 계단에 올려놓은 명예혁명의 성과에 연결시켜 일면적인 결론에로 이끌어갈 수 있었다. 보통사람에게도 고통스러운 문제들은 그의 손을 거치면서 단순화되어 상식의 친구로 변색했고, 더구나 그는 필요하다면 애매성과 모순도 마다

하지 않았던 것이다. 그가 중요시한 것은 이러한 각색의 논리적 일관성이 아니라 반복과 강조가 빈번한 자신의 주장과 신념이었으며 이를 뒷받침하기 위해 다양한 색조의 원칙과 이론이 장식되었다. 그가 가장 교의에 덜 갇힌 자(least doctrinaire), 즉 실질적이고 현실 그 자체에 집착했던 사상가로 불리는 것은 이해할 만한 것이다.

그의 「인간이해론」은 내용 자체의 심오성보다도 프랑스 계몽시대에 선진 영국자본주의의 신질서를 추구하던 철학가들에게 미친 엄청난 영향력 때문에 잘 알려져 있다. 그러나 그것은 깊은 연구의 성과물이기 이전에 "틈난 대로 만든 작품"(occasional performance)으로 평가된다. 곧 그의 복잡하고, 모순된 나머지 난해한 이론은 프랑스의 시대적 요구에 따라 단순화되고 심오한 사상의 원류로 오인되었지만 정작 영국에서는 흄과 벤담에 의하여 홉스가 창도한 공리주의(utilitarianism)의 분파로 전락하고 있다. 그의 주장에 담긴 대립적인 측면들, 혹은 논리적 일관성에 무관심한 채 신념과 주장을 일면적으로 관철하는 태도는 다음 세기에 그에 대한 상이한 해석의 미로를 조장했을 뿐 아니라 부분적으로는 폐기의 운명을 맞았다는 것은 결코 우연이 아니다.

먼저 그의 인식론은 인간의 생래관념을 부인하고 있다.[74)]

> "인간의 자연적 능력만을 사용하여 어떤 생래적 인상도 없이 그들이 모든 지식에 도달하였는가를 (…) 단지 보여줄 수 있다. …"

이상에서 보듯이 그는 중세적인 생래관념을 거부하고 모든 관념을 경험에 비추어 증명할 것을 요구하고 있다. 그러나 그의 정치

74) Ibid., Bk. I, ch. ii, 1; 로크는 법을 신법, 시민법, 여론 혹은 명성의 법으로 분류하고 자연법을 "자연의 빛에 의해서 그들[자연인]에게 선포된" 신법의 일부로 보고 있다. Ibid., ch. XXVIII, 7~10.

이론은 어떤가? 그는 거기서 철저하게 자연법과 이성의 법을 경험 이전에 자명한, 생래적인 관념으로 받아들이면서 그에 근거하여 장황한 이론을 내놓고 있다. 만약 누군가 그의 인식론적 입장을 수용하여 그에 대하여 자연법에 대한 그의 무모한 신념에 의문을 던진다면 그의 정치이론은 무로 화할 것이겠지만 그는 두 배의 모순으로 자기의 모순된 주장의 상식적 건전성을 증명하는 데 주저하지 않았을 것이다.

둘째는, 그는 지식의 근거를 인간의 합의에서 구하고 있다(IV, ch. I, 2.). 그것은 마치 시대를 장악한 계급이 바로 지식을 생산한다는 이야기의 다른 표현이나 마찬가지다. 로크의 지식관은 마르크스·엥겔스가 주장한 것처럼, 지배계급의 관념이 그 시대의 지식이라는 사실을 계급의식을 배제한 채 전달하고 있다. 실제로, 로크의 지식개념은 지배계급이 서있는 현실에 맞추어진 "건전한 상식"을 넘어선 것이 아니다.

셋째, 로크는 베이컨처럼 경험의 중요성을 강조하고 있으면서도 지식을 적극적인 힘으로 생각하지 않았다. 그가 의식하고 있었던 것은 오히려 지식의 한계였으며 인간지식의 성장은 "해변의 모래를 옮기듯이" 미세한 점진성으로 특징지어지는 거대과학자 — 그러나 그의 표현에서는 "미미한 노동자"(underlabourers) — 의 성과에 의존한다.[75)]

> "오늘날 지식의 세계는 Boyle, Sydenham, Huvgenius 그리고 비교할 수 없는 Newton과 같은 대 건축가를 가지고 있다. 우리의 야심은 지평을 조금 정리하고 지식의 길앞에 놓인 쓰레기를 약간 제거하는 미미한 일꾼(underlabourers)으로 고용되는 것으로 충분하다."

---

75) Ibid., "Letter to the Readers."

그에 비하여 삶의 전체성은 지식의 밖에 놓인 중세신학적 신앙과 가치, 중세적 전통과 관행에 의해 다스려지고 따라서 이들이 이 요원한 광야를 지배한다. 여기에 Edmund Burke에 이어지는 로크의 거대한 보수성이 숨어있다. 그러한 정신은 중세적 유산 혹은 헌법주의의 장애물로 인민주권론을 제어하는 데 사용되기도 한다.

2. 그의 자연상태관

로크의 자연상태는 홉스보다 더 인류학적 모습을 띠고 있으나 대체로 홉스의 자연상태와 유사하게 사용되고 있다. 그러나 홉스에 비교할 때 정반대로 그의 "자연상태"는 평화의 상태이고 거기에는 인간의 "완전한 자유"와 "평등"이 보장되어 있다. 물론 이 자연상태에서도 평화의 교란자가 드물게 나타나 국지적으로 전쟁에 유사한 현장을 일시적으로 야기시킬 수는 있다. 그러나 그것이 홉스처럼 공포를 편재화하고 마침내는 전쟁상태로 만들어 놓는 대신 자연법과 이성이 지배하는 평화의 전체적 분위기가 교란자를 고립시키고 그의 도발행위를 예외적인 위반상태로 허용할 뿐이다. 따라서 교란의 파장은 한 지점에 갇히어 결코 전체적인 평화상태를 깨뜨리거나 위협할 수는 없을 것이다. 홉스가 "전쟁상태"를 이야기할 때 그는 전쟁의 개연성을 의미했기 때문에 우리는 홉스의 경우 자연상태하에서도 임시로 혹은 일시적인 평화가 있을 수 있는 것을 알 수 있다. 그러나 자연상태는 홉스에게 심리적인 전쟁상태를 확산시키고, 이 잠재적인 위협을 방지할 아무런 기구도 조치도 기대할 수 없는 이상 전쟁상태는 지배적인 현실로 나타날 수밖에 없다. 로크의 자연상태는 평화가 지배적인 현실임을 의미하여 그 근거로 그는 자연상태하에서 자연법과 이성이 완전하게 실효성을 가진다는 것을 들고 있는 것이다.

이처럼 얼핏 보기엔 내용상 유사한 듯하면서도 정반대의 결론에 두 사람이 도달하게 되는 이유는 무엇인가? 그것은 양자가 자연상태하의 자연법의 효력을 논의하는 데서 분명해진다. 곧 자연법이란 여기서 아무런 집행력이 없는 상태이고 따라서 인간의 내면에서만 의무를 부과하는 도덕적 격률에 그치기 때문에 인간의 행위는 자연상태하에서 각자의 자연권을 제한없이 행사하는 상태이다. 환언하면 홉스의 자연상태하에서는 자연법의 효력은 정지되어 있다. 아니 오히려 어느 누구도 자연적 선악의 공동규준이 없는 상태에서 인간들은 자기의 인식범위 내에 도덕적 의무를 가질 수 없다. 인간의 행위는 자연권의 행사 그 자체이다.

그러나 로크에게는 자연상태하에서 자연법이 완전하게 효력을 가지고 있어 자연법이 지배하고 그에 의해 통치되는 사회이다. 그렇기 때문에 각 개인은 도덕적 의무가 아니라 적극적으로 인류를 위하여 자연법을 집행할 현재적 의무 아래 산다. 자연법이 이성의 법인 이상 그 내용은 누구에게나 저절로 알려져 있고—인간은 자연법의 생래관념을 가지고 태어났으므로—따라서 그들은 자신의 행위를 자연법의 허용범위 내에서 정당화할 수 있을 뿐이다. 그들은 자연권을 가지고 있지만 이 자연권은 자연상태하에서 자연법의 범위 내에서 행사할 수 있을 뿐 그 이상의 행위는 자연권의 행사가 아닌 "모든 인류에 대한 전쟁" 선포가 되는 것이다.[76] 로크는 자연법의 위반행위가 무지나 실수, 혹은 불가항력적인 사정에 의해 있을 수 있는 가능성을 봉쇄한다. 그러한 행위는 단지 "정념에 휩쓸려 격렬하게 이루어진 것이 아니라 냉정하게 결정된 계획"을 실행에 옮

---

76) Laslett ed., *Two Treatises of Government*, art. 8.

긴 것이 자명한 이상 위반자를 "사자나 호랑이처럼 죽여도 된다"고 그는 가파르게 부추긴다.[77]

로크에 의하면, 인간은 자연상태하에서 두 가지의 자연권을 가진다. 첫째, 그는 자기보존을 위해서, 잔여인류를 위해서 행사할 권리를 가진다. 둘째, 자연법의 위반자는 "전체인류에 대한 침해"를 통해 "인류를 위험에 빠뜨린" 이상 각 개인은 그런 위반에 대해 "자연법을 집행할 권력을 가진다."[78] 위반자에 대한 징벌권은 다시금 직접당사자에 대한 보상권 — 정확히는 배상권이겠지만 — 이, 그 이외의 사람에겐 징벌을 통한 억제권이 주어진다. 그러면서도 그는 징벌권은 형평의 원칙이 엄격히 적용되는 가운데 행사되어야 한다고 인정한다. 예를 든다면 주먹을 휘두른 위반자에게는 그만큼의, 아마도 약간 추가된 정도의 되갚음으로써 그의 위반행위가 결코 자신에게 이익을 가져오지 않는다는 것을 배울 수 있고, 10만원을 훔친 자에게는 약간 그 이상의 배상금을 물림으로써 장래에 이처럼 손해보는 장사를 삼갈 것이라는 계산에서 그는 형평의 원칙을 부가하였다. 이것이 자연법의 내용이라고 로크가 소개하고 있지만 사실상 그의 개인적인 선호 혹은 의견에 불과하다. 그리고 그의 주장은 우리가 돈의 문제에 논의가 되는 것을 알 수 있다. 자산계급의 이익에 봉사하는 그는 재물욕심에서 "나의 말이나 외투를 훔친" 행위는 "결코 배상받을 수 없기 때문에" "도둑을 죽이는 것"은 너무도 당연하다고 억울함을 호소한다.[79]

로크의 자연상태는 홉스의 모방치고는 황당한 픽션이다. 그러한

---

77) Ibid., arts. 16, 111.

78) 이처럼 실소(失笑)의 연속극에 대해 로크 자신도 자기주장을 "이상한 교의"(strange doctrine)임을 인정하고 있다.

79) op. cit., art. 19.

상태를 인간이 자진해서 떠난다는 것은, 최소한 논리적으로, 있을 수 없다. 왜냐하면 거기에는 지복의 세계가 존재하기 때문이다. 그의 자연상태는 오히려 "유토피아"에 가깝다. 거기를 떠나 어디로 가겠는가? 혹은 갈 수 있겠는가?

시민법은 자연법보다 열등한 하위체계이며 각종의 이해의 타협과 지배적 이해의 표현인 한에서 그것은 자연법이 보장하는 상위의 질서에 훨씬 못미치는 정당성의 근거가 되는 데 불과하다. 곧 자연상태는 자연법의 효력이 — 특정집행기관에 맡겨지는 대신 모든 사람이 의무를 진다는 의미에서 — 엄격히 집행되는 사회이며, 거기서 인간은 평등과 완전한 자유가 보장되는 최선의 상태에 놓여 있다. 비록 때때로 위반상태가 일어나고 그것이 국지적인 평화의 정지가 있겠지만 그것이 로크처럼 사회이행을 필연코 가져올 만큼의 이유 — 그가 권리라 부른 재제의무 — 는 되지 못한다. 그러한 부담은 완벽한 시민사회에도 존재하며, 즉 위반자가 있고 조세부담이 어디에서나 뒤따르고 있는 것이다. 만약 어딘가에 변화없는 이상사회를 상정한다면 그는 경찰, 감옥, 재판소, 군으로부터 수많은 실업자도 생각해야 될 것이다. 그렇다면 신의 작품인 인간과 자연상태는 신이 인간의 가슴에 심어준, 혹은 이성을 통해 알게해 준 자연법을 충실히 따르고 지키며 단일의 전 인류사회에서 공동의 재산을 향유하는 지복의 시기를 가리키고 있다. 누가 이 상태로부터 도피하라고 말할 수 있겠는가? 로크였다. 그는 자기가 묘사한 자연상태가 너무 지나쳤다고 하는 생각이 들었겠지만 "시민정부는 자연상태의 불편들에 대한 올바른 치유수단이다"고 단언하면서 사실은 이행의 필연성을 부지런한 개인들의 사유재산에 대한 불평등의 요구, 즉 개인의 소유권 확보에서 에둘러 시사하고 있을 뿐이다. 그리고 자산계급은 가슴으로 로크의 교리를 느낀다. 당시 영국의 현실이 보여주는 정치투쟁과 헌법논쟁에 담긴 지배세력의 재편을 외면한 채 철저히 진공상태에서 연역해낸 비범성이 뚜렷하게 나타나는 로크의 논법은 이 이론적 지평 위에서 제한정부에 의도를 둔 헌법논쟁에 사활을 걸었던 지배세력의 정서와 편견을 논리적 여과도 없이 지배세력에게 영양가 있는 상식의 잡탕밥으로 변형시켰으며, 그의 공로는 이후 수백년 지속되어온 자본주의사회의 성공과 향유와 함께 이들에게 자기미화의 영향력을 싫증나지 않게 끼친 "사상가"로 보답되었던 것이다.

로크의 자연상태는 역사적으로 존재했는가? 그는 자연상태가 과거 존재했을 뿐만 아니라 현재에도 존재하고 있으며 그리고 미래에도 여전히 존재할 것이라고 보았다. 즉 그는 북아메리카대륙이나 페루에서 일어나고 있는 여러 관행을 들어 이의 역사성을 설명하고 국가들의 관계에 비추어 미래에도 지속할 것을 예견했다.

그의 자연상태의 정상적 모습은 이미 설명하였다. 그러나 그는 홉스에 유사한 자연상태 — 이는 자연상태의 마지막 단계에 해당되는바 — 를 또한 논의한다. 즉 그의 변형된 자연상태는 "절대정부"에 적용된다. 이때 "자연상태는 족제비나 여우가 주는 재앙보다 큰 [해악을 가져오는] 사자 밑에 있는 사회"이다.[80]

그러한 정부는 "모든 다른 것들의 기초인 자유"가 위협받는 "전쟁상태"로 보아지기 때문에 자연상태의 질서가 그 한계점에 이른 상태이다. 또한 정부가 해체 — 위임된 입법권력의 붕괴에 해당한다 — 에 의해서도 자연상태에 유사한 상황이 된다. 이 경우 로크에 의하면 인민 혹은 사회 — 그는 자산계급만이 인민 혹은 자산계급 그 자체를 이렇게 의사적(擬似的)으로 표현한다 — 는 여전히 주권을 보유하는 이상, 논리적으로는 결코 자연상태는 아니다. 그러나

80) Ibid., art. 93.

로크는 필요하다면 논리에 구애치 않았으며 그의 철학하는 데 필요한 훈련부족의 미덕의 덕분으로 이 새로운 상태의 중요한 차이점을 외면한 채 그대로 자연상태로 부르고 있다. 이러한 새로운 자연상태하에서 그는 자산계급의 절대정부에 대한 전면적 전쟁이라는 비상시국을 알리는 나팔수를 자처했던 것이다.

3. 그의 사회계약관념

자연상태는 여러 불편 때문에 각 개인이 부담하는, 자연권의 효력을 보장하는, 집행권의 부담으로 인해 시민사회로 넘어갈 수밖에 없다고 그는 주장했다. 그리고 이러한 이행의 수단으로 그는 "사회계약"을 동원한다. 홉스와 마찬가지로 로크의 사회계약은 특정의 목적을 얻어내기 위하여 각 개인이 받아들이는 동의의 형식으로 맺어진다. 곧 그것은 인민 — 우리는 그 정확한 의미를 곧 알게 된다 — 의 사이에 맺어진 국가계약이다. 계약의 효력은 각 개인의 자발적인 동의에서 나오며, 따라서 동의할 수 없는, 즉 동의의 문제가 아닌 것에 대한 동의는 원천적으로 무효임은 말할 필요가 없을 것이다.

로크의 사회계약은 홉스에 비해 더욱 명료하다. 그러나 푸펜돌프가 사회와 국가를 나누어 사회계약과 지배계약으로 나눈 것에 비한다면 다소 애매한 혼합적인 것처럼 보인다. 보다 정확히는, 로크는 사회계약으로 국가를 성립시키고 정부의 각 부서 — 입법과 행정·외무부서는 — 가 가진 위임된 권력은 신탁(trust)의 문제로 다루고 있다. 로크의 사회계약은 홉스에 비해 그 내용이 부족하다. 홉스에게 사회계약의 본질은 그의 자연법 제 1 부분인 평화가 되는 데 비해 로크는 이를 단지 개인의 약속행위로 보고 있다. 그것도 다수의 동의만 있으면 사회계약은 소수자의 동의없이도 이들을 구속한다. 더구나 사회에는 계약당사자인 사회의 구성부분과 계약당사자가 아닌 다수의 비자유민 — 종복과 노동자 등 빈민과 여성, 외국인과 미성년자 등 — 이 존재하며 이 가운데 그는 다수의 비자유민을 사회계약에서 배제하고 있다. 이들은 사회에 살면서 정치적으로 시민으로 인정되지 않은 인민이다. 그는 인민 전체가 동의하지 않는 한 최초의 사회계약은 성립할 수 없다는 — 뒷날 루소의 — 주장을 충분히 인식할 수 있었겠지만 로크는 전수결에 의한 사회성립이라는 문제보다도 지배계급의 — 오히려 사회에서 사실상 활동적인 사람들 가운데 — 다수가 선택하면 그대로 통과된다는, 시대의 상식에 논리적 요청의 문제를 굴복시켜 버렸다.[81] 그의 논리는 먼저 다수가 동의하면 그대로 사회계약은 성립된다는 것이다. 왜냐하면 "다수의 동의를 전체의 행위로" 보아야 하는 이유로 "그러한 동의[전수결]는 결코 이루어진 적이 없는, 불가능에 가까운 것"으로 언급한다. 예컨대 건강상의 이유로 불참한다거나 다양한 의견, 이해의 대립으로 전수결은 있을 수 없는 현실이라는 것이다. 그러한 주장은 "마치 카토(Cato)가 단지 다시 나가려고 극장에 들어온 것에 불과할 것이다"[82]고 전수결의 공론(空論)을 비난한다.

로크는 인간의 자연상태하의 불편이 사회를 불러들인다고 한다. 그는 후커를 인용하여 개인의 불완전뿐만 아니라 사회성이 또한 자연적으로 우리를 사회로 이끌었다고 말하고 있기 때문에[83] 자연상태보다 훨씬 유용성이 큰 상태가 사회 속에서 있다. "올바름과 편의는 함께 간다."[84] 사회에 들어오면서 인간은 자연법에 시민법을 추

81) Ibid., art. 98.
82) Ibid., art.
83) Ibid., art. 5.
84) Ibid., art. 36.

가하는데, 그것은 자유의 제거 또는 제한이 아니라 자유를 보존하고 나아가 확장하는" 것을 목표로 하기 때문이다.[85] 그렇다면 우리는 사회계약을 통해 우리가 잃는 것은 무엇이며 얻는 것은 또 무엇인지를 분명히하고 이에 대한 대차대조표를 읽으면서 시민사회의 유용성을 검토할 필요가 있다.

자연상태하에서 인간의 두 권리는 자기보존권과 징벌권이다. 여기서 포기가능한 것은 징벌권뿐이다. 인간은 "자기 자신을 파괴할 자유가 없기" 때문에 자기보존권은 로크식으로 엄밀히 말하면 자기 자신과 잔여인류를 보존할 권리이므로 잔여인류에 대한 보존권은 이양될 수도 있겠다. 그러나 로크는 사회계약에 의해 "평등, 자유 그리고 집행권을 포기한다"[86]고 복잡하게 나열하고 있다. 그러나 평등이 하나의 권리가 아니라 자연상태의 모습 그 자체라면 그것은 평등조건의 변경을 허용한다는 의미 이상일 수는 없다. 곧 사회의 불평등한 결과를 예상한 것이지, 먼저 잃는 것은 없다. 그리고 인간이 사회계약을 하는 의도가 "그의 자유와 소유권을 보다 잘 보존하기 위해서"이기 때문에 그는 자유를 더욱 확실히 얻기 위해 기존의 자유를 포기한다는 이야기가 된다. 환언하면 그는 자유를 잃은 것이 전혀 아니다. 결국 포기한 것으로 나열된 항목 가운데 남은 것은 집행권, 곧 징벌권이며 그것은 자기보존권에 포함된, 잔여인류를 위해 끼어들 권리를 동시에 포기한 것에 불과하다. 자연상태하의 권리 가운데 그가 잃은 것은 집행권이며, 뒤집어보면 그것은 집행의 의무라는 부담에 다름 아니다. 그는 아무 것도 잃은 것이 없다.

그리고 사회계약은 사회의 유용성을 가져온다. 그 내용을 알기 위해서 우리는 사회계약의 목적, 혹은 성립된 사회의 기능, 나아가

85) Ibid., art. 57.
86) Ibid., art. 131.

실제적인 상황분석을 요한다. 사회계약은 시민사회를 만드는 것을 목적으로 한다. "시민사회는, 그러한 곳의 주목적이 소유권의 보존" 이다. 그리고 재산의 보존은 자연상태보다 더 완벽하고 더 넓게 국가권력에 의해 지지된다.[87)]

> "[입법부는] 자연상태를 안전하지 않고 불안하게 만드는 국가의 결함에 대해 대비함으로써 모든 사람의 소유권을 확보할 의무를 진다."
>
> "인민 상호간의 안락하고 안전한, 그리고 평화로운 삶을 위하여 이전의 확보되지 않은 상태에 비해 재산의 안전한 향유와 보다 큰 안전에 있어" [시민사회는 월등한 유용성을 과시했다.]

사회는 "평화, 안전, 인민의 공공선 이외의 목적이 없다." 사회에 들어가는 가장 큰 목적은 "평화와 안전 속에서 자신의 재산을 향유하는 데 있으며"[88)] 그 수단과 도구는 법들과 강제기구들이다. 국가 내의 일부에 불과한 정부는 "그들 [자산계급]의 재산을 보장하려는 목적을 위해 신탁된"[89)] 조직이다. "인간이 국가로 들어가고 정부 아래 놓이게 되는 최대의 주요목적은 그들 소유권의 보존이다."[90)]

요약하면, 사회계약은 국가를 성립시키고 국가는 인민 각자의 재산을 보호하는 것을 자신의 기능으로 삼는다. 정부의 기능이 이상의 목적을 위하여 "신탁된"(fiduciary) 것인 이상, 정부존재는 이 목적에 무능하거나 이 목적을 넘어설 수 없으며 그 때 그것의 존재는 해체된다. 로크는 "절대왕정은 시민정부의 어떤 형태도 아니다."[91)] 고 함으로써 기능의 정당성을 넘어선 정부는 정부일 수 없다는 점

87) Ibid., arts. 130, 95.

88) Ibid., art. 134.

89) Ibid., art. 139.

90) Ibid., art. 124.

91) Ibid., art. 90.

을 분명히 밝히면서 그 시금석은 인민의 재산에 대한 "침해나 안정의 위협가능성"에 두고 있다. 쉽게 말해서 "그의 인민의 부와 재산을 확보하는 것"[92]을 기준으로 그는 폭군과 왕을 구별하고 있는 것이다.

재산의 보호는 시민사회의 가장 큰 유용성이었다. 재산의 보호가 사회적 부의 축적과 자본주의적 사회의 발전에 기여한 것은 사실이다. 그 결과 사회는 보다 많은 사람에게 기회와 삶의 질을 제공할 수 있게 되었다. 로크의 주장은 자본주의정신을 극대화하는 역사적 기능을 담당했다. 그러나 그는 소유권의 보호라는 유용성에 필연적으로 수반되는 사회적 문제를 애써 외면하거나 혹은 무관심했다.

그가 일용직 노동자의 비참한 상황을 인식하지 못했던 것은 아니다. 그의 시대에 대부분의 노동자가 "일반적으로 입에 풀칠하면서 살아가는" 형편임을 알고 있었고 노동자는 비록 "그가 받게 되는 임금을 얻은 대가로 일정시간 자신을 팔아 봉사를 떠맡아야 하는 타인의 종"이면서도 여전히 "자유인"(freeman)이라고 추켜세운다.[93] 이는 마치 다른 곳에서 영국의 비정규직 노동자가 아프리카의 왕보다도 더 나은 식사와 의복을 향유하는 이상 그는 후자보다도 전자의 삶을 선택할 것이라고 호언하는 것과 궤를 같이한다.

그는 사회적 빈곤의 문제가 사회제도나 자본주의 운동의 필연적 결과라는 것을 인정하기를 끝까지 거부했으며 가난을 오직 그 개인의 나태, 무지, 준비부족, 불운 등에 기인하는 도덕적 타락의 문제로만 축소시켰다. 그는 실로 가난한 자들의 적이었으며, 빈민에 대한 무자비한 처우만을 고집했던 그의 경직한 입장은 사프스베리

---

92) Ibid., art. 200.

93) Cf. "On Money," in the *Works of John Locke*, in 10 vols(London: Thomas Tegg, etc., 1823), vol. VI, pp. 23~24; *Two Treatises*, art. 85.

를 알게 되면서 소부르주아로부터 마침내 돈벼락을 맞게 되는 후기의 시기에 대부르주아(haute bourgeois)로 승격되면서 더욱 강화되었다.

사회의 이행은 로크에게서 다른 방식으로 설명되기도 한다. "신은 인간을 절박한 상황, 편의, 성향의 강력한 의무 아래 두어서 사회로 내몰았다"는 표현이 그것이다. 이 경우, 사회는 순수하게 동의된 계약에 의한 인위적 산물이라거나 보다 안락한 삶을 위한 인간의 직접적인 선택이 아니라 인간의 타락이 자연상태의 탈출을 불가피한 필연성으로 만들어 하나의 해결책으로 사회가 성립되었다는 것이다.[94] 다시 말하면, 자연상태의 지복을 포기한 것이 아니라 타락한 인성과 그에 상응한 견딜 수 없는 사회조건의 현실이 바로 사회계약의 원인이 된다.

4. 정부의 해체와 저항권

로크의 정치이론 가운데 여기서 마지막으로 언급할 부분은 저항권에 관한 것이다. 그에 대해서 때론 "경솔한 사유자"(careless reasoner)라고 올바른 평가가 내려지기도 하지만, 바로 그 이유로 가장 광범한, 그리고 급진적인 저항권이론을 제시할 수 있었다. 홉스의 저항권은 인간 자신의 신체를 보존하려는 자연권에서 오며 시민사회에서도 이를 양도할 수 없는 권리로 계속 보유한다. 그것은 집단적이거나 남을 위해서 혹은 신체 이외의 목적을 염두에 두고 생겨나는 권리가 아니다. 누구나 피할 수 없는 자기보존의 욕구란 그 욕구의 존재가 파괴의 위협에 놓였을 때 그에 저항하는 자연권에

94) Ibid., art. 157,

불과하다. 홉스는 그 이상의 저항권을 인정하지 않았다. 중세이론에 의하면 계약관념에 근거하여 복종의 의무는 조건적이기 때문에 일정한도의 선을 넘었을 때 복종의 거부, 즉 저항권이 인정되었다. 예컨대 Marsiglio of Padua는 인민 혹은 인민의 다수는 그러한 저항권을 행사할 수 있는 주체라고 말하고 있다. 이러한 전통에 따라 Monar-chomachi 이론에서는 저항권이 부분적으로 인정된다. 「*Vindiciae*」에서, 그리고 칼뱅주의자 Althusius는 하위직임관 또는 감독관(Ephors)은 신의 권위가 부여한 또 하나의 지위가 인정되기 때문에 저항권을 가진다고 설명한다. 그는 Barclay의 폭군시해론에 편승하여 "견딜 수 없는 폭정에 저항하는" 것은 정당하다고 옹호하였다.

그렇다면 언제 누구에 의해서 저항권은 행사될 수 있는가? 로크는 용감스럽게도 개별적인 침해의 경우마저도 저항권을 인정하는 듯 보인다.[95)]

> "권위가 부여된 공공의 심판관이 없는 상황은 인간을 자연상태로 몰아넣는다. 인간의 신체에 대한 권리를 가지지 않은 채 힘으로 강요하는 것은 전쟁상태를 만든다."

비록 그가 법적인 권한을 가진 자라도 그러한 형식에 관계없이 그에 의해, 정당하지 못한 침해가 있게 되었다면, "고통을 받는 자에게 전쟁이 일어난 것으로 이 [침해상황]를 고칠 호소의 수단이 지상에 없기 때문에 그들 [고통을 받게 된 자들]에게는 그러한 경우 유일한 치유책인 하늘에의 호소가 남겨진다."[96)]

자기가 정부로부터 피해를 받았다고 해서 개인에게 정부를 전복할 권리를 부여하는 듯한 로크의 주장은 과격하다기보다는 설득

---

95) Ibid., art. 19.

96) Ibid., art. 20.

력이 떨어진다. 그렇기 때문에 그것은 개인의 권리, 특히 재산을 둘러싼 권리를 보호하려는, 극한적 처방이 아닌, 수사적(修辭的) 지지의 표시로서 자산계급의 공감을 일으키는 강조점일 뿐이다. 실제로 저항권에 대한 그의 정교한 주장은 다음과 같은 것이다. 즉 입법부가 가진 권한의 남용 혹은 이전에 따라 그에 대한 신탁이 해소된 경우이다. 집합체로서 인민은 입법부 — 집행부는 입법부의 수탁기관에 불과하므로 입법부가 이러한 조치를 취해도 된다 — 에 대하여 권력을 수탁한, "위임된 권력"을 주었기 때문에 이 기관이 위임된 범위를 현저히 벗어나 권력을 행사하는 등 이 기관의 권력의 성격상 기능변경이라고 판단된다면 인민은 입법부를 해산하고 원래의, 최초의 권력을 회복하게 된다.[97] 한번 사회계약이 성립하면 그것은 결코 취소되거나 파기될 수 없는 이상[98] 인민은 그들 사회의 주권을 행사하는 "직접 민주주의" — 그러나 고대의 개념과 로크의 관념의 차이를 유념하라 — 의 상태로 들어간다. 그는 인민주권의 이론이 "반란에 대한 최선의 방책이다"고 하면서 기능이 변질된 입법부에 대한 인민의 반란에 지지를 보인다. 입법부가 형식적으로는 국가의 권위를 장악한 경우에도 그들은 위임된 권력(fiduciary power)의 범위를 넘었으므로 사실상 반란세력이 되는 것이다. 위임된 권력의 오용은 이 기관의 권위를 박탈시키며, "그것 [위임된 권력]은 사회에로 환언한다. 인민은 최고기관으로서 행동할 권리를 가지며 그들 스스로 입법부를 지속하거나, 그들이 적당하다고 생각하는 새로운 형태[의 정체]를 세운다."[99] 권위가 박탈된 입법부는 위임된 권력을 더 이상 가지지 않은 하나의 사회적 힘이며 그에 대한 대응은

97) Ibid., art. 227.
98) Ibid., art. 121.
99) Ibid., art. 237.

또 하나의 보다 강력한 — 무력적인, 그러나 주권적 권위를 함께 지닌 — 힘뿐이다.[100] 그러므로 입법부를 포함한 모든 정부기관의 배후에는 사회계약 — 이는 헌법질서로 나타난다 — 을 보장하는 최후의 무력기구로서 인민의 힘이 존재하고 있으며 인민권력은 그런 의미에서, 비상사태시에만 그 진면목이 드러나는, 잔여권력인 것이다.

저항의 정당성에 대한 심판권은 최종적으로 "인민체"(body of the people)에 있다. 그러나 저항권의 행사과정에 대한 설명은 그리 간단하지는 않다. 초기에는 몇몇의 명백한 침해가 개인적인 불만을 만들어낸다. 그리고 기폭제가 되어 사회적인 저항의 분위기로 발전하면서 상당수가 이에 가담하여 반대세력을 집결시킨다. 승리가 가능할 정도로 발전되면 인민의 저항권은 발동되고 침해의 상황은 시정되고 종료한다. 저항권이 하나의 철학적 주장일 뿐 법적 권리일 수 없는 것은, 그것이 가정적인 것이기 때문이다. 그것은 주체마저도 확정될 수 없는 유동적인 불특정의 일정수를 말하고 있다. 로크는 자신의 저항권이론을 그의 "정치이론의 가장 값진 부분"으로 인식하고 있다.[101]

로크는 정부를 구성하면서 언제나 입법부의 우위를 인정하였다. 원래의 인민권력은 입법부에만 위임된 것이다. 그리고 이 입법부로부터 다시 위임되어 집행부(왕의 행정부)와 "연방부"(즉 외교부)가 만들어진다. 이들이 첫번째의 그리고 이 첫번째로부터 다시금 위임된 권력들이다. 입법부 우위 주장은 뒤에 역사적으로 "의회주권"이론으로 발전하는데, 그것은 인민들이 직접 자신의 권력을 행사하지 않는 한 그 대표, 즉 위임된 기관임을 지칭하는 것이다. 사실 인민의 동의를 로크는 의회 내의 다수의 동의와 같은 뜻으로 대체하고

100) Ibid., art. 155.
101) Cf. ibid., art. 227.

있는 까닭에,[102] 그 또한 대의정부론의 주창자라고 하겠다.

마지막으로, 로크는 인민체의 결합에 대해서도 불신하고 경계하는 듯한 무정부주의적 성향을 보이고 있다. 차라리 그는 급진적 개인주의자이며 자기의 재산을 두고 누구도 불신하는 그의 태도는 이해할 만한 것이다. 그는 국가, 사회, 정부의 출현을 모두가 불필요하고 우연적이며 불행한 역사적 현실이라는 회의적 입장을 취한다. 그것은 이러한 기구들의 도움으로 자신의 재산이 확실히 보장되었다는 현재의 상태를 전제할 때 최소의 유효비용 — 재산보호에 필요한 최소비용 — 의 논의로 이끈다. 다른 한편, 그는 소유권의 보호를 위해 모든 자연상태하의 이점과 지복의 생활을 주저없이 버리고 국가라는 제도적 수단에 몸을 숨기고 자신을 살찌워가는 자산계급의 기생성을 그의 이론과 함께 체현하고 있다. 이미 사회계약의 당사자 논의에서 보았듯이, 그에게 인민이란 자산계급과 동일한 단어이며 따라서 인민주권의 주장은 단지 자산계급의 주권이론이다. 역사적 개념으로서 인민은 로크에 와서 사회 내에 존재하는 그러나 사회를 구성하지 않는 부분으로 추락하였던 것이다.

제 5 절 로크의 소유권이론

우리는 이 절과 다음 절에서 로크이론에 특징적인 "소유권"과 "계급국가관"을 보다 깊이있게 검토하면서 그의 정치이론을 조망할 것이다. 이 두 주제를 통해서 그의 입장과 논점이 보다 잘 나타나고 정리될 수 있을 뿐 아니라, 이에 관한 그의 주장을 그런대로 일관성

102) Ibid., art. 140.

있게 이론화될 수 있기 때문이다. 로크는 소유권의 이론을 정리했다. 그러나 계급국가관은 그의 전체 논의 가운데 흩어진 채 널려있을 뿐이다.

로크의 소유권이론은 앞서 논의한 저항권이론과 마찬가지로 로크의 사상 가운데 가장 많이 언급되고 오늘날까지 지속적인 영향력을 미쳐온 분야이다. 그는 외관상 자연상태에 대한 낙관적인 언표를 하고 있으면서도 홉스에 비할 때 더 어둡고 비관적인 원죄적 인성론을 그의 이론의 저변에 깔고 있으며, 언뜻 보기에 찬란한 완전한 자유와 평등의 추상적 세계는 타락하고 오염된 자연상태의 증류수에 그치고 있기 때문에 재산에 대한 집념을 현실화한 구체적 세계로 이행하는 것은 사실상 필연에 가까운 것이다. 그러므로 시민사회는 로크가 동원가능한 모든 수단을 다해 소유권을 강화하고 그 주변에 도전불가능한 요새를 구축하는 것을 목표삼고 있다. 그것은 자산계급의 이익을 위해서 쓰여졌다기보다는, 보다 정확히는, 자신들이 찬탈하고 상속한 — 그리고 영국의 역사에서는 1530년대 Henry Ⅷ가 몰수한 재산의 재분배를 통해 개종자들이 신흥자산계급이 되었던 — 재산의 원죄에 시달리고 있던 세력들에 대하여 1689년의 명예혁명의 성공과 함께 이로부터의 해방과 반대세력 — 가톨릭에 대변되는 중세적 소유개념에 머물던 — 에 대한 공세를 정당화하는 이론적 근거를 제공해 주었던 것이다.

로크는 소유권과 같은 실정법상의 권리를 어떻게 자연법적 권리로 절대화할 수 있었는가? 홉스가 정치권력을 절대화하기 위하여 다른 모든 것을 희생했다면 같은 방식으로 로크의 주장은 "소유권의 절대주의" 이외의 아무 것도 아니다. 소유권이론은 논리적으로 모순되고, 이론적으로 취약하며 독창적이기보다는 여러 주장을 뭉뚱그려 강조의 정점에 이르는 변호론이다. 그러나 그의 주장은 다른 변호론과 상이하게 널리 유행하였고 또 찬양되었다. 그것이 다른 운명을 맞이했던 것은 이론 자체의 장점에서가 아니라 상황에서 찾아진다. 즉 그는 대륙보다 한 세기 앞서 이루어진 자본주의혁명의 기수였으며 그의 변호론은 대륙에서 혁명의 식량이 되었던 것이다.

그가 내놓고 소유권의 절대주의라는 현대자본주의 신앙의 주변에 구축된 요새는 내용상 소유권과 자유의 관계, 소유권의 기원과 자연법적 한계, 그리고 시민사회에서 소유권의 우상화에 관한 그의 논의를 분석함으로써 그 실상이 드러난다. 이하에서 순차적으로 검토하기로 한다.

먼저 로크는 "소유권"을 광의와 협의로 나누어 사용한다. 협의는 외적인 재산에 대한 권리이다. 그러나 광의의 개념에는 이 협의의 소유권 이외에도 생명과 자유가 포함되어 있다. 그는 "내가 소유권이라고 보통명사로 부르는 것은 그들의 생명과 자유, 그리고 재산"을 가리킨다고 말하고 있다.[103] 그러나 이미 논의했던 것처럼 인간은 자신의 생명을 처분할 권리가 없다는 것은 명확하다. 자유마저도 그것이 시간을 정하여 그 부분만큼 양도하여 남에게 봉사할 수는 있지만, 인간은 회복의 가능성이 없는 한 이의 상실에 대한 동의의 권리가 부여되어 있지 않다.

좀더 구체적으로 노예제에 대한 그의 논의를 살펴보자. 그는 무엇보다도 정당한 전쟁이 아니라면 승리자는 힘에 의해서 피정복자로부터 아무런 권리도 얻어낼 수 없다.[104]

"자신을 타인과 전쟁상태로 내몰고 부당하게 타인의 권리를 침

---

103) Ibid., II, art. 123.
104) Ibid., II, art. 176.

해한 공격자가 피정복자에 대하여 권리를 결코 가질 수 없다는 것은 … 모든 사람들에 의해 쉽게 동의될 것이다. 이로부터 부당한 전쟁에서 정복한 사람은 그에 의해 피정복자에게 복종과 복종의 의무를 요구할 자격을 가질 수 없다."

로크가 여기서 의도한 것은 단순한 전쟁의 정당·부당성의 문제가 아니라 폭력에 의한 강요는 비록 그것이 법적인, 관습적인 권리를 가진 자에 의해 자행되더라도 결코 정당한 권리를 주지 않는다는 점이다. 루소는 이를 간파해 힘은 권리 혹은 정당성을 낳지 않는다고 말한다. 오직 자신의 자발적인 동의의 의사에 의해서만 타인의 자기에 대한 일정한 권리가 인정된다.

그러나 그는 먼저 정당한 경우에는 예외가 된다는 것을 간접적으로 시인한 듯 보인다. 이를 좀더 부연하자면, 로크가 초안작성에 깊이 관여했던 1698년의 버지니아주지사에 보내는 칙령에는 다음의 표현이 보인다.[105)]

"흑인 노예들이 정당한 전쟁에서 잡힌 포로들이기 때문에 노예로 만드는 것이 정당화될 수 있으며, 그들은 그에 응당한 처벌을 규정한 일정법령에 따라서 자기들의 생명을 스스로 박탈하였다."

노예의 존재는 생명의 대가로 주어진 정복자의 지배라고 로크는 노예제를 지지한다. 이로 인해 그가 금화를 듬뿍 안을 수 있었을 것이다. 그러면서도 그는 이 노예상태는 종신역이거나 대물림이 되어서는 안되고 모세의 율법이 규정한바, 제 7 년째 기쁨의 해에 그들은 해방되어야 하고 혹은 주인이 그를 불구로 만들었을 때에는 방면해 주어야 한다고 말하고 있기 때문에 그는 한시적인 노예제를 선호했던 것처럼 보인다. 요약하면, 로크는 정당한 전쟁을 통하여서

105) Laslett의 설명이다. Ibid., II, art. 24, note.

만 그리고 일정한 기간을 정해서 이 기간 동안만 노예상태를 허용하는 한시적 노예제를 인정함으로써 인간의 자유가 근본적으로 부인되는 것이 아닌 방식으로 양도될 수 있는 가능성을 열어둠으로써 엄격한 유보조항에 인간, 곧 자유의 존재라는 불가분적 관계의 보편적 요구와 특수성으로서 소유권의 대상이 되는 양면을 동시에 충족할 수 있기를 기대했던 것이다.

자유의 특수성으로서 재산인 인간의 자유는 그러나 일정시간이긴 하지만 타인을 위해 노동하는 "자유인"의 자유상실이다. 환언하면, 자유의 상실은 노동할 수 있는 자유로 형태변화를 거쳐 나타난다. 만약 노동자에게 가용노동기간 동안 지속적으로 "자유의 양도"를 한다면 그것을 우리는 노예제와 어떤 질적 차이를 가지고 설명할 것인가? 그러한 사람은, 마르크스의 표현을 따르면, 자신의 노동을 팔 수 있는 자유를 가진 사람이며, 중세의 영주에게 속박된, 곧 영주의 토지에 부착된 사람(bondsman)과 다른 "자유인"이다. 보다 정확히 말하면 로크의 자유인은 중세적 제약에서 풀려난 "자유인"이며 그는 현대판 노예이다.[106] 자본의 축적시기에 봉건장원에서 쫓아져나와 도시의 임노동의 원천과 저수지를 이뤘던 자유임노동자는 그들로부터 분리된 생산수단과 더불어 양극분해의 한 축을 이루며 생산과정에 재조직되어 들어갔던 것이다. 자유를 완전히 상실했던 고대노예제에 대해 그로티우스가 불완전 노예제(imperfecta servitus)라 불렀던 범주는 곧 로크에서 자기의 자유를 시간단위로 팔면서 살아가는 노동자를 지칭하는 것이었다.

그러나 로크는 희망을 잃지 않고 말한다.[107]

---

106) Cf. Ibid., II, art. 85.
107) *An Essay concerning Human Understanding*, Bk. II, art. 63.

"인간의 자유와 그 자신의 의지에 따라 행동할 자유는 그가 가지고 있는 이성에 근거하고 있다."

자유! 얼마나 고상한 인간의 꿈인가 자유는 인간의 본질적 속성이며 인간 그 자체이다. 그리고 그것은 이성에서 나온다. 로크에게는 이성이 없거나 허약한 사람은 완전한 인간일 수 없다. 광인이나 명정상태에 있는 사람, 심지어는 자기와 다른 교의에 깊이 맹신해 간 사람은 인간에 속하지 않는다고 할 수 있다. 사실 그는 「인간이해론」에서 추상적 주체로서 존재(person)의 본질을 의식의 일관성에서 찾고 있으므로 인간이기 위해서는 오직 자유, 그것도 이성에서 나오는 자유의 주체일 것이 요청된다. 시간단위로 자유를 양도한 노동자는 최소한 그 기간 동안 인간이라기보다 다른 존재, 자본가에게 잉여가치를 만들어내는 살아있는 그 무엇일 뿐임이 분명하다. 그의 시대에 절대다수의 사람들이 이러한 상황에 처했을 때, 로크가 소유권의 범위 속에 "자유"를 포함시켰던 까닭은 그러한 유형에 대한 인간애 그리고 이들을 자유의 주체로 부의 재분배를 통해 고양시키려는 의도가 아니었다. 오히려 자유를 인간의 지극한 속성으로 보는 대신 소유권의 자유로 한정시킴으로써 그는 자산계급의 약탈성에 시대적 식료(食料)를 헌정하였다.

둘째, 소유권을 사회계약 이전의 자연권으로 그는 말한다. 그러한 권리가 시민사회, 즉 국가권력에 선행하여 있었기 때문에, 이 권리의 정당성에 대해서는 오로지 형성과정의 정당성만으로 충분하다는 것이 그의 생각이다. 이 자연권은 그러나 동시에 자신의 한계를 가지고 있다. 왜냐하면 스피노자가 말했듯이 "모든 규정은 한계이기" 때문이다. 그것은 무한한 것이 아니고 내재적 한계를 갖기 마련이다.

소유권이 자연권이라면 사회에 선행된 시기에 그것이 어떻게 인정되었는가를 알아보는 것이 필요하다. 그리고 시민사회에 와서 이 권리를 어떻게 보고 있는가를 보아야 한다. 곧 자연상태하에서 소유권이 인정될 수 있다면 그 안에서 그것은 자연권이며 실정법에 의해 생겨난 제도적 산물은 아니다. 그것은 자연상태가 자연법의 유효성 속에서 진행되고 있는 이상 자연법에 의해 인정되고 이 자연법에 어긋나지 않는 한에서만 자연권일 뿐 그 외의 권리는, 자연법과 상관없는 또는 자연법에 역행하는, 자연권이 아니라 자의권 — 제멋대로 투영된 허상의 권리 — 이라 하겠다.

로크가 제시한 소유권의 절대주의는 자연권, 곧 자연상태의 소유권의 원천에 대한 설명에서 시작된다. 그것은 추상적 존재(person)인 자기가 자신의 신체에 대한 소유권을 가진다는 절대확실성의 믿음에서 출발하고 있다. 로크는 인간이 하느님의 창조물이며 그의 자식들이기 때문에 굳이 소유를 논의한다면 하느님의 소유물이라는 하나의 결론을 내려놓았다. 그리고는 중세적 개념인 추상적 존재(person) — 우리는 그것이 누구인지 모른다 — 는 자기 자신의 신체를 소유한다고 말한다. 신체로부터 분리된 추상적 존재(person)가 가능한가? 사람은 자기 자신을 소유한다고 말하기보다는 자기 자신 그 자체라고 보아야 한다면 사람은 사람을 소유한다고 말하는 것이 된다. 사람은 사람이라고 말하는 것과 달리 거기에는 개인을 소유의 주체로 보는 개인주의의 관점이 들어있다. 또한 홉스도 인간이 자기신체를 소유한다는 관념을 공유하는데, 그것은 타인으로부터 자기를 보호할 절대적 필요성을 강조하는 의도를 가지고 있는 데 반하여 로크는 — 마치 데카르트가 사유를 모든 존재의 출발점으로 삼아 그의 관념론을 완성해간 것과 같은 논리로 — 신체의 소유를 단초로 해서 소유권의 체계를 구성하려고 시

도한다.[108]

> "… 자연의 사물들이 공동으로 주어졌지만, 그러면서도 인간은 (그 자신의 주인인 것에 의하여 그리고 자기 자신이 인체의 소유자이고 이의 행동이나 노동의 소유자임에 의해서) 여전히 소유권의 거대한 기초를 자기 자신에게서 가지고 있었다."
>
> "대지와 보다 열등한 생명체들이 모든 인간에게 공동으로 쓰이지만, 모든 인간은 그 자신의 인체에 소유권을 여전히 가지고 있다. 이 인체는 그 자신 이외의 어느 누구도 권리를 가지고 있지 않다. 그의 신체의 노동 그리고 그의 손이 한 작업은 당연히 그의 것이라고 해도 된다."

여기서 로크가 사용한 도출방법은 인체 — 노동 — 생산물의 순서로 소유권이 확인되고 있다. 그러나 그의 의도는 그 반대이다. 곧 생산자 자신의 노동과 작업은 결과물로서 나온 상품인데 그에 대한 소유권을 주장하기 위해서는 노동과 작업이 자기의 것이라는 것, 또 이를 주장하기 위해서 인체가 자기의 소유권에 속한다는 명제에 그는 돌아가지 않을 수 없었던 것이다. 그리고 그것은 생산자 자신의 소유권을 보장하려는 것이 아니라 임노동의 현상이 일반화한 노동시장에서 로크는 자산계급의 이익을 위해서 생산자를 산 사람은 이 생산자의 노동의 결실을 그의 소유물로 한다는 평범한 상식을 심오한 듯한 어투로 전개하고 있다.

이처럼 그의 의도를 거꾸로 진행시킨 도출의 논리는 그렇다고 잘 정돈된 형태로 설명되어 있는 것은 아니다. 중세신학적 사고와 전통에 침전된 그의 사고는 홉스처럼 논리적 일관성을 가지고 충실히 진행되고 있지는 않다. 문제는 인간이란 그 자신의 주인이거나 자기에 소유권을 가질 만큼 자율적이고 배타적인 존재는 아닌 데

---

108) *Two Trearises*…, II, art. 43; Ibid., Bk. II, art. 27.

있다.[109)]

> "인간은 모두가 전능하신 유일자이며 무한히 지혜로운 창조자의 작품이다. 유일한 주권적 주인의 모든 종들은 그의 명에 의하여 그리고 그의 사업을 이루기 위하여 이 세상에 보내졌으며, 그들은 그[하느님]의 소유물이다. 그들은 그의 작품이며 다른 사람이 아닌 그의 기쁨을 지속하기 위해 만들어졌다. 비슷한 능력을 갖추고 자연이라는 한 사회 내에서 모든 것을 향유하는 이상 우리 인간들 사이에 종속관계 같은 그러한 것은 가정될 수 없다."

위에서 보는 것처럼 인간은 자신을 소유하는 그런 오만한 존재가 아니다. 굳이 밝히자면 인간은 하느님의 소유물이다. 성서의 권위를 빌어 이렇게 말하는 로크는 그러나 자기의 말을 잊은 듯 사람은 자기 자신의 주인이라고 말하고 있다. 자연상태에서 인간은 과연 누구의 주인인가? 혹은 이러한 질문이 성립되기는 하는가? 언제 어떤 근거에서 그러한 형태변화가 일어난 것인가?

인간의 노동력이 그 자신이 소유물이라는 관념은 마르크스주의적이라기보다 자본주의적이다. 그러한 관념은 다른 생산양식에서는 일반적으로 인식되지 않았고 오히려 다른 인식이 그 자리를 차지하고 있었다. 비록 노동의 소유권을 노동을 한 자에게 인정하더라도 노동의 대상이 공동재산이었기 때문에 이들 간의 관계가 궁금할 수 있으며 로크는 이 문제를 직시하였다.[110)]

> "자연이 공급하였고 놓아둔 상태로부터 그가 무엇이거나 간에 떼어낸 것은 거기에 그의 노동을 섞었던 것이고 그 대상에 자기 자신의 그 무엇을 결합하였으므로 따라서 그에 의하여 그것[결합물]을 그의 소유물로 만든다. 자연이 놓아두었던 공동적 상태로부터

109) Ibid., II, art. 6.

110) Ibid., II, art. 27.

그에 의해서 분리되었으므로 이 노동에 의해서 그에 덧붙여진 무엇 [노동의 가치]을 그것은 가지게 되었으므로, 다른 모든 사람의 공동적 권리를 배제한다."

앞에서 "신이 대지를 자식들인 인간에게 주셨다"는 성서를 인용하면서 로크는 부연하여 토지와 기타 생산물을 인간에게 공동으로 사용하도록 주었다고 확인한다. 이제 노동이 인간개인의 소유라는 전제하에 우리는 어떻게 공동의 대상물이 노동의 결과 사유물로 전환되었는가 궁금해지고, 로크는 그에 대하여 잔여물과 잔여인간들과의 관계에서 이 문제에 답하고 있다. 곧 공동물에 대한 사적 전유에도 불구하고 여전히 거기에는 충분한 토지와 다른 산물들이 있는 이상, 그리고 전유한 토지와 산물이 독점으로 향유할 수 없거나 부패하지 않는 이상, 잔여인간들의 보존과 욕구에 어떤 구체적인 피해를 준 것은 아니지 않느냐는 것이다. 만약 누군가 그러한 사적 전유는 잔여인간들의 명시적 동의를 요한다고 한다면, 이는 오히려 인간의 자기보존마저도 불가능해질 것이다. 나아가 그는 신은 합리적이고 부지런한 사람들에게 이를 사용하라고 했기 때문에 동의는 불가능할 뿐더러 불필요하다고 배제해 버린다. 심지어, 공유물과 그에 대해 부가한 노동에 대한 가치비교에서 그는 공유대상의 가치는 하찮은 것이며 그에 대한 시비는 논쟁의 의미가 없다고 결론짓는다.

먼저, 노동을 투입한 사람은 공유물에 대한 사적 전유권이 인정된다.[111)]

> "언제 그것[생산물]이 그의 것이 되기 시작하는가? … 만약 처음 주워담은 것이 그의 것으로 만들지 않았다면 그 이후의 어떤 행위도 그의 것으로 만들 수 없었다는 것은 명백하다. 그 노동이 그

111) Ibid., II, art. 28.

것들[생산물]과 공유물 사이를 구별짓게 한다. 그 행위가 자연이 이루어놓은 것보다 더 큰 무엇을 부가시켰다. 그래서 그것은 그의 소유권이 되었다."

사적 전유에 동의가 필요한가?[112)]

"그리고 누군가가 그가 전유했던 도토리나 사과들에 대한 권리를 가지지 않았다고—왜냐하면 그것들을 자기 것으로 만들기 위해 모든 인류의 동의를 받지 않았기 때문에—할 것인가? 그리하여 모든 사람에게 공동으로 속한 것을 그 자신에게 귀속시키는 것은 강도질이었는가? 만일 그러한 경우 동의가 필요하다면, 신이 인간에게 준 풍요에도 불구하고 인간은 굶어 죽었을 것이다."

그리고 로크는 신이 인간에게 자기보존을 위해 공유물을 향유하라고 했으며 특정의 인간부류에게는 오히려 이를 격려했다고 강조한다.[113)]

"신은 인간에게 공동으로 세계를 주었으며, 삶의 최선이 되는 이익과 편의를 위해서 이 세계를 이용할 수 있는 이성을 또한 주었다."

"신은 세계를 인간에게 공동으로 사용하라고 주었다. 그러나 신은 인간에게 그들의 이익과 거기서 그들이 끌어낼 수 있는 삶의 최대한 편의를 위해 주었기 때문에 이 세상이 언제고 공유이고 경작되지 않는 상태로 머물러야 할 것을 신이 의미했다고 가정할 수는 없다. 신은 부지런하고 합리적인 사람들의 사용을 위하여 이 세상을 주었으며, (그리고 노동이 그것에 대한 자신의 권리가 된다.) 시비를 걸고 자기주장이나 해대는 자들의 환상이나 탐욕에 권리를 준 것은 아니었다."

---

112) Ibid.

113) Ibid., II, art. 26; Ibid., Bk. II, art. 34.

로크는 신의 이름을 빌려 사적 전유에 대한 반론의 여지를 아예 봉쇄했다. 그들은 차라리 독신적(瀆神的)이다. 그리고 이 공유물의 가치가 과연 논의할 만큼의 의미가 있는 것이냐?고 하면서 그는 반격을 하고 있다.[114)]

> "땅을 둘러싸고 이 10에이커로부터 얻어낸 삶의 편의들은 자연에 남겨진 100에이커의 땅이 해줄 수 있는 편의보다 더욱 풍부한 양을 생산해냈다고 실로 말해도 될 것이다. 나는 여기서 개량된 토지가 [자연의 토지에 비할 때] 100대 1에 훨씬 가깝기 때문에 만들어낸 생산물을 10배로 낮게 평가했다."
>
> "이들 가운데 순수하게 자연에 돌릴 수 있는 양과 노동에 돌릴 수 있는 양을 본다면 대부분의 경우 99/100는 완전히 노동에 근거하고 있다는 것을 발견할 것이다."
>
> "인간이 하나[1 에이커]에서 얻어내는 이익은 1년에 5실링, 그리고 만약 인디언이 거기서 얻은 모든 이익을 여기서 가치로 매기고 판다면 다른 하나에서 얻게 되는 것은 1페니도 채 되지 않는다. 최소한 그것은 1/1,000의 가치도 되지 않는다고 진실로 말할 수 있다."

사적 전유에 대하여 다투는 자는 기껏 0.1%도 되지 않는 가치가 거기에 휩쓸려 들어갔다고, 그 속에는 잔여인류의 하나로서 자기의 몫도 들어있다고 말하고 있는 것뿐이라는 의미이다. 건전한 상식을 따라서 무에 가까운 무가치한 공유물에 관한 시비를 — 신이 공동으로 사용하라고 주었다는 대명제는 여기서 그 빛을 잃고 — 그의 교활한 숫자놀음을 통해 희화화하고 있는 것이다. 여기서 소유와 사용, 공유와 사적 전유의 차이나 구별은 논의의 실익이 없다는 답변으로 무시되어 버린다.

---

114) Ibid., II, arts. 37, 40, 43.

가장 심각한 의문이 하찮은 말싸움으로 치부되어 해소되면서 하나의 가정으로서 엄중한 현실이 떠오를 수 있다. 곧 사적 전유가 광범하게 그리고 급속하게 진전되면서 자연과 과실에 대한 참여가 그 한계점에 이를 때 참여로부터 배제된 절대다수가 로크의 허튼 수작에 고개를 끄덕일 것인가? 신중한 그는 이 점이 걱정되었음직하다. 그는 아직 세계에는 잔여토지가 널려 있고 여분의 과실이 충분하다고, 그리고 전유한 토지와 생산물이 방치되거나 부패하면 안 된다는 — 청교도적인 왼쪽 눈의 윙크와 함께 — 위로의 말을 전하면서 뱃소리 꼬르륵하는 반대자를 설득하려고 든다.[115)]

> "신이 모든 사물을 우리에게 풍부하게 주었다는 말은 신의 목소리이다. 그러나 신이 어디까지 우리에게 주었는가? 향유하라고, 즉 어느 누구도 그것이 썩기 전에 삶의 이익에 얼마든지 이용하라고. 그만큼 인간은 자기노동에 의해 그 안에 소유권을 확장해도 된다. 이 범위를 넘어가는 것은 무엇이나 그의 몫을 넘는 것이며 [그것은] 다른 사람에게 속한다."
>
> "그는 그것들이 나빠지기 전에 소비한다는 점을 잊지 않으면 안된다. 그렇지 않으면 그는 그 경우 자기의 몫보다 더 많은 것을 [자연으로부터] 취한 것이고 따라서 타인[의 몫]을 강탈했다. 실로 자기가 사용할 수 있는 이상을 비축한다는 것은 어리석을 뿐 아니라 부정직한 것이다."
>
> "토지를 개량함으로써 일정면적을 전유하는 것은 어떤 다른 사람에 대한 아무런 손해도 아니다. 거기에 여전히 충분한 땅이 있었고, 아직 사용할 수 있는 것 이상의 불필요한 땅이 많이 남아 있으므로. 따라서 그 결과는 그가 자신만을 위해 땅을 둘러막은 것 때문에 다른 사람에게 보다 작게 [땅이] 남아 있게 되는 것은 결코 아니다."

---

115) Ibid., II, arts. 31, 48, 33.

이렇듯 자연상태하에서 소유권의 취득에는 엄격한 조건이 따라온다. 곧 부식과 여분의 토지 및 과실의 존재가 여기서는 문제된다. 최소한 이러한 조건을 충족시키지 못하는 전유행위는 "다른 사람에게 속한" 것들을 "강탈한" 강도질이며 "부정직하고" "어리석은" 짓이다. 공유물에 대한 사적 전유자는 이처럼 위험한 경계선을 사이에 두고 이 조건의 충족 여부에 온 신경을 써야할 것 같다.

그러나 이 조건들은 상식적이라기보다는 그럴 듯한 것이며, 논리적으로 허약하다. 만약 여전히 잔여생산물이나 잔여토지가 인류의 생존에 영향을 미치지 않는다면, 단순한 도덕적 지침인 것 이외에 자연상태의 작용에 무슨 의미가 있는가? 모든 생산물은 결국 자연 속에서 부식하기 마련이다. 그에 대한 보존의 의무를 부과한다는 것은 사유권에 대한 견딜 수 없는 부담이 될 것이다. 잔여토지의 논의도 불합리하다. 런던의 거주자에게 이 주변의 땅이 모두 남들에 의해 전유되었지만 아직도 그린랜드와 만주에는 주인 없는 넓은 땅이 남아 있다고 설득할 수 있겠는가? 문제는 이 모든 조건이 잔여인류의 생존에 필수적인 것들인가, 그리고 이들에 대한 잔여인류의 전유 가능성이 실제로 동일한 조건하에 놓여 있는가가 중요하다. 자연의 생산물 혹은 대체재(代替財)에 대한 요구를 조건으로 하지 않으려면 손실에 대한 충분한 보상을 조건으로 하면 될 것이다. 로크는 사용권을 소유권과 구별하지도 않으면서 이러한 조건을 마치 폐기하기 위해 만들어 놓았다. 먼저 공유지에 대한 사적 전유와 어떻게 그에 대한 소유권으로 형태변화하는가를 보자.[116)]

---

116) Ibid., II, art. 32. 우리는 여기서 토지와 과실의 구분을 없애고 헛된 명분을 들먹이면서 울타리를 친 그 행위로 소유권이 생긴다는 그의 주장을 음미해야 할 것 같다. 실제로 그는 타인을 고용하여 그의 노동으로 토지를 전유하며 일회성의 행위만으로도 충분히 소유권이 발생한다는 것이 명백하다면 같은 논리에서 임노동자에 대한 영속적인 소유권도 인정해 주어야 하지 않겠는가?

"그러나 소유권의 주 문제는 이제 대지의 과실과 거기서 살아가는 짐승이 아니라 토지 그 자체이다. … 토지에서의 소유권은 또한 전자 [과실의 경우]에서와 마찬가지로 획득된다고 하는 것은 명백하다고 나는 생각한다. 인간이 원하는 만큼 땅을 갖고, 씨앗을 뿌리고 [토지를] 개량하고 경작하여 거기서 나온 생산물을 소비할 수 있다면, 그만큼은 그의 소유권이다. 그는 자기의 노동을 들여 말하자면 공유지로부터 자기 땅을 둘러막은 것이다."

로크의 유려한 수사학은 "처음의 전세계는 아메리카이다"[117]에 집약된다. 아메리카가 주인없는 땅이며 거기에 식민해간 유럽인들이 마음대로 울타리를 하고 자기 것으로 선언했던 것처럼 — 그리고 이는 우월한 유럽국가들의 무력을 배경으로 가능했다. — 토지의 소유권을 둘러싼 논란을 일거에 잠재우려는 표현이다. 물론 그 이면에는 자산계급의 약탈성을 윤리적 비난에서 변호하려는 그의 속깊은 욕망이 도사리고 있다. 16세기 말 영국인들이 네덜란드를 거쳐 아메리카에 상륙하고 이어서 스페인사람들이 들이닥쳤을 때까지 이곳은 1억 인디언들의 삶의 터전이었고 이 무렵에는 수많은 부족이 상이한 언어와 영토로 나뉘어 서로 간의 경계를 세우고 공존하고 있었다.

"공유지"는 인류에 개방된 토지가 아니다. 그것은 원래 중세의 장원제도하에서 토지형태의 불가분적 일부로서 장원에 속한다. 봉건제의 해체기에 들어서면서 토지에 대한 영주의 사적 전유가 종획운동에서 보듯이 노골화되어 농노와 차지인들은 그에 대한 이용권을 빼앗기고 장원에서 쫓겨나면서 중세적인 토지개념은 현대적인 소유권으로 변형되고 특히 공유지에 대한 투쟁을 거치면서[118] 공유지도 "자본주의적으로 된 지주"에 의해 자기의 재산으로 편입되었던 것

117) Ibid., II, art. 49.

118) 저자의 「자본제시대의 사상」(창작과 비평사, 1993).

이다. 로크는 공유지는 직접 노동을 투입해 이용한 사람에게 소유권이 있다고 말하고 있으나, 공유지를 둘러싼 사회적 투쟁의 와중에서 지주의 편에 확고히 서서 공유지를 이용해 왔던 과거의 농노, 차지인(借地人)과 이를 이용하려는 화전민(火田民), 빈민의 생존권을 — 그의 이론을 믿는 사람과 함께 — 비웃고 있다.

여기서 보다 심각한 논의는 로크가 더 강조할 수 없는 방식으로 말하는 소위 직접노동에 의한 소유권의 획득이다. 그의 논리는 노동만이 토지와 자연의 과실에 대한 그의 직접적인 노동행위를 통해 가장 확실하게 소유권을 확보해주기 때문이다. 그 이외의 행위는 모두 노동을 매개로 이루어진 소유권의 간접적 확보경로에 불과하다. 만약 우리가 로크의 신념을 따라 충실히 자연상태하의 소유권이 직접노동에 한정된다고 결론짓는다면, 그것은 자연권으로서 소유권의 고유한 범위가 될 것이다. 한 사람이 해낼 수 있는 직접노동의 양은 한계가 있기 때문에 그에 따른 소유권이 인정된다면 노동의 자연적 한계벽에 부딪혀 그가 유보조항으로 부착시킨 잡다한 조건들에 담긴 그의 걱정은 한 순간에 해소될 수 있다.

로크는 직접노동만이 인간의 사유자격을 부여한다는 점을 분명히 하고 있으나 그 설명은 그 시대의 조잡한 상식에 의존하고 있다.[119]

> "신은 명령하셨고 인간의 필요는 그에게 노동을 강요했다."
>
> "노동이 초기에는 [즉 화폐가 도입되기 이전에] 소유물에 대한 권리를 주었다."
>
> "이 노동은 노동자의 의문할 수 없는 소유물이므로, 그 이외의 어떤 인간도, 최소한 충분히 존재하고 다른 사람을 위해 공유지로 남아 있는 곳에서는, 일단 결합한 것에 대한 권리를 가질 수 없다."

119) Ibid., II, arts. 35, 45, 27.

그러나 로크의 의도에 담긴 핵심논의는 그가 만들어낸 직접노동의 부담을 내던져 버리는 것이다. 그는 직접노동의 필요성을 우연적인 수법으로 우회하고 있다.[120]

> "우리는 계약에 의해 여전히 남아있는 공유지에서, 공유인 것의 일부를 차지해서 자연의 남겨둔 상태로부터 분리해내는 것이 소유권의 시작이며, 그렇지 않으면 공유지는 아무 쓸모가 없다는 것을 보게 된다. 그리고 이것 혹은 저것을 차지하는 것은 모든 공유지 이용자들의 명시적 동의에 의존하지 않는다. 이처럼 나의 말이 뜯어먹는 풀, 나의 종이 떼어낸 뗏장, 그리고 다른 사람과 공동으로 권리를 가지고 있는 곳에서 내가 파낸 광석은 어떤 사람의 할당이나 동의 없이도 나의 소유물이 된다. 내 것인 노동이 원래 있었던 공동의 상태로부터 그것들을 떼어내어 그에 대한 나의 소유권을 확정하였다."

토지와 과실에 대한 소유권은 사회 이전에 확립되었고 권리의 획득은 자연권으로 성립되었다는 이유로 로크는 자연상태하의 소유권의 성립 ― 공유지 사용으로부터 형태변화를 거쳐 파생된 ― 을 자연권으로 절대화할 수 있었다. 그리고 토지와 과실에 소유권을 인정하기 위해 요구된 최소한의 충족요건인 직접노동의 과제마저도 화폐의 도입과 함께 거기에 담겨있는 문제에 대한 고려없이 사라져 버린다. 그의 논리적 교활성은 이미 부식(spoilage)이라는 유보조항의 논의에서 희미하게나마 여우의 꼬리를 드러내었다. 즉 조개껍질이나 금·은 등 내구재의 경우 부식할 걱정이 없으므로 자연인은 무제한으로 소유할 수 있다고 인정하였다.

화폐의 도입과 함께 사람들은 그것이 가져오는 결과에 대해서도 동의할 것이다. 화폐의 도입과 같은 묵시적 동의는 자연권으로서

---

120) Ibid., II, art. 38.

소유권을 바꿔놓을 수 있다. 환언하면 로크는 인민의 동의는 신의 질서 따위에 개의치 않고 자연권을 만들어낸다고 말하고 있는 것이다.[121)]

> "그의 온당한 소유권의 범위를 초과하는 것은 그의 재산의 크기에 있는 것이 아니라 그 가운데 어떤 것이 쓰이지 않고 폐기되는 데 있다." "그리고 이처럼 인간이 부식시키지 않고 보유할 수 있는 어떤 내구적인 것을 화폐로 사용하는 시기가 도래했다. 그리고 상호적 동의에 의해서 참으로 유용하면서도 부식할 수 없는 삶의 필요물의 교환으로 돈을 받게 되었다."

우리는 여기서 화폐의 성립이 사회가 성립하기 전에 생겼다는 논리의 사적 오류를 논의하지 않겠다. 화폐가 사회에 선행한다면, 그러한 물건이 보편적 속성을 지니고 있었기 때문이었다. 화폐의 도입이 왜 명시적 동의없이 이루어질 수 있는가도 의문될 것이다. 로크의 논의는 이미 도입된 화폐경제 속에서 선택권을 상실한 인간의 관행을 두고 말한 것에 불과하다. 어떻든 로크의 논의는 자연상태에서 신의 질서로 부여된 공유물과 이의 사용이라는 상태로부터 조건이 붙은 사적 전유의 수용, 그리고 마침내는 절대적 소유권으로의 변형에 들어서면서 그의 백미(白眉)를 보여준다. 그것은 홉스의 절대권력의 대개념이다. 소유권은 이제 그 주위에 수많은 방벽을 쌓은 요새 속에서 자연권, 그것도 소유권의 절대주의를 절규하고 있다.

그리하여 문명의 혜택을 인류에게 가져온 생산적 노동은 노동없이는 황무지로 남을 뻔한 광막한 대지를 풍요한 자산으로 바꿔놓았다. 노동이, 노동만이 — 역사에서 자기에 적대적인 — 자본의 성장을 낳았다.[122)]

---

121) Ibid., II, art. 46~47.
122) Ibid., II, art. 41.

> "아메리카의 여러 부족들보다 토지에서 풍부하면서도 모든 삶의 편의상품에서 빈약한 것을 더 명백하게 증명해주는 것은 없다. 자연이 다른 어떤 민족보다 못지않게 충분한 자원, 돈과 의복 그리고 즐거움을 주는 데 쓰이는 풍요한 생산의 가능성이 큰 비옥한 토지를 그들에게 주고 있지만, 노동에 의해 이를 개량하지 못한 이유로 우리가 향유하는 편의상품의 10퍼센트도 그들은 가지지 못한다. 거대한 비옥한 영토의 왕이 영국의 일용직노동자보다 더 초라하게 옷입고 있다."

어떤 측면에서 보면 로크의 주장은 약간 이해될 수 있다. 영국의 노동자는 아프리카의 추장보다 의복뿐 아니라 더 나은 교통수단, 식료, 주거, 심지어는 의료시설을 누릴 수 있다고 강변할 수 있을지도 모른다. 그러나 우리가 이미 로크의 논법이 자기의 신념을 정당화하기 위한 전방위적이고 논리에 개의치 않는, 럭비공 같은 스타일이라는 것을 알고 있다. 위 인용에 나온 허튼 수작으로 그의 이름에 오점이 더해지지는 못할 것이다.

인간은 소유권 없이 태어났으나 로크는 그의 유려한 논법으로 소유권을 자연권으로 승격시켰으며, 그것은 사회에 선행할 뿐더러 시민사회의 성립에서도 포기된 내용이 아니라는 점에서 사회의 최대의 목적은, 곧 소유권의 보호에 있다는 것을 분명히 하고 있다. 그의 소유권이론은 형성과정에 있는 자본주의에 커다란 힘이 되었으며, 사회의 개혁이 벽에 부딪친 유럽대륙에서 신질서를 향한 혁명의 구호로 인용되었다. 그의 의도는 단지 영국사회에서 재편된 자산계급의 변호론에 불과하지만, 역사의 진보를 향해 달리는 기차의 화부(火夫)로 극화(劇化)했던 것이다.

제 6 절 로크의 부르주아계급지배론

영국내전은 로크에게 전통적인 국가에 대한 신흥부르주아계급의 보호, 나아가서는 후자에 의한 전자의 교체 및 이의 수단화라는 부르주아국가론의 기본골격을 세우는 이론작업의 혜안을 제공하였다. 그것은 당시의 사회경제적 변화의 이론적 반영이었을 뿐만 아니라 역사의 진보가 요구하는 과제에 부흥하는 진보적인 사회철학이었기 때문에 획기적인 사상의 단원을 이룬다고 할 수 있다. 로크가 자본제적 시민사회의 형성에 결정적인 이론적 기반을 제공했다고 하는 마르크스의 평가는 본질적으로 올바른 것이었지만, 이 부르주아계급철학은 변호론의 종교적 사도들을 동원하여 마르크스에 대한 반격의 방향으로 발전해갔던 학문적 경향의 희생물로서 그 가치가 신비화·동공화의 위기를 맞이하게 되었다. 로크의 사회철학은 기본적으로 부르주아계급지배의 이론인데, 우리는 이를 그가 사회이행의 문제를 취급한 문맥을 면밀히 검토하면서 밝혀보고자 한다.

로크의 정치사상은 사회계약이론의 형식을 취하고 있다. 그의 사회계약론은 홉스와 마찬가지로 자연상태에서 시민사회로의 이행의 과정과 그 성격을 규명하려는 하나의 이론적 시도이다. 이러한 점에서 우리는 로크사상의 독창성 문제에 직면하게 된다. 그의 이론은 홉스의 이론적 틀 안에서 전개되지 않았는가, 곧 그의 사상은 홉스 사상을 전승한 것이 아닌가, 다만 홉스에 대한 개인적인 콤플렉스 때문에 그를 의도적으로 언급하지 않았던 것은 아닌가 하는 의문이 제기된다. 그러나 우리는 이러한 기본적인 틀 안에서 나타나고 있는 자연상태로부터 시민사회로의 '이행의 성격'을 둘러싼 차이점에 주목해야 할 것이다. 곧 홉스가 말하는 자연상태에서 시민사회로의 이행은 자연상태에서는 단순한 원자적인 개인으로 해체되어 있던 인간들이 시민사회로 넘어오면서 '국가'라고 하는 하나의 거대한 인위적 인간으로 재조합되는 새로운 존재의 형성을 의미하는 것이지만, 로크가 말하는 시민사회로의 이행은 단순히 자연상태의 연장, 양적 확대라고 하는 의미를 가지는 것이다. 따라서 로크의 '시민사회' 혹은 '국가'는 자연상태에 수단적인 역할 이상의 의미를 갖지 않는 것이다. 곧 시민사회는 자연상태가 국가권력의 개입이 없이는 더 이상 유지될 수 없는 단계에 이르러 국가라고 하는 제도적인 장치를 이용하여 자연상태에 존재하고 있는 사회적 관계를 계속 유지·확장시키고자 하는 성격을 띠고 있는 것이다. 따라서 로크의 정치사상에 대한 올바른 이해는 다음과 같은 세 가지 논점에 대한 철저한 구명을 통해서만 가능한 것이다. 그 첫째는 자연상태의 실체는 과연 무엇인가 하는 문제이며, 둘째는 사회계약의 성격과 그 의미에 대한 해명의 문제이다. 즉 사회계약은 누가 누구와 하는 것이며, 그 결과 어떠한 이익과 손해가 어떠한 계층에게 주어지는가 하는 점이다. 셋째로 분명히 해야 할 것은 시민사회의 정치적 주체는 누구인가 하는 점이다. 이러한 문제들에 대하여 일반론적인·추상적인 접근을 하게 될 때 로크의 이론은 부르주아적 정치사회의 형성을 위한 하나의 사상적 기반을 제시했다고 하기보다는 막연한 의미로 또 하나의 사회형성의 이론을 제시했다고 해석될 수 있는 오류를 안고 있기 때문이다.

1. 자연상태의 논리적 구성과 경제적 전개

로크는 자연상태를 두 가지 관념으로 파악하고 있다. 즉 역사적 사실로서의 자연상태와 하나의 이론적 분석틀로서의 자연상태가 그의 관념 속에 혼재되어 있는 것이다. 다시 말하여 그의 자연상태의 관념 속에는 근대시민사회의 성립 이전에 역사적으로 나타났던 경제사회의 여러 단계가 반영되어 있으며, 또한 근대시민사회의 사회적 관계를 도덕적으로 정당화하고자 하는 논리적 근거가 도전할 수 없는 성서의 권위라는 망토를 걸치고 나타나 있다. 따라서 우리는 하나의 이론적 분석틀로서 상정되고 있는 자연상태의 특성들, 특히 자연상태에서의 인간의 본성에 대한 로크의 논리전개를 홉스와의 비교분석을 통해 더욱 명확히해야 함과 더불어 역사적 사실로서 자연상태에 나타나고 있는 경제사회단계의 이행과정을 또한 밝혀내야 할 것이다.

홉스가 자연상태를 "만인은 만인에 대한 이리이다"(Homo homini lups est.)라고 불리는 하나의 전쟁상태로 상정했던 데 반해, 로크는 자연상태를 평화의 상태 또한 완전한 자유의 상태로 가정하였다. 이러한 자연상태에 대한 상반된 견해는 홉스에게서는 자연법이 사회유지를 위한 공리, 즉 사회의 기능적 전제조건으로 등장하고 있는데 반하여 로크에게서는 하나의 행동규범처럼 모든 사람이 자연법을 실행하는 주체로서 가정되었다는 사실에서 비롯된다. 곧 로크에게 인간은 이성을 가진 존재로 파악되었기 때문에 자연상태는 대체로 자유롭고 평화로운 상태로서 나타나는 것이다. 따라서 이러한 상태에서 인간은 자기보존의 권리뿐만 아니라 인류보존의 권리를 또한 갖는다. 다분히 성서적인 논리의 맥락 속에서 인간은 하나님의 자손으로서 서로 형제이기 때문이다. 그러나 이러한 상태에서도 일상적 규칙인 자연법을 어기는 극소수의 위반자들이 나타나게 되는 바, 이들 위반자에 대항하여 인류는 전쟁상태에 들어가게 된다. 신이 인류에게 준 공통의 규칙이며 척도인 이성을 버리고 다른 사람에게 박탈, 손실, 손상을 가져오는 자가 있다면 그는 그러한 행위를 통하여 잔여의 인류에 대하여 선전포고를 한 것과 다름없기 때문에, 잔여의 인류의 입장에서 볼 때는 그는 동포가 아니라 법의 밖에 있는 사자나 호랑이와 같은 야수에 불과하며 따라서 아무 거리낌 없이 그를 징벌할 수 있는 권리를 인류는 갖는 것이다. 이와 같은 자의적 권력이 지배하는 상태, 적의와 파괴의 상태가 곧 전쟁상태인 것이다. 이처럼 로크는 홉스에 의해 동일시되었던 자연상태와 전쟁상태를 서로 다른 개념으로 분리시켜 처리하고 있다. 좀더 구체적으로 보면 로크에게서 자연상태는 사람들이 이성에 따라 생활하는 자연법 지배의 상태, 즉 평화이며, 그에 대한 위반자가 불규칙적으로 생겨나는 만큼 평화의 파괴, 즉 전쟁의 일시적 상태가 있게 된다. 그러므로 홉스가 예상했던바 전쟁상태로서 자연상태는 공동권력의 창출에 의해서 평화가 구해지는 반면에, 로크에 있어서는 빈번하게 그리고 광범한 지역에서 전쟁의 일시적 상태가 더 이상 허용될 수 없게 된 질적인 변화의 단계, 즉 이제 더 이상 공동권력의 창출 없이는 평화가 정상적 조건일 수 없을 만큼 위반이 보편·일상화하는 단계에 이르러서 과거의 정상적인 자연상태를 회복·유지하기 위한 시민사회의 도입이 유도되는 것이다.

로크의 자연상태는 평화의 상태이다. 그러한 상태하에서는 평화가 지배하고 단지 우발적이고 개별적인 자연법의 위반자가 일반적 평화를 깨뜨리는 국지적 전쟁의 상태를 유발하는 상황이다. 인류가 위반자를 처벌할 권한을 가지고 있다고 하지만, 국지적 전쟁에 직접 관련되지 않은 절대다수의 인류는 여전히 평화를 만끽하면서 자연상태를 즐길 것이다. 비록 위반이 하나의 불편을 가져온다고 하지만 누가 무엇 때문에 자신의 자연권을 포기하면서 홉스처럼 시민사회로 들어오겠는가? 그러므로 로크에 있어서 사회의 이행은 홉스와 달리 필연성의 명제가 제시되어 있지 않다는 점이 중요하다.

역으로, 로크의 자연상태가 평화상태라면, 이 사회는 결코 새로운 사회로 이행할 이유도 이를 몰아갈 경향도 있을 수 없다는 것이 분명해진다. 그렇다면 자연상태는 좀더 세분화되고 그 내부에 어떤 발전의 질적 계기가 숨겨져 있지는 않겠는가? 여기에 로크이론의 비밀이 놓여 있다. 즉 자연상태는 일상적인 평화상태이며 그것이 정상적인 조건이라고 할 수 있다. 그러나 이 자연상태의 마지막 단계에 들어가면서 위반과 전쟁상태는 더 이상 국지적인 개별성의 수준이 아닌, 일반적인 전쟁상태가 평화를 대체, 즉 전쟁상태가 평화형식을 대체하는 점에 이르게 된다. 그것은 홉스의 전쟁상태가 현실화된 것이다. 그 결과 모든 사람은 이제 자연상태에 공동권력을 도입함으로써 그들의 자연상태를 회복, 유지할 필요가 있다. 이 국가권력은 바로 자연권, 즉 소유권의 보호 수단이 되는 것이다.

그리고 여기서 로크는 이러한 자연상태에 대한 설명 가운데에 소유적 노동을 기초로 하여 나타나고 있는 개인주의적 인간성을 제시하고 있다. 이러한 개인주의적 인간성을 자연법에 부합시킴으로써 로크는 부르주아적 인간의 행위가 가지고 있는 유용성에 보편적인 도덕성을 부여하였다. 곧 부르주아적 인간의 권리인 소유권에 대한 도덕적 정당화를 시도하였던 것이다. 이는 역으로 볼 때, 생산수단을 소유하지 못한 결과 임금을 받고 그의 노동력을 판매해야만 하는 사람의 경우, 그는 도덕률에 의하여 저주된 인간으로 취급되어버리는 것이다. 로크는 빈곤과 무지와 실업을 단지 도덕적인 타락으로밖에 보지 않았던 것이다.

사회경제적인 측면에서 볼 때 로크의 자연상태는 축적된 부(富)가 없는 상태, 곧 빈곤의 상태를 의미한다. 이러한 상태로부터 시민사회로 발전해 나가는 과정은 곧 '물질적 자원'(stock)으로서 부를 축적해나가는 과정과 일치한다. 로크는 쾌락주의자(hedonist)적인 입장과 특이하게 연결되면서 이러한 물질적 자원으로서의 부를 정당화하고 있다. 즉 쾌락주의자의 입장에서 볼 때 쾌락을 추구하고 고통을 피하는 것은 인간에게 본질적인 것으로서 이해되고 정당화된다. 로크는 여기서 한걸음 더 나아가 쾌락을 생산해내는 수단을 추구하고 소유하고자 하는 것은 인간에게 본원적인 것이라고 정당화하고 있다.

로크에게 있어 인간의 경제활동은 가장 원초적이고 중요한 것으로서 시간이 지남에 따라 더욱 발전된 것으로 나타나고 있다. 이러한 인간의 경제활동의 결과 시민사회가 성립하기 이전인 자연상태에 이미 상당히 복잡한 경제구조를 가진 경제사회가 출현하여 발전해가고 있었다. 로크에 의해 포착된 자연상태에서의 경제사회의 발전과정은 대체로 세 단계로 구분된다.

제 1 단계의 경제사회는 자연과 자연이 산출하는 모든 것이 신이 인간에게 부여한 공동의 선물로서 만인에게 공유되던 시기이다. 이 시기에 대지와 그 위에 존재하는 모든 것은 인간의 생존과 안락을 위하여 모든 사람에게 개방되어 있으며, 그 누구에게도 다른 사람을 배제하고 그것들 가운데 어떤 것도 사적으로 지배할 수 있는 권리가 허용되지 않았다. 인간은 단지 사용권만을 가질 뿐이었다. 이 시기는 곧 노동주체의 존재 자체가 '토지'와 '자연발생적 공동체' — 물론 로크에게 있어 인간의 종(種)적 존재성이라든가 공동노동의 필연성 등은 전혀 파악되어 있지 않지만 — 에 귀속되거나 즉자적으로 결합되어 있던, 노동과 소유의 직접성이 확보된 시기인 것이다.

로크에게서 가장 중요한 의미를 가지고 나타나고 있는 제 2 단계의 경제사회는 노동에 기초를 둔 전유(appropriation)가 나타나기 시작한 시기이다. 로크에 의하면, 대지와 인간 이외의 모든 피조물은 사람들의 공유물이지만 사람은 누구나 자기 자신의 신체에 대한 소유권을 갖고 있다. 이 신체에 대해서는 본인 이외 누구도 아무런 권리를 갖지 못하는 것이다. 그의 신체의 노동과 그의 손이 가해져 자연이 방치해둔 상태에서 끄집어낸 것은 그의 것이라고 하여도 상관없는 것이다. 이 단계에 이르러 드디어 인간은 자신의 노동을 투하하여 생산해낸 생산물에 대해 '사회' 이전의 권리인 자연권으로서 사소유권을 인식하게 된다. 나아가 이러한 사적 소유의 발생은 필연적으로 노동의 분화와 국지적인 교환경제의 성립 및 화폐의 출현을 수반하였다. 그러나 이 단계에서는 대체로 전유와 노동이 일치하였으며, 부의 축적은 자연법적인 한계 안에서만 가능하였던 것이다. 다시 말해 사물이 부패하기 이전에 생활의 편의를 위해 인간이 이용할 수 있는 한도 내에서 인간은 자신의 노동에 의해 소유권을 설정할 수 있었다. 이러한 '부패'와 '낭비'에 대한 자연법적 제한의 범위를 넘어설 경우 그는 타인의 것을 부당하게 침해하는 것이 된다. 이러한 제한은 토지의 소유권에도 적용된다. 그가 경작할 수 있고, 그 수확물을 낭비 없이 이용할 수 있는 정도의 토지, 그것만이 그의 소유권에 속할 수 있는 것이다.

그러나 제 3 단계의 경제사회에 이르러서는 소유권에 대한 자연법적 제한이 무의미해지고, 사회 전반에 걸쳐 전유와 노동의 분리가 일반화된다. 이미 제 2 단계의 경제사회에서 나타나기 시작한 '노동에 의한 전유'는 생산력의 발달과 더불어 더욱 확대되고, 이러한 결실을 자연법적 제약에서 벗어나 보존하기 위한 수단으로서 화폐의 사용이 일반화되었다. 사람들은 금이나 은과 같이 내구성이 있는 물품에 대해 일정한 가치를 부여하는 데 동의함으로써 이들 수단을 이용하여 자신의 노동생산물의 가치를 그것이 부패하거나 낭비됨이 없이 그대로 보존할 수 있게 되었다. 이러한 화폐수단을 매개로 하여 부의 축적은 무제한적으로, 또한 급속히 진행되어갔다. 그 결과 사회의 불평등은 더욱 심화되어 갔으며 소유계급과 비소유계급으로의 계급분화가 촉진되었다. 노동과 전유의 일치는 깨어지고, 노동은 소유권에 종속적인 관계에 놓이게 되었다. 소유계급의 축적된 부는 자본으로 전화되어 확대재생산의 과정에 들어가게 되고, 한편으로는 생산수단으로부터 자유로워진 무산계급의 출현을 매개로 임노동이 본격화되었다. 이러한 발전의 결과 무제한적인 부의 축적과 이의 소유형태는 더 이상 자연법만으로 보장될 수 없는 상태에 이르게 되었으며, 마침내 소유권자들 간의 계약에 의한 시민법과 국가권력을 불가피하게 등장시켰던 것이다.

2. 사회계약의 본질과 시민사회의 정치적 주체

우리는 앞에서 생산력의 발달에 상응하여 나타나고 있는 자연상태에서의 경제적 구성의 변화를 구명해나가는 과정을 통하여 시민사회로의 이행의 필연성에 대한 잠정적인 결론을 도출해냈다. 여기서 우리는 자연상태에서 시민사회로 질적 전환을 하는 데서 결정적인 계기인 사회계약의 본질은 무엇이며, 그 정치적 주체는 누구인가 하는 문제를 제기하지 않을 수 없다.

로크는 '인간'을 완전한 자유를 가진 존재, 또한 평등한 자연권의 주체로 가정하고 있다. 그렇다면 어느 누구나 사회계약에 동등하게 참여할 수 있는 정치적 주체로 인식될 것인가? 이러한 '만인의 평등' 상태는 '노동에 의한 전유'가 나타나기 전인 자연상태의 제 1 단계에서나 가능한 것이다. 이 단계에서는 사회계약에 대한 필요성도 필연성도 존재하지 않았던 것이다. 사회계약에 대한 필요성은 '노동에 의한 전유'를 기초로 하여 등장한 사적 소유권자들 간에 이해의 대립과 갈등이 일반화되면서부터 나타난다. 이것은 대체로 제

2 단계의 경제사회 이후의 시기에 해당된다. 그러나 제 2 단계의 경제사회에는 아직 사적 소유에 대한 자연법적인 한계가 적용되고 있었기 때문에 사회계약의 필연성은 나타나지 않았으며, 만약 사회계약이 요구됐다면 그것은 단지 편의조항으로서의 사회계약이라고 하는, 대단히 한정적인 성격을 띠었을 것이 분명하다. 마침내 제 3 단계의 경제사회의 말기에 이르러 사회계약은 단순히 필요에 의해서뿐만 아니라 그것 없이는 사회유지가 불가능한 하나의 필연성으로서 등장하게 된다. 이미 이 단계에 가면 부의 무제한적인 축적이 가능해짐과 더불어 소수의 자산계급과 다수의 무산계급 간에 적대적 갈등이 발생하며, 생산과정에서도 소유와 노동의 분리에 따른 자본·임노동의 긴장관계가 형성된다. 이처럼 더 이상 자연상태가 존속될 수 없는 필연적인 상황에 이르러 소유권자들은 자신의 소유권과 계급적 이익을 보호하기 위하여 계급 내에서의 동의와 단결을 통해 '국가'라는 계급지배의 정치적·폭력적 수단을 창출해낸 것이다. 이러한 시민사회로의 이행의 분수령인 사회계약의 과정에는 사회의 다수를 점하고 있는 비소유계급의 참여가 배제되었으며, 따라서 자연상태에서 만인은 평등한 자연권의 주체라는 로크의 주장은 경제적 전개의 일정단계인 사회계약의 시점에선 완전히 허구화되어 버린다.

이상과 같은 사회계약의 필연성은 곧 사회계약의 본질을 규정한다. 한걸음 더 나아가, 우리는 사회계약의 담당세력, 곧 시민사회의 정치적 주체에 대한 분석을 통하여 사회계약의 기본적인 계급적 성격을 좀더 분명히 밝히지 않을 수 없는 결론에 이른다.

로크의 입장에서 볼 때 생산수단을 갖지 못하는 노동자계급 일반은 시민사회에서의 정치적 참여에서 배제되지 않을 수 없다. 왜냐하면 그들은 자신이 가족의 생계수단을 획득하기 위하여 자신의 노동력을 자본가에게 팔지 않을 수 없으며, 그 결과 그는 자신의 노동력상품의 소유자인 자본가에게 종속되어 더 이상 자유인으로서의 역할을 수행할 수 없기 때문이다. 로크에 의하면, 대다수의 인민은 학식과 논리를 익힐 여가를 가지고 있지 않다. 따라서 그들은 자연법이 무엇인지 알 수 없다. 단지 믿게 만드는 것이 필요하다. 이러한 사람들은 시민의 자격이 없다. 이처럼 로크의 청도교적인 개인주의이론은 노동자계급을 정치적 교육이나 기타의 경험을 통하여 하나의 정치적 주체로 고양하는 것을 지향했던 것이 아니라, 노동자계급의 미지불노동을 기초로 다른 계급 — 자산계급 — 의 개인성을 고양할 것을 목적으로 하고 있는 것이다.

나아가 노동계급은 사회의 물질적 재생산과정에 직접 참여함으로써 시민사회의 존속과 부의 축적에 없어서는 안되는 기본적인 집단을 형성하고 있지만 임금을 매개로 한 예속관계로 인하여 그들 자신의 독자적인 이해를 가질 수 없다. 따라서 시민사회에 수용되는 이익의 역사적 형태는 자산계급이익이며 그것은 언제나 일반이익과 일치되어 역사적으로 나타난다. 이러한 입장에서 로크는 사회의 복지를 위해서는 개인의 희생이 불가피한 것이지만, 이때 희생이 요구되어서는 안되는 사람들의 명단의 맨 위쪽에 유산자들을 위치시켜 놓고 있는 것이다.

이상에서 알 수 있는 바와 같이 로크에게 있어서 사회계약은 그 목적의 측면에서 볼 때 소유권의 보장이라는 의미에서 자산계급을 위한 사회계약이며, 그 과정의 측면에서 볼 때 사회계약을 할 수 있는 합리적인 능력을 갖춘 사람들, 곧 자산계급에 의한 사회계약인 것이다. 따라서 로크의 인민주권론은 다름아닌 자산계급의 주권이론 이외에는 아무것도 아니다. 그가 다수결에 의하여 소수의 의견은 제한되어야 한다고 주장할 때 그것은 보편적 의미에서의 집산주의

(collectivism)를 주장한 것이 아니라, '계급적 이해의 관리'라고 하는 의미에서의 계급연대의 의사를 관철하는 하나의 방식일 뿐이다. 다시 말하여 개인과 집단 간에 대립이 있을 경우 개별 소유권자에 대한 자산계급 일반의 이익을 우선시키는 것으로, 그것은 무산자로서의 개인과 무산계급 일반과의 문제는 아닌 것이다.

이러한 자산계급의 주권이론은 입법부를 비롯한 정부의 성격에서도 그대로 적용된다. 그들은 위임된 권력으로서 소유권자들이 이를 갖지 않아서 생기는 불편과 혼란을 방지하기 위한 수단에 불과한 것이다. 따라서 정부의 역할은 사유재산을 보호하는 것이며, 그 정치적 정통성은 자산계급의 동의에 있다. 나아가 시민사회는 자위수단으로서 정치권력에 대항하여 자신의 계급적 저항권을 유보한다는 사실을 분명히 한다.

이제 정치영역은 경제영역, 즉 부르주아의 계급이익의 수단이 된다. 그 결과 사회의 핵심문제는 권력의 분석에서 경제적 생산관계와 전유양식의 문제로 넘어간다. 먼저 국가권력에 대한 시민사회의 독립이 논리적 우선순위로 제기된다. 경제영역은 공권력의 밖에 위치하는 사영역이 된다. 경제적 영역이 정치적 영역으로부터 독립된다는 것은 곧 국가가 해체되기 이전에는 더 이상 사회적 부의 재분배 문제가 상정될 수 없다는 것을 의미한다. 국가는 결코 파기될 수 없으며 단지 정부만이 끊임없이 부침을 거듭하는 가운데 자산계급의 존재는 영속적이게 된다. 로크의 이와 같은 주장 속에는 이처럼 부르주아계급독재의 비밀이 은폐되어 있다.

제 6 장

계몽의 세기와 les Philosophes

로크에게서 완성된 영국의 사상적 조류는 18세기에 들어서면서 '형이상학적 유물론'(metaphysical materialism)이라 불리는 사람들에게 이어졌다. 직업이 의사나 화학자였던 그들은 대체로 자연과학적 정밀성을 가지고 인간의 인식과정을 분석하려 들었다. Hartley, Reid, Priestley 같은 사람들이 대표적인 사람들이었고 두뇌에서 일어나는 떨림(vibration)과 연상(association)을 통해 감관에서 오는 일차적 관념과 결합에서 나타나는 이차적 관념을 가지게 된다는 것이다. 그러나 이들 자연과학자들의 논의는 신학에 대한 타협적 태도와 협소한 관심 때문에 의미있는 현상으로 나타나지 못한 채 조락하였다.

그러나 영국의 정치현실은 로크의 철학을 완성했다. 그의 주장의 핵심이었던 제한정부와 의회주의는 Anne 여왕 이후 영국의 물정에 어두운 Hanover가의 George I 의 영입과 함께 이 시기에 구체화한다. 로크의 사상은 지주계급과 신흥부르주아들의 이익을 위한 제도적 토대를 정착시켰던 것이다.

한편 대륙에서는 여전히 절대왕정의 시대가 17세기를 관철하고 있었다. 절대주의의 시대에 Louis XIV는 Valois가와 Bourbon가의 교차시기에 종교분쟁이 야기한 정치적 혼란과 국가위기를 수습하려는 보댕의 주권이론과 영국내전의 시기에 사회의 안정과 평화를 지상의 과제로 삼아 절대주의를 이론화했던 홉스의 사상에 근거하여 반세기 이상을 통치하였다. 그의 유명한 '짐이 국가이다'(L'état c'est moi.)는 발언은 국가와 왕권이 분리되지 않은 시대를 의미하고 있기도 하지만 그가 절대왕정의 신봉자임을 분명히 보여준다. 루이의 손자인 왕세자의 스승이었던 보쉬에(Jacques Bossuet, 1627~1704) 신부는 「보편역사론」(*Discours sur l'histoire universelle*)(Paris, 1681)에서 세계역사는 신성로마황제 Karl V에 의해 제 민족의 기독교화를 통해 보편역사의 단계에 들어갔다고 해석하면서 왕권신수설을 지지했다. "왕은 신성한 존재로서 보호되어야 한다"고 주장한 그는 "국가의 모든 것은 그[왕]에게 속한다. 인민의 모든 의지는 그의 의지에 담겨 있다"고 말한다. 그러면서도 그는 왕이 항상 "두려움과 자제" 속에서 "이성"에 따라 왕권을 행사하라고 권고했다.

프랑스의 절대왕정은 장기간에 걸친 루이의 시대에 그 절정에 이르고 있지만 이미 그 위기의 징후가 그의 사망과 함께 나타났다. 먼저 몰락의 위기에 처한 지주계급은 프롱드(les Frondeurs)의 난(1648~ 53)을 일으켰지만 그들의 저항은 왕권의 강화로 끝나게 된다. 루이는 1685년 그의 조부인 Henri Ⅳ가 내놓은 타협안(Édits de Nantes)을 폐기하고 위그노를 제외한 종교적 통일을 이루며 왕의 자문기관이었던 삼부회(l'États généreaux)를 소집하지 않은 채 — 그것은 프랑스혁명의 전야가 되어서야 150년 만에 열린다 — 쉬운 통치를 선택하였다.

그러나 프랑스의 사회모순은 점차 회복할 수 없는 위기로 빠져들고 있었다. 당시 2,510만 명의 인구에 비해 10%에 불과한 부분이 특권신분인 성직자와 귀족에 속했으며 이들이 전국의 토지의 반을 소유했으며 교회세, 봉건조세로 거둬간 것은 농노전체수입의 1/4이 넘는 것으로 알려져 있다. 특권신분이 조세면제를 받고 여러 봉건적 부담에서 자유로웠던 반면, 그만큼 부르주아와 농노의 경제부담은 가중되었으며, 더구나 농노는 개인의 자유마저도 특권신분의 자의에 맡겨지고 있었다. 부르주아계급과 이의 사상적 전령이었던 철학자들(les Philosophes)이 인민의 무지와 정신적 예속을 강요한 중세적 신학체계를 깨뜨리고 공격의 화살을 왕권보다 기성교회, 나아가 기독교적 신에게 겨누었던 것은 전략으로서도 높이 평가될 만한 것이다.

프랑스에서 18세기는 '대왕'(grand monarque)의 그늘에서 출발하였다. 이미 일류의 정치사상가가 부재한 가운데,[1] 절대주의의 정치현실에 맞추어져 보댕과 홉스의 잔영(殘影)이 그 뒤를 이어가고 있었다. 1715년 루이의 사망은 보다 자유주의적인 정부에 대한 관심을 가져오는 계기가 되었다. 변화에의 욕구는 부르주아계급의 자유와 소유권에 담긴 이해를 반영하는 것으로 대표되었고, 그것은 영국에서 이미 쟁취된 "자유"와 이를 보장하는 정치제도에 대한 선망으로 바뀌었다. 영국혁명의 변호론이었던 로크의 주장이 변화의 신성한 구호가 되었고 그의 소유권과 제한정부의 주장은 사회모델로서 수용되었던 반면, 그만큼 프랑스의 철학자들에게 영국사회의 또 하나의 현실 — 사회모순과 과두제 독재라는 — 은 단지 2차적인 관심으로 보여질 수밖에 없었던 것이다.

제 1 절 계몽사상의 선구자: Voltaire와 Montesquieu

18세기는 역사에서 '계몽의 세기'(siècle des lumières)로 알려진다. 사상사의 중심은 영국에서 대륙으로, 특히 파리로 옮겨왔으며,

---

1) 보쉬에의 저작은 결코 일급의 사상서는 아니었다.

1720년 이래의 시기를 볼테르, 디드로, 돌바하가 중심이 되어 "문인의 공화국"(Republic of Letters)을 이끌어가고 있으며, 특히 디드로의 백과전서(l'Encyclopédie, 1750~70)의 출간사업이 운동의 주류를 이룬다. 볼테르가 영국의 경험주의 철학과 자연과학의 성과를 기초로 당시의 교회와 중세신학에 대한 투쟁을 열었다고 한다면 디드로와 돌바하는 계몽사상의 중심을 유물론과 정치투쟁에로 이끄는 지렛대의 역할을 담당했다.

볼테르(Voltaire)는 필명이다. 그의 이름은 François-Marie Arouet (1694~1778)이며 그는 시인, 역사가, 극작가, 소설가, 철학자, 저술가로 불릴 만큼 그의 관심의 영역과 필치는 다양했다. 그가 태어난 해에 푸펜도르프와 형이상학적 관념론자 아노(Arnauld)가 사망했다. 엄격한 구교가정이며 파리의 변호사의 자제로 태어난 그는 제주이트학교를 다녔고 대학에서 법학을 전공했다. 그는 1717년 '동맹의 역사'라는 프랑스궁정을 풍자한 시를 초안했다는 혐의로 바스티유(Bastille) 감옥에서 투옥되어 1년을 지내면서 비극 Ödipus를 교정하기도 했다. 이어서 그는 *Henriade*(Rouen, 1723)를 발표하는데, 그 내용으로 교회와 기독교신학에 대한 통렬한 비판을 담고 있어 그는 명성을 얻거나 비난의 표적이 되어 갔다. 1726년 Rohan 백작과의 대립 때문에 그는 두 번째로 비스티유 감옥에 들어가게 되는데 파리를 떠나는 조건으로 수주일 후에 석방되어 영국행 길에 오른다. 3년간의 영국체류는 그에게 영국의 선진적인 정치제도는 물론 당시의 자연과학과 철학에 대한 그의 이해를 넓혀주는 계기가 되었다. 프랑스에 귀국한 이후 이 무렵 그가 쓴 「철학서한」(*Lettres philosophiques*)(Rouen, 1734)[2]은 대륙에서 하루아침에 로크와 뉴턴을 유명

2) 이 책은 「영국인에 관한 편지」(*Lettres sur les Anglais*, 1733)와 제목만 다를 뿐 같은 책이다.

하게 만들었으며 30년 후에 이들은 각각 자연과학과 철학의 권위로 공인받게 된다. 1734년 다시 파리에서 추방된 볼테르는 그가 죽게 될 무렵인 1778년대에 고향을 방문할 수 있었다.

그는 뉴턴에 관해 「뉴턴의 형이상학」(*Métaphysique de Newton*, 1740)과 「뉴턴철학의 요소들」(*Éléments de la philosophie de Newton*, 1741)을 썼고, 또 1750년대에는 프랑스궁정의 사관(史官), 프랑스과학원의 원사(院士)를 맡기도 한다. 그리고 1750~53년 동안 프리드리히 2세의 보호하에 프로이센과학아카데미 회장인 모파티위스(Maupatius)의 손님으로 베를린에서 체류하기도 하지만, 결국 Friedrich Ⅱ와의 관계가 소원해지자 1758년까지 스위스의 변경에 있는 Fernay에 있는 성곽에 기거하면서 프랑스와 유럽의 지식사회의 수반임을 과시하기도 한다.

그는 살아있는 동안 엄청난 거부가 되었고 그의 명성은 전체 유럽을 뒤덮을 정도였지만 결코 현실에 안주하거나 자기가 속한 계급의 이익을 변호하지는 않았다. 그를 유명하게 한 "오욕을 분쇄하라!"(Écrasez l'infame!)는 그의 시대는 물론 그 자신을 이끌어온 전투적 구호임에 틀림없다. 1765년 "진정한 철학자는 변화시키기 위하여 사유한다"고 그는 말했다. 볼테르의 죽음 앞에서 디드로는 "볼테르란 이름은 한 개인이 아니라 한 시대를 대변한다"고 애도했다. 그의 사상과 관심은 사후 편집된 90권으로 된 「전집」이 의미하듯이 시, 비극, 소설, 수필, 역사기록, 역사철학 등 거의 모든 분야에 걸쳐 흩어진 채 체계화되지 않은 연관성으로 표현되었다. 거기에는 몇 가지 일관된 정치적 입장이 뚜렷이 담겨 있다. 프랑스계몽철학에 관한 헤겔의 평가는 사실상 볼테르의 사상에 대한 그것이라 해도 과언이 아닐 것이다.

볼테르의 사상은 우선 「영국인에 관한 편지」에서 두드러진다.

그는 데카르트, 스피노자, 라이프니츠 등 대륙의 사상이 형이상학적인 경향을 유지하면서 중세신학과 이의 제도적 장치인 교회를 단절하지 않은 채 지성계를 지배하고 있는 데 주목하면서 로크와 뉴턴, 특히 로크의 태도와 대조적으로 설명하였다. 즉 로크는 "경험"에 근거해서만 사유를 진행시키고 그 이상에 대해서는 논의하기를 삼가는 겸손과 신중한 자세를 갖췄다는 것이다. 로크의 이러한 태도는 우리가 마치 신의 존재 혹은 영혼에 관하여, 감관에 의해 어떤 것도 얻어낼 수 없는 이상, 더 이상의 논의가 불가능함에도 불구하고 이들에 관해 — 속성이나 본질, 목적 등 — 알고 있는 것처럼 말하는 형이상학적인 경향과는 완전히 구별된다. 볼테르가 '플라톤 이후 그에 이르기까지 [대사상가란] 아무도 없었다'고 말한 것은 너무도 과장된 어법이었다. 그러나 그는 로크에게서 처음으로 진정한 철학, 곧 과학의 기준을 세우고 그에 의해 받아들여진 철학의 내용에서 선명한 "현자"를 발견한다. 그는 나아가 "로크는 기하학적인 과학정신을 가졌다"고 지적한다.[3)]

> "로크보다도 더 현명하고 과학적인 정신, 혹은 더 정확한 논리학자는 아마도 결코 없었을 것이다. … 다른 철학자들이 영혼의 소설을 쓰고 있는 동안에 영혼의 역사만을 쓰겠다는 겸손한 목적을 내세우고 노력하는 사람이 나타났다. 로크는 마치 전문해부학자가 인간 신체의 구조를 설명하는 것처럼 인간 이성의 전개를 추구한다."

볼테르의 눈에 로크가 합리적이었던 것은 그의 방법이 경험을 통해 확인될 수 있는 것만을 논의하겠다고 했기 때문이다. 따라서 그는 아예 "그의 책은 오직 진리만을 내포한다. 그리고 그의 저작을

---

3) *Lettres ecrites de Londres sur les Anglais*(Basel, 1634), Lettre XIII, "Sur Locke."

완전하게 만드는 이유는 이 모든 진리가 명백하다는 데 있다"[4]고 바로 결론에 이르고 있다. 볼테르는 로크와 뉴턴의 방법론이 그가 따르고 싶은 사유방식이라고 믿었고, 로크의 경험이론이나 뉴턴의 물리학에 담긴 철학적 해석이 제기하는 학문적 어의를 대중적 관점에서 무시해버렸다.

그렇다고 해서 로크의 논리가 불러오는 부조리와 모순, 또는 뉴턴의 과학이 절연하기를 거부한 신이 존재를 그가 모르고 있었다고 할 수는 없다. 나아가 볼테르는 그들이 주장하고 있는 논의의 대부분이나 주요 쟁점들을 하나씩 취급하면서 수용 여부를 결정하고 이러한 결론에 이른 것은 아니다. 오히려 진실은 볼테르가 자신의 신념과 이를 설명하는 태도를 전제하면서 로크와 뉴턴에게서 취사에 따른 선택과 자신의 논의에 맞추어 이들을 이용하였다는 것이다. 환언하면, 볼테르는 로크와 뉴턴에게서 자신이 주장을 지지하는 후원자를 발견했다.

볼테르는 로크의 사상을 몇 개의 명제에, 그것도 명제의 단순한 언표의 수용을 통해서 로크와는 크게 상이한 주장을 만들어 프랑스와 유럽의 지식계에 새로운 이론을 수혈하였다. 여기서 그 차이점을 지적하면서 볼테르의 사상이 미친 영향을 간단히 보려고 한다.

로크는 인식론의 논의에서, 「인간이해론」 제 4 권에서 지식의 확실성은 직관, 명제적 증명, "감각적 지식"의 순으로 나타나고 특히 마지막의 지식이란 지식에 도달될 수 있는지 불투명한 "명목상의 지식"에 불과하다고 인정한다. 그러나 프랑스의 합리주의 전통에

---

4) 볼테르는 로크를 그대로 이해하지 않았다. 오히려 그의 사상에 난마처럼 얽혀 있는 찌꺼기를 제거하고 스털링을 내놓았기 때문에 로크의 명성은 "18세기 전반에 걸쳐 사실상 [대륙의] 도전받지 않았다." Ernst Cassierer, *The Philosophy of Enlightenment*(Princeton: Princeton University Press, 1951), p. 99.

도 불구하고 감각에 의한 지식은 가장 믿을 만한, 보편적인 지식으로 발전하는 계기가 되었다.

로크는 또한 경험의 원천으로 감각과 “성찰”을 들고 “정신의 적극적인 활동의 산물”의 비밀을 포기하지 않고 있다. 나아가 그의 관념(ideas)은 정신의 활동이 만들어낸 것이라는 점에서 사상범주와 같은 복합관념(complex ideas)은 외적 대상을 필요로 하지 않은 사유의 산물로 규정될 수 있다. 그러나 볼테르는 로크의 그러한 유보적이고 절충적인 논의를 비판하는 대신 그의 사상을 일면적으로 취급하고 또 거기에 일관성을 부여했다. 환언하면, 로크를 감각적 지식의 옹호자로, 그리고 경험은 오직 감각에서만 오며 그것으로 충분한 지식이 형성된다고 설명했다.

특히 로크의 인식론에 담긴 복잡성 혹은 절충주의는 볼테르의 정신을 인식론에서 성공적으로 발전시킨 콩디악에 의해서 감관주의(sensualisme)로 자리잡았다. 곧 프랑스에서 로크의 인식론은 명료한 일관성을 획득하였고 급진적인 사회이론의 기호가 될 수 있었다. 로크사상 속에 그럴듯한 꿰맞춤으로 봉합됐던 어정쩡한 애매성과 중세신학의 텃세도 이제 더 이상의 거처를 볼테르로부터 얻을 수 없었다.

계몽중기를 시작한 콩디악은 선구자 볼테르의 경험론적 지식의 요구에 부응하여 로크의 지식이론을 자신의 실증주의적 경향과 결합하여 해방의 이론적 무기로 변화시켰으며, 공리주의적 사회해석을 통해 엘베시우스에서 돌바하에 이르기까지 프랑스 왕권에 대한 근본적인 도전의 근거를 마련하였다.

다른 한편 계몽시기의 선구로서 볼테르가 유도했던 인식론적 방향은 이후의 유물론적 발전으로 나아갈 계기가 되었다. 볼테르 자신도 처음에는 ‘자유의지’를 인정하는 입장에서 비관적인 결정론자로 변신하게 된다. 그러나 프랑스에서 계몽사상이 유물론에로 필연성을 가지고 치달아갔을 때, 그는 후배들을 따라가지 않을 수 없었지만 결코 편안할 수는 없었다. 심지어 유물론이 과격한 무신론의 구호와 기독교회에 대한 투쟁을 선언하는 70년대에 들어서면서 그는 상당한 거리를 두면서 돌바하 집단과 교류를 지속했다. 영국에서 지배계급의 변호론으로 당시의 정치현실을 정당화한 로크의 사상을 기독교회와 중세신학에 대한 공격의 무기로, 그리고 전면적인 무신론적 유물론에로 나아가는 길잡이 역할을 자처했던 볼테르야말로 프랑스 부르주아계급의 '진보성'을 대변하고 있었던 것이다. 그의 사상은 부르주아계급에게 자신의 해방을 통해 전체사회의 해방이라는 역사의 난제를 제시했다.

볼테르는 이미 데카르트, 라이프니츠, 말브랑시(Malebranche) 같은 사상가들이 중세신학의 영향을 벗어나지 못한 채 '생래관념'을 인정한 것에 불만을 가졌다. 그리고 로크가 이를 완전히 부인하는 듯한 경험론을 폈을 때 그는 크게 감명받았던 것이다. 그러나 로크의 인식론은 — 정치이론은 말할 것도 없이 — 생래관념을 부인하고 있지 않다. 「인간이해론」 제 4 권은 오히려 이를 뒷전에서 수용하고 있다. 왜냐하면, 우리가 경험으로 얻어내고 증명할 수 있는 부분은 삶의 극히 일부에 불과하며 우리는 신념과 지식 이외의 관행, 습관, 여론, 신앙 등에 의존하면서 살아갈 수밖에 없기 때문에, 생래관념은 과학적 지식의 범위에 들지 않을 뿐 우리의 삶에서 수용하고 살아가는 데 유용하고 그 나름의 가치를 가진다는 결론이 따라오는 것이다. 그가 지식을 "관념에 대한 합의의 지각"이라고 했을 때 그는 과학적 관념 이외의 관념도 포함시키고 있으며, 결국 그의 이론은 특정의 통념이 서고 있는 기성질서를 정당화하는 상식을 지식으로 대체한 것이다.

볼테르는 인간이란 경험이 주는 인상없이는 관념을 형성할 수 없기 때문에 물질과 영혼의 본질에 대해서도 우리는 알 수 없다고 생각했다. 물질이 사유하는지 알 수 없다는 로크의 언급을 확대하여 그는 물질뿐만 아니라 영혼에 대해서도 이를 적용하고, 따라서 인간은 합리적으로 관념론과 유물론을 선택할 수 없을 것이라고 회의하였다. 그러나 그는 물질과 비어있는 공간으로 구분하는 데카르트의 형이상학적 우주관에 반대하고 뉴턴의 물리학적 우주관을 받아들이면서 이를 지배하는 법칙의 제정자를 형식적인 제 1 원인으로 부르며 이후의 자연세계가 일반법칙 — 뉴턴의 광학(光學)에서 해체된 빛의 법칙이나 보편적인 중력의 법칙과 같은 — 에 따라 운동한다는 것을 인정한다. "조그만 과학은 인간심성을 무신론에로 기울게 하지만 철학의 깊이는 인간을 종교에로 이른다"는 베이컨을 인용하면서 우주에서 자연의 법칙세계는 이를 집행하는 어떤 원인을 전제한다고 가정했다.

볼테르의 이러한 태도는 그가 단지 데카르트의 형이상학에 반대하여 뉴턴의 자연법칙을 수용했다는 것이지 오히려 뉴턴처럼 자연과학을 신의 종으로 보는 대신 데카르트의 자율적인 자연관에 유사한 관점을 지녔다는 것을 확인해준다. 뉴턴에게는 과학이 신의 존재를 증명하는, 곧 자연을 신의 증거로 보는 형이상학이었지만 데카르트의 자연관은 가설로서 신을 상정했을 뿐 자연의 법칙성을 일반화하고 있다. 환언하면 볼테르에게는 신이란 단지 첫번째의 원인으로 전제될 뿐 그 이후의 운동에서 배제된 공허한 '입법자'이다. 동일한 의미에서 그가 1755년 리스본의 대지진에 대해 쓴 시는 악마의 존재를 통해 신을 보충하는 변신론(辯神論)이 아니라 자연의 재앙이 자율적인 운동법칙에 따라 일어난 이상 신의 한계를 이해하려는 유사론(宥赦論)의 입장에 서 있다.

볼테르의 사상은 Pierre Bayle(1647~1706)에 크게 영향받았으며 그의 「역사 및 비판사전」(*Dictionnaire historique et critique*, 1695~97)에는 유일신에 대한 회의를 나타내는 다신론적 입장이 들어 있다. 볼테르는 범신론 내지 자연신론(natural religion)적인 태도를 취한다. 결국 그의 투쟁의 대상은 종교 혹은 유일신의 존재가 아니라 모든 기성종교 혹은 기독교회의 해악에 대한 것이었다. 종교의 이름으로 세속적인 이권을 위해 다투는 종교전쟁은 인류사에 추악한 악몽을 기록했다. 그는 "나는 위대한 뉴턴[5]이 그랬던 것처럼 종교적인 사람이다"고 시인했다. 그리고 그 이유는 진정한 과학은 무신론일 수 있지만 종교는 절대다수를 구성하는 하층민을 위해 필요하고 혹은 위안이 될 것이라는 데 있었다. 만약 인민다수가 무신론적 유물론의 진리에 도달한다면 그들을 깨우치는 대신 미신과 같은 몽 매로 인해 격분되어 사회를 위기로 몰아넣을 것이라고 그는 우려 했다.[6]

> "신은 우리에게 보편적인 이성의 원리를 심어놓았다. 그것은 마치 신이 새에 깃털을 심어주고 곰에게 가죽을 입혀준 것과 같다. 그리고 이 원리가 불변인 것은, 곧 이를 반대하는 모든 정념에도 불구하고, 또 이에 대해 피로 물들어가는 폭군이나 미신이라 믿고 절멸하려는 찬탈자에도 불구하고, 그대로 지속한다. 이런 이유 때문에 가장 조야한 인간들마저도 그들이 지배하는 법의 목적에 관해 끊임없이 올바른 판단을 하게 된다. 왜냐하면 그들은 가슴에 새겨진 동정과 정의의 원리에 이들 법이 환영되고 혹은 반대되는가를

5) 에피쿠로스와 루크레티우스가 없었다면 가상디가 원자론을 부활시키는 것은 불가능했을 것이다. 가상디와 베이컨이 없이는 "뉴턴의 원자론은 역사적 맥락의 밖에 머물러 있다"고 할 수 있다.
Cf. Hermann Ley, *Geschichte der Aufklärung und des Atheismus*, in 6 Bde.(Berlin: Deutsches Verlag der Wissenschaften, 1984-86), 4/2, S. 44.

6) Voltaire, *The Philosophy of History*(1766 rpt.; New York: Philosophic Library, 1965), p. 32.

느낄 수 있기 때문이다.”

신에 대한 믿음을 권유하는 볼테르는 여기서 사회적 위기의 명분 앞에서 이성보다도 이성의 폐쇄를 말하는 듯 보인다. “[신에 대한] 믿음을 가르쳐라. 언젠가 죽는 자는 누구나이건 간에 그대는 인류에게 가능성있는 그리고 필요한 어떤 것을 말하고 있는 것이다”[7]는 표현이 차라리 볼테르의 심중을 보다 정확히 표현했을지 모른다.

볼테르의 유보적인 태도에 비할 때, 디드로 그리고 돌바하는 계몽사상의 심화와 함께 더욱 철저한 무신론적 유물론에로 넘어갔다. 그들에게 오직 올바른 타협없는 이론만이 인민을 승리에로 이끌 수 있다는 신념이 있었다. 볼테르는 엘베시우스에게 보낸 편지(1760. 10. 27)에서 “일단 한 민족이 사유를 시작하면 이를 막을 수 없다. 금세기는 이성의 승리를 가져올 것이다”고 격려했었다. 그 자신도 “나에게 십수 명의 철학자를 다오. 나는 세계를 바꿔놓겠다”고 호언하지 않았던가! 그에게 보편역사는 인도주의라는 기준 아래 앞으로 전진하는 도정(道程)이었다. 이 과정에서 얻어지는 진보의 결실은 오로지 자연연구의 발전과 이성의 해방에 기인한다는 믿음이 그 밑에 깔려 있었다.

볼테르는 실로 계몽의 적들에 대한 지칠 줄 모르는 투쟁을 전개했다. 그는 야만적인 계급재판이나 반동적인 검찰당국에 대하여, 그리고 다양한 분야에서 계몽의 화신으로서 수많은 단편, 팸플릿에서 선동가의 모범을 보여주었다. 그의 「철학사전」 *Dictionnaire philosophique portatif*(Genf, 1764)은 이러한 투쟁의 극점을 보여준다.

계몽시대의 선구자가 주류의 입장에서 본 볼테르라는 점에 이

7) Lucien Levy-Bruhl, *History of Modern Philosophy in France*(Chicago: The Open Court Publishing Co., 1899), pp. 197~198.

의를 달 수는 없겠지만, 프랑스 계몽시대의 초기사상가, 혹은 또 하나의 선구자로 우리는 몽테스키외를 들 수 있을 것이다. 지리, 풍토, 기후에 따른 독자적 정치형태의 논의, 그의 보수적 성향 그리고 그의 저작, 특히 「법의 정신」의 출판연대 등을 고려할 때, 역사에서 보편법칙을 추구하는 시대의 조류에 공감하였는가, 또는 계몽시대에 속하지만 계몽사상가의 하나는 아니며, 더구나 선구는 아니라는 반론이 나올 수 있다. 게텔은 "그가 계몽철학가들과 동류로 인식되고 있으나 그들에 대하여 같은 애착을 가지진 않았다"[8]고 말할 정도이다.

몽테스키외는 역사·문화를 포함한 인류사회에 대한 진체적 연구를 시도했으며 복잡하지만 이를 지배하는 체계적인 법칙을 발견하고자 했다. 그것은 볼테르가 마치 체계적인 정치이론을 내놓은 데 게을리 한 — 아마도 그의 능력 밖이었거나 아니면 의도적이었거나 간에 — 것에 비교된다. 볼테르가 계몽의 한계 속에서 사회변혁의 급진적 메시지를 전달하는 선동에 몰두했다면, 계몽의 과제를 넘어 사회의 흥망과 변화의 사회적 법칙을 몽테스키외는 추구하면서 이를 자신의 보수주의와 온건한 언어로 전달하려고 애썼다.

몽테스키외의 원이름은 Charles Louis de Secondat이며, 1689년 Jacques de Secondat와 Marie François de Pesnel 사이에 태어났다. 그는 noblesse dépée에 속한다. 그의 할아버지는 부인의 지참금으로 Bordeaux의 고등법원 의장직(Président de la Parlement)을 매입했으며 이 자리는 그의 큰아버지에게 상속되었지만 후사가 없었던 까닭에 그의 사망시기인 1716년에 몽테스키외의 이름과 함께 그에게 상속되었다. 그 후 그의 이름 뒤에는 Baron de la Brède et de Montesquieu라는 칭호가 함께 따라오게 되었다.[9] 그는 1726년 의장직을 은

8) Gettell, 김경수 역, 「정치사상사」, 2권(장왕사, 1955), 하권, p. 332.

9) 사를르가 승계한 것은 의장직과 남작 칭호였다. 그의 가계는 원래 Brède 성주

행빚 31,000 Livres를 포함한 총 46,500 Livres를 갚기 위해 이를 매각하였으며 매입자의 사망시 반환받을 수 있는 환매(還買)의 조건을 달았지만 1747년 매입자가 사망하였을 때 시간을 지체하였고 결국 완전한 매각에 동의하고 말았다.

몽테스키외의 어머니는 결혼지참금의 일부로 15세기에 지어진 브레드 성(chateaux de la Brède) ── 이 성은 1950년 역사유적으로 지정되었다 ── 을 스콩다집안에 가져왔다. 그가 평생을 자부한 "브레드와 몽테스키외의 남작"은 이렇게 하여 생겨났다.

1708년 보르도대학을 나온 몽테스키외는 보르도 고등법원의 변호사로 취업하는 한편 1709~13년 동안 파리에서 법률공부를 계속했다. 1714년에는 보르도 고등법원이 참사원(conseilleur)이었다가 16년에는 의장직을 상속했다. 그의 의장직은 1716년까지 지속되었다. 1716년에 창립된 보르도 과학원(Academie de Bordeaux)은 그를 원사(院士)로 초대하였고 그는 1718년 이래 1726, 1735, 1748년 연속 선출되어 사망시까지 회장(Directeur)으로 일했다.

1721년 그는 「페르시아인의 편지」(*Les lettres persannes*)를 암스테르담에서 출간했다. 그것은 페르시아 방문객의 눈에 비친 프랑스 사회, 종교, 정치를 풍자한 것으로서 문화비교론적 입장에서 상대주의적 관점은 사회에 자유사상을 불어넣었다. 이 책은 커다란 성공을 거두고 그의 명성은 알려졌다. 그 이래 그는 파리에 정착했으며,[10] 1727년 12월에는 프랑스 과학원 원사로 초청되었다. 1729년에는 이탈리아 주요 도시들과 독일·오스트리아 지역을 여행했으며 1729년

로서 미미한 법복 귀족에 속하지만 1561년 프랑스남부 몽테스키외 마을의 영주권을 얻었으며 1606년 Henri Ⅳ 시기에 남작의 칭호를 물려받았다.

10) 이 무렵 그는 Entresol Club과 Mme, de Lambert, Mme Geoffin, Mme Tencin의 살롱을 자주 드나들었고 당시의 실력자 Duc d'Orléans섭정(Philippe Ⅱ)하의 부사령관 Duc de Bourbon의 측근이었다고 전한다.

10월부터 1731년 5월까지 런던에 체류했다. 이 무렵 그의 신분과 영민성 때문에 조지 2세의 부인 카롤라인(Queen Caroline: 1727~1737 기간 동안 George Ⅱ의 부인이었음) 궁정에서 총애를 받기도 했으며 런던왕립협회(London Royal Society)에서 회원으로 선출되기도 했다. 1734년에는 「로마흥망의 원인」(*Considérations sur les causes de la grandeur des Romains et de leur décadence*)을 출간했다. 거기서 그는 로마인들의 덕성이 튼튼하게 짜인 집산체로 유지될 때 로마의 확장과 영광을, 그리고 마침내 시민권이 개방되고 국가보다는 지휘관에 충성하는 병사들에 의해 원래의 로마가 지켜왔던 자유와 위대성이 소산되는 것을 고찰했다. 그는 로마가 대제국으로 발전한 이상 그에 맞도록 법을 만들어야 했다고 생각한다.

1748년에는 그의 「법의 정신」(*L'esprit des Lois*)이 출간되었다. 장기간에 걸쳐 눈의 시력에 문제가 생겨 그는 비서에게 대필시키면서 34년 이래 심혈을 귀울였다. 책이 거의 완성에 가까워지자 그는 "나는 피로로 압도되었다. 나는 [지금부터] 쉬려고 한다"고 그의 심경을 고백했다. 그리고 무엇 때문에 그가 이처럼 힘든 노동을 지속했는가 자문하면서 그는 "인민의 심성이 계몽된다는 것은 아무 관계없는 일이 아니다. 지배자의 편견은 민족의 편견에서 일어난다" (서문)고 글 쓰는 이유를 설명하고 있다. 그러면서도 그는 "이 엄청난 노력, 최선의 의도로 수행된 노동, 전체의 이익을 위해 떠맡은 작업으로부터 나는 단지 슬픔만을 얻으며 무지로 질투로 보상될지도 모른다"고 미리 절망하였다.

「법의 정신」은 시대의 평가를 얻는 데 성공했다. 그것은 당대의 가장 대중적인 책이 되었다. 동시에 La Roche 신부 같은 Jansenists[11)]

11) 프랑스에서 널리 알려진 얀센주의는 Cornelis Jansen(1585~1638)에서 시작되었다. 화란의 주교이며 Louvain 대학장이었던 그는 법왕 울바노 8세(Urban Ⅷ)

와 제주이트들은 그에 대한 통렬한 비판을 그칠 줄 몰랐으며, 마침내 1751년 11월 교황청은 금서로 지정했다. 그는 디드로의 「백과전서」에 "맛"(Essai sur goût)을 기고하기도 했다. 1755년 1월 영면하였다.

「법의 정신」은 상이한 관점에서 각각 다르게 평가된다. 세바인은 "실제로 주제의 연속이 없으며 무관한 것들에 관한 양이 엄청나다"고 혹평한다. "몽테스키외의 「법의 정신」이 어떤 정돈된 체계를 가지고 있다고 말할 수는 없다" 그리고 "이 책의 부분들은 서로 떨어져 있다"는 것이 그 이유이다.[12] 실로 이 책은 모순되고 양립하기 어려운 두 부분, 즉 보수주의와 자유주의, 상대주의와 법칙정립적 원칙들, 합리주의와 경험론을 포함하고 있다. 그럼에도 불구하고 그의 야심은 마치 자연과학자가 자연의 세계에서 법칙을 발견하기 위해 노력하는 것처럼 그는 역사와 문화의 범위에 걸친 보편법칙을 사회현상의 분석에서 찾아내려고 고심했다.[13] 그렇게 볼 때, 저자의 의도는 「법의 정신」의 핵심을, C. E. Vaughan에 동의하면서, 제14권에서 25권에 두고 있다.[14] 곧 정치현상을 종속변수로 보면서 그는 지리·기후적인 환경요인, 사회경제적 요인, 종교·관습 등 문화요인 등 다양한 요인들이 어떻게 정치형태에 영향을 미치고 정치현상을 변화시키는가, 혹은 정치형태의 한계를 찾아내고 그 안에서 작용하

에 의해 파문되었다. 성 아우구스티누스의 은총, 자유의지, 예정을 권위로 하여 제주이트교단에 반대하였고 이후 가톨릭 내부의 양대세력으로 파리와 프랑스에서 경쟁하였다.

12) Sabine and Thorson, *A History of Political Theory*, 4th ed.(lfinsdale, Ill.: (Dryden Press, 1973), pp. 508~509.

13) Charles Bonnet은 몽테스키외에게 보낸 편지에서 "뉴턴은 물질계의 법칙을 발견했다. 당신은 정신계의 법칙을 발견했다"고 위로했다 한다.

14) C. E. Vaughan, *Studies in the History of Political Philosophy*(Manchester: Manchester University Press, 1925), vol. I.

는 법칙을 하나의 형식으로 제시하려는 목표를 가지고 있다.

몽테스키외는 법의 개념을 확장하여 자연법칙처럼 사회현상에 대한 법칙성을 발견하고자 했다.[15)]

> "법이란 가장 일반적인 의미에서 본다면 사물의 성질로부터 도출되는 필연적인 관계들이다." "법이 만들어지기 이전에 객관적인 정의관계가 존재한다. 실정법에 의해 명령되거나 금지된 것 이외에 정당하고 부당한 것이 없다고 말하는 것은 원을 그리기 이전에 모든 반지름이 동일하지 않다고 말하는 것과 마찬가지다."

몽테스키외는 오늘날 일반화된 사고, 즉 자연관계에 대한 자연법칙과 사회관계에 관한 사회법칙을 논의하고 있다. 물론 이 양자간에는 일정한 차이가 존재한다. 그렇다고 "맹목적인 운명이 다양한 결과를 일으킨다고 규정하는 자는 … 아주 어리석은 말을 하는 것이다."(Ibid.) 물리적 존재로서 인간은 다른 물체처럼 불변의 법칙에 의해서 지배된다(Ibid., I, 9). 사회적 형태로서 국가, 민족의 삶도 환경의 지배를 받는다.

그러나 인간은 정신적 존재이며 자유의지를 가지고 있기 때문에 이러한 법칙을 벗어나려고 노력한다. 원시사회는 인간에게 자연법칙을 그대로 적용할 것이지만, 사회의 발전에 따라 인간은 조직의 형태, 전통과 관습, 실정법에 의해 자연법칙이 수정된 보다 복잡한 법칙의 영향을 받으며 그에 지배되는 경향이 있다(Ibid., XIX, 4.). 그리고 다시 인간사회를 지배하는 법칙은 지리·기후적 요인에 의해 영향을 받으면서 이들의 특이성 때문에 사회는 다시금 차별화된다.[16)]

---

15) Montesquieu, David Carrither ed., *The Spirit of Laws*(Berkeley: University of California Press, 1977), Bk. I, ch. 1.

16) Ibid., I, 3.

> "그들은 적응하면서 그에 맞는 민족으로 바뀌게 된다. 한 민족에게 고유한 것[지리·기후적 환경]은 다른 민족에게 고유한 것이 되지는 않을 것이다."

그는 볼테르처럼 자연계의 단일성과 상이한 관습을 가진 사회의 다양성으로 구분하기보다는, 인간사회는 각자의 특이성에 근거하여 상이한 법칙이 작용한다고 말하고 있는 것이다. 곧 모든 민족은 각각 "상이한 요소들의 고유한 혼합[으로서 특수성]이다." 국가사회는 민족의 특이성, 고유성에 가장 정합한 정치형태와 관습을 가질 때에만 가장 편안하고 지속적일 수가 있다고 그는 결론짓는다. Bayle에 보낸 편지에서 몽테뉴는 이미 모든 도덕적 판단은 특수문화에서 나오고 이에 상대적이며 이 안에서 타당할 뿐이라고 말한 바 있다. 도덕적 판단은 그에 해당하는 특정문화에만 타당하게 적용될 수 있다는 것이다.[17)]

> "인간은 다양한 원인들, 기후, 종교, 법, 정부원리 등에 영향 받는다. 또한 선례, 관행과 습관과 같은 원인들에 영향을 받으며 이들 원인으로부터 형태를 가지게 되는 하나의 일반적 정신이 생겨난다."

결국, 몽테스키외는 사회는 환경적 요인과 역사·문화적 요인에 영향을 받아 형성되는 이상 이러한 상호작용과 영향이 주는 법칙성에 근거하여 그에 맞는 정부형태를 가지는 것이 필요하다고 주장한다. 민족의 특성이라고 할 수 있는 "하나의 일반적 정신"이란 한 사회에 영향을 주는 관습, 제도, 법, 정부형태, 종교 등의 상호연관된 원인들이 빚어내는 사회의 정신적 총체성 이외의 아무것도 아니라고 할 수 있다. 이러한 관점은 뒤르깽에서도 발견되는데, 그는 "사

---

17) Ibid., XIX, 4.

회현상의 상호연계를 실현하는 것이 바로 사회과학을 만들어 냈다"[18]고 말하고 있다.

몽테스키외는 보댕의 연구의 연장선에서 기후와 지형, 토지의 비옥도와 크기 등이 어떻게 정치형태와 인간의 심성에 영향을 미치는가 검토하고 있다. 제14권은 한대(寒帶) 지역의 인민들이 열대지역보다 더욱 용감하고 부지런하며 자유를 사랑하고 고통을 견디어 낼 수 있는가 보여준다.「법의 정신」 제18권은 산악지대에 사는 거주민, 척박한 토질 위에 사는 인민이 다른 지역보다 어려움을 견뎌내고 용맹하며 항상 전쟁에 돌입할 수 있도록 준비되어 있으며 노동을 통해 삶을 영위할 각오가 되어있는 것을 이야기한다.

그에 의하면 왕정은 부유하고 불평등이 일반화한 큰 나라에, 그리고 공화정은 가난하고 평등한 작은 나라에 더 적합한 정부형태라고 말한다.[19]

> "검소와 평등에서 안정을 의도하는 것은 공화정에서는 부적절한 것이지만 특권을 누리는 소수로부터 자신에 의해 살아가야 하는 빈민에 이르기까지 등급이 있는 왕정에 있어서는 긍정적인 이득이 될 수 있다."
>
> "왕정에서는 안정이 명예, 불평등, 사치에서 온다. 민주국가에서는 [이를] 정치적 덕성, 평등, 검소에 근거하고 있다. 전제국가에서는 민주국가에서처럼 평등에 근거하고 있기는 하지만, 그것은 종속된 가운데 평등한 것뿐이다."

몽테스키외는 사회적 평등, 토지의 비옥도와 크기 등 객관조건과 맞추어진 정부형태를 논의하고 있다. 그리고 각각의 정체는 심리

---

18) Emile Durkheim, *Montesquieu and Rousseau: Forerunners of Sociology*, trans. Ralph Manheim(Ann Arbor: University of Michigan Press, 1960), pp. 56~57.

19)「법의 정신」, VII, 2.

적 호소력을 명예, 덕성, 공포를 통해 발휘하면서 내적인 역동성을 가진다. 이들에 맞는 정체는 각각 왕정, 공화정, 전제정이다. 공화정부의 정치적 덕성은 조국애, 평등애 그리고 자기 헌신적인 애국심이다. 그러나 인간의 이해와 편견, 무지는 합리적인 정체선택에 장애가 된다. "정의는 사물들 간에 존재하는 진정한 관계이다."[20] 그러나 이해의 충돌 때문에 정합성의 문제는 버려지고 정념의 극점에서 올바른 발언은 들리지 않는다. 몽테스키외는 여기서 절망한 나머지, "우리의 있는 그대로 있게 해다오 … 그리고 자연은 상실된 것을 회복할 것이다"고 절규한다. 그에게 자연법칙은 최종적으로 인간사회에 자기를 각인시키겠지만, 여기서 과정으로서 나타나는 진보의 성격에 대한 그의 의구심, 애매성은 엿보이고 있다.[21] 그렇다고 입법을 통해 사회관행을 고치려드는 것은 나쁜 정책이 된다. 그는 궁극적으로 자유방임의 정책을 수용한 것이다.

몽테스키외는 왕정과 공화정의 중간에 귀족정을 놓고 이 중간집단(les corps intermédiaires)의 기능을 중시했다. 그것은 사회적 균형을 유지하기 위해 귀족계급의 강화를 요구한 것이다. 그렇게 함으로써 그는 민주주의의 자의적인 자유와 왕정의 절대주의 경향을 함께 방지할 수 있다고 생각했다. 특히 그는 장기간에 걸친 역사연구를 통해 프랑스왕이 로마보다도 신성로마제국 — 의 분할을 통해 생겨난 — 을 의미하는 독일의 전통 위에 있으며 그것은 절대주의가 아닌, 제한왕권에 서 있다는 것을 밝혀냈다. 나아가 그는 법의 보관소(dépots des lois)는 고등법원이라고 주장했다. 그의 언표는 의회주의자(les parlementaires) — 역사상 고등법원을 장악한 귀족층 —

20) Henri Barekhausen(ed.), *Lettres persanes*, 2 vols.(Paris Imprimerie nationale, 1897), No. 84.

21) Ibid., No. 106.

-에게 성서처럼 취급되었으며 비록 리쉴리에에 의해 무력화되긴 했지만 혁명의 전야에 되살아나 그들의 비타협적 태도는 혁명 이외의 다른 길을 차단하는 비극을 빚게 되었다.

영국의 헌법을 모델로 그는 프랑스사회에 제한왕정을 도입하기를 희망했다. 「법의 정신」 제11권 6에서 그는 입법·행정·사법의 통합이 자유의 종언임을 경고했다. 그는 삼권분립의 창시자로 알려졌지만 그의 목표는 실제로 권력을 분립시키는 것이 아니라 혼합형태로 유지하는 것이었다. 곧 그에게 영국의 자유는 "왕정, 귀족정, 민주정이 왕과 상원과 하원에서 [발휘되는] 혼합"에서 온다는 것이다. 그에게 사법부는 "정도를 따진다면 거의 무존재에 가까운"(Ibid., XI, 6.) 것이며 입법부의 기계적인 대변자에 불과했다. 바죠트가 적절히 지적한 것처럼,[22] 몽테스키외는 입법부와 행정부의 통합, 즉 내각제도의 현실을 의식치 못했음은 물론이다.

몽테스키외의 영국헌법 설명은 그의 전반적 사상에 대한 실증주의적 접근에 의해 철학사적 의의가 축소되는 비운을 겪었다.

폭군정을 방지하는 필수적인 장치로 삼권분립이론을 절대화하는 교조주의 헌법학자들은 삼권분립을 자유의 증거로 읽게 되었으며 노장 헤겔파 E. Gans가 그에 기여했다. 벤담은 그를 공격했으나 정치가 글래드스턴은 그의 이론을 발전시켰다. 이들 사소한 논쟁을 떠나 그러나 괴테와 헤겔은 몽테스키외가 사회학적 관찰방식을 통해 국가의 총체성과 역사를 법칙의 그물로 붙잡으려는 그의 수고에 대해서 한없는 존경을 아끼지 않았다.

---

22) Walter Bagehot, *The English Constitution*(London: Chapman and Hall, 1867), p. 15. "국가의 입법부를 행정부에 연결시키는 하이픈(hyphen)이며 조임쇠는 내각이다."

제 2 절 계몽사상의 계승: Condillac과 Helvétius

계몽의 세기의 제 2 기는 콩디악과 엘베시우스에서 시작되었다. 특히 콩디악은 볼테르의 영향하에서 로크의 저작을 프랑스어로 번역하였을 뿐 아니라 볼테르의 이론틀을 벗어나지 않으면서도 급진적인 인식론적 해석을 통해 프랑스 사회철학을 유물론에로 인도하는 데 커다란 역할을 수행하였다. 그는 프랑스 과학원에 원사로 초청되었으나 취임식에 참석한 이후 결코 나타난 적이 없었으므로 계몽사상가들과의 교류도 또한 없었다. 그러나 대부분의 사상가들은 그의 인식론 연구를 높이 평가하고 그를 경외했다. 「감각론」 이후 그가 쓴 책들은 잊혀졌고 그의 사회활동은 중지되었지만 그는 독자들과 쉴새 없는 답신을 통해 자신의 존재를 상기시켰다.

Étiènne Bonnot de Condillac(1715~80)은 엘베시우스와 같은 해 태어났다. 그 해는 데카르트의 신도로 17세기 형이상학의 마지막 대가였던 말브랑시(Malebrache)가 죽은 해이기도 하다. 뒤에 논의할 마블리 신부의 동생이기도 한 그는 유명한 전통귀족의 후예로 그 당시의 관습에 따라 신부 abbé의 칭호가 주어지기도 했으며 Parma 지배자의 후계교육을 떠맡기도 했다.

콩디악의 주요 저서는 처음 나온 「인간인식의 기원」(*Essai sur l'origine des connaissances humaines*, 2 vols, 1746)에 이어 「체계론」(*Traité des système, 2 vols*, 1749), 그리고 「감각론」(*Traité des sensations, 2 vols*, 1754)으로, 1803~22년 나온 23권으로 된 「전집」이 있다. 그의 인식론은 프랑스 지식사회에 커다란 반향을 불러일으켰으며 그는 이에 기초하여, 언어이론, 교역이론, 동물론[23] 등 사회이

23) 그의 언어이론은 「인간인식의 기원」 외에도 *L'Art de Penser, L'Art de Rai-*

론에로 관심을 확장하였다. 「인간인식의 기원」에서 그는 로크의 인식이론을 따라 형이상학에 대한 회의를 표시했으며 특히 "서문"에서 형이상학자들을 "불모적"이라고 규정했다. 인간의 재능은 언어의 사용을 따라 더욱 발전한다고 주장한 것도 눈에 띈다. 그의 「체계론」은 형이상학 일반에 대한 불신에서 나아가 데카르트와 말브랑시의 신의 존재에 대한 관념, 스피노자의 실체, 라이프니츠의 신이 미리 마련한 우주의 조화에 대해 그는 공격하는 한편 로크의 경험론을 옹호했다. 앞의 두 저작에서 그는 "영혼뿐만 아니라 감관도, 관념을 만들어내는 방법뿐만 아니라 감관적 지각의 방법도 경험과 습관의 문제라는 것을 증명하려고"[24] 노력했다.

그에게 인간의 모든 결합과 발전가능성은 엘베시우스와 마찬가지로 교육과 사회환경 — 이것은 후자에겐 입법의 중요성을 일깨우며, 이것이 계몽사상의 주요한 특징이다 — 에 달려 있다는 것이 분명해 보였다. 이러한 그의 관점은 당시의 계몽사상가들에 공통적인 것이기도 한 것이다. 그는 실로 "철학가들 가운데 철학가"였다. 그들은 콩디악의 연구에 나타난 논리를 따라 프랑스 사회의 모든 악습과 불행의 원인을 여기에서 찾았으며 낡은 시대형식을 깨뜨리는 투쟁의 대열에 서기를 자처한 이론의 전사(戰士)로 무장되었던 것이다.[25]

> "정확히 그리고 산문적인 방식으로 말하면, 18세기 프랑스의 계몽, 프랑스의 유물론은 기성정치제도와 기존의 종교 · 신학에 대항하여 투쟁한 것만은 아니었다. 이 투쟁은 동시에 차라리 17세기의 형이상학, 모든 형이상학, 특히 데카르트, 말브랑시, 스피노자 그리고

---

*sonner, Logique, Langue et Calcul*에, 교역이론은 *Comerce et Gouvernement*, 그리고 동물론은 *Traité des Animaux*(Amsterdam, 1755)에 나타나 있다.

24) Engels u. Marx, "Die heilige Familie," *Marx Engels Werke*, Bd. 2, S. 137.

25) Ibid., S. 132.

라이프니츠의 형이상학에 대한 공개적이고 명백하게 표현된 투쟁이 었다."

방법론의 측면에서 볼 때, 콩디악은 다른 모든 것을 설명하는 충분하고 확실한 근거를 추구했다. 그리고 로크가 조잡하게 혹은 비밀스런 교활성을 가지고 뒤섞은 인식의 두 원천, 즉 감각과 성찰에서 후자를 탈락시키고 감각만이 유일한 원천임을 확인하고 있다. 로크가 두 개의 원천을 이야기한 것은 너무도 이해할 수 없는 실수였으며, 환언하면 로크는 자기의 분석을 보다 철저하게 일관성을 가지고 진행시키지 못했다고 그는 비판했다.[26]

> "그는 로크가 자연적인 분석방법을 충분히 진행시키지 않은 것을 비판했다. 모든 지식을 감각상태로 되돌리는 것으로 충분치 않다. 우리는 감각적 지식이 어떻게 생성되는가 배우고, 어떻게 이 지식이 여러 요소들로 분해되는가, 그리고 이 요소들이 어떻게 인간 영혼의 모든 활동형태를 설명할 수 있는가를 제시해야 한다. 영혼의 능력은 생래적 재능이 아니라 감각 그 자체에 기원을 가지고 있다."

콩디악은 모든 고려사항이 배제된 분석단위로 대리석으로 된 조상(彫像)을 제시했다. 이 조상은 감각을 가질 수 있는 유기체적인 속성이 있다는 인위적인 가정이 붙어있다. 그리고는 차례로 후각, 청각, 미각(味覺), 시각, 촉각이 깨어나게 한다. 이 조상은 생래관념이 없이 모든 지식을 경험, 즉 감각에서 얻는다. 먼저 냄새는 후각을 깨어나게 한다.[27]

---

26) Geraldine Carr, "Translator's Introduction," in Condillac's *Treatise on the Sensations*(Los Angeles: University of Southern California Press, 1930), XXII.
27) Ibid., Part I, ch. I, 1~2.

"후각에 한정된 우리의 조상이 갖는 관념은 냄새만을 포함할 수 있다. 그것은 색깔, 음향, 맛을 가리지 못한 것과 마찬가지로 [아직은] 크기, 형태, 자신의 밖에 있는 어떤 것의 관념 혹은 이의 감각을 가질 수 없다. 만약 조상에게 장미꽃이 제시된다면 우리와의 관계에 있어 그것은 장미꽃을 냄새 맡는 조상일 것이다. 그러나 그 자신과의 관계에 있어서는 그것은 단지 꽃의 향기 그 자체일 뿐이다. 따라서 조상의 감관에 작용하는 대상에 따라 조상은 장미꽃, 카네이션, 자스민, 제비꽃의 향기일 것이다. 한마디로, 이 점에서 냄새는 조상 그 자체의 변형 혹은 조상의 존재양식에 불과하다. 이들 냄새가 단지 느낄 수 있는 감각이므로 조상은 다른 어떤 것으로 믿어질 수가 없다."

이러한 "현재적 감각"과 구별하여 기억, 곧 "회상된 감각"을 "변형된 감각"이라고 부르며 사랑, 증오, 희망, 공포, 의지와 같은 "정신의 활동력"이 이 후자에 포함된다. 이에 따라 그는 쾌락과 고통을 육체에 관계되는 것과 지적, 정신적인 것으로 나누어 후자는 "기억 속에 있으며 모두 영혼의 능력 속에 있다"고 말한다. 그리고 인간이 외적 사물과 자기 자신의 관계를 얻는 "성찰"은 오직 촉각이 깨어난 후에 가능하다고 한다. "조상은 다른 감관에는 성찰이 없기 때문에 만지는 것과 함께 성찰하기 시작한다."[28]

"쾌락과 고통은 우리의 최초의 관념이다"[29]

"상이한 쾌락과 고통의 정도가 현재 있는 우리의 모든 배아(胚芽)가 발전되는 법칙이며 이들[쾌락과 고통]이 우리의 모든 능력을 만들어왔다."

쾌락과 고통은 우리에게 욕구를 만들어내고 그것은 경험을 통

---

28) Ibid., Part II. ch. viii. 14. 저자는 각주에서 "성찰이란 처음에 단지 주의 그 자체인 이상 각 감관에서도 발견될 수 있다고 기대할 만하다" 고 부언한다.

29) Ibid., Part I. ch. vii. 3.

해 지식이 된다. 환언하면 쾌락과 고통은 우리의 인식을 결정하고 욕구를 지배한다.[30)]

> "경험이 없이는 지식이 없는 것처럼, 욕구[필요]가 없이는 경험이 있을 수 없다. 쾌락과 고통의 대안이 없이는 욕구가 없게 된다."
>
> "나의 모든 인식은 쾌락과 고통의 고려에 힘입고 있으며, 나의 현재적 존재는 쾌락과 고통의 관념에 힘입고 있다. 나의 행동을 이끄는 힘인 나의 필요, 욕구 그리고 상이한 이해는 내가 가지고 있는 쾌락과 고통의 관념에서 일어난다."

관념은 어디로부터 나오는가? 그것은 개별적으로 획득된 감각적 지각과 이의 기억, 그리고 습관에 의해 정착된다. 즉 "운동이 뇌에서 시작되고 끝난다면 나는 내가 경험한 감각을 기억한다"(Part I. ch. ii, 38)는 것이다. 그러나 콩디악은 감각의 단절로 인해 고립된 조상을 가정함으로써, 인간은 쾌락과 고통의 메커니즘에 불과한 것으로 보려는 극단적 개인주의에 빠지고 있다. 그것은 홉스가 진행시켰던 기계론적, 생물학적, 발생학적 심리학에 유사하다.[31)]

> "우리의 조상(彫像)이 해낼 수 있는 사랑이란 자기애뿐이라는 것을 우리는 또한 알게 된다. 그것이 사랑한 것은 단지 자기자신의 변형이기 때문에 자기자신만을 사랑할 수 있다."

콩디악에게 본능은 획득된 것이다. 그것은 신중성이 배제된 가운데 습관이나 성찰을 통해 얻어진 것이다. 사상 — 사유의 응결체 — 마저도, "그것은 감성의 자연적 결과이다. 느끼는 것은 생각하는 것이다." 정신의 활동이란 복잡한, 변형된 감각일 뿐이며, 그에게 이 모든 것은 현재적 감각에로 그 원인이 돌려진다. 이와 같은 콩디악

---

30) Ibid., Part IV. ch. ii. 7; Ibid., Part IV. ch. viii, 4.

31) Ibid., "Translator's Introduction," XXIV.

의 감관주의(sensualisme)가 로크의 경험론과 구별되는 것은 확실하다. 그는 로크의 권위를 불러 그 자신의 독특한 이름을 만들어냈고 그것의 논리적 설득력은 계몽사상가들이 공유하도록 만들 정도였다. 로크가 "성찰"이라는 원천을 붙들고 "지각"(perception)이나 "관념"(ideas)에 이 형이상학적 요소를 섞어놓았을 때 그것은 영국사회의 연속성, 즉 새로운 지배계급의 등장에도 불구하고 이 지배계급의 주요 부분이 "자본주의화한 지주"에서 보듯이 그대로 이어졌으며, 중세의 관행과 신학도 전면적으로 거부된 것이 아니라 새로운 질서에 맞게 재조정되어간 낡은 현실의 정신적 표현이었다. 그러나 콩디악은 그러한 타협이 필요하지 않았다. 실제에 있어서 그는 로크보다 홉스의 방법론을 따랐으며, 그가 홉스를 인용하기를 주저했다면 아마도 그가 절대주의를 옹호하는 정치이론을 지지할 수 없었기 때문일 것이다. 최소한 콩디악은 프랑스에서는 볼테르에서 시작한 현대 자연과학적 정신에 충실하였다.

그는 로크처럼 — 그러나 말뿐이 아니라 — 생래관념을 부인했다. 그러한 관념이 수용될 수 있는 소지를 그는 철저히 없애버렸다. 데카르트가 구분한 동물과 인간의 차이도 그에게는 상대적인 것에 불과하였다. 거기에는 가상디나 뒤에 나오는 라메트리처럼 유사성이 지배하고 있으며, 인간은 단지 인간의 의식을 경험을 통해 그리고 언어의 힘을 빌려 좀더 발전시킨 존재일 뿐이다. 그에 의하면 인간은 동물과 같이 감관의 결과가 축적된 습관을 통해 행동한다.

많은 양의 습관은 언어를 수단으로 이성을 만들어낸다. 거기서 인간은 동물과 다르게 사물에 대한 오류를 저지르게 되는데, 그것은 언어의 잘못된 사용에 기인한다.[32)]

---

32) "분석한다는 것은, 대상의 요소들이 인간심성에 동시적인 질서로 나타나 보이도록, 사물의 요소들을 순열적 질서로 관찰해가는 것에 불과하다" Lucièn Levi-

그는 모든 관념은, 그것이 진실되려면, 자연에 대한 관찰에 그 기원이 있다고 보았다. 그런 의미에서, 자연은 모든 관념이 태어나는 토대이다. 그는 자연의 선성(善性)을 전제하고, 파스칼이 "습관이 마치 제 2 의 자연인 것처럼 자연 그 자체는 첫번째 습관에 불과하다"고 말했던 것과 같이 자연에서 모든 것을 배울 것을 말했다.

그는 중세의 "불모적인" 형이상학에 대해 투쟁했다. 그러나 그가 모든 형이상학, 곧 철학을 반대한 것은 아니다. 사물의 본질에 대한 근본적 추구 혹은 원기(原基 archē)라 부르는 존재의 연구는 또 하나의 형이상학의 분야이다. 라이프니츠가 영혼의 실체를 살아있는 거울로, 그리고 스피노자가 실체의 단일성으로부터 "윤리"를 도출했다면, 콩디악은 물질의 속성으로서 운동을 전제하고 이에서 우주의 연관성을 이끌어냈다. 그것은 그의 유물론적 경향에도 불구하고 첫번째 원인으로서 신의 존재를 필요로 하는 논거가 된다. 그는 데카르트를 따라 모든 현상에 대한 기하학적 증명을 시도했으며 그 이외의 방법을 혐오했다. 그리고 이를 "새로운 접근방법"[33]이라 불렀다. 그가 투쟁했던 대상은 프랑스 인민을 무지로 이끄는 중세신학의 잔재였던 형이상학이었던 것이다.

루소는 디드로의 소개로 콩디악과 관계를 가지게 되는데, 사실 그는 1740년 콩디악과 마블리의 형 Jean Bonnot의 두 아들의 강사로 잠깐 일한 경력이 있다. 그를 존경한 루소는 "불평등 기원론"에서 콩디악과 언어의 기원에 관한 애매한 — 그는 답이 없었으므로 — 논쟁을 하였고, 「고백론」(*Les confessions*)에서는 자신을 콩디악의 대

Bruhl, *History of Modern Philosophy in France*(Chicago: Open Court Publishing Co., 1899), p. 284에서 재인용.

33) "Dedication to Mme. de Vasse, in Condillac, *Treatise on the Sensations*," xxxii.

리석 조상의 의미를 이해한 첫번째 철학가라고 과언하기도 한다. 그러면서도 콩디악의 감각주의 유물론 그리고 무신론적 함의의 논리에 대해 동의할 수 없었다. 달랑베르(d'Alembert)는 콩디악의 주장을 백과전서에 앞선 "예비논문"(Discours préliminaire)에서 반영하였다. 그는 콩디악과 "기하학적 정신"에 의기가 투합하여 데카르트와 스피노자의 형이상학적 부분에 반대하였다. 기하학적 공리는 홉스가 도입한 사회과학의 방법이었지만 콩디악도 달랑베르도 그에 대한 어떤 기여도 삼가하였다. 엥겔스는 콩디악을 높이 평가했다. 그러나 그는 그의 주장에는 한계가 있으며, 곧 실천, 공장, 이론적 가설에 대한 공동작업의 필요성이 언급되거나 충분히 강조되지 않았다고 지적했다. 이와 관련하여 그는 특히 가설로서 이론의 가치에 주의를 환기시켰다.

엘베시우스(Claude-Arien Helvétius, 1715~71)는 1715년 파리에서 태어났다. 네덜란드 출신인 그의 조부는 유명한 내과의로서 그의 공적으로 루이 14세가 금화(louis d'ors) 1,000루이를 상금으로 준 적도 있다. 그는 네덜란드병원들의 총의무감을 지냈으며 왕제(王弟) Duc d'Orleans의 주치의였다. 엘베시우스의 부친은 내과의로서 더욱 유명하여 파리과학원, 런던왕립협회, 베를린, 피렌체, 볼로냐과학원의 원사로 지냈으며 볼테르는 「루이 14세의 시대」(*Siécle de Louis XIV*)에서 그를 언급하고 있다. 그는 1755년 사망했다.

엘베시우스는 Louis le Grand 대학을 졸업했으며 그는 Porée라는 상당히 명망있는 가정교사를 두었다 한다. 몽테스키외와는 이미 가까웠던 그는 1738년부터는 볼테르와도 교류할 수 있는 형편이었다. 그는 상당히 관대한 사람으로 알려졌으며 한때 자기수입을 모두 자선에 바치기도 했지만 파리 근교 Voré의 영지를 상속하여 유복한 삶을 즐겼다.

엘베시우스의 젊은 시절은, 특히 행복에 관한, 많은 시를 쓰는 데 소비되었는데 볼테르는 그를 일러 '아폴로 형제'라 불렀으며 이를 모아 「행복」(*Le Bonheur*)이라는 책으로 나왔다. 그러나 그의 생전에 유일한 저술은 「정신론」(*De l'Esprit*, 1758)으로 알려졌다. 그가 쓴 또 하나의 책 「인간론」(*De l'Homme*, 1773)은 그의 의도대로 사후에야 출간되었다. 정신론은 출간되자마자 파리고등법원으로부터 저주되었다. 덕분에 이 책은 수많은 해적판을 통해 그 시대에 성가를 올릴 수 있었다. 볼테르는 "만약 손이 없었다면 집을 짓거나 옷감으로 일할 수 없을 것이라고 말한" 엘베시우스를 박해하는 것을 비난하면서, 그의 책이 "다른 20만 권의 책만큼 보답했다"고 높이 평가했다.[34)]

책이 저주된 만큼 그는 매우 괴로운 시간을 보냈으며 1764년에 영국으로, 다음 해에는 프러시아를 방문하여 각각 왕실의 귀빈으로 대접받기도 한다. 1769년 볼테르는 그에게 파리의 재산을 정리하고 자기가 사는 Fernay로 옮길 것을 권유하기도 한다. 계몽사상가들의 주류로 활동했던 엘베시우스는 사후에는 미모로 유명한 부인이 운영한 샬롱으로 후기계몽운동의 중심처를 제공하였다. 1792년 혁명정부는 파리의 Rue Saint Anne를 엘베시우스의 이름을 따라 개명하였다.

엘베시우스의 사상은 방법론적 주요 논점으로 나누어 볼 수 있다. 그는 콩디악의 심리학적, 유물론적 인식론에 근거하여 개인주의적인 공리주의의 인식론적 근거를 마련했다. 그는 인간의 생래관념을 부인하고 인간의 정신을 감각과 기억으로, 풀어서 감각으로 환언했다.[35)]

---

34) "Life of Helvétius," in Helvétius, *De l'Esprit, or Essays on the Mind* (London: J. M. Richardson, 1809), ix~xi.

35) *De l'Esprit*, I, ch. I.

> "우리는 정신을 사유능력의 결과, 즉 이 경우 다름아닌 사유의 집적이나 혹은 바로 그 사유능력으로 본다 …
>
> 인간은 두 능력을, 곧 … 두 수동적 힘들을 가지고 있다. … 하나는 외부의 대상이 일으키는 상이한 인상을 받아들이는 능력이며, 신체적 감성이라 불린다. 다른 하나는 이들 대상이 일으킨 인상을 보존하는 능력이며, 기억이라 불리며, 기억은 지속된 그러나 약화된 감각 이외의 아무것도 아니다."

따라서 그는 콩디악처럼 기억을 감성의 결과로 보고 있으며, 우리의 인식경로는 오직 외부의 대상이 일으키는 인상을 수용하는 과정이다. 곧 "이들 두 능력이 실제로 우리의 모든 사유를 만들어낸다"[36] 그러나 과학적으로 말한다면, 감성만이 모든 지식의 근원이 된다.[37]

> "그렇다면 나는 신체적 감성과 기억을 주장한다. 그러나 더 정확하게 말한다면, 감각만이 우리의 모든 관념을 만들어내며 효과로서 기억은 신체적 감성(la sensibilité physique)의 감관 중의 하나에 불과하다."

그리고 그는 "이 힘은 신체적 감성 그 자체이므로, 모든 것은 감정에로 축소될 수 있다"고 부연한다. 따라서 우리의 정신은 외부의 대상이 만들어낸 관념을 비교하는 데 있다.

다음 엘베시우스는 인간개체, 그리고 현존재만을 대상에 대한 유일한 존재로 가정한다. 한마디로 그는 개인주의적이고, 현세적이다. 그에게 내세(來世)의 문제, 곧 인간영혼의 불멸성은 근거가 없는 것이다.[38] 그의 존재와 관련해서 그는 공리주의적인 관점을 취한다.

---

36) Ibid.

37) Ibid.

38) *De l'Esprit*, in *Oevres complètes d'Helvétius*, in 3 vols.(Paris, 1818), vol. 1,

곧 선악의 관념, 혹은 그의 판단의 기준은 쾌락과 고통의 정도에 의존한다.[39]

> "쾌락과 고통을 느끼는 존재로서 그는 이 신체적 감성에서 그의 정념을 가져온다. 그리고 그의 정념에서 그의 덕성과 악덕이 모두 유래하는 것이다."

그러므로 "인간의 최종적 목표는 자기보존과 존재를 행복하게 하는 것이다. 인간의 모든 행동에서 그 원천은 신체적인 고통과 쾌락이다."[40] 대부분의 인간은 자기자신의 이익을 위해서, 곧 자신의 쾌락을 증대시키기 위해서 행동한다고 그는 말한다.[41]

> "덕성있는 사람에게 개인적으로 유익한 행동은 진정으로 정당한 것이며, 그것은 일반이익을 증진시키거나 최소한 감소시키지 않을 경향을 가진다.
>
> 그러나 이 숫자는 극히 적으며 나는 단지 인류의 명예를 위해 이를 언급한다. 인류의 대다수를 포함하는 가장 다수의 계급은 그들 자신의 이익에만 몰두하면서 전체의 복지는 전혀 생각지 않는다."

대다수 사람들의 정념이 자기자신의 이익에만 집중되는 현상은 사회의 이익, 즉 공익과 일반이익과 어긋난다. 문제는 어떻게 개인적 이익과 사회적 이익을 합치시킬 수 있는가가 중요하다.[42]

> "개인적 이익은 인간행동의 이점을 측정하는 유일한, 보편적인

I, ch. 1, p. 5, 주(2)에서 그는 "증거를 가지고서만 만족할 수 있는 자는 그 자신의 존재 이외에는 어떤 것도 확신할 수 없을 것이다"고 말하고 있다.

39) Ibid., III, ch. xvi.

40) Gathrie, op. cit., pp. 208~209.

41) De l'Esprit, II, ch. ii.

42) Ibid., II, ch. i; ibid., II, ch. xiv.

척도이다."

"공적인 행복과 재앙은 개인의 이익과 일반이익의 합치 혹은 대립에 전적으로 달려있다는 것이 확실하다."

그는 공적 이익과 사적 이익을 합치 또는 조화하기 위하여 환경의 변화 그리고 입법과 교육을 통한 정념의 지도를 희망했다. 엘베시우스는 교육이 사적인 시대에 이를 국가의 가장 중요한 임무로 생각한 사람이었다. 그에게는 특히 스파르타의 교육이 선례가 된다.[43)]

"스파르타는 따라서 자기[국가]의 방어를 위해 등장한 위인들에게만 국가의 보존을 힘입었다. 그 때문에 끊임없이 새로운 방어자를 만들어내는 데 종사하는 것으로부터 [자유로워진] 정부의 주요 관심은 공적 교육(l'education publique)에 집중되었다."

엘베시우스는 특히 리쿠르구스가 정념을 억압하는 대신에 그에 대립되는 정념을 활용한 것에 유의한다. 환언하면, 개인이익을 공적 유용성(l'utilité publique)에 연결시키는 방법으로 그는 '명예'를 제안했다.[44)]

"우리의 마음 속에 이 [명예] 사랑을 불붙이기 위해서는 명예를 화폐처럼 수많은 쾌락을 확보할 수 있게 하고 명예가 업적에 대한 보답이 되는 것이 필요하다."

그는 교육의 목표를 공적 유용성과 사적 이익을 조화하는 데 두고 이를 위해서 각자에게 주어진 신분에 따라 이를 받아들이도록 고정시키고 이들을 명예욕과 공적 존경심으로 불타게 하는 노력을 기울일 것을 요구했다.

43) Ibid., IV, xvii.

44) Ibid. 또한 Ibid., III, vii 참고하라.

나아가 사회는 입법을 통해 "시민의 가장 능력있는 덕성을 무한히 증대하도록[45] 할 것을 제안했다. 그의 인식론이 보여주는 것처럼, 인간은 사회의 산물이다. 상이한 인민들은 환경적인 차이에서 온다고 그는 보았다. 곧 그에게는 사회적 행복이 국가가 확보해야 할 과제가 된다."[46]

> "문명국가에서는 정부의 전체기술이 종종 무한한 수의 사람을 소수의 행복에 종속시키는 것에 있어왔다. 곧 엄청난 다수를 압제 아래 유지하며 인류가 가진 권리로서 인간의 특권을 부인하는 데 있었다.
>
> 그러나 입법부의 진정한 목적은 일반적 행복이다. 아마도 이 행복은 다시 목축적인 삶을 도입하지 않고서는 확보될 수 없을 것이다. 이 점에 있어 [진정한] 입법의 발견은 정부가 등장하게 된 시초의 시기까지 우리를 뒤로 돌리게 할 가능성이 있다."

엘베시우스는 현대공리주의의 창시자이지만 벤담 같은 개인주의적 공리주의에 반대한다. 그는 돌바하처럼 다른 사람의 행복을 증진시킴으로써 우리 자신의 행복을 얻어낼 수 있다고 주장했다. 그는 계몽사상가에 특징적인 교육과 입법의 만능주의를 신봉했던 것이 아니라 사회의 개혁, 특히 현저한 문명의 퇴보 없이는 사회 전체의 행복이 확보될 수 없다고 확신했다. 그의 시대의 사치, 현저한 사회적 불평등은 이미 이의 제거 없이는 입법과 교육은 기대하는 결과를 낳을 수 없는 것이 명백해졌다고 그는 생각했다.[47]

> "사회는 그러므로 사치로서 해로운 것이 아니라 개인들 간의 부의 엄청난 차이의 효과로서 해로운 것이다."

---

45) Ibid.
46) Ibid., I, ch. iii, 주.
47) Ibid., I, ch. iii 및 주.

"사치는 언제나 개인들 간의 부의 불평등의 원인을 전제한다. … 이 부의 불평등의 원인을 제거해보라, 그러면 사치는 그와 함께 사라져버릴 것이다."

"그것[사치]은 소수의 사람들에게 제한되면서 비례해서 증가하며 그것의 극점에 다다랐을 때 민족은 두 계급(en deux classes)으로 나뉘어 하나는 잉여물로 넘치고 다른 하나는 필수품도 모자라게 된다."

분열된 사회의 대표적인 사례가 영국이며 그곳에서 로크는 아메리카 인디언보다 유복한 영국의 일용노동자를 말하고 있으나, 엘베시우스의 눈에는 그들 대다수 인민은 "원시민족들[개개인]보다 더 불행하다." 그는 스파르타에서 금은을 경멸하고 검소한 생활에 만족했던 선례를 주의했다.[48)]

엘베시우스는 인간뿐만 아니라 사회도 자연의 법칙에 종속된다고 보았다. 또한 자연세계뿐만 아니라 윤리적 세계도 운동의 법칙이 적용된다고 생각했다. "만약 자연세계에 운동의 법칙(aux loi du mouvement)이 적용된다면, 동일하게 윤리적 세계 또한 이해의 법칙(à celles de l'intérêt)에 작용한다."[49)] 따라서 인간과 사회에 대한 법칙의 발견이 그의 주요한 과제가 되었으며, 그는 이를 통해서 개인적 이익과 공적 유용성, 개인적 행복과 일반적 복지를 합치시키려고 노력했다. 그를 가리켜 "감각적 질과 자기애, 향락과 올바로 이해된 개인적 이익은 모든 조직의 기초이다. 인간지성의 자연적 평등, 진보를 통한 이성과 산업의 통합, 인성의 자연적 선성, 교육만능론은 엘베시우스 체계의 주요 모습이다"라고 마르크스와 엥겔스는 평가했다.[50)]

---

48) Ibid., II, ch. xiii.; ibid., I, ch. vi.

49) Ibid., II, ch. ii.

50) *Marx Engles Werks*, Bk. 2, S. 137.

제3절 초기 공상적 사회주의

1. 장 메슬리에

프랑스에서 계몽사상의 주류는 볼테르에서 시작하여 디드로를 중심으로 전개되었으며 돌바하에 이르러 마무리되었다. 경험론과 이성에 바탕을 둔 이 사상적 흐름은 헤도니스트적인 공리주의로 나아갔고 자본주의 정치권력이 뒤늦은 이곳에서 자산계급을 위한 혁명적 구호로 변화되었다. 그러나 계몽사상의 다른 한 면은 소유권에 기초한 사회질서보다 사회주의적 인도주의를 강조하고 있었다. 비록 양자의 차이는 이론적인, 따라서 순수하게 추측과 성향에 의존하였지만 그럼에도 사상가의 강조점에 있어 일정한 구별이 가능하다고 하겠다. 메슬리에, 마블리 그리고 모렐리가 대표하는 경향이 바로 그것이다. 루소도 어느 정도 이러한 분위기에 편승하였다.

메슬리에는 볼테르의 정신적 스승인 Bayle의 세대에 속한다. 그러나 그의 저작과 활동은 당시에 별로 알려지지 못했으며, 오로지 볼테르에 의해 1762년에서야 그에 관해 알려졌다. 곧 그의 사상은 최소한 반세기 이후에야 영향을 끼칠 수 있는 상황이 되었다. 메슬리에의 사상은 그의 시대에 신학과 종교에 의해 무지하게 된 일반 농민과 신분적, 경제적 불평등에 근거한 사회조직에 대한 결연한 반대투쟁의 내용으로 가득차 있다. 따라서 그것은 무신론적, 유물론적, 공산주의적 성향을 보여준다. 우리는 여기서 볼테르가 편집한 메슬리에의 「나의 유서」[51]에 근거하여 이러한 특징을 중심으로 그의 사

51) 이 책은 d'Halbach, *Le Bon sens du curé Jean Meslier suivi de son testament*(Hildesheim: Georg Olms Verlag, 1970)에 실려 있으며 영어판은

상을 살펴볼 것이다.

볼테르는 처음 메슬리에의 저작을 읽으면서 그의 충격을 달랑베르에게 표현하였다: "나는 그것을 읽으며 두려움으로 떨었다. 신부가 하느님에게 기독교를 가르친 데 대하여 용서를 구하다니"(달랑베르에 보낸 편지, 1762년 2월 Fernay에서). 이어서 그는 달랑베르에게 이 책을 5천 부의 서민용 포켓판으로 만들어 배포하라고 종용했다: "메슬리에의 「유서」는 모든 정직한 사람들의 호주머니에 들어 있어야 한다"(달랑베르에 보낸 편지, 1764년 7월 16일 페르내에서). 실제로 달랑베르가 이에 공감하면서도 출간이 지연되고 있을 때 볼테르는 분노를 터뜨리고 있었다.[52)]

> "이것 [메슬리에의 최후유언]은 모든 주장 가운데 가장 강력한 것이다. 장 메슬리에는 세계를 변혁시킬 것이다. 왜 그의 복음이 거의 사람들의 손에 들어가지 않는 것이냐? 네가 얼마나 파리에서 소극적인지 아느냐? 너는 쌀가마통에 너의 [이성의] 빛을 숨기고 있다."

결과적으로, 볼테르는 메슬리에가 「나의 유서」라 명명한 세 부분으로 된 수고 — 각각 366면으로 구성되었다 — 의 요약본을 직접 만들었으며 이를 파리에서 출판시켰다. 이에 대하여 바뤼엘(Barruel)이란 신부가 "기독교의에 반대하는 더러운 기획"이라고 비난했던 것은 당연하다.[53)] 볼테르는 이 책의 앞에 "장 메슬리에의 생애"를 썼으며, 수고 속에서 회색종이에 쓰여진 첫머리의 글을 메슬리에의 "서문"이라고 규정하면서 이 무렵 이 요약본을 세상에 내놓았다.

Jean Meslier, trans. Anna Knoop, *Superstition in All Ages: Last Will and Testament*(1950 rpt. of NY Truth Seeker Company; New York: Arno Press and New York Times, 1972)가 있다.

52) Voltaire to d'Alembert(Delices, July 12, 1762).

53) Knoop tr. *Superstition* …, "Introduction," iv. 여기서는 *Meslier's Testament*로 표기했다.

볼테르에 의하면 장 메슬리에는 당시 급성장하던 산업에서 노동하는 방직공의 자식으로 신학교에서 데카르트의 체계를 공부했다. 그의 가계는 라임즈(Reims)에서 교회에 수많은 고위 성직자와 박사를 배출하였다.[54] 볼테르에 의하면 메슬리에는 1678년에 태어나 1733년 사망하였다고 하지만 아마도 64년에 태어나 1729년에 몰(歿)하였다고 보아야 할 것이다.[55] 그는 1688년 라임즈 신학교에서 성직자 서품을 받고 이어서 샹파뉴(Champagne)의 에트레피니(Etrepigny)와 부속교구 뷔에(Bue)의 사제로 평생을 일했다. 유산과 그의 교구에서 교회세의 25%를 수령하는 등 연수입이 있었던 것으로 보아 "메슬리에는 결코 가난하지는 않았다."[56] 그의 개인적 사정이 어떻든 가혹한 수탈에 못이겨 비참한 상태에 놓인 농민들 앞에서 그가 교회의 가르침으로 위로하는 데 한계를 느낄 수밖에 없었음은 물론이다. 그는 영주의 농민학대에 반대하여 주일예배에서 그를 위한 기도를 거부하였기 때문에, 이로 인해 라임즈의 대주교로부터 심한 질책을 받았다. 이후 그는 설교단에서 "그 [영주]가 가난한 자들을 학대하지 않고 고아들로부터 강탈하지 않도록" 신이 도와줄 것을 기도하였다. 영주가 이 기도를 받아들이지 않고 사안을 다시 대주교에게 돌리어 격분한 그로부터 징계를 받게 되었음은 물론이다. "마음 속으로는 경멸하면서도 당신들에게 그러한 경건한 거짓말을 억지로 설교했을 때 내 자신 속에서 얼마나 자주 나는 고통받고 있었던가"[57] 하고 그는 자신을 참회하였다.

---

54) Andrew Morehouse, *Voltaire and Jean Meslier*(New Haven: Yale University Press, 1936), p. 13.

55) 그의 사망시기에 관하여 수고에 대한 그의 마지막 서명이 1729. 5. 7.로 되어 있으며 후임자였던 쥐에땅(Guillatin) 신부는 당년 8. 26.의 문서에 서명하고 있다. Ibid., p. 20, 주 30 참조.

56) Ibid., p. 14.

57) Voltaire의 "Life of Jean Meslier," in *Meslier's Testament*, p. 31.

메슬리에는 상당한 독서를 했던 것으로 알려졌다. 그러나 그는 생전에 글을 남기지 않았다. 말년에는 시력의 장애로 그의 유서작업은 쉽지 않았지만, 그는 꼼꼼히 상당분량의 「유서」를 썼으며 사후에 소각하기를 바랬다. 다행히도 그것은, 볼테르에 의하면, 영국의 한 신사에 의해 경매에 나옴으로써 세상에 알려졌으며 그에 대한 몇 개의 필경사들에 의한 수고본이 남아있다. 거기에 서명된 것은 메슬리에의 것이 아니며 더 이상 원본은 존재하지 않는다. 그는 "[더러운] 세상에 구역질이 나서 필요한 음식을 단호히 거부하였기" 때문에 굶어 죽었다. 볼테르는 잊혀진 메슬리에를 부활시키면서, "성직자 메슬리에는 기독종교에 치명적인 모든 기류 가운데 일찍이 없었던 극적인 단일현상"이라고 높이 평가하였다. 볼테르가 유보하였던 것을 제거하고 종교의 "부정적인 측면을 장 메슬리에처럼 솔직하고 완전하게 말한 사람은 없었다."[58] 볼테르와 돌바하의 도움으로 그는 프랑스의 지식사회에 복귀하였다. 혁명이 성공한 후 국민공회의 포고문(Décret de la Convention Nationale, 1793. 11. 17)은 "상파뉴의 에트레피니의 성직자이며 종교적 과오를 용기와 정직으로서 공개적으로 버린 최초의 사제인 장 메슬리에의 조상을 세울 것"을 선포하였다. 달랑베르에게 보낸 편지에서 볼테르는, 상파뉴 농촌의 성직자 장 메슬리에의 묘비명으로 "99마리의 양과 한 명의 상파뉴 고향사람은 100의 짐승을 만들지 않는다"는 구절을 제안하였다.[59]

메슬리에의 「나의 유서」는 상식과 자연의 단순한 원리에서 오는 당연한 자연법적 사회를 전제하고서 그에 반대되는 기성질서와 민중에 대한 무지와 편견으로 이끌어 기성질서의 무법성과 불합리를 옹호하는 기독교회, 나아가 종교와 신학에 공격의 화살을 보내고

58) Anna Knoop trans. *Superstition* …, iii.
59) Ibid., p. 21.

있다. 그가 본 기성질서와 종교의 밀접한 관계, 즉 이해의 친화력이야말로 그에 대항하여 공유적 질서와 유물론의 결합을 강화해야 하는 이유가 된다. 먼저 기성질서와 종교에 대한 그의 공격내용을 검토한다.

그는 종교를 정당화하고 신의 존재를 이론적으로 설명하는 신학의 성격을 "보이지 않는 것들을" 다루는 학문이며 홉스가 "어둠의 왕국"— 그의 「국가론」 제 4 권에서 — 이라 불렀다는 점을 상기시킨다. "신학은 인간의 이성에 대한 지속적인 모욕이다."[60] 왜냐하면 그것은 신과 종교만큼이나 근거가 없는 환영을 옹호하는 거짓된 학문이기 때문이라고 그는 설명한다. 그에게 "모든 종교적인 원리들은 없는 것들에서 추출된 것이며 생래적인 것이 아니다."[61] 그는 자연법적 논의나 신의 존재에 대한 관념 등 일체의 생래관념을 부인한다. 신학의 목적은 존재하지 않는 신을 빌어 현세적인 권력과 이익을 확보하는 데 있다는 것이다.

인간불행의 씨앗은 곧 인간의 약함에 있다. 그러나 이 약함은 먼저 무지와 공포로 나타난다. 외부세계에 대한 인간의 무지는 불필요하게 공포를 일으키고 그것은 신학을 통해 환상적으로 지속된다. "무지와 공포는 모든 종교의 두 축이다."[62] 그리고 성직자들은 이를 이용하려 든다. "인간이란 상상적인 환자들이며 이에 이해를 가진 사기꾼들이 자기네 처방을 팔아먹을 시장을 확보하기 위해 인간의 약점을 북돋아 관리하려 든다."[63] 그들이 내놓은 처방이 바로 종교이며, 그 의도는 자기네들의 이해를 관철하는 것이다. "모든 종교는

60) Ibid., II.
61) Ibid., IV.
62) Ibid., X.
63) Ibid., XI.

지배하려는 욕망에서 태어났다."[64]

종교는 신의 존재를 근거로 그 존재이유가 있다. 그렇다면 신은 존재하는가? 메슬리에는 묻는다. 먼저 신의 속성으로 무한성, 불가해성, 전능성이 이야기된다. 그에 대해서 메슬리에는 반론을 제기한다. "만약 신이 무한하다면 어떤 유한존재도 신과 대화하거나 관계를 가질 수 없다."[65] 오히려 무한이 유한존재를 포함할 수 없다면 그것은 더 이상 무한할 수 없기 때문에 무한의 일부인 유한존재는 잔여의 무한과 관계한다는 것만이 가능하다. 이때 그는 더 이상 무한자는 아니다. 또한 신의 관념이나 신이 뜻하는 바는 불가해한 것이라고 말해지고 있다. 그러나 "만약 신이 인간에게 이해될 수 없는 것이라면 신에 대해서 아예 생각하지 않는 것이 합리적으로 보인다"[66]고 그는 주장한다. 신비주의적으로 말한다면 신은 비존재로 존재하거나 성령으로 존재한다고 말할 수 있다. 그에 대하여, "필연적으로 존재한다고 하는 것이 비존재로 있다는 것은 모순을 의미한다."[67] 그렇기 때문에 신의 존재에 근거한 "모든 종교는 논리학에서 이른바 증명없이 입증하는 수법에 근거해왔다."[68] "신의 존재를 증명하지 못한 나머지 '신은 성령이다'고 말하기도 하는데 그것은 야만인의 신학이다." "성령들이란 환영(幻影)이다"고 그는 단언한다.[69]

그렇다면 신의 관념은 인간이 합리적으로 제시할 수 있는 어떤 관념과도 다른 어떤 것이다. 그러나 그것이 가능한가? 메슬리에는 "모든 관념을 배제하는 어떤 것, 그것은 아무것도 아닌 것 이상일

64) Ibid., XV.
65) Ibid., VII.
66) Ibid., V.
67) Ibid., XVIII.
68) Ibid., XIX.
69) Ibid., XX.; Ibid., XXI.

수 있는가?" 의문한다. 결국 그는 "신의 관념은 불가능하다"고 결론 짓는다.[70]

하느님이 우주를 창조하였고 인간이 원죄를 진 타락한 동물이라는 성서에 대해서도 그는 직선적으로 반박한다. "세계는 창조된 것이 아니다. 물질은 그 스스로 운동한다."[71] 또 그는 "인간성은 타락한 것이 아니다"고 말한다.[72] 그렇다면 전능하다는 신이 할 수 있는 것은 무엇인가?[73]

> "형이상학적 신이란 손이 없는 목수이다. 그는 기껏해야 구름, 의혹, 허튼 꿈, 어리석은 것, 말다툼을 만들어낼 수 있다."

메슬리에는 여기서 신의 전능이 아닌, 무능을 말하고 있다. 그러나 신이 구름 등을 만들 수 있다면 그것은 대단한 능력으로서 눈여겨볼 사안이다. 왜냐하면 그는 여기서 신의 "존재"를 말하고 있고 또 제한되나마 일정한 능력을 인정하고 있는 것처럼 보이기 때문이다. 그러나 진실은 그 반대이다. 그것은 그의 은유적 표현에 불과하다. 혹은 그는 신으로 잘못 이해한 현상이 사실은 자연의 힘의 작용이라는 것을 분명히 하려는 의도에서 그렇게 말하고 있는 것뿐이다. 신학, 종교, 신의 허구성은 그의 사상에서 자연과 유물론의 과학성으로 대체된다. 이미 인용한 표현에서처럼 "세계는 창조된 것이 아니다. 물질은 그 스스로 운동한다"고 메슬리에는 말했다. 그는 매우 중요한 명제를 유물론에 추가한다.[74]

> "물질에게 그 광연(廣延)이 필수적인 것처럼, 운동은 물질에게

---

70) Ibid., XXIX.; Ibid., VIII.
71) Ibid., XXXIX
72) Ibid., ch. XI.
73) Ibid., XXIII.
74) Ibid., XLI.; Ibid., XLII.

필수적인 것이며 운동 없이는 물질이 있을 수 없다는 것을 나는 결론짓지 않을 수 없다."

"인간의 지력이란 신체의 물질적 기관의 일정한 성향에 의존한다고 나는 결론을 내린다. …"

그의 유물론은 종교와 신학 없이 자연현상의 합리적인 설명만으로 충분하다는 것을 증명한다고 그는 믿었다.[75]

"그것[신]은 추상적 단어, 곧 자연의 숨은 힘들을 가리키기 위하여 주조된 단어이다."

"존재하는 모든 것을, 우리의 모든 감관에 의해 그 존재가 증명된, 물질의 품안으로부터 도출하는 것이 보다 자연스럽고 더 명쾌하지 않겠는가?"

그리고 "자연"에 대하여 다음과 같이 설명한다.[76]

"자연이란 곧 존재들의 엄청난 조합, 다양한 실체들, 무한한 결합들, 그리고 우리가 보는 수많은 모든 운동들을 가리키는 데 사용하는 단어이다. 모든 물체들은, 유기적이든 무기적이든, 어떤 일정한 원인들이, 우리가 보는 결과를 필연코 만들도록 되어 있는, 필연적인 응결체이다. 자연에 있는 그 어떤 것도 우연에 의해 생성될 수 없다. 모든 것은 고정된 법칙을 따른다. 이러한 법칙들은 단지 원인에 대한 일정한 결과의 필연적인 통합이다. 물질의 원자는 다른 원자와 우연이나 모험에 의해서 결합되는 것이 아니다. 이들의 상봉은 영속적인 법칙에 기인하며, 이 법칙들은 각 존재가 현재 작용하는 것처럼 필연적으로 작용하는 원인이 되며 동일한 상황하에서 그와 다르게 작용할 수 없는 것이다."

인간이 자연을 이해하지 못해 신이라 부른 것처럼, 자연의 법칙

---

75) Ibid., XXVI.; Ibid., XXII.

76) Ibid., XLIII.

을 파악하지 못한 나머지 "신의 섭리"라는 이름으로 자연의 불가해한 측면을 받아들인다고 메슬리에는 설명한다. 자연의 작용에는 신과 같은 전능한 존재의 의도나 동기가 들어갈 여지가 없다. 자연은 "과숙한 어린아이들"의 머리에 들어있는 공포가 필요치 않다. 그는 신의 섭리가 "의붓어머니들을 닮았다"고 말하면서 "호텐토(Hotentots) 종족은 신을 숭배하기를 … 거절한다. 왜냐하면 신은 때로는 잘해주면서 다른 때는 종종 해를 끼쳤기 때문이다"고 설명했다. 유물론자의 입장에서 자연은 인간에게 호의적인가? 메슬리에는 말한다.[77]

> "우주는 단지 가능성의 범위 속에서 존재한다. 모든 감각을 가진 존재들은 이곳에서 향유하고 고통받는다."
>
> "인간은 자기가 가는 길에서 보게 되는 수많은 감각을 가진 존재들을 상처주고 고통을 주고 짓밟지 않고서는 한 발도 나아갈 수 없다. 다른 한편 인간 그 자신은 모든 그의 발걸음에서 보이고 혹은 보이지 않는 그의 파멸까지도 가져올지 모르는 충만한 해악들에 노출되어 있다."

메슬리에 신부의 무신론적, 유물론적 성향은 여기서 충분히 살펴보았다. 그의 윤리관은 다음의 두 사상가 모렐리와 마블리에서 보기로 하자. 메슬리에의 수고는 볼테르에 의해서 균형있게 발췌되었을 것이다. 그러나 최소한 그것은 요약본이며 플라톤이 소크라테스를 묘사한 것처럼 이 요약본에는 볼테르의 그림자를, 곧 그 자신의 신념이 어느 정도 비치고 있을 것으로 생각하는 것은 과도한 추측은 아닐지 모른다. 그는 유서에서 자신의 모든 재산을 교구의 빈농과 걸식인(乞食人)에게 남겨주도록 부탁했다.

---

77) Ibid., LXII.; Ibid., LXVIII.

2. 모 렐 리

18세기의 공산주의사상을 논의하면서 엥겔스는 「반 뒤링론」에서 다음과 같이 쓰고 있다.[78]

> "18세기에 실제공산주의이론(모렐리와 마블리)에서는 평등의 요구는 더 이상 정치적 권리에 한정되지 않고 또한 개인의 사회적 조건에 확장되었다. 폐지되어야 할 것은 단지 계급특권뿐만 아니라 계급구분 그 자체였다.
>
> 금욕적 공산주의는, 스파르타적인 관념에 연결되어, 새로운 교의가 그 모습을 드러낸 첫번째 형태였다."

모렐리와 마블리에 의해 — 18세기에 프랑스에서는 최소한 10여 명의 유사한 사상가들을 찾을 수 있겠지만 — 주창된 공산주의는 이처럼 특권계급과의 차별적 대우에 참을 수 없었던 부르주아계급의 이익을 대변하는 계몽사상의 지류로서, 그러나 계몽사상과 다르기보다는 이를 다양성에서 더 폭넓게 투시하는, 이론적 첫걸음을 내딛었다.

모렐리(Morelly)의 생애에 대해서는 거의 알려져 있지 않다. 그의 이름도 우리는 알 수 없으며 생몰(生沒)연대도 불확실하다. 그는 1715년에 프랑스 남부에서 평민가정에 태어난 것으로 추정된다. 그는 당시 영국에서 프랑스로 넘어온 "새로운 과학"의 세례를 받았으며 어느 정도 라틴어를 공부했던 것 같다. 이를 배경으로 학교에서 교사생활의 경력이 있으며 특히 1750년경에는 프리드리히 II의 "철학수행인단"(philosophische Hofstaate)의 일원이 되려고 노력했으나 자리를 확보하지는 못했다.[79] 당시 이 집단은 대철학가 볼테르와 프

---

78) Engels, Herrn Engen Dühring's Unwältzung der Wissenschaft, in *Marx Engels Werke*, Bd. 20, Einleitung, 1. Allgemeine, S. 18.

79) 모렐리는 프리드리히 2세의 호의를 얻어내기 위해 「군주론, 즉 심장의 지복(至福), 혹은 대왕의 자질과 분별있는 정부의 일반체계론」 *Le Prince, les*

로이센 과학원장 모페티위스(Maupertius), 다겐송(d'Argenson) 백작, 라메트리 등이 주도하고 있었다. 그러나 이들 "침묵"하는 수행인단에게 전환점을 가져온 것은 윤리적인, 공상적 사회주의의 등장이었다. 1754년 나온 모렐리의 「자연법전」(*Code de la nature*)은 집산적 국가 안에서 사회적 존재로서 인간의 삶을 이상화한 "18세기 프랑스 유토피아저작 중 최고의 작품"[80]이었다.

모렐리가 언제 죽었는지는 아무도 모른다. 「자연법전」 이후의 활동도 알려져 있지 않다. 1754년 이후 아마도 그는 독일지역에 살았던 것 같다.

모렐리의 저작은 1743년에서 54년에 걸쳐 쓰여졌다. 연대순으로 이들의 저작은 다음과 같다.

1743 「유아의 언어, 역사, 지리, 교육의 실제에 관한 편지」 Lettre sur la pratique de l'éducation des enfans, pour les langues, l'histoire et la géographie(Merciye de France, 1743).

1743 「인간정신론, 또는 교육의 자연원리」 Essai sur l'esprit humain, ou principes naturels de l'éducation(Paris, 1743).

1748 「미의 형상, 또는 그것의 매력이 갖는 자연의 힘」 Physique de la beauté, ou pouvoir sur naturel de ses charmes (Amsterdam/Bruxelles, 1748).

1751 Le Prince, … (Amsterdam, 1751).

1753 「소용돌이섬의 난파 혹은 유명한 필페에의 바실랴드」 Naufrage des isles flottantes, ou Basiliade du célibre Pilpai(Paris, 1753).

---

délices des coeurs, ou Traite des qualités d'un grand roi, et système général d'un sage gouvernement(Amsterdam, 1751)을 썼다고도 알려진다.

80) Richard Coe, *Morelly: Ein Rationalist auf dem Wege zum Sozialismus* (Berlin: Rütten & Loening, 1961), S. 14.

1755 「자연의 법전, 혹은 소홀했거나 알려지지 않은 전시기의 이법의 참된 정신」 *Code de la nature, ou le Véritable esprit de ses lois, de tout temps négligé ou méconnu.*

모렐리의 전 저작에 관한 해설에는 Nicolas Wagner, *Morelly: le méconnu des lumières*(Paris: Librairie Klincksieck, 1978)이 있다. 거기에는 특히 "루이 14세의 편지들"(pp. 262~278)이 들어 있다.

「유아교육의 실제」에서 모렐리는 교육문제뿐 아니라 인간에 관해서 그리고 인간의 세계를 논의하면서 그의 철학적 재능을 일찍이 보여준다. 「인간정신론」과 「인간심장론」(*Essai sur le coeur humain*)에서는 로크에서 기원한 감관주의와 합리주의를 통합하려고 했으며, 특히 「심장론」의 첫머리에서 다음과 같은 표현이 보인다.

"인간은 행복을 위해 창조되었다. 이러한 사실은, 이와 함께 자신의 복지를 자기가 가진 재산소유에서 추구하는, 열정 이외의 다른 증거를 필요로 하지 않는다. 행복을 거기서 찾는다고 생각하는 이상 인간은 감각적 존재이다. 그는 행복한 존재일 수 있으므로, 그는 경험적인 존재이기 때문에 단지 이성적 근거 위에 서 있다."

「미의 형상」은 그가 유물론으로 넘어가는 전환점을 보여준다. 「군주론」에서 그는 인간의 행복과 복지에 맞추어진 사회질서와 국가형태를 추구했고 이를 묘사하고 있다. 그는 프리드리히 대왕과 같은 개명군주를 이상적인 통치자로 보았으며 그의 통치 아래 생산적 토지의 균등한 분배라는 사회개혁을 희망하고 이 기초 위에 변화된 사회관계와 전제권력의 극복을 기대했다.

「바실랴드」(1753)는 하나의 공상적인, 픽션소설이다. 그는 거기서 자연적 사회를 이상화하고 자연의 부를 공동으로 이용하고 살아가는 사람들의 행복을 선망했다. 바실랴드(Basiliade) — 그것은 행복한 민족의 기원이다. 거기에는 자연의 법칙에 맞게 살아가는 행복한 종족의 삶이 있다. 자연은 군주에게 사유재산이 발생하지 않도록 모든 조치를 취하게 하며, 누구나 사랑하는 사람과 결혼하고 행복하게 결합한 이들은 집단 전체가 돌보아 주도록 한다. 비록 예외적으로 이혼이 허용되지만 이별의 아픔이 끼어들 수 없도록, 특히 대부분의 인간은 가면을 쓰지 않고 혹은 주저없이 진실을 내놓기 때문에, 모든 관계가 투명하게 유지된다. 인도의 과거에서, 그리고 페루 인디언의 실례에서 그는 공유제의 이점을 보면서 이를 사회에 재도입하려고 시도한다. 그러나 모렐리가 사용하는 언어는 다분히 은유적이다. 그는 인간과 신 사이에 사용되는 변명의 이중적 언어, 동양사회에서 강요하는 현실과 그 앞에 무력한 인간의 대립을 스스로 해방하는 원망의 표정으로 해소한다. 그가 사용하는 은유법은 마치 중세와 바로크 시대의 관행으로부터 멀리 떨어진 내적 세계의 모습을 빌려 미래를 자기 것으로 만드는, 그러나 스스로는 현실의 도피가 차단된 가운데 그 속에 자신이 침잠해가는, 환상적 해방 혹은 해방의 환상을 얻어낸다. 거기서 미적 형태를 빌려 현실의 소외를 극복하려는 그의 비유로부터 우리는 개인영역을 넘어서는 사회성을 보게 된다.

이러한 자연적 질서에 대항하여, 그리고 이를 교체하면서, 나타나는 것은 사유재산이다. 그것은 모든 파괴의 어머니이다. 그것은 바실랴드가 행복한 섬으로 머물러 있는 한 허용될 수 없는 것이다. 이에 대항하여 바실랴드는 모든 미지의 힘을 포괄하는 존재로서 그 근저에는 신의 관념이 깔려 있다. 즉 "신은 개인적 존재가 필요로 하는 모든 것을 공급해준다." 그러나 여기서 신은 기독교적인 것이 아니라 불교의 자아해방 혹은 윤회설에 유사한 것이다.[81]

81) Herman Ley, *Geschichte der Aufklärung und des Atheismus*(Berlin: VEB Deutscher Verlag der Wissenschaften, 1984), Bd. 4/2, S. 332, note 18.

바실랴드의 역사가 인류의 미래로, — 곧 행복한 인류의 역사로 — 연결되어 생각하면서 모렐리는 거기서 철의 발견마저도 다가오는 문명의 섬뜩한 징후로 보고 이로부터 바실랴드를 보호하려는 것이 아니라 이 발견을 역사의 전개 안에 수용한다. 그의 환상적 묘사는 공산주의의 본질적 계기를 인도의 전통에서 구하는 듯 보인다.

「자연의 법전」(*Code de la Nature*, 1754)은 분책(分冊)으로 구성되어 있다. 제 1 분책은 Basiliade의 주요 내용을 옹호하는 데 집중되었다. 제 2, 제 3 분책은 기존사회의 비판을 다룬다. 제 4 분책에서 완전한 국가의 구상을 법전의 형식으로 요약하고 있으며 기존사회를 행복한 사회국가로 변형시키는 시도를 보여준다. 거기에는 계몽시대의 혁명적 교의가 명확히 서술되어 있다.

「자연의 법전」에서 모렐리는 자기의 이상사회를 법률의 형식으로 정리하고 있다. 그에게 "이성"이 모든 것의 준거이며 그러한 논의는 일정 정도 관념론적 근거 위에 서 있다고 할 수 있다. 특히 그가 인간을 감각의 기제인 동시에 "정신의 기제"(der Geistesmechanismus)로 보고 특히 "나는 정신의 운동, 그리고 이의 인식의 성장을 보았다"고 표현했을 때 이러한 경향은 뚜렷이 드러난다.[82] 그는 인류역사에는 영원불변의 이성이 있다고 믿었다.

모렐리는 역사를 이성을 기준으로 자연적 이성의 상태, 비이성제도가 지배하는 문명, 이성제도의 사회로 분류하고 이 사회가 각각 상이한 소유제도, 즉 공유제, 사유제 그리고 공유제의 회복으로 나아간다고 보았다. 그가 사회적 생산의 조직형태를 기초로 사회형식을 찾고 있었다는 것은 초기공상적 사회주의의 중대한 발견이라고 보아야 할 것 같다.

---

82) Coe, op. cit., S. 20.

그는 자연상태하에서 인간이 완전한 평등과 자연법이 적용되고 있었다고 주장했다. 사람들은 커다란 공동체를 이루어 토지를 공동으로 사용하고 과실을 공동으로 향유했다. 거기에 사회로부터 분리된 사유재산이란 없었다.

그러나 자연인들은 자기수요를 충족했을 뿐 아니라 다른 사람들 — 아마도 다른 공동체까지도 — 과 접촉하고 있었다. 자연상태하에서 희미하게 존재했던 가정(家庭)은 이제 그 모습을 드러내고 제도화하고 증가하면서 공유형태의 재산은 사유화되기 시작했고 마침내 사유권의 보편형식을 얻게 되었다. 소위 비이성제도의 시대가 열린 것이다. 모렐리는 이 시기에 "이성의 착오"가 지배하고 있었다고 본다. 인민의 고통이 장기화하면서 이성은 자기에로 돌아가 "이성의 발견" 시기가 도래한다고 그는 미래사회를 특징지었다. 그리고 사유재산은 다시금 파괴되고 공유제로 환원한다고 그는 부언한다.

모렐리의 사유제사회 비판은 매우 신랄하다. 사유재산은 정치, 경제, 도덕의 모든 면에서 인간에게 해악을 가져왔다고 그는 주장했다. 사유제는 정치적으로 봉건특권, 전제군주의 전횡과 치부, 힘있는 세력이 부를 집중시킨다. 경제적으로 사유제는 빈부계급을 만들어내고 이들 간의 대립을 격화시키는 한편, 하나는 사회적 기능 없이 재산을 즐기면서 다른 하나는 노예에 못지않은 노동 — 그것마저도 실업자(失業者)에게는 그림의 떡이겠지만 — 에 묶여 있다. 윤리적으로 사유제는 개인의 이익을 위해 사회를 희생시키며 허영, 위선, 야심, 질투, 나태로 사회를 혼탁하게 한다. "입법자는 대체로 불행한 사람을 징벌하고 진실로 범죄적 인간은 관대하게 용서하며, 그들의 엄격한 법률은 단지 범죄를 은폐하는 장식으로만 쓰인다"고 모렐리는 사유제사회의 어두운 측면을 고발하고 있다.

실로 모렐리의 눈에 비친 "사유제국가의 윤리"는 반윤리적

이다.[83)]

> "자연상태하에서 인간은 선하다. 사유재산의 등장으로 인간은 타락한다. 이성은 파괴되고 정념이 전도되어 사회헌법이 파괴된 가운데 인간은 살아간다."

모렐리는 「자연의 법전」에서 그의 이성사회를 묘사한다. 그것은 "이성의 착오" 혹은 실종된 상태로부터 이성에로 되돌아온 회복된 이성의 사회이다. 그는 이 사회를 3개의 기본법 조문(條文)과 10개의 개별법으로 나누어 설명해간다. 모렐리의 「기본법」은 생산자의 완전한 공유제(제 1 조), 노동권과 생활권(제 2 조) 그리고 사회공익을 위해 모두가 자신의 재능을 바칠 의무(제 3 조)로 구성된다.

먼저 모든 생산재에 대한 사유제는 폐지되고 이들은 공동재산으로 이전된다. 소비품의 경우, 모든 시민에게 평등하게 분배되기 때문에 사람들의 생활에서 공유제의 도입은 필수품에 관한 한 커다란 불편을 야기하지 않는다. 모든 시민은 노동권을 가지고 누구나 노동을 요구할 수 있다. 제 1 조가 착취계급을 대상삼고 있다면 제 2 조는 기생적 존재 — 노동하지 않고 기생하려는 — 를 대상으로 삼고 있는 것을 알 수 있다. 그는 여기서 노동을 사회권으로 높이고 있다. 제 3 조는 사회공익을 위해 헌신할 의무를 규정하고 있다. 그는 「군주론」에서 "인간은 완전하게 오로지 사회적 존재이다."(I, p. 2)고 말하고 있다. 개인이 "집산적인 사회적 존재"(ein kollektivistische Gemein-wesen)[84)]라는 것은 소유권 기초로 완성된 개인주의에 대한 자유의 제약 혹은 자유의 부정을 의미한다. 실로 모렐리가 그린 최

---

83) Coe, ibid., p. 51. 모렐리의 몽테스키외 비판은 사유제에 기초한 정치체제가 3권분립에 관계없이 이와 같은 "사유제국가의 윤리"를 여지없이 관철한다는 데에서 찾아진다.

84) Ibid., p. 19.

초의 공산주의에는 자유가 없으며 칼뱅주의적 분위기 속에서 끊임없는 긴장된 의식상태가 요구되는 체계이다.

모렐리의 이성사회에서 인간의 사회적 존재성은 공동소유제하에서 집산적 노동에만 그치는 것이 아니다. 그는 공동식당에서 식사하고 공동주거생활을 한다. 교육은 국가가 맡아 운영하며 모든 어린이는 일정연령에 이르면 교육시설에 보내지고 아이들은 거기서 공동생활을 하며 완전히 평등한 취급을 받는다.

모렐리의 공산주의 비전은 낙관적인, 합리적인 관점을 가지고 있다. 이상국가는 그에게 행복한 인류의 체류지보다 훨씬 나은 것이기 때문이다.[85] 볼긴(W. P. Wolgin)의 말에 의하면, "또한 모렐리는 사회주의이론의 전개에서 일정단계에 특징적인 대변자이며 합리적인 사회주의에 전형적인 대변인이다."[86] 「자연의 법전」은 기구한 운명을 가진 책이다. 그것은 1754년 여름에 출간되었으나 1755년판으로 기록되어 있다. 1772년에 나온 *Oeuvres philoposhiques*, 6 vols.(Amsterdam: Marc-michel Ray)의 vol. II, pp. 1~202와 1773년에 나온 *Oeuvres philosophiques, littéraires et dramatiques* 5 vols.(Londres)의 vol. II, pp. 319~472는 Diderot의 저작으로 포함되었다. Babeuf의 최후진술도 모렐리의 사상을 디드로의 것으로 인용하게 되었던 이유이며, 뒤에는 Morelli 혹은 Morellet가 저자로 알려지기도 했다. 그의 「자연의 법전」에 대하여 다겐송(d'Argenson) 후작(1694~1757)은 사후에 나온 「회고록」(*Memoirs*, 1858)에서 다음과 같은 견해를 남겼다. 즉 "이 특징적인 책은 모든 책 가운데 가장 진실한 책이며 …

---

85) Ibid., p. 15.

86) 볼긴의 "서문," *in Kodeks prirodi ili istinnii dukh se zakonob* [자연법전], trans. M. E. Landau (Moskau- Leningrad: Verlag der Akademie der Wissenschaftern der UdSSR, 1938), S. 8~9. Recited from Coe, op. cit. S. 299.

이 책을 불태워버리기 위해서는 성냥과 유황만으로는 충분치 않다."

3. 마 블 리

계몽시대 또 하나의 저명한 공산주의 사상가는, 모렐리에 이어, 마블리(Gabriel Bonnet de Mably, 1709~85)이다. 콩디악의 친형이기도 한 그는 프랑스 전통귀족의 후예로서 부유한 가정에 태어났다. 그의 아버지 Gabriel Bonnot는 그레노블 고등법원(Parlement de Grenobles)의 총무로 일했던 변호사로 슬하에 7자녀를 두었으며 루소가 1740년 잠깐 가정교사로 일했던 곳은 마블리의 형 Jean Bonnot의 집안이었다.

마블리는 리옹의 제주이트학교에서 인문학을 공부했으며 그가 Tencin 추기경의 초청을 받아 파리의 St. Sulpice 신학교에서 신부수업을 마쳤을 때는 전도가 밝은 성직자의 길이 기다리고 있었다. 그러나 그는 1740년 몽테스키외를 만나 친교의 기회를 얻었고 1742~46년의 기간에 당시 외무장관이었던 Tencin 추기경의 비서로 일하게 되었다. 이어서 그는 추기경과 의견대립으로 사직하고 마는데, 개신교도의 결혼을 인정하려는 정치적 입장을 내세워 추기경의 종교적 입장에 반대하였기 때문이었다. 그의 비타협적이고 염직한 태도는 그의 친구와 적들에게 존경을 함께 받을 정도였다고 한다. 그 후 그는 오직 학문연구에 전념하였으며, 엥겔스가 언급한 "금욕적 공산주의"의 창시자인 그는 루소를 비롯한 많은 사상가들의 저작 속에서 절제의 미덕을 강조하는 숨결로 스며들었다. 그는 한때 루이 15세의 황태자가 두 아들 — 이 중 하나는 뒤에 루이 16세가 된다 — 의 스승으로 모시려는 계획이 알려지자 이를 거부하려는 심산으로 왕이 인민을 위해서 존재하지 그 반대는 아니다라고 교육시킬 것이라는 소문을 퍼뜨렸는데 예정대로 그는 임명되지 않았다. 그는 실력자의 후원을 달갑게 생각지 않은 사람이었다. 1785년 그의 시신은 St. Roch 교회묘지에 묻혔는데, 이때 비석을 세우자는 주장에 대해 교회에서는 "소르본느의 저주를 받았다"는 문구를 넣는 조건을 달았다고 한다.

마블리의 연구는 그의 역사서가 대학교과서로 채택될 정도이며 소박한 미의 아름다움을 강조한 그의 극(劇)에 관한 연구는 최근의 관심을 끌고 있다. 그러나 대체로 그의 주장은 1758년 「시민의 권리와 의무」, 1768년 「의문들」과 1776년의 「입법론」에 실린 공산주의의 논의에서 독특한 위치를 확보한다고 볼 수 있다.

그의 저작은 사후 「마블리 신부의 전집」(*Oeuvres completes de l'abbe de Mably*, 1792)로 출간되었으며 최근에는 12권으로 된 동일한 제목하의 「전집」(2001)이 출간되었다. 연대순으로 그의 주요 저작을 열거하면 다음과 같다.

1740 「로마인과 프랑스인의 비교」 *Parallèle des Romains et des Français par rapport au gouvernement*

1748 「이론들에 기초한 유럽의 공법」 *Droit public de l'Europe fondé sur les traités*

1749 「그리스인론」 *Observations sur les Greces*

1751 「로마인론」 *Observations sur les Romains*

1758 「시민의 권리와 의무」 *Droits et devoirs du cityen*

1763 「포세아 이야기」 *Entretiens de Phocion*

1765 「프랑스 역사」 *Observations sur l'histoire de France*

1768 「정치사회의 자연적, 본질적 질서에 관한 경제학자들에 대한 의문들」 *Doutes proposés aux Économistes sur l'ordre naturel et essentiel des société politiques*

1776 「입법에 관하여, 혹은 법의 원리」 *De la législation· ou*

Principes des lois

1781 「폴란드 정부와 법」 *Du gouvernement et des lois de la Pologne*

1784 「미국의 정부와 법에 관한 고찰」 *Observations sur le gouvernement et les lois des États-Unis d'Amerique*

극장론에 관해서는, 루이 15세의 연인이며 정계의 실력자였던 「퐁파두 후작에 보낸 편지」(*Lettres à Madame la Marquise de Pompadour sur l'opera*, 1741)를 출간했다.

당시 대부분의 철학가들이 사회계약론을 수용하고 있었을 때 마블리는 오히려 후커에 비슷한 기원론을 내놓고 있다. 물론 마블리는 원시계약, 관행, 협약을 자주 언급하고 있지만, 그러한 사회설명의 논의는 시대의 보편적 경향을 반영하는 것에 불과하다. 오히려 그는 적극적으로 이를 역사적 사례에 비추어 부인하는 데서 두드러진다.

마블리는 사회 이전의 인간은 힘이 약하고 공포 속에 살아가는 비참한 상태에 놓여 있다고 생각했다. 인간은, 동물과 욕구의 다소에서 차이를 가질 뿐, 본능에 의해 생활하였다. 인간은 원시적 무정부상태하에서 강자의 보호를 받기 위해, 곧 그의 단순충동(연민, 감사, 공포와 희망 등)과 자기이익에 근거하여 결사의 필요를 느끼고 사회로 결합되어 갔다.[87)]

> "…선에 관한 뚜렷하고 정확한 관념을 아직 갖지 못한 인간들이 최고의 독립[상태]로부터 가장 완벽한 복종에로 돌연히 이행했다고 생각하는 것은 너무 불합리할 것이다. 이러한 초생사회에서 시민들과 지배자 간에 계약이나 인습이 있었을 거라고 믿을 수 있는가? 의문의 여지 없이 그럴 수 없다. 평등하고 동등한 권리를 가

---

87) *De l'Etude de l'Histoire*, pt. I, ch. 4.

진 인간들은 그들의 신체적 자질 [즉 단순충동]과 허약함 때문에 … 서로 접근해갔다. 그들은 자신들의 필요에 가장 적합하다고 판단된 대장을 선택했다. … 그들은 그[대장]보다 열등하다고 생각하지 않으면서 그에게 복종했다. 그의 권위가 무용하거나 해로울 때에는 곧바로 주저함이 없이 그들의 신뢰를 철회하고 그를 폐위했다."

그러나 마블리가 사회계약의 허구성을 지적했다는 것은 다른 계몽사상가와 달리 역사에서 진실을 찾으려 했다는 것을 의미하지는 않는다. 오히려 사회계약의 비역사적 성격에도 불구하고, 역사 그 자체로부터 우리는 삶의 기준, 목표를 얻어낼 수는 없다. 그렇다고 역사연구가 무용한 것은 아니다. 역사는 인과관계적으로 엮어진 사건의 연속이며, 거기에는 우연이란 것은 없다. 한마디로, 역사는 인간이 자연의 법칙에 거슬려 만들어놓은 소유제도의 경향을 따라 필연적으로 인간에게 강요되어온 '현실성'이다. 이러한 설명의 이면에서 우리는 마블리의 어둡고 비관적인 침울성을 엿보게 된다.

여기서 그는 정치를 역사가 보여주는바 그대로의 인간정념의 결과물이거나 다른 하나의 대안, 즉 자연의 법칙, 곧 이성에 의해 명령되는 삶의 원칙에 따른 것으로 나눈다. 역사를 바라볼 때, 그는 인간의 제도인 사유재산은 탐욕과 야망을 낳고 그것은 대립과 억압으로 치닫는다고 확신했다. 국가의 법들은 인간을 분열시켜 다수의 해악을 통한 소수의 이익을 보장하며 보험과 신용제도마저도 이를 완화하기보다는 무한히 비참한 상황을 강화해간다. 마블리는 '자연' 속에서 완전한 체계를 보았으며 거기서 장애받지 않고 작용하는 자연의 법칙에 따라 인간의 삶을 다시 정리할 필요를 절감했다. 문제는 이 자연의 법칙을 발견하는 과제였다.

그는 진정한 정치는 과학, 즉 자연의 법칙에 관한 과학이라고 보았다. 자연의 법칙이 알려지면, 정치의 기술은 단순히 관리의 문제로 축소된다. 곧 인간들을 이 법칙에 따라 살아가도록 지도하는 것으로 충분하다. 자연의 체계로부터 인간이 부착시킨 역사의 내용을 분리하는 것이 해결의 출발점이 된다.

자연상태하에서 인간은 자연의 법칙, 곧 "인간 사이의 평등의 법"을 누리면서 살았다. "자연이 모든 인간에게 동일한 기관(機管), 동일한 욕구, 동일한 이성을 주지 않았는가?"[88]고 그는 묻는다. 곧 인간은 능력과 욕구에서 평등하다. 그러나 사유재산의 도입과 함께 인간의 자연적 평등은 깨뜨려지고, 이를 대신해 사회적 불평등의 역사가 확대되어 왔다. 이 사회적 불평등은 동시에 지배계급을 등장시키고 소유권을 중심으로 이를 옹호하는 세력을 강화하였다. 그에 비하여 원시공산주의 사회는 자연의 체계에 훨씬 가까운 것이었다.[89]

> "사회의 여명기에 인간은 공산주의적 사회 속에서 살았으며 그들은 일을 수행하는 능력에 따라서 작업이 할당되었다. 생산된 산물들은 공동의 보관창고에로 옮겨져 관리책임자에 의해서 사회의 개인들에게 자기의 필요에 따라 분배되었다."

그러나 결국은 능력에 따른 사유재산이 나타나고 토지의 균등분배는 결과적으로 사회적 불평등의 씨앗이 된다. 결과는 자연체계의 파괴로 이어지고, 사유재산제도의 도입은 모든 사회적 재난의 원인이라고 마블리는 단정한다.[90]

이로서 마블리는 이상사회의 목표와 모습을 어느 정도 예상할 수 있었다. 그것은 자연의 법칙을 따라 사회적 생활을 보장하는 공산주의적 사회이며 이의 이상적 모습은 스파르타의 모델이었다. 그

---

88) *De la législation, ou Principes des Loix*, liv. I, ch. 2.

89) Ernest Whitefield, *Gabriel Bonnot de Mably*(New York: Augustus Kelly, 1969), p. 72.

90) *De la Législation*, liv. I, ch. 3.

의 공산사회는 생산수단의 공유를 통한 사유재산의 폐지와 모든 사람에게 부과되는 노동의 의무 그리고 단순한 삶과 행복의 추구로 집약될 수 있다.

먼저 공산사회는 생산수단의 공유를 요구한다. 마블리는 재산의 평등분배는 해결책이 아니라고 분명히 말하고 있다. 그것이 평등을 보존해준다고 하더라도 필연코 몇 십년이 못되어 이 원칙은 깨뜨려지고 말 것이기 때문이다. 그는 스파르타의 예를 들어 설명하고 있다. 곧 그들이 토지에 대한 사유제를 도입하기 전에는 행복하고 잘 살아가는 민족이었지만 경작지에 대한 점유권을 내세우기 시작하면서 거기에 부패와 쇠락이 찾아들었던 것이다. 마블리는 심지어 토지가 생산해낸 모든 것을 공유하는 공산주의사회를 주저없이 격찬했다. 그는 원시사회에서 이 조직된 공산주의가 사유재산에 선행했다는 것을 확인하였다.[91] 그는 플라톤의 공산주의는 생산자계급의 사유제 때문에 붕괴할 수밖에 없다는 것을 알았으며, 그에 비해 리쿠르구스가 부와 사치를 배격하고 공산주의에 근거한 스파르타의 건설을 구상한 것을 높이 평가했다.

둘째, 그의 이상사회에서는 모든 사람이 노동하면서 살아가도록 되어 있다. 전체인구의 노동을 법으로 규정함으로써 모든 사람은 평등한 삶을 살아가는 조건 위에 서는 것이다. 노동은 사회적 의무이다.[92]

> "우리를 동등한 시민으로 존경받도록 그리고 그들의 경멸을 두려워하도록 만드는 자연본능을 시민들에게서 깨우치도록 법을 만들어야 [한다.]"

---

91) Ibid., ch. 2.

92) Ibid., ch. 3. 또한 마블리는 노동의 명예를 분배의 원칙과 결합시킨다. "이로부터 땅에서 나오는 과실은 이를 경작하는 사람들에게만 속할 것이다."

"사회에 무용한 시민들을 위해 노동하는 것을 좋아하지 않는 노동자의 불평을 없애기 위해 그들 [노동자들]을 나라의 아버지이며 시혜자로서 대접하는 보상과 명예를 수여하는 것으로 충분하다."

셋째, 마블리의 공산주의는 스파르타 같은 검소하고 소박한 삶을 요구한다. 사치는 인간의 용기를 약화시키고 필수품의 생산으로부터 멀어지게 하며 군대를 국방이 아닌 사회의 폐물들의 안식처로 변화시킨다. 그러한 타락과 소비에 예술과 학문이 크게 기여한다고 그는 생각했다.

마블리의 경제학자, 특히 중농주의의 거두 Mercier de la Rivière에 대한 반론인, 그의 「*Doutes proposés aux Économistes* …」(1768)은 특히 그의 사상을 명확히 하는 데 도움이 된다. Quesnay를 비롯한 경제학자의 논의는 노동자를 동원해 국부의 증진에 기여하도록 하라는 것이었으며 그에 대해서 "노동의 권리"를 옹호한 볼테르, 디드로, 엘베시우스, 돌바하의 공감이 있었다. 메르시에는 사유재산의 옹호를 주장하면서 토지의 사유화 없이 사유재산제는 확립될 수 없다는 것, 그리고 노동자에 대한 노동의 강요는 생산의 자극으로서 필요하다는 주장을 폈다. 그에 대해서 마블리는 토지의 사유제는 물론 균등분배에도 반대하였다. 그리고 사유재산제가 노동을 촉진시킬 것이라는 주장에 대해, 그것은 단지 하나의 수단에 불과하다고 반박한다. 곧 탐욕의 정념에 부응하는 것이다. 그러나 "인간은 하나의 정념만 가지고 있는가?"라고 묻는다.

비록 마블리는 인간의 이상사회는 공산주의라는 것을 확신했지만, 그러나 그는 이 최종적인 목표를 일거에 달성하려는 노력에 동의하지 않았다. 그러한 작업은 엄청난 다수에게 손실을 가져오고, 극복할 수 없는 사회적 저항 때문에 실패할 운명에 있기 때문이다.

그는 꽤 정확하게 프랑스의 당면상황을 "혁명과 노예제 사이 이외에는 선택의 여지가 없다"고 진단하면서도 무조건적으로 혁명을 지지하지는 않았다.[93]

> "처음부터 완전한 정부를 설립하려고 하는 것은 너무도 위험하다고 생각한다. 그것은 너무나 많은 편견을 불러일으킬 것이다. 그것은 너무 많은 사람의 이익을 해치게 될 것이다."

나아가 공산사회를 향한 투쟁은 "극복할 수 없는 장애물"에 부딪칠 것이라고 그는 예견하였다.[94]

> "우리가 진정한 자연의 질서를 제시한다면 재산의 공동체와 조건들의 평등에 있다고 나는 생각한다. 인간들의 마음에 어떤 인상도 남겨놓지 못할 것이라는 사실을 나는 쉽게 받아들인다. 이 행복한 운명으로부터 우리는 언제고 극복할 수 없는 장애물들로 분리되어 있다."
>
> "실제로 사유재산은 자기에 유리하게 백배의 정념을 무장시키고 있으며 이들은 자기의 방어를 위해 무기를 들고 일어서며 결코 이성에 귀를 기울이지 않을 것처럼 나에게는 보인다. 어떤 인간적인 힘을 가지고서도 평등을 세우려는 현재의 시도는, 이에서 도피하기를 바라는 더 큰 무질서를 야기시키지 않고서는 불가능하다."

마블리는 자신의 공산주의 이상을 포기한 것이 아니다. 단지 전략적인 측면에서, 실용적인 접근에서 단계적인 개선을 제안하였다. 그는 법의 공정성, 상속을 제한하고 토지상한제를 실시, 정부지출을 감소하고 관리의 봉급을 폐지할 것을 개혁의 내용으로서 권고하였다. 그러나 개혁의 성공에도 불구하고 그의 회의가 뒤따른다. 즉 법의 공정성은 경제적 평등 없이는 실현될 수 없으며, "재산의 중용

93) *Des droits et des devoirs du citiyen*(1758), Lettres 6과 7.

94) Doutes, let. 2; ibid., let. 1.

화"(中庸化)[95]는 오래 지속될 수 없다는 것이다. 그는 조세정책을 통한 부의 재분배에 회의적이었다. 오히려 세제를 명확히 하기 위해 당시 수입의 주원천이었던 토지에 대한 단일세를 주장했다. 인간이 불완전하기 때문에 개혁이 최선이라고 해도, 그에게 스파르타의 금욕적 공산주의는 인류의 마지막 지향점으로 선명하게 남아 있었다고 하겠다.

95) 그는 「역사의 연구」 *De l'Etude de l'Histoire*, pt. I, ch. 6에서 다음과 같이 말한다. "그렇다면 정치가 목표로 하는 행복은 무엇인가? 그것은 바로 중용이다. … 너무 많은 번영은 우리가 견딜 수 없는 짐이다."

제 7 장

장 자크 루소

제 1 절　루소의 생애와 저작들

Jean-Jacques Rousseau(1712~78)는 1712년 6월 28일 제네바의 가난한 시계수리공 — 혹은 직업이 시계제작자라고도 한다 — 인 Isaac와 Suzanne Bernard 사이의 둘째 아들로 태어났다. 장 자크 자신은 「고백론」에서 그의 어머니가 성직자의 딸이라고 말하고 있지만 사실은 시계장인(匠人)으로 상당한 재산을 일군 사람의 가정에 속한다. 그러므로 그는 신분상 "아버지와 어머니를 통해 중간부르주아지에 해당한다"고 하겠다.[1]

장 자크의 어머니는 그를 출산한 지 며칠 안되어 산고의 후유증으로 사망했다. 그는 회상하기를, "나는 어머니의 생명을 대가로 태어났다. 나의 출생은 나에게 온 최초의 불행이었다"고 비운에 떨어진 자신을 한탄하였다.[2]

그보다 7살 위였던 형 프랑소아(François)는 독일남부로 떠나가서 장 자크가 6살되던 해 어느날 마지막 편지를 보낸 후 사라졌다.

1) Fargo, *Genf*(Zurich-Leibzig, 1938), S. 68. Georg Holmsten, *Jean-Jacques Rousseau*(Hamburg: Rohwohlt Taschenbuch Verlag, 1972), S. 13에서 재인용.

2) Ibid., S. 13~14.

이후 다시는 그와의 교류가 없었다. 아버지마저도 그가 10살이 되던 해 다른 시민과 대립이 심해지자 Nyon으로 이사해 가면서 장 자크는 외삼촌인 Gabriel Bernard에게 맡겨졌다. 그러나 실제로는 시골 성직자인 Lambercier와 그의 누이가 양육했다고 한다. 3년 후에 그는 처음으로 직업훈련을 시작하는데 어느 묘지의 석공 밑에서 도제(徒弟) 훈련을 받도록 맡겨진 것이었다. 장 자크가 14살 되던 해 그의 아버지는 재혼하여 Nyon에 정착하였고, 이내 장 자크의 존재는 잊혀졌다. 도제수습은 무정하고 엄격한 석공 밑에서 지속되었다.

장 자크는 정규교육을 받지 못했다. 그는 집안에서 때때로 그에게 문자를 해독하도록 가르쳤던 아버지 밑에서 글을 배웠고, 집안에 아무렇게나 버려진 3류 애정소설이나 플루타크영웅전을 상대로 독서를 시작했다. 한마디로, 그의 일상은 별다른 것이 못되었다. 그러나 루소에게도 커다란 변화가 찾아왔다. 그의 고백록(*Les Confessions*)에서 극화(劇化)되고 있는 것처럼, 루소는 어느날 들판에 널려있는 야생화에 취해 한없이 돌아다니다가 해질 무렵이 되어서야 되돌아오고 있었다. 그리고 제네바의 성문은 이미 굳게 닫혀 있었다. 그는 그 길로 거기를 떠나고 말았다. 1728년 어느 봄날의 일이었다.

16살인 장 자크는 이렇게 제네바를 떠나 Savoy의 개신교 기숙사로 갔으나 가톨릭기관의 도움으로 Mme. de Warens에게 보내졌다. 이때부터 시작된 드 바랭에 대한 그의 감정적 의존은 오래 지속된다. 그는 칼뱅주의를 버리고 가톨릭으로 개종하면서 Turin에서 하인으로 일을 시작했다. 그러나 그는 리본의 도둑으로 몰려 해고되었다. 사실 그는 범죄자였지만 Marion이란 하녀에게 무고하게 덮어씌우려 한 탓으로, 그 여자마저도 동시에 해고되고 말았다. 이를 두고 장 자크가 평생 후회했던 것은 물론이다.

그는 다시 드 바랭에게로 보내졌다. 시기는 여전히 1728년이었고 그녀는 Annecy에서 보육원을 맡고 있었다. 가톨릭기관은 장 자크를 성직자로 양성하는 것이 부적절하다고 생각해 음악가로 훈련시키기로 하였다. 그는 보육원에서 음악교사로 일했다. 1731년 샹베리(Chambéry)에서 일하게 된 드 바랭에게 다시 합류하고 몇 년 후에는 드 바랭이 소유한 조그만 시골집 "Les Charmettes"에서 집중적인 독서의 시기로 돌입했다.

1740년에는 Lyon에서 잠깐 동안 가정교사의 생활을 했다. 41년 처음 파리에 들어온 장 자크는 실력자 뒤팽(Mme. Dupin)과 알게 되고, 43년에는 베네치아주재 프랑스대사 드 몽테귀(de Montagu)의 비서가 되었지만, 그 자리도 얼마되지 않아 논쟁으로 잃고 말았다. 결국, 그는 자신의 재능을 인정받지 못한 채 유명인사들의 주위를 맴돌고 있었다.

1744년 루소는 다시 파리로 돌아와 디드로와 달랑베르 등 디드로의 소개로 많은 철학가를 만나고 교류하게 되었다. 그가 거주했던 Rue Platriere는 오늘날 Rue Jean-Jacques Rousseau로 개명되었다. 그가 무식한 하녀 Thérèse Levasseur를 알게 된 것도 이 무렵이며, 루소는 그녀와의 사이에서 낳은 5명의 사생아를 모두 어느 고아원에 보냈으며, 훗날 찾을 수 없었다. 이를 두고 그가 평생을 두고 죄의식에 시달렸을 것은 추측할 수 있다. 그는 테레사와 — 그리고 돈 욕심이 많았고 루소 사후에도 오래 장수한 장모와 함께 — 살았으며 1768년 Bourgoin에서 결혼하였다.[3] 테레사는 1801년 사망했다.

행운은 루소에게도 왔다. 1740년대 후반부터 계속해서 창립

---

3) Thérèse에 대한 평가에 관해서는 Ibid., S. 59~60. Mme. d'Epinay에 의하면, 그녀는 "이기적이고 멍청하며 수다스럽고 거짓투성이의" 처녀였다. Mme de Stäel과 George Sand는 "루소가 정신적 수준을 가지지 못한 사람을 그처럼 오랫동안 견뎌낸 것을 이해할 수 없었다."

된 지방 학술원들이 그에게도 문명(文名)을 떨칠 기회를 주었다. l'Academie de Dijon은 49년 창립기념으로 제 1 회 현상논문을 모집했다. 루소는 Vincennes 감옥에 들어있는 디드로를 찾아 그의 변함없는 우정과 충성을 보이기 위해 여행길에 나섰다가 숲속에서 그 광고문을 발견했다. 그리고 그 문안을 읽으면서 그가 받았던 충격을 적고 있다.[4)]

> "갑자기 제 마음은 수많은 예시로 어지러움을 느꼈습니다. … 제가 그 나무 아래서 보고 느꼈던 것의 1/4만이라도 쓸 수 있다면, 제가 사회의 모든 모순들을 명료하게 들춰낼 수 있다면, 우리 제도의 남용을 강력하게 보여줄 수 있다면, 인간은 자연적으로 선하지만 이들 제도를 통해서만 사악하게 된다는 것을 아주 단순하게 증명할 수만 있다면!" (Malesherbes에 보낸 제 1 편지)

그러나 사실은 이와 약간 상이하다고 할 수 있다. 그는 디드로를 찾아 감옥에 갔고 거기서 그를 면회하는 동안 장 자크는 어떤 입장을 취하는 것이 좋겠는가 문의했었다. 그에 대하여 디드로는 주저없이 루소에게 문명비판의 관점에 서라고 권했고, 곧 그는 루소가 논문심사위원의 이해와 기대에 반대되는 방향으로 현상논문을 쓰라고 답을 주었던 것이다. 현상논문은 분명히 문명의 가치를 질문하고 있었다. 디드로의 권유는 루소의 결정을 강화했을 수도 있다. 그는 자기 자신보다 더 강력한 수사로 문명에 대항키로 마음먹었을 것이다.

논문의 제목은 "예술과 학문의 회복이 관행을 순화시키는가, 혹은 타락하게 하는가?"였다. 다른 여러 지방의 학술원과 마찬가지로 그 해에 생겨난 Dijon의 학술원은 예술과 학문을 진흥시키기 위해 창립되었다. 환언하면 그것의 존재는 예술과 학문의 가치를 전제하

---

4) John Hall, *Rousseau: An Introduction to his Political Philosophy*(Cambridge, Mass.: Schenkman Publishing Co., 1973), p. 13에서 재인용.

고 이를 발전시킬 목적으로 인정된 것이다. 그러한 기관이 내놓은 현상논문에 학문무용론 혹은 학문의 해악을 강조한다는 것은 심사위원을 난처하게 만들기에 충분한 것이었다.

장 자크는 익명으로 단지 "제네바의 한 시민"(un citoyen de Genève)으로만 서명한 현상논문을 제출했다. 그의 논문은 이성보다 감성을, 지식보다 덕성을, 어려운 학문에서 얻어낸 권리보다 소박한 서민의 심장의 소리를 강조하고 있다. 그리고 이처럼 단순하고 직관적인 결론에 도달하기 위해 사전에서도 찾기 힘든 — 누군가는 루소 자신마저 이들의 실존 여부를 알고 있지는 않았으리라 가정할 수도 있는 — 수많은 그리스의 인명이 동원되었다. 어떻든 그의 논문은 당선되었으며, 이로 인해 루소는 하루 아침에 일어나 자기 자신이 파리의 유명인사가 된 것을 발견하였다.[5]

지방의 한 현상논문 당선자에게 그처럼 커다란 유명세가 붙게 될 수 있을까? 그것은 그가 알게 된 디드로의 명성, 논문에서 그가 취했던 '비정상적인 입장,' 살롱에서 보여준 그의 기행(奇行)들이 또한 영향을 미쳤을 것임에 틀림없다. 그가 파리의 사치와 세련미에 점차 대담하게 반발하고 나서게 되었을 때, 그는 이미 자신을 관심 많은 파리인들의 시선 중앙에로 이동시키고 있었다. 그러나 이는 당선 이후의 사건에 속한다. 어떻든, 그가 처한 가난은 동시대인으로부터 소외를 낳았고, 그의 시각적 차이를 기이한 외모뿐만 아니라 자신의 관점도 차별성을 가지는 방향으로 이끌었다. 그의 어려웠던 과거와 현재의 가난은 한때 동류였던 철학가들로부터 일탈을 정당화해 준 기반이었던 것이다."[6]

---

5) Georg Holmsten, *Jean-Jacques Rousseau*(Reinbek bei Hamburg: Rowohlt Taschenbuch Verlag, 1972), S. 66.

6) "여기서 사상사는 전기(傳記)[의 문제]로 사라지려고 한다. 그리고 이것은 다

루소는 이제 살롱의 관행이었던 가발과 제복을 벗어 던지고 소위 "아르메니아 의상"이라 불리는, 긴 천으로 몸을 두르는 기행을 보여준다. 그러한 태도는 살롱출입에 요구되었던 가발과 제복의 임차료를 절약하는 한 수단이 되었을 것이다. 아르메니아 의상이라는 것도 아르메니아에서는 알려지지 않는, 인도여성들의 의상에 유사한 것이었다. 장 자크의 사교폭은 이제 더욱 넓어지고 관객의 위치에 머물렀던 지난날과는 달리 그는 유명인사의 대열에 합류할 수 있었다. 저명한 사상가이며 당대의 논객이었던 디드로의 "친구"인 장 자크는 현상논문의 덕분으로 이제 콩디악, 달랑베르는 물론 당대의 문인사회를 이끄는 돌바하와도 인사를 나눌 수 있게 되었다. 그가 소년시절부터 숭배했던 볼테르만은, 5년 후에야 편지로 대화할 수 있었을 뿐 개인적인 접촉을 가질 수 없었다.

이 무렵 그를 참으로 성공시킨 것은 극 분야에서였다. 그의 오페라 「마을의 점쟁이」(Le devin du village, 1750)는 Fontainebleau에서 상연되었는데 Louis XV가 직접 참관했다. 그러나 극이 끝나고 그가 왕께 나아가 인사하는 것을 거절하는 바람에 왕으로부터 내려질 수 있는 모든 호의는 어렵게 되었다. 보다 정확한 사실은 루이 15세가 그에게 연금을 주겠다고 제의했는데 루소는 미루다가 자신의 삶의 원칙에 어긋난다는 이유로 이 제안을 사양했었다. 1750년대 전반의 시기, 루소는 음악에 관한 작품 이외에도 7편의 극을 썼으며 오직 Narcisse만이 Comédie française에 올려졌다. 1752년 Encyclopédie의 제 2 권이 출간되면서 당국의 탄압이 가중되고 달랑베르와 루소는 이 사업에 기고하는 것을 포기했다. 6개월 뒤 달랑베르는 복귀하였지만, 루소는 지난날의 친구들과도 점차 멀어져

시 순수하게 하나의 예로서(as a pure case history) 나타난다." Ernst Cassirer, *Rousseau, Kant, Goethe*(Princeton: Princeton University Press, 1945), p. 44.

갔다.

1754년 루소는 디죵 아카데미에 다시금 현상논문을 제출하지만, 이번에는 낙방하고 말았다. 파리의 환경에 불만이 많았던 그는 테레사를 데리고 제네바를 방문했다. 거기서 그는 이미 개종했던 가톨릭 — 이 때문에 그는 제네바시민권이 박탈되어 있었다 — 을 부인하고 칼뱅주의로 복귀하는 조건으로 "제네바의 시민권"을 회복하였다. 1755년 그는 "제네바공화국에의 헌정"이라는 긴 서문을 첨부하여 현상에 실패한 불후의 작품 「불평등기원론」(*Discours sur l'origine et les fordements de l'inégalité parmi les hommes*)을 암스테르담에서 출간하였다. 한편 파리의 생활에 행복할 수 없었던 그에게 데피내(Mme. d'Epinay) 여사는 Montmorency에 있는 "암자"(l'Ermitage)에 살도록 해주었다. 그의 창작활동이 활발해지고 주저(主著)가 이어서 뒤따르게 되었다.

다른 한편 1754년 Damien이라는 자에 의한 Louis XV 암살음모가 적발되면서 당국의 대규모적인 탄압이 일어났다. 디드로의 「백과전서」 사업은 특히 엄중한 감시하에 놓였다. 그 결과, 마침내 1757년 달랑베르는 이 사업에서 손을 완전히 떼고 말았다. 루소는 1751년 이래 파리의 지식계를 통할하는 위용을 자랑하는 "돌바하집단"에 끼는 행운을 얻고 돌바하의 지원을 받고 있었지만 그로부터 소외되고 고립되는 신세에 놓이게 되었다. 1755년 리스본에 대지진이 일어났을 때 볼테르는 신의 존재를 회의하는 "리스본의 불행에 관한 시"를 발표했다. 모든 선의 근거로서 전능한 신의 존재를 의문하는 그의 범신론적 입장에 대립하여 루소는 몽모랑시에서 "볼테르 선생께 보내는 루소의 편지"(Lettre de Jean-Jacques Rousseau à Monsieur de Voltaire)를 통해 그와의 논쟁을 유도하려고 시도했지만 메아리만이 되돌아올 뿐이었다.

이전에 루소의 "불평등기원론"이 담고 있는 내용, 즉 문명의 반명제로서 자연을 미화하고 사유제도를 부인하는 듯한 그의 주장에 대하여 볼테르로부터 이를 나무라는 편지가 전해왔다. 볼테르의 서한에 감격한 루소는 최대한의 예의를 갖춘 답신을 보냈음은 물론이다.[7)]

1757년 달랑베르의 "극장"(le theâtre)이 「앙시클로메디」에 실리면서 루소의 볼테르에 대한 감정은 악화되었다. 그는 당시 제네바 부근에 거처를 정하고 살고 있던 볼테르가 달랑베르를 시켜 제네바에 극장을 끌어들이려는 구상을 실행에 옮기고 있다고 단정하고 "조국 제네바"를 지키기 위해 결연히 "극장에 관하여 달랑베르에게 보내는 편지"(*Lettre à d'Alembert sur les spectacles*, 1758)를 발표한다. 바로 그 해에 그는 그림(Grimm)과도 사이가 벌어지고 디드로, 데피내 여사와도 결별하고 그녀의 별장을 떠난다.[8)] 이로써 그는 파리의 사교계에서 그의 고립을 완성했다.

오직 남은 것은 디드로의 친구인 생 랑베르(Saint Lambert) 백작을 얼마 전에 알게 되었고, 이어서 그의 허락하에 그가 마음속으로 뜨겁게 연모했던 부인 Sophie d'Houdetot과 친구로 사귀게 되었다. 두 사람의 애틋한 사랑의 서신을 묶은 「줄리 혹은 신 엘로이자」(*Julie, ou la nouvelle Heloïse*)의 첫부분이 1761년 파리에 선을 보이면서, 파리의 여성들은 이에 열광하였다. 전체 분량 1,500면에 이르는 두 연인의 방대한 서신교환은 실제로는 루소 혼자서 두 사람을 대역했던 대하소설에 불과했을 뿐 사랑의 현실은 거기에 없었다.

---

7) Cf. "볼테르와 루소의 서신교환," 정성환 역, 사회계약론(홍신문화사, 1988), 부록, 303~314면.

8) Hall, op. cit., p. 15. 디드로와의 절교는 "루소가 고독을 즐기고 변덕스러운 그의 행동에서 나온," 순수하게 개인적인 것이었다. "그것은 어떤 철학적 문제에 관한 관점의 차이에서 일어난 것이 아니다."

1762년 4월 파리와 암스테르담에서 「에밀 또는 교육론」(*Émile ou de l'Education*)이 출간되었다. 이 책은 루소 자신이 "20년에 걸친 성찰과 3년의 노력으로 완성한" "가장 중요한 책"으로 부른 것이기도 하다.[9] 5월에는 암스테르담에서 「사회계약론」(*Du Contrat social*)이 출간되었다. 그러나 파리의 고등법원(Parlement de Paris)이 6월 9일 "사보이야르 성직자의 신앙고백"이 실린 Émile에 대해 유죄선고를 내리고 이 책의 전량압수 및 저자에 대한 구속영장을 발부했다. 파리를 도망한 루소는 처음에 Bern 지역으로 망명길에 올랐으나 거기에서 추방되었고 결국은 프리드리히 2세에 의탁하였으며, 대왕은 자기의 보호령인 Neuchâtel 공국(오늘날 스위스의 한 주이다)의 Môtiers-Travers에 피난처를 마련해 주었다. 다음 해 루소는 파리의 대주교에 대한 "Lettre à M. de Beaumont"를 통하여 자기 책에 대한 파문에 강력하게 응수했다. 제네바의 사정도 좋지 않았다. 당국은 루소의 「에밀」과 「사회계약론」을 종교적 이단으로 보고 유죄판결을 하면서 두 책의 분서 및 루소의 시민권의 박탈을 결정하였다. 그에 대하여 그가 "서문"에서 비현실적으로 이상화했던 제네바공화국의 폭력적이고 폐쇄적인 실체를 노출시킨 "산에서 쓴 편지들"(*Lettres écrites de la Montagne*)를 루소는 발표했다. 1765년에는 「음악사전」(*Dictionnaire de Musique*)를 내놓았다.

그가 머물던 지역주민들의 루소에 대한 적대감도 증가되었다. 1765년 어느날 그의 집은 가톨릭 교도들이 던진 돌팔매에 유리창이 박살났다. 위협을 느낀 루소는 9월 Bieler See 한 가운데 있는 상피에르의 섬(Ile de Saint-Pierre)으로 도망가지 않을 수 없었다. 그러나 Bern 정부의 명령으로 10월에 거기를 떠났다. 이후 그는 바젤,

9) Holmsten, op. cit., p. 107.

스트라스부르 등을 전전했다. 1766년 1월 당시 영국외교단을 따라 유럽을 순회중인 데이비드 흄의 초청을 받아 테레사를 데리고 영국을 방문했다. 처음에 잠깐 Dorf Chiswick에 머물다가, 3월부터는 Derbyshire의 Wootton에 있는 저택으로 옮겨갔다.[10] 흄은 국왕 George Ⅲ의 연금을 주선하였지만 루소는 자기의 이름을 팔려는 흄을 친구로 간주할 수 없었고, 결국은 1년이 지난 1767년 5월 프랑스로 돌아와 남부지역에 위치한 Trye성에서 Bourgoin, Morguin 등 변명(變名)을 쓰면서 숨어지냈다. 마침내 정부의 허가를 얻은 루소는 1770년 6월 파리로 돌아와 그가 이전에 살았던 플라트리에(Rue Platriere)에서 낡은 거처를 얻어 마지막 8년을 보내게 된다. 경제적 곤경은 컸겠지만 그는 1740년대 그가 했던 필경사로, 그것도 그 시기의 급료를 받으면서 근근히 생계를 이어갔다. 1771년부터 그가 쓰기 시작한 「고백록」은 데피내 여사와의 염문을 기록한 부분이 문제되어 파리경찰청은 그의 회고록의 출판을 금지한다. 1772년에는 「폴란드 정부론」(*Considerations sur le gouvernement de Pologne*)을 썼으며, 파리 근교의 식물생태계를 관찰하였다. 또한 72년부터 76년까지 「대화: 루소의 장 자크 비판」(*Dialogues: Rousseau juge de Jean-Jacques*)를 썼다. 「고독한 산책인의 꿈」(*les Rêveries du premeneur solitaire*)은 1776년부터 시작했으며 미완성인 채로 남겨졌다.

1776년부터 루소의 경제적 곤궁은 견딜 수 없는 것이 되었다. 1778년 5월에는 결국 지라르댕 후작(Marquis de Girardin)의 영지인 Ermenonville로 옮겨갔다. 볼테르의 사망소식에 자기의 운명을 감지한 듯 그는 "나의 최대의 상대는 이미 없다. 나의 역할도 끝났다"고

10) 혹은 루소가 Straffordshire에 있는 대저택에 기거했다고 한다. Ronald Grimsley, *The Philosophy of Rousseau*(London: Oxford University Press, 1973), p. 4

말했다. 그해 7월 2일 그는 갑자기 찾아온 졸중으로 사망했다. 그의 무덤은 에르메농빌의 See des Parks에 떠있는 한 섬에 만들어졌다. 1794년 10월 프랑스 정부는 루소를 혁명의 선구자로 추앙하여 파리에 있는 "신전"(Panthéon)에 그를 이관하였다.

제 2 절 루소의 역사인식

'계몽의 세기'는 '철학가들'(Les philosophes)에 의해 대변된다. 루소는 그러한 의미에서 철학가들의 하나로 받아들여지는가? 루소의 사상이 봉건적인 구제도와 기독교신학에 반대하고 자연과 이성에 의해서 사회를 비판하려 들었다는 점에서 그는 확실히 계몽사상가의 일원이었다. 그러나 그가 무신론적인 계몽사상가의 유물론에 회의하면서 변신론(辯神論)의 입장에 섰을 때, 그리고 그가 보편적인 자연의 근본원리를 내세워 문명을 비판하고 역사의 진보에 부정적이었을 때 그는 계몽사상가들의 대열을 이탈하였을 뿐 아니라 그에 대항하는 '몽매주의자'(obscurantiste)의 비난을 받게 되었다.

그가 프랑스 계몽사상가들의 유물론에 반대했던 것은 그에 따라오는 윤리적 함의였다.[11]

> "루소는 철학가들의 유물론이 인간의 존재에서 모든 이상주의를 빼앗고 이를 감각과 경험의 피상적인 영역에로 제한함으로써 손상시킬 것이라고 확신했다. … 루소 자신의 저작은 인간의 자연존재가 지니는 풍부성과 충만을 일깨워주고 우주체계에서 자신의 올바른 위치를 의식하도록 해줌으로써 유물론과 회의주의의 불모성을 넘어설 것을 의도하고 있다."

11) Ibid., p. 164.

루소가 철학가들의 대열에서 분리된 것은 단지 철학적 입장의 차이만이 아니었다. 그는 개인적인 관계에서도 철학가들과 민중 모두로부터 외면당했던 것처럼, 그는 동시대인으로부터 떨어진 고독한 존재였다. 그러나 그는 시대와 불화했던 그의 불행을 견뎌냈다. 그는 계몽사상가들이 소유권을 옹호하고 권력의 핵심문제를 그것의 목적성, 곧 정통성에서 찾았던 점에 공감을 표시하면서도 역사의 진보가 문제를 해결하리라는 역사전개의 필연성에 대해 확신을 가질 수 없었다. 아니, 시간의 순열이 문명 속에서는 발전이 아닌 하강, 성장이 아닌 쇠미라고 그는 진단했다. 계몽사상가들이 문명의 제도적 혜택을 환영하고 그에 따라오는 학문, 재산, 이성, 행복을 의문하지 않았을 때에도 그는 이들의 낙관론의 뒤에 서 있는 그림자, 곧 화려한 빛의 세계에 가려진 빈곤과 비참한 삶의 현실을 직시했다.

그는 역사에 관해 비관론자였다. 그가 진보의 결실에 대해 회의하였기 때문에 그의 사상은 '반계몽적'인 것으로 비난되었다. 당시에 몽매주의(l'obscurantisme)가 신의 존재, 나아가 기독교의 옹호론자에게 붙여진 이름이었기에, 루소를 그에 포함시키는 것은 부당하다고 할 수 있다. 그의 입장은 기독교나 개신교 같은 실증종교보다는 세계에는 신의 섭리가 작용하고 있다는 식의 자연종교에 서 있기 때문에, 「에밀」에서 문제가 된 "사보야르 사제의 신앙고백"에 드러난 그의 범신론(汎神論, theism)적 믿음이 신의 존재를 자연의 원인으로 바꾸어놓은 볼테르의 이신론(理神論, deism)과 어떻게 다른지 불분명하다.[12] 양자의 차이는 모두 이 세계를 이성적으로 이해하려는 의도를 가지고 루소는 신의 존재로부터, 그리고 볼테르는 자연질서의 법칙으로부터 그 원인을 찾고 있는 데 불과하다.

---

12) Ibid., pp. 70~78.

역사인식에서 나타난 루소의 특징은 그가 역사 그 자체의 관행에 별다른 의미를 부여하지 않고 자연상태하의 인간의 본성이 역사에서 어떻게 변화했는가를 객관적으로 — 철학적인 성찰을 통해 — 파악하려고 든다는 점이다. 그렇게 볼 때 역사는 동시적으로 두 개의 궤적을 가지고 진행된, 변증법적 진리를 보여준다. 역사는 곧 부정과 긍정 혹은 진보와 그 만큼의 퇴보를 보여주는, 복선적이다. 계몽사상가들의 실증주의적 일면성을 고려하면, 그는 역사의 양면성, 즉 자연상태에 비해 인간의 지력과 판단력의 꾸준한 성장과 더불어 사회 내에서의 이들의 왜곡, 전도의 실상이 함께 논의될 것을 그는 잊지 않았다.

인류는 역사에서 안전과 공동방어를 위한 집단생활, 불의 발견, 광업과 농업, 상업과 돈에 이르기까지 지속적으로 발전해왔다고 그는 인정한다. 자연상태하에서 미개하고 보잘 것 없는 이성과 능력을 이용해서 역사를 통해 새로운 기술과 부를 얻어 상상력을 발전시키고 노동분화를 이룬 결과로 더 많은 시간의 여유와 풍족한 삶을 보장받게 된 것은 역사의 덕분이다. 동시에 발전의 순간을 기록한 각각의 매듭마다 거기에는 부정적인 측면이 스며들고 강화되었다. 생산력의 증가는 잉여에 따른 여가시간을, 과학과 기술의 축적은 대규모적인 생산의 증가를 낳는다. "쇠와 옥수수"는 현재에 갇혀 살았던 게으른 야만인에게 하루도 쉬지 않고 노동하도록 운명지우고 미래를 걱정하여 축적을 예비하도록 강요한다. 생산물의 잉여는 이점에서 나아가 인류에게 분열과 타락의 길로 이끈다.

처음에 자연적 불평등은 인간 사이에 약간의 차이를 만들어낸다. 그러나 그 차이는 자연 자체의 한계 때문에 지속적으로 확대되거나 뒤바뀔 수 없는 것이 아닌, 미미한 것에 불과하다. 오로지 사유재산을 기초로 하는 사회 속에서 인간의 사회적 불평등은 공고화하고 더욱 확대되어간다. 사유재산이 벌려놓은 불평등의 거리는 서로가 남보다 우월하려는 욕망으로 부와 권력을 추구하는 나머지 경쟁과 대립, 분열에로 사회를 갈라놓는다. 결국 사회는 부유한 소수와 절대다수인 빈민으로 나뉘고 전자는 넘치는 부가 빚는 타락으로 빠지는 반면 끊임없는 노동에로 저주된 민중은 정신이 피폐화된다.

이처럼 역사에 대한 그의 철학적 성찰은 하나의 큰 결론, 즉 역사는 문명사이며, 그것은 대체로 개인적 완성이었지만 종적(種的)인 노쇠과정이었다.[13)]

> "… 이러한 평등한 인간동물은 여타의 동물에 비해 이점을 가진 하나의 자질을, 곧 더욱더 발전하는 능력인 완성지향성(la perfectibilité)을 가졌다. 그리고 이것이 불평등의 원인이었다. 따라서 루소는 불평등의 등장을 진보로 간주한다. 그러나 그것은 동시에 퇴보였다."

루소에게 자연인으로서 인간은 동물과 크게 다르지 않는 또 하나의 동물에 불과하다. 데카르트가, 홉스, 그로티우스, 푸펜도르프처럼 자연상태하의 인간을 마치 발달된 이성을 가진 현대인으로 보고, 동물은 감성이 결여된 기계로 보았다면, 그에 대조적으로 루소는 동물도 인간처럼 감성을 가진 존재로 이해했다. 동물은 인간과 마찬가지로 자기보존을 지향하는 기본적 욕구와 이의 충족을 위한 운동을 지속하며, 나아가 인간처럼 종적(種的) 감정, 즉 연민의 감정을 가지고 있다. 그러나 차이점이라고 한다면 인간에게는 일면 아이의 생육(生育) 기간이 길고 허약한 신체를 가지고 태어난, 불리한 점을 가

13) Engels, *Anti-Dühring*(New York: International Publishers, 1939), pp. 152~153. 엥겔스는 루소의 「불평등기원론」을 인용하면서 역사에 대한 그의 변증법적 혜안에 존경을 표시하였다. "[시원적 상태를 넘어선] 모든 그 이상의 진보는 외관상 개인의 완성을 향한 전진이었지만 실제에 있어서는 종의 쇠미를 향한 마찬가지의 전진이었다."

지고 있지만 반면 기본적 욕구를 충족시키는 데 있어 조건에 따라 다양하게 식료(食料)를 얻어내는, 유리한 점이 있다. 한마디로 그는 환경에 대한 적응력이 뛰어나다. 이에 덧붙여 인간에게는 자기에만 고유한 재능, 즉 "완성지향성"(perfectibilité)을 가지고 있으며 바로 이 때문에 인간은 이성을 지속적으로 개발해가는 충동감(Triebfeder)을 내면에 포함하고 있다. 인간의 능력을 설명하는 데 "완성지향성"이라는 어휘를 처음 사용한 것은 바로 루소이며 이 단어는 그만큼 루소사상에 담긴 인간의 잠재력의 의미를 이해하는 중요한 길잡이를 시사한다. 즉 "완성가능성"이야말로 인간이 동물과 구별되는 역사를 경과하는 원인이 되었을 뿐 아니라 문명의 화석화된 현재에 갇혀진 인간이성을, 본래의 인간의 본성에 비추어, 급변시켜 전도된 사회를 다시금 바로 세울 수 있는 근본원리를 얻어내고 이에 따라 이성 그 자체의 성격을 다시 정립할 가능성을 열어 준다.

루소는 역사의 진행을 수용했다. 그는 누구도 역사의 흐름을 부인하거나 거스를 수는 없다고 생각했다. 그것은 정지되거나 되돌릴 수 있는 성질의 문제는 아니었다. 그러나 인간성에 고유한 완성지향성의 능력 덕분에 인간은 역사의 과정 속에 들어왔을 뿐 아니라 우리가 이 역사의 시계(視界) 속에 서 있는 존재임을 스스로 인식한다. 그것은 나아가 우리가 역사의 진행방향을 두고 검토하고 교정할 가능성을 제시한다. 인간은 완성지향성이 있기 때문에 자신이 만들어놓은 전체문명의 덩어리를 평가하고 필요하다면 크게 새로운 출발을 마음먹을 수도 있다. 환언하면, 인간은 이 능력 때문에 그것이 만들어놓은 거대한 현실의 무게 앞에 절망하기보다도 인간에게 가져온 온갖 현실의 이득과 손실의 대차대조표를 만들어 역사의 궤도의 수정을 시도할 수도 있다.

이러한 관점에서 루소는 역사의 "진보"를 재음미한다. 역사의 발전이 과연 인류에게 더 큰 행복과 만족을 선사하였는가? 그리스와 로마의 시기에 속하는 문명의 초기에 비교하면서, 진보를 마음껏 자랑하는 현대의 물질문명은 생산력의 발전을 통해 엄청난 부와 사치, 그에 따른 편의와 쾌락의 결실을 낳았지만 그러면서도 인간의 삶은 여전히, 아니 더욱 강도 높은, 노동에 상시적으로 묶여지고 과거보다 훨씬 질적으로 열악한 생존조건과 도덕적 위기에 놓여있다고 루소는 비판한다. 지금까지의 역사는 거대한 성과를 이루어냈으면서 동시에 인간의 상실이라는 그 반대의 손실도 가져왔다는 것이다. 우리는 더욱 모순의 한가운데로 밀어넣었던 "완성지향성"이 진보의 미명 아래 실제로 인류에게 하강의 길, 쇠미로 인도했다면, 문제의 중심에 서 있는 이 충동의 힘이 또한 역사의 모순을 벗어나는 수단이 될 수는 없을 것인가 하고 루소는 자문하고 있다.

우리는 루소가 보았던 역사의 대상을 논의하는 데 먼저 지나친 낙관론을 경계해야 한다. 축적된 역사의 현실을 제쳐두고 이성의 원리에 기초한 사회를 세울 수는 없기 때문이다. 우리는 문명의 이득을 포기하지 않으면서 그 그림자만을 제거할 수는 없다. 루소의 대안은 반드시 가능의 영역 속에서 찾아져야만 했다.[14)]

> "각자에게 그 위치를 맡게 하고 이어 고정시키는 것, 인간의 정념을 인간의 구조에 맞추어 놓은 것이 인간의 복지에 우리가 할 수 있는 모두이다."(*OC*, iv, 303.)
>
> "우리는 완성의 환상이 아니라 단지, 인간의 본성과 사회의 성격에 맞추어 가능한 최선을 추구해야 한다."

루소는 그의 「사회계약론」에서 낙관적 이상주의를 보여주었다. 그러나 다른 곳에서 그는 오히려 겁먹은 보수주의의 경향을 드러낸

---

14) Grimsley, op. cit., p. 64.

다. 비록 역사가 이성의 눈에 열려 있다고 하지만 미래는 여전히 우리가 만들어놓은 역사의 조건 위에서 설계되지 않을 수 없기 때문이다. 그러므로 우리는 역사와 이성의 대비보다는 역사의 단계 그 자체를 개괄적으로 조명하면서 역사의 전개과정 그 자체가 드러내는 방향과 성격을 살펴볼 필요가 있을 것이다. 그가 그리스, 로마의 예를 들어 문명의 현대를 비판한 것은 사회의 부패와 인간성의 전도에 대항하여 덕성이 필요했기 때문이었다. 또 그가 자연을 부르며 문명을 비판한 것도 폐기할 수 없는 인간의 본성에 담긴 자애(amour de soi)와 연민(pitié)의 감성을 활성화하기 위함이었다. 그러나 현실적으로는 그는 은둔한 소수의 사회에로 도피하고 말았다. 그러므로 여기서 본 그의 대안은 결코 역사에 대한 대안은 아니라고 할 수 있다.

루소는 「언어기원론」(*Essai sur l'origine des langues*, 1749)에서 인류역사를 원시기(sauvage), 야만기(barbarie), 문명기(civilisation)의 3단계로 나누고, 각 단계에 상응하는 언어와 인간이 삶의 양식을 논의하고 있다. 물론 루소는 이후의, 예컨대, 「불평등기원론」에서 자연인과 야만인의 구별이 명확하지 않으며 자연상태도 원시인과 야만인의 시기를 포괄하여 사용하는 경향을 보인다. 그는 필요에 따라 문명과의 차이를 강조하기 위해서도 첫 두 단계를 혼용하기도 하고 있다. 그러나 「언어기원론」에서 그는 엄격하게 3단계를 구별하여 설명하고 있는 것이 인상적이다.

먼저 루소는 역사의 3단계마다 각각 사용된 문자방식도 그에 상응하고 있음에 주의하고 있다. "원시적 문자방식은 음향을 표시하는 것이 아니라 직접적으로 혹은 … 은유적 상상으로 대상 자체를 표시하는 것이다." 두 번째 단계의 문자방식은 "인습적 글자를 통해서 단어와 명제를 표시하는 것이다." "세 번째 방식은 말하는 목소리를 … 일정수의 기초적인 부분으로 나누어 쪼개는 것이다."[15] 각각의 단계에 상응한 문자방식은 그의 주장에 의하면 각 민족의 역사단계로 이어지고 있다.[16]

> 이들 세 가지 문자방식에는 인류가 민족에로 집결하는 상이한 3단계에 거의 정확하게 상응한다. 대상의 묘사는 원시민족들(peuples sauvages)에, 단어와 명제의 글자들은 야만민족(peuples barbares)에, 그리고 알파벳은 문명민족들(peuples policés)에 각각 적합하다.

여기서 제기되는 문제의 하나는 민족의 생성에 관련된 것이다. 루소에 의하면 인간은 개체 혹은 가족과 같은 자연집단에서 역사적으로 인류가 시작하여 점차 민족 단위로의 자연적 성장을 한다. 루소가 인류의 시발점을 개체로 인식했다고 가정한다면 인간은 동물과 구별되는 언어를 가질 수 없었다. 그러나 가족과 같은 집단에서 출발했다면 그들에게는 소통의 수단이 필요했을 것이다. 따라서 이러한 소사회는 "가내언어"(langues domestiques)[17]가 최소한 있었을 것이고, 이 가내언어의 발전이 민족형성을 전제하는 상형문자 이전의 긴 기간에 걸쳐 진행된 원시상태 전반의 일반상황이 되고 있다.

역사의 3단계에 상응하는 것은 언어뿐만 아니라 삶의 양식도 마찬가지이다. 원시인, 야만인, 문명인은 각각 상이한 삶의 양식을 가지고 있었다. 곧 그들은 욕구의 차이와 이 차이에 따라 다른 방식으로 삶을 충족시키는 인간유형을 각각 보여주고 있다.[18]

---

15) Rousseau, *Essai sur l'origine des langues*(Paris: A. G. Nizer, 1970), ch. 5, p. 57.

16) Ibid.

17) Ibid., ch. 9, p. 125.

18) Ibid., ch. 9, p. 105.

"인간의 일하는 것은 욕구가 증대되는 데 따라 확대된다. 인간에게 가능한 세 가지 삶의 양식 가운데(des trois manieres de vivre), 즉 수렵, 목축, 농업 가운데 첫번째 양식은 용기와 정신의 기민성과 함께 신체의 힘과 기술속도를 발전시킨다. [두 번째 양식인] 목축 기술은 휴식과 게으름의 아버지이며 가장 자조적이다. 그것은 거의 노력 없이도 안식처는 물론 음식물과 입을 것을 제공한다. … 아주 천천히 나타나게 되는, [세 번째 양식인] 농업에 관해서 본다면, 그것은 모든 기술에 관련되어 있다. 그것은 사유재산, 정부, 법제로 그리고 … 점진적으로 불행과 범죄에로 이끈다."

루소는 역사에 지배적인 3단계에 상응한 삶의 양식으로 수렵, 목축, 농업을 지적하고 생산분배와 기술을 발전에 내재적인 힘으로 보고 있다. 만약에 그러한 양식의 변화가 없었다면, 인류는 이처럼 생활의 풍족함을—인류의 양적 팽창은 그만두고라도—누릴 수 없었을 것이다. 환언하면, 인류는 삶의 양식을 변화시킴으로써 역사의 발전을 가능하게 할 수 있었으며, 역사의 단계들은 각각 수렵, 목축, 농업을 전형으로 하는 사회를 가져왔던 것이다. 그 결과로 역사단계의 인류, 곧 원시인, 야만인, 문명인은 이들의 삶의 양식에 따라 수렵인(chasseur), 목축인(berger), 경작인(laboureur)이 그 내용을 이룬다.[19)]

"이상의 구분에 상응하여 사회에 관계하는 인간의 3가지 조건이 있게 된다. 원시인은 수렵인이며, 야만인은 유목민이며, 문명인은 경작인이다."

우리가 여기서 지적할 것은 루소가 역사의 3단계를 "생계를 확보하는 수단"(aux moyens de pourvoir à la subsistance)을 기준으로

---

19) Ibid., ch. 9, p. 107.

규정하고 있다는 것이다. 그것은 인류의 역사가 생존의 조건, 그리고 욕구의 증가에 따른 이의 충족수단을 발달시키는 것을 척도로 전개되어 왔으며, 단계의 질적 규정이 상이한 기술의 도입에 따라 마련되고 있다는 그의 철학적 관점을 보여준다.

인류역사의 제 1 단계인 원시기에는 인간은 동물과의 차이를 거의 인정받지 못한 초기의 상태로부터 수렵이라는 독자적인 생계수단을 통해 점진적으로 동물의 범주에서 분리되어 나온다. 이때 중요한 역할을 한 공동노동의 성격이 극복된다. 인간은 이 상태하에서 개체로서 혹은 가족으로서 자유를 가지고 이를 생계와 관련하여 향유한다. 인간의 이성은 거의 발달하지 않았고 그의 두 감성, 즉 자기애와 연민(commisération)은 순수한 본능의 형태로 활발하게 작동하고 있었다.

그러나 제 3 단계인 문명기에 들어서면서 인간이성은 극단적인 발전을 하게 되며 곧 감성을 억압하고 성찰을 통해 자기행동을 규제하는 지점에 이른다. 이렇게 하여 인간은 원래 그가 가졌던 인간의 본성을 상실하고 인위적 인간, 즉 가면을 쓰고 사회제도의 산물로서 존재한다. 특히 절대다수의 빈민은 하루종일 노동에 내몰리는 비참한 형편에 떨어져 있다.

루소는 인간의 본성이란 커다란 역사의 잣대에서 볼 때 가변적이라고 본다. 즉 원시상태를 면치못한 자연인의 본성은 마치 그의 욕구가 그러한 것처럼 문명 속의 인간, 특히 현대인의 본성과는 커다란 차이가 있다고 보았다. 비록 원래의 본성은 인류의 본성에서, 사회의 영향이 최소화되어 있는 유아기에, 혹은 모든 사회관행과 악덕에서 벗어나 자신의 양심과 감성에 호소할 때, 결코 지워질 수 없는 것이긴 하나, 현대인은 그의 사회관계, 사회의 성격에서 주조된 인간의 본성을 가지고 있다. 그러한 현대인의 본성에 가리워 원래의 본성은 비뚤어져 자기애(l'aour de soi-même)는 자만심(l'amour propre)이 되고 연민의 감정은 거의 불모적(stérile)인 것이 된 채 성찰(réflexion)의 이성만 극단적으로 발전시킨다. 그것은 이기적인 계산능력에 유사한 것이며, 따라서 그는 성찰하는 인간은 타락한 동물이라고 극언할 정도이다. 이 문명이야말로 인간능력이 극대화한 것에 틀림없지만, 인류에게는 노쇠기에 해당하며 모든 대안은 이 시기가 '황혼의 지대'에 속한다는 점을 염두에 두고 고안되어야 할 것임을 루소는 시사한다.

그러므로 진정한 인류의 청춘, "황금시기"는 지나갔다. 그것은 제 2 단계인 야만기이다. 인간의 감성과 이성이 조화를 이루는 — 감성은 여전히 활발하면서 이성이 인간의 구조에 맞게 어느 정도 발달한 — 역사의 제 2 단계, 야만기야말로 인류에게 가장 행복한 시기, 인류의 청춘기이다. 야만기는 역사의 전 과정에서 "가장 올바른 중간"(un juste milieu)이며, "세계의 진정한 청춘"(la véritable jeunisse de monde)이다. 이 시기는 수천 년에 걸친 "지구적인 야만상태"(être restés barbares)이며 인류역사의 모든 단계 가운데 "가장 행복하고 가장 오래가는"(la plus heureuse et la plus durable) 시기인 것이다.[20]

루소는 인류역사가 야만기에 정점에 이르고 그 이후의 시기에 들어서면서 하강기로 들어섰다고 보았다. 문명기에 인류는 더 이상의 상승국면, 즉 성장과 발전을 기대할 수 없다. 소위 문명의 "진보"란 기실 인류가 종점을 향해 질주하는 것에 비유될 수 있다고 그는 생각했다. 루소의 문제의식(la problématique)은 어떻게 하면 이처럼 피할 수 없는 하강의 길을 최소한의 속도로 내려갈 것인가에

---

20) C. E. Vaughan ed., *The Political Writings of Jean-Jacques Rousseau*, in 2 vols. (New York: John Wiley and Sons, 1962), vol. 1, p. 175.

있었다. 과거는 찬란하고 현재는 위선적 외피 속에 핵은 부패해 있다. 그리고 인류의 앞에는 참을 수 없는 비참과 고통이 기다리고 있다. 그의 시계(視界)에는 낙관적인 미래가 차단되었다. 어쩔 수 없이 현재를 차선(次善)으로 받아들일 수밖에 없는 운명을 인류의 어깨 위에 얹어놓은 루소의 비관적인 역사인식에 보수적 시각이 엿보이는 것도 이 때문이었다.

제3절 자연인과 사회인

이처럼 비관적이고 소극적인 역사인식에도 불구하고 루소가 다른 계몽사상가들처럼 기성질서의 틀을 승인하려고 했다고 간주할 수는 없을 것이다. 볼테르와 디드로가 당시의 사회제도를 신랄하게 비판하고 있을 때, 공격의 대상은 이 제도가 가진 낡은, 부패한 그리고 과도한 측면이었지 사회제도의 기초 혹은 사회제도 그 자체는 아니었다. 루소의 경우는 달랐다. 그는 사회권력의 남용이 아니라 사회권력의 정당성 그 자체를 자신이 세운 이성의, 또는 자연의 원리에 비추어 심판하려고 했던 것이다. 심지어 루소는 프랑스 기성질서에서 더 나아가 문명일반을 비판의 대상으로 삼으면서 자신의 주장을 그에 대체하려고 — 비록 그는 자기의 이상세계, 이의 실현전략들에 대해 많은 사람들이 적용할 수 있는 실제적인 구체방안을 내놓지는 않았지만 — 했다는 점에서 그의 사상은 더욱 급진적인 것이었다.

역사의 진보에 대한 회의는 그로 하여금 현재를 무엇에 대한 부정의 형식으로 붙들게 했다. 곧 그는 "자연"의 개념을 끌어들여 문명과 그 속에서 살아가는 현대인을 이 자연에 대한 대개념(對概

念)으로 인식했다.

그러나 루소의 "자연"은 추상적이고 논리적으로 얻어진 사변용어가 아닌, 역사적이고 구체적 정황에 적합한 생활용어이다. 자연상태와 자연인이, 홉스·로크 같은 자연권론자들 혹은 그로티우스·푸펜도르프 같은 자연법의 전통에 선 자들 모두에게, 정치사회 이전의 상태에 관한 논리적 구성으로서 거기에 상정된 인간은 이에 이성과 사회적 감정 — 경쟁적이고 이기적인 — 으로 포장된 현대부르주아였다면, 루소의 자연상태와 자연인은 이처럼 역사가 무시된 추상적 형이상학의 단어가 아니다. 자연상태는 인류의 이성이 미발달한 원시·야만기의 상태이며, 인간은 이 시기 최소한의 신체적 욕구를 자신의 개체적·종적 감성에 의존하여 충족함으로써 자기자신과 인류의 생존을 이어가는 인간동물에 불과한 존재이다. 자연상태에서 — 루소는 주어진 비교인류학적 자료에 의존하여 최대한 상상한다 — 인간은 고립되어 개체로 혹은 자연적 집단으로 삶을 유지한다. 그는 「불평등기원론」에서 인간이 동물 사이에서 살아가는 모습을 그리고 있다.[21]

> "원시인은 다른 동물들 사이에 흩어져 살면서, 그때 그때 자신의 힘을 그들의 힘과 겨루는 상황에 들어가며 머지않아 자신을 그들과 비교하게 된다. 그리고 그는 그들이 자기보다 힘이 더 세다고 한다면 숙련도에서 그들을 이겨낼 수 있다는 것을 느끼고는 더 이상 그들을 두려워하지 않게 된다."

이 인간동물의 삶은 개체적이다. 그가 역사적 원시인을 고립된 개체로 보았던 것은 역사에 충실하려기보다도 분석단위로서 개체를

21) "Discours sur l'inegalite," in *Oeuvres complètes,* in 4 vols(Paris: Editions Gallimard, 1964), III, p. 136.

설정하는 것이 더 편리한 탓이었을 것이다. 그는 「불평등기원론」의 서두에서 "내가 말하고자 하는 것은 [단수인] 인간에 관해서이다"고 자신의 의도가 인간관계를 배제한 인간의 본성의 연구임을 밝히고 있는 것도 이러한 요소의 개입이 논의를 더욱 복잡하게, 그리고 미궁으로 밀어넣을 수도 있기 때문이다. 그리고 그의 관심은 사회관계가 영향을 미치지 않은 가운데 순수하게 인간이 가지고 있었던 성질들에 관하여, 역사적 사실의 규명 그 자체보다도 역사가 제공하는 내용에 담긴 본질적인, 철학적인 질문에 답하려는 것이었다.[22)]

> "그렇다면 모든 사실을, 문제에 대해 영향을 미치지 않기 때문에, 제쳐두고 시작하자. 이 주제를 취급하는 데 있어 우리가 시작하려고 하는 조사는 역사적 진실로서가 아니라, 그들 [원시인]의 실제적인 기원을 확인하는 것보다 사물의 본질을 설명하도록 고안된, 단지 조직적이고 가설적인 사유로서만 고찰될 것이다."
>
> "자연인을 발견하기 위해서 어떤 실험이 동원될 것인가? 그리고 어떻게 이러한 실험들이 사회에서 진행될 것인가?"

환언하면, 루소는 철학적 성찰의 대상으로 개체를 설정했을 뿐, 역사적 사실로서 이를 가정한 것은 아니다. 그리고 인류는 집단적 삶 — 느슨하지만 — 을 통해서 출발했다는 것이 고고학자들이 확인하고 있는 사실이다. 그리고 루소도 자연상태라는 실제의 묘사에 들어갈 때에는 집단을 출발점으로 설명하고 있는 듯 보인다. 자연인들은 삶의 방식(manieres de vivre)에서 무리(herd)를 이루어 "공동의 이익"(línterêt commun)을 가진 동류의 자연인과 느슨한 결사를 가졌다고 그는 보았다. 그리고 이어서 그는 말한다. "원시시기에는 흩어져 사는 인간무리는 가족 이외의 어떤 사회구조도 가지고 있지 않

22) Ibid., III, pp. 132~133, "préface," in ibid., III, pp. 123~124.

았다."[23]

루소가 말하는 가족은 현대의 가족과 다르다. 하나의 가족이 서식하는 주거에는 아버지들과 어머니들이 함께 있었다.[24]

> "인간심장의 첫번째 확장은 남편들과 부인들, 아버지들과 아이들을 하나의 지붕 아래 단합시킨 새로운 상황의 결과였다."
>
> "이 원시상태하에서 사람들은 집이나 오두막, 혹은 그 어떤 유형의 소유권도 가지지 않았다."

그러므로 여기서는 역사적 기원으로서 인간이 가족에 속한 것으로 이해하자. 인간은 곧 "소사회"의 일원으로서 시작했다. 그리고 인간이성이 미발달한 까닭에 그들의 삶은 동물의 생활보다 낫지 않는 조건 위에서 원시기의 인간은 오직 두 가지의 감성에 의존해 집단적 삶을 지속할 수 있었던 것이다.[25]

> "하나는 우리 자신의 보존과 복지에 깊이 관여시키는 것이며, 다른 하나는 다른 감성적 존재들, 특히 우리 자신과 동등의 어떤 인간이 고통을 겪거나 죽는 것을 보면서 일으키는 자연적 혐오라는, 이성이 있기 이전에 [있었던] 두 개의 원리들을 거기서 [즉 인간의 원래의 본성 속에서] 나는 지각할 수 있다고 생각한다."

동시에 자연인의 욕구는 그의 신체를 도구로 사용하면서 인간의 본능과 사회적 필요를 충족시키는 방식으로 소수의 기본욕구에 한정되어 있다. 그의 상상력은 현재의 지평을 떠나지 않는다. "그들은 미래의 필요[욕구]를 예견하는 능력을 결여했다."[26]

루소의 "자연상태"는 내부적으로 몇 개의 역사시기를 포함한다.

---

23) *Essai sur l'origine des langues,* ch. 9.

24) "Sur l'inégalité," in *Oeuvres complètes,* III, p. 168.

25) "Préface," in ibid., III, pp. 125~126.

26) Ibid., III, p. 172.

그것은 "동물의 어리석음"을 공유하는 원시시기부터 감성과 이성이 균형을 이루는 야만기, 그리고 야만기의 후기에 이르면서 소유권의 관념(idée de propriété)이 발전하여 사유권이 분리되어 나오는 마지막의 시기로 이어진다. 이 마지막의 시기는 마치 "전쟁상태"와 비슷한 조건이 된다. "이처럼 새로이 태어난 사회상태는 섬뜩한 전쟁상태(au plus horrible état de guerre)를 등장시킨다."[27] 지금까지 신체적으로 우월했던 사람이 지배하는 사회였다면 그때부터는 사유권을 기초로 강자가 정해지는 시기가 온다.[28]

> "부자들은 지배의 쾌락을 맛보자마자 다른 모든 것들을 경멸하고 새로운 노예를 얻기 위해 기존의 노예를 이용하면서, 그들의 이웃을 굴복시켜 노예화하는 이외에는 아무것도 생각치 아니한다. 마치도 한번 인육(人肉)을 맛본 굶주린 늑대처럼 다른 모든 음식을 경멸하면서 그 이래 오직 인간만을 잡아먹으려 든다.…
>
> 부자들에 의한 찬탈, 빈민들에 대한 약탈 그리고 양자의 무절제한 정념이 자연적 연민의 외침과 아직 남아있는 정의의 연약한 목소리를 짓누르고 탐욕, 야만, 악덕으로 인간을 가득 채운다. 강자의 권리와 첫번째 점유자의 권리 사이에는 투쟁과 유혈 이외로는 끝나지 않는 지속적인 대립이 일어났다."

자연상태의 마지막 시기는 이처럼 홉스가 그린 "전쟁상태"를 방불시킨다. 그러나 이 상태는 홉스처럼 편재하는 인간성에서 유래하는 "만인의 만인에 대한 전쟁"이 아니라 지배권을 두고 두 부류의 강자들—즉 힘센 자와 부자—간에, 그리고 다음에는 부자와 빈민 간에 일어나는 것으로서 그것은 일종의 계급전쟁의 상태이다. 루소는 사유권의 관념이 오랜 기간에 걸쳐 발전해온 결과로서 나타났

27) Ibid., III, p. 176.
28) Ibid., III, pp. 175~176.

다고 정확하게 지적했다. 어떤 것을 자기 것으로 생각하기 위해서는 그에 선행하여 재산의 가치, 그것을 집단으로부터 분리시키는 관념, 그리고 이 권리를 점유에서 떼어내 추상적인 권리로 독립시키는 것이 필요하다. 사유재산이 단순히 찬탈의 단계를 넘어 독립된 권리가 되기 위해서는 이를 제도화할 정치권력의 존재가 요청된다. 그리고 구사회는 그러한 필요에 반대되는 질서를 의미하기 때문에 새로운 정치권력은 자연상태의 질서에 대한 교란세력, 즉 자산계급의 질서를 도입하는 목적으로 출현하는 것이다.

환언하면 사유관념을 기초로 한 질서는 자연상태의 질서를 대체한다. 사유재산은 역사상 출현하기 위해서 "수많은 투쟁과 대립의 원천"이었을 뿐더러 이러한 생각은 제도화 이후에도 변하지 않는다. 자연상태하의 불평등이 자연의 한계에 의해서 일정한도를 넘어서지 않았다면, 사유재산의 등장은 자연의 감성을 무력화하고 자연적 자유를 공허하게 할 위기를 예고하는 것이다. 따라서 문제는 어떻게 하면 원래의 자연적 자유를 그대로 향유하면서 우리에게 원래 있었던 종적 감성을 활발하게 발휘할 수 있을 것인가에 있다.

먼저 정치권력이 등장한다는 사실은 자연상태하에서 전혀 새로운 질적 불평등이 일반화한다는 현실과 맞물려 있다는 점을 인식하는 것이 중요하다. 정치권력은 사회학적으로 볼 때 원인이 아니다. "상이한 정치체는 그러한 제도가 만들어진 당시의 개인들 간의 불평등의 상이한 차이에 기원을 두고 있기"[29] 때문에, 정치권력은, 사유재산을 제도화하는, 해결사에 불과하다.

이러한 해석은 루소가 "소유권의 정착 혹은 그 이전의 점유와 정치적 정부의 도입 사이에 중간에 놓인 시기에는 이들 어휘 [즉

---

29) Ibid., III, p. 186.

강자와 약자]의 의미는 [이미] '부자'와 '빈민'이라는 용어로 더 잘 표현된다"[30]는 언급에서도 명확하다. 환언하면, 부자들이 찬탈한 사유재산을 보호하기 위해 막강한 무력으로 장착된 정치권력을 도입한다는 사실은 그 이래의 국가의 이름 아래서 진행된 사회진보의 성격을 드러내주며, 문명의 시기가 자연적 자유와 덕성, 자연적 감성과 인간애에 대립되는 반명제임을 요약한다고 루소는 보았다. 문명 속에서 이성의 극치를 과시하는 학문과 예술의 현주소는 어디인가? 그들의 이해는 사유재산의 세계를 떠날 수 있는 것인가? 루소는 묻고 있다. 왜냐하면 역사는 지금까지 학문과 예술이 진보의 수혜자인 이상 그것의 경향은 진보의 대세를 추수하면서 강화할 뿐 그에 맞서 투쟁하고 반명제에 대한 대안을 가지고 나서기는 거의 불가능했기 때문이다.[31]

> "종(種)으로서 인류를 타락시키면서 인간의 이해력을 증진시켜 온 그리고 인간을 더욱 사회적응적인 존재로 만들면서 동시에 사악하게 변형시킨 상이한 사건들을 … 이제 모아서 고찰하련다."
>
> "왜 인간만이 망령든 사람으로 변화되기 쉬운가? 여기서 그는 원시상태로 돌아가서, 동물은 아무것도 습득한 것이 없는 나머지 잃을 것도 없기 때문에 여전히 본능의 힘을 지속하는 데 반하여, 인간은 나이나 사건으로 그의 완성지향성(sa perfechibilité)이 그를 얻게 한 모두를 잃고 그 때문에 짐승들보다도 더 낮은 상태로 추락하기 때문이 아닌가?"

시민사회의 성립과 더불어 자연상태의 마지막 시기가 낳은 사유재산에 기초한 불평등은 이내 제도화하고 더욱 강화된다. 자연의 불평등은 시간이 흐르면서 지워졌지만 인위적 불평등은 이제 극복

---

30) Ibid., III, p. 170.

31) Ibid., III, pp. 162, 142.

될 수 없는 현실로 나타난다. 축적된 부는 원래의 자연적 욕구에 덧붙여 사회적 편의의 욕구를 만들어내고, 양적으로 질적으로 증대된 욕구는 부의 자기증가 메커니즘에 바람을 불어넣으면서 동시에 그 결과로 더욱 증대하는 과정에 들어선다. 이 와중에서 인간은 자신의 욕구를 만족시킬 수 없는 한편, 끊임없는 노동을 강요하는 현대판 노예제를 무의식적으로 수용하고 만다. 타키투스가 "가장 비참한 노예제를 그들은 평화라 부른다"고 한탄했듯이 인간은 시민사회의 "평화"를 묵묵히 참고 견디게 된다.[32)]

> "야생마로 하여금 자기에게 채워진 안장을 보게 하라. 그는 자기의 갈기를 빳빳이 세우고 땅바닥을 발굽으로 내리치면서 결정적으로 뒷걸음친다. 그러나 제대로 훈련된 말은 심지어 채찍과 박차의 고통을 참아낸다. 이처럼 문명인이 투덜거리지 않고 굴복하는 멍에를 원시인에게 채우려할 때 그는 목을 내밀지 않으며 가장 평화스러운 노예제보다도 가장 격정적인 자유상태를 원할 것이다."

문명의 시기에 인간에게 더 이상 행동과 언어, 실재와 외관의 통합은 없다. 자연인은 자기자신과 함께 존재하지만, 문명인은 외관의 규격 속에서 살아간다. "그들이 진정으로 자기자신이 아닌 것처럼 보이는 것이 인간 [즉 문명인]의 이익이 되었기 때문이다."[33)] 인간의 진정한 존재는 자기 안에 있는 것이 아니라 사라지고 있는 그 무엇이다. 왜냐하면 루소는 인간의 본성을 이성이 있기 이전의 두 감성에서 찾고 있으며 문명의 단계에 들어서면서 이성은 이들 감성을 억누르고 무력화하여 인간은 본성을 상실하고 인위적 인간에 걸맞는 새로운 본성을 획득했기 때문이다.

문명시기의 이성을 대표하는 사상가는 소크라테스이다. 그러나

---

32) Ibid., III, p. 181

33) Ibid., III, p. 174.

인류가 소크라테스의 지식을 통해 자기보존의 희망을 얻는가 루소는 묻고 있다. 인류는 그러한 현자보다도 오히려 무식하고 드러나지 않는 시정잡배나 무지렁이 아낙네들에게 여전히 남아있는 고유한 감성, 즉 "연민"에 더 의존하고 있다는 것이 그의 평가이다. "비문명화한 인간은 어리석게도 언제고 인간애의 첫번째 충동에 복종할 준비가 되어 있다"고 루소는 지적한다.[34)]

> "소음과 거리의 싸움에 모여드는 것은 하층대중이지 영리하게 그 자리를 떠나는 현자가 아니다. 싸우는 사람들 틈에 끼어드는 것은 잡배와 아줌마들이며, 이들은 점잖은 사람들이 서로 간에 목을 베려드는 것을 막아준다."

곧 루소는 문명의 성격을 따라 이 시기에 쏟아나온 이성, 이해, 정의 그리고 정치권력의 본질을 간파했다. 그리고 "성찰의 상태는 자연에 반하는 상태이며, 성찰하는 사람은 타락한 동물이다"고 독백했다.[35)] 문명 그 자체가 벌써 자연으로부터 이탈하였으므로 문명의 시기에 성찰하는 것은 인류의 이해에 앞서 자기자신의 이해를 고려하는 행위에 불과하며 그것은 원래의 감성, 즉 인간의 본성에 어긋나기 때문이다.

결국, 문명인의 이성은 자기의 시계(視界)에 갇혀진 영악한 — 그리고 취약한 — 지력이며, 문명인이 내세우는 정의는 타락한 사회를 지탱하는 수단이며, 그들의 정치권력은 인간에게 고유한 자연적 자유에 대한 사유재산의 폭력 이외의 아무것도 아니다. 그렇기 때문에 정치철학의 진정한 목표는 어떻게 하면 이 고유의 자유를 다시 회복할 수 있도록 정치권력을 만들어낼 수 있는가에 달려있다고 그

34) Ibid., III, p. 156.
35) Ibid., III, p. 182.

는 단언했다.[36)]

“그러므로 인민이 자신의 자유를 보호하기 위해서이지 그들을 노예화하기 위해서 장(長)들을 세운 것은 아니라는 데 논쟁의 여지가 없으며 이는 실로 모든 정치적 권리의 근본적 원칙이다.”

문명 속에서 인간은 자연적 자유를 잃는 대신 “인위적 자유”를 얻는다. 그것은 사유재산의 권리이며 무산자다수에게는 공허한 권리, 즉 자유의 환상에 그친다. 현대사회에서 계급분열은 소수의 자산계급이 무익한 잉여(la superfluités)로 넘치는 것과 반대로 다수의 빈민이 생필품의 결핍(marque de nécessaire)에 시달리는 것을 존재조건으로 부과한다. 대부분의 선량한 사람들마저도 자신의 욕구와 충족능력 간의 불균형 속에서 불안, 불안정, 좌절을 경험했다. 정치사회는 문명인에게 최소한의 자유를 보장하는 대신 이의 유린 위에서 군림한다. 루소의 결론은 이것이 바로 인류의 운명이며 우리의 시대는 종(種)으로서 인류의 노쇠기라는 사뭇 비관적인 것이다.

문명인은 자연인의 취향과 멀리 떨어져 있다. 그는 상이한 맛(goût), 욕구(les désirs), 감정(l'amour propre)을 가지고 있다. 자연인이 자기 안에 산다면, 문명인은 자기의 밖에 산다. 그는 사회관계의 모든 것, 즉 가치, 판단, 취향에서, 자신의 것을 상실하고, 그에 맞추어 살아간다. 문명하에서 사회인은 시장에 내던져진 상품에 다름 아니다.[37)]

“실제에 있어서 이 모든 [자연인과 사회인의] 차이는 곧 원시인은 자신 속에 사는 데 반해 사회인은 끊임없이 자기 밖에 살며 타인에 맞춰 사는 법만 알기 때문에 그는 자기의 존재의식을 그에 대

36) Ibid., III, p. 182.
37) Ibid., III, p. 193.

한 타인의 판단에서 얻게 되는 것처럼 보인다."

루소는 이념형으로서 시원인(l'homme originel)을 자연인(l'homme naturel), 원시인(sauvage), 야만인(barbares) 등의 용어를 사용하면서 그에 대한 대개념으로서 사회인(l'homme social), 인위적 인간(l'homme artificiel), 시민사회인(l'homme civil), 문명인(l'homme civilisé), 세련된 인간(l'homme policé)등 다양한 명칭으로 부르고 있다. 한마디로, 문명하의 사회인은 자연상태하의 자연인이 향유했던 자연적 자유(la liberté naturelle)가 파괴된 잔해위에 구축된 사유제도와 불평등의 법을 세우고 이 기반 위에서 끊임없는 "노동, 노예화, 비참"(à travail, à la servitude et à la misére)의 상태에로 강요된 인간에 불과하다. 그가 자랑하는 사회적 권리(le droit civil)란 것 역시 자연법(la loi de nature)을 짓밟고 그에 대체하여 인간이 세운 법질서에 다름 아니다. 일체의 정치조직(les corps politiques)이 인간에 대한 억압기구로서 반인간적인 이유는 바로 이를 성립시킨 사회계약의 허구성에서 드러나고 있다. 곧 다수빈민에 대하여 소수의 부자들이 합의해준 위장된 불평등이 평등한 계약 속에 숨어 있다.[38]

> "[정치사회를 만든] 이 계약은 부자들이 빈민의 희생 아래 영속화한 거대한 신뢰의 사기였으며 빈자들은 [그 결과로] 영속적인 노예화 이외에는 아무것도 얻어내지 못했다."

이처럼 사회계약은 경제적 불평등의 조건 위에서 맺어졌다. 그리고 불평등의 현실은 문명하에서 강화되고 확대한다. 문명의 범위 내에는 그 지양의 가능성이 없다. 문명사회에서 인간이 획득한 타락한 정념, 전도된 욕구 그리고 자연적 자유의 시신 위에 성유(聖油)

---

38) Grimsley, op. cit., p. 40.

가 뿌려진 시민사회의 윤리와 인간성은 불평등의 진보를 담보하는 동류항(同類項)이다.[39]

> "한마디로, 부와 명망의 정상에 선 소수의 자산가와 권력자가 있는 데 반하여 민중은 결핍과 무명(無名)의 처지에 시달린다면 그것은 전자가 타인들이 결여하고 있는 것들을 힘껏 뽐내며 향유하기 때문에 그리고 그들의 조건을 변화시키지 않고서는 인민이 비참하기를 멈추는 그 순간 그들의 행복도 멎기 때문이다."

결론적으로 시민사회는 다수의 빈민에게 상대적 박탈감 때문에 자연상태하에서 보다 더 비참한 삶의 조건밖에 제공할 수 있는 것은 없다. 이처럼 증대되어 가는 불평등의 문명구조는 학문과 예술마저도 — 오히려 이들은 자발적인 충격이 아닌가! — 인류에 대한 해악과 편견을 불어넣도록 만들어준다. 그러한 반이성의 문명에 대하여 그 대안은 무엇인가?[40]

> "그렇다면, 무엇을 할 것인가? 사회를 완전히 폐기해야 하는가? 내것과 네것 [즉 사유재산]은 절멸되어야 하는가? 그리고 우리는 다시금 숲속으로 돌아가 곰들 사이에서 살아야 하는가?"

루소는 "자연으로 돌아가라"고 말하지 않았다. 그가 제시한 사회는 제한된 사유재산에 기초한 폐쇄적 사회, 혹은 추상적인 인민주권적 집산체사회였다.

---

39) "Sur l'inégalité," in *Oeuvres complètes*, III, p. 189.

40) Ibid., III, p. 142, Note IX, p. 207.

제4절 이행전략: '입법가'와 사회계약

문명의 역사단계에 도달한 인간은 다시 자연상태로 돌아갈 수 없다. 그는 "파괴된 자유"를 회복할 수도 없다. 그러나 소유권과 불평등에 기초한 문명사회는 인간에 고유한 자유와 평등을 빼앗아버리므로 어떤 방식으로도 자신의 정치체를 정당화할 수 없다. 그러므로 루소의 문제는 '어떻게 하면 문명의 이익을 모두 버리지 않고 상실된 자연적 자유와 인간의 본성의 내용을 실현할 수 있는가'에 있다. 인간은 자연에 의해 선했지만 문명을 통해서 사회에서 사악해졌다. 그러나 루소의 "인간" 관념은 성장과정에 연결되어 있다. 힘과 지력에서 미미한 원시인은 재산과 이성으로 무장된 현대인으로 발전해왔다. 우리는 과거로 돌아갈 수도 없거니와 그것이 바람직하지도 않다. 오히려 문제는 이처럼 거대한 힘으로 발전한 인간능력을 서로 간에 대립과 착취로 왜곡시킨 사회의 성격에 있다. 따라서 이행의 문제는 '어떻게 하면 인간능력을 통합하여 최대한의 자유와 평등을 실현할 수 있는 정치사회를 만들 수 있는가'에로 나아간다.

문명이 시작된 이래 인간은 원래의 소박한 습속을 잃고 자연적 감성이 극도로 약화된 반면 경쟁심리와 부패한 취향으로 인한 이기적 자만심을 가지고 있다. 그는 타락한 나머지 자연적 자유 대신에 주어진 인습적 자유를 기꺼이 받아들인다. 인류역사의 하강기인 문명의 시기에 이러한 인간이 청춘을 회복할 수 있을까? 그리고 그는 다시 자연적 자유를 가질 수 있을까?

인간은 한번 지나간 청춘을 되찾을 수는 없다. 그리고 한편 상실된 자유를 회복할 수도 없다. 루소는 그럼에도 불구하고 도덕적 자유를, "이성에 의해 발견된 자연적 자유"를 인간이 얻어낼 수 있다고, 그리고 정치체 속에서 진정한 자기의 완성을 가져올 수 있다고 말한다. 그러나 이 작업은 많은 주의를 요한다. 먼저 자유는 모든 민족에게 도달될 수 있는 과실이 아니라는 그의 경고부터 우리는 듣게 된다. 그의 동시대인이었던 계몽사상가들이 사회운동의 법칙을 발견하기 위해 진력했다면, 그와 다르게 루소는 보댕과 몽테스키외의 전통에 서서, 일반법칙과 다른, 환경에 의해 세분화된 범주를 염두에 둔 구체적인 특수법칙의 발견에 더 관심을 보인다. 곧 그는 "자유는, 모든 기후대의 과실이 아닌 이상, 모든 인민들이 도달할 수 있는 범위 안에 속하는 것이 아니다"고 단언하고 있다.[41]

> "생산물이 노동을 변상하지 않는, 적대적이고 척박한 땅은 사막으로 경작되지 않은 채 남아있거나 혹은 인민들은 원시인으로 존재할 뿐이다. 노동이 생계에 근근이 필요한 최소한에 그친 땅에서 인민들은 야만인으로 생존할 것이다. 이들 지역에서는 어떤 정치체도 가능하지 않다. 노동을 보상하고 생산의 잉여물이 어느 정도 남을 수 있는 땅이 민족을 자유인으로 만드는 데 적합하다. 토양이 풍부하고 비옥하여 적은 노동을 써서 많은 생산물을 얻어낼 수 있는 곳은 왕정을 수용한다."

여기서 루소가 말하는 자유의 영역이 지리적으로 구획된다. 즉 원시인과 야만인의 자연적 자유가 남아있게 되는 지역, 그리고 문명의 시기에도 자유인이 살 수 있는 지역이 있다. 전자의 경우, 그들은 자연적 자유를 파괴하지 않고 유지하고 있다. 그리고 거기에는 강제적 무력기구인 국가가 없다. 후자의 경우, 약간의 잉여생산이 만들어지는 온대지역 그리고 생활방식과 습속의 단일성이 유지되어 온 나라에서 자유는 가능하다. 그러나 불평등이 사회적 잉여의 과잉

41) *Du Contrat social*, Bk. III, ch. 8.

으로 불가피한 나라에서는 왕과 노예의 삶이 있을 뿐이라는 것이 이상에서 본 루소의 주장이다. 그러나 우리의 관심은 후자, 특히 왕정과 같은 불평등의 사회조건 위에 서 있는 정치체 속에서 어떻게 그가 자유를 논의하는지에 쏠린다.

둘째, 그는 사회의 잉여가 축적되고 불평등이 심화된 문명의 중심지에서 사치품의 범람과 문화적 세련미 — 예의의 획일성 — 가 일상화한 나머지 자유의 가능성이 희박한 정도에 이르면, 우리는 거기에서 더 이상 자유를 논의할 수는 없다고 단언한다. 그러한 사회의 앞에는 종점을 향한 쇠락의 길이 놓여 있다.[42)]

> "플라톤은 아르카디아인들과 키레네인들을 위하여 입법하는 것을 거부했다. 왜냐하면 그는 이들 두 인민들이 부유한 나머지 평등을 견뎌낼 수 없다는 것을 알았기 때문이다."

루소는 자유에 부적합한 토양으로 과도한 잉여생산이 가능한 지역 — 그것은 필연적으로 사회적 불평등에로 이끌어 갈 것이므로 — 을 들고 있다. 그러나 여기에는 또 하나의 유보조건이 따라붙는다.[43)]

> "그렇다면 어떤 인민에게 입법하는 것이 적합한 것인가? … 입법하기가 어려운 것은 [그것의 작업이] 건설에 필요한 것보다 파괴되어야 하는 것 때문이다. 입법이 성공하기 매우 드문 근거는 자연적 단순성을 사회적인 요구사항들과 함께 발견하는 것이 불가능한 데 있다."

루소가 여기서 첨가한 "습속의 단순성"은 불평등의 진전이 가져온 결과가 필연코 이 "단순성"을 그대로 보존하지 않을 것이라는

---

42) Ibid., Bk. II, ch. 8.
43) Ibid., Bk. II, ch. X.

점에서 극히 예외적인 상황하에서만 자유가 가능한 지역이 될 것임을 그는 예고하고 있는 셈이다. 그는 문명하에서 자유가 일반적으로 유지될 수 없다는 비관적인 전망을 하고 있다.

셋째로, 그는 자유는 지켜지거나 얻어질 수는 있을지언정, 자유를 상실한 곳에서는 결코 이를 회복할 수 없을 것이라고 말하고 있다. 비록 그는 마키아벨리를 높이 평가하였지만, 마키아벨리가 "고대의 자유"를 상실한 인민들이 자유의 이름으로 반란과 투쟁을 일으키는 것을 크게 고무했던 것에 비교할 때[44] 루소가 잃었던 자유의 회복에 회의적이었던 것은 다소 실망스러운 일이다. 루소가 강조하고 싶었던 부분은 부패한 인민, 불평등의 새로운 질서에 익숙해진 인민들은 — 이 새로운 상황은 일정 정도의 이득과 손실을 함께 가져올 것이기에 — 결코 과거로 복귀할 온전한 능력을 이미 잃었기 때문에 그들의 자유에의 열망은 실현불가능하다는 것이다.

이상의 논의를 고려할 때 루소는 문명하에서 이상사회의 가능성을 완전히 포기했다고 할 것인가? 그가 공상적 사회주의자들과 비교할 때 이행의 전략이 없었다거나 혹은 실현수단이 비현실적인 환상적이었다고 말할 수 없을 것이다. 확실히 루소는 이행의 현실적 어려움을 여러 가지로 밝히고 있다. 그러한 한계에도 불구하고, 그는 여전히 루소 특유의 "사회계약"과 "입법가"의 개념을 통해 이행의 전략과 실현수단에 심혈을 쏟아붓고 있다.

루소의 사회계약은 그의 사상 가운데 "추상적"인 방법에 속한다. 그러나 "사회계약은 루소사상의 결정적 측면, 즉 집산주의사상을 보여주고 있다. 그는 로크가 사회계약을 통하여 국가의 수단화를 추구했던 데 비해 국가의 정통성 문제를 제기함으로써 그것은 자기

44) Machiavelli, *Il Principe*, ch. V. "그들은 그들이 누렸던 고대의 자유에 대한 기억을 내버리지도 그럴 수도 없다."

애를 집산체로 확장하고 있다. 종래의 사회계약이론이 자유를 강화하는 논리적 전제로 원용되었다면, 루소에게는 사회계약은 흩어져 고립된 개인들 — 사회는 이미 불평등에 의해 분열되고 대립하는 투쟁상태에 놓여 있다 — 을 전체라는 하나의 생명체, 하나의 존재, 하나의 의지 속에 다시 수렴할 것인가, 그리고 이 전체의 의지는 결코 자신의 이성이 인도하는 의지의 확대된 실현이라는 의미에서 자율적인 개체의지의 표현이 될 것인가를 설명할 수 있어야 한다고 생각되었다. 사유재산을 보장하기 위해, 곧 개인의 이기심을 확장한 사회계약을 가지고서는, 그것은 자유의 실현이 아니라 타락한 인간의 이기심을 법제적으로 보장한, 실제로는 파괴된 자연적 자유 위에 덧씌운 인위적 자유만을 만들어낼 수 있다. 그것은 평화 속에 진행되는 노예제이다."[45]

> "인간은 자유롭게 태어났다. 그리고 어디에서도 그는 쇠사슬에 묶여 있다. 한 사람은 다른 사람의 주인이라고 자신을 생각한다. 그리고 그는 그들보다도 더 엄중한 노예로 남아 있다. 어떻게 이 변화가 일어났는가? 나는 모른다. 무엇으로 이 변화를 정통성 있게 할 수 있을 것인가? 이 질문에 나는 답할 수 있다고 생각한다."

루소는 여기서 자연상태의 자유와 문명사회 속에서의 노예화를 대조시키고 있다. 그의 목적은 문명의 결실을 부인하고 자연상태로 되돌아가는 데 있는 것이 아니라, 사회 속에서 정통성있는 정치체를 가짐으로써 현재의 노예상태를 다시금 자유의 발현상태로 변전시킬 수 있는가에 있다. 그가 자연적 자유의 회복이 불가능하다고 보았다는 점은 이미 지적했다. 그는 여기서 단지 자연적 자유에 담긴 본질적인 문제, 즉 자유를 철학적으로 회복하는 문제를 논의하고 있는

45) *Du Contrat social*, Bk. I, ch. 1.

것이다. 그것은 도덕적 자유이며 이 자유는 집산체의 의지에서 표현된다. 그렇기 때문에 루소의 사회계약은 하나의 집산체로 용해되어 가는, 집산체의 부분으로 전환하는 개체들의 형태변형의 형식을 띠고 있다.[46]

> "우리들 각자는 자기의 존재와 모든 힘을 공동으로 일반의사의 지고한 지도 아래 두고, 우리의 집산적 능력 속에서 각 구성원은 전체의 분리할 수 없는 부분으로 받아들인다."

사회계약은 인간은 개체로서 독자성을 잃고 계약의 결과 생겨난 집산체를, 개인 자신의 "일체성, 공동적 존재성, 그것의 생명과 의지"를 대신하는 곧 하나의 생명체, 하나의 도덕적 존재가 되며 그 안의 개체들을 전체에 불가분적인 부분, 즉 "공동적 자아"로 받아들인다. 개체의 집합은 이제 하나의 의지를 가진 집산체이며 그것을 인민(le peuple)이라 부른다. 루소사상에 나타난 개인주의적 측면에도 불구하고 그가 상상될 수 있는 최대한의 집산주의의 성격을 띠게 되는 것도 이 부분에서이다.

정치체라는 집산체는 "일반의사"(volonté générale)를 가지고 개체들의 의사를 총괄적으로 표현한다. 거기서 개인의사나 하위집단의 이익은 모두가 "특수의지"(volonté particulières) 혹은 "특수이익"(líntérêts particulières)에 불과하며, 곧 이들의 의사나 이익은 전체의 의지를 반영하는 일반의사에 종속된다. 그는 "일반의사"를 "전체의사"(volonté de tout)와도 구별하고 있는데, 후자는 독립된 개별의지의 총화에 불과하며 자신의 진정한 이해에 근거하지 않고 있기 때문에 — 곧 도덕적으로 정당화될 수 없는 의도가 담겨있는 까닭에 — 또 하나의 특수의지의 집합에 다름 아니다. 일반의사는 관계되는 전

46) Ibid., Bk. I, ch. vi.

체가 하나의 유기체가 되어 하나의 존재로서 발현하는 의사이며, 따라서 그것은 언제나 전 구성원의 "공동이익"(líntérêt commun)을 옹호하고 내부적으로 실질적인 평등을 지향한다.[47)]

> "자연적 평등이 파괴된 데 대신하여 근본적인 계약은 자연이 인간 사이에 세워둔 신체적 불평등을 도덕적이고 정통적인 평등으로 대체하고, 힘과 지력에서 불평등한 인간들은 각자가 인습과 법적인 권리에서 평등하게 된다. …"

위의 인용은 얼핏보아 법적인 평등을 언급한 것처럼 보인다. 그러나 루소의 의도는 일반의사가 제도적인 평등 이상의 실질적인 평등, 환언하면 불평등의 한계가 설정되고 각자가 최소한 개인적인 자유에 위협이 되지 않는 사회적 보장의 조건하에서 이루어지는 평등을 가리키는 것임은 물론이다. 그것은 루소가 「사회계약」의 첫 초고 — 제네바 초고 — 에서 디드로의 허락 아래 일반의사를 "정념이 침묵하는 가운데 그의 동료에게 요구할 수 있는 것을 그의 동료가 그에게 요구할 수 있는 것이라고 개인에게서 합리적으로 사유하는 순수한 이해행위"(*OC*, III, p. 286)로 다시 사용하는 데서도 나타난다. 어떻든 그는 국가가 정통성을 인정받는다는 전제하에 사회에서 자유는 평등 안에만 살아있다고 말하고 있다.[48)]

> "우리가 모든 입법체계의 목적이 되어야 하는 최대의 선이 정확히 무엇으로 구성되는가를 묻는다면, 그것은 자유와 평등이라는 두 개의 주목표로 압축되는 것을 알게 될 것이다. 곧 모든 특수한 의존이 정치체로부터 유래한 힘을 의미하기에 자유이며, 자유는 평등 없이는 존재할 수 없기 때문에 평등이다."

47) Ibid., Bk. I, ch. 9.
48) Ibid., Bk. II, ch. 11.

한마디로, 일반의사는 하나의 조직체 내부에서 구성원의 공동이익과 평등을 지향하는 의지, 곧 생명체의 자기보존 의지이다. 만약 사회 내에서 독립된 개인과 집단이 존재하고 그들의 이해가 상이하고 대립하는 상황이라면, 그것은 하나의 존재, 유기체일 수는 없다. 그리고 거기에는 하나의 존재에 고유한 의사, 즉 일반의사는 있을 수 없다는 것은 자명하다. 비록 그러한 사회는 일정집단과 개인의 자유를 숨쉬고 활동하게 하는 — 그것도 다른 부분의 희생 위에서 — 공간을 마련하고는 있지만, 그렇다고 이 일정집단의 의사와 이해를 전체의 그것으로 보아질 수 없는 것은 확실하다. 불평등의 정도가 일정한 한계를 넘어서고 사회가 사유재산의 기초 위에 구축되었을 때, 그곳에 있는 정치체와 법은 일반의사를 표현할 수 없다. 오히려 이러한 사회에서는 일반의사는 사회하층민에 남아있는 '연민'의 감성 뒤에 희미하게 숨어버리고 법과 대표의 이름 아래 특수의사가 마치 일반의사인양 행세하는 세상이 된다.

환언하면, 정상적으로 국가의 권위에 의해 일반의사를 발현할 수 없는 시대에는, 즉 부패한 사회에서는 일반의사는 결코 정상적으로 나타날 수 없다. 만약 정상적인 경우라면, 일반의사는 다수의 표 속에 들어 있다.[49] 그러나 문명하에 존재한 사회에서 일반의사는 정상적으로 표출될 수 없다는 것, 그렇기 때문에 루소의 사회계약에 들어가기 이전에 우리는 계약당사자들의 타락한 인성을 다시 한번

---

49) Peter Gay, "Introduction," in Ernst Cassirer, tr. Peter Gay, *The Question of Jean-Jacques Rousseau*(New York: Columbia University Press, 1954), p. 29. 그는 루소의 인용(*Du Contrat social*, Bk. IV, ch. ii)을 통해 이와 다른 해석의 여지를 암기고 있지만, 저자는 동의하지 않는다. "일반의사의 모든 성질은 다수에 여전히 남아있다. 그렇지 않게 된다면 … 더 이상의 자유는 없다." 다수의 의견이 일반의사가 되려면, 부패한 사회를 벗어나게 되고, 사회 내의 중간집단 — 모든 정당과 결사행위가 금지된다 — 이 배제된 채 각자가 여론몰이와 선전 없이 투표에 임할 때에 가능하다고 루소는 부연하고 있다.

문제삼아야 한다는 과제에 부딪친다. 문명하의 국가로부터 일반의사를 발현할 정치체를 만들어내는 사회계약은 그 선행조건으로 "입법가"(le législateur)의 출현을 요구한다.

루소는 사회가 부패하였을 때 일반의사는 소실되거나 혹은 함께 부패하는가 묻는다. 그리고 그는 "결코 그렇지 않다. 그것은 변함 없으며 변경할 수 없으며 순수하다"고 답변한다.[50] 일반의사는 있지만, 그것은 단지 다른 의사, 즉 특수의사에 침범되어 그에 종속된 채 있을 뿐이라는 것이다. 곧 일반의사는 특수의사 — 자산계급의 — 에 의해 찬탈당한 채 잠재적으로 살아 숨쉬고 있다는 이야기다. 사회의 불평등, 특수이익의 창궐, 파당의 득세, 부패한 사회의 전도된 맛과 습속, 이 모두가 "공동의 보존과 일반적 복지"를 실현하려는 일반의사의 유효성을 불가능하게 한다. 그러한 사회에서 인간은 각자 완전한 독립체로 존재하는 자연상태나 다름없으며, 단지 인간은 자연적 자유가 탈취되었을 뿐이다.

루소가 본 부패한 사회란 개인의 자유가 표현될 수 없는 사회, 즉 특수이익의 대립구조가 극단화된 사회이다. 따라서 공동이익을 옹호하는 일반의사의 회복은 이에 대항하여 더욱 강력한 힘을 발휘할 것이 요청된다. 적어도 존재의 수준에서 일반의사의 세력은 특수의사의 세력과 현실적인 투쟁에 들어간다. 그는 고대의 전통, 그리고 마키아벨리가 옹호했던 입법가의 개념을 보다 일반적으로 동원하고 있다.[51]

> "인민의 제도를 감히 만들려고 지도하는 사람은 말하자면 인간의 본성을 변화시키는, 곧 그 자체가 완전하고 고독한 전체인 각 개인을 자신의 삶과 존재를 거기서 얻게 되는 커다란 전체의 부분

---

50) *Du Contrat social*, Bk. IV, ch. I.

51) Ibid., Bk. II, ch. vii.

으로 변화시킬 수 있다고 느껴야 한다."

환언하면, 입법가는 부패한 사회에서 전체인민을 하나의 집산체로 결집시켜 그에 하나의 생명을 불어넣기 위해서 인성을 변화시켜 가면서 사회계약을 만들어내야 한다. 그리고 이 사회계약이 공허한 약속이 되지 않도록 강력한 권력을 발동하여 전체인민을 일반의사에로 수렴할 수 있어야 한다. 그렇기 위해서는 입법가는 주권에 가까운 거의 무제한적이고 다른 어떤 권위에도 의존하지 않는 그 자신의 힘에서 이를 이루어야 한다. 그의 시작은 완전히 새로운 인간에로 기성의 부패한 개인들의 개조, 그의 목표는 전체의 삶의 보존과 발전을 위한 하나의 생명체의 탄생 그리고 그의 후견은 이 생명체의 재생산과정의 보장에 있다. 그의 과제는 국가의 창업자보다 위대하다. 모든 창업자는 역사의 문명단계에서 부패한 사회를 창업하는 데 그쳤다. 그러나 입법가는 새로운 사회질서를 도입하면서 문명의 부정적 측면을 파괴하는, 문명 그 자체에 우월한 사업을 가지고 있다.

그러나 부패한 사회가 입법가의 요구를 선뜻 수용하기를 기대하기는 어렵다. 오히려 불평등의 조건하에서 이루어진 사유재산의 질서와 그것이 파생시킨 온갖 잡동사니 사기, 불륜, 신념, 집착은 이들 전도된 사회관행에 대한 수정보다도 — 입법가는 수정이 아닌 철저한 폐절을 요구한다 — 입법가의 명령을 독재적 전횡으로 보고 저항할 가능성이 크다.[52]

"일반의사에 복종하기를 거부하는 자는 누구나 전체의 구성체에 의해서 복종하도록 강요될 것이다. 이것은 단지 그가 자유롭게 되도록 강요될 것이라는 사실에 불과하다. 왜냐하면 각 시민이 조

52) Ibid., Bk. I, ch. vii.

국에 자신을 줌으로써 모든 개인적인 의존으로부터 자신을 보호한다는 것이 바로 이 [사회계약의] 조건이기 때문이다."

"자유에의 강요"는 사회계약의 실효성을 담보하기 위해 집행된다. 그것은 부패한 사회의 저항을 제압하는 입법가의 힘에 의존한다. 그러나 그것의 다른 하나의 차원은 인간의 자유와 이성의 관계, 혹은 도덕성과 정치의 관계를 의미하고 있다. 곧 부패한 사회에서 인간이 느끼는 자유는 실제로 사회분위기가 조장한 것일 뿐 진정한 자기자신의 이성이 요구하는 것인가 의문이다. 혹은 모든 정치의 궁극적인 목표가 인간의 자유의 실현이라면, 정치는 도덕적 자유의 실현과정이 된다. 인간의지의 자율성이 최대한 보장된 가운데 모든 개인이 참여하는 가운데 다수의 의견은 일반의사를 대변한다고 루소는 말하고 있다.

그러나 루소의 "입법가"는 소위 헌법제정권력보다 더 혁명적인 개념이다. 후자는 기성의 질서를 존중하면서 헌법을 만드는 주체를 말하고 있는 데 반해, 루소는 부패한 사회에서 입법가에 의한 '혁명'을 말하고 있기 때문이다. 그것은 단순히 정치권력의 이동이나 나아가 단순히 정치권력의 탄생을 의미하는 것이 아니다. 그것은 소위 사회혁명을 실현하려는 정치적 결단을 가리킨다. 그러한 결단의 예후(豫後)는 문명이라는 역사의 하강기에 놓인 일정시기에 일반적 경향을 거스리면서 생명력을 회복하려는 노고에 비유할 수 있다. 입법을 통한, 전체를 포괄하는 정치를 통한 사회질서의 전면적 재편이 루소의 — 그리고 이러한 관점이 계몽사상에 내재적인 한계를 특징지운다 — 이행전략의 구도에 담긴 꿈이었다. 그것은 전체과정에 대한 비극적인 전망에도 불구하고 그러나 그 속에서 결절점(結節點)을 찾고 그에 정치적 낙관을 예비하려는 그의 염원을 보여준다.

제 5 절 루소의 이상사회관

인류의 가장 행복한 시기였던 "야만기"를 루소가 최선의 삶을 보장하는 역사의 단계로 보았다는 것은 이미 말하였다. 야만기는 인류의 감성과 이성이 균형을 이룬 인류의 청춘이었다. 그러나 야만기는 그가 이야기하는 사회 — 정치사회 — 속의 가장 행복한 삶이 아닌, 사회 이전의 인류의 삶을 가리키고 있다. 따라서 루소의 이상사회를 고찰하는 데는 사회 — 인위적이고 영토에 근거한 강제력이 독점된 — 로의 이행 이후의, 즉 문명시기에 가능한 최선의 사회형태를 모색하는 데 집중할 필요가 있다. 그것은 예컨대 그가 「폴란드 정부론」에서 논의하는 것처럼 관행과 기득권이 존중되는 가운데 차선의 국가형태의 묘사보다도, 아직 태어나지 않은 코르시카의 국가독립을 추진했던 두세 명의 혁명가들이 부탁하여 준비했던, "입법가"로서 루소가 제시한 「코르시카의 헌법초안」(*Projet de constitution pour la corse*, 1768)에서 그의 이상사회관을 찾을 수 있다. 곧 루소는 당대의 몇 안되는 가능지역으로 코르시카를 꼽았으며, 그러한 이유는 그가 코르시카를 문명의 개화를 경험하지 못한, 척박하고 고립된 지역이며 문명의 역사에선 초기단계에 속한다고 보았기 때문이다. 루소를 찾아온 2명의 청년독립운동가는 루소에게 독립국가의 헌법을 요청하였고 그는 평소부터 흠모해 마지않던 고대의 스파르타를 모방하여 리쿠르구스(Lycurgus)처럼 이를 작성했다. 그 때는 1768년으로서 코르시카는 이탈리아의 속령으로 있다가 프랑스령이 된 직후였다.

루소의 이상사회는 자유가, 진정한 자유가 만발한 사회이다. 이 자유는 각 개인의 자유뿐만 아니라, 하나의 집산체로서 자유, 즉 국가의 자유를 의미한다. 인간에게 자유가 중요한 것은 각 개인이 가지고 있는 의지, 곧 이성이 구속되지 않고 발현된다는 의미에서의 자유가 인간본성에 고유한 것이기 때문이다. 그것은 인간중심적인 사회이다. 그리고 개인의 자유와 집산체의 자유를 보존하기 위해선 무엇보다도 독립된 존재, 독립적 이성적 존재를 요구하고 있다.[53)]

> "모든 법의 기초로 작용해야 하는 원리는 나의 의견으로는 다음과 같다. 즉 가능한 한 최대한 그들 자신의 인민과 국가를 활용한다는 것, 그들 자신의 힘을 양성하고 재편성한다는 것, 그들 자신의 힘에만 의존한다는 것, 그리고 외국에 대해서는 마치 존재하지 않는 양 아무런 관심도 가지지 않는다는 것이다."

자유가 인간자신의 힘에 의존한다면, 한 국가는 독립적이지 않고서는 자유를 누릴 수 없다. 곧 자유는 스스로의 기반 위에서만 가능하다. 그러나 대내적으로 자유는 어디서 확보할 수 있을 것인가? 루소는 자유의 본질은 물질적인 부보다는 인간의 부, 곧 인간중심적인 자유를 말하고 있다.[54)]

> "돈에서 부유한 국가는 언제나 허약하고 인간에서 부유한 국가는 언제나 강력하다."
>
> "코르시카섬은 화폐를 통해서 부유해질 수 없는 이상 인간에서 부유해지도록 노력해야 한다. 인구에서 나오는 힘은 재정에서 나오는 힘보다 더욱 실질적이고 결과에 있어서도 보다 확실하다."

자족직이고, 독립적인 인간, 역경을 두려워하지 않으면서 견결한 정신 속에서 조국애로 충만한 시민이 바로 루소가 이상사회에서

---

53) Rousseau, "Projet de constitution pour la corse," in *Oeuvres complètes*, III pp. 904.

54) Ibid.

그린 "부유한" 인간이다. 그들은 상호간에 동등하기 때문에 존경할 수 있고, 정부를 필요로 할 때에는 맡거나 그에 복종하는 데 익숙해 있다.

자유를 지탱하고 더욱 강화하기 위해서는 인구증가정책이 요청된다. 그럴려면, 먹여살리는 일, 즉 농업을 발달시키는 것이 필요하다. "인구를 증가시키기 위하여 인간의 생계수단을 증대시키는 것, 따라서 농업이 필요하다." 인구의 증가는 양적인 측면에서 파악된 부의 증가이다. 그러므로 인구증가는 일단 자유의 확대에 필수적이다. 농업생산성이 이 증가를 따라잡을 수 있는 동안, 인구증가정책은 국가의 자유에 기능적이다. 그러나 인구의 증가가 농업에 의한 생계수단의 공급한도를 넘어서 계속될 때, 곧 농업생산력을 초과하는 잉여적 소비인구는 어떻게 할 것인가? 루소는 농업의 잉여노동력이 농업 이외의 산업분야로 확산될 것을 우선 예정하고 있다.[55]

> "국가가 거주민으로 넘쳐날 때 잉여인구는 더 이상 농업에 고용될 수 없고 이들은 공업, 상업, 예술에 쓰여져야 한다."
>
> "국가가 인구과잉의 상태가 되면, 수많은 사람들이 생계에 필요한 물건들을 [자기들이 생산한 상품과 교환하여] 외국에서 들여오기 위해서는 과잉인구를 공업과 예술에 고용하는 것이 필요하다."

여기서 우리는 루소가 기본적으로 중농주의자들의 주장에 공감하고 있는 것을 본다. 그러나 그는 이들과 달리 농업 이외의 생산물이 교환가치를 가지는 상품이라는 사실도 알고 있었다. 그가 비록 농업생산에 부수적으로 공업, 상업을 파악하는 소극적인, 혹은 부정적인 인식을 가지고 있었다고 하더라도, 그는 일정한 조건하에서 교

---

55) Ibid., III, p. 907; "un fragment," in Frederick Watkins tr., *Rousseau: Political Writings*(New York: Nelson, 1953), pp. 329~330.

역의 불가피성을 인정하고 공산품, 문화상품의 독자적인 가치를 수용하고 상업의 기능도 받아들이고 있는 것은 여기서 확실해진다. 그러면서도 그는 공업, 특히 상업의 해독에 유념하고 장기적으로 국가의 자유에 "파괴적"일 것이라고 경고한다. 위의 인용에 이어 그는 말하기를,[56)]

> "그러나 조금씩 이러한 산업과 더불어 떼어낼 수 없는 악덕이 또한 일어나게 되고 점진적으로 나라를 맛(미각)과 원칙에서 부패시키면서 정부를 변형시키고 마침내 파괴할 것이다."
>
> "교역과 상업의 운동과 함께 파괴적인 악덕이 국가에 기어드는 것을 막기는 불가능하다."

그가 농업 이외의 산업, 특히 상업을 악덕의 원천으로 규정하는 이유는 무엇인가? 그는 상업이 자족적이고 독립적인 정신의 자유를 부패시키고 인간을 이로부터 "보다 독립적이지 못한 맛"에 길들이면서 "상업과 공업이 만들어내는 사치[상품]의 도입으로 인해 초기의 상태보다 훨씬 그들의 지배자에 종속적이게 만들기"[57)] 때문이다. 정신의 자유를 부패시키는 것 가운데 첫번째의 현상은 인간이 가지고 있는 맛의 부패이다. 맛의 부패는 애국심을 내동댕이치고 "돈에 대한 사랑"을 심어놓으며, 그동안의 관행이었던 농업과 노동을 명예롭게 생각하는 사회정신을 짓밟고 그에 대신하여 공업과 상업, 한마디로 커다란 이윤에만 집중하려는 개인심리를 일반화한다. 국가의 자유를 유지하려면, 생산활동을 맛의 부패로부터 방어할 수 있는 농업에 한정하고 최소한의 보조산업을 허용하는 데 그쳐야지 그 반대로 확대하면 그것은 국가의 자유를 잃으면서 급진적인 부를 얻어내

---

56) Ibid., p. 330; "Projet …," in *Oeuvres Complètes*, III, pp. 924~925.

57) Ibid., III, p. 916.

는 상태, 곧 국가의 자유의 전복이 온다.[58)]

"그러나 농업에 인구를 종사하게 할 수 있는 한, 이 섬에 땅의 한 고랑이라도 남아 있는 한 이 나라는 농업체계를 고수해야 한다. 그리고 이 섬의 [잉여인구를 먹여살릴 토지가] 더 이상 충분하지 않을 때에만 농업중심의 체계를 변경해야 한다."

루소가 농업 위주의 생산을 강조했던 것은 그것이 인구의 생존에 필요하기 때문만이 아니라 농업이 줄 수 있는 "기질과 삶의 방식"의 이점에 있었다. 곧 "농업을 좋아하는 맛"은 정직성과 인내를 통해 인간을 양성한다. "상업은 부를 생산하지만 농업은 자유를 보장한다."[59)]

그는 코르시카가 국토를 균형적으로 발전시킬 것을 제안한다. 먼저 행정구역을 12개의 구역으로 나눈다.[60)]

"… 코르시카 섬은, 완전히 해방되었다고 가정할 경우, 상호간에 크게 불균형적이지 않는 12개의 지역으로 나뉠 것이다."

"국가의 모든 부분들이, 우리가 개인들 간에 확립하고자 노력하는 것처럼, 동일한 평등을 가능한 한 유지할 수 있게 하기위해서는 구, 군, 지역의 경제가 지금 이들 간에 존재하는 극도의 불평등을 줄이는 방식으로 규제되어야 한다."

루소는 지역 간의 불균형을 논의하고 있지만, 그보다 더 중요한 것은 아마도 지역과 도시 간의 불균형, 나아가 농촌과 수도의 모순이 당시의 국가제도에선 드러나고 있었다. 자본제의 발전과 더불어 도시의 힘은 더욱 강화되었고 농촌은 문명 이래 도시에 종속되었지

58) Ibid., III, p. 907.
59) Ibid., III, p. 905.
60) Ibid., III, p. 910.

만 자본제하에서 도시를 위한 부수물로 전락했다. 그에 대하여 루소는 도시의 축소, 특히 도시가 가진 확대경향의 물질적 기반과 이를 뒤따르는 근본적 사고를 억제하는 전면적인 반전을 시도한다. 도시의 영향을 크게 축소할 필요는, "도시가 상·공업을 보호하는 국가에는 유익하지만 우리가 채택한 [인간중심적, 자유의] 체계에 대해서는 해로운 것이기" 때문이다.[61] 도시는 악덕을 키우고 거기에 거주하는 사람들의 맛을 부패시킨다는 사실을 루소는 크게 두려워했다.[62]

> "경작은 언제나 도시거주자들보다도 시골사람들에 의해 더 잘 행해진다. 그리고 나태는 지금까지 코르시카를 황폐화한 모든 악덕의 원천이다. 도시민의 어리석은 자만심은 농업노동자를 타락시키고 거기를 떠나가게 할 뿐이다. 게으름의 희생물인 도시인은 그에 따라오는 정념으로 가득 차 탐욕에 뛰어들고 쾌락에 자기를 팔아넘긴다. 이기심이 그들을 비굴하게 만들고 나태가 그들을 방황하게 한다. 그들은 노예이거나 반란가는 될지언정 결코 자유인이 아니다."

국토의 균형적인 발전에 대한 그의 구상은 농업생산을 통해서 전 국토에 고르게 인구가 분포되기를 기대했던 데 근거한다. 그는 다음과 같이 말하고 있다: "나는 인민이 전 국토의 토지에 퍼져나아가 그곳에 정주하고 토지를 빠뜨리지 않고 경작하는 헌법을 의미한다."[63] 특히 도시에 관한 모든 문제는 수도를 논의하면서 집결된다. 그는 고정된 수도를 없애고 순환적으로 수도를 운영하고 지역간의 인구균형을 위해 농노제의 폐지를 제안하고 있다.[64]

> "만약 도시가 해롭다면 수도는 더욱더 그러하다. 수도는 사실상

61) Ibid., III, p. 911.
62) Ibid.
63) Ibid., III, p. 904.
64) Ibid., III, pp. 911~912.

국가 전체가 자신의 도덕, 법률, 용기, 자유를 잃고 빠져드는 수렁이다. … 수도는 국가 전체를 마침내는 무너뜨리고 파괴시키는 독소를 끊임없이 뿜어낸다."

지역 간의 균형은 삶의 평등한 조건을 마련해준다. 더욱 중요한 것은 평등의 정신이다. "그대들의 신헌법의 기본법은 평등이어야 한다"[65]고 루소는 자유에 못지않게 평등의 중요성을 강조한다. 평등의 정신은 형식적이고 법적 평등에 그쳐서는 안된다. 그것은 사회·경제적인 평등으로 구체화되어야 한다고 그는 요구한다.[66]

"이들은 가난하지만 결핍상태에 있지는 않다. … 그들은 정의와 덕성이 무엇인지 알지 못하면서도 선하고 공정하다."

"어떤 법조항도 개인의 사유재산을 강탈할 수는 없다. 법은 단지 더 이상의 획득을 방지할 수 있을 뿐이다."

평등의 정신이 지배하는 루소의 이상사회는 동시에 조국애로 충만해 있다. 조국은 그에게 자기애가 확장된 감성의 직접적인 자기확인의 존재이기 때문이다. 그러한 감정은 "화폐에 대한 사랑"과 양립할 수 없는 것이다. 그는 금·은·동 화폐의 축적을 국부 그 자체로 인식했던 중상주의자들에 반대하여 화폐는 스스로 가치를 가진 것이 아니라 "명목상의 표지"에 불과하다고 평가절하한다. 그리고 그는 사회 내에서 화폐의 사용을 최소화할 것을 요구한다.[67]

"화폐가 지배하는 곳에서 자유를 위해 지불하는 대가는 노예화의 수단이다."

그렇다. 화폐사용이 일반화한 사회는 "화폐에 대한 사랑"이 지

65) Ibid., III, pp. 909~910
66) Ibid., III, pp. 914~915, 936.
67) Ibid., III, p. 941.

배적 정신이 된다. 그런 사회는 자유도 평등도 시민도, 그리고 진정한 인간도 없다. 화폐의 사용이 불가피하다면 그것은 대외교역에 한정되거나 대내적으로 지극히 불편하고 위험한 수단을 화폐로 활용하는 것도 생각해볼 수 있다. 즉 루소는 황소나 권총을 화폐로 쓰는 문제를 — 해학적이지만 진심으로 — 제기하기도 한다.

한마디로 그의 이성사회는 자본주의적 정신과 제도를 거부하는 사회유형이다. 이 사회는 자유와 평등의 정신으로 무장된 애국자들의 사회이다. 그렇다고 사회가 정치적, 경제적으로 평등한 것은 아니다. 신분상의 불평등과 정치적인 계급사회가 이 사회의 또 하나의 특징을 이루고 있다. 먼저 이 사회에는, 봉건귀족과는 다르지만, "정치적 귀족"(la noblesse politique)이 존재한다. 그것은 개인적인 특권을 누리는 것이 아니라 집단으로서 계급특권을 가지고 있다.[68]

> "두 번째 [곧 정치적 귀족]는 그 반대로 하나의 불가분적인 통합체이며 그 모든 권리가 구성원 개인들에게 있는 것이 아니라 집합체에 주어진 것이며 이 집합체는 정치체 [곧 국가]의 필수부분을 구성한다."

이 "정치적 귀족"이 루소의 "시민(citoyens)계급"의 상층부에 해당하는 것은 명백하다. 그들은 시민계급 가운데 "업적, 덕성, 애국의 기여도"에서 자신을 현저하게 만든 지도집단이다.[69] 루소는 사회를 3계급(en trois classes)으로 나누고 있다. "시민계급"(la classe des citoyens)은 토지와 주택, 그리고 2명이 자식을 가져야 자격을 얻는다. "애국계급"(la classe de patriotes)은 일정한 재산을 가져야 하며 "후보계급"(la classe des aspirans)은 조국에 태어나 일정연령

68) Ibid., III, p. 909.
69) Ibid., III, p. 910.

에 도달하지 않는 사람으로 구성된다. 그는 이미 설명한 것처럼 인간을 토지에 부착시키고 애국심을 토지경작의 노동에서 고취시키는 의도에서 "신헌법에서는 농민이 노동자에게 법을 규정하는 것이어야 한다"고 주장한다.

그의 이상사회는 자급자족적인 사회이며 돈은 필요치 않다. 최소한 그가 돈 없이도 노동으로 자신의 가족을 부양할 수 있는 사회이다. 그는 "누구나 생계를 유지할 수 있어야 하며 누구도 부유하게 될 수 없도록 해야 한다"고 사회의 한계를 긋고 있다. 최소한의 생계를 보장하기 위하여 국가는 전체 경작지의 1/3을 공적 토지로 확보하고 그에 "후보계급"의 "공동노동"(corvées)을 동원한다. 생산물은 공적 창고에 보관하면서 국가는 개인별 여유분과 부족분을 복식부기장부에 기록하면서 각자의 필요에 따른 수급을 조절하면서 비축량을 보존한다. 공적 토지에서의 노동뿐 아니라 교량, 건축물 기타에 공동노동을 투입한다. 이 경우 노동의 의무는 모든 사람에게 부과되며 금전납부로 대신할 수 없다. 노동은 애국심의 원천이며 그것은 돈으로 대체될 수 없는 것이다. 상비군제도는 폐지되고 모든 사람은 민병대원이 되어 함께 규율을 습득한다. 거기에는 생산과 군사적 조직화의 연계가 기대되기도 한다.

루소의 이상사회는, 화폐의 축적을 통한 자본주의적 성장이 아닌, 진정한 풍요에 목표를 두고 있기 때문에 생산의 양적, 질적 수월성을 뽐내기 위한 "노동경쟁"의 축제가 도입된다. 그것은 강요되거나, 혹은 금전적 동기에 의한 것이 아니기 때문에, 그리고 이 경쟁을 통해 그가 명예를 획득할 거의 유일한 — 평화시에는 — 기회이기 때문에 노동경쟁은 즐거움과 함께 치열하게 진행되고 생산력의 증가 — 새로운 육종기타의 농법과 기술을 통한 — 가 결과된다.

루소의 상업에 대한 불신, 공적 창고의 설치, 화폐거부 등의 태도는 그의 시대의 초기 공상적 사회주의자에 유사하다. 그리고 노동을 명예스럽게 하는 그의 관념은 뒤에 푸리에의 "인력적 노동"에 비교될 수 있다.[70]

> "우리는 빈곤에 대한 공포가 나태한 사람을 부지런하게 만든다는 것을 발견해낼 수 없다. 따라서 노동에서 서로 경쟁하도록 사람들을 부추기기 위해서는 노동을 인간에게 굶주림을 피하는 수단으로 제시할 것이 아니라 보다 나은 복지를 향해 나아가는 수단으로 제시해야 한다."

화폐에 대한 욕구가 없으면서 가난하지만 남에게 의존하지 않고 살아갈 수 있는 사회, 자족적이면서 자신의 위치에 만족하고 생활 속에서 덕성과 정의를 그대로 발휘하는 인간, 농업의 기초 위에 평등의 정신을 노동을 통해 함양하면서 개체 존재가 완전히 일치된 집산체에서 자유를 의식하는 집산적 삶이 루소의 이상사회관이었다. 코르시카섬은 이처럼 이상사회의 극점을 향해 나아갈 출발점이었다. 그리고 그 이후 초기상태를 벗어나 극점을 지나면서 필연적인 쇠미와 멸망의 시기로 진행할 것임을 루소는 잊지 않고 부언하였다.

---

70) Ibid., III, p. 325.

제 8 장

프랑스 유물론의 발전: La Mettrie, Diderot 그리고 d'Holbach

제 1 절 La Mettrie

1. 라메트리의 생애와 저작

기성의 도덕절서와 관념체계를 적으로 하는 지식인의 투쟁은 프랑스 계몽사상의 주류를 더욱더 무신론과 유물론의 경향으로 이끌었다. 모든 중세신학과 낡은 과학 위에 서 있는 관념철학이 진부한 교리를 반복하는 동안 이들 사상가들은 인식론에서 감관주의를, 존재론에서 유물론을 채택함으로써 기성의 사상체계와 이를 뒷받침하고 있는 국가권력(ancien régime)으로부터 역사적 기능을 빼앗아버렸던 것이다. 이처럼 프랑스의 계몽사상이 인류정신의 격류처럼 대세를 이루며 흘러간 중심에는 라메트리, 디드로, 돌바하라는 3인의 사상가가 있었다. 이들은 계몽사상을 하나의 주류로 정착시키고 이들 잡다한 사상을 시대의 요구에 맞춰 완결시키는 하나의 색조로 채색하였다.

최초의 그러한 경향은 뚜렷하게, 그리고 너무도 철저하게 라메트리에게서 주장되었다. 그는 랑게가 올바로 평가하듯이 "최초의 현대 유물론자이며 계몽사상가들이 가졌던 주요사상의 원천"이었다.[1] 그러나 그는 이미 그의 시대에서도 주로 신학자들과 동료 의학자들로부터 — 이는 그가 먼저 도전했던 것의 보답으로 나타났지만 — 적의의 대상이었을 뿐 아니라 그가 머물렀던 사회환경으로부터도 적대적인 고립상태에 빠졌었다. 그의 예상치 못한 갑작스러운 사망 때문에 그는 계몽사상가들과 충분히 교류할 수도 없었거니와 사후에 "유럽에서 두 번째 가지 않는 지적인 악명"[2]의 평판을 얻게 되었다. 그리고 이러한 비방의 목소리는 볼테르나 디드로에게서 특히 두드러졌다.

그럼에도 불구하고 그의 이론이 내놓은 현대성 — 실험정신과 엄격한 과학의 신봉 —, 그의 문체의 유려함 — 재치와 솔직성이 넘치는 풍부한 지식 —, 그리고 그의 결론의 철저성 — 주장의 명백함은 물론 논리적 사유를 끝까지 진행시키는 — 때문에 그는 여전히 독자들에게 18세기의 시기에 잊혀질 수 없는 사상가였다. 19세기에 들어서면서 그는 Cabanis 이후 잊혀졌다가 50년 후 랑게에 의해 복원되었다.[3] 한마디로, 라메트리는 "가장 증오된, 18세기 계몽사상의 중심에서 완전히 침묵되었던 철학자이며 그가 죽자 비방의 대상이 된" 사상가이다.[4]

---

1) Friedrich Lange, *Geschichte des Materialismus*, in 2 Bde.(Frankfurt am Main: Suhrkamp Verlag, 1974), Bd. 1, IV, ii De la Mettrie, S. 344. 그의 이름은 뒷날 통상 Lamettrie로 알려지기도 한다.

2) Aram Vatarnian, *La Mettrie's L'Homme Machine: A Study in the Origins of an Idea*(Princeton: Princeton University Press, 1960), p. 1.

3) Cabanis는 그의 「인간의 신체와 윤리의 조화」(*Rapports du Phisique et du moral de l'homme*)를 통해서 1700년대의 말에 "라메트리의 일반이론은 현대과학·철학사상의 주류로 들어오게 되었다"고 한다. Ibid., p. 123.

4) Herman Ley, op. cit, Bd. 4/2, S. 141.; 다른 한편 라메트리의 「철학작품들」(*Oeuvres philosophiques*, 1750)은 그 이후 1775년까지 10회가 출간되었다.

물론 라메트리의 사상의 중요성을 부정하려는 견해도 있다. 예컨대 Cassirer는 그의 유물론이 프랑스 계몽사상 속에서 "큰 특징적 의미가 부여되지 않는 고립된 현상"이며 오히려 d'Alembert가 대변하는 프랑스 계몽사상의 "주류적인, 과학적인 운동은 그와 같은 교의적 사고방식을 반대하고 이를 제거하려고 노력했다"고 평가한다. 나아가, 최근의 라메트리 연구가는 데카르트의 2원론을 전제하고 그의 연구는 유물론보다 심리학의 선구자로서 큰 가치를 가진다고 폄하하고 있다.[5] 이처럼 사상사의 관점이 부르주아의 관념론 속에 계몽사상의 주류를 안치하거나 라메트리의 사상을 한 기술적인 과정의 서술에 담긴 지엽적인 통찰에 집중한다면 라메트리는 거기에 존재하지 않거나, 혹은 미미한 의미로 남게 된다. 그러나 사실은 그가 콩디악과 엘베시위스, 디드로와 돌바하에 이어지는 거대한 프랑스 유물론의 물결 속에서 "18세기 최초의 위대한 프랑스 유물론자"였으며 그는 "대사상가의 메아리"가 아닌, 디드로·돌바하 같은 대사상가에 앞선 그들의 모습이었다는 것이다.[6] 라메트리의 사상은, 그가 기성사회로부터 혐오될 만큼, 완전히 철저한 사상가였으며, 그렇기 때문에 그의 사상은 러시아와 동구에까지 확대되어간 라디시체프 등 유물론적 철학에 그 흔적을 남기는 등 커다란 영향을 미치게 되었다.

Julien Offray de La Mettrie(1709~51)는 1709년 12월 19일 프

"1748년 이후 20년 동안 '인간기계'철학이라는 독창적이고 설득력있고 널리 읽혀진 주창자로서 지적인 무대를 지배했던 것은 라메트리였다." 물론 이러한 평가는 독자의 입장에서 내려진 것이다. Vartanian, op. cit., p. 117 참조.

5) Vatarnian, op. cit., p. 122. "계몽시대에 그는 정신의 문제를 생리학과 감각지각의 양면적 관점에서 조사한 첫번째였다." 그의 라메트리연구는 상당히 깊은 학문적 수준과 잘못된 방향으로 특징지어진다.

6) Helen Hastings, *Man and Beast in French Thought of the Eighteenth Century*(Baltimore: Johns Hopkins University Press, 1936), p. 95.

랑스 Brittany주의 Saint-Malo에서 직물분야에 종사하는 부유한 상인의 가정에서 태어났다. 그는 Constances와 Caen에 있는 지방 collège에서 "열정적으로 시와 인문학에 심취했다."[7] 이후 파리에 가서 Collège du Pleussis에서 신학을 공부하면서 Cordier 신부의 영향을 받아 St. Angustine의 신비주의를 신봉하는 Jansenisme에 빠졌으며 그에 관한 책을 썼다고 한다.[8] 1725년에는 유명한 Collège d'Harcourt에서 철학과 자연과학을 공부했으며 그가 27년 bachelier를 받으며 졸업하고 디드로가 입교한 이 시기에 이 대학은 당시 금지되고 있던 데카르트철학을 교과목에 넣어 시작한 지 얼마되지 않았다. 그가 데카르트의 영향을 크게 받았었던 것도 이와 관련된다. 이어서 그는 Faculté de Medicine de Paris에 들어가 5년 동안의 학업에 전념하였다. 이 시기 그는 고향의 선배였던 의사 François-Joseph Hunauld와 가까워졌고 후노는 얼마되지 않아 "왕실정원"(Jardin de roi)의 해부학과장으로 일하고 있었다. 1733년 초에는 Rheims 의학교에서 연구하였고 그 해 3월 2일에 라임대에서 의학사(bachelier en médicine)을 그리고 5월 29일에는 박사학위를 받았다. 그의 학구열은 지속되어 당시에 명망이 높은 Leyden의 의학교(Faculté de médicine)에 옮겨가 보어하브(Herman Boerhaave, 1668~1738) 교수 밑에서 2년 동안 연구를 하면서 한편으로는 그의 책을 번역하기 시작했다. 1735년에서 41년에 이르는 동안 그는 보어하브의 수권으로 된 책을, 불역하여 출판하는 한편 그 자신의 의학전문 — 현기증과

7) La Mettrie의 생애에 대해서는 Friedrich II의 Éloge de la Mettrie에 주로 의존하여 연구되었고 최근에 Pièrre Lemée, Julien Offray de La Mettrie, médicin, philosophe, polémiste: sa vie, son oeuvre(1954)가 나와 있다.

8) 베를린 아카데미에서 일했던 장례식에서 프리드리히 대왕은 시종장관 Darget이 대독한 그의 "조사"(Éloge)를 발표했다. 전문의 영역본은 La Mattrie, *Man A Machine*(Chicago: Open Court Pub. Co., 1961), pp. 3~9에 실려 있다. Ibid., p. 3 라메트리는 "그 파당[얀센주의자들]에 크게 인기를 끈 책을 썼다."

성병에 관한 — 서적을 출간했다.

라메트리는 1735년에는 고향 Saint-Malo에서 8년 동안에 걸쳐 개업하고 39년에는 과부였던 Marie-Louise Droneau와 결혼하였다. 두 사람의 생활은 원만치 않았으나 41년 딸이 태어났다. 그가 젊은 엘베시위스를 돕느라 가산을 탕진한 것도 이 시기였다.[9] 후노 교수가 사망한 42년 그의 환자들을 맡아 치료할 계획으로, 라메트리는 홀로 파리로 옮겨갔지만 오히려 그에게는 더 좋은 기회라 할 자리, 즉 그라몽 공작(Duc de Grammont)의 주치의가 되었고 이어서 대령이었던 그가 연대장으로 있는 Gardes Françaises의 군의관으로 일하게 되었다. 그는 따라서 부대가 참여했던 Dettington 전투(1743년 6월 27일), Freiburg 포위작전(1744년 가을), Fontanoy 섬멸전(1745년 5월 11일) — 이 전투에서 그라몽 사령관이 전사했으며 그는 후견인을 잃었다 — 은 그에게 정치에 대한 회의와 유혈에 대한, 그리고 전쟁에 대한 혐오를 각인시켰다. 그는 참호 속에서 용감했던 그라몽이 홀로 방에서 우는 모습에서 그 자신을 발견했다. 군의로 있는 동안 라메트리는 Fontenelle, abbé Frublet, Maupertius 그리고 Marquise de Châtelet와 사귀게 되었고 그가 처음 발표한 철학서 「영혼의 자연사」(*Histoire naturelle de l'âme*, 1745)를 모파티위스에게, 그리고 이 책의 47년판의 "비판서한"(*Lettre critique*)과 「정욕론」(*La Volupté*)을 "Madame de Marquise de" — 익명이지만 알 수 있게끔 — 헌정했다.

「영혼의 자연사」는 커다란 사건이었다. 이 책은 그가 프라이부르크 포위작전시 뇌염에 걸려 사경을 헤맨 이후 쓰여졌으며, 출간되자마자 그는 군의의 직을 잃고 말았다. 더구나 1746년 7월 9일에

9) M. Starke, *Helvétius und La Mettrie*(1968), S. 90; Ley, op. cit., S. 147에서 재인용.

파리고등법원(Parlement de Paris)은 이 책을 화형에 처하도록 선고했다. 그럼에도 불구하고 그는 이내 능력을 인정받아 "야전군병원 의무감"(Médicin-Inspecteur des Hôpitaux des Armées en campagne)에 곧 임명되어 Lille, Ghent, Brussels, Antwerp, Worms의 전체 군의무시설을 총괄하였다.

1746년 그는 「의사 마키아벨리의 정치」(Politique du médicin de Machiavel)을 써서 실험과학적 정신이 부족한 프랑스 의학계와 미몽으로 인식을 가로막는 신학사회를 공격했다. 효과는 주효했고, 그는 9~10월 사이에 양 진영의 적의 밑에서 — 그러나 그가 고백하듯이 동료인 의사들의 분위기에 더 두려워 한 나머지 — 국경을 넘어 네덜란드로 도망하고 말았다. 거기서 그는 부어하브의 추억이 담긴 Leyden에 이끌렸다.

1747년 그는 용기를 되찾았다. 그리고는 프랑스 의학계에 대항하여 「복수의 능력」(*La Faculté vengée*)을, 신학계에 대항하여 그의 불후의 「인간기계론」(*l'Homme machine*)를 출간했다. 후자는 익명으로, 프랑스 위그노 배경의 Elie Luzac라는 젊은 Leyden 출판업자가 맡았으며 그는 라이덴의 종교재판에 소환되었다. 루자크는 초판의 모든 부수를 회수하고 이를 사과하고 이후의 재발방지를 약속했지만 저자의 이름을 밝힐 수는 없었다. 그리고 다음 해 그는 오자를 고친 후 다시 출간하였다.

라메트리는 이 상황에서 위험을 직감했다. 그는 베를린과학원장으로 있는 고향친구 Maupertius에게 부탁하여 계몽군주 프리드리히 2세의 보호를 요청하였고 — 이때 모페티위스는 별도로 대왕의 희망에 따라 그를 교섭하고 있었는데 — 그는 곧바로 네덜란드를 도망하여 베를린의 곁에 있는 포츠담으로 갔다. 그의 재능과 솔직성을 높이 평가한 프리드리히는 그에게 폐하의 강사(lecteur), 시의(侍醫:

médicin ordinaire du roi)는 물론 베를린과학원의 원사로 임명하였다. 그는 베를린에서 다시 개업을 시작하였다. 라메트리는 Sans-Souci의 저녁파티의 꽃이었다. 늘상 쾌활한 그는 "유희, 웃음, 익살의 좌장" 이었으며 그가 큰 소리로 거리낌없이 폭소하였을 때, 거기에는 어떤 고뇌도 적의도 없었지만 볼테르, 다르겐스 등 프랑스의 명사들의 감정은 질시와 함께 깊어졌다. 라메트리는 오랫만에 "사상의 자유"를 즐길 수 있었고 그는 대규모의 철학체계를 구상했다. 그러나 동시에 그는 프리드리히 궁전이 줄 수 있는 호의와 대접에 싫증이 났다. 그는 볼테르에게 그가 프랑스에 돌아갈 수 있도록 영향력 있는 친구의 힘을 빌어 정부의 허락을 받아내 주도록 부탁했다. 물론 볼테르가 이에 협력하지도 않았을 뿐더러 그 자신도 프리드리히를 곧 떠나고 말았다. 라메트리는 그가 치료해준 프랑스대사의 집에 초대되어 파테(pâté) 요리를 먹다가 체해 사망했다. 그의 때이른 사망은, 그를 애도하여 직접 써서 베를린과학원에서 읽었던 프리드리히를 제외하고는, 주변의 모든 사람에겐 오히려 위안이었다. 그들은 그를 "완전히 방탕하고 사악한 부도덕론자"로 몰아 역사에서 매장하려 들었으며, 라메트리의 사상적 적들의 은밀한 동지가 되었다.

라메트리는 1751년 11월 11일 사망했다. 그리고 Friedrichstadt에 있는 프랑스 가톨릭교회의 묘지에 안장되었다. 때이른 그의 죽음은 오직 그의 사상이 보여준 독창성과 깊이를 이해할 수 있는 후대의 아쉬움으로 남았을 뿐이다.

라메트리의 주요 저작들

1745 *Histoire naturelle de l'âme*(Paris: David, June 1745 (June 1745) revised and included his *Oeuvres philosophiques* (1750), under the title Traité de l'âme.

1747 *L'Homme machine*(Leyden: Elie Luzac, 1748).

1748 *L'Homme plante*(Potsdam: I. F. Voss, 1748).

1748 *Traìté de la vìe heureuse, par Senèque. Avec an Discours du traducteur sur le même sujet*(세네카의 '행복한 삶'론. 동일주제에 관한 역자의 논문과 함께)(Potsdam: C. E. Voss, 1748) reappeared in 1750, under the title. *Anti-Senèque ou souverain bien*(Potsdam, 1750) and in posthumous ed. *Oeuvres philosophiques*, under the title *Discours sur le bonheur*.

1749 *Réflexions philosophiques sur l'origine des anímaux* (Potsdam: Jean Nourse, 1750) with added pharagraphs 4 included in his *Oeuvres philosophiques*(1750), under the title Le Système d'Epicure.

1750 Discours preliminaire, as an Introduction to his *Oeuvres philosophiques*(1750).

영역본

Richard Watson & Maya Rybalka tr., *Man a Machine and Man a Plant*, with Justin Leiber intro.(Indianapolis: Hackett Publising Co., 1994).

Ann Thomson tr. and ed., *Machine Man and Other Writings* (Cambridge: Cambridge University Press, 1996).

라메트리의 번역서

1735 *Système de M. Boerhaave sur les maladìes vénérienes*

1738 *Aphorismes sur la connaissance et la cure des maladies*

1739 *Traité de la matière médicale*

1738~40 *Les Institutions de Médicine*

1741 *Théorie chimique*

기타 저서들

1737 *Traité du Vertige*
1739 *Nouveau Traité des maladies vénériennes*
1745 *La Volupté*
1746 *Politique du medicin de Machiavel*
1747 *La Faculté vengée*
1750 *Les Animaux plus que machines*
1750 *Traité sur la Dyssenterie*
1750 *Traité de l'Asthme*
1748~50 *l'Ouvrage de Pénélope, ou Machiavel en Medicine*
(프랑스의 학계를 풍자한 작품)

2. 라메트리의 유물론적 사상

라메트리는 「인간기계론」의 시작에서 인간의 영혼에 관한 철학자의 입장이 지금까지의 철학을 두 개의 조류를 나눈다고 말하고 있다.[10)]

> "인간의 영혼에 관한 철학자들의 체계는, 나의 견해로는, 두 가지로 축소될 수 있다. 첫번째 그리고 가장 오래된 것은 유물론의 체계이며, 두 번째는 심령론(celui [le système] du spiritualisme)의 체계이다."

여기서 라메트리는 자신의 유물론이 하나의 입장이 아니라, 고대유물론의 계보에 근거한 해묵은, 그리고 필연적으로 반론을 가지게 되는 하나의 체계임을 말하고 있는 것이다. 엥겔스가 훗날 「포이

---

10) La Mettrie, l'Homme machine, in Ann Thomson ed., *Machine Man and Other Writings*(Cambridge: Cambridge University Press, 1996), p. 3.

에르 바하와 독일관념론의 종언」에서 말하듯이 모든 과학과 철학의 마지막, 그리고 근원적인 문제는 과거에는 물론 현재에도 — 그리고 미래까지도 — 두 개의 방향이 존재한다고 말했을 때, 그는 라메트리가 언급한 철학자의 근본적 입장, 세계관의 "공리"를 의미한 것이었다. 그것은 설정되었을 뿐 증명할 수 없는 영역에 속한다. 동시에 라메트리는 고대사상의 전통 속에 뒤섞여 있는 심령주의적인 물활론(物活論)을 어떻게 해석할 것인가의 입장에 따라 현대철학자의 세계관이 나뉠 것임을 말해주고 있다.

라메트리는 고대유물론의 주장들을 현대자연과학의 토대 — 당시에 지배적인 기계역학과 그의 시대에 의학계의 발견으로 떠오른 Albrecht Haller의 근육반응과 Abraham Trembley의 폴립(Polyp) 등 성과를 따라 — 위에서 재구성하려고 했다. 현대유물론의 창시자인 그에게 요구되는 첫번째 문제는, 어떻게 물질이, 외부의 도움 없이 그리고 비물질적인 영혼과 같은 이질적인 요소의 개입 없이도, 활동적일 수 있는가를 증명하는 것이었다. 그것은 역사적으로 데카르트가 제시한 이원론 — 세계를 영혼과 자연의 영역으로 나눈 — 을 물질을 중심으로 극복하는 과제이다. 중세철학이 실체(Substanz)와 물질(Materie)로 나누었다면, 데카르트는 후자인 자연의 세계가 기계론적 법칙에 지배되는 영역으로 봄으로써, 그에 대한 과학적 이해의 문을 열었다. 그에 비하여 그는 중세신학의 입장을 수용하면서 인간을 자연계에서 분리하여 영혼이 지배하는 영역에 속하는 이상 법칙이 아니라 신의 '자의'에 의해 질서가 있게 된다고 물러섰다. 라메트리는 고대유물론의 입장에 서서 데카르트의 논리를 따라 물질의 세계가 자기운동적이며, 따라서 적극적인 운동의 원리로서 비물질적인 영혼이 존재하지 않으며 나아가 신의 존재가 필요치 않다는 것을 증명하였다.

그는 먼저 데카르트가 물질의 광연(廣延)을 이야기한 것은 수동적 속성을 의미한다고 올바르게 지적하였다.[11]

> "물질은 그 자체가 수동적 원리이다. 그것은 단지 관성의 힘을 가진다. 바로 이 때문에 우리가 물질이 움직일 때마다 물질의 운동이 다른 원리로부터 온다고 결론지을 수 있는 이유이다. 그러나 이 다른 원리라는 것은 건전한 생각을 가진 사람이라면 물질이 함유하고 있는 것 — 즉 물체의 물질, 혹은 실체를 의미한다 — 과 혼동해서는 안된다. 왜냐하면 하나의 관념과 다른 하나의 관념은 활동적인 것과 수동적인 것처럼 상이한 두 개의 지적 관념이기 때문이다."

그에 의하면, 물질에 관해서 데카르트는 수동적 "형식"을 인정했다. 그러나 라메트리는 데카르트가 "광연"을 인정했을 때, 그는 물질의 다른 형식, 즉 활동적 형식을 수용하지 않을 수 없다고 주장한다.[12]

> "이 단순한 광연은 수많은 유형의 형태를 받아들일 수 있게하는 것인데 그것[물질] 자신의 활동적인 힘이 없이는 그것은 어떤 형태도 허용하지 않는다. 왜냐하면 그것은 이미 형태를 소유하고 있는 물질이며 이에 의해서 활동적인 힘 또는 실제의 운동을 얻게 된 것이기 때문에 물질 스스로 힘으로 순차적으로 모든 다양한 형태를 확보한다. 동일한 관념은 따라서, 아리스토텔레스가 말한 것처럼 물질이 형태의 어머니라면, 그것은 물질의 결합 혹은 그것의 활동력 자체와의 통합 덕분인 것이다."

그러나 라메트리는 물질의 활동력을 물질일반의 속성이라기보다는 그것이 유기체에서 관찰된다는 데 주의하고 있다. 물질이 사유

---

11) La Mettrie, Traité de l'âme, in ibid., ch. I.

12) Ibid., ch. IV.

하는지 알 수 없다는 투의 심오한 듯 보이는 현학도, 신이 "물질의 요소들에 활동적 원리를 새겨넣었다"(창세기 I, 이사야 66)는 성서의 구절도, 신이 물질을 생각하게 했을 것이라는 로크류의 언변도 과학 세계에서는 증명불가능한 공론적 수사에 불과하다.[13)]

> "유기물질(la matière organisée)이 활동원리가 부여되어 있다는 것 그리고 그것만이 무기물질과 구별된다는 것(그렇다고 우리는 절대로 논쟁할 수 없는 관찰에 신뢰하는 것을 거부할 수 있겠는가?)을, 그리고 동물의 경우 내가 충분히 증명한 것처럼 모든 것이 신체조직의 다양성에 의해 지시된다는 것을 단순히 받아들이자."

라메트리는 물질이 자기운동적이라는 것을 동물세계에 관해 수용했다. 그리고 그는 이 운동능력을 식물계와 인간에 확장하고 있다. 먼저 그는 생물계에 보여지는 3영역 간의 구분에도 불구하고 이들 간에 커다란 공통점이 발견되며 이행에 있어서도 급격하거나 커다란 차이를 보이는 것은 아니라고 보고 있다.[14)]

> "동물로부터 인간으로의 이행에는 돌연한 것이 없다는 것을 진정한 철학자는 동의할 것이다."
>
> "우리는 자연의 단일성에 대해 이제 보기 시작했다. 그에 대한 [지식]의 광선이 오직 희미한 것은 자연의 역사에 대한 연구[가 얼마되지 않은] 까닭이다. 그러나 얼마나 이 단일성이 관찰되는가?"

영혼을 "삶의 원리"와 동일시하는 라메트리는 식물에는 "식물의 영혼"이 "그리고 인간과 짐승에 공통으로 감각적 영혼"이 있다고 보고 있다. 다만 인간을 보다 특별히 취급하려는 사람들은 "합리적 영혼"을 사용하여 인간이 가진 "보다 광범한 기능과 수준높은

---

13) l'Homme machine, in ibid., p. 33.

14) Ibid., p. 13; L'Homme plante, in ibid., ch. I, p. 78.

지각"을 가리키기도 한다고 말한다.[15] 그러나 인간은 오히려 동물보다 낮은 동물에 속한다. 그의 생존능력과 본능은 이를 증명한다.[16]

> "인간은 [동물보다] 보다 값진 진흙으로 빚어지지 않았다. 자연은 똑같은 하나의 반죽을 사용하였을 뿐이며, 단지 효소를 다르게 하였다."
>
> "동물에 대한 인간의 모든 특권에도 불구하고, 그들과 동일한 종으로 분류하는 것은 그에겐 커다란 영예이다. 일정연령에 이를 때까지는 인간은 보다 적은 본능을 가지고 태어났기 때문에 동물보다도 더 동물적인 것은 진실이다."
>
> "자연은 우리들을 동물보다 더 하등의 존재로 만들었다."

데카르트의 "동물기계론"은 인간이 동물과 같이 기계로 인정될 것을 우려한 사람들의 기대에 맞추어 라메트리는 이를 관찰과 실험을 통해 다양한 증명을 통해 이를 사실로 증명하였다. 그에게 증명의 가장 중요한 초점은 영혼 혹은 사유능력의 문제였다. 그는 콩디악처럼 감관을 통해 인간의 지식이 형성된다고 인정했다. 그러나 그것은 외적 대상보다도 감관을 가진 신체의 상태와 기능에 더 의존한다고 보았다.[17]

> "기계가 된다는 것 그리고 느낀다는 것, 생각한다는 것 그리고 옳고 그릇된 것을 마치 푸른색과 노란색처럼 구별할 수 있다는 것, ― 한마디로 지능과 도덕을 지향하는 본능을 가지고 태어난다는 것과 단지 동물이라는 것 ― 은 이처럼 원숭이나 앵무새가 되는 것과 스스로가 쾌락을 즐기는 것처럼 모순되지 않는 일이다."

---

15) Traité de l'âme, in ibid., ch. VII.

16) L'Homme machine., in ibid., pp. 20, 18, 8. 라메트리는 p. 10에서 이렇게 말한다. "지력의 부분에서 얻어진 것은 본능의 부분에서 상실된다."

17) Ibid., p. 35 또한 p. 50에는 다음의 구절이 있다. "경험은 증명하기를, 감정능력은 인간에 있어서와 바로 마찬가지 정도로 동물에게도 존재한다."

그리고 그는 감각능력을 사유능력에로 발전시킨다.[18)]

"얼마나 많은 탁월한 철학자들이 사상(la pensée)을 오로지 감각능력(une faculté de sentir)이라는 것 그리고 합리적 영혼이란 관념을 숙고하고 논리적 사유에 적용되는 [동물이 소유하는] 감각적 영혼에 불과하다는 것을 증명하였는가!"

"나는 사상이 유기적 물질과 거의 양립할 수 없는 것이 아니기 때문에 그것은 마치 전기, 동력, 침투불가능성, 광연 등과 같이 그것[유기적 물질]의 속성 가운데 하나인 것처럼 보인다고 믿는다."

"[일단 운동의 일정한 법칙이 존재한다면,] 그것[이 법칙들]은 사유의 기관을 만들어냈다. … 자연은 그 자체로서 사유할 수 없으면서도 사유할 수 있는 기계를 만들었다."

여기서 라메트리는 감각 혹은 사유의 경로를 감관에서 일으킨 감각의 인상이 (동물적) 혼(esprit)에 의해서 혈관을 통해 뇌의 부분적인 막에 영향을 미쳐 생성된다고 보고 이를 의학적으로 자세하게 설명해간다. 어떻든 여기서 그의 특징은 인간의 신체조직과 상태 — 공기, 위장, 건강, 연령 등 — 가 외부환경은 물론 교육보다도 더 커다란 영향을 미친다는 것이다. 인간의 감정, 정념, 신념, 이상을 과학적 근거로서 그는 기계론적 운동에서 설명할 수밖에 없었지만, 그에게는 의학계에서 확인된 유전적인, 신경생리학적인 — 곧 생리화학적인 — 설명이 보충될 필요성을 절감했다. 다만 이러한 설명은 그 당시의 과학의 수준에서 기대하기 어려웠던 관계로, 그는 이를 부분적으로 추가하고 있는 데 그치고 있다.[19)]

"그러나 우리는 순수하게 기계적인 기능들로부터 진정으로 감각적 존재에 속하는 것들을 주의깊게 구별해야 한다."

---

18) Ibid., pp. 33, 35; Système d'Epicure, in ibid., XXVII.
19) d'Epicure, in ibid., X.

"[감관에 따른 기계적인 능력 이외에도] 일상적이고 습관적인 것처럼 동일한 원천에서 오지 않고 살아있는 신체의 다양한 유기적 성향에 처음으로 의존하는 능력들이 있으며 그것이 성벽, 욕구, 통찰, 본능, 관념을 형성한다

두 번째 종류는 감각적 존재에 고유하게 속하는 능력을 포함하여, 감각, 지각, 식별, 지식 등과 같은 것이다."

라메트리는 인간이 다른 동물 속에서 특히 언어의 적응성을 가진 — 그리고 그에 대한 필요가 선행되었겠지만 — 동물이라는 특징을 가졌고 이 뛰어난 인식기능을 점진적으로 언어를 통해 발달시켜 온 자연의 진화적 산물임을 밝혀두었다. 그러나 인간은 동물처럼 두뇌에 있는 신경계의 통제를 받는 기계이면서도, "교육," "후회" 등 후천적으로 습득된 지식과 감성을 가지고 있어 훨씬 더 복잡한, 때로는 불행을 의미하는, 곧 그는 현재의 쾌락보다도 과거나 미래의 이해 — "환상적 행복" — 에 집착하는 존재이기도 하다.

앞에서 우리는 라메트리가 인간의 영혼을 비물질적일 수 없다는 점을 설명하는 것을 보았다. 인간의 운동은 새로운 실체(Substanz)의 개념을 필요로 하지 않은 채 물질의 "형식" 속에서 찾아졌다. 그것은 곧 두뇌의 신경운동으로 설명된다.[20]

"그것[기계 속의 어떤 스프링의 작용]은 우리의 모든 감정, 모든 쾌락, 모든 정념 그리고 우리의 모든 사상의 원천이다. 왜냐하면 다리가 걷는 일을 하는 것처럼 뇌는 사유의 신경을 가지고 있기 때문이다. 나는 히포크라테스가 'ENORMON'(영혼)이라 부른 충동적이고 자극적인 원리를 의미한다. 이 원리는 존재하며 신경계의 시작이 되는 뇌에 자리잡고 있으며, 이를 통해 신체의 다른 모든 부분에 대한 통제를 한다."

---

20) L'Homme machine, in ibid., p. 28.

그가 중세적 용어인 '실체'를 사용하고 있지만 우리는 여기서 "개념의 실체가 말하자면 실체의 개념을 소멸시킨" 것을 본다.[21] 그런 의미에서 그는 데카르트가 "새로운 길을 열면서 그의 길을 잃었다"고 비판하지만 그가 이룬 업적을 이렇게 표현하고 있다: "굉장한 지혜를 의미하는 이처럼 중요한 발견[—동물은 기계라는—]을 한 이후 그가 만든 오류를, 고마워할 줄 모르고, 용서하지 않을 수 있겠는가!"[22] 그러나 유물론자이며 실험과학의 신봉자인 라메트리는 교조적 유물론을 논의한 것은 아니다. 그는 단지 가능한 인식의 대상으로서 신, 영혼, 물질에 대한 유물론적 해석이 보다 과학적이고 현상에 부합할 뿐이지 이들 자체의 진위는 인간인식의 범위 밖의 문제라는 점을 분명히 하고 있다.[23]

> "우리는 무한 속에서 우리를 잃어버리지 말아야 한다. … 물질이 영원한가 혹은 창조되었는가, 그리고 신이 존재하는가의 여부는 우리 마음의 평화에 영향을 미치지 않는다. 우리가 알 수 없는 것에 대하여 그리고 알아낸다고 해서 더 행복해지지 않는 것에 대하여 우리 자신을 그처럼 고문하는 것은 어리석은 일이다."
>
> "인간과 동물의 영혼의 본질은 물질과 물체의 본질처럼 분명치 않는 것이며 영원히 수수께끼로 남을 것이다."
>
> "우리는 물질이 그 자체가 직접적인 감각능력을 가진 것인지 아니면 물질이 바뀌는 형태의 수정(修正)을 통해서 이러한 능력을 획득하는 것인지 모른다는 사실을 … 동등하게 솔직히 받아들여야 한다. 왜냐하면 이 능력은 유기적 물체에서만 나타난다는 것은 사실이기 때문이다."

라메트리는 사회의 질서를 파괴하고 도덕과 종교를 부인한다고

---

21) Vatarnian, op. cit., pp. 35~36.
22) L'Homme machine, in ibid., pp. 49, 35.
23) Ibid., p. 23; de l'âme, in ibid., ch. I; ibid., ch. VI.

비난되었다. 프랑스 사회질서의 성격으로 보아, 실제로는 더 큰 규모에 있어, 그는 사회질서에 동조하지 않았다. 또한 사회가 유지해 온 도덕과 종교에 대해서도 비판적이었다. 그의 신념이 자연에 대한 유물론적, 헤도니스트적이었던 때문에 그에게는 사회의 기성관념이 마치 자연과 예술의 차이만큼 멀리 떨어진, 그리고 대립된, 나아가 그를 지배해가는 힘으로 작용하는 사회조건과 마찬가지로 화해할 수 없는 적으로 보였다. 라메트리는 철학을 시대의 정치, 도덕, 종교로부터 수호하려고 했다.[24)]

> "자연의 도덕 또는 철학의 도덕은 이처럼 종교와 정치의 도덕—양자의 어머니—과는 마치 자연이 [인위적인] 예술과 다른 것처럼 상이한 것이다. 이들은 서로 정반대로 다르기에 서로 간에 등을 맞대고 있다. 철학이 도덕, 종교, 정치와 완전히 화해할 수 없으며 후자가 사회에서 승리를 거둔 적대자들이라는 것을 제외하고는, 우리가 도출할 수 있는 것은 연구의 고독 속에서 이성의 횃불이 비추는 가운데 부끄럽게도 수모를 당하고 있다는 것뿐이다. 그런 수모는 무엇보다도 수많은 영특한 사람들이 이들을 화해시키려고 하는 바로 이 헛된 수고 때문에 찾아온 것이다."

"도덕이 형평, 정의 등으로 이끈다면 철학은 진리로 이끈다"는 그의 신념, 그리고 사회질서는 이미 도덕 등이 승리하고 있다는 압력 아래서 그는 철학의 문제, 특히 사회기성질서로부터의 비난으로부터 철학을 옹호하려고 든다. 먼저, 라메트리는 철학을 사회질서와 화해하려는 노력에 회의적이었다. 그 이면에는 사회질서에 숨어있는 반명제, 곧 모순을 드러내는 것이 철학의 존재이유였기 때문일 것이다.[25)]

---

24) Discours preliminaire, in ibid., p. 149.

25) Ibid., p. 147.

> "… 일단 도덕체계의 몸통이 철학에서 완전히 뿌리뽑혀지면, 철학과 도덕, 신학과 이성을 화해하려는 모든 시도는 사소하고 소용없는 일이 될 것이다."

이처럼 철학이 지배적 이념체계에 조화되지 않고 이에 도전한다면 사회는 철학을 사회질서에 위험한 것으로 보고 탄압에 나설 것이 기대된다. 여기서 철학은, 곧 라메트리의 철학은 그의 시대의 집중적인 공격의 대상이 된다. 볼테르와 디드로도 이 공격대열의 선봉에 섰다. 그에 대한 피상적인 비난을 그는 예감했다.[26)]

> "그러나 만약 철학이 사회관습과 종교·도덕의 주류적 교의에 대항해 나간다면 그것은 인간을 결합시킨 유대를 파괴한다! 철학은 정치구조의 기초를 도괴시킨다!"

그리고 라메트리는 자신의 「철학적 저작들」(*Oeuvres philosophiques*, 1750)의 "서문"에서 이렇게 시작하고 있다.[27)]

> "내가 증명하려고 하는 것은, 제아무리 철학이 도덕과 종교에 모순되더라도 보통 생각되는 것처럼 그것은 사회의 이 두 유대를 파괴할 수 없을 뿐만 아니라 이 유대들을 더욱더 굳게 하고 강화할 수 있을 뿐이라는 것이다."

그리고 그는 철학의 역할이 의학, 법, 도덕, 형이상학, 수사학, 종교 등의 각 분야에서 오류에 대항해 투쟁하는 데 있다고 인정했다. 그렇다고 해서 "비록 이론적으로 도덕, 종교에 반대하지만 이들 현명하고 신성한 유대를 진정으로 파괴한다는 사실은 따라오지 않는다"[28)]고 말한다. "이론적으로" 반대하지만 실제적으로는 파괴에까

26) Ibid., p. 150.
27) Ibid., p. 147.
28) Ibid., p. 164.

지 이를 수 없다는 철학의 한계는 어디서 찾을 것인가?[29]

> "나는 연설이나 논문에서 교화하지 않는다. 집에서 나는 진실이라고 생각하는 것을 쓴다. 남들과 관계해서는 나는 좋은, 건강에 이로운, 소용이 되는, 유익한 것으로 생각되는 것을 말한다. 한 장소에서 철학자로서 나는 진리를 선호한다. 그 반면에 다른 장소에서 시민으로서 나는 잘못인 것을 선택한다. … 한마디로 내가 수많은 이익을 얻어내고 있는 [정치]체의 구성원으로서 나는 (우리 인류의 사악성을 고려할 때) 각자가 자신과 재산의 안전을 빚지고 있는 원리들에 따라 아낌없이 행동해야 된다는 것은 올바른 일이다."

라메트리는 어떤 점에서 사유재산의 보호를 책임지고 있는 국가권력, 이를 정당화하는 도덕과 종교의 가치를 — 그들이 지닌 이론상의 오류를 제거하기 위한 비판과 더불어 — 시민으로서 수용하고 있는 것이다. 이러한 그의 태도는, 보다 의연한 철학자로서의 다른 입장에 대한 유보를 인정한다면, 당시의 타협적인 입장에 서있던 부르주아지에 반대하여 새로이 등장하고 있던 부르주아 세력들의 전투적 의식을 대변하고 있다는 해석을 가능케 해준다.

그러나 그의 철학의 옹호는 그보다도 훨씬 다양한 근거에서 제기되고 있다. 첫째 철학자는 "법과 질서"에 협력할 것이라는 주장이다.[30]

> "철학자는 법과 질서를 보장하는 — 혹은 차라리 보장한다고 생각되는 — 것은 무엇이거나 어떻게 해서든지 방해하는 것을 확실히 혐오할 것이다."
>
> "… 진리에 대한 사랑만을 가진 철학은 자연의 미를 조용히 숙고하며, 무모하고 찬탈할 능력이 없으며 결코 정치와 권리[영역]를

29) Ibid., p. 162.
30) Ibid., p. 151.

침범하지 않는다."

철학은 무해한 것이다. 더구나 그것은 소수의 신념에 불과하다: "그들의 제자들과 사목은 소수의, 온화하고 평화적인 … 신도들이다."[31] 그리고 "그들은 범죄나 방탕을 부추기지 않을 것이다."[32] 라메트리는 무신론자집단의 사회가 가능한 것으로 볼 뿐더러 "유신론자의 사회보다 더 쉽게 살아남을 것"[33]이라고 언급한다. 그는 이처럼 다양하게 실용적인 측면에서 철학과 기성질서의 공존가능성을 소개했다.

그럼에도 불구하고 그의 진정한 의도는, 도덕과 종교의 도전에 의해서가 아닌, 철학의 철저한 도전정신이 그에 걸맞는 사회가 있게 될 때까지 멈출 수 없다는 것을 강조하는 것이었다. 모든 선악, 정의와 불의, 도덕과 패륜은 상대적이다. 그것은 자연이 아닌, 사회의 이익, 나아가 지배계급의 이익을 위해 인위적으로 인간의 자연적 본성에 부과한 것이다. 자연의 도덕과 사회의 도덕 사이에는 필연적인 모순이 있다.[34]

> "한편에는 자연과 철학에 의해 계몽된 인간이성이, 그리고 다른 한편에는 도덕과 정치에 의해 지지되고 심지어는 받쳐지고 있는 종교와 그들 각자의 구조에 의해 정해진 대로 영원히 전쟁에 있다는 것은 따라서 진실이다."

그리고 이들이 "영원히 전쟁상태에 있는" 것은 철학이 자연을 대변하는 한편, 종교, 도덕, 덕성, 정의, 정치는 그에 대한 인위적인 기준을 들여온 데 기인한다.[35]

---

31) Ibid., p. 152.
32) Ibid., p. 161.
33) Ibid., p. 161.
34) Ibid., p. 163.
35) Anti-Senèque ou le souverain bien, in ibid., p. 131.

> "선악은 이를 특징지우는 어떤 특정의 징표도 없으며, 이들은 단지 사회의 이익(결코 완전히 교육될 수 없는 진실)에 의해서만 서로 간에 구별될 수 있다. …"
>
> "왕좌에 있는 덕성은 교수대에서는 범죄라는 것을 … 말해줄 것이다. 왜냐하면 도덕과 정치에 있어서는 의학에서와 마찬가지로 우리는 사건에 따라 판단하기 때문이다."

라메트리는 인간의 자연적 충동에 대한 과도한 사회적 억압에 반대했다. 그는 인간의 덧없는 삶을 보았다.[36] 그에게 금욕주의자는 "삶의 즐거움에 반대해 잘 무장된 한센병자"였다.[37] 인간은 쾌락을 즐길 자유가 있다고 그는 주장했다.[38]

> "우리의 감관은 감각능력이 있으며 우리를 기쁘게 하고 삶을 즐기도록 변화할 능력이 있다. 이 감정이 만들어낸 인상이 짧으면 그것은 쾌락이다. 만약 길어지면 관능이며 영속적이면 행복이다. 그것은 항상 동일한 감정이다. 단지 지속시간과 강도가 다를 뿐이다."

라메트리는 육체적인 쾌락만을 논의한 것은 아니었다. 그는 "이성의 횃불로 영혼을 정화하는 행복"을 말했으며 "그러한 행복은 철학자에게만 예비되어 있다"고 부언했다. 그리고 철학을 한다는 것은 유물론을 연구하는 것이었다.[39]

그러나 철학자가 된다는 것은, — 라메트리는 경고한다 — 단순히 유물론을 답습하고 따라간다는 것은 아니다. 거기에는 철학적 용

36) d'Epicure, in ibid., LI "삶이란 얼마나 덧없는 것인가! 신체의 모습들은 그것을 묘사한 노래가 불러지는 동안만 활기가 넘친다. 사람과 장미는 아침에는 나타났다가 해질 무렵에는 사라진다. 모든 것은 교체되고 모든 것은 사라진다. 그리고 아무것도 파괴되지 않는다."

37) Anti-Senèque, in ibid., p. 126,

38) Ibid., p. 120.

39) Ibid., p. 121; Discours préliminaire in ibid., p. 152. "시민처럼 사는 자는 철학자처럼 쓸 수 있다. 그러나 철학자처럼 쓴다는 것은 유물론을 가리키는 것이다."

기가 필요하다. 자신의 지위와 재산 그리고 모든 사회관계가 위협될 때에도, 오히려 이러한 절박한 상황 아래서만, 진정으로 철학자의 진면목이 나타난다.[40]

> "바다가 더욱더 암초로 가득차고 난파가 심한 것으로 알려졌을 때 이처럼 숱한 위험 속에서 거기에서 불멸을 추구하는 것이 더욱 장엄하다고 생각하기를 계속하겠다."

그리고 그는 철학자에게 요구한다.[41]

> "그대가 마치 이 우주에 홀로 있는 것처럼, 혹은 마치 인간의 질투와 편견에서 두려울 것이 아무것도 없는 것처럼 글을 쓰라, 그렇지 않으면 그대는 목표를 빗맞히고 말 것이다."

라메트리는 그의 신념에 맞게 18세기 계몽사상가 가운데 유물론의 창시자였다. 그의 사상은 풍부하고, 급진적이고, 신선했다. 그렇지만, 이 최대의 사상가를 맞이한 것은 때아닌 죽음뿐만 아니라 그에 대한 부당한 평가였다. 이를 받아들이기라도 하듯이 그는 자기 저작의 말미에서 역사의 운명을 예언한 듯 말하였다.

> "나의 난파와 그에 따라온 모든 불행은 철학자에게는 값진 그러한 명예스러운 항구에 도달하면서 어떻든 쉽게 잊혀질 일이다. 여기서 나는 내가 겪은 모든 위험에 대해 망각의 긴 한 모금을 마실 수 있다. 내가 가졌던 운좋은 과오를 어찌 후회할 수 있으랴."

---

40) Discours préliminaire, in ibid., p. 170.

41) Ibid., pp. 172~173.

제2절 디 드 로

볼테르에 이어 프랑스계몽운동의 폭을 넓히고 이끌어간 중심에는 디드로가 있었다. 그는 볼테르와 마찬가지로, 그러나 자연과학의 전문지식을 깊이 가진, 광범한 지식의 소유자였으며 수학, 물리학, 화학, 생리학 등 과학분야는 물론 철학, 윤리학, 신학과 문학, 예술(특히 미술), 극, 소설, 수필 등에 이르는 인간지식의 표현의 거의 모든 영역에 걸쳐 활동했다. 특히 사상운동의 조직가로서 그는 숱한 탄압과 곡절에도 불구하고 백과전서(*l'Encyclopédie*)의 작업을 — 그의 가장 가까운 조력자였던 d'Alembert의 이탈에도 불구하고 — 불굴의 의지로 출판업자를 설득하여 20년에 걸친 노고에 의해서 완성함으로써 계몽사상운동의 주도자가 되었으며, 이는 프랑스를 비롯한 대륙에서 지적 혁명의 계기가 되었다. 디드로의 사상은 프랑스 지식사회의 모순을 반영하였다. 그는 때로는 감상주의적 부르주아 충동과 세련미에 익숙해져 기독윤리를 주장하기도 하지만, 그의 철학적 입장은 범신론에서 벗어나 견결한 라메트리식의 유물론에 서있다. 그는 진보와 문명의 이익을 탐닉하면서도 그 밑바탕에 놓여있는 사유재산과 기성도덕의 억압적 성격을 고발했다.

Denis Diderot(1713~84)는 파리에 가까운 샹파뉴(Champagne)주의 랑그레(Langres)에서 칼을 만드는 장인 Didier와 Angélique Vigneron 사이의 2남 1녀 중 장남으로 태어났다. 1728년 그는 외숙부가 가진 abbé의 직위를 물려받도록[42] 파리로 보내졌으며 라메트

42) Lester Crocker, *Diderot: The Embattled Philosopher*(New York: Free Press, 1954), pp. 7-8. "어떤 알 수 없는 이유로 Langres 성당은 자신의 후계자로 조카를 지명했던 외숙의 뜻과는 달리 — 이는 가장 극단적인 조치였다 — 이를 거

리의 후배로 Collège d'Harcourt에서 신학을 공부했으며, 32년에는 학위도 받았다. 그러나 당시의 자유사상 분위기에 휩쓸려 더 이상의 진로를 포기하고 — 이 때문에 그는 부모로부터 버려졌다 — 라땡 지역에서 수학을 가르치고 설교문을 써주는 등의 수입으로 근근이 생활하였다. 이 무렵 그는 제주이트 교육기관에서, 이에 대립하는 Jansenisme이 영향을 미치는 교육기관에서 수학했다. 그의 풍부한 어학실력 — 그는 영어, 독어, 이탈리아어, 스페인어는 물론 그리스어와 라틴어에도 능통했다 — 때문에 책들의 번역으로 그의 수입은 상당한 정도여서 살만하게 되었다.

그의 최초의 책 「철학단상」(*Pensées philosophiques*, 1746)은 볼테르와 비슷한 범신론의 입장에서 관념론으로 수식된 유물론의 징후를 강하게 풍기고 있다. 라메트리가 그에 상당히 공감하였음은 물론이다. 그의 책은 그러나 그 해 7월 파리고등법원(Parlement de Paris)에 의해 전량 수거되어 분서하도록 선고되었다. 전체 62구절로 되어 있는 「철학단상」의 첫구절은 이렇게 시작한다.

> "사람들은 언제나 정념을 비난하고 나선다. … 그러나 영혼을 위대한 일로 고양시키는 것은 정념, 그것도 강렬한 정념이다. 건강한 정념은 다시 정념을 일으킨다." "절제는 자연의 위대성과 에너지를 무력화한다. … 인간이 자신에 담긴 정념을 파괴하려고 한다면, 그것은 광기의 극단 바로 그런 것이다."(「철학단상」 I, Ⅲ)

이어서 그는 「시각의 사용에 관하여, 맹인에 관한 편지」(*Lettre sur les aveugles, à l'usage de ceux qui voient*, 1749)에서 맹인은 촉각을 통해 시각의 기능을 수행하는 데 착안하여, 데카르트라면 "그는 영혼의 자리를 손가락들의 끝에 둘 것이다."[43] "왜냐하면 거기로

부했다." abbé의 자리는 디드로와 사이가 썩 원만치 못했던 동생이 승계했다.

43) *Pensées philosophiques*(1746), I and III, in Margaret Jourdin tr. and ed.,

부터 감각의 대부분과 그의 모든 지식이 나오기 때문이다"[44]고 지적했다. 그는 인식의 근원을 인식과정을 이에 축소하지 않은 채 단지 감각적 지각에서 찾고 있으며, 5관(五管)에 나타나는 모든 변화는 필연코 그에 따른 관념의 수정을 가져온다고 주장함으로써 유물론적 인식이론을 더욱 풍부하게 만들었다.

이 책의 출간 때문에 그는 7월에 바스티유(Bastille) 감옥을 체험하게 되었다. 얼마되지 않아 그는 악명높은 뱅센느(Vincennes) 형무소의 지하독방에 이감되었다. 당시의 바스티유 감옥은 지식인, 철학자로 만원을 이루고, 밖에서는 수많은 혐의자를 체포하느라 바쁜 상황이었다. 수형생활 4주가 지나면서 디드로는 파리시경국장 Barryer에게 "당신은 나의 참회와, 당신의 판단에 맡기지 않고서는 이후에는 다시는 어떤 것도 쓰지 않겠다는 나의 약속을 참고할 것을 바라며…" 등이 담긴 "참회편지"(8월 13일)를 보냈다. 거기서 그는 "내가 쓴 「철학단상」, 「무분별한 보석」(*Les Bijoux indiscrets*, 1748), 「맹인에 관한 편지」는 모두가 진정한 나를 벗어난 심성의 바탕이었으며 …, 이것들로서 마지막이며 이것들뿐[— 다른 어떤 것도 숨겨놓지 않았다 —]이라는 것을 나의 명예를 걸고 약속드릴 수 있습니다"고 허리를 굽혔다.

"참회편지" 이후 '백과전서'의 출판업자 르 브레통(Le Breton)의 청원이 뒤따랐고, 그는 뱅센느의 어느 성곽(château)에로 옮겨서 연금되었다. 곧바로 조직가로서 활력을 되찾은 디드로는 기고가, 조판공, 인쇄공의 일을 분주하게 만들고 있다. 그는 이미 47년에 그러한 사업의 편집자로 일해줄 것을 요청받고 있었다. 수형의

Diderot's Early Philosophical Works(Chicago: The Open Court Publishing Co., 1916), p. 27.

44) Lettre sur les Aveugles(1749), in ibid., p. 87.

경험은 그의 글쓰는 방식을 더욱 비체계화하고 전체적인 일관성을 애매하게 만드는 데 일조했다. 그러나 그는 시대의 탄압에 굴하지 않고 지난날보다 더욱 역동적으로 l'Encyclopédie 사업을 재개하였고 프랑스혁명의 불길은 내연(內燃)의 시기로 들어갔던 것이다. 한마디로, "뱅센느의 수인(囚人)은 백과전서군대의 야전사령관으로 변신하였다."

「백과전서」 사업의 시작은 흥미롭다. 1746년 출판업자 Le Breton은 다른 동업자 2인(Briasson, 그리고 미상의 1인)과 함께 Chambers의 「Clopædia」(1728)의 불역본을 추진하면서 1747년 8월 디드로에 접근하여 그를 편집장으로 의뢰한 것이 계기가 된다. d'Alembert는 수학담당 부편집장으로 위촉되었다. 그러나 그 해 10월 디드로는 영국 「백과사전」의 번역계획을 완전히 변경하도록 Le Breton을 설득시킨다. "우리의 백과전서는 단지 그러한 유형에서 최선의 것일 뿐만 아니라 인류사에서 최대의 지적 협동작업이 될 것이다"[45]고 디드로는 자신의 의도를 밝히고 있다. 1748년 4월에는 정부의 허가와 함께 이 사업은 확정되었으나, 그 해 7월 그가 구속됨으로써 더 이상 진행되지 못하고 있었던 것이다. 이로부터 디드로가 예상치 못한 평생의 어려운 작업이며 지성사의 획기적인 사건이 시작되었던 것이다.

1750년 디드로의 "개요"(Prospectus)가 발표되고 51년에는 달랑베르의 "서문"(Discours preliminaire)이 나오면서 Encyclopédie 사업은 전 유럽의 지식계에 비상한 관심을 일으켰다. 총 8권으로 예정된 제 1 권이 51년 7월 1일에 간행되었고 그것은 디드로의 "친구"이자 정계의 실력자인 d'Argenson 백작에게 헌정되었다. 사전의 내용으로

45) Crocker, op. cit., p. 51에서 재인용.

보아 그것은 제주이트교단의 적의를 불러들이기 충분했다. 52년 1월 제 2 권이 간행되었을 때 기고자인 abbé de Prades의 자격을 놓고 시비가 일었다. 디드로는 이 신부의 이름으로 "변명"(Apologia)를 써서 제 3 권에서 그의 능력을 발휘했다. 이 때문에 사업을 계속하도록 잠정적인 허가를 얻어낼 수 있었다.[46] 정치적 압력 아래서 부편집장을 사임했던 달랑베르도 디드로의 권유에 못이겨 일단 공동작업에 복귀했다.

이 무렵 그의 사상은 볼테르처럼 범신론적 입장에 서 있었다. 그러나 달리 보면 그는 유물론자로 변신하였고 다만 그러한 외양을 통해 현실과 타협하고, 또한 다양하고 광범한 그 시대의 조류를 합류시킬 수 있었다. 「백과전서 혹은 과학 · 예술 · 수공(手工)의 이성적 사전」의 편집장으로서 디드로는 당시의 봉건적 절대주의의 사상과 제도에 대항하는 지식인을 동원하여 투쟁의 무기로 전환시킴으로써 시대의 기본모순을 더욱 첨예화하면서 그에 대한 저항의 동력으로 이 사업을 발전시켜 갔던 것이다.

「앙씨클로페디」의 최대기고가는 자쿠르(Jacourt)였다. 디드로와 돌바하의 글이 많이 실렸고 볼테르, 몽테스키외도 기고했다. 1755년 제 5 권이 간행되었을 때 달랑베르에 보낸 편지에서 볼테르는 "내가 살아 숨쉬는 동안 Encyclopédie에 봉사하겠다"고 그의 지지를 감동적으로 표현했다. 1756년 제 6 권이 간행되었을 때 정기구독자는 케네, 넥케르 등 저명인사를 포함하여 3,000명을 넘어섰다. 그럼에도 불구하고 바로 그 해에 루이 15세에 대한 암살미수사건이 드러나고 "전복을 꾀하는 책들"에 대한 정부의 공세가 강화되고, "앙씨클로페

46) 이 무렵 루소와 달랑베르가 백과전서 작업에서 떠나고 파리는 d'Holbach에 의한 새로운 무대가 펼쳐져 1770년대 Mme. Helvétius가 살롱을 열 때까지 프랑스 계몽사상을 유물론적 모습으로 각인시키는 계기가 된다.

디" 사업의 전도는 다시 그리고 더욱 어두워졌다.

1757년 달랑베르는 복귀했던 부편집장을 사임하면서 기고를 포함해 이 사업에서 완전히 손을 뗐다. 루소는 첫번째 위기가 왔던 1752~53년 떠난 지 오래되었다. 디드로의 숭배대상이었던 볼테르도 예외는 아니었다. 그는 모든 기고가들에게 글을 쓰는 대신에 "용기의 징표"로서 사업가가 되라고, 역설적으로 들리는 그에 특유한 표현을 하면서 움츠렸다. 그도 궁정의 노여움 앞에 한 발 물러서지 않을 수 없었다. 사전사업을 붙들고 있던 디드로는 광야에 홀로 버려졌다. 그러나 그는 물러서지 않았다.[47]

> "오직 디드로의 열정만이, 오직 이 사업을 완결하겠다는 디드로의 신념만이 손상되지 않았다. 그의 역동적인 지도 아래 소수의 군대가 복귀하여 거짓을 무너뜨리고 진리를 설파하려는 인고의 노동에 가담했다."

디드로는 이 사업이 완결될 때까지는 그에게 다른 선택의 자유도 허용되지 않는다는 점을 알고 있었다. 그리고 고난 뒤에 얻게 될 명예도 그를 격려했을 것이었다. 그의 견결한 입장을 전해 듣고 유감스럽게 생각했던 달랑베르는 이 사업의 성공으로 계몽시대의 주류로서의 명성을 잃고 수모를 겪게 되었다.[48] 1760년대 후기에 디드로는 출판업자를 격려하여 비밀리에 남은 부분을 모두 완성하여 한꺼번에 구독자에게 배포하면서 1766년 작업은 끝나게 되었다. 출판업자가 바스티유에 수감되고, 프랑스정부가 이에 대한 이해를 가지

47) Crocker, op. cit., p. 127.

48) 1757년 달랑베르는 디드로와 결별했다가 그가 심한 병을 앓은 후인 1767년 디드로가 받아주어 관계를 회복했다. 그 무렵 디드로는 「달랑베르의 꿈」을 썼는데 ― 디드로의 요구에 의해 1830년에서야 출간되었다 ― 그것은 디드로와 달랑베르, 그리고 후자의 연인인, 그리고 뒷날 그에게 상처를 주고 떠난 Julie de Lespinasse의 대화 및 디드로가 자리를 뜬 후 Bordeu와의 대화로 구성된다.

고 묵인하였다는 것은 모두가 후일의 여담이 되었다.

디드로는 볼테르가 선망했던 프리드리히 대왕을 혐오하면서도 에카쩨리나 2세와는 가까이 지냈다. 1770년대에 두 차례에 걸친 여행, 반년에 걸친 체류, 엄청난 금전적 지원 대가로 그의 장서와 수고(手稿)는 사후에 생 피티스버그에 보내진 것 등은 잘 알려진 이야기이다. 1753년 그는 부모와도 화해했다. 이 시기는 루소가 그의 곁을 떠나고 그는 d'Holbach가 주도하는 "철학궁전"(le mâitre d'Hotel de la philosophie)이라 불리는 그의 살롱의 주빈이었다. 그의 사상은 d'Holbach와 그의 집단에 의해 더욱 발전되었다.

1740년대 이래 볼테르의 표현처럼 "펜팔"이었던 디드로는 볼테르가 죽기 전 파리에 귀환하면서 만나게 된다. 볼테르는 파리에서 열렬한 환영을 받았다. 그는 디드로에게 "만약 마지막 시간을 그곳에서 보내는 것이 허용된다면, 나는 그대의 말을 듣는 기쁨을 누리고 싶다"(1776. 12. 1)고 편지를 썼는데, 이 희망은 불행히도 이루어졌다. 곧 그들이 만났을 때 디드로는 탁월한 웅변으로 말을 쏟아냈으나 볼테르는 익숙치 않은 경험을 할 수밖에 없었다. 그는 회고했다: "이 사람은 확실히 지성적이다. 그러나 자연은 그에게 하나의 재능, 그것도 본질적 재능인 대화능력을 거절했다"고 푸념했다.[49] 1780년 그의 고향 Langres의 Hôtel de Ville 앞에 그의 동상이 세워졌다. 그는 자기의 삶이 사람들에게 유익한 것이었다고 만족해했다. "열심히 일한 뒤 하루의 끝을 기다리는 것처럼 나는 생의 마지막을 갈망한다"고 그는 물러섰다. 그는 파리의 국립극장(la Comédie-Française)의 건너편에 있는 자기 아파트에서 1784년 7월 31일 갑자기 사망했다. 남긴 말은 "철학의 제 1 은 의문이다"이었다.

---

49) Crocker, op. cit., p. 422에서 재인용.

그의 시신은 자신의 소원에 따라 해부되었다. 별 이상은 없었지만 담낭에서 최소 땅콩 크기의 사리가 21개나 나왔다 한다. 그의 시신은 생 로시(St. Roch) 구 교회의 Virginale 예배소 지하에 안치되었는데, 다음날 첫 방문객은 이를 찾을 수 없었다.

디드로는 물론 프랑스 계몽시대의 유물론의 창시자는 아니다. 그의 유물론은, 그 자신의 부인에도 불구하고, 라메트리의 사상의 대중적 표현이다. 거기에는 독창성이나 체계적인 정리도 없었다. 그렇지만 그는 라메트리가 이루어놓은 성과를 전제로, 당시의 보다 발전된 과학의 발견과 이론들에 근거해서, 무기물로부터 유기물로의 이행의 문제, 생명의 전체와 부분의 문제, 감각과 사유능력의 문제, 그리고 이들 유물론적 해석과 사회도덕의 관련성에 관하여 보다 심오하고 통찰력 있는 그의 주장을 부가하였다. 프랑스의 계몽사상을 유물론의 방향으로 이끈 커다란 힘은 볼테르와 디드로에게서 나왔다. 현대 유물론의 창시자인 라메트리는 디드로의 대해를 따라 조타수인 돌바하에 와서 18세기의 표현을 완결한다고 하겠다.

디드로의 유물론적 입장은 실증주의적인 경향을 띠고 있다. 그는 라메트리처럼 알 수 없는 것에 대해서는 믿거나 부정하는 것은 무의미하다고 생각한다. "무한성은 나에게 전혀 관심사항이 아니다"고 그는 말하면서 신, 영혼, 내세에 대한 논의를 거부한다. 그것은 우선 과학적 지식이 "자연의 관찰, 성찰, 실험"에 한정된다는 그의 설명에서 분명하다.[50] 그러한 입장은 범신론 혹은 불가지론을 수용하는 듯 보이지만 실제로는 당시의 강력한 반발을 피하기 위한 조심스럽게 덮혀진 "회의론"이다.

디드로의 유물론은 라메트리보다 생명의 문제에서 광범하다. 라

---

50) Pensées sur l'interprétation de la nature(1753), XV.

메트리가 생명을 유기적 물질의 속성으로 보고 유기적 물질의 결합을 통해, 그리고 배열의 특수한 조직형태에 따라서 생명의 가능성을 이야기하고 있는 데 비해 디드로는 무기적 물질에게도 감성(sensibilité)이 존재하며 단지 그것은 아직 활동적이지 않은 잠재적인 상태에 머물고 있다고 생각한다.[51)]

> "감성은 물질의 보편적 속성이며, … 사체(死體)에서는 활동적이지 않은 것이지만 … 이 동일한 물체가 [먹고 소화하는 등] 살아있는 동물 실체에 동화되면서 활동적이게 된다. 이것은 영양현상에서 매순간 증명된다. … 동물은 불활적(不活的) 감성이 활동적인 것으로 변하는 실험실이다."

라메트리가 할레의 연구에서 증명한 동물의 일부분에서 보여지는 신경반응을 근거로 동물조직의 본질적 속성으로 보았다면, 디드로는 감성을 "살아있는 부분"(pointe vivants)이라고 보고 있기 때문에 이들의 차이는 곧 디드로가 감성을 물질의 속성으로 파악하는 데서 나타난다.[52)]

> "동화가 있기 전에는 두 개의 분자가 있었다. 동화 이후에는 단지 하나의 분자만 있게 되고 … 이들이 가지고 있었던 감성능력은 모든 물질덩어리의 공동속성이 된다."

디드로는 감성이라는 속성이 물질에 들어있기 때문에 생명의 발생과정에 관하여 "물질인자"만이 필요하며 이를 통해 "연속적인 결과가 불활적 존재, 감성존재, 사유존재가 될" 것이라고 주장한다.[53)] 이런 전제 아래, 그는 자연은 "물질의 망망한 대해"이며 그것

---

51) Crocker, op. cit., p. 321.

52) Le Rêve de d'Alembert(1763), in Derek Coltman tr., *Diderot's Selected Writings*(New York: the Macmillan Co., 1966), pp. 191-192.

53) Ibid., p. 183.

은 끊임없이 변화하며 파괴되고 있지만 물질 그 자체는 변화하지 않는다고 설명한다.[54]

> "에피쿠로스가 지구는 만물의 씨앗을 함유하고 있으며 동물계는 발효의 산물이라고 밝혔을 때 시간의 시초에서 대규모로 일어나고 있던 것을 구체적인 예증으로 그의 청중에게 보이려고 했었다. … 누가 그 발효과정과 이의 생산물이 이제 다했는지 여부를 말할 수 있겠는가?"

이처럼 자연에서 동적인 힘을 발견하는 디드로의 동적 유기체 관념은 「인간기계론」에서 라메트리가 지나친 감정능력과 사유능력의 간극의 문제를 기계론적으로 재해석함으로써 우주에 대한 유물론적 해석에 담긴 난점들을 단지 다르게 대체하고 있다는 비난을 받게 된다.[55] 의지의 문제에서 행동의 결과를 집중할 뿐 행동에 대한 행동주체의 의식을 외면한 인상을 남긴다.[56]

> "의지는 어떤 내적인, 혹은 외적인 동기에 의해서, 현재의 어떤 인상 혹은 과거의 어떤 인상에 의해서, 어떤 정념 혹은 미래를 겨냥한 어떤 의도에 의해서 항상 행동으로 옮겨진다. 이로부터 나는 다음을 제외하고서는 자유에 대해서 더 할 말이 없다. 곧 우리의 가장 최근의 행동은 단일원인, 즉 우리 자신의 필연적 결과이다. 매우 복잡한 원인이긴 하지만 그러나 단일의 원인인 것은 맞다."

그는 기계론적 기초 위에서 인간과 동물을 다루고 있으며, 예컨대 인간은 라메트리가 사용한 유추를 따라 "진동하는 줄"로 설명한다. 그리고 이러한 설명은 현대의학계와 cybernetics에서 그대로 채택되고 있다. 예컨대 한 과학자는 아래의 설명을 통해 라메트리와

---

54) Ibid., p. 196.

55) Crocker, op. cit., p. 334.

56) op. cit., p. 211.

디드로의 기계론적 유물론을 수용한다.[57)]

> "우리가 가지고 있는 감정과 활동의 모든 등급들은 신경충동의 빈도에 나타나는 다양성에 의해서 그리고 맥박빈도조절체계를 통해 자극된 신경세포수에 의해서 제공된다."

과학계는 이들의 유용성을 그대로 활용하고 있지만, 철학에서의 문제, 즉 전체의 의식의 문제는 해결된 것은 아니다. 이에 관하여 라메트리는 침묵하고 있지만 디드로는 직접 대응한다. 그는 생명에 있어 부분은 전체에 종속된다. 그리고 사회에서 인간은 그에 유사하게 하나의 유형으로 만들어진다고 설명한다.[58)] 생명체의 진화는 점진적으로, 그러나 비정상의 형태를 통해 몇 단계를 건너뛸 수도 있다고 그는 보았다. 그리고 생명체들 간의 경계는 그렇게 뚜렷한 것이 아니라고 그는 부언한다.

디드로의 유물론은 사회윤리에 관계하여 상당한 부분을 할애하고 있다. 비록 그는 자신의 유물론적 견해를 사후의 발표로 미룸으로써 라메트리처럼 시대에 매장되는 것을 면할 수 있었지만 그들이 공표되었을 때 그 효과는 더 이상 중요한 것도 관심을 끌 수도 없었다. 그러나 전체로 볼 때, "가장 발전된, 통합된 유물론체계"를 18세기에서 디드로는 대변한다고 볼 수 있다. 그 자신 최대의 작업이라고 생각했던 '도덕론'을 디드로는 결코 써낼 만큼의 용기를 갖

---

57) Gray Walter, "An Imitation of Life," *Scientific American*(May, 1950). Crocker, op. cit., p. 332에서 재인용.

58) "… [The] harmony of the whole is maintained by a collective consciousness whose presence is felt in every molecule of the organism," Ibid., p. 327; "Change the whole and you necessarily change me too and yet the whole is changing constantly … Man is merely a common effect, and the monster an common one; both are equally natural, both equally inevitable, both equally part of the universal and general order …." Le Rêve de d'Alembert, in Coltman tr., op. cit., pp. 199~200.

지 못했다. 우리는 그가 빈부의 차이를 통렬하게 비판하고, 사유재산에 대한 부정적 견해를 가졌다는 것도 알고 있다. 그러나 그는 "생활의 실제에서는 나는 가죽에 싸인 동물의 우둔함보다도 비단옷에 담긴 세련된 악습을 더 선호한다"는 표현이 보여주듯 그의 사상은 부르주아 생활에 맞추어졌다. 복잡하고 모순되며 일관성의 체계를 갖추지 않았던 그의 사상은 돌바하에 오면서 단순하고 체계화된, 때로 너무 경직한, 전투적 유물론으로 이어지고 있다.

제 3 절 돌바하 남작

계몽시대 프랑스 유물론의 주류를 장식한 사상가는 돌바하이다. 콩도르세, 튀르고와 동시대인인 돌바하는 사실상 계몽사상이 본격화한 50년대부터 35년 동안 "돌바하 클럽"(club holbachique)이라 불리는 광범한 무신론적 집단을 이끌면서 볼테르가 "필연"을 받아들이고 디드로가 "보편적 감성"(sensibililé universelle)을 가정하도록 계몽시대의 분위기를 유물론적 경향으로 인도하였다.

폴-앙리 티에리 돌바하 남작(Paul-Henri Thiery, Baron d'Holbach, 1723~89)은 신성로마제국의 팔란틴 선제후(選帝候)의 관할 지역인 Edelsheim에서 포도재배를 하는 부부에게서 태어났다. 그러나 이 무렵 에델생은 스페예(Speyer) 교회령에 속하고, 스페예 공국은 란도(Landau)성(城)의 북에 위치하고 있어 프랑스의 영토였다. 루이 14세가 영토를 라인강까지 확장하는 전쟁을 치루는 과정에서 알사스에서 승리하고 팔란틴에서 패했지만 란도 요새를 장악할 수 있었기 때문이다. 그가 태어나기 3년 전 파리에서 재산을 모았던 그의 숙부 François는 남작(Baron)을 수여받았는데 그는 이 남작의 가정에 입양되었으며 1753년 그의 숙부가 죽자 그로부터 엄청난 재산 — 프랑스, 네덜란드, 에델생에 있는 — 을 상속했다. 그는 사촌누나의 큰 딸과 결혼했지만 이 딸이 54년 죽자 1756년 동생에게 결혼하였다. 또 네덜란드에서 재산과 작위를 가지고 있던 이 사촌누나의 남편이 54년 죽으면서 누나를 돕기 위하여 그의 작위 — compagnie des conseillers-secretaires du roi — 를 11만 livres를 주고 승계하였는데 그로부터 연수 5,500 livres가 보장되었다.

돌바하는 12살부터 파리에서 생활하였다. 그리고 1744년부터 48~49년까지 Leyden 대학에서 수학하였으며 48년 파리에서 시민권을 부여받았다. 1749년부터 51년 동안, 파리에서 유행하고 있던 Salon — 대체로 부유한 귀족부인이 주도했다 — 의 정치를 형태를 바꾸어 후에 "돌바하집단"으로 발전해간, 상당히 밀접하게 묶어진 지식인집단을 형성했으며 당시의 주요한 논쟁들이 그의 살롱에서 지적 분위기로 충만한 가운데 진행되었다. 1749년 돌바하는 이 모임을 발전시키기 위해 생 로시(Saint-Roch)의 Rue Royale에 집을 구입했으며, 그의 자택과 파리 근교에 위치한 Grandval의 가족영지 — 여름에 10~15일간 합숙하는 식으로 — 는 동류의식을 가진 수많은 지식인들의 집결처였다. 주요명단을 보면, 돌바하, 디드로, Ferdinand Melchior, Grimm, Francois-Jean de Chastellux, abbé Ferdinando Galiani, Claude-Adrien Helvétius, Jean François de Saint-Lambert, Charles-Georges Le Roy, Jean-François Marmontel, André Naigeon, Guillaume-Thomas-François Roynal, Augustin Roux, Jean-Baptiste-Antoine Suard 등은 단골이었고 해부학자 Barthez, 화학자 Venel, 수학자 d'Alembert, 식물학자 Buffon, 그리고 Rouelle, Duclos 등이 참여했다. "뤼 로아얄의 친구들"은 이때부터 35년 동안 돌바하의 뤼 로아얄에 모여들었으며, 돌바하는 갈리아니 신부의 표현을 빌리면,

"철학 궁전의 주인"(le maître d'Hotel de la philosophie)이었다. "유럽의 카페"(Le café de l'Europe)라 불리는 그의 집에서 그들은 커피를 마시며 천하의 세와 우주의 비밀에 관해 고담준론(高談峻論俊으로 날을 세웠다.[59)]

> "돌바하의 엄청난 재산은 그의 살롱을 그것이 지닌 지적인 즐거움을 넘어 빛나게 만들었다. 그는 모든 뒷이야기로 보아, 최고급 요리사, 수많은 하인들, 넘치는 그리고 인상깊은 음식들, 그리고 놀랄 만한 특산품 포도주 컬렉션을 내놓았다. 그의 집은 그가 환대하는 사람들에게 호기심 많은 자원들을 제공하기도 했다. 그는 자연사 도서실을 가지고 있었는데, 거기에는 3,000권이 넘는 장서와 프랑스의 대표화가들의 수많은 그림들이 있었다. 그 외에도 너그럽게 베푸는 사람이었으며, … 가난한 작가, 화가, 음악가들을 지원했다."

조룡탁봉(彫龍啄鳳)만이 아니었다. 단골이었던 abbé Morellet는 "수많은 논의는 있었지만 다툼은 없었다"고 회고했다. 새롭고 최근의 소식, 활발한 의견교환, 유익한 대화가 분위기를 지배했다. 그러나 또 다른 단골이었던 Naigeon은 돌바하의 사후에 "그[돌바하]는 책방주인의 딸 Mlle. Panckoucke를 두고 Condorcet의 적수였다"고 털어 놓았다. 1772년 엘베시위스가 죽자 미모의 부인은 살롱(salon)을 Auteuil에서 시작했다. d'Holbach와 Mme Helvétius의 살롱을 방문하는 지식인들은 같았다. 돌바하는 목·일요일 개방했다. 돌바하의 부인은 거의 존재를 인식시키지 않았지만 엘베시위스 부인은 그녀의 반짝이는 미모와 유머로 철학논쟁을 엉망으로 뒤집어 놓았다.[60)]

---

59) Alan Kors, *d'Holbach's Coterie: An Enlightenment in Paris*(Princeton: Princeton University Press, 1976), p. 13. 돌바하에 지원받았던 사람 가운데 하나는 루소였다.

60) W. H. Wickwar, *Baron d'Holbach: A Prelude to the French Revolution*

돌바하는 베를린, 생 피터스버그, 만하임, 파리과학원의 원사였으며 정력적이고 철저한 작가였다. 그는 l'Encyciopédie의 전권에 그가 M. Le Baron d'Holbach로 서명한 386항목을 포함하여 최소한 400항목 이상을 기고했다. 화석, 빙산, 바다, 산맥, 돌, 지층, 지진, 화산, 광산 등 그것들은 대체로 화학, 지질학, 야금학, 광물학 등 자연과학 분야의 개념들과 신성로마제국헌법, 아이슬란드 등 독일역사, 게르만 혹은 다른 민족의 신화, 언어학, 광물학, 생리학, 음성학 등 다른 곳에 기고한 것을 포함, 총 1,100항목 이상을 기고했으며 15년 동안 12권의 과학서를 썼다.

돌바하는 1767년에서 72년까지 영국의 합리주의와 범신론에 관해 20권의 저작들을 번역 등을 통해 대중화했다. 그는 또 1761년 Nancy에서 Saint-Lambert에 의해서 「동방의 전제주의」(*Despotisme oriental*)와 「공개된 고대」(*Antiquité devoilée*)를 내놓은 이래 11권의 책을 익명으로 출간했다. 이 무렵 그는 자신의 과학적 연구를 사실상 완성했으며, Jensenisme의 경향이 강한 의회가 「백과전서」의 완결을 허용한 것과 함께, 자신의 책의 출판을 위한 정지작업이 끝난 것을 직감하였다. 1768년 루크레티우스의 「사물의 자연에 관하여」(*De la Nature des choses*)를 편집하고 1770년에는 「자연의 체계」(*Systèm de la nature, ou des lois du monde physique et du monde moral*, 2 vols.)를 10년 전에 사망한 프랑스과학원 종신서기 Jean Baptiste de Mirabaud의 이름으로 펴냈다. 이 책은 전세계 출판의

(London: George Allen & Unwin Ltd., 1935) pp. 25, 29. 디드로는 "자연사가 이 친구의 지배적 정념이면서 … 몇 년이고 이 소중한 컬렉션을 마구간 속 짚과 분뇨 사이의 어딘가에 처박아 둔 채 버려두었다는 것은 좀 이상하지 않은가?" 하고 투덜거렸다. 돌바하는 그의 장서에의 접근을 봉쇄하였기 때문이었다. Ibid., p. 50에서 재인용. Diderot, "Lettre à Sophie"(9. Oct. 1959), *Oeuvres*, XVIII, p. 398.

역사에서 전대미문의 폭풍을 가져왔다. “그것은 의회[파리고등법원을 가리킴]에 쏟아지는 폭탄이었다. … 이 폭탄 중 하나라도 어려움에 빠지지 않기를 빌며 두려움에 떨면서 지냈다”[61]고 디드로는 이 시기를 회고했다. 예상대로 파리고등법원은 이 책의 분서를 선고했다. 이 책은 19세기에 10회에 걸쳐 영국에도 간행되었다.

1772년에는 「상식론」(*Le Bon-sense*)(Meslier의 최후유언)을 출간하고, 홉스의 De la Nature humaine를 번역한 것은 국가회의(Conseil d'Etat)가 즉시 탄압을 시작한 후 6개월이 지나서였다. 교황청의 비난에 이어 파리추기경의 파문위협과 소르본느대학의 “이단” 규정이 이어졌다. 73년에는 「자연정치」(*Politique naturelle, ou Discours sur les vrais principes du gouvernement, par un ancien magistrat*)를, 75년에는 「사회체계」(*Système social, ou Principes naturels de la morals et de la politique*, 3 vols.)를, 1776년에는 「보편도덕」(*La Morale universelle, ou les Devoirs de I'homme fondés sur la nature*, 3 vols.)을, 1778년에는 「Seneca 전집」(*Oeuvres*)을 편집했다. 그의 사후 엄격히 익명으로 된 출판물이 포함되어 20권으로 간행되었다.

1784년 디드로의 죽음 이후 돌바하의 살롱은 활기를 잃었다. “철학본부”는 뤼 로아얄에서 오퇴일(Auteuil)로 옮겨졌고, 그것은 커다란 변화를 가져왔다. 돌바하는 여전히 움직이고 있었다. 그는 계몽사상가 중 “마지막의, 고독한, 가장 장수한 생존자”가 되었다. 재정난을 해소하기 위한 삼부회의(l'Etats généreaux)가 150년 만에 소집되고 선거운동이 중반에 들어선 1789년 1월 21일 돌바하는 그의 뤼 로아얄의 자택에서 영면하였다. 다음날 그는 생 로시의 교구교회에 “귀족이며 가톨릭”으로 매장되었다. 1790년 6월 14일에는 그의

61) Ibid., p. 85.

장서, 그림들, 자연사 도서실이 폐쇄되었다. 프랑스 유물론의 완성가이며 최후의 계몽사상가 돌바하는 18세기 유물론을 체계화하고 당시의 정치사회현실에 대항하는 전투적 무신론을 부르주아도덕론과 정치적 주장에 연결시켰다. 그의 사상은 한마디로 라메트리의 유물론을 정리하면서 후자의 불필요한, 혹은 신중치 못한 표현을 시대의 변화된 요청에 부응하려는 노력의 결실이었다.

돌바하가 익명으로 「자연의 체계」(*Système de la Nature*)를 출간했을 때 "출판 당시에 어떤 책도 그처럼 커다란 센세이션을 가져온 적은 없었다."[62] 그것은 가장 명료하고 철저하게 유물론적 철학을 표현했을 뿐 아니라 계몽사상의 두 표적인 기성교회와 전제정부를 무자비하게 공격하는 내용으로 가득차 있었기 때문이다. 그것의 유물론적 이론은 "라메트리가 말한 것을 모두 돌바하가 정리했다"고 랑게가 말하듯이 프랑스 유물론의 결정판이었다.[63] 사실 돌바하는 라메트리가 정식화한 유물론을 반복하거나 보다 체계화하는 방식으로 그의 이론을 확고히 했다. 그러나 그의 책이 성취한 것은 그에 한정된 것이 아니다. 오히려 돌바하는 라메트리가 창시한 현대유물론의 전제 위에서 이의 정치, 도덕과의 관계를 체계적으로 발전시켰다. 그것은 디드로의 과제였지만, 돌바하가 끝내는 작업이 되었다. 사실, 「자연의 체계」는 돌바하클럽의 집산적 노동의 결실이었으며, 특히 디드로가 저술의 상당부분에 참여한 것으로 알려졌다.

라메트리는 그의 마지막 저술인 "서문"(*Discours préliminaire*)에서 그 자신과 유물론에 향해진 사회의 공격 앞에서 상당부분을

---

62) May Cushing, *Baron d'Holbach: A Study of Eighteenth Century Radicalism in France*(1914 rpt.; New York: Lenox Hill Pub., 1971), p. 54.

63) Lange, *Hist. Materialismus*, II, S. 112~113. 라메트리가 *l'Homme machine* (1746)을 내놓았을 때 돌바하는 Leyden 대학에 수학중이었으나 얼마되지 않아 마지막으로 이곳을 떠나갔다.

변호에 할애했다. 그러나 그는 성공하지 못했으며, 거기에는 사회의 편견에 대항하여 유물론의 도의적 함의를 정리할 필요가 있었다. 특히 인간은 본성에서 사악한 존재이므로 이를 억제할 필요가 절대로 요청된다는 라메트리의 주장은 디드로로 하여금 그를 "무절제하고 경솔한, 광대같이 알랑거리는" 사람으로 특징지울 정도로 혐오를 낳은 — 그의 무정부주의적인 급진주의의 견지에서 볼 때 — 명제였다.[64] 한마디로, 라메트리의 윤리관은 돌바하의 정치, 윤리론에 별다른 영향을 가져오지 않았다.

돌바하는 우주가 물질과 운동으로 구성되어 있다고 생각했다. "우주는, 모든 존재하는 것들의 무한한 집합으로서 단지 물질과 운동만을 제시한다"고 그는 말했다.[65] "자연은 서로 간에 끊임없이 흘러가는 인과(因果)의 엄청난 연쇄에 불과하다."(*SN*, vol. I, ch. ii) 그러므로 "자연의 밖에는 아무것도 있지 않으며 또한 있을 수 없다. 자연은 모든 존재를 포함한다"(*SN*, vol. I, ch. i)고 결론지을 수 있다. 자연은 운동중에 있기 때문에 모든 존재는 변화한다. 어떤 것은 생성되고 동시에 또 다른 것을 파괴한다. 이 모든 변화는 물질의 운동에 의한 형태변화이다.[66]

> "모든 변화, 모든 결합, 모든 형태들, 한마디로 물질의 모든 다양한 수정들(les modifications de la matière)을 가져오는 것은 운동, 즉 운동뿐이다. 운동에 의해서(par le mouvement) 존재하는 모든 사물은 생성되고 변화를 경험하고 확장하고 파괴된다."

---

64) Diderot, "Sur les regnes de Claude et de Neron," in *Oeurves*, III, p. 218. Virgil Topazio, *d'Holbach's Moral Philosophy: its Background and Development*(Genève: Institut Voltaire, 1956), p. 65에서 재인용.

65) *Système de la nature*, vol. I, ch. i.

66) Ibid., vol. I, ch. iii.

이러한 자연에서 물질의 형태변화는 특히 무기적 물질이 유기적 존재로 변화하고 유기적 존재가 다시 무기적 물질로 질적인 변형을 이루는 현상을 포함하고 있다. 그렇지만, 물질의 형태변화는 물질총량의 불변성과 물질의 단일성에 영향을 주지는 않는다. 물질은 자연의 필연성 — 인과관계를 지배하는 불변의 법칙들 — 속에서 상호작용하면서도 자연 전체의 물질총량은 불변이며, 물질의 단일성은 파괴되지 않는다는 것이다.[67)]

> "이처럼 변화의 무한한 순환이다. … 이처럼 운동은 우주의 일부분을 다른 부분에 의해 생성하고 일정기간 보존하면서 순차적으로 파괴하는 반면, 존재의 총량은 영원히 동일하게 있다."
>
> "물질은 영원하게 필연적이다. 그러나 물질의 형태는 무상(無常)한 것이며 우연적이다."

돌바하는 물질의 정의에 관해서 현재까지 만족할 만한 설명이 없었다는 것을 시인한다. 원자론마저도 물질의 의미를 소진시킬 수는 없다고 그는 생각한다. 그러나 "운동은 물질과 동시적이라는" 점에서, "운동은 물질의 존재양식"이다. 과학의 발전수준이 제한된 상황하에서 유물론자는 물질보다 운동의 관찰과 분석을 통해 물질의 의미를 더 풍부하게 할 수 있다는 것이다. 나아가 운동이 물질과 동시적이라는 것은 물질은 활동하기 위해 외부의 힘을 필요로 하지 않고 스스로의 에너지를 가지고 있다는 사실을 말해준다. 곧 물질이 활동능력을 가지고 있는 이상, 물질의 집합인 "자연은 스스로 존재하는 것이다"(*SN*, vol. II, ch. vi).

이러한 논리의 연속에서 그는 자연을 "활동적인 살아있는 전체"로 보고 하나의 전체로서 자연의 능력을 논의하고 있다. 그것은

---

67) Ibid., vol. I, ch. iii and ch. vi.

디드로의 부분과 전체의 설명의 연장이다. 개인의 경우와 마찬가지로 전체로서의 자연은 운동을 통해 "불변의, 필연적인 법칙"에 따르고 있는데 그것은 자연의 자기보존의 법칙이다. 즉 "자신의 활동적인 존재를 영속화하려는 노력"이다(*SN*, vol. I, ch. iv). 이와 같은 자연의 법칙과 마찬가지로 "물질적 존재"인 인간도 자연에서 감성을 공급받는데, 그것은 자기의 보존에 도움이 되는 "감성능력"이다(*SN*, vol. I, ch. vi). 그러나 뒤에 보는 것처럼 우주와 그 부분인 지구의 조화는 필연의 법칙에 지배되어 교란될 수 없는 데 비해 사회와 인간의 조화는 물질적 법칙에 내맡길 수 없을 만큼 무지, 편견, 잘못된 이해, 특히 종교를 통한 유아기적 사고 때문에 자동조절적인 것은 아니다. 그러므로 돌바하는 잘못된 관념 — 초자연적 존재에 대한 — 을 배격하고 정치와 교육의 힘을 빌어 덕성을 통한 자연법칙의 회복을 주장하고 있다. 그것은 "자연의 법전"이라고 불리운다.

자연이 필연적인 법칙의 세계라면, 거기에는 기적도 우연도 있을 수 없다.[68]

> "괴물이나 기이한 현상이란 있을 수 없다. 자연에는 경이나 기적이 있을 수 없다."
>
> "자연의 불변의 법칙에 반하는, 말하자면, 기적이라 불리는 이들 효과에 관해서는 그러한 일들은 불가능하다고 느껴질 수밖에 없을 것이다. 왜냐하면 어떤 것도 어느 한 순간마저도, 전체 자연을 정지시키지 않고서는, 자연의 경향성을 교란하지 않고서는, 사물의 필연적 과정을 지연시킬 수 없기 때문이다. 자연에서 기적이나 경이는 [역사적으로] 있어 본 적이 없다."

돌바하는 기독신앙이 신비화한 예수의 기적 등을 역사적 사실에 의해 증명되지 않은 신화로 보고 있다. 그러나 돌바하의 기계론

---

68) Ibid., vol. I, ch. v.

적 결정론에는 우연의 영역을 배제하는 일면성이 있다고 엥겔스는 지적했다. 돌바하의 입장은 뒤에 부하린의 유물론에 유사한 것이며 그런 측면에서 그는 레닌의 비판대상이 되고 있다.[69)]

자연의 일부인 인간에 대해서 돌바하는 그 최초의 형태를 디드로처럼 "미세한 점"(un point inperceptible)이라 부르고 있다. 그것은 활동적인 물질덩어리가 되고 이어서 뇌의 감성능력으로 발전한다. 일단 느끼는 존재가 되면, 인간은 외부세계의 인상에 대한 내부적 운동으로 감정에서 사유까지 해낼 수 있게 된다.[70)]

> "인간이 생각하고 또 성찰한다는 것은 자기의 감관에 자극을 준 물체에 의해서 뇌가 그 결과로 형성하게 된 여러 변화와 함께 뇌에 제공된 인상, 감각, 관념을 자기 내부에서 느끼거나 지각하는 것이다."

여기서 돌바하는 라메트리의 전통에 따라 영혼, 초자연적인 것을 불필요한 것이며 그릇된 관념이라고 규정한다. 물론 그는 인간의 발전에는 인과관계의 기나긴 연속이 필요했으며, 때로 자연의 대재앙으로 인해 새로운 시작을 정기적으로 반복했다고 말한다. 물질적 존재로서 인간은 사회에 들어가게 되는데 그것은 인간이 자기충동적인 존재가 아니기 때문이다. 즉 인간은 욕구라는 악을 가지고 있다. 그리고 이 악을 통해서 그는 선을 배워간다고 그는 변증법적으로 — 아니면 역설적으로 — 인간의 발전을 설명한다.

자연에서 인간은 물질적 존재이다. 이제 사회에 들어가면서 인간은 사회적 존재가 된다. 여기서 인간의 의무는 다시금 전체인 사회에 유익한 존재가 되어야 한다는 것이다. 왜냐하면 전체로서 사회

---

69) Lenin, "On the Significance of Militant Materialism," in *Collected Works*, vol. 33, p. 200.

70) *Système de la nature*, vol. I, ch. viii.

의 보존이 이의 부분으로써 인간의 첫번째 의무가 되기 때문이다. 또한 사회적 삶은 다른 인간과의 공존뿐만 아니라, 보다 적극적으로, 다른 사람을 위해 노력함으로써 자기자신의 행복을 얻는 것을 의미한다. 환언하면, 다른 사람의 행복을 위해 힘쓰는 것, 다른 사람에게 유익한 존재가 되는 것이 필요하고 그것을 우리는 덕성이라고 부른다. "다른 사람의 지복(至福)에 의해서 자기에게 행복을 가져오는 예술만이 덕성이다." 그리고 사회의 도덕은 "덕성을 갖추는 데서 자기의 [진정한] 이해를 가지는" 것이다(*SN*, vol. I, ch. xv).

돌바하는 평등의 원리를 사회에 요구하지 않는다. 오히려 인간이 사회에 들어오는 이유는 충족을 기다리는 욕구뿐만 아니라 불평등이라고 가정한다. 상호의존은 그 이면에 불평등한 조건을 필요로 한다.[71)]

> "인류의 각 개인들 사이의 나타나는 다양성은 인간들 간의 불평등의 원인이다. 이 불평등이 사회의 지주(支柱)를 구성한다. 만약 모두가 신체적 능력, 정신적 재능에서 평등하다면, 그들은 상호간에 볼 일이 없을 것이다. 그의 능력의 다양성, 불평등이, 다른 동료들에 관하여, 인간에게 필요한 도덕을 만들어 내도록 한 것이다."

돌바하의 관념 속에는 사회에는 지도하는 인간과 단지 따라가는 대중이 있다는 전제가 들어 있다.[72)]

> "사회구성원의 다수가 위생에 좋게 먹여지고 적당하게 옷 입혀지고 편안하게 주거할 때에는 언제든지 사회는 모든 행복을 향유한다."
>
> "인민이 권력을 장악할 때는 언제나 국가는 내부의 자기를 파

---

71) Ibid., vol. I, ch. ix.

72) *La Politique naturelle*, vol. II, p. 240. Harry Payne, *The Philosophes and the People*(New Haven: Yale University Press, 1976), p. 166에서 재인용; op. cit., vol. I, ch. xvi.

괴할 원리를 수행한다. 자유는 방종으로 타락하며, 무정부상태가 따라온다."

그는 고전적인 계약이론을 수용하고 계약의 내용은 유효하다고 주장한다. 즉 지배자는 "피치자의 이익을 위하여" 권력이 위임된 것이기 때문에, 그는 일반이익의 표현인 법에 종속되며 혹은 "정부는 피치자의 이익을 위해서만 주권자에게 주어진 지배권이기" 때문에 이상의 조건하에서만 인민의 동의가 있을 뿐 이를 위반하는 "정부는 더 나을 것이 없다"고 그는 말한다(*SN*, vol. I, ch. xvi).

돌바하는 국가목적으로서 "사회의 일반이익"(intérêt général de la société)을 언급하고 있는데, 보다 구체적으로는 시민의 "자유, 사유재산, 안전"(la liberté, la propriété, la sûreté)을 들고 있다.[73)]

> "각 사회는, 인류의 각 개인과 마찬가지로, 자기자신의 보존을 향해 노력할 것을 그녀[자연]는 의지한다. … 법은, 정통성을 갖기 위해서는, 법의 목적으로 사회의 일반이익을, 곧 인간이 원래 결사를 만들었던 이익을 다수의 시민에게 변함없이 확보해야만 한다. 이 이익들은 자유, 사유재산, 안전이다."

돌바하는 기성종교뿐 아니라 종교 그 자체에 대해서 부정적이었다. 종교는 정치의 영역을 침범하고 세속권을 교회에 종속시킨다. "정치 그 자체가 [과거] 성직자의 변덕에 노예화되었다. 세속군주는 미신의 제왕이 씌운 멍에에 허리를 굽혀야 했다"(*SN*, vol. I, ch. xiii). 나아가 종교는 시민의 도덕과 정치를 타락시킨다. 건강한 시민과 건강한 정치는 종교와 양립될 수 없다는 것이 돌바하의 결론이었다(*SN*, vol. II, ch. ix 참조).

한편, "인위적 종교"(religion artificielle), 즉 미신과 구별해서

---

73) *Système de la nature*, vol. I, ch. ix.

"자연적 종교"(religion naturelle)를 옹호했던 볼테르는 "정의롭고 복수심에 가득찬 신"을 그가 부인한다고 불평했다. 엘베시위스 또한 종교의 유용성을 인정하면서 반대하였다. 그러나 돌바하는 흔들리지 않았다. 그는 자연종교가, 개신기독교처럼, "미신에로 급속히 퇴화한다"고 단언했다(*SN*, vol. II, ch. vii). 심지어 그는 마키아벨리가 로마 공화국에서 미신의 유용성을 설명한 부분을 들어, 그것은 단지 원로원만의 이익에 유리하였다고 비판했다(*SN*, vol. II, ch. viii).

돌바하는 정치를 "전체의 일반이익을 위해" "인간의 정념을 규제하는 기술"이라고 정의했다. 그는 라메트리와 함께 인간이 대부분의 경우 사악하다는 것을 인정했다. 그러나 그와 달리 돌바하는 정치와 교육을 통해 인간이 덕성을 발휘할 수 있도록 환경을 변화시켜야 한다고 생각했다. 그는 계몽사상의 한계 속에서 모든 사회문제의 해결이 정치를 통해, 입법을 통해 가능하다고 전제했다. 그러나 기성의 정치가 계급지배의 수단이라는 현실을 그가 간과한 것은 아니었다. 단지 정치의 원천에 대해 막연한 통찰을 보여줄 뿐이다.[74)]

> "사회가 자연에, 경험에 근거하지 않고 그 반대로 통치하는 자들의 정념, 변덕 특수이익 위에 세워졌기 때문에 사회는 일반적으로 이처럼 사악하다. 한마디로 정치는 대부분 다수의 번영에 반대하는 소수의 이익을 위해 있는 것이다."

이처럼 정치가 정통성을 상실할 때 사회는 저항권을 가지고 있는가? 그의 답변은 명확하게 긍정적이다. 그러한 경우 "불변의 자연법에 의해서" "사회는 이 권력을 철회할 수 있다"(*SN*, vol. I, ch. ix).

이때 사회는 전체 인민의 사회라기보다는 자산계급의 사회일 가능성이 높다. 비록 돌바하가 빈부의 문제에서 상당히 동정적이었

---

74) Ibid.

고 사회에서 노동하는 사람들 — 노동자, 농민, 장인(匠人) 등 — 의 사회적 기여를 인정하는 데 인색하지는 않았지만 그는 여전히 인민주권의 환상보다는 계명군주의 현실적 해결책에 더 큰 기대를 걸었다고 보아야 할 것 같다. 더구나 그는 「l'Encyclopédie」 XIV의 "대표자"(représentans) 항목과, "「자연정치론」"(*La Politique naturelle*)에서 민족의 대표로 부유한 자들의 덕성을 강조했다.[75] 그러나 그는 동시에 노동에서 분리된 풍요한 자들의 쇠약해지는 경향을 — 헤겔이 「정신의 현상학」에서 논의하는 것처럼 — 지적하고 있기 때문에, 그의 강조점은 부유한 자들보다는 덕성에 더 녹아 있다는 점에서 약간의 해석상의 편차를 빚을 수도 있을 것이다.

결론적으로 돌바하는 프랑스 유물론철학을 체계화하고 이를 정치·도덕의 영역에까지 확장함으로써 라메트리가 시작하고 디드로가 숙제로 남겼던 18세기 유물론의 체계를 완성했다. 그것은 기존의 종교적 전제 위에서 방황하던 현대철학의 제 문제를 현실의 비상한 요구와 직접 연결시켰다. 비록 돌바하의 사상은 소박하고 교의적이며 기본적으로 18세기 과학의 기계론적 이론에 정합한 것이라는 한계가 남아 있지만 현대사상사에서 유물론을 체계화한 그의 업적은 결코 과소평가될 수 없을 것이다. 오히려 그를 이어 유물론을 더욱 단순화한 Piérre Jean Cabanis(1758~1808)의 — 예컨대 철학은 감추어진 생리학이라는 — 주장에서 보듯이 우리는 돌바하에서 현대유물론의 결정판을 확인하게 된다.

그것은 라메트리에게 결여한 정치이론을, 그리고 디드로가 결코 완성하지 못한 도덕론을 유물론의 관점에서 — 그 당시의 조건하에서 — 훌륭하게 수행하였던 것이다.

---

75) Payne, op. cit., p. 168 참조.

제 9 장

프랑스 대혁명 이후의 사회주의 사상

프랑스혁명의 성격을 두고 수많은 논란이 있어 왔다. 그리고 모든 고려를 한 뒤에 남는 결론은 이 혁명이 계몽철학가들의 다양한 사상과 비전을 검증하는 실험무대였다는 사실이다. 프랑스혁명의 직접적 원인이 아니었다고 하더라도, 최소한 혁명의 진행과정은 기존의 주요한 주장의 현실성을 검토하는 기회를 가져왔다. 즉 관념론적 인민주권이론과 유물론적 부르주아 도덕과 정치이론, 공리주의적 이신론(理神論)과 전투적 무신론의 투쟁이, 이론의 장이 아닌, 역사의 일정무대 위에 놓여지고 주장의 내용과 문제들의 의미가 현실 속에서 뼈아프게 다가오는 시기였다. 무엇보다 반형이상학적 감관주의나 공리주의를 내세웠던 콩디악과 엘베시위스, 부르주아적 재산권과 새로운 정치질서를 요구한 볼테르, 디드로, 돌바하의 사상들이 혁명과정에서 환영되었고 승리의 결실로서 제도화했다. 특히 추상적 인민주권의 이론이 정치선전적 의미에서 자코뱅들의 지지를 얻어냈다. 혁명과정은 ancien régime의 파괴, 그리고 이에 대체하는 사유재산에 기초한 부르주아 신질서를 가져왔다. 그러나 계몽사상의 다른 한 측면, 모렐리와 마블리의 사상, 그리고 이들 사상을 뒷받침할 수 있는 견고한 철학 메시지를 담은 라메트리와 돌바하의 무신론적 유물론은 잠복하였다.

프랑스혁명의 주력은 신흥자산계급과 파리의 빈민(sans-culottes)이었다. 그러나 이들의 계급연대는 혁명의 성공과 함께 "프랑스인권선언"(1789)의 발표에서 보여지는 것처럼 자산계급만의 일방적인 승리로 포장되었다. 그리고 이러한 선언이 제도화하는 데에는 1793년의 자코뱅헌법과 1794년 7월에 이르는 Robespierres의 독재시대 동안에 소자산계급과 빈민의 느슨한 연대의 저항이 불가피했다. 이 시기 빈민이 이러한 투쟁에 미온적이었던 것은 그들의 경제적 요구, 전체적인 해방과 이에 기초한 새질서의 구상이 혁명지도자들의 계획 속에 담겨있지 않았기 때문이었다. 빈민계급의 이익을 위하여 뒤늦게 이 문제를 제기하고, 심지어는 무장봉기를 통해서라도 실현하려고 나섰던 바뷰프와 그의 "평등을 위한 비밀결사"(Conspiration pour l'égalité, 1796)는 혁명의 하강기에, 그것도 독재를 통한 부르주아질서를 공고화하려는 시기에 등장하고 있다. 그러나 이 운동은 역사적으로 커다란 의미를 지닌다. 마르크스가 지적한 것처럼, "평등자들의 비밀결사"는 "실제로 행동하는 공산당 최초의 출현"이었으며, 이 운동은 "귀족정과 공화정의 사회문제를 제거한다고 해서 프롤레타리아계급의 사회문제가 해결될 수는 없다"는 인식에서 비롯되었던 것이다.[1)]

제 1 절 바뷰프와 전투적 공산주의

바뷰프(François Noël Babeuf, 1760~97)는 1760년 Picard주의 Saint-Quentin에서 퇴역군인 출신인 가난한 농민가정에 태어났다.

---

1) *Marx Engels Werke*, vol. 4, S. 341.

그는 제대로 된 정규교육을 받지 못했으며, 단지 14살 이래 그가 토지장부의 관리인을 보조하거나 주인집 하인으로 일하면서 사회적 불평등의 현장에서 현실을 배웠다. 특히 토지장부의 문서고(文書庫)에서 그는 중세봉건제의 다양하게 얽혀 있는 토지의 권리들의 실제를 접하면서 그러한 소유제도의 허상을 뚜렷이 읽을 수 있었다. 1789년에 그가 쓴 생전에 발표되지 않은, 최초의 글인 "토지·고문서 보관인"(L'Archiviste-Terriste)과 "영구보존 토지대장"(L'Cadastre perpetuel)에는 빈부 간의 다양한 대립형태를 완화하려는 제안이 들어있다. 그리고 민중이 바스티유감옥을 장악하자마자 그는 피카르주에 돌아가 세금과 토지개혁, 만인에 대한 평등교육을 요구하는 소위 항세(抗稅) 투쟁을 주도하다가 체포되어 처음으로 감옥생활을 했다. 1792년에는 5개월간 Soumou 주의 행정간부를 역임했다. 1793년 자코뱅의 전정(專政)시기에 그는 파리 및 전국에 대한 물자공급국에서 근무하였다.

1794년 9월 바뷰프는 "자유신문"(*Journal de la liberté de la presse*)을 발간하기 시작하면서 논객으로 변신하였다. 그는 이 신문을 뒤에 "인민논단"(*Le Tribun du peuple ou le défensseur des droits de l'homme*)으로 이름을 바꿔 문필활동을 지속했다. 특히 그가 거기에 쓴 "인민의 부자에 대한 전쟁"에는 다음의 구절이 있다.[2]

> "명백한 진실을 은폐하지 말라. 일반적으로 이야기해서, 정치혁명이란 무엇인가? 특히 프랑스혁명은 무엇인가? 그것은 귀족들과 평민들 간의, 부자들과 빈민들 간의 전쟁임이 명백하다. 이와 함께 커다란 문제가 또한 제기된다. 프랑스혁명의 전개 속에 있는 계기들을 추적해보자."

2) Frits Kool ed., *Dokmmente der Weltrevolution: Die Frühen Sozialisten* (Zürich: Walter Verlag, 1967), S. 111.

그의, 조야하나마 계급투쟁적 시각은 의미가 있다. 엥겔스는 프랑스혁명을 그 당시에 "귀족·부르주아계급과 무산계급 간의 계급투쟁"으로 규정한 바뷰프의 통찰을 가리켜 "최고의 천재적인 발견의 하나"라고 인정하였다.[3)]

1795년 2월 그는 총재정부(Directoire)에 반대하다가 두 번째로 체포되었으나 10월에는 석방되었다. 그는 동료 Augustin Darthé와 긴밀히 협력하면서 자신의 사상을 실현하기 위하여 계속해서 1796년까지 "인민논단"을 지속했다. 1796년 3월에는 그는 Filippo Buonarroti — 석방되어 추방된 후 뒤에 1830년대 이탈리아에서 Carbonari 조직의 주요 지도자가 된다 —, Charles Germain, Darthé 등과 함께 "평등을 위한 비밀결사"를 조직하고 무장봉기를 준비하던 중 내부의 밀고로 인해 체포되어 1797년 5월 28일 처형되었다.

그라쿠스 바뷰프 — 로마농지개혁을 위해 싸우다 처형된 Gracchus를 따라 스스로 부른 — 의 사상은 주로 "인민논단"과 뒤에 부오나로티(Philippo Buonarott)가 쓴 「바뷰프의 소위 평등을 위한 음모」(*Conspiration pour l'égalité dite de Babeuf*, 1828) 속의 비밀결사의 역사에 관한 서술에 담겨 있다. 바뷰프는 재산의 기원에 관한 고찰에서 문서고의 검토 중 자신의 경험뿐만 아니라 당시에 알려진 Brissot, Linguet 그리고 특히 유행하던 Morelly와 Rousseau의 사상에 영향을 받아 사유재산을 폐지하려고 했다. 그의 사상의 특징은 이론과 실천의 통일을 추구하는 정신과 전투적인 공산주의의 테제에 담긴 초보적이고 조잡한 이론적 구성에도 불구하고, 그가 혁명 이후 사회주의사상의 선구이었을 뿐 아니라 특히 30~40년대 독일과 영국의 노동운동에서 실천적 전망을 제시하는 데 상당히 중요한

3) Engels, "Die Entwicklung des Sozialismus von der Utopie zur Wissenschaft," in *Marx Engels Werke*, Bd. 19, S. 195.

내용을 보여준다.

바뷔프의 사상은 먼저 사유재산의 부정에서 뚜렷이 나타난다. 그는 모렐리와 루소의 사유방식을 따라 사유재산이란 불법적인 토지점유에 근거하며, 자연상태에서 인간이 누리고 있던 평등을 파괴하는 것이라고 주장한다. 이미 그가 쓴 한 편지(1787. 7. 8)에서 그는 "그[자연]가 어떤 사람들은 다른 사람들보다 더 열악하게 부양되고 더 나쁜 옷을 입고 더 못한 주거에 살라고 바랬을 것인가?" 하고 사회적 불평등이 자연에 반하는 질서임을 암시하였다. 그가 사유재산을 거부한 것은 이 제도가 자연의 질서 혹은 자연상태가 마련한 평등의 조건을 파괴한 때문이었다. 그렇다면 사회질서는, 최소한 자연의 질서를 더 악화시키지 않는 범위 내에서만, 정통성을 가지고 받아들여질 수 있다. 왜냐하면 그 누구도 최초의 계약에 의해서 이를 보장받고 있기 때문이다. 이러한 그의 결론은 이에 반하는 불평등의 소유제도가 정치권력에 의해 튼튼하게 서 있는 현실과 부딪칠 수밖에 없었다.

그는 프랑스혁명이 기존사회 내의 특권계급과 구제도를 철폐하는 데 성공했지만, 그럼에도 불구하고 빈민의 생활을 개선시킬 수 없다는 것을 깨달았다. 곧 정치혁명은 계급대립의 모습을 바꿔 놓았지만 대립의 객관적 조건까지 변화시킨 것은 아니었다. 혁명 이후에도 프랑스사회는 여전히 일백만의 부자들과 24백만의 빈민으로 나뉘어 있다고 그는 생각했다. 정치혁명의 폭풍 속에서도 건재한 사회·경제적 조건의 비밀은 무엇인가? 그는 이러한 사회문제의 해결은, 최종적으로, 계급투쟁의 결과일 수밖에 없다고 믿었다. 즉 프랑스공화국은 귀족적·자산계급적 국가이거나 빈민이 절대다수를 차지하는 인민의 국가일 수밖에 없다. 그것은 추상적인 인민주권의 공식으로 해결될 수 없다는 사실에 그는 도달했다. 프랑스혁명은 구제도를 폐기하고 자산계급이 정치세력으로 등장하였을 때, 비로소 고전적인 계급지형, 즉 자산계급과 이에 의한 "신노예들"인 무산계급의 대립을 순수하게, 그리고 첨예화하는 계기가 되었다.

혁명은 자산계급의 일부를 몰락시키고 사회 전체의 경계를 악화시켰지만 무엇보다도 사회에 극단적인 불평등을 만연시켰다. 그는 전 인구의 90%를 차지하는 빈민이 잔여계급의 수중에 사유재산의 이름으로 모든 생산수단을 빼앗긴 채로 빈 손으로 존재하는 것을 보았다. 한편에서 넘치는 포만과 낭비를, 다른 한편에서 생존이 위협받는 — 기아와 질병으로 — 비참한 생활이 일상화하였다. 그러나 이것은 "자연질서"에 어긋나는 부당한 현상이라고 그는 비난하였다. "자연은 모든 인간에 대해 사물에 대한 동등한 권리를 주었다." 그러나 현실은 넘치고, 또는 부족한 불평등이 지배하고 있다.[4]

> "모든 [동등한 권리] 이상의 욕구를 충족하는 것은 타인에 대해 그리고 사회에 대해 절도죄를 짓는 것이며 자연질서와 경제를 교란시키는 것이다. 왜냐하면 자연은 검소하게 베풀며 자신이 만들어낸 모든 것이 유용하도록 대체로 생산하기 때문이다. 따라서 일부가 과잉 속에서 산다는 것은 다른 사람들에게 필수품을 부족하게 하지 않고서는 불가능하다."

우리는 여기서 프랑스의 당시 생산력과 기술수준이 규정하는 한계와 그것에도 불구하고 사회적 불평등에 의해서 빈곤이 가중되는 상황을 가정할 수 있다. 환언하면 디드로처럼 빈곤(pauvreté)과 비참(misère)을 나눌 수 있는 것이다.[5] 바뷰프가 직면한 현실은 매

---

4) Ahlrich Meyer, *Frühsozialismus: Theorien der sozialen Bewegung 1789~1848*(Freiburg: Verlag Karl Alber, 1977), S. 34.

5) Harry Payne, *The Philosophes and the People*(London: Yale University Press, 1976), p. 146 참조.

우 제한된 생산량을 가지고 있는 사회에서 어떻게 비참을 막을 것인가의 문제를 보여준다. 그것은 입법을 통하여, 사회적 균등분배를 통해 빈곤하지만 전체를 만족시킬 수 있다는 주장에로 이어진다. 거기에는 어떻게 하면 생산력의 한계를 벗어나 빈곤 자체를 해결할 것인가 하는 중농주의적 관점이 간과되었다.

바뷰프가 이상화한 자연질서는 성장이 정지된 정태적이고, 희소성의 일반상황을 해결할 수 없다. 그러한 사회는 인민 모두의 복지를 가능하게 할 물질적 조건을 만들어낼 수 없다. 문제의 돌파구는 단 하나, 곧 바뷰프는 인간의 욕구를 급격히 제한함으로써 욕구와 충족의 "균형"에서 찾고자 했다. 따라서 바뷰프는 극히 제한된 부를 가진 사회에서 욕구충족을 위한 동등한 권리는 자연이 인간에게 준 권리, 곧 자연권이며 그것은 퇴화된 사회 — 축소재생산이 급속히 진행되는 — 속에서의 인간의 권리였다.

역설적이지만, 바뷰프는 심각한 빈부의 차이가 욕구를 다양화하고 세련시키면서 동시에 자본축적의 기능을 담당한다는 자본주의발전의 숨은 비밀의 순기능을 외면했다. 욕구의 증대는 사회의 문화수준, 정신의 발달을 가져오지만, 그것은 생산을 자극하는 중대요인이기도 하다. 바뷰프가 이상화한 농업중심의 정체된 사회에서는 금욕주의의 보편화, 그리고 조야한 평균주의에로 귀착된다. 평등은 동물의 수준에까지 하강한다. 그가 제한된 부의 조건하에서 절대평균주의적 분배를 강조하고 있는데 그것은 개인 간의 어떠한 차이도 인정하지 않으려는 소위 절대적 평등을 통해서 사회적 정의가 실현될 수 있다는, 정직하지만 소박한, 농민과 수공업생산자의 신념을 그가 대변하고 있는 것을 보여준다.

이러한 맥락에서 그의 사상은 반자본주의적 이상을 고수하는 경향을 띠며, 거기에는 농촌의 공동사회론, 피카르주에 친숙한 농민

환경에로 복귀하려는 측면을 가지고 있다. 유감스럽게도 "로베스피에르는 민주주의다"는 구호에서 보듯이 바뷰프의 공산주의는 그의 고상한 지향과는 달리 반동적이고 낭만적인 정체사회로 퇴행하고 있다. 그는 1796년 다음과 같이 썼다.[6]

> "내가 한때 혁명정부와 로베스피에르, 상 쥐스트 등을 부정적으로 평가했다는 것, 이들이 다른 모든 혁명가들보다 더 소중하다고 보았다는 것, 그리고 이들의 독재정권이 무모하다고 생각했던 것을 나는 오늘 터놓고 시인하며 나는 이를 후회한다."

다른 한편, 바뷰프의 "자연질서" 논의는, 자연 혹은 사회의 초기상태로 복귀하기를 갈망했던 루소와는 달리, 인간을 미래로 인도하고 "상품공동체"라는 새로운 진보적인 질서를 가정하고 있다는 데 주목할 필요가 있다. 특히 그가 제안한 "민족공동체"(la Communauté nationale)는 "노동관계의, 그리고 경제적 이행시기 분배와 소비의 개조를 대비하려는 기구였다."[7] 결국, 문제는 그의 주장을 당시의 상황에 비추어 평가하는 것이 온당할 것이다. 다시 말하면, 바뷰프의 공산사회는 기본적으로 분배영역에 초점이 맞추어진 주장이기는 하지만, 거기에는 약간의 관념, 즉 기계의 등장을 긍정적으로 바라보았고 생산의 지도를 논의하고 있기 때문에 생산력 발전의 개념이 섞여 있다. 이러한 관점에서 소련의 V. M. Dalin은 "18세기 공업노동자의 이데올로기 주창자"로 바뷰프를 해석하였다.

바뷰프의 "평등을 위한 비밀결사"는, 부르주아계급이 정치권력의 공고화에 집중하는 혁명의 하강기에, 이들과 갈라서서 독자적으로 프롤레타리아계급의 이익을 위해 투쟁하려는 실천조직이다. 바뷰

---

6) Meyer, op. cit., S. 57.

7) Ibid., S. 58.

프사상에 고유한 측면은 프랑스혁명 이후 지배적인 부르주아운동으로부터 프롤레타리아운동의 독립성을 보장하려는 혁명적 실천에서 나타난다.

바뷰프는 사회혁명에 도달할 때까지 지속혁명을 내세운 혁명주의자였으며, 그것도 계급투쟁의 도식으로 형세를 분석하면서 무장봉기를 통한 폭력혁명을 옹호했다. 그러나 그의 사상은, 기존의 착취계급에 대한 사회적 보복을 요구하는 파괴작업이 아닌, 새로운 사회를 건설하기 위한 선결조건의 충족에 집중되었다.

그는 혁명의 개념을 구체적 정황, 예컨대 자연질서의 파괴 그리고 그에 대한 재건의 문제로, 인민에 대한 억압과 봉기의 연계에서 도출하려고 했다. 그는 혁명을 "사유재산이 도입된 이래 지속되어온 … 내전의 명백한 표현형태"로서 역사적으로 접근한다. 내전의 폭발과 경과를 분석하면서, 그는 소유관계의 보편적 변화를, 그리고 불평등과 빈곤의 진행 속에서 필연적으로 역사적 과제가 되는 계급투쟁의 한 계기에 대한 성격을 규정하려고 했다. 그는 "평민선언"에서 다음과 같은 요구를 제시한다.[8)]

> "우리는 보편적 행복, 즉 사회의 목표를 분명히 공표한다.
>
> – 자연상태로부터 사회상태로의 이행에서 어떤 부분[일부 사람들]의 몫도 손상되어서는 안된다는 것을 지시한다.
>
> – 사유재산의 한계를 엄격히 규정한다. 토지와 지면은 개인의 소유가 아니라 모든 사람에게 속한다는 것을 확인한다.
>
> – 자신의 부양에 필요한 이상을 향유하는 자는 어느 누구라도 모두 사회에 대한 절도죄가 된다는 것을 확인한다."

여기서 그는 공화국 내의 대립적인 귀족당과 평민당의 양 진영

---

8) Le Tribun du Peuple, No. 35.

을 구분하고, 정치민주주의와 사회민주주의의 깃발 아래 서 있는 부르주아 귀족의 민주주의와 평민의 민주주의의 요구에 각각 담겨있는 계급의 이해를 분명히 하고 있다. 그리고 역사에서 모든 저항과 염원에도 불구하고 혁명의 경과가 테르미도르 9일까지 진행하고 이후 급속히 퇴조하는 평등의 원칙과, 이와 함께 역사에서 외면되는, 빈민의 요구를 프랑스혁명의 설명에서 반복하면서 독자적인 투쟁조직의 필요성을 절감했다. 그리고 “혁명의 목적은 불평등의 폐지와 보편적 행복의 회복이다. … 만약 이 목적이 달성되지 않았다면 비록 [부르주아지는] 그들의 지배를 다른 자들의 지배로 대체하는 데 동의한다고 할지라도, … 혁명은 여전히 끝나지 않았다”고 그는 절규하였다. 역사의 흐름이 빈민의 이익을 무시한 채 부르주아이익의 공고화로 내달릴 때 그는 빈민이 이 흐름 속에서 고립되고 잊혀질 수 있다고 내다보았고, “평등을 위한 비밀결사”를 통해 광범한 대중을 조직화하려는 초보적인 “전선이론”을 구상한다.

바뷰프는 프랑스혁명이 자산계급적 혁명, 소수인 부자를 위한 반인민적 혁명, 그렇기에 미완의 혁명인 것을 알았다. 부르주아혁명은 봉건세력을 파괴하면서 새로운 혁명의 시작이 된다. 곧 이로부터 해방된 비봉건적인 제 세력들의 이해는 이제 부르주아혁명의 완결 속에서 조직화되고 투쟁의 대열에서 반영된다고 그는 보았다. 그는 프랑스혁명이 자산계급과 무산계급의 동맹에서 성공이 약속되었지만, 성공과 더불어 후자의 이익이 배제된 채 부르주아혁명으로 귀착되는 것을 인식했다. 특히 1795년 이래 깨어진 계급연대의 잔해 위에서 억압받는 다수 빈민의 이익은 사회로부터 더욱 소외되었다. 사회결합의 목적이 “각 사회구성원의 모든 그리고 각자의 욕구충족을 변함없이 지속하고 보증하는” 것이라면 혁명의 이 시점에서 사회계약은 파기되고 만다.

바뷰프는 자연상태가 "우연적이고 불완전한 사회"라는 것을 인정하고, 그러나 거기에는 불확실하나마 평등과 행복의 자연권이 있다고 주장한다. 그리고 사회는 최소한 보다 안전하게 이를 향유하려는 목적을 가지고 있기 때문에, 사회의 존재이유는 자연상태의 불완전성을 보완하여 완전하고 "사실적인 평등"(l'égalité de fait)을 가져오는 데서 찾아진다. 바뷰프에게 인간의 생존권은 이 경우 최소한이 요구가 된다. "인간의 자연권은 자신이 살아있을 권리 이외의 아무것도 아니다."[9)]

> "누구나 항상 준비되어 있는, 각 개인의 노동의 토대 위에서 모든 필수품을 확보해야 한다. 그러므로 사회는 각 구성원에게 노동권을 보장하고 모든 상품가격에 상응하는 노동임금을 확정할 의무가 있다. 이와 함께 이 임금을 가지고 생필품을 구입하고 모든 그 외의 가족의 욕구를 충족할 수 있게 된다."

그러나 이 최소한의 요구는 사회의 목적이 아니다. "아무것도 점유한 것이 없는 인민은 노동의 목적으로 하루하루 임금으로 살아가고" 있는 한편 사유재산을 가진 계급은 임노동의 비밀을 손에 쥐고 있다. 최종적으로, 사회목적은 보편적 행복(le bonheur commun)의 향유에 있다. 그것은 자연권의 사회적 실현을 의미하는 포괄적 개념이다. 한마디로, 사회목적은 자연에 필수적인 개별노동을 — 결합과 분화를 통해 — 집산적 노동에로, 최대효율과 노동복지를 조화시킨 가운데, 조직하는 노동과 활동의 사회화에서 현실태가 나타난다. 사회관계는 보다 높은 조직형태를 만들어내며 여기에 그의 미래공산주의의 비전이 투영된다.

그러한 사회로의 이행기는 필수적으로 고려될 문제이다. 바뷰프

---

9) V. M. Dalin, *Babeuf Studien*, S. 111, in Meyer, op. cit., S. 41~42에서 재인용.

는 이를 위해 3가지를 제안했다. 첫째, 재산공유제이다. 그는 사유재산과 재산상속권을 부인하고, 적의 재산을 몰수하며 사회기본조직으로 국민공사를 설립할 것을 제안한다. 둘째, 일종의 계획경제를 실행할 것을 제안했다. 그는 임의적 생산과 생산과잉이 빚을 수 있는 낭비의 위험을 지적했다. 셋째, 모든 사람이 노동의 의무를 가질 것을 제안했다. 대도시는 이에 따라 크게 축소될 것이며 사회는 농업위주의—수공업에 의해 보조되는—생산체제로 고정될 것을 그는 예견했다.

바뷰프의 사상은 프랑스혁명의 원인과 경과에 대한 분석을 기초로 소수 부자들에 대한 다수 빈민의 이익을 옹호한 이론이다. 그는 혁명이 무장봉기를 통해서만 가능할 것이라고 보는, "전투적" 성격을 보여준다. 그리고 혁명이 성공할 경우에도 반혁명의 저항을 대응하기 위한 "혁명정권"을 예정하고, "임시적인, 혁명적 권위"로서 이행시기의 문제와 노동인민의 권리를 보증할 비상조치를 발동한다. 바뷰프의 사상은 그러나 단순한 혁명모험주의자의 그것은 아니다. 그것은 자코뱅독재의 재생산이 아닌, 이를 넘어선 18세기 공산주의의 전형이었다. 그의 주장은 토지뿐만 아니라 생계수단, 거주공간, 교육기회 등 인민대중의 사회경제적 조건에 관계되어 있다. 거기에는 음모, 반란, 폭력혁명, 혁명정권에 관한 관념이 담겨 있다. 그리고 그의 사상에는 결코 포기할 수 없는 인간해방과 집산적 노동사회를 갈구했던 18세기 노동계급의 이상과 환상이 섞여 있다. 신바뷰프주의(le nouveaux babouvisme)는 이의 한 지류에 불과하다.

제 2 절 생시몽과 오웬

1. 생 시 몽

프랑스에서의 정치혁명과 영국의 산업혁명은 사상사에서 새로운 전기를 불러왔다. 사회적 혼란, 자산계급의 정치지배, 현대 공업노동자의 등장은 무산계급에게 그들의 행복을 보장할 수 있는 사회질서를 모색할 기회를 주었던 것이다. 이미 그러한 징후는 제 1 기 모아와 캄파넬라의 주장에서 제 2 기 계몽사상가 모렐리와 마블리의 사상에서 보여졌다. 생시몽, 오웬, 푸리에 등은 성장해가는 노동계급의 힘을 배경으로, 자본과 노동의 대립 속에서 이를 조화하고 혹은 극복할 대안을 내놓게 된다. 그들은 대체로 무산계급의 관점에서 기존의 모순되고 불합리한 사회질서에 대한 "이성적" 대안을 제시하며 이의 실현을 위해 당시 유력자의 호의와 지원에 기대를 걸었다. 그리고 그들이 제시한 이상사회가 사회발전의 필연적 결과물이라기보다는 몇몇의 천재에 기인하는 것으로 생각했다.

생시몽 백작(Claude Henri de Rouvroy, Comte de Saint-Simon, 1760~1825)은 파리의 전통귀족의 집안에서 태어났으며 달랑베르에게서 배웠다고 한다. 1779년 그는 장교신분으로 프랑스군대를 따라 미독립전쟁에 참가하면서 5년 가까이 군인의 신분을 유지했다. 1789년 혁명 초기 그는 자신의 신분을 벗어나 특권신분에 반대하여 열정적으로 대중선전활동을 하였기 때문에 "생시몽은 프랑스 대혁명의 산물"이라고 말해진다.

그러나 혁명참가의 시기 — 그는 바뷰프와 연계된다는 이야기도 있다 — 는 짧았고, 그는 상업에 종사하게 되는데 교회토지에 투기한 것이 성공해 거액을 모았다. 그러나 이 일이 문제되어 그는 투옥되었고 로베스피에르의 시기에 거의 생명을 잃을 뻔 했다. 그는 자택에 살롱을 차려 수많은 과학·예술계 지식인들과 토론을 이끌기도 하는데 이때 de Stäel 부인과 결혼설이 나돌기도 한다. 1793년 철학, 문학, 정치를 주제로 하는 잡지 "철학시대"(*Décade philosophique*)의 공동편집인이며 실질적으로 재정을 부담했다. 그는 프랑스사회가 혁명 이후 자산계급과 빈민대중으로 분열되고 정치적 억압과 경제적 착취가 만연한 것을 개탄하고 — 그러나 그의 주 저서는 말년이 되는 20년대에 속한다 — 이에 관해 글을 쓰고 있다. 1802년 그는 "동시대인에게 보내는 제네바인의 편지"에서 프랑스혁명을 계급투쟁적 관점에서 분석하면서 자산계급에 의한 사회치유가 불가능함을 지적했다. 그는 15세기 이래 유럽역사의 기본성격을 계급투쟁이며 사유재산에 대한 실질적인 지배권이 성직자·귀족계급으로부터 시민계급에로 이행하였기 때문에 봉건제는 더 이상 지속될 수 없었다고 평가했다.

1807~10년의 시기에 그는 인간지식의 체계화를 유물론적 관점에서 시도한다. "19세기 과학연구 입문"(*Introduction aux travaux scientifiques au* XIXe *siècle*)에서 그는 루소에서 콩도르세에 이어지는 완성지향성(perfectibilité)의 관념을 넘어서 자연과학에서 유물론적 원리는 대상의 설명에 필수적인 것처럼 인간지식의 필요한 전제라고 인정한다. 이어서 그는 서로 분리되어 개별적으로 진행되는 과학분야의 성과는 전체과학대상의 연계성을 고려할 때 일면적인 분석에 그칠 수밖에 없다고 단정했다. 따라서 분과에서 얻어지는 개별적인 분석결과를 과학전체 속에서 종합할 수 있는, 소위 단일체계로서 과학인식을 주장했다. 이를 위해 그는 새로운 백과사전의 작업을 시도하려고 했다. 어떻든, 그는 방법론에서 합리주의적 관념론과 감

관주의적 유물론을 지향하여 보다 높은, 새로운 단계에서 통합하는 보편적 합법칙성을 추구했다. 그는 세계의 단일성이 중력의 법칙에서 증명되었다고 믿고, 모든 자연현상은 물론 사회현상에서 합법칙적으로 작용하는 것을 설명하는 기초로서 "중력의 철학"을 제시했다. 그에게 자연과 사회의 전개과정은 고체·유체의 형태로 존재하는 물질 간의 지속적인 투쟁으로 인식되었다.

1810년경 재산을 탕진한 생시몽은 그의 주변의 자선에 의해 ― 이 가운데는 과거 그의 하인들도 포함된다 ―, 그리고 부분적으로는 단기간의 계절고용을 통해 생계를 겨우 꾸려간다. 그러나 다행히도 이 시기에 그는 프랑스 최고의 지성을 자랑하는 이공과대학(École polytechnique)의 청년지식인들 ― 그 속에는 그의 비서로 일하게 된 Augustin Thierry와 Auguste Comte가 들어 있다 ― 을 포함해 상당수의 추종자들을 얻게 된다.

1813년에 쓴 "인간과학에 관한 논고"와 "보편적 중력에 관한 논문"에서 그는 역사, 사회, 과학인식의 역사적 전개를 설명하는 데는 무엇보다도 서로 상이하고 ― 때로는 모순된 것처럼 보이는 ― 다양한 인식방법들이 변증법적으로 결합되어 적용되어야 할 것이라고 주장한다. 이를 위해서 그는 기계적 유물론의 한계를 벗어나서 역사주의와 결합되어 세계를 통일적으로 인식할 것을 제안했다. 그의 방식에 의하면, 이 새로운 방법은 보편과 개별을 서로 포섭하는 것으로서 자연, 사회, 사유의 운동을 하나의 순환처럼 이해하는 것을 의미한다.

그는 또 과학인식 일반의 역사적 전개에 관해서 단선적인 사고를 경계했다. 곧 전개는 양의 확대를 통한 비차별적 발전뿐만 아니라 이러한 발전의 행로에 매듭으로 나타나는 위기의 시기를 그는 인식하면서 단절적 역사개념을 보편적 발전에 포섭할 것을 주장했다.

1814년에 「유럽사회의 재조직」을, 1817년에는 「산업론」(*L'Industrie ou Discussions politiques, morales et philosophiques*, 1821)을 썼다. 그에게 철학이란 농업적, 봉건사회로부터 공업적 자본제사회로 넘어가는 이행단계의 역사철학이다. 인간의 인식은 산업의 발달과 함께 전진한다는, 혹은 바꿔 말하면 지식의 역사는 문명과 산업의 반영물이라는 의미가 거기에 담겨 있다.

1820년에서 23년까지 그는 「산업체계」(*Système industriel*, 1823/24) 그리고 1825년에는 그의 마지막의 그리고 대표작인 「신 기독교」(*Le Nouveau Christianisme*)가 출간되었다. 1823년 가난과 병마(病魔)에 시달리면서 절망한 나머지 그는 권총으로 자살을 꾀한다. 그러나 치명상이 아니었던 까닭에 그는 2년을 더 살게 되었다. 1825년 그가 죽은 지 얼마되지 않아 "공업, 과학, 예술의 철학잡지," 「생산자」(*Producteur*)가 나오면서 이를 중심으로 생시몽주의자들이 결집하였다. 일부는 순수한 종교집단으로 바뀌었는데, "신 기독교"가 "사랑의 종교"라 불리는 교파가 되었음을 의미한다.

생시몽은 미래사회를 조직하는 세력은 "생산자"라고 규정한다. 그러나 이 개념은 기업가, 은행가, 공무원, 전문기술자는 물론 노동자를 포함하고 있다. 그것은 일하지 않는 유한(裕閑)계급을 제외한 포괄적 개념이다. 그러므로 그는 다시 생산자 가운데 기업가들은 두뇌노동을 하고 노동자는 육체노동을 하는 것으로 나누고 전자는 생산을 조직·관리하는 데 비해 후자는 이를 집행한다고 구분하고 있다. 그리고 이들 간의 계급대립에 대해서는 서로의 필요에 의해서 "협력체제"가 가능하다고 보고 있다. 그는 "우리는 혁명을 겪었다. 왜냐하면 우리의 사회제도들이 계몽[의 지식]에 낙후하였기 때문이다"고 지적하고, 새로운 제도, 곧 "공업체계 아래서는 계급대립이 해소되고 대다수 인민이 무지에서 벗어나며 국가의 기능이 크게 변화한다"고 주장한다. 그것은 새로운 정치, 새로운 "국가"를 의미한다. 곧 "정치는 경제에 포섭된다." 그리고 "인간에 대한 통치는 미래에는 대물(對物)관리와 생산과정의 지도로 바뀐다"고 예견했다. 고유한 기능으로서 계급압제의 수단인 국가는 생산관리의 조직기구로 바뀌고, 따라서 통념상의 국가는 소멸한다고 그는 보았던 것이다.

사회에서 계급대립이 해소되는 것은 모두가 노동의무를 지고 노동을 통해 사회에 기여하기 때문이다. "누구나 노동해야 한다. 모든 사람은 스스로 하나의 공장에서 [어떤 일을 맡는] 일꾼이 되어야 한다"고 그는 말한다. 국가의 의무는 노동의무에 담긴 평등정신을 존중하여 "최대다수에게 가장 유리한 사회를 만드는" 것이며, "이러한 사회의 목적은 가장 신속하게, 가장 충분하게 사회의 가장 빈곤한 계급의 도덕적 상황과 물질적 조건을 개선하는 데 있다"고 그는 지적했다.

그가 상정하는 산업국가의 질서는 첫째, 산업이 사회의 유일한 물질적 토대인 만큼 산업·과학에 담긴 경향성에 비추어 그에 상응한 사회조직이 세워졌다는 것이다. 특히 일하지 않는 중간계급, 부르주아지는 비생산적인 "기생적" 소비자들과 마찬가지로 "다른 사람의 노동으로 살아가는, 말하자면 도둑들"이다. 이들의 인력을 최소화해야 한다.

둘째, 생산자계급의 사회가 기존의 사회를 대체한다는 것이다. 생산자계급은 사회적으로 필요한 생계수단의 생산에 기여하는 재능과 노동을 가진 사람들이다. 농민, 수공업자, 제조업자, 상인, 무산노동계급, 그리고 "생산적으로 자기의 재산을 투입하는" 사유재산소유자 등이 생산자계급을 구성한다. 그는 「신 기독교」에서 노동자계급의 대변자를 자임했다. 그러나 신사회의 건설에서 그는 노동계급의 역량보다도 푸리에와 마찬가지로 재산가의 협력에 의존했으며, 자본주의발전의 내재적 법칙에 대한 충분한 분석을 그에 대한 도덕적 비판으로 대체하고 있기 때문에 미래에 완성될 사회질서에서 인류의 황금시기를 예언하였음에도 불구하고 현재로부터 출구를 찾을 수 없는 한계를 보여준다.

셋째, 미래사회에서는 정치가 생산과정을 계획하고 지도하는 생산의 과학으로 상정되었다. 계획경제, 산업합리화, 혹은 생산과 노동의 결합이 과제가 된다. 그는 전 사회적인 노동의 조직을 통해서 사회적 무질서와 모순의 원인이 되는 빈곤, 무지, 무위(無爲)의 청산과 생계수단의 다양화, 그리고 모든 사회의 계급·계층의 복지를 향상시킬 것을 요구했다.

생산의 계획을 위해, — 그리고 사회의 조직과 운영은 이에 저절로 부수되는바 — 인민의 "자연적 대장"인 산업가의 지휘 아래 모든 것이 이루어질 것을 예상했다. 그의 사후 1829년 Bazard, Enfantin 등이 생시몽의 유업을 이어 "생시몽주의"를 이어가지만 그것은 주창자의 의도로부터 더욱 멀어진, — 사상사에서는 의식할 필요가 없는 — 파도 위의 거품으로 사라졌다.

2. 오 웬

오웬은 생시몽과 마찬가지로 영국의 경험주의적 전통에 서서 산업혁명기의 영국사회에 나타난 자본주의의 폐해를 개조하려고 노력했다. 생시몽이 생산자 조직 속에 기업가, 은행가, 점포주인, 상인 등 생산활동에 직·간접으로 관여하는 모든 계층을 포괄하고 사유재산의 폐지를 요구하지 않을 뿐만 아니라 오히려 자본가를 산업사회의 지도자로 보았던 한계를 보이는 것처럼, 오웬도 영국사회의 자본주의적 모순의 폐해를 자본가들과 사회지도층의 양심과 지식에 의존하여 개선해보려는 한계를 벗어나지 못하고 있다.

로버트 오웬(Robert Owen, 1771~1851)은 영국 몽고메리 카운티에서 수공업자이기도 한 상인가정에 태어났다. 집안이 가난하여 시골초등학교를 다니는 9살부터 점원으로 보조하면서 생계를 도모해야 했다. 16살 때 당시 방직산업의 중심인 맨체스터로 옮겨와 직공으로 일을 시작했다. 그리고는 친구 한 명과 작은 공장을 차렸으나 어려움이 생겼고 혼자 경영에 전력하면서 크게 성공을 거둔다. 불과 20살의 나이에 그는 경영능력을 인정받아 대방직공장의 관리인으로 초대되었고 1793년에는 맨체스터 철학회(Manchester Literary and Philosophical Society)의 회원이 됨으로써 지역의 명사명단에 합류한다. 1800년 초 그는 4개의 방직공장, 1개의 대기계공장을 맡았고 동시에 농촌에서 그의 이상사회를 예기하게 하는 공장의 관리에 들어간다. 그의 공장경험은 노동조직, 작업단축의 기술은 물론 공장 내에서 일어나는 사회적 문제 — 10세 이하의 어린이 노동, 불결한 작업환경, 임금체불 등 — 에 대한 그의 관심과 인도주의적 열정을 일으켰다. 한편, 그는 기계역학, 특히 화학의 구조적 성격에 대한 접근을 통해 사회문제를 바라보는 그의 철학적 사고에 큰 영향을 받았다.

오웬은 뒤에 그의 장인이 된 대일(David Dale)이 소유하고 있던 스코틀랜드의 제 1 직물공장인 New Lanark Mills를 인수하면서 공장에서 생산성을 높여 이윤을 올리는 것보다 새로운 공동체사회의 꿈을 키우는 기초로 삼게 된다. 당시에 영국과 프랑스에서는 자본주의의 형태가 보다 구체화되고 생산력이 급속히 증대되어가고 있었다. 그와 함께 자본제사회에 고유한 모순이 그 모습을 드러내기 시작했고 빈민·노동인민의 고통과 비참한 상황이 정상으로 자리잡아가고 있었던 것이다. 스코틀랜드에서의 그의 "뉴 라나크운동"은 이러한 배경하에서 태어났다.

1813년 그는 「사회에 대한 새 안목」(*A New View of Society*)을 발표한 이래 「제조업의 효과」(*Observations on the Effect of Manufacturing System*, 1815), 「노동계급의 편에 선 두 개의 비망록」(*Two Memorials on behalf of the Working Classes*, 1815), 「신 사회론」(*Lectures on the Entire New State of Society*, 1820), 「신 종교」(*The New Religion; or Religion founded on the Immutable Laws of the Universe*, 1830), 「신 도덕세계」(*The Book of the New Moral World*, 1835~44), 「사회주의」(*Socialism, or the Rational System of Society*, 1841), 「인류의 장래」(*The Future of the Human Race*, 1853) 등을 간행하면서, 그는 정부와 의회에 자신의 계획안을 실행해 줄 것을 요청하였다.

오웬은 영국의 노동자들이 인간이 아닌 "살아있는 기계"로 취급되는 생산과정의 냉혹성을 문제삼았다. 그는 먼저 "급진적으로 이윤을 꾀하는 공장주"라고 밝히면서 노동자들에게 "충분한 양의 건전한 음식과 다른 생필품을 정기적으로 공급한다면 [그들의] 신체는 양호한 상태로 보존되고 고쳐질 수 없게 망가지거나 일찍 소진해버리는 일이 없게 될"것을 말하고 있다. 여기서 그는 노동자의 생산비에 비추어 노동자를 보호하는 것이 자본주의생산에 이익됨을 설명하면서 동료 공장주를 설득하려고 했다. 그러나 생산의 논리는 잉여노동이 넘치는 자본제 초기의 상황이었고, "부의 창조수단"에 불과한 노동계급은 "두 번째의 그리고 열등한 기계로서 취급되었던 것이다."

더구나 단순노동의 현장에는 어린애와 부녀자가 모여들었다. 그는 어린아이들 "대다수가 신체와 정신에서 난쟁이가 되고 일부는 기형이 되는" 것을 직접 목도하였다. 그리고 거기에는 수많은 범죄와 부도덕, 동물적인 배신과 무지가 지배하고 있었다. 그것은 마치 인성의 사악함을 증명하는 것처럼 보였다. 그리고 외부에서는 그러한 인성과 행동이 자유의 존재(free agent)로서 비난받아야 한다고 당연히 생각하게 된다. 그는 사회가 가지고 있는 최대의 편견, 즉 "개인은 자기자신의 성격을 형성한다는 관념"에 이의를 제기했다.

이러한 상황은 자본가와 노동자 사이에서의 문제에 한정되는 것이 아니다. 그것은 자본가와 자본가 사이에서, 그리고 노동자와 노동자 혹은 실업자 사이에서도 빈번히 발생한다. 이로써 모든 인간은 서로간에 적이 되었을 뿐 아니라 "자신의 행복에 대해서도 적이 되었다"고 그는 개탄했다. 그러나 이는 편견에 의해 일어난 것이므로 "이 대오류가 제거되면 우리의 모든 사악한 정념도 사라질 것"을 그는 낙관하였다. 이 편견의 배후에는 "인류의 다수가 무지와 빈곤에 머물러 있어야만 남아있는 소수에게 행복이 확보될 것이라는" 이해가 숨어 있다.

오웬은 인간이 환경의 산물이라는 사실에 주목했다. 프랑스의 계몽철학가들이 대체로 동의하는 관념이었지만, 기이하게도 인간은 자유의지의 주인으로서 자기의 행동에 책임이 있다는 개인주의적 관점에 집착하고 있던 영국에서 오웬의 발견은 새로운 것이었는지도 모른다.

> "인간의 성격은 하나도 예외없이 언제나 인간에 대하여 형성되어진 것이다. … 인간 대다수는 노동계급에 속하거나 그로부터 나왔다. 그리고 모든 계층의 행복과 안락은, — 최상위에 속한 부류를 빼놓지 않고 —, 이들에 의해 본질적으로 영향받는다."

환경을 개조하지 않고서는 사악한 심성은 사라지지 않는다. "인간의 의지는 … 아무런 힘이 없다. 자신의 선대(先代), 그리고 환경이 심성에 각인한 바에 따를 것이다"고 그는 말한다. 인간에게 반복되는 "영원한 불행," 곧 사회의 불합리성을 자연은 계속적으로 환기시키고 확인한다고 오웬은 주장했다. 불행히도, "지금까지 모든 시대, 모든 나라에서 인간은 인간의 행복에 반대하여 맹목적으로 공모해온 듯 보인다"고 그는 한탄한다. 해결의 열쇠는 인간에 대한 교육과 훈련, 그리고 새로운 사회가 쥐고 있다.

먼저 인간에 대한 훈련을 바르게 해야 한다고 그는 권고했다. 만약 인간이 합리적이도록 훈련된다면 우리는 편견과 무지를 벗어나고 상호간의 적대관계나 전쟁을 피할 수 있다고 그는 보고 있다. 따라서 "인간의 심성은 불필요하고 미신적인 제약에서 해방하고 사실이 진실이라고 확인된 원칙만에 기초해 심성을 훈련해야 한다"고 오웬은 제안한다. 그에 의하면, 모든 종교는 인류의 해방과 진보에 대한 완고한 적들이다. 합리적으로 훈련된 인간은 전쟁에 나갈 이유가 없기 때문에 무기마저도 녹슬고 말게 될 것이라고 전망한다.

교육을 통해서 인간은 올바른 사고를 발전시킬 수 있다. 그러나 교육은 최종적으로 국가의 최대임무이다. "최선의 관리정부는 최선의 ―[인간에게] 합리적 존재가 되도록 가르치는― 국가적 교육체제를 가지고 있는 국가이다." 그는 맬서스의 노동계급에 대한 편견에 반대한다. 맬서스에 의하면, 세계의 인구는 부양가능한 식료품의 양에 의존한다고 이론화하고 있지만 그는 생산성에는 거의 무한에 가까운 미래가 있기 때문에, 오히려 모든 사람에게 노동권을 보장하고 그들에게 지속적인 고용을 확보하는 것이 진정한 문제라고 반박하였다.

그리고 인성의 문제는 최종적으로는 정부의 의무라고 그는 주장한다. 사회는 "해로운 정념, 빈곤, 범죄 혹은 비참을 방지할 수단을 스스로 가지고 있을" 때에만 "완전한 사회"이다. 곧 "정부의 목적은 피치자와 통치자를 행복하게 하는 것이다. … 최대다수에게 최대행복을 실제로 가져오는 정부가 최선의 정부이다"고 오웬은 선언한다.

오웬은 자신의 주장이 "자기 침실에서 생각하고 세계에서 결코 행동하지 않는 부질없는 환상가를 즐겁게 하기 위한" 또 하나의 환상의 유희가 아니라 세계를 변화시키는 출발점으로 시작했다고 밝힌다. 그는 "인간은 조숙하게 무지의 껍질을 깨뜨리지 않는다는 것을 자연법은 보여준다"고 말함으로써 세상의 — 자본주의사회의 — 변화가 갑자기 도래할 것이라고 기대하지 않았다. 시간의 흐름 속에서 오웬이 요구했던 노동조건의 개선은 선진 자본주의사회에서는 자본주의의 성장 그 자체에 의해서 어느 정도 해결되었다. 그러나 자본제사회가 가지고 있는 근본적인 모순의 문제가 이 사회의 극복이 없이는 해소될 수 없다는 사실은 오웬의 인식범위를 넘어선 성격의 것이었을 것이다.

제 3 절 샤를 푸리에

「사회주의: 유토피아에서 과학으로」에서 엥겔스는 Charles Fourier를 가리켜 다음과 같이 말하고 있다: "푸리에는 단지 비평가만이 아니다. 성격이 언제나 낙천적이어서 그는 풍자가, 그것도 고금을 통한 가장 위대한 풍자가의 한 사람이 되고 있다."[10] 그러나 엥겔스가 주목한 것은 그 이상이었다. "어떤 주어진 사회에서 여성해방의 정도가 곧 전면적 해방의 자연적 척도라는 사상은 그가 처음으로 내놓은 것이다."

---

10) Engels, "Die Entwicklung des Sozialismus von der Utopie zur Wissenschaft" (1850), note 5, *MEW*, Bd. 19, S. 196.

François-Marie-Charles Fourier는 1772년 Franche-Comté주의 동부에 위치한 Besançon에서 직물상이 3녀1남 중 막내로 태어났다. 16세에 지방의 제주이트고등학교인 le Collège de Besançon을 졸업한 후 아버지의 유언에 따라 상인이 길에 나섰으나 1789년 이래 혁명의 과정 속에서 전 재산을 날리고 카운터일, 장부정리, 미국회사의 연락서기, 부정기적인 주식중개인으로 연명하였다. 모친이 사망한 1812년 이후 연금을 받으면서 오랫동안 친척의 집에 투숙하면서 안정을 얻을 수 있었다.[11] 그는 결코 결혼하지 않았으며 1837년에 죽었다.

뉴턴의 '물질의 운동'이론에 크게 영향받고 이를 확장하여 푸리에는 동물, 특히 인간의 운동이론을 구축하였다. 새로운 운동의 지평은 그러나 기존사상의 장애를 제거하고 '유추'를 동원하여 기계역학을 인간관계에 적용하는 것이었다. 즉 물질의 인력·척력의 법칙과 같이 그는 인간세계에서도 정념을 통한 인력·척력의 법칙을 확립했다. 그의 이론은 1790년대 후반에 체계화된 것으로 알려졌지만, 그 중 「네 개의 운동과 일반 운명들의 이론」(*Théorie des quatre mouvements et destinées générales*, 1808)에 정식화되었다.[12]

그의 정념이론 내지 역사관에 이어서 그는 1823년 「가내-농업결사론」[13](*Traité de l'association domestique-agricole*)과 1829년 「공업·동지적 신사회」(*Le nouveau monde industriel et sociétaire*)[14]를

11) Nicholas Riasanovsky, *The Teaching of Charles Fourier*(Berkeley: University of California Press, 1969), p. 27.

12) *Oeuvres complètes de Charles Fourier*(Paris: Edition Anthropos, 1966~68), 12 vols., vol. I. 영문판은 Gareth S. Jones and Ian Patterson ed., *The Theory of the Four Movements*(Cambridge: Cambridge University Press, 1996).

13) *Oeuvres complètes de Charles Fourier*, vol. II~IV. 방대한 이 책은 뒤에 「보편적 통합론」(*Thoéorie de l'unité universelle*)의 개명하에 수차례 출판되었다.

14) Ibid., vol. VI.

통해서 그의 이상사회를 구체화하려고 했다. 숫한 푸리에의 저작은 반복과 지루한 은폐를 통해서 더 이상 전문가마저도 전체를 숙독할 필요를 강요받지 않게 되었지만, 그를 이해하려면 최소한 상기저작을 충분히 분석해야만 한다.[15)]

푸리에의 phalanstère운동이 상당히 관심을 모았던 1831년 — 그리고 이 시기 '사회주의'라는 어휘가 시대적 관심을 끌고 있었다. — 푸리에는 「생시몽과 오웬 두 종파의 사기극과 함정」(*Pièges et chalatanisme des deux sectes Saint-Simon et Owen*)과 죽기 1년 전인 1836년 「뒤틀린 산업」(*La fausse industrie morcelée*)을 출간했다. 이들은 푸리에의 사상을 극단화한 형태로 표현함으로써 일면 저자의 기존사상을 무력화하는 계기가 되면서, 타면 그럼에도 불구하고 그의 사상의 구체화·극단화의 모습을 내보이고 있다. 예컨대 그는 정념의 이론을 우주론적으로 확장하여 항성들 간의 교접에 의한 새로운 항성의 생성, 혹은 식물들의 모습에서 특히 여성성기의 내면을 연상시키는 성적인 노출을 극화한 몇몇 식물의 '성노출적'(obscène)인 것을 논의하고 있다.

1. 정념의 사상가 Fourier

기존의 대부분 사상가들이 이성을 중심으로 자신의 사상을 전개했다면, 푸리에는 정념의 중요성을 인식하고 정념을 기초로 자신

15) 예컨대 푸리에를 연구한 Riasanovsky는 다음과 같이 쓰고 있다. "푸리에의 저작들은 문체와 형식 내용에서 기이하다." "나의 목적을 위해서 푸리에의 수고(手稿)를 살펴보는 작업은 즉각적으로 체감의 효과를 가져올 것이라는 결론에 나는 도달했다." 푸리에와 유사한, 그러나 덜 심오한 사상을 폈던 Winstanley의 경우, 저자는 저작수집에 마친 Sabine의 노고에 오직 경의를 표할 수 있을 뿐이다.

의 이론을 체계화한 몇 안되는 사람 중의 하나이다. 특히 다른 사상가들이 정념의 중요성을 인식했다 해도 푸리에처럼 배타적으로 정념만을 집중했던 경우는 없을 정도이다. 한마디로 그는 "정념의 옹호에서 어느 누구보다도 더 철저히 나아갔다."[16)]

"정념의 충족은 소리높이 외친다. 제아무리 억압이 합리적일지라도 그 결과는 언제나 개인에게 해로운 것이며 궁극적으로 사회에도 파괴적이다."

정념이 억압되었을 때 개인과 사회에 해로운 까닭은 무엇보다도 이를 통해서 그것을 없애거나 변형시킬 수 없기 때문이다. 오히려 정상적으로 표출되는 정념은 자신의 요구 그 자체로서 선한 것인 반면 억압되었을 때 정념은 전도되고 반란적인 것이 된다. 그에 의하면 "인류는 자연에 대항하여 미친 듯이 투쟁하면서 수천 년을 잃고 말았다."[17)] 정념에 대항하여 투쟁하는 것이 소용없다면, 그리고 정념의 발산이 사회 속에서 조화로운 삶을 영위하는 데 충돌과 대립을 유발하지 않는다면, 무엇 때문에 정념을 억압·교체 심지어 부인하려고 드는가?

푸리에는 먼저 지성사의 폐해를 논의함으로써 자신의 주장을 정당화하고 있다. 그에 의하면 "이들 세 과학[즉 정치, 윤리철학 그리고 형이상학]은 빈곤·배신·문명의 무지를 만들어 냈다."[18)] 프랑스혁명의 실험과 계몽사상의 과학성은 무능과 환상을 드러냈다. 특히 계몽사상가의 경우 "그들의 정치·윤리적 계몽의 홍수는 환상의

16) Jonathan Beecher, *Charles Fourier: The Visionary and His World*(Berkeley: University of California Press, 1986), p. 223.

17) Jonathan Beecher and Richard Bieuveau trs. and eds., *The Utopian Vision of Charles Fourier: Selected Texts on Work, Love and Passionate Attraction*(Boston: Beacon Press, 1971), p. 79.

18) Ibid., p. 90.

홍수 이외의 아무것도 아닌 듯 보였다."[19] 즉 "철학자도 그 반대자도 사회적 고통에 대한 처방을 내놓을 수 없었으며, 그들의 이론은 단지 가장 치욕적인 재앙들, 그 가운데서도 빈곤을 영속화하는 데 기여했을 뿐이었다."[20] 푸리에가 이성에 반대했던 것은 그것이 정념의 중요성 나아가 법칙성을 붙들지 못하고, 오히려 그 반대의 역할, 즉 억압의 도구로 동원되었기 때문이었다. 즉 이성은 역사에서 불행의 수단이었던 것이다.

그 결과 "이성의 환영"은 "빈곤, 실업, 협잡의 성공, 해적행위, 상업적 독점, 노예납치 등등"[21]을 빚고 있다. 그 해결책은 어디에서 찾을 수 있는가? 푸리에는 "아직 알려져 있지 않는 사회과학의 존재를 의문하였다."[22] 여기서 누가 미지의 영역으로 남아있는 새로운 과학을 "발견"할 것인가가 문제된다. 처방은 사회조건의 성숙도나 어떤 역사적 단계에서만 가능한 것이 아니라 단지 이를 발견하고 실천하는 것으로 끝난다. 푸리에에 의하면, 하나의 천재, 우연의 발견만이 중요하게 된다. 기존의 이성, 과학, 형이상학에 대한 그의 매도에도 불구하고 그의 정념에 관한 과학으로 회귀함으로써 그는 이성에 근거한 이론의 가치를 수용하고 있다.

그럼에도 불구하고, 푸리에가 데카르트의 도움을 받아 절대의문의 방법에 도달했던 것처럼, 그가 "연구결과 정념인력의 미적분에 대한 분석종합의 결과로 발견"했던 "사회운동의 법칙"은 뉴턴의 "물질운동의 법칙"의 유추·확장을 통해 얻어진 결과물이었다는 점에서 기존과학의 기여를 간접적으로 시인하고 있다. 그것은 "정념인

19) Ibid., p. 93.
20) Ibid., p. 93.
21) Ibid., p. 94.
22) Ibid., p. 93.

력의 이론"이다.[23]

> "나는 운명의 수학적 미적분의 고안자이다. 이 미적분은 뉴턴이 깨닫지 못한 채 붙들었던 미적분이다. 그는 물질인력의 법칙을 규정하였으며, 나는 나 이전에 어느 누구도 접근하지 못한 이론, 즉 정념인력의 법칙을 발견하였다."
>
> "정념인력의 법칙은 뉴턴과 라이프니츠가 설명했던 물질인력의 법칙과 완전히 일치한다. 물질세계와 정신세계를 지배하는 통합된 운동체계가 존재한다. 나는 일반법칙은 물론 특수법칙에 유추가 적용될 수 있는가, 그리고 인간과 성좌(星座)의 경우처럼 동물, 식물, 광물의 인력과 속성이 아마도 동일한 구조로 조정되는 것은 아닌가 의문했다. … 새로운 정밀과학이 발견되었다. 즉 물질, 유기체, 동물, 사회운동의 유추, 혹은 물질의 변용을 인간, 동물의 정념에 관한 수학적 이론에의 유추이다."

푸리에에 의하면 인간은 13개의 정념을 가지고 있다.[24] 이들은 5관을 통한 육체적 정념(예컨대 미감, 촉감 등)과 4개의 정신적 정념(우정, 사랑, 가족, 야망), 그리고 그가 "남용된" 혹은 분배적·기계적 정념이라 부르는 3개의 정념(음모형, 나비형, 열정형),[25] 그리고 통합정념으로 구성된다. 그러나 그는 문명과 같은 "반란적 질서" 아래서 정념이 전도된다고 보고 있기 때문에 이상의 정상유형과 그에 상응하는(마지막 통합유형을 제외한) 12개의 반란유형으로 나뉘어 사실상 25개의 정념을 받아들이고 있는 셈이다. 뒤의 3개의 정념은 집단 내에서 경쟁과 모방을 통한 공존·조화를 가져오는 "정념의 매체"이다.

---

23) Ibid., p. 84; p. 101.

24) Ibid., p. 215 그러나 p. 91에서는 그는 7개의 원시적 정념을 말하기도 한다.

25) 이들 정념은 cabaliste, papillonne, composite라 부른다. "복합형"(composite) 혹은 "맹목적 열정"은 그 내용에 따라 여기서 열정형으로 고쳐 부르기로 한다. Ibid., p. 218.

그러나 이들 정념 가운데 그의 이론을 지배하는 주 관심사는 식욕과 성욕의 문제이다. 물론 청감, 시감, 취감도 사회의 발전에 따라 그 중요성이 커지게 되겠지만, 무엇보다도 식욕과 성욕의 요구는 동등하게 절실한 것이다.[26)]

> "사회는 미감과 촉감의 두 감관의 필요에 대한 충족을 허용해야 한다는 점이 따라온다. 왜냐하면 이들 두 감관의 필요는 다른 3개의 필요보다도 훨씬 더 절실한 것이기 때문이다. 이들이 충족되지 않으면 육체는 고통을 받게 되지만 그에 반해 눈, 귀, 코에 호소하는 쾌락의 결여는 육체에 해를 끼치지는 않을 것이다."

이에 따라 그는 사회에서 사유재산을 인정하고[27)] 최소한의 충족을 위한 보장장치를 요구한다. 인간의 평등, 양성(兩性)의 평등을 그는 주장하지만 그러한 주장은 오히려 인간의 불평등한 재능과 정념, 성적 차이를 전제로 하고 있다.

먼저 식욕의 문제를 보자. 그는 문명 속에서 전도된 정념, 부와 쾌락에 대한 미감을 가짐으로써 대립과 빈곤을 양산한다. 로크가 영국의 노동자가 원주민 왕보다 쾌적한 삶을 누린다고 억지주장을 내세우는 데 반대하여 그는 "문명인에게 원시인이 가졌던 박탈될 수 없는 동종의 노동권과 같은 특권을 주라"고 절규한다. "주인을 위해서가 아니라 자신을 위해 수렵하고 물고기를 잡을 수 있게" 하며, "자연의 풍요함에 동등하게 그대들은 우리에게 최소한 원시인과 야생동물에게 주었던 자원을 주라"고, 곧 "자연이 원시인과 야생동물에게 해주었던 만큼 빈민에게 해주라"고 그는 원색적인 비난을 내

26) Ibid., p. 337.

27) 그의 사상 가운데 사유재산의 폐절을 요구하지 않는 것을 커다란 결함으로 엥겔스는 지적한다. 汪子嵩 等 「歐洲哲學史簡編」(北京: 人民出版社, 1972), p. 173에서 재인용. "푸리에주의는 하나의 곧 불철저한 부분이 있으니 그것은 그가 사유제의 폐제를 주장하지 않는 것이다."

쏟는다.[28]

푸리에사상의 특징으로 보아질 수 있는 부분이 성의 정념이다. 그리고 육체적 정념으로서 성욕은 식욕과 마찬가지로 실제적이고 충족을 요구하는 가장 긴급한 필요이다.[29]

> "정념 가운데 제 1 의 위치를 차지하는 것은 사랑[즉 성욕]이다. 그것은 정념의 왕이며 모든 정념의 원천이다. 다른 어떤 정념보다도 사랑에서 신적인 정신이 추구되어야 할 것이다. 그것은 신의 의도의 가장 잘된 지표이다."

감관의 욕구인 성욕과 정신적 욕구인 성애(sentimentalité)는 구별된다. 후자는 전자에 의존하고 있으며 성욕의 충족 이후에 나타날 수 있으며 지속될 수 있는 고상한 부분이다. 특히 노년기에 신체적인 사랑이 불가능하게 되었을 때에는 성애의 필요가 더욱 강조될 수 있다.

이 모든 개별정념은 인간개체로서는 불완전하며 단지 사회 속에서만 완전해질 수 있다는 점에서 푸리에는 집체의 중요성을 제기한다. 실로 문명에서 도입된 일부일처제도가 간음과 속임수에 의해 유지되는 비밀은 바로 자연에 반하는 개체적 사랑의 구조에 근거하고 있기 때문이다.

---

28) 로크는 토지에서는 풍부하면서 생활의 안락에서는 빈궁한 아메리카의 몇 개 민족을 예로 들면서 "그러나 노동에 의해 그것[토지]을 개선하지 못하고 있기 때문에 우리가 향유하는 생필품의 1/100도 가지지 못한다. 거대한 풍요한 토지를 가지고 있는 왕마저도 거기서 영국의 일용노동자보다 못하게 먹고 자고 입는 데 불과하다"고 말한다. John Locke, *Two Treatises of Government*, Peter Laslett ed.(Cambridge: Cambridge University Press, 1966), pp. 314~315(II, §41).

29) Ibid., p. 233. Cf., ibid., 339 "그들[입법가]은 성적 욕구가 식량의 필요보다 덜 긴박한 것이라고 생각한다. 이것은 잘못이다. 비록 성적인 교접없이 지낼 수 있어도 식량 없이는 살아갈 수 없다고 하지만 성적인 혹은 촉감의 쾌락욕구는 생계욕구만큼이나 사회적 혼란을 야기시킨다는 것은 확실하다."

푸리에가 상상하는 바의 정념을 중심으로 하는 사회는 따라서 인간의 연구뿐만 아니라 집체의 분석의 중요성을 일깨워준다.[30] 불행히도 기존의 지성사에서 집중되었던 인간의 연구는 정념을 이해할 수 없었으며, 집체의 분석은 아예 시도되지도 못했다고 그는 비판한다.

먼저 정념의 유형에 따라 그 인간유형을 나누고 있다. 전체 속에서 지배적 정념이 단일의 정념인 경우가 60% 정도에 해당한다.[31] 복수의 심지어 예컨대 케사르처럼 7개의 지배적 정념을 가진 인간유형도 있다. 개체가 불완전하기 때문에 정념의 담지자들은 최소의 집단(groupe)을 구성할 때 만족을 얻을 수 있으며 그 수는 12명이라고 볼 때 양성의 참여로 24명이 된다. 또한 이 기본단위는 보다 큰 단위 집단(série)인 40명(그러나 양성의 경우 80명)의 일부가 된다. 그리고 이들은 다시금 농업적 생산·소비공동체인 사회(phalanstère)에 들어가서야 거의 완전한 지속적인 삶을 영위할 수 있게 된다. 곧 810개 정념의 유형으로 구성된 공동체사회에서 모든 정념을 만족시

30) 계몽사상가들의 주된 관심사는 인간의 연구이었다. 그러나 푸리에는 그 속에서도 "인간의 기본적 충동," 즉 정념의 문제에 집중하였다. *Selected Texts*, p. 156. 더욱 중요한 것은 개인의 연구가 아닌 집체분석의 중요성을 그는 강조하고 있다. Beecher, op. cit., p. 232에서 재인용. "우리는 인간의 연구에 대한 수많은 논문을 가지고 있다. 그러나 본질적 부분, 즉 집단의 분석을 게을리 한다면 이 논문들이 주제에 관하여 무엇을 말해 줄 수 있겠는가? 우리의 모든 관계에 있어서 우리는 지속적으로 집단을 형성하는 경향이 있으며 이들[집단]은 한 번도 연구대상이 되지 않았다."(OC, VI, 57). 한 걸음 더 나아가, 푸리에의 주장은 통합적 인간(integral man)의 이론에 근거하고 있다. 모든 인간은 마치 벌이나 담비처럼 개체적으로는 불완전하여 집단 속에서 완성을 지향할 수 있으며 통합적 인간은 810개의 정념유형이 조직화되어서야 가능하다는 주장을 하고 있는 것이다. Riasanovsky, op. cit., pp. 186~7. "하나의 팔랑제는 벌집 혹은 통합된 담비세계에 상응하였다." 통합적 벌은 20,000마리의 개체가 필요하다고 한다.

31) 여기서 정념은 아마도 육체적·정신적 욕구인 9개의 정념 가운데에서 논의되고 있다고 볼 수 있다.

킬 수 있는 phalanstère를 그는 꿈꾸고 있다.[32)]

극히 예외적인 정념을 가진 소수의 사람들은 세계의 곳곳의 방랑자이며 하나의 공동체 속에 안주할 수 없다. 말하자면 그들은 복수의 공동체사회의 경계에 산다. 공동체에서 조화와 행복이 이루어지는 이유는 무엇보다 문명에서 깨어진 정념의 내적 균형이 회복되는 데서 찾아진다. 나아가 정념을 발동시키고 효과를 극대화하는 것은 합동과 대조를 유발하는 음모형·나비형·열정형으로 뒤섞인 séries의 매력에 있다.[33)] 이 사회의 정념을 더욱 풍부하고 조화롭게 하는 것은 사치와 세련미, 그리고 통합을 일깨우는 "이론"의 전제로서 필요하다.[34)]

2. 사회의 단계와 문명의 위치

엥겔스는 "푸리에의 위대성은 사회의 역사에 관한 그의 견해에서 가장 뚜렷이 나타났다"고 지적하였다.[35)] 프랑스 계몽사상의 전통에 따라,[36)] 그는 사회의 역사를 몇 개의 단계로 나누고 문명을 그

32) *Selected Texts*, p. 227.

33) Ibid., pp. 282~283.

34) Ibid., p. 89. "그들[이상사회 구성원]의 정념은 너무도 많고, 폭발적이고, 다양한 나머지 부유한 사람은 일종의 지속적인 환희 속에서 일생을 보내고 그의 하루 24시간은 마치 한 시간처럼 지나가 버릴 것이다." 여기서 푸리에의 이상사회 안에서 계급적 차별성이 있다는 것, 이 차별성은 재산, 수입, 숙소, 음식 기타 물질적 혜택의 부분에서 광범위하게 적용된다는 것을 기억할 필요가 있을 것이다. Riasanovsky, op. cit., p. 60.

35) Engels "Die Entwicklung des Sozialismus von der Utopie zur Wissensehaft," in *Marx, Engles Werke*, Bd. 19, S. 196.

36) Jean-Jacques Rousseau, *Essai sur l'origine des langues*(Paris: Nizet, 1981)에서 역사단계는 원시기, 야만기, 문명기로 나뉘어진다. Condorcet도 「인간정신진보의 역사적 개관」(1793)에서 역사를 10단계로 나누어 인류는 제 3 단계인 노동분화가 일어난 농업사회에서 시작되어 이성이 사회를 지배하는 제10단계에 이르는 문명을 거치는 것으로 설명한다. 뒤에 엥겔스는 「가족, 사유재산, 국가의

안에 위치하는 하나의 단계로 규정하였다. 그에 의하면 총 8만년에 이르는 인류의 역사는 개체의 역사에 준하는 유아기, 청년기, 장년기, 노년기를 거치며 각 단계마다 다시금 상승기와 하강기로 나뉘면서 신사회가 구사회를 대체한다.[37)]

문명이 있기 이전에 인류는 에덴의 시기, 원시기, 가부장시기, 야만기라는 4단계(그는 에덴의 시기를 제외한 3단계로도 표현하기도 한다)를 거쳐 제 5 단계인 문명기에 들어섰다.[38)] 그리고 사회적 화합의 6, 7, 8단계로 이어지는데 그는 제 5 단계에서 제 8 단계인 조화사회로 건너뛰어 바로 진입할 수 있다고 본다. 역사의 각 단계를 구별시키는 척도는 성의 해방, 특히 여성의 자유이다. 마지막의 5단계는 다시금 역순으로 문명에서 에덴의 시기로 쇄락해 가면서 인류는 멸망해간다.[39)]

기원」(*MEW*, Bd. 21, S. 25~173)에서도 원시, 야만, 문명의 3단계이론을 수용한다. 푸리에의 역사관은 문명일반을 36단계 속의 하나에 불과한 과도기로 보았다면 마르크스·엥겔스는 문명 속의 자본제사회를 그에 대체하고 있다. 환언하면 "그들은 푸리에의 공상적 사회주의 교의의 건설적 부분에 대해 회의적이었다." Riasanovsky, op. cit., p. 139.

37) 그리고 각 사회는 그 안에 구사회의 잔재와 신사회의 맹아를 담고 있다. 王振槐, 「西方政治思想史」(南京: 南京大學出版社, 1993), p. 386. 따라서 "각각의 사회는 모두가 다소간에 혼합적인 것이며 고급 혹은 저급 시기의 인습에서 생겨난 특징을 가지고 형성된다." 그러나 신구가 교차하는 교체기를 제외한 사회의 정상시기를 "혼합적"이라고 규정하는 것은 논리적 비약이 아닐 수 없다.

38) *Selected Texts*, p. 189. 첫 8단계는 에덴이 시기, 원시기, 가부장제/경공업, 야만기/중간크기의 산업, 문명기/대규모공업, 보장제/준결사체, 동맹체/단순결사체, 조화사회/복합결사체이다. 그러나 푸리에는 전체 16단계 가운데 7단계를 "영원한 평화, 보편적 단합, 여성의 자유가 확립된" 시기로 지적하면서(Ibid., p. 82) "16개의 가능한 사회 속에서 단지 3단계만 지구상에 나타났다: 원시, 야만, 문명 그리고 이 모두가 끝나고 지구상의 모든 민족은 제15단계인 단순조화[의 사회]에 들어가는 것이다."(Ibid., p. 81)고 말한다.

39) Edmund Wilson, *Auf dem Weg zum Finnischen Bahnhof*(Frankfurt am Main: Suhrkamp, 1974), S. 87, "세계가 8만년 지속하고 끝나는 시기에 각 영혼은 지구와 어떤 특정의 항성 사이에서 확실한 주거를 얻기 위해 810회 방랑하다가 마침내 1,626번이나 환영(幻影)의 재현을 경험한다."

문명을 건너뛰는 대신에 문명을 완성하려는 모든 시도, 문명에서 진보를 주장하는 이론은 이미 하강기에 들어선 문명의 단계를 유지하여 그것이 뿜어내는 빈곤과 고통, 무지와 불합리성을 옹호하는 반휴머니즘적일 수밖에 없다는 것이다.

정념의 불변성을 전제한다면, 푸리에의 눈에 비친 역사 속의 사회는 성의 억압과 노예화를 대표한다. "이들 3사회, 곧 원시, 야만, 문명은 위로 올라가는 계단에 불과하며 곧 이성의 유아기와 저능시기이다.[40] 야만사회질서와 문명사회질서는 비슷하게 여성을 만들어 놓는다."[41]

> "야만질서에서는 여성을 학대하여 자기들이 정신을 가지고 있지 않다고 믿게 하는 것이 필요하다. 그렇게 하여 여성은 시장에서 매매되거나 규방에 갇혀 지내는 것을 허용하도록 느끼게 한다. 유사하게 문명질서에서는 유아기부터 여성을 바보로 만들어 철학의 교의, 결혼의 노예생활, 그리고 자기를 아마도 정반대되는 성격을 가진 남편의 손에 떨어지도록 비하하는 데 맞추도록 만든다."

인간의 성적 욕구는 기존의 사회제도에 의해 억압된 나머지 좌절과 왜곡의 상태로 나타난다. 그러나 자연은 역사 속에서 언제나 자신의 길을 찾아내기 마련이다. "만약 당신이 자연을 문 밖으로 쫓아내면, 그것은 창문으로 들어온다."[42]

> "두 감관은 박탈에 대해 상이하게 반응한다. 미감이 공개적인 반란으로 나타나는 반면, 촉감은 소리없이 저항한다. 그러나 그것이 불러일으키는 파괴력이 보다 명백하지 않다고 한다면 그렇다고 덜 실질적인 것은 결코 아니다. 인간이 촉감적 필요, 즉 신체적 사랑의

---

40) *Selected Texts*, p. 82.

41) Ibid., p. 176,

42) Ibid., p. 304. 인용은 ibid, pp. 339, 340.

필요를 충족시킬 수 없다면 그것은 전체 사랑의 체계를 부패하게 만들며 그 결과로서 가족체계의 침식에 이르게 된다."

"이 문명의 관습은 다름아닌 성적 쾌락의 추방, 즉 신체적 사랑 없이 지내는 것에 대한 공포에 원인을 가지고 있다. 이 공포는 [정신적] 성애를 비웃게 만들며 문명세계의 남녀들에게 색정과 위선을 확장시킨다."

기존의 역사는, "원시, 야만, 문명처럼, 다름아닌 여성의 노예생활이라는 축을 가지고 있으며 사회적 복지를 생산해내는 모든 다른 시기는 제 6, 7, 8단계처럼, 다름아닌, 보다 연약한 성[즉 여성]의 진보적 해방이라는 축, 바로 그러한 지침을 가지고 있다."[43]

기존의 역사가 미래의 역사와 구분되는 것은 그 사회가 정념의 억압 혹은 해방을 목표로 삼고 있는가에 있다. 특히 식욕과 성욕은 다른 모든 정념에 우선하고 있기 때문에 이의 충족은 인간의 행복에 관련하여 더욱 중요하고 절실한 것이 된다. 이에 반해서 기존사회는 이에 대한 욕구를 단순한 형태에서 복합적이고 더욱 세련되게 만들면서도 이의 충족을 제도를 통해 봉쇄하고 있기 때문에 "대재앙적인"것이 아닐 수 없다. 몽테스키외를 인용하면서 그는 만약 인간사회가 "머뭇거리며 떠나지 않는 질병, 내적인 악덕, 비밀스러운 숨은 독액으로부터" 고통받고 있다면,[44] 우리는 새로운 처방을 찾아내야 한다고 주장한다.

그에 선행한 원시, 가부장, 야만의 3사회와 함께, 문명은 사회의 역사에서 하나의 단계에 불과하며, 특히 모든 재앙을 불러일으키는 문명은 가장 불안전한 사회이다.[45] 이 사회는 충분한 자원을 생

---

43) Ibid., p. 194.

44) Ibid., p. 94.

45) Ibid., p. 95 참조.

산하면서도 분배와 소비에서 빈곤과 기아를 해결하지 못하고 있다. 아니, 이 사회는 과잉생산력을 가지면서도 그 효율성을 극대화하지 못한 채 엄청난 생산의 게으름을 빚고 있다.[46]

현대 자본주의의 위기를 "공황"에서 찾은 최초의 사상가는 푸리에였다. 이에 관하여 엥겔스는 다음과 같이 쓰고 있다.[47]

> "1815년 이래 우리는 이러한 순환을 다섯 차례나 겪었으며 지금[1877년] 그것은 여섯 번째를 맞이하고 있다. 이러한 공황의 성격은 매우 뚜렷하게 나타나고 있어서 푸리에가 이러한 최초의 공황을 과잉에서 오는 공황이라고 부른 것도 이 모든 공황의 본질을 찌른 표현이었다."

각국의 산업을 경쟁의 소용돌이로 몰아넣은 "산업주의"는 제조업자에게 거대 생산력을 집중시키지만 동시에 노동계급의 빈궁화를 더욱더 증대시키는 것과 비례하여 앞으로 나아간다. 그 결과 현대의 생산계급은 원시인보다 훨씬 비참한 생활에 처해진다. 후자는 "빈궁한 경우마저도 현대의 임노동자보다도 자유, 걱정에서 해방, 그리고 잘하면 수렵해서 풍족한 먹이를 확보하리라는 기대에서 3배나 되는 이점을 누렸다"고 푸리에는 주장한다.

"산업주의"는 "금융, 대기업, 대토지소유자를 더욱 부유하게 하

46) 그는 생산에 동원되지 않은 인력을 "문명에서 비생산적인 계급"으로 나누어 사회내 12종의 계층 속에서 얼마나 높은 비율로 게으른 인력이 존재하는가를 살펴보고 있다. 즉 "노동력에서 2/3는 무가치한 혹은 부정적 노동자로 구성되었다." Ibid., pp. 130~135.

47) 엥겔스, *MEW*, Bd. 19, S. 197. 푸리에의 다혈증 공황(la crise pléthorique)에 관해서는 *Selected Texts*, p. 125(*OC*, VI, pp. 392~396), 참조. 현대자본제의 위기에 관한 푸리에의 관찰은 다른 해석이 내려지기도 한다. 즉 "위기는 과잉생산에 의해서가 아니라 따라서 공업가의 죄악에 의해서가 아니라 투기꾼들의 사기적인 간계에 의해서 생산된다." A. Saitta, "Charles Fourier e l'Armornia," *Belfagor*, vol. II, no. 3(May 15, 1947), p. 284, Riasanovsky, op. cit., p. 159에서 재인용.

고 인민에게는 공장에 갇혀 심지어는 하루 18시간 일하는 노예노동의 임금으로 굶주림과 헐벗음만을 남겨주는"[48] 모순을 재생산한다. 그것은 소수의 개인이익과 절대다수의 집체이익의 충돌, 나아가 양계급의 조화를 불가능하게 한다.[49] 그렇다면 계몽사상의 이성이 제공한 최대산물인 사회계약과 주권이 무슨 의미가 있겠는가?[50]

> "우리의 사회계약은 빈민에게 그의 교육 정도에 맞는 적정한 생계수준을 주는데 아주 완전하게 불가능하다. 이 계약은 인간에게 자연권 가운데 제 1 의 권리, 즉 노동권을 보장할 수 없다. "자연권"이라는 어휘에 의해 나는 "자유," "평등" 같은 환영을 의미하지 않는다."

"진보"라는 용어는 한 사회 내의 상승과 하강의 곡선 속에서 전반기의 시기에 적용된다. 푸리에는 사회의 역사는, 그리고 다시 전체 속에서 각 단계의 역사는 4개의 국면으로 나누어진다고 보면서 현재의 사회단계는 하강기에 들어선 것으로 보고 있다.[51]

> "프랑스와 영국에서 현재의 문명은 제 3 국면의 하강시기에 있다. 제 3 국면의 특성은 오래 전에 이미 나타났다. 이 문명은 이제 두 가지 전조를 보이면서 제 4 국면으로 다가가고 있다. … 그러나 현재의 상태는 고통스런 정체의 상태이며 그 속에서 인간의 천재성이 가두어진 채 불모성으로 인해 새로운 사상을 낳으려고 헛되이 몸부림치고 있다. 사회는 제 3 국면의 과도하게 장기화된 정체에 의해 소진하고 있다."

현대문명의 정체, 곧 과숙한 현대자본제사회의 부후(腐朽)하는

48) Ibid., p. 122.
49) Ibid., pp. 115, 162.
50) Ibid., p. 137.
51) Ibid., p. 192.

악취는 역사의 "진보"에 의해 치유 혹은 해소될 수 있는가? 그것은 문명 속에서 발전되어온, 문명의 완성을 지향하는 주류적 학문에서 얻어질 수 없다. "계몽과 완성을 열망한 현대"[52]에서 새로운 답변과 처방을 통해서, 곧 문명의 완성이 아닌, 문명의 대체에 의해서만 가능하다.[53]

> "마침내 우리는 사회적 재앙의 막다른 길, 지구의 정치적 유아기의 마지막에 도달했다. 보편적인 풍요 속에서 보여지고 있는 것처럼 우리는 막 시작한 거대한 전환의 가장자리에 왔다. 지금이야말로 현재는 미래로 무르익었으며 그리고 과도한 고통이 구원의 순간을 앞당길 것이라는 것을 진실로 말할 수 있다."

역사의 현 단계는 인간의 상실, 여성의 억압, 생산자계급의 기생계급에 의한 지배,[54] 자연에 대한 문명의 도전이 특징을 이룬다. 그것은 역사의 시작 이래 인간불행의 목록을 완성시켰다. 그리고 이제는 새로운 사회의 단계가 시작될 것이라고 그는 희망하였다. 이 사회는 조화사회이다. 조화사회의 이론은 문명이 시작된 2,500년 전에 발견될 수도 있었다고 푸리에는 보았다. 단지 축적된 지식, 특히 "형이상학, 윤리학, 정치학의 오만과 부주의로 알려지지 않고 있었다."[55] 이 조화사회는 "6만년 지속될 것이며 그 이후에는 지구의 기온강하로 사회의 현저한 쇠퇴가 올 것이다. 조화사회의 축인 사치의 최종적인 퇴장과 함께 인류는 반란[적질서, ―즉 마지막 5단계들로서 이들은 역순으로 진행된다―]로 물러선다. 인류는 문명, 야만,

52) 그는 기존 역사에 나타나는 대부분의 과학을 비판하면서도 여기서는 그에 대한 희망을 잃지 않고 있다. Ibid., p. 108.

53) Ibid., p. 200. 제 4 국면으로의 진보는 "퇴폐로의 진보"일 뿐이다. Ibid., p. 193.

54) Ibid., pp. 109, 112.

55) Ibid., p. 85.

원시사회 그리고 반란질서들에 속한 다른 질서들[— 즉 가부장사회가 원시와 야만 사이에, 그리고 에덴의 사회가 마지막 단계로서 —]을 차례로 밟아감으로써 전체의 역정을 완성할 것이다."[56]

비록 19세기의 자본주의사회를 대상으로 했지만 푸리에는 문명의 모순을 현대자본주의 사회적 문제, 즉 자유경쟁, 인권의 무용성, 간음과 매음의 일상화, 과잉생산과 생산의 파괴, 사치와 기아를 약자의 입장에서 철저히 간파하였다.[57] 자본주의는 위험한 정념을 억제하면서 예외적인 출구로서 "화폐취득"을 허용하였다. 그러한 정념은 "무해한" 것이기 때문에 케인즈는 즐거운 시간보내기로 여겼고 또는 다른 금욕에 대한 대상적(代償的)인 것이라고 슘페터는 생각했다.[58] 그러나 푸리에는 돈이 지배하는 곳에서 다른 정념들이 무의미하다는 것을 다른 초기의 사회주의자들과 함께 직시하고 있었다. 그들은 학문의 경향이 현대자본주의의 모순을 폭로하고 치유하는 대신에 이를 은폐하고 미화하는 이데올로기를 담고 있다는 것을 잊지 않았다.

그러나 푸리에는 자신의 부적절한 표현에 의해 야기되는 오해에도 불구하고 현대자본주의 자체의 부정으로 일관한 것은 아니었다. 그의 시대가 자본주의를 충분히 발전시킨 상황이 아니었기 때문에 초기자본주의의 폐해 혹은 상업자본주의가 그의 분석과 비판의 대상이었다. 나아가 그가 이상화한 미래의 조화사회가 단순히 자본주의의 부정이 아닌, 자본주의의 결실 위에 선 자연의 재도입이라는

56) Ibid., p. 86.

57) Jones and Patterson ed., *The Theory of the Four Movements*(Cambridge: Cambridge University Press, 1996), p. viii. 푸리에는 "19세기 사회문제를 처음으로 규정한 책"을 썼다고 평가했다.

58) Albert O. Hirschman, *The Passions and the Interests: Political Arguments for Capitalism before Its Triumph*(Princeton: Princeton University Press, 1976), pp. 134~5.

점에서 보다 조심스러운 관찰을 요구한다.[59)]

그렇다면 문명의 역사적 기능은 무엇인가? 그는 새로운 사회질서가 상당한 기술적, 문화적 발전단계에 도달할 때까지 세워질 수 없다고 수없이 주장했다. 이 점에 있어, 수많은 악덕에도 불구하고, "문명은 중요한 역사적 역할을 수행한다."[60)] 인류를 결사에로 진보하는 데 필요한 수단을, 곧 문명은 대규모공업, 추상적 과학, 예술을 창조한다. 이들 수단은 인간이 사회적 규모에로 상승하는 데 반드시 이용되어야 한다.

문명을 넘어서 이를 대체할 신 사회는 대규모의 생산력을 이용하고 여성의 성적 자유를 극대화하는 것을 자신의 과제로 가지고 있다. 문명에서 가장 억압받았던 것이 여성의 성적 정념이었기 때문에, 특히 사회적 진보와 쇠미의 원인이 여성의 조건에 달려있기 때문에, 여성해방은 절대적인 과제가 된다.[61)]

> "일반명제: 사회적 진보와 시대의 변화는 여성의 자유를 향한 진보에 의해서 야기되며, 사회적 퇴행은 여성자유의 축소의 결과로서 일어난다."
>
> "여성특권의 확장이 모든 사회적 진보의 근본원인이다."
>
> [미래사회에서 양성의 평등이 완전히 이루어질 때,] "여성은 자유의 상태에 있을 때 신체적 힘에 관련되지 않는 모든 육체적인 그리고 정신적인 기능에서 남성을 능가할 것이다."[62)]

---

59) 푸리에는 자연으로의 복귀를 주장한 루소를 비판한다. 현명한 조화사회는 "가능한 것을 얻기 위해 자연과의 타협하는" 것을 주장하는 그의 8종의 "사랑의 지수표"(*Selected Texts*, p. 366. 주 4~5.)를 논의하기도 하지만 기존역사의 성관행과 제도의 광범한 재도입을 통해 정념의 자연성과 다양한 제도의 조화를 시도한다.

60) 전체 인용은 Beecher and Bienrenu, op. cit., p. 202, 주 11에서 재인용임. 인용절 내부의 인용부분은 Fourier, OC, VI, p. 9.

61) Ibid., pp. 195, 196.

62) Ibid., p. 176.

기존의 생산력의 충분한 이용, 유휴노동력의 생산과정에로의 유입, 노예노동으로부터 쾌락과 매력이 매개된 자발적 노동으로의 전환, 그리고 인류의 반인 여성의 전반적인 발전에 기인하는 생산력의 변화는 문명보다도 몇 배의 생산물을 가져올 것이라고 푸리에는 낙관하였다. 더구나 인류는 거기서 억압되고 좌절되며 비틀어진 정념의 계열에서 벗어나 건강한 자연정념을 더욱 풍부하고, 다양하게 그리고 세련되게 충족함으로써 보다 높은 문화를 구가할 수 있을 것이었다.

이미 문명의 성격이 인간의 정념과 충돌하고 모순의 긴장관계를 이루는 모습은 라메트리, 디드로 등 유물론적 계몽사상가들에게서도 밝혀졌다. 푸리에는 역사의 단계가 정념, 특히 여성의 자유에 관련하여 규정된다는 것을 발견했다. 그의 이상사회는, 성의 자유로운 교환이 아닌, 여성의 해방을 가져오는 모델이다. 그것은 인간의 정념유형에 따른 양성의 재분배를 통한 최선의 충족체계이다. 그러나 개체의 선택이 아닌, 집체 속에서 800여 개의 다양한 정념유형이 충족의 방식을 찾아내는 것으로서 벌들의 세계가 2만의 개체를 필요로 한다면, 불과 2,000명 정도로 구성되는 집체 속에서 성의 분배를 통해 각자에게 "통합적" 개체로 기능하는 것을 기대하기는 소박한 구상이었다는 여론(餘論)이 남게 된다.

제 4 절 신 바뷰비즘

바뷰프가 제기한 조야한 공산주의 또는 자연권에 근거한 "절대평균주의"적 사상에 지적되는 한계는 산업사회의 성장에 따른 모습이 드러나면서 공상적 사회주의자들의 주장에서 보완되었다. 곧 생시몽은 산업사회의 경향을 수용하고 생산자들에 의한 사회관리체계를 통해 절대다수를 차지하는 빈민·노동계급의 복지를 확보할 협동적 사회를 주장했다. 오웬은 자본제사회 모순의 한 모습에 영향받아 생산과 삶을 통합하는 보편적 이해의 기준인 "공산사회주의"를 실천함으로써 인성의 개조를 기대했다. 그리고 푸리에는 성, 특히 여성해방을 통해 정념을 재조직하고 이의 기초 위에 새로운 이상사회의 역사단계를 제창했다. 이 모두가 사회주의사상의 발전을 위한 중요한 자료가 된다.

그러나 이들은 "공상적"일 수밖에 없는 도덕적 사회주의론을 펴고 있었다. 곧 그들에게는 신 사회를 필연코 가져오는 과정과 이행전략이 없었으며, 특히 이를 평화적 수단에 한정함으로써 지배계급의 설득과 후원이 무위로 끝나면서 운동의 종말 혹은 은둔한 소집단이나 자선단체로 변신하고 만다. 지식의 확장을 통해 인간의 이성이 신 사회를 자연발생적으로 가져올 것으로 확신했다는 점에서 이들은 철거한 주지주의적인 관념론자였으며 프랑스계몽사상의 후예들이었다고 할 수 있을 것이다.

이들은 또한 19세기 중반에 상당한 영향력을 발휘한 소위 프루동(Pierre Proudhon) 식의 협동주의이론의 선구로 해석될 수 있는 한계를 가지고 있었다. 그리고 "합작사"(곧 협동조합)주의는 구소련에서도 고르바초브 같은 수뇌부에 의해서 그 중요성이 강조되었기 때문에 공상적 사회주의에 담긴 주장의 역사적 정당성이 옹호되는 듯 보인다. 그러나 이는 이론적 오류이다. 논거의 명제는 레닌의 "합작사에 관하여"(1923)라는 소논문에서 찾아진다. 거기서 레닌은 합작사를 주창하는 사회주의를 가리켜 "완전한 환상"이며 그에 담겨 있는 계급타협을 속물적이고 낭만적인 불합리라고 지적했다. 그러나 레닌은 협동주의의 비정치적 내용을 1921년 이래 러시아의 경제·

계급 상황에서 필요로 하고 있음을 분명히 하고 있다. 환언하면 그는 "지난날 협동주의자들의 꿈에 담긴 환상적인, 낭만적인, 심지어는 진부한 것들이 오늘날 있는 그대로의 현실이 되고 있다"고 한발 물러서면서 수용하고 있는 것이다. 협동주의자들의 주장이, 러시아의 특수한 시대적 조건하에서, 새로운 생명력을 얻게 되었다고 그는 인정한다. 보다 구체적으로 보면, 러시아의 정치권력은 이미 노동계급의 수중에 확고하게 장악되었고 이 사회에서 사회주의적 생산형태가 이미 국가와 주요 산업의 영역에서 진행되고 있는 가운데 낙후한 지역과 일부 산업부문에서 협동주의적 방식을 도입하는 것은 체제에 대한 위협이 되지 않을 뿐더러 "모든 소농이 함께 참여하는 방식으로 실천에서 사회주의를 건설하는 데" 유용한 과도기적 조치라는 것이다. 그것은 러시아 사회경제의 이중적 — 보다 정확히는 다층적(多層的) — 성격으로부터, 그리고 확고한 사회주의 권력의 지도하에서, 시행할 수 있는 정책이다. 그러나 공상적 사회주의자들의 이상으로서 협동주의를 정치적·이론적 의미에서 철저히 경멸하고 배격하고 있다. 요약하면, "생산수단의 사회적 소유가 전제된다면, 프롤레타리아의 부르주아에 대한 계급승리가 전제된다면 문명화된 협동주의자들의 체계가 사회주의체계이다"고 레닌은 규정적으로 정의하고 있다.

그렇다면 우리는 1830~40년대의 시기는 더 이상 공상적 사회주의의 쇠락한 추종자들에게서 시대의 메시지를 찾기보다는 이들과 대조되면서 전투적 공산주의 정신을 보여주었던 바뷰프사상의 구체화된 형태, 즉 "신 바뷰비즘"(nouveaux babouvisme)에서 이들 전체의 소결(小結)을 얻어내게 된다. 공상적 사회주의는 바뷰프의 조야한 "절대평균주의"에 대한 개선책이었다. 그러나 "신 바뷰비즘"은 다시금 공상적 사회주의의 공백에 비치는 과거의 섬광과도 같은 것이라

할 수 있다.

바뷰프의 전투적 공산주의사상은 1831년과 34년의 리옹 노동자의 봉기에서 그리고 40년대 공화주의적인 혹은 사회주의적인 조직들이 나타나면서 뚜렷히 재생되었다. 이들은 "노동하면서 살자 아니면 투쟁하면서 죽자"(Vivre en travaillant ou mourir en combattant!)라는 구호 아래 프랑스 공업도시 Lyon에서 견직물노동자 수만 명이 흑기를 내세우고 프랑스 정부에 대항해 봉기하였다. 3년 뒤 다시 일어섰지만 실패로 끝났다. 이 투쟁의 성격을 둘러싸고 때론 자코뱅의 잔당(殘黨)들이 일으켰다고 이야기되기도 하지만, 급진공화주의의 잔영으로 해석되기보다는 당시의 정세와 전망에 비추어 이 운동을 독자적인 프롤레타리아 세력이 스스로 이룬 세력연대로 보는 것이 더 순리적인 듯 보인다.

1840년대에 들어서면서 바뷰프의 영향은 신 바뷰비즘에서 더욱 선명해진다. 즉 그것은 기존의 바뷰프의 사상을 시대의 발전에 맞추어 보다 세련되게 하면서 원래의 정신을 고수하려는 데자미 등 공동체(la Communauté)운동에서 주도되었다. "신 바뷰비즘"의 입장을 메이어는 다음과 같이 명제형식으로 소개한다.

> "1. 인민의 복지는 전적으로 그 자신에게 달려 있다.
>
> 2. 몇몇 뒤따른 음모들, … 억압에 대한 전쟁수단은 정당한 원리의 연장이다.
>
> 3. 조급한 두뇌 때문에 해방의 날이 고상한, 그러나 급히 서두른, 조치로 당겨질 수 있다고 생각한다면 관용될 수 있다. 그것은 준비되지 않을 경우 인민의 의지에 좌절을 가져오며 [이후 투쟁에] 지장을 초래한다.
>
> 4. 가능하게 하고 또 성과를 얻어내기 위해서는 혁명은 인민의 의지와 욕구의 결실이며 표현이어야 한다."

신 바뷰브주의자들은 바뷰프의 사상에 담긴 유물론을 진정한 휴머니즘의 이론으로, 곧 휴머니즘의 논리적 근거로 발전시켰다. 신 바뷰비즘의 이와 같은 경향을 따라 마르크스와 엥겔스는 그들의 사상 속에서 18세기 유물론을 그들의 공산주의이론으로 확대할 수 있었던 것이다. 한마디로, 마르크스와 엥겔스는 공상적 사회주의에 들어 있는 기존의 윤리적 사회주의이론에, 신바뷰비즘이 발전시킨 유물론적 휴머니즘을 결합시킴으로써 혁명적 공산주의의 이정표를 세울 수 있었다.

제10장

게오르크 헤겔

제1절 칸트에서 헤겔까지

1. 이마누엘 칸트

독일의 고전철학, 특히 헤겔의 사상을 논의하면서 엥겔스는 "프랑스의 정치혁명은 독일에서 철학혁명을 수반했다"고 이들의 관계를 규정하였다. 부연하면, 영국과 프랑스에서처럼 강력한 부르주아지를 가지지 못했던 중, 동구의 정치사는, 서구의 시민혁명의 경험과는 달리, 왕과 귀족의 존재를 어느 정도 수용하면서 부르주아지가 그에 종속되는 위치를 얻는 질서를 봉건적인 절대주의에서 발견했다. 그들이 지향하는 보편질서란 서구의 부르주아 정치질서였지 이를 넘어서는 것은 아니었다. 더구나 광범한 농민대중과 도시빈민의 저항이라는 위협앞에서 지식인들은 사회문제의 철학적 지양, 혹은 다른 말로 표현하면 서로 모순적인 다양한 철학적 경향을 하나의 체계 속에 수렴함으로써 현실적인 사회운동의 불균등한 발전을 추상적 보편으로 붙들려고 했던 것이다. 마르크스가 "칸트에게서 프랑스혁명의 독일적 이론"을 보았던 것은 칸트의 이론이 프랑스혁명과 독일의 고전철학의 접점을 이루고 있기 때문이었다. 따라서 우리는 여기서 독일고전철학의 기점이라 할 수 있는 그의 이론의 논의에서 이야기를 출발하려고 한다.

계몽사상가들보다 약간 뒤에 태어난 Immanuel Kant(1724~1804)는 1724년 마구(馬具)를 만드는 수공장인(手工匠人) Cant의 아들로 쾨니히스베르크(Königsberg) — 오늘날 러시아의, 우크라이나를 사이에 두고 본토에서 분리된 Khaliningrad이다 — 에서 태어나 그곳에서 수학하고 교수가 되었으며 평생을 한번도 그곳을 떠나지 않았다고 한다. 그는 초기에 자연과학, 수학, 천체이론을 공부했으며 1770년 교수로 임명된 이래 1781년까지는 Wolff 철학과 Newton의 기계역학의 틀 안에서 자연과학을 접근하는 철학적 인식의 기초를 세우는 데 노력했다. 특히 1755년 그가 익명으로 발간한 「보편적 자연사」(*Allgemeine Naturgeschichte*)와 「천체의 이론」(*Theorie des Himmels*)에는 루크레티우스에 대한 그의 경의가 담겨 있으며 태양계와 기구, 항성과 행성의 생성과 전개에 관한 역사를 변증법적으로 설명하면서 성운설(星雲說)을 제시했다. 그가 1764년 내놓은 「미적 감정과 숭고한 감정」(*Beobachtungen über das Gefühl des Schönen und Erhobenen*)은 Friedrich Schiller에게 커다란 인상을 주었다 한다. 그의 교수직 취임논문(*De Mundi sensibilis et intelligibilis forma atque principiis*)은 감각적인 것과 지각적인 것 사이의 차이를 논리적으로 밝히는 작업이었다.

칸트에게 두 번째 시기는 그의 주요 저작이 쓰여져 발간된 시기이며, 이 시기에 그는 지적으로 가장 왕성한 활동을 했다. 「순수이성비판」(1781), 「Prolegomena」(1783), 「실천이성비판」(1788), 「판단력비판」(1790), 「Religion」(1793) 등의 저작이 이 시기에 나왔으며 그가 이전에 깊이 빠져들었던 Wolff와 Leibniz의 형이상학에서 벗어나 — 그러나 관념론의 과제에 붙들린 채 — 로크가 제기했던 인식론적 문제에 집중하였다. 이러한 관심을 통해 그는 인간인식의 필연적인, 보편적 형식을 얻어내려고 힘썼다. David Hume의 회의론이 제기한 관념론의 비판을 수용하면서 이를 대륙의 합리주의 안에서 재정리하는 작업이었다. 그는 "선험적인, a priori, 혹은 경험에서 독립되어 얻어진, 인식이 현상 속에서 보편성과 필연성을 가질 수 있는가"를 질문하고, 인식된 대상의 물질에 대한 관계를 규명하려는 경험론적, 유물론적인 당시의 경향으로부터 인식 그 자체에 대한 연구에로 방향을 돌림으로써 인간의 인식능력을 문제삼으면서 이 능력 속에서 합리주의를 정당화할 수 있는 근거를 확보하려고 했다.

이러한 관점이 칸트의 선험 — 곧 경험에 앞선, 보편적 인식능력을 가리키는 — 철학이다. 「순수이성비판」에서 그는 모든 경험에서 순수한, 즉 모든 경험이 있기 이전에 a priori하게 얻은 지식이 그 이후의 모든 경험적 지식의 기준이 된다고 주장했다. 곧 「순수이성비판」은 "모든 자료와 경험의 도움이 배제될 때 이성을 통해 얻어낼 수 있는 것은 무엇인가?"라는 질문에 대한 답변이다.

> "플라톤은 우리의 이해에 수많은 장애를 가져오는 감각의 세계를 떠나서 그의 관념의 날개를 펴고 순수이해의 빈 공간에로 날아들려고 시도했다."

칸트는 철학의 과제는 순수한 사유의 자유를 그에게서 우연적으로 야기하는 결과로부터 보호하는 것이다. 그것은 오류의 원천이 되는 형이상학을 박탈하는 것이다. 따라서 그는 "순수이성비판이 끝나는 곳에 형이상학이 시작한다"고 말하고 있다. 순수논리학, 선험철학, 선험적 미학은 모두가 순수한(a priori) 이성만을 동원하여 지식의 내적인 절대성을 확보한 것이다. 칸트는 순수관념론에 빠져들지 않고 종합적 판단이 a priori 할 수 있으며, 곧 그는 순수이성을 통해 경험과학을 비판하고 이 비판을 통해 얻어진 내용을 담은 철학을 구축하였다. 그리고 이 종합에서 그는 감각과 이성이 결합된다고 믿었다. 환언하면, "감각없이는 대상은 우리에게 주어지지 않으며, 이해없이는 그것은 우리에게 생각되어질 수 없다. 내용없는 사상은 공허하며, 개념없는 직관은 눈먼 것이다."[1)]

칸트는 Berkeley, Leibniz의 관념론적 이론과 대립하면서도 선험적 관념론을 전개했다. 그의 입장은 의식이 어떻게 표상에 관련되는가를 설명하는 합리적인, a priori 한 관념론이기 때문에 순수한 관념론과는 구별된다. 그리고 그것은 경험론·유물론이 아니다. 왜냐하면 우리가 지각한 현상은 "그 자체로서는 객관적 실재가 아니다. 그것은 단지 알려지는 데에서만 존재한다." 그는 이해를 자연의 앞에 내세우고 있으므로 여전히 관념론적이다. "그것[이해]은 그 자체가 자연에 대한 입법가이다."[2)]

이러한 칸트의 입장은 2원론자로 규정된다.[3)]

> "칸트는 인간인식의 유한적, 과도기적, 상대적, 조건적 성격 (이의 범주, 인과물 등등)을 주관주의로 받아들이고 인식을 대상에서 분리시킴으로써 [자연 그 자체의] 관념의 변증법으로 보지 않는다."

칸트에 의하면 인간의 인식은 실제의 대상을 접촉할 수는 없다. 그러한 노력은 "가능한 경험의 한계를 넘어서려는" 교의적 환상이다. 현상의 기저(基底)에는 '진실재'(noumena)의 세계가, 현상의 심연

---

1) Kant, *The Crititique of Pure Reason*, Max Müller tr.(New York: Macmillan Co., 1881), p. 41.

2) Ibid., pp. 93, 103.

3) V, I. Lenin, *Collected Works*, in 45 vols.(Moscow: Foreign Language Publishing House, 1963), vol. 38, p. 207.

에는 물자체(物自體)(Ding-an-sich)가 있다. 그러나 그것이 무엇인지 우리의 인식능력은 그 앞에서 멈출 수밖에 없다. 누메나의 세계, 물자체의 세계는 그것이 존재한다는 것 이외에는 아무것도 없다는 의미에서 불가지적(不可知的)이다. 그러나 누메나의 세계는 단지 직관의 대상이 된다. 순수이성은 선험적 미학을, 그에 비유하여, 세울 수 있다고 그는 믿었다.

> "이 영역은 그러나 하나의 섬이며 변경될 수 없는 한계 속에서 자연 그 자체에 포위되어 있다. 그것은 진리의 세계 — 이 명칭은 매혹적이다 — 이지만, 광대한 폭풍우 치는 대양에 둘러싸여 있다. 동시에 그것은 모험적인 탐험가가 떠날 수도 그러면서도 끝낼 수도 없는 모험에서 헛된 희망을 끊임없이 품게 하는 방식으로, 머지않아 녹아 없어질 안개에 덮인 둑과 얼음이 이곳을 새로운 육지라고 믿도록 유혹하는 환상의 진정한 고향이기도 하다."

칸트에게 진리는 결코 얻어질 수 있는 것이 아니다. 우리가 얻을 수 있는 것은 경험뿐이며, 우리가 할 수 있는 능력이란 이 경험의 현상을 잘 정리된 개념에 따라 통일적으로 종합하는 것이다. 그러나 현상은, 그 자체가 사물이 아닌, 사물의 표상일 뿐이다. 우리가 가장 가까이 진리에 접근할 수 있는 것은 의식에서 얻어진 선험적인 대상에 관한 것이다. 곧 그것은 우리의 개념, 범주에 따른 현상의 재구성일 뿐 의식으로부터 분리된 사물의 세계는 아니다.[4]

칸트의 관념론은 그의 공간과 시간에 관한 설명에서도 분명해진다.[5] 그는 공간을 "현상의 가능성의 조건"이라고, 그리고 시간을

---

4) Kant, op. cit., p. 192.

5) Schopenhauer, R. B. Haldane and J. Kemp tr., *The World as Will and Idea*(London: Routledge and Kegan Paul, 1948), vol. II. "칸트의 유일한 발견은 우리가 시간과 공간을 선험적으로(a prìori) 알게 된다는 것이다."

가능한 현상의 "내적인 규정"이라고 설명한다.[6)]

"모든 가능한 외적인 경험에 관한 한 우리는 공간의 경험적 실재를 유지한다. 동시에 이미 선험적 관념성, 환언하면 가능한 경험의 조건을 고려에서 제외한다면 공간은 존재하지 않는 것이며 사물 그 자체가 어떻든 의존하고 있는 한 공간은 그 무엇이라는 관점을 유지한다."

칸트의 마지막의 시기는 1793년부터이다. 이 시기에 그는 사회정치적인 관심을 실천하려고 했는데 「영구평화론」(*Zum ewigen Frieden*, 1795), 「윤리의 형이상학」(*Metaphysik der Sitten*, 1797) 등을 썼다. 종교에 대한 그의 합리주의적인 견해는 Friedrich Wilhelm Ⅱ의 분노를 일으켰으며 그 이후 그는 강연 혹은 저술에서 국가를 자극하지 않도록 자제했다. 그러한 자신의 입장을 변호하면서 그는 "인간의 내면적 확신을 부인하는 것은 천박하다. 그러나 이 경우 침묵은 신민의 의무이다. 인간은 진실한 것만을 말해야 하지만 모든 진리를 공개적으로 말해야 할 의무가 반드시 있는 것은 아니다"고 회고했다.[7)]

2. 칸트에서 헤겔까지

칸트 이래 논쟁은 그의 학문적 연구결과를 두고 그를 계승하려는 칸트주의자(Kantianer)와 반칸트주의자로 나뉘어졌다. 프리드리히 쉴러(Friedrich Schiller, 1749~1805)는 칸트를 숭배하고 특히 그의 「순수이성비판」과 「미적 감정과 고상한 감정」에 감명받았다. 쉴러는

---

6) Kant, op. cit., p. 22.

7) "Memoir of Kant," in T. K. Abbott tr., *Kant's Critique of Practical Reason and Other Works*(London: Longmans Green Co., 1873), Xl.

미와 예술적 감정의 의미를 인간의 행동과 결합시켜 그의 미학이론을 인류발전을 위한 투쟁수단으로 확대하였다. 또한 슈탈(Mme. de Stäel) 부인은 칸트의 이론을 프랑스에 소개하였다.

칸트의 연구결과에 가장 강력하게 비판적이었던 사상가는 헤르더(Johann Gottfried von Herder, 1744~1893)였다. 그는 「인류의 역사철학」(*Ideen Zur Philosophie der Geschichte der Menschheit*, 1784~91)에서 칸트와 대립적 관점에 서서 인류역사는 하나의 거대한 자연사에 비유될 수 있으며, 따라서 역사와 자연에 대한 법칙들이 동일하게 — 혹은 매우 유사하게 — 적용된다고 주장했다.

그러나 칸트 이래 그의 사상은 대체로 피히테(Johann Gottlieb Fichte)에 의해 계승되었다고 보는 것이 정확할 것이다. 피히테는 유물론적인 시대분위기 속에서 칸트가 철학의 명제를 자연과학의 요구와 조화시키려고 했다고 칸트의 공헌을 인정했다. "칸트의 비판주의[이론]는 이 관계를 가장 잘 이끌었고, 최소한 이론적 관점을 형성한다."[8]

피히테는 칸트의 이와 같은 이론적 공헌을 인정하면서 거기서 나아가 그가 주장했던 대부분의 이론적 결론을 실천영역에로 옮겨 적용하지 못하고 포기 또는 실패하였기 때문에 그의 계승자에게는 이러한 실천적 관점, 즉 한 시대의 요구를 반영할 과제가 지워진다고 보았다. 곧 피히테에게 칸트의 이론철학은 변형되어 자유와 독립이라는 실천투쟁을 관철하기 위한 과제를 안고 있다는 것이다. 칸트가 감각세계로부터 순수이론을 도출하려고 했던 것은 모든 역사적 조건을 무시하고 이성과 자연의 이름 아래 추구했던 계몽사상과 프랑스혁명의 정식화였다. 칸트가 아무런 전제가 없는 철학으로 만들

---

8) Richard Kroner, *Von Kant Bis Hegel*, 2Bde.(Tübingen: J. Mohr, 1977), Bd. I, S. 6.

어 a prìori로 표현한 사상은 철학적 전통이 불모지였던 독일철학계에서 제기된 첫번째의 과제가 된다고 피히테는 인정하였다.

그러나 칸트의 철학은 헤겔에 와서 이의 완성을 이룬다. 헤겔은 피히테와 쉘링의 철학을 칸트의 전통 위에서 종합했다. 그는 피히테의 의지에 갇힌 막연한 추상성을 지양하고 쉘링이 또한 철학적 인식을 환상적이고 다분히 자의적인 직관에 기초하고 있는 한계를 벗어나 개념을 통해 과학적 인식에로 접근해갔다. "그런 가운데 헤겔이 하나의 종결이 된다. 한 시대의 문화지형 [내용]에 가장 포괄적이고 마무리짓는 철학적 표현을 부여하면서 그와 함께 한 시대의 끝이 온다."[9)]

칸트의 철학은 "반성" 개념의 지평 위에서 존재와 사유, 유한과 무한의 끝없는 대립이 전개된다. 절대자는 초월적이고 사물의 본질은 인식될 수 없다는 그의 주장은 이 대립이 해소될 수 없다는 것을 보여준다. 헤겔은 존재가 무매개적인 것이 아니라는 관점에서 대립물은 매개를 통해 동일성을 확인하는, 말을 바꾸면 대립되는 양자의 "화해"를 전 과정의 결과로서 동일성 속에서 얻어내고 있는 것이다.

칸트가 무매개적인, 곧 분리되고 고정된 개념에 기초한 구체적이고 특수한 지식의 제시에 만족하고 있었다면, 헤겔은 이러한 반성철학의 추상적 일면성을 개념 자체의 새로운 인식, 곧 개념이 스스로 진행해가는 살아있는 이성의 매개된 형태로 파악함으로써 특수적이고 추상적인 현상이 보편적인 것에 연결되어진다는 인식에 의해 대체하고 있다. 헤겔은 일찍이 「비판잡지」(*Kritische Journal*)에 쓴 "신앙과 지식"(Glauben und Wissen)에서 칸트, 야코비(Jacobi), 피히

---

9) Ibid., S. 5.

테의 철학을 반성규정의 철학으로 파악하고 진정한 사변(Spekulation)은 이들 대립을 통일성에서 붙드는 작업이라고 단정했던 것이다.

3. 헤겔의 생애와 저작

헤겔(Georg Wilhelm Friedrich Hegel, 1770~1831)은 1770년 Stuttgart가 있는 Würtemberg 공국의 재무관이었던 관리의 가정에서 태어났다. 그는 뉘른베르크의 Ägidien Gymnasium을 졸업하고 1793년 Tübingen 대학에 들어가 신학을 공부했다. 박사학위를 받은 후 그는 Bern에 있는 Steiger가에서 가정교사로 일하는 한편 칸트철학을 연구하면서 실증기독교 및 기성교회에 비판적이었다. 이어서 프랑크푸르트에서 가정교사로 일하기도 하지만 이 무렵의 그의 생활은 안정되지 못하였다. 그는 Hölderin, Schiller와도 가까이 지냈다.

헤겔이 예나대학(Universität Jena)과 인연을 맺은 것은 1801년 쉘링의 도움을 받으면서 시작되었다. 수년 전부터 그곳에서 교수로 봉직하던 6년 연하의 쉘링은 헤겔을 예나대학에 초청하여 사강사(Privatdozent)의 자리를 마련해 주었다. 여기서 헤겔은 논리학, 형이상학, 자연철학을 강의했다. 쉘링에 보답하기 위해서 헤겔은 자신의 최초의 소품, 「피히테와 쉘링 철학체계의 차이」(*Differenz des Fichte'schen und Schelling'schen System der Philosophie*, 1801)를 썼는데 거기서 그는 피히테의 자연체계를 쉘링이 계승하고 극복했으며 따라서 한결 우월한 철학체계라고 인정했다. 또 그는 1801~03까지 대학에서 「철학의 비판잡지」(*Kritisches Journal der Philosophie*)를 편집했는데, 당시의 독일철학계에 대한 그의 무자비한 비판 때문에 "쉘링이 유능한 도부수를 불러왔다"고 혹평받기도 한다. 1803년 쉘링이 예나를 떠난 후에도 그의 강의는 지속되었고 1805년 말에 그는 교수로 임명되었다. 모처럼 찾아온 생활의 안정과 사회적인 안정은 그러나 1년이 지나면서 나폴레옹의 예나 진주로 인해 학교가 폐쇄되면서 무너지고 말았다. 이 무렵 그는 훗날 유명하게 된 「정신의 현상학」(*Phänomenologie des Geistes*, 1807)을 쓰고 있었는데 프랑스군대의 포격은 그를 흥분시켰고 거리로 뛰어나온 헤겔은 흰 말을 탄 "세계역사적" 위인을 보았다고 기록했다. 이러한 해방의 분위기는 헤겔에 한정된 것은 아니었다. 베토벤은 유명한 영웅교향곡을 나폴레옹에게 헌정하려고 하기도 했기 때문이다. 어떻든 신성로마제국이 무너지는 소란한 한복판에서 「정신현상학」은 완성되었고 그것은 제자이며 친구가 된 Niethammer의 도움으로 간행되었다. 출판업자가 기대했던 것보다 수배의 분량을 건냈던 헤겔이 또 하나의 "서문"(Vorrede) — 소책자의 분량이 되기에 충분한 — 을 제본중인 시기에 도착시킨 것은 헤겔의 긴급한 경제적 필요에 기인했겠지만 절망적이었던 사건임이 틀림없다. 어떻든 이렇게 하여 그의 유명한 "서문"이 태어났다.

예나에서 직장을 잃은 헤겔은 밤베르크로 가서 그곳의 지방신문인 Bamberger Zeitung에서 편집을 맡게 되었다. 그의 난해한 — 오히려 난삽하고 용장(冗長)한 문체라고 하는 것이 더 정확하겠지만 — 글쓰기 습관은 이미 「현상학」으로 괴테를 실망시켰지만, 이를 증명이라도 할 것처럼 그가 동원한 수많은 쉼표와 그 때문에 늘어난 수십 행에 이르는 하나의 문장은 상당수의 독자를 긴장시키고 이후 완전히 낙담시켰음은 물론이다.

1808년에서 1816년까지 그는 뉘른베르크의 김나지움에서 철학교사 겸 교장으로 일하게 되었는데 상당한 수입과 함께 비로소 안정된 삶을 찾을 수 있었다. 당시 고교교사의 다수가 박사학위를 소지하고 있는 상황 아래서 헤겔은 동료교수들로부터 무시되었겠지만,

그렇다고 그의 선택이 굴욕적인 것은 아니었다. 이 기간 동안 그는 대작인 「논리학」(Wissenschaft der Logik)을 1812년 제 1 권 1부, 1813년 제 1 권 2부, 1816년 제 2 권으로 완성함으로써 그는 일약 미미한 위치로부터 일어나 "칸트 이후 최대의 살아있는 철학자"라는 독일학계의 일반적 평가를 얻기에 이른다. 그의 명성은 Heidelberg, Erlangen, Berlin의 3대학으로부터 잇달아 교수직의 초청제의로 이어졌다.

헤겔은 하이델베르크대학으로 갔다. 프리드리히대왕의 후원하에 설립된 베를린대학으로 초빙하기 위해 문부장관이 직접 헤겔을 접촉하였다. 그러나 헤겔은 하이델베르크대학이 그를 최초로 초청했다는 이유를 들어 사양했다. 거기에는 헤겔의 상처받은 허영이 숨어있었을 것이다. 그는 하이델베르크대학에서 1년을 약간 넘는 기간 근무하는 데 1817년에 3권으로 구성된 「철학백과」(*Enzyklopädie der philosophischen Wissenschaft im Grundrisse*)를 간행했다. 제 1 부는 「논리학」, 제 2 부 「자연철학」, 제 3 부 「정신철학」으로 되어 있으며 앞의 「논리학」과 구별하기 위해 「소논리학」이라 불리기도 한다.

1818년 마침내 헤겔은 베를린대학으로 옮겨가 피히테가 1815년 사망한 후 공석으로 남아있던 "피히테 석좌교수"가 되었다. 헤겔의 자유주의적이고 은밀히 혁명적인 사상은 그러나 프로이센당국의 감시를 1821년까지 해제시키지는 못했다. 1821년 그의 생전의 마지막 저술인 「법철학」(*Grundlinien der Philosophie des Rechts*)이 출판되었다. 1830년에는 프리드리히 2세는 그를 대학의 총장(Rector)으로 촉탁한다. 그러나 당시 창궐하던 콜레라균에 감염되어 그는 가을학기의 강의가 시작된 지 얼마되지 않은 11월 타계하였다. 그의 장례는 대왕의 조사와 함께 치러지고 그는 피히테의 무덤곁에 묻혔다.

헤겔이 베를린대학에서 진행했던 강좌들은 사후 다른 대학에 진출했던 제자들에 의해서 출간되었다. 1840년에 방대한 「철학사」 3권(*Vorlesungen über die Geschichte der Philosophie*)이 Eduard Gans에 의해서, 37년에는 「역사철학」(*Philosophie der Geschichte*)이, 36~38년에는 「미학」(*Ästhetik*)이 Heinrich Gustav Hotho에 의해서, 그리고 1840년 Marheineke에 의해 「종교철학」(*Vorlesungen über die Philosophie der Religion*)이 나왔다. 1827년부터 「과학적 비판연보」(*Jahrbücher für wissenschaftliche Kritik*)이 그의 지도 아래 간행되기도 했다.

헤겔은 유창한 웅변가는 아니었다. 그의 베를린강의는 그러나 그의 명성 때문에 100명 정도의 학생이 수강했다. 당시로서는 초대형 강의였다. 그렇다고 청강하는 모두가 헤겔의 강의를 이해했던 것은 아니었다. 1820년경 젊은 강사(Dozent)였던 쇼펜하우어(Schopenhauer)가 같은 시간대에 옆 강의실을 요구하면서 그의 권위에 도전하려 했었다. 그러나 10년 동안의 기록에서 그는 폐강된 경우를 제외한다면 겨우 3~4회의 강의를 맡을 수 있었으며 그나마도 2~3명의 수강생이 있었을 뿐이다.

1818년에서 21년까지 헤겔은 그의 자유주의사상의 불온성을 의심한 정부당국의 감시하에 놓여 있었다. 어느날 괴테는 그를 집으로 초청하였는데 시중은 며느리가 들고 있었다. 헤겔은 지하실에서 가져온 포도주를 열 병 가까이 마셨으며 평소 해박한 지식으로 남에게 말할 기회를 주지 않았던 괴테는 헤겔이 분류처럼 쏟아내는 이야기를 겨우 따라갈 정도였다고 한다. 그가 떠난 후 며느리는 괴테에게 손님이 어느 나라에서 온 사람인가 물을 정도로 헤겔의 언어는 그에 고유한 특성이 있었다. 그러나 헤겔의 난해하고 익숙치 않은 표현은 그의 방대하고 심오한 사상을 하나의 체계 속에 담는 방식에 불과하다는 것이 오늘날 대체로 받아들여지고 있는 것이다.

제2절 헤겔의 「논리학」

헤겔의 「논리학」은 기존의 형식논리학에서 설명되는 명제와 개념들을 헤겔 특유의 주관변증법의 입장에서 체계화한 것이다. 헤겔은 거기서 인식과 대상의 통일, 곧 사유와 객관적 현실의 일치를 주장하고 있기 때문에 그의 논리학이 대상에 관한 학(學)인지 혹은 필연적 인식의 진행 그 자체인지 그 경계가 매우 애매할 뿐더러 그의 설명이 담고 있는 이들 명제와 개념의 유기적 연관성과 그 안에서의 이행논의에 대하여 독자들은 의아할 수 있을 것이다. 한마디로, 논리학의 내용을 구성하는 것은 절대자의 "술어"(述語) 부분이다. 철학이 절대자, 보편자, 무한자, 즉 신에 관한 학문이라면, 철학의 내용은 이 절대자의 타자적(他者的) 모습을 설명하는 데 있으며 그것은 무한자에 이르는 유한자의 무한적인 원환의 연속형식으로 진행된다. 환언하면, 헤겔은, 절대자는 직접적으로 이의 속성에서 이해할 수 없는 이상, 유한자의 과정이 전체성 속에서 곧 유한자의 생(生)과 유(類)의 총체성 속에서 절대자의 존재와 적용을 이해하려고 한다. 유한적인 시간의 공간 속에서 사건과 이에 떠밀린 배경을, 필연성과 우연성을, 주인공과 관객을 마치 회반죽처럼 함께 버물려 하나의 작품에로 이끌어가는 것처럼, 신의 진행은 "박카스의 향연"에 비유된다. 거기에는 취하지 않은 자가 없으며, 취하지 않고서는 이 향연은 끝나지도 않을 것이다.

헤겔의 논리학은 1801~05 동안 예나대학의 강의를 Lasson이 편집한 Jenenser Logik(정확한 제명은 *Jenaer Real Philosophie*이다), 1812~16 기간에 출간된 *Wissenschaft der Logik*, 1817년에 출간된 「철학백과」의 제1부 *Wissenschaft der Logik*(하이델베르크대학 시기

였기 때문에 Heidelberger Logik라고도 불리운다)로 구성된다. 여기서는 그의 논리학에 담긴 내용을 그의 정신에 비추어 논의하면서 헤겔철학의 핵심적 사상을 음미하려는 의도로 뒤의 두 논리학을 중심으로 살펴볼 것이다.

헤겔은 자신의 논리학을 지칭하여 절대자의 자기전개가 "범주들의 자연사"로 설명되어 있다고 말한다. 그렇지만 이 "자연사"를 어떻게 접근할 것인가, 곧 그에 대한 진정한 방법이 없이는 자연사의 이해가 불가능한 것은 물론이다. 철학의 진정한 방법은 수학 등을 동원하여 엄격한 논리적 정밀성을 확보하는 데 있는 것이 아니라 "논리학"과 같은 변증법적 방법에 의해서만 가능하다고 그는 보고 있다. 그런 의미에서 그가 등장하기 이전에 "지금까지의 철학은 자신의 방법을 발견하지 못했다."[10] 논리학은, 다른 측면에서 본다면, 변증법적 방법의 실습장이다.

논리학의 대상은 존재와 같은 "실증적인 것"(das Positive)이다. 그러나 이 실증적인 것의 존재가치와 그것의 한계, 곧 "규정"으로서의 의미를 밝히는 작업은 그것의 전개를 관철하는 부정자(das Negative), 곧 존재에 대한 부정의 운동, 운동의 법칙을 설명하지 않고서는 이 특정의 규정은 접근되지 않을 것이다. 즉 헤겔은 부정을 통해 존재의 세계를 관철하는 변증법적 운동만이 철학의 진정한 방법이며 논리학은 시종일관 이 법칙을 범주와 개념의 세계에서 — 대상이 아닌, 인식된 것은 관념이라는 의미에서 — 전개하고 있다. 헤겔은 사유의 변증법이야말로 "유일한 진정한 방법"이며 이 주관에서 파악된 사유의 변증법의 진리는 객관세계의 변증법적 운동이 보장한다고 말한다.[11]

---

10) Hegel, *Wissenschaft der Logik*, in *Gesammelte Werke*, 21 Bde.(Hamburg: Felix Meiner, 1978), Bd. 11, "Einleitung," XVIII~XIX, 30~31.

11) Ibid., 20~25.

"그것은 이의 대상과 내용으로부터 구별되는 어떤 것이 아니다. 왜냐하면 그것[논리학에서 전개되는 사유의 체계]은 내용의 내면성이며, 논리학의 내부에 가지고 있는 변증법은 논리학 전개의 원천이다."

헤겔은 논리학을 변증법적 방법과 동일시했을 뿐 아니라, 논리학에 담긴 사유의 변증법이 진정한 이유로 다름아닌 변증법의 객관성, 즉 사유의 올바른 방법의 근거로 자연과 역사에서 관철되는 운동과의 일치를 언급하고 있다. 물론 헤겔의 설명방식은 거꾸로 객관변증법은 주관변증법에 의해서 근거가 마련된다는 식의 한계가 있다.

헤겔의 「논리학」은 제 1 권 객관논리학 제 1 부 존재론, 제 2 부 본질론, 제 2 권 주관논리학 혹은 개념론으로 구성되어 있다. 그리고 이들 간의 상관관계는 마치 대상의 의미가 존재의 근거를 추구하면서 밝혀지듯이 대상의 내용을 더욱 밝히는 과정에서 동일성이 찾아지고 있다. 경험론자의 눈에 보이는 다자(多者)인 유한자가 최종적으로 존재에 근거를 주는 일자(一者)인 무한자에 어떻게 관계되는가, 혹은 감관주의자가 느끼는 존재가 단지 무와 마찬가지이며 오직 진정으로 존재하는 — 그것은 무와 유를 넘어선, 무일 수도 유일 수도 있는 — 절대자에서 파생하고 절대자의 가상적인 모습으로서만 일시적인 존재성을 획득하는가를 "과학"으로서의 그의 논리학은 "증명"하고 있다. 따라서 방법론상의 진행은 존재, 본질, 개념으로의 이행이면서도, 종점으로서의 개념은 다시금 새로운 원환의 출발점을 이루는 것이다.

헤겔은 "단초"(端初)의 어려움을 말하고 있다. 모든 학문의 출발점이 어려운 것이지만, 철학, 특히 방법론으로서 논리학은 자신 이외의 어떤 것도 의존할 수 없는 까닭에 단초의 확립은 어려우면

서도 반드시 요청되는 것이다.[12)]

> "단초는 모든 것이 그 위에 축조된 기초로서 다른 어떤 것보다 이전에 검토되어야 하며, 실제로 단초가 확고하게 정립될 때까지 우리는 조금도 더 나아갈 수 없다."

그렇다면, 과학은 무엇에서 시작해야 하는가? 환언하면, 무엇이 진리의 출발점이며, 무엇이 이 출발점의 확실한 근거가 될 수 있는가? 헤겔은 논리학을 실증적인 것의 전개로 삼으면서 최초의 존재의 성격, 즉 단초로서 최초의 존재를 "순수존재"에서 찾고 있다. 순수존재는 순수무와 구별되지 않는 "공허한" 존재이며, 단순직접성의 규정이다. 그가 순수존재에서 출발점을 찾은 것은, 순수무와 마찬가지로 무와 같은 유 혹은 유로 표현된 무에 불과하기 때문이다. "이처럼 철학의 단초는 현존하는 것이며, 그 이래의 [자신의 존재 이후] 모든 전개를 통해서 보존되는 기초이다. 그것은 그 이래의 규정들에서 항상 내재적으로 머물러 있다."[13)]

헤겔은 단초로서 존재를 설정한 파르메니데스에 주의했다. 확실히 Elea학파의 Parmenides는 "단지 존재만이 있으며 무라고 하는 것은 아주 없는 것이다"고 말했는데, 여기서 헤겔은 인도철학과 대척점에 서서 실증적인 것을 대상으로 삼은 파르메니데스의 공헌을 인정했다. 그에 비해 불교철학은 무의 철학이며 거기에서는 어떤 변증법적 운동도 그 대상을 가질 수 없다. "불교철학에서는 무 혹은 공(空)이 절대원리이다." 그리고 "불교신도들은 무를 만유(萬有)의 원리 내지 궁극목적 및 목표로 삼고 있는 바 이 무도 역시 추상물이다."[14)] 따

---

12) Ibid., "제 2 판서문" "Vorrede zur zweiten Ausgabe," in *Wissenschaft der Logik*, in 2 Bde.(Frankfurt am Main: Suhrkamp Verlag, 1969), Bd. I, S. 32.

13) Ibid., S. 71.

14) *Enzyklopädie der philosophischen Wissenschaft im Grundrisse*, in 3 Bde.

라서 논리학의 단초인 "존재"의 발견은 철학사의 출발점, 곧 철학의 단초가 된다. 그 이유로 헤겔은 "철학은 애당초에 사유적 인식이요, 또 여기서 처음으로 순수사유가 확립하여 제 스스로를 대상화하고 있기 때문이다"[15]고 설명하고 있다.

그러나 헤겔이 사용한 단초로서 "존재"가 아닌 존재를 파르메니데스는 가리키고 있다. 그는 감각적인 모든 존재를 영속적이라고 보았을 뿐만 아니라 헤겔처럼 존재관념을 지칭하는 것이 아닌, 존재 그 자체를 말하고 있다. 이와 대조적으로, 헤겔은 존재론에서 존재에 관한 우리의 인식을 문제삼고, 그러한 점에서 그는 객관세계를 향하여 한 치도 나아가지 않았다. 한마디로, 헤겔의 단초로서 존재는 경험적 현상과는 관계없는 하나의 사상규정인 것이다. 또한 그것은 무와 구분되지 않는 유, 즉 무와 뒤섞인 혹은 동일한 유이다. 여기서 우리는 헤겔이 대상으로서 존재를 선택한 이유와 그것이 더 근원적인 것에 의해서 정립(定立; gestellen)되었다는 것, 그리고 최종적으로는 신과 같은 "객관적 실재"인 절대자의 가상(假像)으로서 나타난다고 하는 사실을 이해할 수 있다.

그러나 단초로서의 순수존재는 정립된 가상이 실제로 존재하는 것이 아닌, 단지 개념규정으로 설정된 것에 그친다. 그 결과 자연과 역사에서 존재형식을 얻게 되는 모든 규정들은 그 이후의 존재에 관한 것이다. 즉 즉자적인 것이 아닌, 과정으로서의 존재가 사실상 처음으로 나타난 존재이다. 그런 의미에서 그는 헤라클레이토스(Herakleitos)를 높이 평가했다. 곧 "생성(Werden)은 최초의 구체적인 것인 동시에 그리고 완성으로서의 즉자대자적인 존재에 이르기

(Frankfurt am Main: Suhrkamp Verlag, 1970), Bd. I, Die *Wissenschaft der Logik*, art. 87, S. 186; op. cit., Bd. I, S. 84.

15) *Die Wissenschaft der Logik*, art. 87, S. 185.

까지 최초의 진정한 사상규정이다."[16] 따라서 생성의 모든 규정들은 정신에 관해 "논리적 이념의 체계"이며 생명에 관해 "자연"과 역사의 내용을 이루는 것이다.

흔히들 헤겔철학을 정(正), 반(反), 합(合)의 단계로 나아간다고 설명한다. 그렇다면, 순수존재를 제외한 모든 존재규정들은 반의 체제이다. 곧 그것은 즉자적 개념에 대한 부정의 형식으로 존재한다. 정의 단계가 아직 잠들어 있는, 곧 개념적으로 설정된 절대, 무한, 보편의 존재라면, 반의 단계는 그에 대한 상대·유한·특수의 단계이다. 환언하면, 절대자·무한자·보편자는 자신의 모습 그 자체로서가 아니라 타자적 존재(Anderssein)의 모습으로 자기 자신을 드러내고 또한 이에 의존해서 자신을 실현해 나간다. 마치 자유가 역사와 자연의 필연성을 통해서, 그리고 필연성은 우연성과 부정합적인 계기를 통해서 관철되는 것처럼, 신의 술어는 인간과 생명의 체계 속에서 드러나고 이해되는 것이다.

정의 의미는 그에 대한 반에 의해서 나타난다는 것은 "모든 규정은 부정이다"(Omnes determinatio est negatio)라고 말한 Spinoza의 명제에서 분명해진다. 곧 "규정은 실증으로서 정립된 부정이다."[17] 이는 순수존재를 제외한 모든 존재가 절대자·신을 정립한, 그러나 자신의 모습이 아닌, 부정의 형식으로 나타난 것임을 의미한다. 그런 의미에서 존재규정의 시작은 그 속성이 필연적인 "질"의 규정에서 출발하며 양을 거쳐 질량에서 통일된다. 보다 부연하면, 헤겔의 관점은 유한적인 존재의 세계에 한정하여 존재를 규정하는 양의 문제보다도 절대자의 타자형식으로 정립된 존재규정이 보다 근본적인 속성을 질에서 나타낸다고 보고 있기 때문에, 그는 존재의 논의에서

16) Ibid., art. 88, S. 192~193.
17) Hegel, *Wissenschaft der Logik*, bd. I, S. 121.

양에 앞서 질을 내세우고 있는 것이다. 그는 "모든 규정은 사상규정이다"는 점을 상기시킨다. 그것은 실제로 존재하는 대상에 대한 서술과 묘사가 아니다. 그리고 모든 규정은 절대자에 관계되는 한에서 이의 존재와 선차성(先次性)이 인정되는 것이다.

존재는 정립된 것이다. 그렇다면 존재의 근거는 무엇인가? 그것은 "본질," 즉 존재의 본질이다. 헤겔의 표현방식을 빌리면 본질이 존재를 정립한 것이다. 곧 "존재의 진리는 본질이다."[18] 존재의 세계는 그 근거가 되는 본질을 드러낸다. 여기서 본질로서 보여지는 절대자의 모습은 여전히 존재세계의 형식으로 있기 때문에 그것은 "부정적인 자기 관계"인 것이다.[19] 여기서 존재로서 정립된 절대자는 본질로 정립된다. "따라서 존재가 본질로서 규정된다는 것은 규정적인, 유한적인 모든 것이 부정된다"는 것을 뜻한다. "본질은 본질로부터 유리된 부정을 통해서 존재하는 것이 아니라 본질 그 자체로서, 즉 존재의 무한적 운동이다."[20]

"존재와 개념의 사이에 위치한 본질은 이들의 중간을 형성하며, 본질의 운동은 존재로부터 개념으로의 이행이다."[21] 마치 본질에 있어 존재가 비존재인 것처럼, 개념의 수준에서 본질은 비존재나 다름없다. 존재의 세계에서 본질의 계기는 진리이지만, 개념의 세계에서 본질의 계기는 가상적 존재의 계기일 뿐이다. 곧 존재의 지양은 본질의 규정들을 나타나게 한다. 모순은 존재의 세계에서 지양되면서 본질의 세계에서 다시 새로이 시작된다. 이처럼 모순의 변증법적 지양을 통해서 존재·본질·개념에로의 근거가 그 무대를 바꾸는 동안

18) Ibid., Bd. II, S. 13.
19) Ibid., Bd. II, S. 14.
20) Ibid.
21) Ibid., Bd. III, S. 15~16.

에 모순은 이 모든 운동을 추동하는 동력인 것이다.

성찰의 단계는 이 운동의 중간에 속한다. "성찰의 운동으로서 본질은 생성이며, 그것은 무의 무에로의, 그리고 자기 자신으로 귀환하는 운동이다." 본질은 그러나 이행 속에서 자기 자신을 지양한다. 이 이행 속에서 있게 되는 타자는 한 존재의 비존재가 아니라 하나의 무의 무이다. 이 무의 부정이 존재를 구성하며 존재만이 무의 무로의 운동으로서 있는 것이다.[22)]

본질의 운동은 먼저 존재의 '근거'로서 출발하여 "현상"으로, 그리고 "현실"로 나아간다. 즉 본질은 존재의 근거로 머물러 있는데 그치지 않고 반드시 나타나고야 만다. 그러므로 모든 있는 것은 존재이다. 거기에는 무의미한 것, 비존재는 없다. 본질이 현상으로, 그리고 현실로 발전해가면서 우리는 "이성적인 것이 현실적이며, 현실적인 것이 이성적이다"는 그의 「역사철학」 서문의 구절을 연상하게 된다.

본질의 운동을 추동하는 것은 본질세계에 있는 모순이다. 모순은 동일성과 차별성의 통일이다. 여기서 모순은 차별의 두 계기, 즉 다양성과 대립으로서의 양면을 포함하고 있다. 모순은 먼저 자기 자신을 해소한다. "이 끊임없는 대립물의 자신으로의 해소는 모순에서 결과되는 첫번째의 통일이다. 그것은 공(空)이다. 그러나 모순은 부정뿐만 아니라 실증성을 또한 포함한다." 곧 "근거로서의 본질은 정립된 것, 즉 생성된 그 무엇이다." 환언하면 "대립은 파괴될 뿐만 아니라 그 자신의 근거에로 물러난 것이다."[23)]

이에 관련하여 헤겔은 "사변적 사고"의 중요성을 언급하고 있다. 곧 대립물의 그 반대로의 이행에는 전환의 필연성에 대한 인식

---

22) Ibid., Bd. III, S. 25.
23) Ibid., Bd. II, S. 68.

이 수반되어야 한다. 필연성의 인식은 바로 이 논리적 전개에 담긴 변증법적 필연성을 붙들기 위한 전제가 되기 때문이다.

헤겔은 "모든 것은 내재적으로 모순적이다"고 말하면서 사물에 관한 모순의 법칙을 제시하고 있다.[24)]

> "모순에 대항하는 것으로서 동일성은 단순직접성의, 혹은 존재의 규정일 뿐이다. 그러나 모순은 모든 운동의 근원이며 활력이다. 어떤 것이 운동하고 충동과 활동을 가지고 있는 것은 그 안에 오로지 모순을 가지고 있는 한에서이다."

고대 변증론자에 비교할 때, 여기서 헤겔은 훨씬 강력하게 "운동은 현존하는 모순 그 자체이다"고 주장한다. 고대의 변증론자들이 운동하는 것에는 모순이 있다고 보았다면, 헤겔은 모든 존재의 비운동가능성을 일축하고 모순이 모든 존재의 근거에 놓여 있다고 보고 있기 때문이다. 존재 즉 실증적인 것은 그 자체가 부정이므로 자신의 모습 밖으로 나아가려고 하며 그 결과 변형을 가져오게 된다.[25)]

> "만약 실증적인 규정으로서 현존하는 것이 부정적 규정을 넘어설 수 없어 자신을 타자[적 형식]에서 확고히 붙들고 있다면, 그 자체 내에 모순을 포함할 수 없다면, 그것은 자신의 살아있는 통일이 근거가 아니라 모순에서 파괴되고 만다. 사변적 사고는 그 속에서 자기 자신을 꼭 붙들면서도 일상적 사고에서처럼 그에 의하여 지배되도록 허용하지 않는 바로 그 사실에 있는 것이다."

본질은 개념으로 다시 이행한다. "절대자는 존재만이 아니고 심지어는 본질도 아니다."[26)] 본질의 모순은 마침내 해소되고 다시금

---

24) Ibid., Bd. II, S. 75.
25) Ibid., Bd. II, S. 76,
26) Cf. ibid., Bd. II, S. 212, 215~216.

개념의 지평 위에서 새로운 모순이 시작된다. 그와 더불어 개념의 운동이 있게 된다. 절대자 그 자체는 존재와 본질의 절대적 통일이기 때문에 절대자의 규정은 양자를 포섭하는 것이지 스피노자처럼 모든 규정을 부정에서 파악하는 "외적 사유"로 보아서는 안된다. 또한 "단자(單子)는 단지 자기 자신에게 반성된 부정자이다"고 한 Leibniz의 명제는, 단자의 한계는 스스로 정립된 혹은 관념구성적인 단자에서가 아니라 단자의 즉자성에서 필연코 발생한다는 것 혹은 단자의 절대한계성은 자기 자신이 아닌 타자에 의해서 정립된 운명으로부터 나온다는 결론으로 대체되어야 한다. 위의 두 사상가에 비교할 때 헤겔은 개념, 본질, 존재의 여러 규정들이 절대자의 규정이라는 것, 따라서 이들은 다양성과 차별에도 불구하고 동일성이 관철되고 있다는 데 그의 사상의 특징이 있다.

이 이행의 과정에는 "현실적 필연성이 담겨 있다. 현실적 필연성은 다른 어떤 것일 수 없는 것이다." 그러나 이 필연성은 동시에 상대적이다. 왜냐하면 그것은 개념의 운동이기 이전에는 "자기귀환적 운동"이 거기서 분리된 까닭에 우연성에 머물고 있기 때문이다. 곧 "현실적 필연성은 우연성을 포함한다." 그에 비하면, 절대필연성은 현실성과 가능성 일반이 회수된 진리이다. 그것은 현실성을 가능성으로, 가능성을 현실성으로 바꿔놓은 절대전환이다. 따라서 "절대필연성은 맹목적이다."

> "상이한 면들은 존재로서 자유로운 현실성들이다. … 자기 자신에 근거를 두고, 각자는 자기 자신에서만 필연적이다. 본질로서 필연성은 이 존재 안에 감추어져 있다. … 타자에게서 하나의 현실성은 단지 가능성, 즉 우연성이다. … 그러나 이 우연성은 오히려 절대필연성이다. 그것은 이들 자유로운, 원래의 필연적인 현실성들의 본질이다."

보다 구체적으로 "필연성의 맹목적인 이행은 차라리 절대자 자신의 전시, 절대자의 자기소외에서 오히려 자기 자신을 드러내는, 절대자의 자기 자신 안에서의 운동이다."[27] 필연성을 관계라는 측면에서 본다면 "필연성의 진리는 자유이다." 이처럼 존재, 본질, 개념의 제 계기는 상이하게 타자적 형식으로 서 있는 절대자의 자기 자신에 대한 동일성의 확인이다.[28]

> "여기서 필연은 자유로 변화하는바, 이 자유는 단순한 추상적 부정의 자유가 아니라 도리어 구체적이고 적극적인 자유이다 … 물론 필연 그 자체는 자유가 아니다. 그러나 자유는 필연을 전제하며 필연을 지양하여 자체중에 내포한다."

헤겔은 창조력과 파괴력에 관해서도 언급하고 있다. "양자는 동일하다. 창조는 파괴적이며, 파괴는 창조적이다."[29]

개념론에서 그는 주관, 객관, 이념의 각 단계로 나아간다. 주관성의 논의에서 중요한 점은 내재적 비판의 논의이다. 곧 헤겔은 "논파"(論破)에 관하여 다음과 같이 말한다.[30]

> "논파는 외부로부터 오는 것이어서는 안된다. 환언하면, 문제가 된 체계의 밖에 놓인 그리고 이와 일관성이 없는, 가정으로부터 진행해서는 안된다."
>
> "진실한 논파는 적의 강점에로 침투해 들어가 적의 토대 위에서서 맞닥뜨리지 않으면 안된다. 그를 다른 어떤 곳에서 공격한다거나 그가 있지 않은 곳에서 그를 패배시키는 것으로서는 어떤 득점도 얻어지지 않는다."

---

27) Ibid., Bd. III, S. 217.

28) *Die Wissenschaft der Logik*, art. 158, S. 303~304.

29) *Wissenschaft der Logik*, Bd. II, S. 221.

30) Ibid., Bd. II, S. 250.

개념은 자신 안의 논리적 체계, 그리고 정신과 자연의 공간에서 작용한다. 헤겔은 객관성의 논의에서 자연의 물리·화학적 법칙, 인간의 목적론을 중심으로 문제를 다룬다. 다시 개념의 논의는 논리학, 자연철학, 역사철학의 부분으로 구체화한다.[31)]

> "삶 또는 유기적 자연은 개념의 모습을 드러내는 자연의 무대이며, 자기 자신을 깨닫지 못하고 사유하지 않는 맹목적인 것으로서이다. 자의식적이고 사유하는 개념은 오직 정신에만 관계한다. 그러나 개념의 논리적 형태는 그것의 정신적, 비정신적 모습에 관계없다."

물론 헤겔은 개념의 변증법적 법칙이 자연과 역사에서 동일하게 적용되어 전개한다고 말한다. 자연에서 정신의 활동이 자연철학의 주제를 이루며, 역사에서 정신의 활동이 정신철학, 정신현상학, 역사철학과 법철학의 내용을 이룬다. 후자의 무대에서 무한자의 모습은 영원히 머물러 있는 반면, 미의 실제적 집행자로서 유한자는 변증법적 법칙의 작용을 통해 역사를 이끌어감으로써 역사는 무한자, 정신의 현장이 된다. "유한자가 … 보편자를 통해 자연발생적으로 불붙게 하고 자기 자신을 변증법적으로 제시하여 그에 의해서 이성이 현상의 시발점을 이룬다."[32)]

「논리학」의 최종적인 지점은 '이념' 규정이다. 여기서 헤겔은 플라톤이 eidos 혹은 헤겔 특유의 정신의 자기지(自己知)에로 귀환한다. 그것의 종점인 절대이념(das absolute Idee)은 마침내 이론적, 실천적 이념의 동일성을 확인한다. "모든 다른 것은 오류, 혼란, 우연, 수고, 변덕 그리고 지금까지 차별성을 가지고 있었던 덧없는 것

---

31) Ibid., Bd. II, S. 257.
32) Ibid., Bd. II, S. 288.

이다. 절대이념만이 존재이며 소멸하지 않는 삶, 스스로 아는 진리, 모든 진리이다."[33] 그것은 절대자의 자기인식이다.

> "개념은 정신의 과학에서 자신의 해방을 완성하며, 논리학에서 스스로 이해하는 순수개념으로서 자기 자신의 지고의 개념을 발견한다."

모든 존재에 외적인 성격은 이념의 영역에서 개념의 총체성, 즉 과학으로 포섭되는 것이다.

헤겔은 논리학에서 존재의 형이상학과 같은 범위를 염두에 두고 그러나 그와 현저하게 상이한 내용을 부여했다. 즉 그는 전자가 정신을 존재의 과정으로 보는 것에 반대하여 "본래 철학의 과제가 사물을 사상에, 더구나 일정한 사상에 환원하는 데 있다"[34]고 강력히 주장한다. 그에게 모든 철학은 관념론일 수밖에 없을 뿐 아니라 모든 존재는 본질, 더 나아가 절대자의 정립된 전시의 서술이다. 그러나 헤겔은 형이상학의 과제, 즉 절대자, 진정한 존재의 문제를 모든 유한자와의 연관 속에서 체계화했다. 그런 의미에서 그의 논리학은 "신의 서술"이며 "철학사는 절대자에 관한 사상의 발전사이다."

나아가 그는 종래의 모든 철학의 관점과 주장을 — 고대 철학에서 그의 시대의 칸트와 야코비에 이르기까지 — 논파해가면서 동시에 그 의미는 수용하였다. 실로 그의 철학은 다기(多岐)하게 분류하는 인류지성사의 정수를 내재적 비판을 통해 붙드는 작업에 비견될 수 있을 것이다. 그것의 논리적 체계인 논리학에 담긴 변증법의 전형이 단지 사유의 영역에서뿐 아니라 자연과 정신의 세계, 곧 역사에 적용되고 관철한다[35]고 보았던 것은 확실히 그의 형안(炯眼)이

---

33) Ibid., Bd. II, S. 549.

34) *Die Wissenschaft der Logik*, art. 104, S. 220.

35) Ibid., art. 81, S. 175. "변증법은 자연·정신세계의 모든 특수한 영역과 형태에

었다.

제 3 절 헤겔의 자연철학

1. 자연에 대한 관념론적 접근

헤겔은 전성기에 쓴 「철학백과」의 제 2 부에 자연철학을 설정함으로써 자연을 정신의 세계사적 수준과 전개의 또 다른 한 모습 — 타자적 존재 — 으로 보면서 접근하였다. 그의 자연철학은 관념론적 체계의 일부로 전개된 나머지 자연 그 자체를 파악하는 것보다 자연을 매개로 하는 정신의 활동을 연구대상으로 했다는 점에서, 그의 논리를 극단으로 진행시킬 때 자연은 개념에 선행하는 것이 아니라 개념의 토대 위에 현상하는 관념상의 구조물에 불과하다는 결론이 나올 수 있다. 현대의 자연관이 형이상학의 도움을 더 이상 필요로 하지 않는다는 사실로부터, 그리고 그의 논의가 19세기 전반기의 자연과학의 단계가 제공하는 이론들과 가설에 관계하고 있는 까닭에, 그 자신의 항의에도 불구하고 그의 철학에 대한 불신과 자연과학자들의 외면을 초래했을 뿐 아니라 그의 자연철학은 철학적 관심의 무풍지대를 형성했다.

그렇지만 헤겔의 자연철학이 그의 변증법적 사고를 보다 극명하게 적용시키고 있다는 점에서, 그리고 그가 장식하고 있는 관념론적 외피는 논리적 중핵에서 분리·제거될 수 있다는 점에서 우리는 여기서 현대철학의 입구를 발견한다. 달리 말해서 자연철학이 관념론적 체계의 일부로 상정되었다는 이유 때문에 그에 함유된 변증법

유효하다.”

적 적용의 단편들을 거부할 필요는 없다. 오히려 이를 통해서만, 비록 단편의 형태이지만 변증법적 포섭범위가 사유는 물론 역사·자연에로까지 확장되며 이 전체를 통일적으로 전개시키는 필연성의 계기를 자연철학의 논구를 통해서 붙들어야만 한다.

헤겔의 「자연철학」은 자연에 담긴 무한한 얼굴의 면사포를 걷고 이를 관철하는 개념의 필연성, 정신의 단계를 발견하는 것을 목표로 삼았다. 그렇기 위해서 그는 기존 자연과학의 결실을 종합하면서도 그에 구애되지 않고 자연현상의 상호작용과 변화를 총체성의 단계행정의 연계 속에서 보려고 노력했다. 그 결과 자연사물의 존재형식과 이행을 변증법적 과정으로서, 즉 사상(事象)의 총체성과 개별성이 존재와 이의 부정의 관계에서 상호침투한다는 사실 속에서 자연 그 자체를 파악했다. 이처럼 그는 「논리학」과 그 외의 사유방식을 자연현상의 분석에서 시도함으로써 그의 「자연철학」을 정립했다. 그것은 자연철학사에서 거대한 독자적 모습을 이루었다. 동시에 그러한 시도는 자연철학에서 최후적인 것이 되었다.

그의 「자연철학」은 다른 논의들처럼 형이상학적 관념론의 주술에 희생된 극명한 하나의 예라고 하겠다. 헤겔은 확실히 그가 다른 어떤 저작보다도 고심했던 「자연철학」을 통해 자연철학을 과거적인 것으로 만들었다. 그러나 그 까닭은 자연과학에 대한 그의 관념론의 무모한 개입에만 있는 것은 아니었다. 오히려 그는 자연철학이 더 이상 자연철학으로 성립될 수 없는 사상(思想)의 중요한 계기를 이에 적용시킴으로써 자연철학을 종결했던 것이다.[36]

---

36) *Goethes Werke*(Hamburg: Christian Wegner Verlag, 1955), Bd. 13, *Naturwissenschaftliche Schriften* I, S. 45~46.

2. 개념과 자연

괴테의 자연철학에 크게 영향받고 특히 그의 색채론을 추종한 헤겔은 괴테의 자연관에 동의하는 듯한 인상을 주는 말을 하고 있다.[37]

> "자연이란 무엇인가? 우리는 이 질문 일반을 자연인식과 자연철학을 통해 답변하려고 한다. 우리는 우리 앞에 놓인 하나의 수수께끼와 문제로서 자연을 발견한다. 우리가 이를 해결하려고 충동을 느낄 정도로 우리는 그에게서 배척된다. 정신이 거기에 있기 때문에 끌려가게 되면서도, 정신이 자기 자신을 발견하지 못하는 거기에서 하나의 소외존재[인 자연]에 의해 우리는 배척된다."

헤겔은 자연을 신비와 미궁으로 묘사하고 있다. 그러나 그는 괴테에서 이탈하여 자연을 정신의 소외태로 이해하고 나아가 전체 정신의 일부로서 자연의 '현실성'을 파악하고 있다는 점에서 자연 그 자체가 필연성 속에 포섭될 수 있는 일정한 질서로 나타난다. 그것은 자연의 필연성이 인식론상 자연 그 자체의 활동적인 정신의 삶을 파악하는 데서 찾아지고 있다는 점에서 사변적인 측면을 지니고 있으나, 자연을 매개로 하는 정신의 이해는 오로지 자연 그 자체에서 냉혹하게 지배하는 법칙을 선결요건으로 하고 있기 때문에 헤겔의 관념론적인 자연개념은 자연의 변증법을 태동시키는 계기가 된다.

「엔찌클로패디」에 이르는 헤겔의 자연개념은 몇 가지 단계를 거쳐 형성되었다. 1799~1800년 무렵 「선험적 관념론의 체계」에서 자신의 자연철학을 확립했던 셸링의 권유로 헤겔은 "자신의 신학적 연구에서 발전해 나온 일반원리들에 비추어 자연현상의 평가를 시도함으로써 자기 견해를 시험해 보려고" 자연철학의 연구에 들어가

---

37) *Enzyklopädie der philosophischen Wissenschaften,* II(Frankfurt a/M: Suhrkap Verlag, 1970).

게 되었다. 그 이후로 헤겔의 자연철학은 예나대학의 강의를 통해 점진적으로 형성된다. 곧 그의 1801/1802 강의,[38] 1803/1804 강의,[39] 1805/1806 강의[40] 등이 제 1 기를 구성한다. 이 시기는 헤겔이 셸링의 영향을 받으면서 그의 자연철학의 체계를 확립해 나가는 시기이다. 하지만 헤겔은 이 시기에 이미 자연의 질적인 다양성을 양적인 통일로 귀일시키려는 셸링의 도식적인 자연관에 대해서 비판적인 태도를 보이며, 또한 셸링 철학이 지니는 자연과학적 사실들을 제대로 천착하지 않은 채 무리한 상상과 유추를 일삼는 낭만주의적인 태도와는 달리 당시의 자연연구의 성과에 충실하려는 자세를 보여주고 있음을 알 수 있다. 그리고 이는 헤겔이 후기의 「엔찌클로패디」에서 취한 경험적 자연연구에 대한 비판적인 입장과 비교해 볼 때, 초기에는 상대적으로 경험주의적인 경향이 개재되어 있었다고 볼 수 있다.

제 2 기에는 하이델베르크대학의 강의(1816/1817) 및 「엔찌클로

---

38) 이 시기의 강의 Georg Lasson(Hg.), *Jenenser Logik, Metaphysik und Naturphilosophie*(Leipzig, 1923)에 수록됨.

39) 이 시기의 강의는 Johannes Hoffmeister(Hg.) *Jenenser Realphilosophie, I: Die Vorlesungen von 1803~1804*(Leipzig, 1932), 혹은 Hegel: *Gesammelte Werke, 6: Jenenser Systementwütfe I*(Hamburg: Felix Meiner Verlag, 1975), "*Das System der Speculativen Philosophie*," S. 1~264에 수록됨. 목차를 일별하면 다음과 같다.

제 1. Zum Anfang der Irdischen Systems der Naturphilosophie und zur Mechanik.

제 2. Zum Erde der Mechanik, zum Chemismus, zur Physik und zum Anfang des Organischen.

제 3. Zur Organischen und zur Philosophie des Geistes.

40) 이 시기의 강의는 Hoffmeister(Hg), *Jenenser Realphilosophie*, II(Leipzig, 1931), 혹은 Hegel: *Gesammelte Werke, 7: Jenenser Systementwürfe* II (Hamburg: Felix Meiner Verlag, 1975), "*Naturphilosophie und Philosophie des Geistes*"의 일부(S. 1~184)에 수록됨, 그 내용은 제 1, Mechanik, 제 2, Gestaltung und Chemismus, 제 3, Das Organische로 되어 있다.

패디」의 제 2 부(1817) 이래 6회에 걸친 베를린대학의 강의[41] 및 제 1 개정판(1827)과 제 2 개정판(1830)이 포함된다.

이 당시의 자연철학은 헤겔 자신의 표현처럼 사회의 호의를 잃은 채 외면되고 있었다. "그것이 몰취미적이고 진부하게 만들어진 것은 적들에 의해서가 아니라 동지들에 의해서였다."[42] 자연철학의 사인(死因)이 그것의 적보다 동지에게 있다면, 이에 대한 이론적인 공격보다도 자연철학 그 자체의 이론구성에 문제가 있다는 것을 말해준다. 헤겔이 특히 지적한 것은, 자연철학과 동일시되었을 당대의 물리학이 개념의 부재 속에서 경험론적인 관찰로 전락하거나 그 반대로 예컨대 셸링처럼 감성적인 직관에 근거하여 신비주의적 자연관에 매몰되는 현상이었다. 곧 전자의 경우, 자연의 본질을 밝히는 총체적인 개념 아래 이의 구체적 모습으로 개별현상이 역사적·감각적인 차원에서 위치를 가지는 대신에 그것은 단편적인 개별 분야의 조야한 경험론에 기초한 자연인식인 나머지 외적·추상적 이해에 그치고 있었다. 또한 후자에서는 환상적인 상상력에 인도되어 자연과 개념의 감각적인 직접적 동일성을 감응으로 자기확인하는 비이성적인 접근에 불과했다. 따라서 양자의 경향은 모두 방법과 과학성이 결여된 까닭에 진정한 자연철학의 길로 들어설 수 없었다. 이와 달리 자연을 파악하려는 노력은 헤겔의 제자이며 「자연철학」의 편집자인 미쉘레가 말하는 바의, "경험적 자료를 논리적 사상에로 해체하려고 하는, 그리고 특히 하나의 물질에서 다른 물질에로의 변증법적 이행의 엄격성을 유지하려는 투쟁"[43]을 의미하는 것이다.

---

41) 베를린대학에서 헤겔의 자연철학 강의는 1819/20, 1821/22, 1823/24, 1825/26, 1828, 1830에 있었다.

42) *Enzyklopädie*, III, S. 9.

43) M. J. Petry, *Hegel's Philosophy of Nature,* in 3 vols.(London: George Allen and Unwin, 1970), vol. 1, p. 187.

헤겔에 있어 자연은 개념의 소외태로서의 존재이다. 곧 자연은 이데(Idee)에서 자신의 본질과 삶을 가지며, 그와 반대로 이데는 자연에서 현실성을 — 유감스럽게도 소외된 형식으로 — 얻는다. 이데의 필연성, 이데의 총체성과 연계는 자연에서 현존하지 않으면 안 된다. 그러므로 일면 「엔찌클로패디」에서 자연철학은 자연을 독립적인 영역이 아니라 전체적인 정신의 낮은 한 계기로서 하나의 원환을 이루는 영역으로 가지는 한에서 그것은 관념론적 주술에 빠져들고 있다고 하겠으나,[44] 정신에 고유한 활동·삶은 자연과 역사의 구체성을 떠나서는 현존할 수 없다는, 그리고 정신의 실체는 오히려 이러한 활동의 결과일 뿐이라는 헤겔의 강조는 자연을 하나의 낮은 계기가 아니라 정신의 존재 — 소외태로서 — 그 자체로 파악하고 있음을 보여 준다.

헤겔은 실제로 기존 자연과학의 결실을 종합하고 이들 대상의 다양성을 전체의 합일로서 관철하는 하나의 개념 아래 포섭하는 자연인식을 요구한다. 그에게 자연과학의 제 분야들은 각각 독립적으로 존재하는 것이 아니라 이 하나의 개념의 내용을 구성하는 계기들로서 위계적인 상호연계의 체계를 이루고 있다. 곧 자연과학의 각 분야는 상이한 대상을 실험과 관찰을 통해 그에 해당되는 독자적인

44) 페트리는 자연과 논리학·정신을 상이한 '영역'으로 보고 특히 "'논리학'에서 '자연'에로 넘어가는 이행의 중요한 의의는 이 이행이 만들어내는 질적 차이이다"라고 말한다. Ibid., p. 46. 그리고 코르흐(Helmut Korch)도 자연의 이행이 역사적인 것이 아니라 논리적 상승을 말하고 있기 때문에 "헤겔의 변증법이 자연의 실재적인 변증법이 아니다"라고 지적한다. Erhart Lange편, 신민우 역, 「헤겔과 현대」(풀빛, 1985), pp. 203~204. 그러나 코르흐가 뒤에 시인하는 것처럼 "인식의 전개과정은 「자연철학」에서는 동시에 자연대상의 물질적 전개로서 구체화하고 외화하는"(p. 205) 형식으로 제시되고 있다. 결국 이러한 해석의 차이는 헤겔의 질적 이행에 담긴 논리상의 무리를 간과할 것인가, 아니면 헤겔의 합리적 내용을 「엔찌클로패디」의 체계 속에서 관념론적 일관성에로 축소할 것인가에 달려 있다고 하겠다.

합법칙성을 정립한다. 그러나 이들 대상의 독자성은 사실 자연의 우연성에 포장된 감각적인 자연존재의 고립성이며, 곧 이들은 규정된 존재들이다. 그러므로 이들 감각적인 대상을 고립된 존재로서 직접적으로 파악하는 경험론은 과학적 인식일 수 없다. 이와 대조적으로 자연철학은 '사상에서 출발한 자연인식'이며 자연을 구체로서 파악하기 위해 대상의 다양성을 규정들의 연계로서 파악하는 사유양식이다. 자연을 인식한다는 것은 경험에 의해 수정되어지는 것이 아니라 사유의 추상적 힘을 통하여 도달되는 이데(Idee)의 인식일 뿐이다.

헤겔에 의하면 인간과 자연은 실천적 관계에 있다. 자연의 전유는 욕구 · 경향 · 효용의 매개를 통해 가능하다. 자연에 대한 실천적 관계를 통해 인간은 자기 자신을 재생산한다. 결핍은 그러한 충족을 위한 첫 자각이다. 인간의 자연에 대한 관계는 타자의 전유를 통해 동일성을 확인한다. 그러나 이 동일성은 유한자인 인간과 자연의 관계로서 악무한의 원환에 놓여 있을 뿐이다.

그러나 자연은 인간의 주관적 규정들, 곧 우리의 목적을 위하여 존재하는 것으로 이해될 수 있다. 인간존재(사유)의 보편성에 의해 구제된 자연의 사상(事象)들은 보편적 계기로서 하나의 규정을 얻게 되고, 합 · 법칙 · 종(種)으로 나타난다. 여기서 자연은 정신에 매개되어 유의미성을 획득한다. 그러나 자연에 부여된 목적은 인간의 주관적 목적이며 자연 그 자체의 목적이 아닌 까닭에 자연의 외적인 목적이며 자연의 법칙 또한 효용과 관련하여 인식되고 있기 때문에, 인간이 부여하는 그에 고유한 내재적 필연성이 아닌 외적 필연성으로 남게 된다.

이로부터 자연 그 자체의 인식이 요구된다. 그러나 이러한 자연인식은 단순히 지각에 의해 자연을 관찰하는 것을 의미하지 않고,

오히려 자연의 사상(事象)들은 '우리에 의해 생산된'(von uns produzierten) 것들에로 변형되어 만들어지지 않으면 안 된다. 이 이론적 접근은 자연이 '전도'인 한에서 그에 대한 또 하나의 '전도'(Verkehrung)이다. 이를 통해 얻어지는 자연에 상응하는 사유의 보편 규정들은 더 이상 인간의 주관성에 좌우되는 것이 아니라 존재세계에서의 주관성의 실현, 즉 이데의 현실태로서 객관성을 지니게 된다. "우리는 사물을 보편적인 것에로 혹은 우리의 것으로 한다. 그러면서도 여전히 자연적 사물로서 자연은 스스로에게 자유로운 존재이다."[45]

이데가 자연현상의 본질인 한에서 자연과학의 이론은 철학과 일치될 것이 요구되지만 그러나 자연현상의 고립, 개별성이 이데를 설명할 수는 없다는 점에서 철학은 자연과학의 실험 결과와 이론적 발견에 의해 수정되는 것은 아니다. 순수개념의 필연성을 사유에 의거해서 붙드는 철학은 관찰의 개입에 교란되지 않는다. 헤겔 철학의 외피를 구성하는 이와 같은 관념론적인 경향에도 불구하고, 헤겔 철학의 관념론적인 성격을 자연과 무관한 순수사유의 관념학에서 찾을 수는 없다. 철학은 자연현상에 외적인 것이 아니라 오히려 그에 기초하여 일어난 농축화·추상화에 불과하기 때문이다. "철학의 발생과 전개는 경험적 물리학을 전제조건으로 가진다."[46] 환언하면 자연인식으로서 철학은 자연현상에서 분리될 수 없으며 자연의 이데는 자연과학의 토대 위에 구축된 당대의 합일개념이다. 이데는 관념세계에 반영된 경험세계이다. 그러나 발생과 전개에 관하여 철학이 자연과학의 토대 위에서 형성되었다고 하더라고, 이 전개의 종점에서 완료된 철학은 자연과학의 현상태에 독립적인 근거를 제공한다.

---

45) *Enzyklopädie*, II, S. 10.
46) Ibid., S. 15.

곧 과정의 의존관계에도 불구하고 그 결과로서 완결된 철학은 자연과학에 종속되지 않고 오히려 이를 규정하는 개념으로서 있게 된다. 자연과학의 발달은 그에 의해서 개념의 필연성을 만들어 내며, 이를 통해서 자연과학적 제반 분야의 외적·추상적 이해를 탈피할 수 있는 지도적 인식이 얻어진다. 이 개념은 모든 현상을 규정하고 이에 타당성을 부여하는 이론개념이다. “철학적 (인식)과정에서는 대상이 개념규정을 따라 언표되고 나아가 경험현상이 이에 상응하도록 불리워져야 하며 그로부터 이 현상이 이 규정에 실제로 상응한다는 것이 제시되어야 한다.”[47] 그러나 이 지도적 인식은 자연을 우리의 이방인으로서가 아니라 우리 자신에게로 가져오는 동화과정을 의미한다. 그에 따라 자연은 이에 무관한 존재가 아니라 우리 자신의 타재(他在)로서, 그리고 정신의 한 현실태인 인간에 대한 또 하나의 현실태로서 자연은 정신의 구분이다.

그러나 이처럼 정신의 실현영역으로서 역사와 자연을 구분하더라도 자연에 지배적인 법칙이 — 대상의 상이로부터 전개의 계기가 약간의 변형을 얻게 되는 것이지만 — 개념과 상위할 수는 없는 것이다. 개념의 실현인 자연 혹은 정신의 매개로서 정신의 소외존재인 자연은 자연 그 자체의 필연성을 밝히는 작업과 분리되지 않는다. 자연의 변증법과 전개, 즉 자연의 범주의 가변성, 이행과 전화 그리고 이에 의한 상호규정과 동일화, 이 모든 것은 존재(存在)를 규정(規定)으로 붙들려는 철학의 과제일 뿐이다.

---

47) Ibid., 이 인용에서는 방법론상 개념에 대한 종속변수로 자연이 상정되는 듯한 인상을 주고 있다. 즉 자연이 개념을 규정하는 것이 아니라 개념에 의해 자연이 규정되고 있다. 왜냐하면 자연의 다양성과 우연성은 일체성의 개념을 직접적으로 부여하지 못하며 자연의 총체적인 인식이 개별 존재에서 파악될 수 없기 때문이다. 따라서 연계와 위계로서 자연에 실현되는 일체성과 필연성을 하나의 개념에로 포섭하고 이를 중심으로 자연을 설명하려는 헤겔의 의도를 위 인용은 보여줄 뿐, 자연과 개념은 대개념으로 서 있는 것이 아니라고 할 수 있다.

곧 개념에 관한 헤겔의 관념론적 외피에 지나치게 논리적으로 일관한 나머지 도달되는「개념에 의한 자연현상의 규정」논의는 사실상 헤겔 철학의 외적·형식적 이해에 불과하다. 개념과 자연의 분석적 구분은 자연의 혼돈이 개념 부재적인 데 기인하는 것일 뿐, 개념에 의해서 이의 모순과 통일이 파악될 수 있다는 전제 없이는 있을 수 없는 성질의 것이다. 그러므로 사상(事象)의 혼돈현상의 내면에는 일정한 변증법의 전개가 있으며, 이 혼돈으로부터 전개과정을 필연성으로 지배하는 질서를 얻어 내는 것이 바로 개념을 붙드는 작업이다.

그 결과 여기서 논의하는 자연·개념 관계의 수준이 문제가 된다. 그것은 제시방식의 차이에서 나타나고 있는 것이지 존재론적·인식론적 수준에서 제기되고 있는 것이 아니다. 존재론적인 측면에서 자연이 개념에 토대를 두고 이에서 파생된 것이라고 헤겔이 말하고 있다는 해석은 합리적으로 성립될 수는 없다. 또한 자연의 이해가 인식론적으로 개념의 파악으로 축소될 것을 주장하고 있는 의미는 지금까지의 자연과학의 결산 속에서 개념을 정립하고 이 개념을 통해 자연과학의 개별분야·자연대상의 설명을 통일적으로 가능케 하는 이론적 지평·이론개념이 있게 된다는 것이다.

개념이 이론개념에로 상승하기 위해서 그것은 무엇보다도 기존과학의 완결에서 얻어진 것이어야만 한다. 불완전한 이론개념을 중심으로 파악된 자연인식은 일면적이고 편향적일 수밖에 없다. 또한 기존과학의 이론들이 단일의 개념에로 귀결될 수 있어야 한다. 자연현상의 상이한 결론들이 연계 속에서 통합될 수 없다면 이 대상 전체를 지배하는 필연성이 개념 속에 내포될 수 없으며, 필연성이 파악될 수 없는 한 개념이 아니다. 결론적으로, 개념을 통해 자연을 인식하려는 헤겔의 시도는 프로크루스테스의 수술대를 연상시키면서도 동시적으로 매우 합리적인 중핵을 함유하고 있다. 곧 어떠한 제시방식도 일정한 이론개념에 토대를 두고 있으며 현재의 결실을 건너뛸 수 없는 것이라면, 기존의 '오성적 이해'에 '변증법적 이성'을 대조시키는 헤겔의 개념 논의는 미래의 창조적인 측면을 차단하는 기존의 과학이 갖는 기계론적이고 경험론적인 단순구조의 역사과정을 거부하고 그에 대신하여 개념의 이름으로 새로운 관점을 제시한 것이었다. 「자연철학」은 기존 과학의 성과를 섭취하고 종합하려는 엄청난 그의 고심을 전시하고 이들 현재적 가설의 한계를 인식함으로써 철학의 타수(舵手)로서 있으며, 그는 이 외해(外海)를 극복했다. 단지 관념의 산물이기도 한 개념 속에서 자기 자신을 체계화하려고 들었을 때 그 또한 스스로를 변증법적 방법의 희생물로 내맡기는 운명을 피할 수는 없었던 것이다.

3. 자연과학의 변증법적 적용

자연과 개념의 상응이 개념에 포섭된 자연이라는 관념론적 체계로서가 아니라 자연의 물질적 전개를 변증법적 통일의 개념이라고 한다면, 개념의 변증법이란 사유 그 자체의 과정이 아니라 스스로의 법칙성을 지닌 자연전개에 내포된 내용이 사유에 반영된 것에 불과한 것으로 해석된다. 이러한 해석은 헤겔의 합리적 내용이 그의 관념론적 외피에 덮여 있다고 하더라도 지적된다. 예컨대 헤겔의 「논리학」은 개념과 자연을 주어와 술어의 관계로, 즉 개념의 규정태로서, 객체화된 실현으로서 자연을 논의하고 있다.[48] 물론 헤겔의 형이상학적 표현에는 칸트 이전에로 복귀하는 듯한 인상이 보이고

---

48) Hegel, *Wissenschaft der Logik*, in 2 Bde.(Frankfurt a/M: Suhrkamp Verlag, 1969), II, S. 403~405.

있기는 하지만, 그러한 외투에 감춰진 합리적 중핵은 과거의 기계론적·경험론적·개체분리적인 전개개념을 대체하여 사상(事象) 변화의 토대인 모순을 전제로, 양의 질로의 전화 및 질의 양으로의 전화, 대립물의 상호침투와 부정의 부정이라는 3대 변증법적 사유법칙을 제시하고 있다.[49] 곧 칸트의 부르주아적, 원자론적 관점은 여기서 사회 총체성의 음영에 의해 이미 그 한계를 분명하게 인식하게 되었다고 할 수 있다.

헤겔은 기계론을 중심으로 세워진 역학과 다른 분야들이 분리되어 고립적으로 접근되고 있던 당시의 자연과학을 대담하게 삶의 유기체론을 중심으로 다른 분야들을 하나의 체계 내의 계기들로서 통합된 구성으로 파악하려는 시도를 「자연철학」에서 보여준다. 데카르트 이래 확립된 기계론적 자연관은 1850년대에 이르기까지 일반적으로 자연과학의 기초를 이루었고, 또한 자연의 체계화는 기껏해야 이를 중심으로 상정될 수 있었을 뿐이었다. 이러한 당시의 상황 아래서 기계론이 자연의 하위단계를 지배하는 역학이며, 그리고 이 역학은 물리학 그리고 마침내 유기체론에로 포섭된다는 점에서 다른 분야와 위계적 연관을 이룬다는 사실을 발견한 것은 확실히 헤겔의 심오한 사상적 통찰력의 결과였다.

「자연철학」에서 자연은 기계론, 물리학, 유기물리학으로 나뉜다. 그것은 「논리학」에서는 개념론의 「객관성」 가운데 기계론, 화학론, 목적론으로 구분되고 있다.[50] 이들은 상호간에 독립적인 영역이

49) 코르흐는 헤겔의 '이행'에 담긴 두 가지 가능성을 논의한다. 하나의 단계행정(行程)은 최고·완전·절대적인 물질의 정체성에서 점진적으로 악화되어 마침내 무형의 덩어리로 존재하는 단계 행정과, 다른 하나는 "불완전하고 무형의 것으로서 시작하여 더욱더 높은 형식으로 옮겨간다." 곧 유출과 진화이다. 「헤겔과 현대」, p. 202면. 그러나 저자에게는 자연의 통일이란 차라리 이 양자의 결합태로서 존재한다고 생각된다.

50) 제 1 단계는 「자연철학」에서 die Mechanik, 「논리학」에서 der Mechanismus로,

아니라 보다 낮은 단계에서 보다 높은 단계로 하나의 체계를 이루며, 곧 기계론에 적용되는 역학은 다른 두 분야에도 적용되는 역학의 기초단계를 이룬다는 점에서 자연의 운동법칙을 통일적으로 포섭한 인식을 보여준다. 그리고 이들 계기의 총체성은 하나의 연계개념으로 이해될 수 있다. 기계론은 이러한 연계개념 없이 자연대상이 상호무관하게 독립적 관계로 보아진 가운데 대상의 논증법칙의 구명이며, 물리학 혹은 화학론은 "대상들 자체에 내재적인 법칙"의 구명이며, 유기물리학 혹은 목적론은 개념과의 관계 속에서 자연대상이 목적론적으로 파악되어 정립된 필연성의 인식이다.[51)]

기계론은 시간과 공간, 장소와 운동, 절대기계론으로 구분되고, 물리학은 보편적·특수적·총체적 개체성의 물리학으로 구분되며, 유기물리학은 지질성, 식물성, 동물적 유기체로 구분되고 있다. 이 구분은 그 내용상의 가설과 주요 쟁점은 물론이거니와 기존 자연과학의 제 분과의 분류에 대체로 상응하는 것으로서 헤겔의 체계화가 기본적으로 당대의 자연과학의 성과를 종합하고 그 나름의 철학적 성찰에 비추어 종합되어 있다는 것을 보여준다. 그러나 무엇보다도 중요한 것은 이들 구분이 단지 자연대상의 경화된 범주에 따른 구별이 아니라, 이들은 상호연계의 관계에 있으며 심지어는 하나의 다른 하나에로의 변이가 필연성의 개념 속에서 이루어지고 있다는 데 있다. 헤겔은 예컨대 기계론 가운데 3구분의 연계·위계성을 변증법적인 이행의 설명을 통해 구명하려고 했을 뿐만 아니라, 보다 거대한 구도로서 기계론·물리학·유기체론의 상호관련과 이행을 말하고 있다. 곧 그는 자연현상의 연계와 이행에 나타나는 개체류의 상대성과

제 2 단계는 상이하게 각각 die Physik와 der Chemismus로, 그리고 제 3 단계도 Organische Physik와 die Teleologie로 표현되고 있다.

51) *Wissenschaft der Logik*, II, S. 408~409.

전화의 성격을 변증법적 사유에 의해 파악하려고 시도하고 있는 것이다.[52)]

자연의 제1단계 역학인 '기계론' 아래 맨 먼저 나타난 개념은 '공간'과 '시간', 특히 공간이다. "자연의 최초의 혹은 직접적인 규정은 이의 자기외적 존재의 추상적 보편성이며, 이 매개없는 무관성(Gleichgültigkeit)은 공간이다."[53)] 이 공간은 정신의 타자적 존재로서, 그리고 양으로서 나타난다. 그리고 공간이 모든 것을 그 안에 머무르게 하는 현존재적 양이라면, 그것은 상태의 한계로서 자기 내에 독자적인 모습을 가지고 있으며 곧 "시간은 지속적인 자기지양의 현존재"로서 공간의 '현실성', '공간의 진리'이며, 공간의 시간이 된다.[54)] 여기서 우리는 비로소 개념에서 최초의 자연인 공간을 끌어내는 헤겔의 마술을 본다. 그는 확실히 관념론자이다.

그러나 여전히 유물론적 관점을 방기한 채로 이 이행이 이루어지고 있는 것은 아니다. 오히려 그의 '이데'는 차라리 고대 자연철학의 '존재'에 상응하는 개념이며, 이 이데의 최초의 현존재인 공간과 시간은 고대의 '일자'(一者)를 가리키고 있다. "시간 속에서 모든 것이 시간 그 자체가 이 생성, 즉 생기와 소멸이며, 존재적인 추상화, 즉 생기·소멸하는 것이 아니라 오히려 모든 것을 잉태하며 자기로부터 출생된 것을 파괴시키는 크로누스이다. 실제적인 것(多者)은

52) 여기서 우리는 헤겔과 엥겔스 간에 표현상의 차이를 본다. 헤겔은 자연의 변증법을 강조하기보다는 자연의 본질과 운동을 지배하는 정신의 운동을 사유에서 붙드는 형식으로 변증법을 이해하고 있다. 그러나 엥겔스에 의하면, "변증법은 자연·인간사회·사유의 보편적인 운동·전개법칙에 관한 과학 외의 아무것도 아니다." Engels, *Anti-Dühring*, in *Marx Engels Werke*(Berlin: Dietaz Verlag, 1978), Bd. 20, S. 131~132. 그러나 자연을 지배하는 정신의 운동은 자연현상 그 자체의 토대인 한에서 헤겔의 변증법은 자연의 '기본적' 법칙으로 확인된다.

53) *Enzyklopädie*, II, S. 41.

54) Ibid., S. 48.

물론 시간과는 구별되지만 여전히 본질적으로 이와 동일한 존재들이다."[55] 그러므로 공간과 시간은 관념적 차원에서 존재 세계의 총체성을 지칭하는 대개념(對概念)이다.

개념의 존재, 곧 추상적 계기인 물질의 즉자존재가 '공간' 혹은 그에 대한 부정으로서 '시간'이다. 공간은 다시 점·선·면으로 나뉘어, 이 추상적인 점이 정립된 것, 구체화된 것이 '배타적 점', 즉 '장소'이다. '장소'에서 공간과 시간은 '정립된 동일성'을 확보하며 동시적으로 그 내부에 '정립된 모순'을 함유한다. 또한 '공간'의 대자존재인 '시간'에 상응하는 '장소'의 대개념(對概念)은 '운동'이다. 즉 운동·생성은 시간적으로 정립된 것이다. 그리고 이 운동·생성이 자기모순의 전개로 자체 내에서 공동 붕괴된, 직접적으로 동일한, 양자의 존재적 합일이 '물질'이다. 이상의 논의에서 나타난 의의는 헤겔이 존재의 추상적 계기인 공간·시간의 범주와 규정태로서 나타난 물질·운동의 범주를 즉자·대자적 존재로서 구별하고 나아가 즉자존재로부터 대자존재로의 필연적인 이행을 찾고 있는 데 있다. 그는 공간과 시간의 개념을 정립하면서 개념(정신)과 존재(자연)의 오성적 대립을 해소하고 이들이 직접적으로 동일한 것이 아니면서도 이들이 일정단계인 즉자태로서 일치한다는 것을, 즉 그는 개념이 하나의 규정태인 공간·시간에로 전화되는, 그리고 공간과 시간의 상호침투와 위치전환의 성격을 논의한다. 나아가 그는 이 추상적 계기로부터 실재 세계를 이끌어 내고 있다. "이상태로부터 실재태에로의 이행, 추상에서 구체적 현존재로의 이행, 여기에서는 공간과 시간으로부터 물질로 현상화하는 실제로의 이행이 오성(Verstand)의 입장에서는

---

55) Ibid., S. 49. 일자로서의 존재와 다자(多者)로서의 자연존재의 상관성 및 일자 그 자체가 물질일 수밖에 없다는 견해는 저자가 다른 곳에서 논의했다. "헤겔 존재론의 유물론적 독해,"「헤겔연구 II」(중원문화, 1986), 34~81면 참조.

파악될 수 없는 것이며 따라서 그러한 입장에서는 언제나 외적이고 주어진 것으로 자연·물질·실재를 만들게 된다.”[56] 공간과 시간으로부터 물질존재로의 이행은 — 헤겔의 설명처럼 공간과 시간을 정신의 자기 소외적인 단초존재로 해석하더라도 — 관념론의 오류에 빠지지 않고서는 나올 수 없는 추론이다. 그러나 고대 자연철학의 전통에서 파악한 순수존재와 규정태의 상호침투에 대한 그의 심오한 통찰력, 그리고 이에 상응하는 전화의 힘으로서 부정과 자기내적인 모순의 사유법칙을 유한자의 세계(물질계)에 적용되는 기계론적 자연법칙에로 전환시키고 있다는 점을 우리는 높이 평가해야만 한다.

물질세계에 대한 법칙인 유한적 기계론에서 그는 인력·척력·중력을 취급하고 있다. 그리고 인력과 척력을 물질의 두 계기로 보고 중력의 중심을 물체 내에서 찾고 있다. 또한 양적 구분으로서 물질은 우연적 단위인 까닭에 개체적 물질은 자유로운 운동의 대상이 아닌 유한적 운동, 즉 관성의 법칙에 의해 설명되며 물체들의 공동중심은 물체들의 밖에 있는 지구의 중심을 향한 낙하법칙에 의해 설명된다.[57] 낙하의 법칙에 나타나는 뉴턴의 공식에 담긴 모순은 결과적으로 개별 물체의 독립성(대자존재)과 개념과의 관계에 있는 모순이 현상화한 것에 불과하며, 환언하면 낙하운동은 상대적으로 자유로운 운동이며 이미 유한적 기계론의 적용에 한계를 주는 자연현상임을 의미한다.

이와 같은 지구 내의 물질에 대한 칸트와 뉴턴의 기계론은 천

---

56) Ibid., S. 56.

57) Ibid., S. 76~77. 중력법칙의 정식하에서 출발점으로 상정된 $\frac{V}{t}$는 물체의 일정한 한 속도는 시간의 곱에 비례한다 $\frac{V^2}{t}$는 점에서 가속성의 균일성을 고려할 때, 적용의 어느 곳에서도 규정을 가질 수 없음을 헤겔은 예리하게 간파하였다.

체 일반의 운동법칙에 확장되어 적용될 수 없다. 천체 일반의 세계는 일면 항성들의 상호 외재성에 의해 개별 물체에 타당한 유한기계론과, 또 다른 개별 물체들의 밖에 상대적으로 위치한 각 항성의 중심에 관계하여 결정하는 법칙 — 케플러의 법칙 — 에 의해 적용된다. 곧 개별 물체(항성계 · 항성 · 혹성 등)는 그에 타당한 기계론과 중력의 법칙에 의해 적용된다. 그리고 이들은 보편 중심에 관계하여 다수 물체의 체계 속에서 자신의 본질적 합일을 발견한다.

천체의 세계가 합리성을 가지고 있음은 케플러 이전에 이미 피타고라스나 플라톤에서도 나타난다. 그리고 그의 눈에 비친 3개의 단계로 구성된 태양계는 제 1 단계인 수성 · 금성 · 지구 · 화성이 a, a+b, a+2b, a+3b의 거리를 가지며, 제 2 단계인 목성은 a+5b를, 그리고 제 3 단계인 토성이 또한 수많은 위성을 거느리고 있는 하나의 체계로서 우주의 합리성을 증명하는 것으로 보았다. 곧 개별 천체들은 "자기 자신이 중심이며 자기들이 제 1 차적인 것(보편적인 중심)에 본질적 합일로 관계한다."[58] 유한세계의 합리성에 적용되는 뉴턴적인 기계론은 따라서 확장되어 천체계의 합리성에 적용될 수 없다. 거기에는 케플러의 법칙, 곧 '절대기계론'의 적용이 필요하다.

"찾아질 수 있는 유일한 차이는, 즉 케플러가 간명하고 지고한 방식으로 천체운동의 법칙형식으로 언표한 것을 뉴턴이 중력의 반성형식으로, 그리고 차라리 낙하에서 이들이 무게의 법칙을 낳는 것처럼 변형시켰다는 데 있다."[59] 그러나 개별 물질이 지구로 포섭되며 지구가 태양계 천체로 포섭되는 것은 이들이 개체적 독립성과 총체적 규정태로서 존재하기 때문이다. 그러므로 여기서 문제되는 것은 자연대상의 내포와 외연을 지배하는 합리성에 대한 체계적 이

58) Ibid., S. 85.
59) Ibid., S. 87.

해이며, 보편성과 규정태로서 물질 개체의 파악이 바로 천체물리학의 과제가 된다.

개념의 '대자존재', 즉 물질이 물리학의 대상을 이루고 있다. 헤겔은 이를 즉자태인 '보편적 개별성', 구체적 개체상태에서 보아진 '특수적 개별성', 그리고 개념의 계기로서 파악된 '총체적 개별성'으로 구분하여 논의한다. 여기서의 구분은 자연과학의 제 분야에 따른 대상의 분류를 따르는 듯한 인상을 주고 있으나, 이와 같은 외관상의 분류는 즉자·개별·총체적인 개별성의 계기들이라는 헤겔의 구분에 종속되는 형식적인 성격의 것임이 분명히 밝혀져야 한다.

독립적인 자유로운 물질존재, 즉 물질의 직접성에서 파악된 '보편적 개별성'의 영역은 '빛'과 그 대립적인 '어둠'이며, 이들의 지구내적 기본요소들은 공기·불·물·흙이다. 빛은 '물질의 존재적, 보편적 자아'로 불리우며, 그것이 물질의 최초 형태로 등장되는 것은 이의 관념적 성격 혹은 편재성에 기인한 것이다. 그러나 빛은 정신이 아니라 자연의 표출이기 때문에 규정태로서 다른 물질(대상)에 대한 외적인 관계를 가질 뿐이다.[60] 빛에 대한 부정태, 곧 물질의 다른 한 형태는 '어둠'이며, 그것은 추상적으로 동일한 관념성에 대립하는 물질적 실재이다. 요소들은 물질 일반의 하위적 계기로서 개별 물체에 내재적인 것이다. 이들 중 여기서 빛의 추상성을 재현하는 것은 공기이다. 공기도 신축성을 가지고 모든 것에 침투하는 '부정적 보편'이다. 공기의 대자존재는 불이다. 혹은 역으로 "공기는 즉자적 불이다." 그리고 공기의 중립적인 것은 물이며, 흙은 요소들의 혼합물로서 자기 내에 요소들을 유지시킨다. 헤겔의 4요소는 고대 자연철

60) 태양 혹은 여타 자연존재가 합리적 종교의 대상으로 숭배될 수 없음은 이로부터 확인된다. 그러나 헤겔의 이러한 견해에서 나아가 종교가 과연 합리적 형식을 취할 수 있는가를 21세기에 들어서면서 묻지 않을 수 없다.

학의 특히 엠페도클레스의 요소설을 다시 과학적으로 정립한 듯한 인상을 주고 있다. 실로 헤겔은 즉자존재태인 물질의 개체성의 논의에서 그에게 일반적으로 돌려지고 있는 관념론을 재생시키고 있는 것이 아니라 원자론적 입장의 수용을 시도하고 있는 것이다.

이 보편성으로 파악된 물질은 이제 특수적인 개별성에로 넘어간다. 여기서 그는 모습과 응결, 소리, 열을 논의하고 있다. 모습과 응결은 물질의 외적 형식의 표현이며 또한 이의 질적 계기이다. 중요한 것은 이들이 다른 물질 덩어리에 대하여 있게 되는 양적·질적 고유형식이며, 양자는 상호 위치교환에 들어간다는 점이다.

물질 덩어리의 존재형식, 즉 '물적 공간'은 '소리'에서 '물적 시간'에로 이행한다. 그것은 존재형식의 변화없이 물질의 이 상태를 숫자적 관계를 통해 표현한다. 곧 '떨림'은 물질 덩어리와 이의 부정의 대립을 보여준다. 나아가 '소리'는 '열'을 만들어 내며, 곧 물질형식→소리→열에로의 이행을 통해 물질의 개체성과 개념의 교합을 나타낸다. "열은 소리의 완성이며, 이 물질존재가 물질적으로 자기를 관철해 내는 부정이다."[61] 그러므로 열은 물적 존재의 '해방적 부정'이며, 곧 물적 부정이다. 그것은 물적 존재 그 자체와 존재의 조건을 소멸시킨다. 헤겔에 의하면, 물질의 존재성은 열에서 관념성에로 이행하며 그에 따라 물질은 더 이상 고립된 개별성에서 파악할 수 없게 된다. 다시 말하면, 물질의 총체적 성격 혹은 개념에로의 연결이 개별 물질에 대한 '무관성'을 표현하는 열에서 밝혀지는 것이다. 이 부분에서 헤겔은 물질의 밀도·탄력·다공성(多空性) 등을 다루는 유동역학, 음운·음성·음표학 및 열역학을 대상으로 삼고 있지만, 이들이 물질을 개념에로 관련시키는 필연성의 제 단계를

61) Ibid., S. 185.

구성한다는 것을 의도하고 있다.[62)]

'총체적 개별성'의 물리학에서 개별 물체의 개념성이 회복되며, 자성(磁性)·특화·화학과정을 취급하는 데서 물체의 개념이 점진적으로 드러나게 된다. 이제 문제가 되는 것은 물질의 존재적 측면이 아니라 이의 이상태이다. 이상태의 직접적 모습은 탈레스가 거기서 '영령'을 본 것처럼 '자성'에서 발견된다.[63)] 곧 자성은 물질의 내적 결합의 특수형식으로서 예컨대 자석을 양단할 때 다시금 남과 북으로 분리된 조각이 되는 것처럼 그것은 개별 물질의 운동이며 단지 우연적 존재태에서 자신의 외적인 한계를 가질 뿐이다.

물질에 내재하는 이상태로서 개념의 계기는 '차별적인 동등자 및 동등한 차별자'로서 개념의 모습을 물질적으로 보여준다. 그것은 개념 그 자체의 활동이다. 물질의 자성은 물의 구형화(球型化)·전력(電力)의 양극성과 함께 동일한 범주를 구성한다. 이처럼 물질에 내재하는 이상태의 존재성은 구체적으로 물체에서 특화되는바, 색깔·냄새·맛이 바로 그것이다.

특화에 맨 먼저 나타나는 것은 색(色)이다. 헤겔은 괴테의 색채론을 따라 색을 빛과 어둠의 배합에서 찾고 있으며 색소이론이나 5~7개의 색깔이론(뉴턴)을 거부하고 있다. 곧 뉴턴과 같이 관찰을 통해 색의 형성에서 색을 찾을 것이 아니라 물질을 개념의 계기로서 파악하고 그에 상응한 개념의 단계로서 색을 설정하고 있는 것

62) 문제는 이들이 필연적인 단계행정을 의미하는가에 있다. 예컨대, 그는 열의 음에로의 전화 혹은 그 반대로의 전화를 아름다운 음성을 가진 북부의 새들과 "열 때문에 소리가 파열된" 열대지방의 새들의 논의에서 보여준다. Ibid., S. 186~187.

63) "자성은, 개념이 스스로 규정된 자연에서 추정되어 일개의 자연철학의 이데로 파악된 것으로, [그 결과] 뚜렷하게 내보여진 규정들 가운데 하나이다." Ibid., S. 202. 헤겔이 여기서 '만물은 영령으로 충만하다'는 탈레스의 명제에 언표된 자연철학의 출발을 가리키고 있음은 의심할 여지가 없다.

이다. 그러므로 빛 속에서 어둠의 활동이 색을 구성하며, "개념에 상응한 색깔의 제시에 대해 우리는 괴테에게 감사해야 한다."[64)]

색(色)이 빛에 관계되는 것처럼, 공기와 불에 관계되는 것은 냄새이다. 또한 맛은 이 대립의 다른 계기, 즉 물에서와 같은 중립성에 관계된다. 냄새와 연기가 생동과 자기파괴를 표현한다면, 맛에서는 자기해체를 통해 다른 물체에 도달한다. 곧 "맛에서 물체는 화학적인, 실제의 과정에로 이행한다."[65)]

화학과정은 a) 용해(Synsomatien), b) 결합·분리를 통해 물체들 간의 상이성을 동일성에로 그리고 동일성을 상이성에로 전환시킴으로써 물체를 하나의 계기로서, 즉 개념의 모순을 내포한 외화를 나타낸다. 따라서 화학과정에서 물체는 단순한 자연존재로 머물지 않고 개념의 내적 필연성을 현상에서 보이는 사실상의 삶을 구성하는 것이다. 그러면서도 물질존재의 생기·소멸은 화학과정의 유한물, 즉 이 과정의 처음과 끝은 유기체의 영역에서야 (특히 인간의 정신성에 이르기까지) 동일성의 확인이 이루어지는 하나의 과도단계로 헤겔은 보고 있다.

화학과정에 있게 되는 근본 물질은 물질존재의 원형인 공기 그 자체이다. 그러나 여기서 이 공기는 질소·산소·수소·탄소로 구분된 가운데 이들 간의 결합·분리가 화학과정을 형성한다. 그는 결합에서 동전기학(動電氣學), 연소 및 부식과정, '선택적 친화력'(Wahlverwandtschaft)을, 그리고 분리에서는 — 그것은 결합의 다른 형태로서 — 화학적 상호반대에로 생성된 산물들을 단계에 따라 구분할 필요를 논하고 있다.

화학과정에 들어간 물체가 개념의 단계를 함유한다면, 이 과정

64) Ibid., S. 255~256.
65) Ibid., S. 272.

은 개념의 총체성의 원환 속에서 이해될 수 있다. 곧 개념은 물질을 매개로 하나의 물체에서 자신의 일정단계를 표현하며, 환언하면 이 물체가 자기 밖의 물체를 취하며 혹은 자신을 소멸시키는 것 그 자체가, 유한적 과정으로서, 개념의 필요성이다. 그러므로 물체는 총체성의 다음 계기로 변형된다.[66]

그러나 화학과정에서 파악된 개념은 유한적 물질세계의 필연성에 한정되어 있기 때문에 존재의 보편성, 즉 개념의 자기형식에 의한 접근에는 미칠 수 없는 과도적인 것이다. 이로부터 그것 자체가 개념의 총체성의 일부분임이 드러난다. 그러한 까닭에 생의 기원을 화학과정에서 찾는 헤겔은 여전히 이 단계를 삶의 존재적 합일에 이르지 못한 것으로 본다. 그러면서도 무한형식인 개념이 화학과정의 마지막인, '자유로운 불'에서 그 징후를 나타낸다고 한다. 곧 물질과 개념의 상합성은 모든 물성이 정화되고 하나의 규정존재로 구체화된 혼의 불타오름 속에서 가장 선명하게 드러난다. 이 '삶의 불', 즉 '객관적 시간'이 헤라클레이토스의 '혼'이다.[67] 여기에서 유기체의 세계로 넘어가는 계기를 발견한 헤겔은 이 유기체적 삶에서 개념과 실재의 대립이 해소된다고 단언한다. 동시에 그러한 이야기는 역으로 이 대립의 해소와 더불어 새로운 대립이 전개되어 나오는 대립일반의 세계로서 삶의 세계 — 역사와 자연 — 를 부인하는 것은 아닐 것이다.

유기물리학은 지구·식물·동물에 대한 유기적 성격을 논의하고 있다. '잠자는 존재의 운동과 꿈'인 지구는 하나의 무기적 자연으로서 그 자체가 유기체일 수는 없다. 그러나 지구는 형성과 소멸의 과정을 계기로 가지며, 지리·지질·광물학적인 차원에서 유기적 성격

66) Ibid., S. 298.
67) Ibid., S. 336.

을 노정한다고 그는 보았다. 예컨대 지리적 측면에서 세계는 구·신 세계로 나뉘며, 구세계는 열에 의해 의식에로 들어가지 못한 아프리카, 형식에 이르지 못한 자아의 산물인 박카스적 탈선인 아시아, 지구의 합리적 영역이며 의식인 유럽으로 구성된 데서 볼 수 있는 것처럼 우연적으로 배열된 것은 아니었다.[68] 또한 지질학적·광물학적 측면에서 볼 때, 지구는 화강암과 석회질의 양 원리에 지배되는 존재이며, a) 화강암과 이의 변형인 규토(珪土), 운모(隕毛), 장석(長石)에로 그리고 b) 염성 부분이 활석(滑石)으로 구성된 원석은 합일되어 석회질에로 귀착되며, 이러한 현상은 지층과 충적암(沖積岩)에로의 이행에 보이는 사토(沙土) → 점토(粘土) → 양토(壤土) → 탄(炭) → 토탄소(土炭沼) → 역청(瀝靑) → 암염(岩鹽) → 석회질에서, 그리고 지층 → 충적야(沖積野) → 패각(貝殼)에로의 이행에서처럼 각각이 전체행정(全體行程)의 계기를 이룬다. 이 계기의 필연성은 예컨대 우라늄의 소재가 되는 원석(原石)이나 금속의 발견(충적암)에서 나타나며, 자연의 삶에로의 과도기가 조개껍질에서 확인된다. 그러므로 광물분류학에서 취급되고 있는 것처럼 자연요소들은 상호독립적인 관계에 있는 것이 아니고 오히려 이들에게 개념이 직접적인 형식으로 존재한다는 것의 증거로서 헤겔에게는 보였던 것이다. 나아가 화학과정을 통해 삶의 결정(結晶)으로 대기권, 바다, 육지에 나타나는 지의류(地衣類)·적충류(滴蟲類)·인광체(燐光體) 등을 그는 무기적 자연과 식·동물계의 경계에 위치시키고 있다. 헤겔의 논의는 대체로 유기체에로의 이행의 필연성을 강조하는 데 있지만, 그는 자연대상의 경계가 상대적이며 끊임없는 변화과정 속에서 상호이행해 가고 있음을 간파했던 것이다.

---

68) Ibid., S. 351. 물론 유럽의 중심은 독일이었다.

식물과 동물의 구별에서 그는 식물이 개체의 재생산에서 동시에 종(種)을 재생산하는 반면에 동물은 개체의 죽음에서 종(種)이 존재하는 것으로 보았다. 식물의 경우 형성과정에서 뿌리와 잎의 분리가 이루어지면 성장하면서 나무로 경화되고 싹에서 새 식물개체가 생산된다. 동화과정에서는 빛을 통해 생기를 얻으며, 그리고 이 개체의 형성·동화과정 그 자체가 이미 속(屬)의 재생산을 이루는 것이다.

그러나 동물의 경우는 다르다. 형성과정에서 그것은 과정의 개념을 보여주며, 비록 일반적 동물과정이긴 하지만 유기적 일체에서의 '고차적 정지'(停止)와 개체의 내외적 각 부분 간의 불휴성(Unruhe)을 보여준다. 그리고 동화과정은 결핍·필요를 매개로 실천적 과정과, 감성의 외향과정에 나타나는 이론적 과정으로 구성된다. 형성·동화에 관한 자연과학은 주로 해부학·생리학이다. 또한 (생식)욕구를 통해 이루어지는 속(屬)의 과정은 식물과 달리 동물개체에 단지 '잠재적으로' 종(種)이 존재하기 때문에 현존적인 종(種)에로의 이행은 개념, 즉 이데에서이며 "거기서 자연은 닫혀져 있다."[69]

헤겔은 프랑스 자연학자인 Jussieu의 식물구분(단자엽·쌍자엽)과 Lamarque, Cuvier의 동물구분(척추 여부)을 따라 논의하지만, 논의의 요점은 이들이 전개의 다음 행정을 구성한다는 데 있다. "외적 방식으로 있는 이데인 자연"[70]은 따라서 다음 계기로의 이행의 필연성을 개체의 불완전성에서 발휘하는 것이다. 동물 내에서 동물은 조건이지만 '정신의 도구로 사용되는' 인간은 가장 완전한 전개에

69) Ibid., S. 520. "동물에서 종은 존재하지 않으며 그러나 단지 즉자적으로 있을 뿐이다."

70) Ibid., S. 503.

다다른 존재이다.[71]

동물에 관한 「자연철학」의 마지막 자연과학적 논의의 대상은 질병분류학과 의학의 영역이다. 그는 대체로 건강상태를 자아와 이의 부정인 존재의 대립에서 얻어내며, 그에 따라 예컨대 장소이동에 따른 유해성·일반질병·공포·슬픔에 의한 혼의 병을 설명한다. 곧 질병은 개체에 대한 그에 독립적인 외부의 충격이 아니라 개체적 측면에서 전체의 계기로서 자기회복 혹은 파괴의 과정에서 나타난 필연적 계기이다. 따라서 치유는 이 외적 충격을 지배하는 데 있는 것이 아니라 자기의 재생산에 따른 원환의 완성에 있는 것이다. 거기서 존재는 '일정한 양의 힘'이다. 그리고 개체의 필연성, 즉 죽음의 파괴력 앞에서 종에로 다시 살아나는 것이다.

제 4 절 정신의 현상학

헤겔이 처음으로 그의 주저를 출간한 것은 「정신의 현상학」(1807)이며, 그에는 「과학의 체계 제 1 부」(*System der Wissenschaft: Erster Teil*)라는 부제가 붙어있다. 그의 「정신의 현상학」은 비록 단행본으로 그쳤지만 실제로 그가 의도했던 것은 「정신의 철학」(*Philosophie des Geistes*)의 한 부분으로 다시 취급한 것에서 나타난다. 즉 그는 "체계"보다 느슨한 "백과"(*Enzyklopädie*)의 틀 속에서 논리학, 자연철학, 정신철학을 순차적으로 연관시키고, 다시 「정신의 철학」을 주관정신, 객관정신으로 나누어 진행시키고 있다. 그것은 서술의 방식일 뿐 아니라 대상의 인식이 더욱 그 근저로 진행하는

71) Ibid., S. 508.

가운데 이들 간의 동일성을 확보하려는 것이다. 여기서 주관정신은 다시금 세부규정을 가지는데, 정신의 현상학은 "인류학"에 이어서, 그리고 "심리학"에 앞서는 부분이 된다. 헤겔을 그의 전체계 속에서 이해하려는 저자의 입장에서 우리는 이미 제 2 절의 「논리학」에 이어 제 3 절에서 충분히 논의하였다. 여기서는 "백과"(*Enzyklopädie*)의 순서를 따라 그의 「정신의 철학」(1817) 속에서 관련되는 부분을 그의 「정신의 현상학」(1807) 단행본과 함께 중심으로 삼아 서술하려고 한다.

「정신의 현상학」, 특히 이의 긴 「서문」은 "정신의 오디세이"라고 격찬될 만큼 거대한 대양을 항해하면서 — 거기에는 우회도 표류도 난파의 위험도 한 부분을 이룬다 — 마침내 자신의 해안으로 귀환하는 정신의 긴 여정을 극적으로 묘사하고 있다. 그것은 실제로는 인식의 층위를 논의한 것이다. 곧 기존의 방법론, 인식론에 대한 비판을 통해서 다양하게 인식의 깊이를 검토해가는 가운데, 보다 낮은 단계로부터 그 위의 높은 단계로 인식의 이행, 상승을 밝히고 있다. 그것은 단지 진리를 향한 인식의 도달과정을 논의하는 과정에서 헤겔은, 물론 그의 주지주의적, 그리고 관념론적 편향을 내포하고 있지만, 인식의 주체인 지(知)와 그 대상의 동일성을 정신의 동일성으로 통일시키고 인식의 실체의 진리에 도달하고 있기 때문에 거기에는 객관성의 외연이 어슴프레 나타나고 있다고 하겠다.

이는 헤겔의 「논리학」의 설명에서 살펴본 바와 같다. 즉 철학의 주제는 절대자의 술어, 곧 절대자에 관한 설명이기 때문에 그 내용을 주체로, 객체로, 또는 지(知)로 한정해서 이해하는 것을 거부한다. 절대자는 스스로 주체이며 모든 존재하는 대상의 근거이며, 그리고 이를 자기의 활동으로 파악하는 지(知) 그 자체이기 때문이다. 절대자만이 진정한 존재이며 모든 다른 현상적 존재는 그 근거를 떠나서는 단지 비존재에 불과하다.

그렇지만 우리는 절대자의 술어, 곧 절대자의 내용에 관해서 먼저 언급하는 것이 좋겠다. 절대자는 결코 스스로의 모습으로 나타나는, 곧 존재하는 것이 아니다. 절대자는 자신의 타자적 형식으로 존재한다. 우리는 단지 여기서 타자적 모습으로 드러난 절대자의 실체를 인식할 수 있을 뿐이다. 절대자의 내용은 그 이외의 방식으로 접근될 수 없다는 것이 헤겔의 관점이다. 쉘링처럼 절대자는 곧 절대자이다라는 어둠 속에서 암흑을 증명하는 방식으로는, 그러한 직관과 언어적 표현에서는 절대자에 대한 아무런 새로운 내용도 얻어질 수 없기 때문이다.

헤겔이 「논리학」에서 이미 단초로서 "무매개적인 존재"를 제시하기도 했지만, 우리의 의식에 실제로 처음 나타난 것은 "생성"이라는 사실에서 알 수 있듯이 모든 규정적 존재는 이미 시간 속에 들어선 유한자, 즉 절대자의 "타자적 존재"임이 분명하다. 그리고 그 안에는 여전히 절대자의 본질이 숨어 있다. 그렇지만 실제로 나타난 형식과 활동은 절대자와 차별성을 가진 유한자로서의 속셈을 보여준다. 사변철학의 과제는 거기서 차별성을 지양하고 동일성의 원칙을 확인하는 것이다. 그러한 작업은 자신의 의식과 대상에 대한 의식의 분열, 차별성을 넘어서 양자의 동일성을 확인함으로써 다음 단계로의 이행의 계기를 마련해준다.

이와 같은 맥락에서, 「정신의 현상학」은 의식과 대상에 대한 의식의 관계를 이해함으로써 획득된 지식의 심층화과정을 밝히고 있다. 먼저 의식을 대상으로 해서, 인식에 나타난 가장 초보적인 지식 — 감각적 지식 — 의 성격을 변증법적 과정을 통해 각 단계의 한계를 넘어서는 방식으로 점차 심화시켜 간다. 이처럼 대상으로서 의식은 3단계를 거쳐 의식과 대상에 대한 의식의 동일성이 확인되고 의식은 자의식의 단계로 비약한다. 자의식은 다시 3단계를 거쳐 정신의 본질인 자유의 인식을 확보한다. 그리고는 자유로운 자의식은 철학사에 나타난 여러 주의(主義)들에 담긴 의미를 반영하는 3단계를 거쳐 의식과 대상에 대한 의식의 동일성을 다시금 확인할 뿐만 아니라 이와 같이 얻어진 의식과 대상의 보편성을 확보한 이성의 단계에 이른다. 바로 이 지점에서 현실의 합리성과 합리성의 현실화, 곧 그의 "역사에서의 이성"이 확인된다.

이성의 단계는 다시 3단계를 거치면서 나아간다. 곧 자연에 대한 "목적론적 관계"라는 관점에서 "인간을 위한 자연"의 인식, 자의식의 자연적 형체성 그리고 자의식의 집산적 형체성으로 진행한다. 이 결과물인 자의식의 자연적 산물로서 민족, 관습(Sitte)은 다시 개체적 도덕성(Moralität), 나아가 사회윤리성(Sittlichkeit)에 이른다. 사회적 윤리는 신법에서 극명하게 보여지는 것이기 때문에 여기서 이성으로서 의식은 마지막 계단에 도달하고, 그것은 정신에로 넘어간다. 이제 의식은 정신임이 확인된다. 정신의 진행은 정신을 유한자의 인식으로 그친 "계몽"사상 — 여기에 칸트가 포함된다 — , 무한자의 인식에 이르는 종교, 그리고 정신을 절대자로 인식하는 단계로 나아간다. 이 3단계가 각각 그 내부에 작은 3단계를 포함하고 있음은 물론이다.

이와 같은 진행내용을 다시금 세분화 해보자. 인식의 제 1 단계는 "감각적 확실성"이다. 그것은 "여기," 혹은 "지금"으로 표현된다. "이것은 무엇이다" 혹은 "지금은 낮이다"는 식의 사실의 진실여부는 감각을 통한 단순한 실험으로도 증명된다. 그러한 지식은, 매개된 것이 아닌, 단순직접성의 형태이다. 이처럼 너무나도 명백한 나머지 더 이상의 의문이 불필요한 듯한 지식은 그러나 기실 가장 추상적이고 빈약한 것이다. 그것은 내용에서 가장 풍부하지만 사상에서는 가장 빈약한 것으로 나타난다.[72] 왜냐하면 그것은 의식의 비본질성을 전제한 채 특정대상의 진리만을 선언하고 있기 때문이다. 여기서 의식 그 자체만의 문제는 우선 그만두고, 대상에 대한 의식의 한계가 드러난다. "여기"와 "지금"은 공간과 시간의 변화를 따라 더 이상 지식으로서 확실성을 가질 수 없게 되면서, 이제 감각적 보편성이 감각적 확실성의 진리인 것이 확인된다. 이 새로운 진리로서 감각적 보편성은 하나의 계기로서 진리일 수 있었던 감각적 확실성을 포함한 전체 계기들을 포섭하는 것이며, 우리는 전체가 본질적인 것, 즉 본질적 현실이라는 잠정결론에 도달한다.[73]

> "감각적 확실성에 관계되는 변증법적 과정은 이의 과정의—이의 경험의—단순한 역사 이외의 아무것도 아니라는 것, 그리고 감각적 확실성 그 자체는 단순히 이 역사 이외의 아무것도 아니라는 것이 이 모두로부터 명확하다."

감각적 지식의 부는 "물성"이다. 이를 붙드려는 인식이 지각이다. 곧 지각은 대상의 속성(Eigenschaft)을 인식하려고 한다. 대상의 특수성을 지양한 이 속성은 객관적 현실로서 "존재의 최초의 형태"이지만 여전히 개별대상은 하나의 "규정"에 불과하다. 따라서 "속성의 규정성" 혹은 "특수한 속성"은 보편을 얻어내기 위해서 본질성의 처소로서 의식을 향한다. 왜냐하면 "이들 속성을 일자(一者)에로 포섭하는 것은 순전히 의식에 속하기 때문이다."[74]

> "지각에 관하여 발견된 것은 지각의 진리와 결과가 이의 해체에서 온다는 것, 곧 이 진리로부터 그리고 이 진리를 벗어나 자기

72) *Enzyklopädie*, III. *Die Philosophie des Geistes* art. 418.

73) *Phänomenologie des Geistes*(Frankfurt am ain: Suhrkamp Verlag, 1970), S. 90.

74) Ibid., S. 98.

자신에로의 반성이다."

이상에서 진리를 찾으려는 노력은 대상의 보편성에까지 갔지만, 이제 그 반대로 의식에로 고개를 돌리고 의식의 본질성에서 진리를 발견한다. 그것은 대상의 본질성으로부터 의식의 본질성의 인식, 곧 "의식 자체로의 귀환"을 통해 지각의 진정한 내용을 변화시킨다. 이와 같은 의식의 진전은 "더 이상 지각하는 것이 아니라 자신에로의 반성을 의식하고 있는" 단계에 도달한다. 여기에서 보여준 반전, 곧 대상을 버리고 의식에로 돌아가는 경험의 필연성은 먼저 모든 타자의 절대부정으로서 대상의 존재를 정립하고 다시금 대상 그 자체를 지양하면서 타자에게서 본질적 현실을 얻어내는 과정을 드러내고 있다.

그러나 이 반전은 부분적이다. 곧 유한적 의식에 의하여 대상의 법칙을 인식하는 단계로 이행한 의식은 여전히 대상의 전개에 관련해서만 부수적으로 일어나는 인식으로 머무르고 있다. "의식은 일어났던 곳으로 물러서고 객관적 형태로서 후자[대상]는 의식에 대한 본질적 현실이다."[75] 그러나 대상의 객관세계를 지배하는 법칙, 특히 역학은 인력과 척력인데 이들의 한계를 헤겔은 지적한다.[76]

> "이들의 존재는 각자가 서로를 향한 운동에서 있게 되며 [이러한 힘이] 존재하기 위해서는 각자가 전적으로 타자를 통해 현실적으로 위치를 가져야 하는 그런 유형의 성질이기 때문에, 말하자면 그들의 존재는 순수하게 소멸의 의미를 가진다."

곧 힘의 개념은 그 본질이 "표현을 통해 실제로 존재할 때에만" 유지될 수 있는 이상, 거기에는 "힘의 이념" 혹은 "개념으로서

---

75) Ibid., S. 108.
76) Ibid., S. 114.

힘의 개념"이 부재한다. 환언하면 힘의 세계는 스스로의 실체성이 없다. 그렇기에 헤겔은 "힘의 실현은 동시에 현실의 상실이다"고 지적했다. 오성(悟性)의 단계에서 대상인 힘에 표현된 자연법칙의 세계는 먼저 직접적 보편으로, 그리고 다음에는 감각적 힘의 부정이라는 성질을 가진, 오성의 대상으로 드러난다.

지금까지 우리는 대상으로서 "현상"을 취급했다. 현상을 현상으로서만 이해하려고 한다면, 거기에는 현상의 "근거"가 설명되어야 한다. 그것은 "초감각적인 것"의 고려가 먼저 제기된다.[77]

> "힘의 작용은, 어떤 고유한 것이 아닌, 부정의 의미를 가지고 있다. 그것의 긍정의 의미는 [무엇인가를] 매개하는 인자(因子)이면서도 오성의 밖에 놓여 있다는 것이다."

오성적 인식은 한계가 있다. "오성은 대상의 불변적 통일에 집착하며, 이 [동어반복적인] 과정은 대상에서가 아니라 오성 그 자체 내에서만 효력을 발휘한다"[78]고 헤겔은 비판하고 있다. 유한적 인식으로서 오성은 힘의 법칙을 유한자의 운동으로서만 인식하려고 한다. 그에 비해서 힘의 법칙을 하나의 필연성으로 표현된 절대자의 의지라고 보았던 헤겔의 관점 — 오성에 대한 "이성"적 접근으로서 — 은 그의 절대관념론에 고유한 편견이라고 말해질 수 있겠지만, 인식과정이 대상의 운동에 종속되어 정합할 때에만 타당성을 가진다고 지적한 부분은 상당히 유물론적 색조를 띠고 있다.

힘의 법칙이 어떤 내재적 필연성을 표현한다고 가정할 때, 우리는 거기서 무한성의 개념을 상기할 수 있을 것이다. 헤겔은 이를 가리켜 "삶의 궁극적 성질, 세계의 혼, 보편적 삶의 피"라고 부른다.[79]

---

77) Ibid., S. 116.
78) Ibid., S. 126.
79) Ibid., S. 133.

> "무한성, 곧 순수한 자기운동의 절대적 불휴(不休)은, 존재로 규정된 것은 무엇이나 실제로는 이 규정성의 반대라는 것, 그것은 의심할 바 없이 처음부터 이전에 전개되었던 모든 것의 바로 그 혼이라는 것이다. 그러나 그것은 처음부터 구체화되어 나타난 내적 세계에 있다. 현상의 세계 혹은 힘들의 작용은 이미 이의 경영을 보여준다."

자의식의 단계에 이르면 외적인 세계는 의식의 대상으로 머무르지 않는다. 이상에서 신비적으로 헤겔이 묘사한 것처럼, 초감각적인 것, 혼이 작용하고 있는 자연과의 관계에서 의식은 이제 동일성을 인식한다. 이 새로이 비약한 의식은 이제 대상에 대한 의식이 아니라 의식 그 자체와 관계한다.[80]

> "오성이 감각의 면사포로 감싼 대상에 관계하는 것은 이제 우리에게 본질적 형태로서 곧 순수개념으로 제시된다."

헤겔은 이 개념의 설명을 "과학"이라고 부르고 있다. 자의식은 다시금 3단계를 거치면서 진행한다. 이제 대상으로부터 의식에로 본질의 처소를 전환하는 자의식은, 말하자면, "의식의 타자로부터 귀환운동이다." 의식은 먼저 의식의 형체성을, 그리고 이의 유지를 필요로 하며 따라서 자의식은 "욕구"에서 출발한다. 욕구는 충족을 통해 대상에 대한 개체의 절대성을 확인하며 대상을 파괴하고 무로 만든다. 혹은 달리 표현하면 대상을 부인하고 소화하며 동화한다. 이 충족의 과정은 동시에 대상과 자아의 동일성을 확인하는 계기이다.

자연과 인간의 관계는 이제 인간과 인간의 관계로 이행한다. 두 개의 의식은 서로 간에 진정성을 "인정"(Anerkennen)받기 위한 투쟁에 들어간다. 서로가 상대방에게 대상으로 파악된 두 의식은 투쟁

80) Ibid., S. 134.

의 결과로 하나에게는 죽음이 주어진다. 그러나 인정을 위한 투쟁은 타자의 죽음을 통해 인정을 얻지 못하고 단지 다가오는 투쟁을 위하여 원점에로 되돌아간 것에 불과하다. 환언하면, 인정의 출발점은 오히려 독립의식과 종속의식에서 가능하다. 역사에서 그것은 노예주와 노예의 관계에서 나타났다. 이제 노예주는 자유의식을 얻게 되었지만 노예는 의식을 인정받지 못한 물(物)로 전락한다. 독립의식의 진리는 여기서 매우 제한되어 비본질적이고 종속적인 노예의식에 의해서 확인된다. 동등한 의식에 의한 인정이 아니라 물에 불과한 노예에 의해서 노예주의 진정성이 인정된 것이다. 그것은 불완전한 인정이다.

다른 한편 노예는 자기 안에 억압된 의식, 노예주의 감시와 혹사(酷使)가 가져온 두려움으로 가득차 있다. 그는 더 이상 의식을 가진 자아가 아니다. 그는 단지 노예주의 생산을 돕는 살아있는 물에 불과하다. 그러나 노예는 노동의 생산물을 통해서 내면의 의식을 객체화한다. 그에 비해서 오히려 노예주의 의식은 노동으로부터 분리된 삶 때문에 황폐해지고 불모적이게 되어 기생적인 것이 된다. 여기에 헤겔 특유의 변증법적 반전이 있게 된다.[81)]

> "그러나 노동을 통해서 노예의 의식은 그것 자체로 된다. …"
>
> "다른 한편 노동의 억제된 욕망, 지연된 소산(消散)이다. 환언하면, 노동은 (생산)물을 빚어낸다. 대상에 대한 부정적 관계는 객체의 형태로, 곧 영속적이고 지속적인 어떤 것에로 이행한다. 노동하는 자 때문에 대상[대상물]은 독립성을 얻는다. 부정적인 매개인과 이 형태를 부여하는 활동은 동시에 개별적 존재이며, 작업에 들어간 노동 속에서 외화(外化)하고 영속적 조건에로 이행한 바로 그 의식의 순수한 자기존재이다. 따라서 노동하는 의식은 그 수고를

---

81) Ibid., S. 153.

수단으로 의식의 자아로서 독립적 존재의 직관을 얻는다."

마르크스는 「경제·철학수고」에서 헤겔의 「정신의 현상학」을 일러 헤겔 철학의 혁명의 산실(産室)이라고 격찬했다. 노예주와 노예의 변증법은 여기서 극적인 반전을 가리킨다. 그러나 노예의 의식이 노동을 통해 진정성을 획득했다고 하더라도 어떻게 그것이 노예의 해방을 가져왔는가 하는 설명이 생략되어 있다. 사실은 오히려 노예주와 노예의 계급투쟁이 역사적으로 피지배계급의 승리로 끝맺지 않았다는 점이다. 헤겔 또한 여기서 "가정적"(假定的)인 역사를 묘사하려고 했던 것도 아니다. 인식의 진행에 어긋나는 역사행정의 난점은 자의식의 마지막 단계인 "자의식의 자유"에서 더욱 두드러진다.

자의식의 자유는 3단계로 이행하면서 진행한다. 그는 스토아주의, 고대회의론, "불행한 의식" — 기독교도의 분열된 의식 — 을 들고 있다. 여기서 주체는 더 이상 노예주가 아니다. 왜냐하면 그는, 「법철학」에서 언급한 실존적 자유가 아닌, 단지 "사유하는 의식의 자유"를 문제삼고 있기 때문이다. 그가 제시한 "사유에서 나는 자유롭다"[82]는 명제는 기껏해야 사유의 밖에서는 그는 더 이상 자유의 몸이 아니라는 것을 반증한다. 혹은 최소한 인간은 사유할 수 있는 한 내면적 자유를 향유한다는 의미에 다름 아니다. 그렇다면 자의식의 마지막 단계인 자유, 곧 사유의 자유는 노예주도 노예도 아닌, 로마에 붙잡혀온 그리스 철학자들과 초기 기독교 교부철학자의 전유물임이 틀림없다 하겠다.

스토아주의자는 속박의 굴레 밑에서 감각적 실존에 대한 무감동을 반영한다. 그들에게 추상적 현실은 삶의 구체성이 결여된 것이

---

82) Ibid., S. 156.

다. 그들이 옹호했던 "추상적 자유"는 냉혹한 객관세계를 극복할 수 없는 가운데 구가되었다. 그것은 기껏해야 타자의 불완전한 부정, 혹은 보다 정확히는, 타자에의 굴복 속에서 일정한 정신적 도피에 불과하다. 고대회의론마저도, 상승단계라기보다는, 스토아주의의 "자유"를 지양하지 못한 것이 분명하다. 그들이 할 수 있었던 것은 타자의 비본질성, 비실체성을 의식에서만 선언하는 일이다. 물론 "사유에서의 자유"는 "사상의 자유"로 의식의 진전을 가져왔지만, 현실은 여전히 거기 그대로 서 있었다. 헤겔은 "회의론은 타자에 대한 부정적 태도에 욕구, 노동이 … 상응한다"[83]고 말했다. 곧 욕구와 노동은 아직 현실에서 변증법적 계기를 얻지 못했다는 것을 시인했던 것이다. 그러나 회의론자들은 자의식의 계기에서 변증법적 운동을 파악하였다.

다른 한편, 회의론이 표현한 이 부정적 과정은 자의식의 한 계기로 인정된다. 왜냐하면 의식의 힘이 그 배후에 작용하고 있기 때문이다. "오히려 의식은 철저하게 불휴적(不休的)인 변증법이다"[84] 고 헤겔은 힘주어 말한다. 회의론자들은 회의를 통해서 자기 자신의 의식에 대한 확실성, 곧 자의식의 자유의 확실성을 진정한 것으로 만들면서 타자로 서 있는 소외된 외적 현실을 사상의 세계에서 소멸시켰던 것이다.

이처럼 불완전한 자유는 "불행한 의식(das unglückliche Bewusstsein)"에서 분열된 의식으로 발전한다. 특수성과 보편을 결합시킨 원시기독교적 신의 등장은 자의식을 보편의 영역에 연결시켰다. 그렇지만 이 의식은 여전히 "삶의 무덤 위에서" 등장한다. 신의 등장은 고난과 수고의 투쟁 그리고 패배가 예정된 싸움의 원천

83) Ibid., S. 159.
84) Ibid., S. 161.

이다.[85] 결국, 불행한 의식은 현실에서 물러선 "자기 감정"으로 축소되어 버리고, 의식에 내재한 보편은 객관화하지 못한다. 의식과 대상의 동일성, 그에 머무르는 보편은 이성의 단계에 들어서면서 확인된다. 이제 여기서 실제로 존재하는 것은 이성적인 것이다.[86]

> "보편적으로 타당한 것은 또한 보편적으로 유효한 것이다. 당위적인 것은 사실문제로서 또한 존재하는 것이다. 그리고 단지 당위적일 뿐 존재하지 않는 것은 어떤 참다운 진리도 없다. … 왜냐하면 이성은 바로 현실을 가지는 데 대한 확실성이기 때문이다. 의식이 진정한 자기 자신으로 의식하지 못한 것은, 곧 나타나지 않은 것은 의식에게는 전혀 아무것도 아니기 때문이다."

이성의 단계는 다시 내부에서 "이성의 본능"(der Instinkt der Vernunft) 혹은 필연성이 지배하는 자연, 자의식의 심리학, 관습적 사회질서(Sitte)의 단계로 진전해 나아간다. 대상은 인간과의 목적론적 관계에 들어가며, 그런 의미에서 자연과 유기적 삶은 이성의 잠재적, 혹은 간접적 실현영역이다.

자의식의 심리학에서 헤겔은 외적 환경과 이를 신체적 특징으로 반영하는 개인과의 관계를 서로 마주보는 "양면의 전시장"에 비유한다. 외적 환경은 개인에게, 예컨대 점성술, 수상술(手相術)을 통해, 그리고 관상술과 골상술을 통해 내면의 세계를 시사하는 것을 보게 된다. 그러나 헤겔은 이러한 것들의 실효성에 커다란 희망을 걸지 않는다. 동일성의 원리는 인간과 환경의 물리적 상합성의 정도에 증명되지도 영향받는 것도 아니기 때문이다. 오히려 인간은 자신의 행위, 보다 정확히는, 자신의 활동의 총체성 그 자체이다. 인간 개체에 담긴 이성의 내용은 외적, 자연적 형태보다도 그의 이성적

85) Ibid., S. 169.
86) Ibid., S. 192.

행동의 산물인 것이다.[87]

> "인간의 진정한 존재는 … 그의 행동이다."
> "의도의 진리는 단순히 행위 그 자체이다."
> "개체성 그 자체는 그 자신의 행동의 순환이며 거기서 그것은 자기 자신을 현실로 정립하며 주어진 것[주어진 고유의 세계]과 구성된 것[대자적으로 존재하는 개체성]의 통일이다."

이성은 이제 "활동적인 이성이며, 개체성으로 존재하는 이성"과 "보편적 이성"의 단계로 이행해 나아간다. 보편적 이성은 세계사에서 집산적 이성에 의해 대변된다. 곧 그것은 내부에 관습질서(Sitte), 주관적 도덕성(Moralität), 사회적 윤리(Sittlichkeit)의 계기를 가지며 이들 계기를 지양하면서 앞으로 나아간다. 이성은 객관적 현실로서 관습질서에서 시작한다. 그것은 한 민족의 삶이다. 민족적 삶의 틀 속에서 각 개인은 상호의존적 노동분화의 구조에 들어가며 독특한 문화와 시민사회, 그리고, — 드물지만 성공적인 경우엔 — 국가에로 결합되어 관습과 법에서 보편언어를 습득하고 이를 전수한다. 그러나 여기서도, "이성이 진실로 실현되는 것은 자유로운 민족에서이다."[88]

관습질서는 집산성을 강점으로 가지고 있다. 그러나 그것은 자의식보다 철저히 나아간 것은 아니다. 따라서 "개인의 실제적 의식"은 주관적 도덕성에로 이행한다. 소위 "심장의 법"과 "덕성"이 이 단계의 이성을 집약하고 있으며 거기에는 뚜렷한 한계가 있다.[89]

> "단순히 특수적 개체성은 처음에 이성의 순수개념을 내용으로

87) Ibid., S. 240, 130, 232.
88) Ibid., S. 266.
89) Ibid., S. 273.

가지고 있는바, … 자기 자신의 화석화된 삶에로 돌진하며, 벌거벗겨진, 소외된 필연성으로, 곧 생명없는 현실성으로서만 자기 자신을 향유한다."

실제적 의식에 담긴 도덕성은 현실적 삶에로 뛰어들어 의도된 결과를 얻어내는 대신에, "이는 결과적으로 개인이 단순히 무로 떨어져 개체적 존재의 완전한 원자성은 동일하게 단단하면서도 지속적인 현실성 앞에 분쇄된다."[90] 개인의 주관적 도덕성은 현실 앞에 무력하며 실효성을 얻어내지 못한 채 버려진다. 그것은 "어둠속의 수수께끼(ein Rätsel)이다." 곧 개체의 "행동의 결과는 자신에게 진정으로 자기 자신의 행위가 아니게 된다."[91]

동시에 이 "심장"의 주관적 세계에 맞선 현실이 눈앞에 서 있다. 그리고 이 엄혹한 현실 앞에서 특수적 개체성에 기초한 준거는 무너진다. "심장의 법"은 환상으로 끝난다. 나아가 심장의 법은 "광란의 의식"이며, 곧 그것은 자기 위선으로 결과된다. 왜냐하면 튼튼하게 서 있는 현실, 즉 객관적 세계는 여전히 무너질 수 없는 존재이기 때문이다. "덕성"의 경우, 활동적 이성은 공허한 보편성에 대립하는 순수개체성이다. 그것은 심장의 법처럼 긍정의 결과를 얻어내지 못한다.[92]

"덕성의 의식에게는 법이 본질적 요소이며, 자기 자신의 의식적 삶과 세계과정에서 지양되어야 하는 것은 개체성이다."

이들 주관성은 안티고네(Antigone)에서 보듯이 신법에로 넘어가면서 비로소 정신의 영역에 이른다. 정신의 영역은 다시금 계몽시대

---

90) Ibid., S. 274.
91) Ibid., S. 274.
92) Ibid., S. 283.

의 정신, 종교에서 신봉되는 절대자, 절대자의 자기 인식인 절대지에로 전진해 나아간다. 사상적으로 가장 발전된 유한자의 개념, 직관적으로 수용된 무매개적인 무한과, 무한자의 자기 확인 — 곧 정신의 자기 자신에 대한 절대지 — 의 등장을 통해서 정신은 이제 자기 자신의 모습을 보여준다. 먼저 정신이 역사에서 자기 소외된 현실, 곧 자기 존재가 아닌 어떤 것에서 본질을 찾은 "계몽"이 그 출발점을 이룬다. 계몽은 현실과 이성을 대립시키고 이성 그리고 자연에서 절대적 실재를 파악한, 하나의 믿음의 의식이다. 이 의식[의 힘]은 바로 믿음에 있다.[93]

> "믿음이 공언한 절대적 실재는 믿음이라는 의식 자체로부터 나온 존재이며 의식으로부터 그리고 의식에 의해서 만들어진 그 무엇, 곧 그러한 의식 자신의 사상이다. 따라서 계몽은 계몽 그 자체인 동일한 바로 그것에 대하여 오류로 조직된 가공물로 설명하고 선언한다."

결국 계몽은 궁극적 현실을 자신 밖에 유지하는 유한적 의식일 뿐이다. 그러한 의식의 질은 "공리"이다. "공리 [혹은 효율성]의 원리에서 [계몽의] 의식은 자신의 개념을 발견했다"[94]고 헤겔은 지적한다. 유한적 의식이 자연에서 죽음을 통해 개체를 종(種)으로 인도하는 도약이라고 보았던 헤겔은 계몽의식의 경우에서 "죽음은 아무것도 얻어내지 못하는 계기일 뿐이다"고 부정적인 입장을 취한다.[95]

> "이처럼 그것은 모든 것 가운데 가장 냉혹하고 무의미한 죽음이며 바로 뿌리를 베어내거나 물 한 잔을 삼키는 것보다 더 의미가 없다."

---

93) Ibid., S. 407.
94) Ibid., S. 431.
95) Ibid., S. 436.

마치 계몽사상을 완결시킨 칸트의 물 자체가 "공허한 무" 이상일 수 없는 것처럼, 계몽사상은 절대긍정의 무한성을 산출하는 데 무력한, 공허한 불모성에 매달리고 있다. 그러한 부정은 곧 이념의 무한을 인식할 수 없다는, 환언하면 이성이 이성적인 존재를 인정할 수 없다는 공허한 결론을 벗어날 수 없다.

이에 대조적으로 종교에서는, "자기 자신을 의식하고 있는 정신은 자기 자신에게 현실적인 것이 되며 자기 자신의 의식에서 진정한 대상이다."[96]

> "종교는 정신의 삶의 완성이지만, 정신의 총체성을 실현하는 객관적 현존재를 구성하는 개별적 계기(의식, 자의식, 이성, 정신)의 근거로서 자신의 최종적인 완전한 표현에로 귀환한다."

종교는 무한자에 대한 믿음이다. 그런 의미에서 그것은 계몽처럼 믿음의 체계이지만 비로소 무한자를 인식한 것이다. 그러나 무한자는 결코 그에 합당한 인식의 형식으로 이해된 것이 아니다. 그것은 절대지에 들어가서야 비로소 완전한 인식에 도달한다. 정신현상학의 종점은 따라서 절대지가 된다. 그러나 정신의 끝은 다시 새로운 출발점으로서 커다란 원환 속에 놓여있다.

정신은 실로 의식의 모든 계기의 총체성이다. 그리고 그것은 자신을 자기 자신에게서 발견하는 지(知)이다. 왜냐하면 다른 모든 존재는 자신에게서 파생한, 자신에게 근거를 가지고 있는 가상들이기 때문이다.[97]

> "그것[절대지]은 정신의 모습에서 정신을 아는 정신이다. 그것은 개념을 통해 이해하는 지이다."

---

96) Ibid., S. 498, 497.

97) Ibid., S. 583~584.

> "총체성은 의식에서 — 개념적으로 파악되는 것은 아니지만 — 계기들에 선행한다."

정신은 현상하는가? 물론이다. "정신은 필연코 시간에서 나타난다." 따라서 시간은 "정신의 운명이며 필연성"이다. 그리고 정신이 실제의 역사에서 수행하는 정도로 정신의 형태도 구체화한다. 정신은 사유이며 시간 속에서 존재의 제 계기를 획득한다. 곧 모든 존재는 정신, 곧 사유이다. 그러므로 정신의 개념은 정신의 변증법적 운동의 총체성, 환언하면 이의 내적 필연성의 엄밀한 인식일 뿐 "개념 운동의 내재적 리듬에 끼어드는 것을 우리는 피해야 한다."[98] 곧 과학은 개념의 운동, 변증법적 운동을 붙드는 작업이다.[99]

> "진리의 성격은 시기가 왔을 때 인정하도록 강요한다. 그리고 그것의 시기가 왔을 때에만 나타나는 것이다. 따라서 너무 일찍 나타나지도 않으며, 진리를 수용하지 못할 만큼 성숙치 못한 관객이란 발견되지 않는다."

정신의 방대한 노동은 세계사에서 실현된다. 그것은 실증성으로서의 세계사의 근거이며 동시에 이를 지양하는 부정의 힘으로 세계사를 밀어간다.[100]

> "정신의 삶은 죽음을 두려워하고 파괴에서 벗어나려는 그런 것이 아니다. 그것은 죽음을 견뎌내며 죽음에서 자신의 존재를 지속한다. 정신은 자신을 완전히 파멸시키는 한에서만 자신의 진리에 도달하는 것이다."

정신은 부정의 곁에 기거한다. 그리고 이 부정의 곁에 사는 정

---

98) Ibid., S. 56.
99) Ibid., S. 66.
100) Ibid., S. 36.

신은 "부정을 존재로 전환하는 마술적 힘이다." 그리고 여기서 태어난 새로운 존재는 절대지의 태내에서 배양된 "존재의 새로운 단계, 새 세계, 정신의 새로운 형태, 새로운 구현이다."[101] 여기서 정신의 직접성은 다시금 원환적 출발점에 선다.

제5절 국가와 세계사: 헤겔 「법철학」과 「역사철학」

이제 우리는 헤겔의 정치·사회사상 가운데 핵심부분이라고 할 수 있는 그의 국가이론과 역사이론, 특히 세계역사에 관하여 논의할 준비가 되었다. 관념론자인 헤겔은 정신을 모든 존재의 근거, 즉 이의 실질적 내용으로 보고 있기 때문에, 정신은 이제 주관적 성격을 벗어나 객관의 형태로, 곧 "현실"로 나타나는 영역이 바로 우리가 다루는 부분이다. 우리가 「현상학」에서 인식의 단계를 의식, 자의식, 이성으로 보았을 때, 이성은 비로소 정신의 출발점으로 정립된다. 「법철학」에서는 정신은 자유의 본질로 규정되고 있기 때문에 정신의 추상적 권리, 즉 소유권과 개인적 도덕성, 사회적 원리의 단계를 따라 진행하는데, 이에 이어서 이의 객관형태로서 가족, 시민사회, 국가로 이행하면서 자유의 형식은 더욱 완전해진다. 특정국가를 고려한다면 국가형식은 한 민족의 정신을 그 최고형태로 발현한 것이다.

헤겔에 있어서 장소의 역사적 전개는 민족(Volk) 중심으로 나타나고 있다. 그런 의미에서 정신의 전사(前史; Vorgeschichte)는 가족, 부족(Stam), 민족의 형태로 발전하였고, 그것이 성공적으로 국가형식을 획득함으로써 정신은 마침내 자신의 객관적 현존재를 세계

---

101) Ibid., S. 590.

역사의 단위로 승인받으면서 세계역사의 "지도적" 민족으로서의 운명을 승부하게 된다. 곧 민족정신은 오로지 국가형식을 획득하고 이를 통해서 세계역사에 들어가며, 보편성의 형태로 새로운 시대를 표현하는 원리를 주창하는 민족정신의 승리와 더불어 일정기간 — 그리고 오직 일정기간만 — 세계역사의 단계를 지배하고 이끄는 것이다.

본절에서는 헤겔의 사상을 주 저술에 따라 살펴보면서 1) 헤겔의 국가이론, 2) 역사에서의 이성을 중심으로 세계사에 대한 논의를 하게 될 것이다. 헤겔의 국가이론에서는 다시 두 개의 핵심적 질문, 즉 국가와 정신의 관계, 그리고 국가와 문화일반, 특히 종교, 철학과의 관계는 무엇인가를 답변하려고 한다. 그리고 역사이론은 논의의 주요 부분을 i) 역사의 시작과 단위의 문제, ii) 세계사의 변증법적 이행문제, iii) 역사에서의 이성의 문제로 한정하고 이를 설명하려고 한다.

1. 헤겔의 국가이론

(1) 국가는 정신의 최고, 객관형태이다.

헤겔에게 국가는 인간이 도달할 수 있는 최고의, 가장 포괄적인 조직형태이다. 국가는 곧 그 안에 있는 개인, 가족, 시민사회, 신분의회, 그리고 국가의 내부 권력기관(왕권, 입법부, 행정부)은 물론 국가의 형식적 모습인 헌법과 그에 해당하는 문화(cultus) — 여기에는 종교, 예술, 철학이 포함된다 — 일반을 포함하여 그에 대한 절대권을 가진다. 국가에 대하여 이 모든 것들은 — 아마도, 문화일반을 제외하고는 — 국가에 종속하며, 그에 대항하는 어떤 권리도 있을 수 없다. 한마디로, 국가는 영토 내에서 절대권을 가진다. 이와 같은 국가의 주권의 소재는 누가 최종적인 결정권을 가지고 있는가에 의하여 정해지며, 곧 그것은 왕권에 속한다고 헤겔은 말한다.[102] 헤겔이 여기서 일반화한 국왕주권의 주장이 그가 속했던 당시의 프로이센의 입헌군주제를 모델로 하였음은 물론이다. 그리고 국가의 실체적 대표권은 정부에 있다고 그는 보았다.

헤겔은 또 주권과 헌법제정권력을 구분하고 있다. 주권은 정치권력이 확립된 이후 국가내부에서 누가 최종결정권을 가지는가의 문제인 데 비하여, 그는 헌법제정권력을 "누구에게 헌법의 정신이 속하는가? 혹은 누가 민족의 정신을 만들 것인가?"의 결정권문제이다.[103]

국가의 권리는 다른 국가들과의 관계에서도 인정된다. 왜냐하면 국가 간의 관계를 심판할 상위법정은 오직 세계사의 현실 속에서만 예비될 수 있기 때문이다. 곧 "세계역사는 세계법정이다." 그리고 "전쟁으로 살아있는 전체는 정부이다."[104] 국가 간의 관계를 규정하는 국제법은 단순히 당위규정에 그치는 도덕률일 뿐이다. 거기에는 국가이익과 의지를 제약할 수 있는 도덕과 정당성이 내재되어 있지 않다. 그러므로 세계역사에서 국가의지는 하나의 특수의지인 것은 사실이지만 자신을 새로운 시대의 원리를 담지하는 지도적 민족으로 현실화할 때 "세계역사적"인 것으로 상승한다.

이상의 헤겔 논리는, 그가 전쟁을 통해 정당성의 문제를 해결하려는 것을 인정하거나 특정의 정체를 신호하여 국왕주권의 주장을 펼치는 등 문제점이 있는 것이긴 하지만, 대체로 통념상의 견해를

---

102) *Grundlinien der Philosophie des Rechts*, in *Werke*, in 20 Bde.(Frankfurt am Main: Suhrkamp Verlag, 1970), art. 279.

103) *Enzyklopädie*, III, art. 540.

104) Ibid., III, art. 541.

크게 넘어서지 않고 있다. 문제는 헤겔이 국가를 정신의 최고의, 객관적 존재로 보는 관점에 있다. 곧 그는 국가가 이와 같은 권리를 가지는 것은 국가형식이 정신을 가장 완전하게, 객관적 형태로 실현하였다고 가정하고 있는 것이다. 따라서 그는 "국가는 세계에 있는 정신이다"[105]고 선언한다. 국가는 정신의 본질적인 표현이며 정신의 가장 완전한(an und für sich) 존재인 것이다. 국가의 자연성에도 불구하고, 곧 국가형성의 은밀성과 노골성, 국가의 자의성과 변덕에도 불구하고, 국가는 그 스스로 최고형태인 것이 아니라 정신의 최고실현형태라는 점에서 그것은 절대적이며 권리를 가진다는 것이다.

헤겔은 「법철학」을 가리켜 "국가에 관한 철학"이라고 말하고 있다. 그는 이 정의를 통해, 특정국가를 경험적인 자료를 통해 조사하는 것이 아니라, 국가개념, 즉 개념에 합당한 국가를 "이성적"인 근거에서 추구하고 있다. 따라서 국가는 사회적 윤리(Sittlichkeit)의 최고형태 혹은 "이성적인 구도"[106]이다. 환언하면 국가의 실제로부터 이성적인 것을 따로 분리시킬 수 없는 것이다. 왜냐하면 "논리적·이성적인 것의 통일을 해체하는 것은 현실성을 해체하는 것"[107]이기 때문이다. 곧 국가철학은 국가형태에 담긴 "이성적인 어떤 것을 묘사, 이해하는" 작업이며,[108] 당위적인 국가를 제시하는 것이 아니라 국가와 사회적 윤리의 관계를 밝히는 작업이다. 이에 관하여 헤겔은 「법철학」에서 다음과 같이 말하고 있다.[109]

"국가는 자유가 현실적이게 된 존재, 즉 가장 완전한 인륜적 전

105) *Philosophie des Rechts*, art. 270.
106) Ibid., Vorrede S. 19.
107) *Enzyklopädie*, III, art. 541.
108) *Philosophie des Rechts*, Vorrede, S. 27.
109) Ibid., art. 258.

체, 자유의 실현, 이성의 절대목적이다. 국가는 세계에 서 있는 정신이며 의식적으로 자기 자신을 거기서 실현한다. 그에 비하여 정신은 자연에서 자신의 타자로서, 곧 잠자는 정신으로서 자기를 실현한다."

국가는 인륜적 전체(das sittliche Ganze)이다.[110] 그것은 인륜적 이념의 현실성이다. 다시 말해, 국가는 사회적 윤리가 최고형태로 현존하는 존재이다. 다른 한편 국가는 "사유의 실현" 그 자체이다. 자유의 전개를 세분화하고 있는 「법철학」을 보면, 그는 각 단계를 I) 추상적 권리 — 소유권, 계약, 위반의 판결, II) 도덕 — 목적, 의도, 양심, III) 사회적 윤리 — 가족, 시민사회, 국가로 각 단계 내부에 3개씩의 소단계를 설정하고 이들의 이행을 논의하고 있다.

다른 한편 "사회적 윤리의 이념의 현실성"으로써 국가는 관습에서 자의식을 거쳐 실체적 자유로 진행하는 가운데 마지막 부분을 차지하고 있다. 국가는 곧 "자유가 최고의 권리에 도달한" 가장 객관화한 형태이다. 그러므로 국가는 "자의식적 인륜적 실체"[111]이다. 자유의 최고형태로서 국가는 그 내부의 조직들, 예컨대 개인, 시민사회, 신분사회 등에 대한 권리를 가진다. 그러면서도 "국가는 이성적이며, 자기를 객관적 형태로 인식하고 자기를 위하여 존재하는 자유(für sich seiende Freiheit)이다."[112] 그러나 대자적 존재로서 국가는 개체로서 타국가들과의, — 전쟁을 통해서, — 인정투쟁에 들어가며, 승리를 통해서 종(種)으로서 자신을 실현한다.[113]

---

110) *Vorlesungen über die Philosophie der Geschichte*, Einleitung S. 55에서 동일한 규정이 나타난다.

111) *Enzyklopädie*, III, art. 535.

112) *Philosophie der Geschichte*, Einleitung, S. 66.

113) Cf. *Philosophie des Rechts*, art. 259. "국가이념은 종(種)으로서 그리고 개별국가에 대한 절대권력으로서 보편이념이다. 곧 세계역사과정에서 자신의 현실성을 얻어내는 정신이다."

그러나 여기서 우리는 국가가 그 자체로서는 실체가 아닌 하나의 형식임을 주의하여야 한다. 헤겔에게 실체는 오직 정신이다. 정신은 자신의 최고단계인 민족의 정신(Geist als Volkes)에서 그 구체적 실체의 모습을 드러낸다. 국가의 형식을 빌려 정신은 활동하는 것이다.[114] 국가는 일정한 지리적, 기후적 영향하에 놓여있다. 즉 민족정신은 특정의 자연적 조건에 붙들려 있다.[115]

> "특정의 민족정신은 자연에서 현실적이 되고 자연의 자유를 가지고 있기 때문에 이러한 자연적 조건에 따라 지리적, 기후적 규정의 계기를 가진다."

민족정신의 "자연필연성"은 특정의 원리를 낳고, 그것은 나름대로의 역사를 가지게 된다. 그러나 민족정신의 보편성은 이 자연성을 벗어나 도도하게 진행하는 세계역사에 합류하면서 얻어지며, 그것은 정신에 내재하는 보편성을 세계역사 속에서 실제적인 투쟁을 통해서 정시(呈示)하여야 한다.

우리의 논의는 민족이 "세계역사적인" 민족으로 발전할 수 있는가에 관심을 가지게 되지만 그에 선행하여 모든 민족이 성공적으로 국가의 형식을 확보할 수는 없다는 사실을 분명히 할 필요가 있다. 정신은 민족에서 집산적으로 표현되며 "민족의 현존재"는 국가에서 완성된다. 곧 국가로의 상승은 민족의 가장 절명적(絶命的) 목적이다.[116]

정신이 국가형태를 얻어내기까지 그것은 가족, 부족(Stämme), 민족으로 끊임없는 발전을 거듭해왔다. 그러나 민족이 국가의 형식

---

114) Ibid., art. 274.
115) *Enzyklopädie* III, art. 548.
116) Ibid., III, art. 549.

을 얻어내지 못한다면, 민족이 국가로 성공적으로 나타나지 못한다면, 그것은 전사(Vorgeschichte)에 머무르고 만다. 오직 국가를 가진 민족만이, 오직 국가형식을 쟁취한 정신만이 역사의 시간 속으로 들어갈 수 있는 것이다.

(2) 국가는 가족·시민사회의 완결이다.

앞에서 언급했지만, 헤겔은 「법철학」에서 사회적 윤리의 단계에서 가족, 시민사회, 국가로의 이행을 제시하고 있다. 자연적 결사인 가족은 고립된 개인들과의 사적 이해의 투쟁장인 시민사회로 이행한다. 곧 시민사회는 "사익(私益)의 투쟁장"이다.[117] "사적 이익의 영역은 형식적 자유의 계기로 넘겨질 수 있으며, 거기서 "사소한 정념"이 고유한 망상의 놀이터가 된다.[118] 이미 「정신의 현상학」에서 헤겔은 시민사회의 도덕을 덕성과 양심으로 특징지우고 이들 자의식의 실현이 그러나 현실에서는 그 반대로 귀결된다는 것을 지적하였다.[119] 그는 다시 「법철학」에서 다음과 같이 상황을 묘사하고 있다.[120]

> "개인들이 상호간에 그리고 전체로부터 고립됨이, 즉 공격적 이기심과 허영이, 그리고 전체의 비용을 대가로, 들어선다. 자기들에게 유리한 것만 추구하고 이를 충족시키려는 태도 때문에 각자의 고립된 내적인 욕구들은 주관성의 형식, 곧 인간의 무절제한 정념과 이기적인 이해에 담긴 이기심과 부패를 가져온다."

그러나 "특수이익을 추구하는 시민사회의 영역은 보편을 실현

117) *Philosophie des Rechts*, art. 289.
118) Ibid., art. 459.
119) 헤겔은 개인의 양심과 덕성이 그 반대의 결과를 가져오는 모순을 그의 「현상학」에서 언급한다. Cf. *Phänomenologie* …, S. 275~291.
120) *Philosophie der Geschichte*, Einleitung, S. 102.

하는 국가에 종속된다. 곧 가족과 시민사회가 가진 사적인 권리와 사적인 복지의 영역과 비교할 때, 국가는 한편에서는 외적인 필연성이며 그들에게 보다 높은 권력이다. 그리고 국가의 성격은 이들의 법은 물론 이해를 국가에 종속시키고 따라서 의존하게 한다."[121)]

국가는 가족·시민사회에 대한 "외적 필연성"이다. 국가의 보편성은 특히 시민사회의 특수이익에 한계를 결정해 준다. 그러나 국가는 시민사회가 가진 "소유의 자유"를 법앞의 평등에 의해, 즉 불평등의 실현조건으로서 평등원칙에 의해 유지하는 것이다.[122)] 이로부터 국가를 통해 시민사회의 재산의 자유는 더욱 강화되는 것을 알 수 있다. 헤겔은 신분의회 심지어 여론을 시민사회에 속하는 것으로 간주하고 국가에 당연히 종속하는 것으로 취급한다. 그것은 이들이 관심을 가지고 있는 것은 시민사회의 문제이며 그 주체인 공중(公衆)은 유기적 전체가 아니라 단지 "집합"이라는 것에서 분명하다.

사인들의 집합을 가끔 민족이라고 부르고 있다. 그러나 집합은 어디까지나 속물집단(vulgus)일 뿐 인민(populus)은 아니라고 그는 말한다. 이에 관련하여 국가의 유일한 목표는 민족이 이와 같은 집합의 형태로 등장해서 권력을 장악하고 행동하지 않도록 하는 것이다. 불행히도 민족이 집합과 같은 행동상태에 빠진다면, 거기에는 이성적인 것이 발견될 수 없다. 불법, 부도덕, 반이성이 일반적인 상태가 되고 만다. 민족은 이러한 상태하에서 "단지 형태를 잃고 방종한, 마치 격앙된, 불가항력적인 바다처럼 맹목적인 권력이 된다. 그러면서도 민족은 여전히 정신적 존재로서 자기 자신을 파괴하지는 못한다."[123)]

---

121) *Philosophie des Rechts*, art. 281.
122) *Enzyklopädie*, III, art. 539.
123) Ibid., III, art. 544.

그것은 마치 루소가 일반의사를 전체 의사와 구별했던 것처럼, 여기서 헤겔은 민족의 의지를 여론에서 분리·차별화했다. 여론은 단지 사적인 이해의 집합에 불과하다. 그러한 "여론은 존중되는 만큼이나 경멸될 만한 것이다." 헤겔은 사람들의 욕구와 기대, 반감에 담긴 일반정서의 장점과 중요성보다도 여론이 합리적인 원칙과 방향에 개입하는 것을 반기지 않았다. 오히려 그는 여론을 위험한 잠재적 적으로 보는 듯하다. 심지어는 여론으로부터 독립된다는 것은 위대한 혹은 이성적인 어떤 것을 이루기 위한 첫번째 형식적 조건이다[124]고 그는 말한다. 그러나 그는 "여론에 의한 [국가의 요구에 대한] 수용과 인정은 이 위업을 보다 확고하게 해준다"고 부언하면서, 결국 국가의 의지가 여론에 좌우될 수 없다는 점만을 분명히 하고 있다.

다른 의미에서, 국가는 농촌과 같은 "즉자적 인륜성"과 도시의 경제사회를 거쳐 나타난 "자의식화한 인륜적 실체"이다. 그러므로 가족과 시민사회적 결사들은 "국가의 인륜적 뿌리"로서 존중되어야 한다.[125] 동시에 빈곤은 시민사회에 본질적인 현존이다. 그렇다고 시민사회의 빈곤현상을 반드시 혐오할 것은 아니다. "빈곤 그 자체는 인간을 폭도로 만드는 것이 아니다."[126] 문제는 빈곤이 시민사회에서 한 계급에 의한 다른 계급의 억압, 곧 불의의 형식으로 나타나게 된다는 데 있다.

시민사회 속에서 분열과 부패는 필연적이다. 헤겔은 이러한 상황이 민족의 보편을 실현하는 국가를 무력한 존재로 전락시킬 수 있다는 위험을 경고한다. 여기서 그는 전쟁을 해결의 수단으로 산정

124) *Philosophie des Rechts*, art. 318.
125) Ibid., art. 255.
126) Ibid., art. 244.

한다. 곧 시민사회의 분열이 내부에서 치유될 수 없는 것이 확실해지면 전쟁은 사회적 윤리의 건강을 허용하고 보존하는 데 필수적인 과정으로 고려된다. 그러한 의지는 민족정신이 자신을 "세계역사적인" 주체로 상승하려는 데서 찾아볼 수 있는 것이지만 때로는 소극적으로 내부적 수단을 갖지 못한 병든 사회가 자신의 건강을 되찾으려는 몸부림일 수 있다.[127]

> "전쟁은, 유한적인 제도들의 안정에 대한 무관심을 의미하는 전쟁은 … 민족들의 인륜적 건강을 보존한다는 보다 높은 의미를 함축한다. 마치 바람의 운동이 장기간의 고요로 인한 부패로부터 바다를 보호해주는 것처럼, 지속적인 혹은 차라리 영원한 평화가 민족들을 옮겨놓은 것처럼."

전쟁은 개인들에게 수많은 희생과 불행을 가져온다. 그러나 장기간에 걸친 평화는 오히려 민족의 삶을 부패시키고, 정신을 의식의 위에 떠오르게 하는 대신에 관습의 아래로 숨어버리게 만든다. 그러한 민족은 자연적 죽음에 직면한다. 그렇다면 전쟁은 필요한 것이며, 민족정신이 다시 태어나기 위한 자기 정화의 과정 속에 동원되는 하나의 수단 이외의 아무것도 아니다.

(3) 국가와 종교·예술·철학

헤겔에게 국가는 현실의 제도와 체제가 아니다. 그것은 이미 살펴본 것처럼 "세계에 서 있는 장소"이다. 그러나 여기서 문제삼고 있는 것은 국가와 절대정신의 한 형식인 예술·종교·철학의 상관성이다. 이에 관해서 우리는 그가 상이한 관점을 가지고 상이하게 토론하고 있는 것에도 불구하고 전체적으로 그의 논의를 접근해보려

---

127) Ibid., art. 324.

고 한다.

먼저, 헤겔은 세계역사의 주역들이 민족과 국가임을 인정한다. 그가 "우리는 세계역사에서 개인을 구성하는 민족들과 전체를 구성하는 국가들과 관계한다"[128]고 말한 데서 분명하듯이 민족은 세계역사의 개인들이며 그것은 가족, 부족의 단계를 거쳐 민족으로 발전해왔다. 그는 오직 민족의 단계로 발전해온 정신만이, 그리고 국가의 형식을 이루어낸 민족만이 세계역사의 주역임을 공언한다.[129]

> "세계역사에서는 하나의 국가를 창업한 민족들에 관해서만 말해질 수 있다."
>
> "이러한 진정한 요소들에 속하지 않는 민족들은 그들의 언어발달에도 불구하고 어떤 역사도 얻지 못하였다. 언어의 급속한 성장, 민족들의 진보와 확산은 먼저 일면 국가들과 교류하게 되고 국가창설의 고유한 시작을 통해서 구체적 이성의 이해와 의미를 획득하게 되었다."

여기서 우리는 헤겔이 역사를 국가의 등장과 더불어 시작하는 것을 엿볼 수 있다. 국가는 자신의 헌법을 그 객관적 형식으로 가진다. "국가가 하나의 개인적 총체성"인 것은 헌법의 정신이 서로간에 뚜렷한 정체성을 가지기 때문이다. 그러나 총체성은 헌법에만 나타나고 있는 것은 아니다. 문화일반이 또한 개인적 총체성을 만들어낸다. "유기체로의 국가는 자기의 기관(Gliederungen)을, 특히 종교·예술·철학 등 cultus를 가지고 있는 총체성이다." 곧 한 민족의 헌법은 그 민족의 종교·예술·철학 혹은 최소한 민족의 표상과 사상들, 그 민족의 문화일반(더 이상 기후, 인근국가들, 세계에서의 위치 같은 추가적인 외적인 힘 — 영향들 — 을 상술하지 않더라도)과 함께

128) *Philosophie der Geschichte*, Einleitung, S. 26.
129) Ibid., Einleitung, S. 56; Ibid., S. 86.

하나의 실체, 하나의 정신을 만든다.[130)]

동시에 그는 "국가는 예술·종교·철학의 기초이며 중심이다"고 말하고 있다.[131)]

> "우리는 원래 그러했던 것처럼 객관적 측면, 즉 경험과 주관적 측면의 통합을 관찰한다. 이 통합의 객관적 토대는 국가이다. 국가는 따라서 민족의 삶의 다른 구체적 측면들, 곧 예술, 법, 관습, 종교, 철학[과학]의 토대이며 중심이다. 모든 정신적 활동은 이 통합을 의식하는 것, 즉 이 정신의 자유의 통합이라는 목적에만 향해진다."

헤겔은 여기서 국가와 절대정신의 분지(分枝)들 간을 구분을 하면서 국가를 중심으로 종교·예술·철학이 유기적으로 정신의 자유에 봉사한다고 설명하고 있다. 곧 국가의 존재에 관련하여 이들 문화영역은 새로운 삶을 가지는 독자성이 아니라 국가를 더욱 풍부하게 하고 완성하는 보조자의 위치를 부여하고 있다.

이러한 맥락에서 그는 철학을 국가와 함께 시작했다고 규정한다. "철학은 또한 국가의 삶에서 출현한다."[132)] 철학은 그러나 행동이, 실천이 이루어진 이후에 그 완성된 현실성 속에서 이성적인 내용을 발견하는 작업이다. 그러므로 철학은 현실성 가운데서 합리성을 모색하는 것이다. "철학은 그것이 속한 시대에 파악된 사상이다."[133)]

> "철학은 이성적인 것의 탐구이기 때문에 철학을 통해서 당대(當代)의, 현실적인 것을 파악하는 것이지, 피안을 설정하는 것이

130) Ibid., S. 64~65.
131) Ibid., S. 68.
132) *Philosophie der Geschichte*, S. 93.
133) *Philosophie des Rechts*, Vorrede, S. 24, 28.

아니다."

"… 철학은 어차피 너무 늦게 세계에 온다. 세계의 사상으로서 철학은 현실성이 자신의 형성과정을 완성하고 준비가 된 후의 시기에 비로소 나타난다. … 철학이 자신의 회색을 회색으로 칠했을 때는 삶의 모습은 이미 늙어간 때이다. [철학의] 회색에 대한 회색칠로서 철학은 젊음을 되찾을 수 없고 단지 인식하는 데 그친다. 미네르바의 부엉이는 밀려오는 황혼과 함께 비로소 비상하기 시작한다."

학문일반의 현실추수적인 경향, 그것은 현실의 논리화이다. 그것은 기껏해야 이미 이루어진 역사를 정당화하는 이론작업에 불과하다. 그러나 이와 더불어 하나의 질문이 있게 된다. 즉 정신의 유한적 존재형태인 국가 — 비록 그것이 정신의, 최고의, 포괄적인 형식이긴 하지만 — 와 그에 대한 정신의 자유영역에 속하는 "절대정신" 혹은 "절대이념"의 에너지 — 형성중인 힘 — 의 관계이다. 국가가 헤겔이 말한바, "세계에서 신의 진행"이며 그것의 근거는 의지로서 자신을 실현하는 이성의 힘일진데, 그에 대면하는 절대정신은 형성중인 새로운 질서, 곧 이의 이성적인 내용인 새로운 원리를 사유에서 실험중인 것은 바로 종교, 예술, 철학이라고 말할 수 있다. 정신은 국가의 실증성을 지상의 존재로 떠받들고 있는 동안 새로운 시대의 바람을, 곧 정신을 이들 영역에서 일으키는 것이다.

2. 헤겔의 역사이론

(1) 전사(前史)와 역사

헤겔의 역사관에는 '이성이 세계를 지배한다'는 것, 또한 '세계역사는 이성적으로 되어간다'는 이성의 신앙이 담겨 있다. 여기서 단순히 추상적인 무엇이 아니라 하나의 실체이며 이를 실현하는 무한한 힘으로 규정되고 있다. 그가 이성을 "우주의 실체"라고 보았을 때 모든 존재의 근거로 그는 이성, 곧 정신을 보았던 것이다. 그에게 이성은 무한한 힘이다. 그렇기에 이성은 역사에서 자기 자신을 실현해낸다. 이런 전제에서 우리는 역사의 시작에서 정신의 존재를 보며 거기서 만들어진 것은 모두가 정신의 운동과정의 결과가 아닌 것이 없는 것이다.

이에 앞에서 역사의 시작을, 의미있는 출발점으로서, 국가의 설립에서 헤겔이 찾았다는 것을 논의했다. 곧 국가 이전의 시기는 세계역사에서 하나의 전사(Vorgeschichte)에 불과하다. 그렇다면 전사의 시기에 속하는 것은 민족으로 발전되기 이전의 단계, 즉 가족, 부족 그리고 민족의 초기를 가리킨다. 동시에 모든 민족이 국가를 만들어내는 행운을 가졌던 것은 아니었기 때문에 그러한 불행한 민족에게는 전사를 넘어서는 세계사의 위치가 주어지지 않는다. 실로 국가의 출현은 정신의 객관화 과정에서 획기적인 분계점이 된다. 전사(前史)에 관해 헤겔은 다음과 같이 말했다.[134)]

> "이처럼 처음으로 Kronos, 즉 시간이 지배했다. 황금시기에는 어떤 인륜적인 작품도 없었다. 생성된 것들은 시간의 자식들이며 시간 그 자체에 의해서 다 삼켜지고 말았다."

정신은 아직 미미한 힘으로서나마 자신을 객관화하고는 있지만, 만들어진 존재는 다시금 다 소멸해버리는 방식으로 축적없이 반복되는 데 그치고 있다. 그에 비하여 국가의 성립은 정신의 진정한 출발이 된다. 헤겔은 계속하여 말한다.[135)]

---

134) *Philosophie der Geschichte*, Einleitung, S. 101.
135) Ibid.

> "처음으로 주피터(Jupiter)가 자기의 머리에서 미네르바(Minerva)를 탄생시키고 자신의 주위에 Muse들과 함께 Apollo를 속하게 하면서, 시간에 제약을 가하고 시간의 흐름에 목표를 설정했다. 그는 정치적 신이며, 그가 하나의 인륜적 작품, 즉 국가를 출현시켰다."

국가의 출현은 즉자성으로 있는 정신을 도약시켜 객관적 존재로 자신을 확립한 정신의 자기실현이다. 이로부터 전개되는 역사는 정신에 고유한 전개운동, 즉 변증법적 이행의 범주운동으로 표현된다.[136]

> "보편적 사상, 즉 범주는 개인들과 민족들이 일정기간 머무르고 그리고는 사라지는 불휴적(不休的) 교체에 의해서 자신을 처음으로 제시한다."
>
> "논리적인, 그리고 확실하게 개념 일반의 변증법적 성격은, 그것[사물의 개념]은 자기규정적이고 규정들을 자기에게서 제시하고 이들을 다시 지양하며 이 지양을 통해서 스스로 하나의 긍정을 얻어내는, 환언하면 차라리 더욱 풍부하고 더욱 구체적인 규정을 얻어내는 것이다. 이 필연성과 순수추상적 개념규정들의 필연적 순열이 논리학에서 인식된다."

곧 역사의 진행은 개념의 자기운동, 혹은 정신의 단계행정(段階行程)을 보여준다는 이야기다. 그것은 자유의 필연성, 즉 자유의 단계행정(Stufengang)이다. 그러므로 세계사에는 의도와 실현과정 그리고 목표가 있으며 이를 관철하고 있는 것은 이성적인 것(das Vernüaftige)이다.

그러므로 국가는 이를 실현하는 주체로서 "지상에 현존하는 신적인 이념이다."[137] 역사의 출발점에서 정신의 의도는 자기를 개념

---

136) Ibid., S. 97, 86.

137) Ibid., S. 57.

에 맞게 실현해가려는 수단이라고 할 수 있다. 그리고 그것의 목표는 정신 자체의 완성에 있다. 곧 정신의 이성과 현실적 존재 사이에 끼어든 간극을 배제하는 데 있다. 혹은 개념의 변증법적 과정을 종결하고 영원한 휴식에 들어가는 데 있다. 거기에서 역사는 종언을 고하고 철학도 또한 자신의 변증법적 인식운동을 마치고 화석으로 변하는 것이다. 그것은 세계역사의 끝이다. 이 종점은 동시에 세계역사의 완결, 곧 절대존재이며 무이다.

(2) 세계역사의 단계행정

역사를 민족정신이 국가를 통해서 자기를 실현하는 과정이라고 보았던 헤겔은 마찬가지로 세계역사를 이들 민족정신이 시대를 따라 명멸해가면서 세계정신을 각각 대표해서 표상하는 계기의 행정으로 보았다. 한 민족의 역사는 일개의 민족정신이 국가를 건설하고 발전시켜 나가는 과정이다. 민족정신은 국가라는 유기체를 통하여 자연적 개체의 삶을 살아간다. 즉 그것은 유아기, 청년기, 노년기를 거치며 역사의 무대에서 각각의 형태를 발현한다. 그러나 민족은 생물적 개체가 아닌 까닭에 구성원의 죽음은 종(種)으로서 민족의 삶에 대한 종말을 의미하지 않는다. 오히려 민족은 개체의 죽음을 통해 자기의 삶을 이어간다. 그것은 오직 커다란 재앙 또는 타민족에 의하여, 특히 전쟁에 의하여 폭력적 죽음과 함께 멸망할 수 있을 뿐이다.

세계역사에서 민족은 개인이다. 이들 개인으로서 민족은 일정기간 세계역사를 지배하고, 타민족에게 그 자리를 물려주면서 세계역사의 무대에서 사라져간다. 그러나 대부분의 민족들은 이들 "세계역사적" 민족에 종속되면서 주어진 세계역사의 공간에 머무른다. 국가형성에 성공했던 민족마저도 소수의 민족을 제외한다면 세계역사의 주인공은 전혀 아니다.

무엇이 이들 민족을 "세계역사적"인 존재로 만드는가? 그에 답변하기 위해서 먼저 세계역사의 본질적 의미를 확인할 것이 요청된다.[138]

> "세계역사는 대체로 시간에 나타난 정신의 진열이다. 마치 이념이 자연으로서 자신을 공간에서 진열하는 것처럼."

그렇다. 헤겔에 의하면, 세계역사는 오로지 정신의 실현으로서만 의미를 가진다. 모든 불합리하게 보이는 현실의 구조와 원리마저도 이를 관통하는 "이성적인 것"을 찾아내는 것이 철학의 과제라고 한다면, 세계역사는 그 모든 고통과 희생, 우연과 우회에도 불구하고 여전히 정신의 자기실현으로서 읽혀질 수 있다. 세계역사의 모든 중요한 사건들은 기실 정신이 도약하는 모습 이외의 아무것도 아닌 것이다.[139]

> "정신의 행정에서 — 그리고 정신은 단지 사변 속에서 유동하는 것처럼 단지 역사에서 부유(浮游)하는 것이 아니다. 정신은 오히려 역사 속에서 작용하고 또한 전적으로 역사의 동인이다. — 자유, 즉 정신의 개념에 의해서 규정되는 전개로서 자유는 규정자이며, 정신의 개념이 스스로 목적인 것, 즉 진리이다. 왜냐하면 정신은 의식이며, 혹은, 환언하면, 역사에는 이성이 있다는 명제는 부분적으로 최소한 그럴듯한 믿음이 되며 그러나 부분적으로 이 명제는 철학의 인식이다."

세계역사의 전개는 새로운 원리에 의해 낡은 원리를 교체하는 단계 이행의 과정이다. 새로운 원리, 즉 정신의 새로운 모습은 그

---

138) Ibid., S. 96~97.

139) *Enzyklopädie*, III, art. 549.

시대의 정신으로 나타난다. 세계역사에서 새로운 원리를 관철하는 민족은 "세계역사적"이다. 여기서 정신은 특정의 민족을 선택하여 그에게 시대의 정신을 실현하는 임무를 준다는 사실이 명확해진다. 먼저 최초의 세계역사적 민족을 살펴보면,[140)]

> "그것[민족정신]은 자신의 근본요소에 있어, 자신의 근본목표에 있어 하나의 보편적 원리를 담고 있는 한에서만 대체로 세계역사적이다. 민족정신이 세계역사적인 것은 그러한 정신이 하나의 윤리적, 정치적 조직을 탄생시키는 정신의 작업에서만 인정된다."

그러나 이 민족정신은 단지 국가를 탄생시키면서 이제 갓 세계역사의 무대에 등장한 것에 불과하다. 그것이 세계역사의 단계행정에서 진정으로 "세계역사적" 존재이기 위해서는 자신이 한 시대를 열고 이끄는 보편적 원리 — 정신의 한 시대적 표현으로서 — 를 내놓을 수 있을 뿐 아니라 이 원리를 타민족에게 강제할 수 있는 현실성을 증명하는 것이 필요하다.[141)]

> "그러한 [이념의] 계기가 자연적 원리로 주어진 민족은 세계정신의 자기 전개적 자의식을 진행시키는 데서 이러한 위업을 집행한다. 이 민족이 세계역사에서 이 시기 동안 — 그리고 이 민족은 단지 한번의 시기만 담당할 수 있다 — 지배적인 민족이다. 세계정신의 전개단계에서 당대의 담지자인 이 민족의 절대권에 대항하여 타민족들의 정신들은 권리가 없으며 그들은 이미 자기의 시기가 지나간 민족들과 마찬가지로 세계역사에서 더 이상 고려되지 않는다."

이처럼 한 시대의 담지자로 위임된 세계역사의 지배적인 민족은 자신의 역할이 수행되면서 노쇠기에 들어가고, 정신은 다시금 보

---

140) *Philosophie der Geschichte*, S. 101.

141) *Philosophie des Rechts*, art. 347. 세계역사의 개인인 민족은 타민족을 야만인으로 규정하면서 "영웅의 권리"(Heroenrecht)를 행사한다.

다 높은 새로운 원리를 다른 민족에게 위임하면서 그 수명을 다하게 된다. 세계역사적 민족은 세계정신과의 관계에서 하나의 특수성이며, 이 민족을 이끄는 "역사적 인간," "세계역사적 개인"이 민족정신을 대표한다. 세계정신의 단계에서 나타나는 시대의 정신은 특수성에서 희미한 색깔로, 그러나 특정인물에서 더욱 두드러진 모습으로 자신을 드러내는 것이다.

민족정신의 주체를 바꿔가면서 정신은 시대정신을 계기적으로 진행시킨다. 그리고 이 단계행정은 "이성적인 것"의 내용에서 볼 때, 보다 낮은 원리로부터 보다 높은 원리로 상승해가는 과정이다. 그런 의미에서 세계역사는 한편 자유의 진보이며, 다른 한편 이성적인 것이 현실화하는 과정이다. 그러한 관념은, 주관적인 색조를 띠었지만, 루소의 완전지향성(perfectibilité)을 연상시킨다. 어떻든 정신의 입장에서 볼 때 세계역사는 자신의 의지를 관철하는 공간이다. 그 밖에 정신은 자신의 질료를 가지고 있지 않다. 그렇기에 헤겔은 "정신은 세계역사를 자신의 시연장(試演場), 소유물, 자신의 실천영역으로 가진다"[142]고 결론짓는다.

(3) 역사에서의 이성, 혹은 도살장의 제전

세계역사가 정신의 "시연장"이라면, 역사과정에는 이성이 관통하고 있다는, 이성이 지배한다는 주장이 수용된다. 왜냐하면 역사는 기껏 정신의 산물, 정신의 소유물에 다름 아니기 때문이다. "여기가 로두스다, 여기서 뛰어라"는 이솝우화를 인용하여 헤겔은 이성은 현실의 밖에서 실현될 수 없다는 것, 곧 이 세계가 바로 이성이 실현되어야 할 곳임을 확실히 했다. 그렇기에 그의 권유는 "여기에 장미

---

142) *Philosophie der Geschichte*, Einleitung, S. 75.

가 있다. 여기서 춤춰라"에서 압축된다. 그것은 이성을 현재의 십자가에 놓인 장미로 인식한다는 것, 그리고 이와 함께 현재 이곳을 향유해야 한다는 것, 따라서 그에 대한 이성적인 결론은 "현실과의 화해"였다.[143)]

그러나 화해는 행동하는 혁명가, 지배적인 민족에게 보내는 메시지라기보다는 현실과는 한 발 떨어진 곳에 서 있는 방관자, 사변적인 철학자, 혹은 노쇠기에 들어선 세계역사적 민족이나 종속적 민족들에게 던져지는 메시지라고 할 수 있다. 정신이 역사를 지배한다는 그 사실을 수용하였기 때문에 "이성적인 것은 현실적이며, 현실적인 것은 이성적이다"고 체념할 수 있는 것일까? 이성, 곧 현실의 등식화가 실제적인 일치가 아닌 철학적인 동일성의 확인이라면 현재의 단계가 안고 있는 모순과 차별성에서 새로운 시작, 이를 뒤엎고 일어서는 새로운 질서의 꿈틀거림을 함께 읽을 수 있다. 그리고 이 혁명의 메시지는 필연성의 확신까지도 함께 고취하고 있다. 다시 말해, 현실은 이성적이면서도, 반이성적인 것에 의해서 자신의 실증성에 갇혀 있는 것이다.

그렇다면 우리는 헤겔의 명제를 실천의 프로그램으로 바꾸어 "이성적인 것은 아직 현실적인 것이 아니다. 그러나 이성은 자신을 필연적으로 실현할 수밖에 없는 것이다"고 읽을 수 있다. 우리는 역사에서의 이성을 믿어야 한다. 그러나 이성이 역사에서 어떻게 자기를 내보이면서 나아갈 것인가는 그것의 "변증법적 운동" — 구체성이 상실된 추상적 사고의 정식화인 — 을 고심해서 붙들어야 할 것이다. 헤겔의 "역사에서의 이성"이라는 믿음 혹은 그러한 철학의 인식을 우리는 다음과 같이 설명해볼 수 있을 것이다. 즉 역사에는 수

---

143) *Philosophie des Rechts*, Vorrede, S. 26~27.

많은 무리와 불합리성, 불필요한 희생과 예기치 않은 배은이 존재한다. 이러한 고통과 희생에도 불구하고 인간이 행동을 통해 이를 추구토록 밀어가는 경향은 그들의 사익, 정념, 갈망이다. 역사설명의 밑바닥에는 바로 이러한 인간들의 충동이 깔려 있다. "이 세상에서 그 어느 위대한 사업도 정념없이 이루어진 것은 없다."[144)]

그러나 인간의 정념은 정신이 자신을 실현하는 수단이며 도구이다. 정신의 행로, 이성적인 것은 그러나 이들 인간행동의 의도에 들어있지는 않다. 그들은 단지 정신의 무의식적인 집행자에 불과하다. 그들은 자기 자신의 정념에 밀려 현실의 외피(外皮)를 깨뜨리고 시대의 새로운 정신이라는 내용을 만들어낸다. 그리고 이 모든 정신의 사업이 완결되는 시간에 동원은 해제되고 그들은 버려지고 만다. 헤겔은 이를 "이성의 궤계"(詭計; die List der Vernunft)라고 불렀다. 곧 세계역사의 사건은 "세계역사적 개인"의 정념에 의해서 일어나며 그것은 정신의 단계행정 속에서 하나의 도약, 결절점(Knotenpunkt)을 이루는 것이다.

다른 한편 "이성의 세계"는 역사의 변증법적 전개의 장면을, 즉 정념의 무대와 제작자의 의도를 함께 보여준다. 각 단계는 건너뛸 수 없다. 그것이 제아무리 불필요하게 보이더라도 혹은 그로부터 건너뛸 인식의 계기가 붙들어진다 하더라도 각각은 필수적인 계기로서 역사에 동원된다. 정신의 행정(行程)은 축소되거나 생략될 수 없다. 모든 단계는 경험되어지는 것이다.

세계역사적 개인, 민족은 모두가 정신이 세계역사의 진행을 위해, 특히 질적인 단계이행을 위해 동원되는 집행자들이다. 그들은 하나의 단계를 마무리하고 새로운 단계로 이행하도록 불려졌다. 그

---

144) *Philosophie der Geschichte*, Einleitung, S. 38.

들이 사용하는 무력과 전쟁은 "단순한 힘이 아닌, 보편정신의 실현"인 것이다.[145] 그들은 정념의 화신이다. 곧 그들은 단일목적에 자신의 의지가 응결된 자이다.[146] 가장 치열한, 그리고 가장 진지한 투쟁은 국가 간의 전쟁에서 드러난다. 거기에는 상위의 심판관이 없다.[147]

> "그 때문에 국가 간의 대립은, 이들 특수의지가 합의점을 찾지 못하는 한 전쟁을 통해 결정되는 수밖에 없다."

이제 세계역사는 "정신의 시연장"으로서 세계의 도살장으로 화한다.[148]

> "심지어 역사를 도살장으로 간주하여 거기에서 민족의 행복, 국가의 지혜, 개인들의 덕성을 희생한다고 하더라도, 누구를 위하여, 어떤 궁극의 목적을 위하여 이 엄청난 희생이 있게 되었는가 하는 질문이 필연코 일어난다."

세계역사의 도살장은 정신의 "제전"(祭典)이기도 하다. 그것은 정신이 세계역사에서 쉬지 않고 노동해온 내용을 한꺼번에 완성시키는 작업이다. 수많은 희생과 비극, 불합리와 모순에도 불구하고 이 도살장은 어떤 보편성을 실현하고 있다고 헤겔은 보고 있는 것이다. 따라서 그는 "세계역사는 세계법정이다"고 결론짓는다.

세계법정은 패배한 피지배민족뿐만 아니라 승리한 세계역사적 개인과 민족에게도 그렇게 호의적인 것은 아니다. 알렉산더, 케사르, 나폴레옹과 같은 세계역사적 개인들은 새로운 시대를 여는 역할을

145) *Philosophie des Rechts*, art. 342.
146) *Philosophie der Geschichte*, Einleitung, S. 49.
147) *Philosophie des Rechts*, art. 334.
148) *Philosophie der Geschichte*, Einleitung, S. 35.

수행했지만, 그들 개인도 민족도 결코 행복할 수는 없었다. 곧 "세계역사는 행복의 장이 아니다."[149)]

> "세계역사는 행복의 장이 아니다. 행복의 시기는 그 속에서 빈 페이지이다. 왜냐하면 이 시기는 화합의 시기, 곧 대립[의 명제]이 결여된 시기이기 때문이다."

결론적으로, 우리는 헤겔이 사물의 이행에서 모순의 변증법적 운동을 중요시하고 또는 발전이론의 논의에서 이성의 축적논리를 적용한 것을 알 수 있다. 그가 채택한 자유의 특수한 개념 ― 하나가 아닌 소수가 자유의 출발점이라는 ― 은 그리스·로마에서 역사의 시작을, Parmenides, Herakleitos의 존재와 생성에서 사상사의 시작을 만들게 했다. 그에 비하면 힌두교와, 불교, 이집트 그리고 중국의 도가(道家)에서 보는 것처럼 무를 중심으로 전개되었던 철학은 순환논리에서 그리고 자유의 실증성, 즉 법적 권리보다도 자유의 주관적 무한성에 더 큰 의미를 주고 있다. 헤겔 자신마저도 이집트 불사조(不死鳥)의 인용에서, "영원히 자기 자신에게 화형(火刑)의 나무를 준비하며 자기의 재로부터 영원히 새로운, 재생된, 삶이 출현하는 자연의 삶이 되었던"[150)] 피닉스(Phänix)의 전설은 무를 기점으로 하여 전개되는 순환논리의 철학이기도 하다. 그가 플라톤의 비판에서 "그의 국가이론에 주관성의 무한형식을 들여올 수 없었다"는 헤겔의 평가는 오히려, 위의 인용과 함께, 헤겔이 존재의 무한한 이행과 변화 그리고 그 기저에 놓여있는 정신의 실체성에 대한 믿음에 일정한 한계로서 떠오른다고 할 것이다.

---

149) Ibid., S. 42.
150) Ibid., S. 98.

제 6 절 헤겔의 「철학사강좌」

헤겔의 「철학사강좌」는 그의 사후 제자인 Michelet에 의해 1840년 출간되었다. 그것은 헤겔 자신의 강의록과 제자들의 노트북을 정리한 것으로 내용이 부분적으로 어긋나고 순서가 바뀌는 등 저자 자신의 저술로 보기에는 정확성에서 떨어지는 것이다. 거기에는 방대한 "서문"이 들어있으며, 철학과 역사의 관계, 그리스 이전의 인도, 중국의 철학 등을 포함시켜 상당히 읽히고 있다. 책은 3부로 구성된다.

제 1 부는 Thales와 자연철학자들, Araxagoros에서 시작해 Sokrates, 플라톤, 아리스토텔레스에 이르는 관념론, 스토아학파와 에피쿠로스학파, 신 플라톤학파를 포함한다. 제 2 부는 중세철학을, 제 3 부는 현대철학을 다룬다. 헤겔이 중점을 두고 있는 것은 고대철학이며 그것은 800면에 이르는 데 반해, 제 2 부는 150면, 제 3 부는 400면에 그친다. 헤겔이 쓴 광범한 철학사의 구석구석을 살피기에는 너무 많은 분량을 필요로 할 것이기에 우리는 편의상 고대철학에서 3인(Thales, Parmenides, Herakleitos)과 현대에서 3인(Bacon, Descartes, Kant)에 대한 그의 평가를 음미하는 데 그친다. 선정은 헤겔 스스로 부여하는 의미의 중요성에 기준을 두었다.

철학과 철학사의 관계는 보편을 인식하는 필연성의 논리와 이를 관철하는 역사의 양면과도 같은 것이다. 헤겔은 자유의식을 자의식에서 찾고 있기 때문에, 그리스 사회가 비록 노예제에 한정되고는 있지만 소수의 자유인들이 서로를 인정한 가운데 자의식이 최초로 출현한, 따라서 진정한 철학이 시작한 곳으로 규정하게 된다. 그런 의미에서, 정신적인 것의 활동은 바로 여기서 역사적으로 시작했다고 단정하게 된다.

1. 고대철학

(1) Thales

그러나 헤겔은 고대인들은 "정념으로부터 그대의 신들의 재료를 만들어낸다"[151]고 말한다. 최초의 철학은 lonia 국가들에서 나타났다. Ion 부족은 Peloppones에서 있었다. 그리고 거기서 터전을 잡고 성장한 Ion 민족은 Magna Graecia 서부, 현대에서 이탈리아 주변, 키푸로스 지역과 후에는 아테네 지역을 포함하는 그리스에 확장되었다. 환언하면 페니키아, 시칠리아 등 고대상업과 문화가 발달한 지역에서 철학이 먼저 등장하였고 그리스가 이에 뒤따르게 되었다. 그러나 오늘날까지 이온민족의 정확한 근거지는 알려져 있지 않다.

아테네의 인구증가에 따라 이온민족은 소아시아지역에 식민도시국가들을 만들어냈다. Thales는 그의 생애후기에 마지막의 이온국가들이 Krösus의 지배하에 놓여 있을 때 국가연합을 주장했으며, Ocösus하의 이온국가들이 페르시아의 지배자 Cyrus와 전쟁에 들어갔을 때 자신이 속한 국가가 Krösus와 동맹하지 않도록 했다. 결국 페르시아가 이온국가들을 붕괴시키고 대부분 이온민족이 박해를 피할 수 없었는데도 Miletos만은 안전할 수 있었다고 한다. 그 후 몇 년이 되어 그의 나이 78 혹은 90세가 되었을 때, 그는 운동경기중 심한 열과 갈증으로 인해 사망했다고 한다. 그는 아무런 글도 남기지 않았으며, 남아있는 그의 말들은 전언된 것들이다.

Thales 집단은 Phänikia에서 이주한 씨족으로 높은 문화와 상

151) *Vorlesungen über die Geschichte der Philosophie*, in 3 Bde.(Frankfurt am Main: Suhrkamp Verlag, 1971), I, S. 178.

업의 중심지인 그곳을 방문하기도 했다. 이집트에서는, 그는 피라미드의 높이를 그림자를 재어 정확히 측량했으며, "현자는 원하기만 하면 쉽게 부자가 될 수 있다"고 호언했는데, 그는 가뭄을 예견하고 일찍이 올리브열매를 선매(先買)하여 거금을 벌어들였다. 이 현자가 성좌의 운동을 관찰하느라 골똘한 나머지 아무나 지나치는 도랑에 빠지고 말았다는 일화는 잘 알려져 있다.

서양의 역사에서 7명의 현자 가운데 으뜸 혹은 최초의 철인으로 인정되는 탈레스는 태양력을 365일로 고정시켰다. 그는 만물을 지배하는 원기(原基; arche)를 물이라고 규정함으로써 원리를 하나의 물질, 곧 "물질적인 것"(ein Materielles)으로 본 자연철학자였다. 그에게 물은 "모든 것의 신"이었다.

그가 본질 혹은 일자를 물리적 존재에서 찾은 것을 헤겔은 물이 가진 속성에서였을 것이라고 유추한다. 물의 보편적 성질, 곧 모든 생명체의 씨앗이며 자양분이고, "태양열은 물의 증발을 통해 영양을 준다"[152]는 이유에서였을 것이라고 추정한다. 그리고 물은, 아리스토텔레스가 말한 것처럼, "형태가 없는"(formlos) 것이기 때문에 보편을 함축한다고 헤겔은 이어간다.

그러나 여기서부터 헤겔의 해석이 시작된다. 곧 "물은 모든 현실적인 사물이 해체되고 유지되는 하나의 사상"[153]으로서 "절대자"이다. 그것은 보편의 개념이다. 그러나 이 일자는 농축과 희박화를 통해 다양한 현존재로 변화하며 이 차별성은 다시 물에로 귀환한다. 이 운동의 힘을 그는 혼이라고 보았다. 탈레스에 의하면, "세계는 혼으로 되어 있고 혼령들(Dämonen)으로 가득차 있다." "밀레토스의 탈레스는 말하기를 물은 모든 것의 시작이지만 신은 물에서 만들어

---

152) Ibid., S. 202.
153) Ibid.

진 모든 존재하는 것을 형성하는 정신이다"고 말한 Cicero의 해석을 헤겔은 인용하면서, 혼은 물질의 운동자이며 "운동과 물질의 본질은 같은 것이다"[154]고 결론짓고 있다.

탈레스가 물을 만물의 근원이라고 보았던 것은 동시에 고대의 선인들이 Styx강을 노래한 것과 관련된다. 고대인들은 이 강을 노래하면서 경건하게 보냈고 이를 두고 맹서했다는 것이다. 물은 "가장 오래된 것"과 같은 경외감을 불러들이는 상징이기도 한 것이다.

어떻든 Ion 자연철학은 물질존재를 철학의 대상으로 보았다. 비록 헤겔은 그의 관념론(Idealismus)의 개입을 통해 탈레스의 관점을 정신, 혼, 신과 같은 주관적인 절대자에로 몰아갔지만 탈레스의 철학에 담긴 보편, 절대자는 물질적 존재로서 일자인 물의 규정이라는 의미에서 이온자연철학은 흔들릴 수 없는 것이다.

(2) Parmenides

a) 탈레스의 철학은 이온자연철학의 전통 속에서 Anaximandros (온도를 원기로 주장), Anaximenes(공기를 원기로 주장)에 이어지다가 b) Pythagoras에서 수(數)라는 순수개념으로 변화한다. 그 이후에 c) Elea 학파에 오면서 비로소 존재의 개념이 확립된다. 이 학파는 Xenophanes와 그의 제자 Parmenides에 의해서, 그리고 파르메니데스의 제자인 Zenon에 오면서 발전하고 있다. "모든 것은 일자이다"고 말한 Xenophanes는 이 일자 (das Eine)를 일러 모든 사물에 심어진 신이라고 불렀다.[155] 그러나 Parmenides에 들어오면서 존재는 순수개념으로 발전한다. 동시에 파르메니데스는 Zenon과 함께 개념의 자기운동적인 사상을 내놓으면서 주관적인 변증법의 관념을 시

---

154) Ibid., I, S. 208.

155) Ibid., I, S. 278.

작했다.

플라톤의 「대화」 등에서 파르메니데스는 소크라테스와 우연히 만나게 되거나 그에게 초청받게 되는데 헤겔은 파르메니데스가 아테네를 방문하는 460~457 BC의 시기를 고려할 때 소크라테스(469 BC 생)가 만나는 것은 불가능하다고 지적한다. 파르메니데스는 이탈리아의 Elea에 초청받기도 하는데, 그것은 그가 그 도시국가에 법을 주었기 때문이다.

세노파네스는 "무로부터는 무만이 가능하다"고 말했는데, 파르메니데스는 존재와 비존재의 대립을 더욱 확고히 하고 있다. 그는 주장하기를, "존재만이 진리이고 비존재는 없다"는 명제는 진실한 사유에서 나온다고 한다. 그에 비해 "존재는 있지 않고 비존재는 필연적이다"는 명제는 하나의 의견에 불과하다고 한다. 그리고 그는 이어서 말한다. "나는 그대에게 이 명제가 완전히 비이성적이라고 말한다. 왜냐하면 그대는 비존재를 인식할 수도, 도달할 수도, 표현할 수도 없기 때문이다." 곧 파르메니데스는 "내가 그대에게 말한 많은 검증된 교의를 그대는 이성으로서만 숙고해야 한다"고 그의 시(詩)에서 말하는 것처럼 모든 사물에 대한 지식의 혼합을 지적하였다.

파르메니데스는 모든 현존하는 것들을 비존재의 영역으로 보낸다. 즉 비존재에는 일반적으로 부정이, 보다 구체적으로는 한계, 유한, 제한이 있게 된다. 그는 스피노자가 말한 "모든 규정은 부정이다"는 확고한 명제를 일면적으로 축소하는 인식태도를 보인다. 곧 그는 "부정이 무슨 형태를 취하던지 간에 그것은 전혀 존재하지 않는다"고 단언한다. 오히려 그는 나아가, "존재와 비존재를 동일한 것으로, 그리고는 다시 동일하지 않는 것으로 보는" 혼란을 지적한다. 이러한 일면적 고정성은 그로 하여금 개념을 형식적인 추상에 만족하게 하고 있을 뿐이다.

파르메니데스는 "진리는 있는 것(das Ist)이다. 존재는 생산된 것도 변화하는 것도 아니며, 하나의 종(種)이며, 움직이지 않고 목적도 없는 것이다. 그것은 이전에 없었고, 이후에도 존재하게 되는 것도 아니며, 단지 지금 동시에 존재하는 모든 것, 즉 함께 연관된 일자이다"고 그의 존재를 철학적으로 설명하고 있다. 그렇다면 파르메니데스의 일자는 탈레스처럼 만물이 그에게 연원하는 그리고 귀환하는 일자가 아니라 현존하는 모든 것들에 함께 참여하는 연관성에서 찾아지고 있다.[156]

> "모든 것은 현존하는 것 Seienden으로 가득 차 있다. 전체는 함께 연관됨이다. 그것은 불변적이며, 스스로 휴지적(休止的)이며, 자기 자신에서 곧 강력한 필연성에 단단히 묶여 있는 한계벽에서 확고한 것이다."

위 인용에서 파르메니데스는 혼란에 빠져 있다. 즉 그의 존재개념은 일체의 현상존재 속에 공유된 어떤 연관성에서 찾아지고 있기 때문에 그것은 무규정적인 것이 아니고, 더구나 무매개적인 것은 더더욱 아니다. 그러나 모든 규정은 한계를 가지고 있고 이 한계를 통해 규정의 의미가 드러나는 이상 그의 존재는 더 이상 분석적인 구별을 허용하는 것이 아니게 된다. 그러나 파르메니데스는 "절대적 제한자는 스스로 규정된 절대필연성이다"고 말함으로써 필연의 한계에 의해서 유효한 현존재를 일단 일자로 구별하는 데는 다소 성공하고 있다.

파르메니데스의 단편을 인용하면서 신플라톤주의자 Plotinus는 파르메니데스가 현존하는 것(das Seiende)을 감각적 사물의 범위 밖

156) Ibid., I, S. 289.

으로 인식하고 있는 입장을 보다 분명하게 제시해 준다.[157)]

> "사유와 사상인 것의 이유는 동일한 것이다. 왜냐하면 현존하는 것(das Seiende) 없이는 그것은 표현될 수 없기 때문이다. 사유를 발견해 보라. 그것은 아무것도 아니며, 현존하는 것(das Seiende) 밖에서는 아무것도 아니기 때문이다."

헤겔은 파르메니데스의 혼란은 원리로서 일자와 현상으로서 다자의 형식적 추상에서 일어나는 것으로 보고, 이는 더 이상 지속될 수 없으며 오히려 양자의 결합형식으로서 현상적인 것의 존재를 인식하면서 이에서 해소되는 계기를 얻는다고 해석했다. 이에 따라 헤겔은 말한다.[158)]

> "이는 중요한 것이다. 사유는 스스로 생산한다. 생산된 것은 하나의 사상이다. 사유는 자신의 존재와 동일한 것이다. 왜냐하면 그것은 거대한 긍정이며, 존재의 밖에서는 아무것도 아니기 때문이다"

물론 헤겔의 해석은 파르메니데스의 소박한 유물론을 관념론적으로 치환(置換)하는 작업이었다. 보다 정직한 해석은 오히려 파르메니데스가 일자는 존재라는 것, 그리고 그것은 모든 현상적인 사물에 연관되어 있는 불변적, 휴지적(休止的)인 하나의 물질적인 것(ein Materielles)이라고 주장했다는 것이다.

(3) Herakleitos

탈레스의 철학은 물을 사용하여 외적 변증법을 적용한 단순한 개념을 논의했다면 파르메니데스와 Zenon의 순수존재는 휴지적인

157) Ibid.
158) Ibid.

존재개념에서 추상적인 동일성을 확보하는 주관적 변증법에 가깝다. 그에 비하여 헤라클레이토스는 변증법 자체를 운동의 원리로 파악했다. 헤겔은 변증법을 세 가지로 나누어 그 차이를 설명한다. 곧 “외적 변증법은 사물의 혼 자체를 자기에서 해체시키지 못하면서 이리저리 사고하는” 방식이며, 그것은 “주체의 성찰 아래 들어있는, 대상의 내적 변증법”과 “헤라클레이토스의 객관성,” 즉 객관적 변증법과 구별된다. 헤라클레이토스의 변증법은 그러므로 주관적 변증법의 극복이라고 할 수 있다. 「철학사강좌」에서 헤겔이 아마도 가장 높이 평가한 사상가는 헤라클레이토스일 것이다. 그의 남아있는 73개의 단편에 대하여 헤겔은 다음과 같이 말한다.[159]

> “이처럼 헤라클레이토스는 심오하게 사유하는 철학자로 대체로 평가되었다. 또 그만큼 비난되었다. 여기에서 우리는 대륙을 본다. 내가 나의 「논리학」에서 수용하지 않은 헤라클레이토스의 어떤 구절도 없다.”

헤라클레이토스는 높이 평가되기도 했지만 동시에 비난받기도 했다. 그에게 “어두운”이란 칭호가 따라붙은 것도 이 때문일 것이다. 그의 명제들은 일면 모순적으로 보이기도 한다. 그것은 바로 그가 모순이 작용하는 현실의 본질을 설명하는 데 동원하는 표현의 애매성과 난해성을 반영하고 있다. 헤라클레이토스를 가리켜 소크라테스는 “그가 거기서 이해한 것은 뛰어났고 그가 이해하지 못한 것은 어렵게 얻어냈다”고 말했다. 그러나 “거기를 통과하기 위해서는 [곧 그 뜻을 온전히 이해하려면], [풀 수 없는 델로스의 문제처럼] 힘겨운 수영선수를 필요로 한다”[160]고 평가했다.

---

159) Ibid., I, S. 320.
160) Ibid., I, S. 323.

헤라클레이토스는 탈레스와 마찬가지로 소아시아 Kreta 출신이며 도시국가 Ephesus의 왕이었다. 그러나 그는 친구인 Hermodoros의 추방에 분노하여 동생에게 자리를 내어주고, 훗날 페르시아의 Darius가 초청했을 때도 "나는 조그만 것에 만족하고 나의 식대로 머무르련다"고 거부하였다 한다.[161]

헤라클레이토스의 사상은 "지금까지의 의식의 완성," 즉 "이념을 총체성에로 완성시킨" 것이었다. 그것은 "철학의 시작"이었다.[162] 그는 이념의 본질을 무한자로 표현했다. 그는 "존재와 무는 동일한 것이다. 모든 것은 존재하며, 여전히 존재하지 않는다"고 말했다. 여기서 본질적인 내용은 변화이다. 곧 진리는 과정에서, 즉 서로 대립하여 정립된 것들의 통일에서만 나온다는 것이다. Elea 학파의 파르메니데스는 순수존재만을 옹호했지만, 그에 비하여 헤라클레이토스는 존재와 비존재의 통일을 생성(Werden)에서 발견하였다.[163]

> "모든 것은 유전(流轉)한다. 어떤 것도 그 상태로 있지 않으며, 더구나 언제나 동일한 것으로 머무르지 않는다."

존재하는 것은 존재하지 않는다는, 얼핏 보기에 모순적으로 들리는 앞 귀절의 의미는 여기서 분명해졌다. 곧 "일자는 머무른다. 이로부터 모든 현존재들이 형성, 변형, 소멸된다. 즉 일자의 밖에 있는 모든 것들은 유전한다. 어떤 것은 지속되지 않는다. 진리는 존재가 아닌, 생성에 있다"고 그는 자기의 명제를 설명하였다.

헤라클레이토스의 "과정" 개념은 시간, 불의 존재, 이행의 실제로 나뉘어 살펴볼 수 있다. 그에게 시간은 "최초의 물적 존재"이다.

---

161) Ibid., I, S. 321~322.
162) Ibid., I, S. 323.
163) Ibid., I, S. 324.

곧 시간은 최초의 감각적 존재이다. 혹은 시간은 순수생성이다. “시간은 존재에 있어 비존재가 되는, 그리고 비존재에 있어 존재가 되는 직접성이다.”[164] 시간 속에 있는 것은 오직 현재뿐이다. 과거와 미래는 시간에 존재하지 않는다. 그러나 헤겔은 헤라클레이토스의 표현을 세련되게 바꾸어 시간이 “의식을 위한 것으로서 현존한다”고 설명한다. 따라서 시간은 존재이었던 것으로부터 이제는 “생성되는 것들의 최초형식”으로 이해된다.

시간과정을 보여주는 실제적 모습은 불이다. 존재와 비존재의 계기들은 시간 속에서 소실되는 것으로, 즉 부정으로서만 존재한다. 이 자연과정의 실체와 혼으로 그는 불을 들고 있다. 불은 자연의 삶의 과정에 있는 계기들을 만들어낸다. 곧 불은 휴지적 총체성으로 규정된 지구를 대립으로 분열시키고 이를 다시 대립의 연소(燃燒)를 통해 통일에로 이끄는 과정을 지배한다. “불은 물리적 시간이다.”[165]

> “불은 이 절대적 불휴(不休)이며, 이 상태의 절대적 해체는 타자에게로 또한 자기 자신에게로 사라지는 것이다. 그것은 머무르지 않는 것이다. 이로부터 — 이는 바로 그 결과이다 — 헤라클레이토스가 그의 근본규정에서 진행하면서 과정의 개념으로 불이라고 불렀다는 사실을 확실히 파악할 수 있다.”

지금까지의 논의에서 헤겔은, 비록 거기에는 그에 특유한 관념론적 편향이 반복되어 해석에 담겨지고는 있지만, 헤라클레이토스를 따라 충실히 이해하려고 했다. 그러나 이행이 실제과정에 들어가면서 그는 헤라클레이토스의 자연적 형태에 함유된 한계를 지적한다. 변화의 주요한 표현들은 “위로 올라가는” 혹은 “아래로 내려오는”

---

164) Ibid., I, S. 328.
165) Ibid., I, S. 330.

"희박화"와 "증발" 또는 "농축"에 나타난다. 아리스토텔레스는 이러한 변화현상을 혼의 원리로 보는 데 비해, 헤겔은 "이행"과정으로 해석한다. 헤라클레이토스가 실제의 이행을 불이 바다로, 그리고 지구와 번개로 양분되고 이들은 다시 행성, 항성으로 변화하고 이들은 죽어있는 별이 아니라 영원히 생산적인, 즉 생성과정에 있는 우주로 변화된다고 설명한 것에 대하여 헤겔은 "결함이 많고 모순적"이라고 지적했다. 어떻든 여기서 헤라클레이토스는 동양적인 경향을 보이며 자연을 거대한 순환 속에서 이해했다.[166)]

> "신도 인간도 우주를 만들지 않았다. 단지 우주는 과거에 항상 그랬던 것처럼 그리고 지금도 그런 것처럼 미래에도 살아있는 불로 있을 것이다. 그리고 그 불은 자신의 법칙에 따라 타오르고 꺼진다."

이처럼 끝없이 보이는 과정에도 마침내는 끝이 있을 것인가? 그것은 헤라클레이토스가 말한 "세계의 대화재"를 어떻게 받아들일 것인가에 관련된다. 그로 인해 "세계는 불길 속에서 사라진다"고 Diogenes가 거짓 단언했다고 생각한 헤겔은 단지 "지속적인 연소, 우정의 생성이며, 보편적 삶, 우주의 보편적 과정"이라고 이해하였다.

존재와 비존재의 통일에서 진리를 보았던 헤라클레이토스는 생과 사, 인간, 객관세계와 사유에 관해서도 의미심장한 구절을 남기고 있다.[167)]

> "우리가 깨어서 보는 것은 죽음이고, 그러나 잠자면서 보는 것은 꿈이다."
>
> "우리의 생(生)에서, 마찬가지로 우리의 사(死)에서, 삶과 함께

---

166) Ibid., I, S. 333.
167) Ibid., I, S. 338, 333.

죽음은 통합된다. 왜냐하면 우리가 살아 있을 때 우리의 혼은 죽어 있으며 우리에게 묻혀 있다. 그러나 우리가 죽으면 그때에 우리의 혼은 소생하여 살아간다."

"인간은 가사적(可死的)인 신이며, 신들은 불멸의 인간이다. [신들은] 전자의 죽음 때문에 살아 있는 것이며, 전자가 살아 있기 때문에 죽어 있는 것이다."

헤라클레이토스는 외부세계의 존재와 사유의 인식을 Logos(이성)에 따라 평가하려고 했다. 그에게 Hesiod, Xenophanes, Pythagoras의 교의는 많은 학습으로 얻어진 것이긴 하나 이성이 결여된 것이라 비판되었다. 그는 "유일한 것은 이 모든 것을 관철하면서 지배자인 Logos(이성)를 인식하는 것, 그런 방식이다"[168]고 하면서 진리의 인식에는 로고스가 필요하다는 것을 역설했다. 이어서 그는 "로고스는 진리의 척도이다. 그것은 가장 근접한 최선이 아니라 전적으로 신적인, 보편적인 것이다"고 말한다. 여기서 문제가 되는 것은 이 로고스를 어떻게 인식할 것인가, 혹은 로고스를 어디에서 찾을 수 있는가이다. 헤라클레이토스는 "개별적인 숨"과 "보편적인 숨"의 비유를 하면서 자신의 의미를 명료히 밝히고 있다.[169]

"이 [개별적] 숨은 보편적 숨, 즉 우리를 위한 타자존재와 구별된다. 로고스는 객관성과 함께 하는 과정이다. 우리가 전체와 연계되어 있지 않을 때는 우리는 단지 꿈꾸고 있는 것이다. … 분리되어 있을 때 로고스는 이전까지 가지고 있던 의식의 힘을 잃어버린다."

"우리는 신적인 logos에 참여하는 데 따라 행동하고 사유한다. 그 때문에 우리는 보편적인 이해(理解)에만 따라야 한다. 많은 사람들은 그러나 마치 자기들만의 이해를 가진 양 살아간다. 그러나 이해는 모든 것(회전, 변화)의 배열방식의 해설(의식함, 제시, 통찰)

---

168) Ibid., I, S. 339.
169) Ibid., I, S. 349, 341.

에 다름 아니다. 이로부터 우리가 그 [외부세계의 배치방식]에 관한 지식에 참여하는 한, 우리는 진리 안에 있다. 우리가 특수한 것(고유한 것)을 가지고 있는 만큼 우리는 미망(迷妄)에 들어있다."

이것은 무슨 뜻인가? 그것은 우리가 객관세계에 관한 지식을 가지고 있는 한 우리는 진리를 가지고 있지만 우리가 개인적 숨에 머물러 자기 자신에 고유한 관념을 따를 때는 그것은 보편적 숨에서 절연된 나머지 로고스에서 멀어지고 만다는 것으로 요약될 수 있을 것이다. 좀더 단순화하면, 로고스는 사유에 있는 것이 아니라 객관세계의 진실, 즉 보편적 숨에 담겨 있다. 그러나 헤겔은 "아주 중요한 말이다!"라고 경이를 표하면서도 그의 관념론적 프리즘으로 헤라클레이토스의 주장을 변형하고 있다. 그리고 두 가지 결론을 이끌어 낸다. 첫째, 오직 보편의 의식으로서 의식만이 진리의 의식이라는 것이다. 그러나 내용이나 형식에서 개별자, 하나의 독자성, 하나의 고유성으로서 개별성과 행위의 의식은 진리가 아니며 나쁜 것이다. 둘째, 그럼에도 불구하고, "지식에서 객관적 방식은 필연적이다"라고 헤겔은 인정한다. 그는 이성적인 것, 진리인 것, 이미 알고 있는 것은 감각적인 것, 개별적인 것, 규정된 것, 존재하는 것으로서, 한마디로 대상적인 것으로부터 자기에로 귀환하는 존재라는 것이다. 그러면서도 헤겔은 이성이 스스로 아는 것은, 또한 필연성 또는 존재의 보편성이라고 수용한다. 그리고 그는 그것이 세계의 본질인 것처럼 보편은 사유의 본질이라고 확인하였다.[170)]

헤겔의 헤라클레이토스 해석은 확실히 탁월하다. 그러나 헤라클레이토스의 주장이 곡해되지 않으면서 헤겔의 관념론적 조절을 허용할 수 있는가는 의문으로 남는다. 그러한 해석은 헤라클레이토스

170) Ibid., S. 342.

의 사상을 그리스 자연철학의 지평을 건너뛰어 보편적 위치로 상승시키는 작업이 될 것이다.

2. 현대철학

헤겔은 "현대철학은 고대철학이 도달한 원리, 곧 현실적 자의식의 관점에서부터 진행한다"[171]고 말한다. 그 이면에는 중세철학, 그것도 미미한 스토아주의, 회의주의, 신플라톤학파 이래 현대에 들어올 때까지 정신의 전개로서 철학은 이렇다 할 내용이 없었다는 것을 의미한다. 곧 중세는 이성이 묻혀있는 암흑의 시기라는 시각과 비슷한 것이지만, 헤겔이 적어도 종교개혁 이전의 기독교사상에서 인간의 정신의 전개에 관해 거의 배울 것이 없다는 사실을 인정하고 있다.

현대철학은 베이컨에서 시작하여 데카르트, 계몽철학 그리고 현대독일철학(Jacobi, Kant, Schelling, Fichte)에 이르고 있다. 그러나 베이컨의 기여는 매우 낮게 평가되었으며, 헤겔의 현대철학은 오히려 데카르트에서 시작한다고 보는 것이 타당하다고 데카르트를 높이 평가한다.

(1) Francis Bacon

Roger Bacon과 구별되는 Francis는 Elizabeth에서 James I에 걸치는 시기에 옥새상서, 법무장관, 의원, 대법관을 역임했지만 의회와 왕권의 대립 속에서 특히 개인적으로 의회파인 Edward Coke와의 적대관계가 가미되어 뇌물수수혐의로 구속, 작위 — 그는 Baron Verulam의 작위를 받았다 — 박탈에 엄청난 벌금(4,000 파운드 은화)

171) Ibid., III, S. 63.

까지 부과되었지만 Buckingham 후작을 탄핵하는 데 집중하기 위해 그의 사면에 동의해 주었다. 그러나 그는 실추된 명예를 회복하지 못한 채 학문에 전념하면서 빈곤 속에서 1626년 타계하였다. 헤겔은 베이컨의 평가에 매우 인색했다. 그는 베이컨이 형에게 아버지의 유산을 다 뺏기고 어려운 시절 그를 도와준 Essex 후작을 정적(政敵)의 사주에 따라 반역죄로 고발했고 뒤에 그의 후원자였던 버킹햄도 외면했다고 기록했다.

베이컨이 그나마 헤겔의 사변철학세계 속에 조그만 위치를 얻을 수 있었던 것은 그가 경험론의 대가였기 때문이다. 곧 헤겔이 인정하는 것처럼, "경험과학의 작업 없이는 철학은 고대인이 도달한 것 이상으로 나아갈 수 없었던 것이다."[172] "구체적인 경험자료와 조사에 합치하여 과학을 접근한" 베이컨은 현대경험론의 창시자이며 수령이었다. 그리고 헤겔은 "영국인들은 지금까지 그가 이룬 지점을 넘어서 진행하지 못했다"고 평가했다. 그러면서도 그는 "추상을 사유하고, 주장하고, 철학하는 것으로부터 아주 멀리 떨어진" 베이컨철학의 경험론에 대한 경멸을 숨기지 않았다.

헤겔은 베이컨이 그의 「학문의 진전」에서 학문을 보급하고 체계화한 공헌을 인정한다. 베이컨은 학문을 기억, 상상, 이성에 따라 역사, 시와 예술, 철학으로 분류하고 예컨대 신의 작품과 이야기를 역사의 일부로 포함시켰다고 소개한다. 이는 사소한 일이겠으나 헤겔의 관심이 주로 이 특정지점에 집중된 것은 결코 이상한 일은 못된다.

다음으로 헤겔은 베이컨이 그의 「신 기계론」(Novum Organon)에서 연역적 방법에 반대하여 경험에 근거한 귀납적 방법을 주장했다

---

172) Ibid., III, S. 79.

고 소개한다. 그 이유는 대전제는 소전제에서 경험적으로 증명되지 않고서는 결론은 동어반복적인, 공허한 내용이 되고 만다는 데 있다. 베이컨은 선행관념에 근거하여 결과를 예단하는 소위 "자연의 예기"를 비판하고 경험의 내용에 대한 조사와 거기서 귀납적으로 얻어진 결과를 요구했다. 이에 대하여 헤겔은 "각각의 귀납은 또한 연역이다"고 항변하면서,[173] 귀납법을, 전혀 새로운 방법이 아닌, 또 하나의 보완기능이라고 한정했다.

헤겔이 유의한 베이컨의 마지막 기여는 학문, 특히 자연철학의 목적을 유용성에서 찾고 있는 데서 발견된다. 그의 자연철학은 "원인의 관찰과 조사되어야 할 원인의 작용이 만들어낸 것" 두 가지로 집약하면서, 유용성에만 맞추어진 베이컨의 목적론은 예컨대 나뭇잎은 열매를 태양의 열과 바람을 피하게 하려고 생겨나고 머리카락은 더위를 막기 위해, 천둥·번개는 신들의 투쟁 혹은 지구를 공포에 몰아넣으려고 한다는 식의 해석을 하면서 베이컨이 "그의 시대의 관념 속에 머물렀다" 고 비판한다. 이러한 설명이 베이컨에게는 너무도 부당한 것임은 물론이다.

(2) René Descartes

사유마저도 물질로 간주했던 데카르트가 헤겔에게 크게 호소력을 가진 것은 물론이다. 헤겔은 "우리는 이제 처음으로 확실히 신세계의 철학에 도달했으며, 이것은 데카르트와 함께 시작했다"[174]고 선언했다. 이미 언급했던 것처럼 자의식을 진리의 출발점으로 삼았던 헤겔로서는 당연히 데카르트에서 그러한 전환점이 마련된 것으로 보였을 것이다. 곧 Luther의 종교개혁 이래 상당기간 나타나지

173) Ibid., III, S. 83.
174) Ibid., III, S. 120.

않았던, 그리고 애석하게도 독일이 아닌 곳에서 데카르트에 의해 내면성 그 자체를 중심으로 철학이 시작되었다. 이 환희를 헤겔은 다음에서 묘사하고 있다.175)

> "여기서 우리는 집에 돌아왔다고 말할 수 있다. 마치 폭풍우 치는 바다 위에서 긴 항해의 끝에 선원이 '육지다!' 하고 외치는 것처럼."
>
> "그[데카르트]는 다시금 주제를 완전히 새로 시작하고 철학의 지평을 완전히 새로운 데서 구축하고 그곳에 천년이 지난 후에 처음으로 귀환한 영웅이다."

이처럼 데카르트가 발견한 대륙은 완전히 새로운, 그러나 기실 고대철학을 재현한 바로 그곳이었다. 그의 형이상학은 이원론을 반대하여 사유와 존재의 통일을 시도했다고 헤겔은 평가했다. 물론 이러한 후한 — 헤겔의 입장에서 — 평가에는 데카르트의 작업이 "전혀 소박하고 유치한" 것이었다는 유보가 붙어 있다.

데카르트는 30년 전쟁이 시작된 1619년부터 21년까지 Tilly 휘하의 Bavaria 군 장교로 전투에게 참가한 경험이 있었다 한다. 그러나 그 후의 생애의 대부분(1629~44)은 네덜란드에서 조용히 학문에 몰두하였다. 헤겔은 데카르트 철학의 논점을 두 가지로 요약한다. 첫째, 그는 사유일반을 절대출발점으로 삼았다는 것이다. 데카르트가 제기한 철학의 첫번째 요구는 "모든 것을 의문해야 한다"는 것이었다. 고대회의론은 의문 자체 이외에는 어떤 목표도 없었기 때문에 정신의 미결정상태에서 평화를 얻을 수 있는 것이었지만, 데카르트의 의문은 어떠한 전제도 만들기를 거부하면서 확실성에 도달하려는 것이었다.

---

175) Ibid., III, S. 120, 123.

둘째, 데카르트의 명제는 "그러므로"(also)에 의해서 이어진다. 사유가 단초가 되어, 나의 존재규정이 무매개적으로 수용되고 있다. 그러나 사유가 존재를 증명한다는 것은 데카르트에게는 자아에게 사유와 존재의 통일, 확실성이 담보되는 듯 보이지만, 칸트가 지적한 것처럼 사유에는 존재가 포함되어 있지 않다는 사실이 문제된다. 곧 사유와 존재의 연결고리인 "그러므로"는 결론으로 이끄는 also가 될 수는 없는 것이다. "그러므로"는 단지 사유와 존재의 연결로 정립되었을 뿐이다.

어떻든, 헤겔은 데카르트 철학의 정신이 사유와 존재의 통일이라고 인정한다. 그것은 절대의문의 논리에서 획기적인 기여를 했지만, 이 통일은 그 자신의 논리에 의해서도 지지되지 않는다고 헤겔은 비판한다. 또한 확실성을 진리로 전환하는 과정에서 동원되는 "신의 존재" 개념도 데카르트가 유한인식의 관점에 머무르는 한 그것은 사유의 범위 안에서 담보되는 데 그친다고 헤겔은 지적했다.

(3) Immanuel Kant

헤겔에 이르기까지 현대철학의 총결산은 "계몽철학"이다. 독일 종교개혁 이래 그 모습을 드러낸 계몽은 칸트에 와서 완성된다. 그만큼 칸트의 철학이 계몽의 강점과 동시에 한계를 가지고 있다고 헤겔은 보았다. 소크라테스는 본질을 사유로 보고 이를 "주관성에 있어 사유의 의식"이라고 칸트는 규정했다. 그에 비해 데카르트는 사유와 존재의 통일을 확실성으로 파악한다. 그에 대한 칸트의 입장은 사유의 의식이란 객관성에 대한 주관적 규정이다. 그리고 본질은 유한적이다는 명제로 요약된다. 곧 칸트에게는 신이 경험될 수 없는 존재인 이상 인식할 수 없다는 결론이 따라온다.

계몽사상은 주관적, 유한적 인식을 근거로 서 있다. 칸트의 목적이, 진리의 인식이 아닌, 현상만의 인식에 있는 한 그의 방법과 결론은 계몽사상의 연장선상에 있으며 이의 완결이라고 하겠다. 환언하면, 칸트는 계몽시대 최후의 사상가이다. 계몽사상은 또한 David Hume의 회의론에서 찾아볼 수 있는데, 그는 지각의 세계에서 보편성과 필연성이 확인될 수 없다고 말한다. 칸트도 또한 유사한 방법론에 근거하여 보편·필연성이 객관세계에서 인식될 수 없다는 데 동의하고 있다.

그러나 흄은 그러한 개념의 무효를 선언하고 그에 대한 무차별적인 투쟁을 하지만, 칸트는 단지 보편·필연의 개념의 객관성을 의문하는 데 그친다. 곧 칸트는 그러한 개념은 나의 주관, 나의 자의식 속에서는 가능하다고 보고, 이를 붙들기 위해 선험적인(a priori) 방법을 채택한다. 시간과 공간은 의식에서 보편·필연성을 보여주는 선험적인 표상이다. 그것의 객관성은 사물의 존재 속에서 확인된다고 그는 인정한다.

동시에 칸트는 자의식에 의해 인식되는 보편·필연성은 이의 객관적 근거를 자신의 주관에 가지고 있을 뿐 대상 그 자체에서는 찾을 수 없다. 칸트는 이를 인식능력의 한계로 설정했다. 이처럼 칸트가 시간·공간에 무관하게 사물을 객관적으로 인식할 수 없다는, 곧 물 자체는 인식 불가능하다는 입장에 서 있기 때문에, 헤겔은 그의 인식을 오성(悟性; Verstand)이라고 부른다. 오성 — 인식능력 — 은 경험세계만을 인식할 수 있을 뿐이라고 칸트는 인정한다. 칸트는 로크의 경험적 인식의 전통을 따라 초감각적인 대상의 인식은 우리의 인식능력의 범위 밖이라고 말하고 있는 것이다.

이러한 칸트의 입장을 헤겔은 자아, 즉 사유하는, 활동하는, 다자의 통일로서 일자의 근거를 충분히 제시하는 데 실패했다고 비판한다. 곧 칸트의 자아는 진정으로 이성에 도달하지 못하고 다시금 보편에 대립하는 개별적 자의식 자체에 머무르고 만다는 것이다. 그러나 이성은 개념을 통해 보편을 감추고 있는 특수를 인식하는 능력이다. 이성은 개념의 변증법을 통해 특수의 보편과의 관계를 밝혀낸다. 칸트의 오성은 그에 미치지 못한다. "오성의 특수는 지각을 통해 얻어진다. [칸트의] 범주들마저도 그 자체가 특수적인 그 어떤 것이다."[176]

여기서 문제가 되는 것은 개념으로부터 존재가 도출될 수 있는가이다. 칸트의 이원론은 개념과 존재의 영역에는 절대적인 경계가 있으며 각각의 안에서만 타당성을 주장할 수 있다고 한다. 여기서 자아와 외적인 사물세계는, 동일성의 원리가 아닌, 서로 대립하는 무관계한 타자 간의 관계를 나타낸다. 여기서 인간의 행동은 이성이 아닌 표상, 존재와 동일성을 갖지 못한 주관적인 것이며 그것의 현존재는 "사라지는" 계기일 뿐이다. 칸트의 오성은 현대자연과학의 정신에 닿아 있다. 그의 「순수이성비판」은 이론적 이성의 한계를 밝힌 로크의 결산이다.

그에 비해 칸트의 「실천이성비판」은 루소의 "절대로 자유로운 의지" 관념을 수용하여 실천적 이성은, 이론적 이성과는 달리, 자신의 내면적 도덕률을 실행할 것을 명령한다. 곧 순수이성은 인식능력의 한계 때문에 자신의 능력을 범위 안에 "규제하는"(regulativ) 데 반하여 실천이성은 새로운 세계를 구성하라고(konstruktiv) 요구한다.[177] 이론적 이성은 추상적 질서에 대한 규칙과 규준을 제시하는 "추상적 동일성"을 목표로 하는 데 비해, 실천적 이성은 구체적이며 입법적이다. 후자의 명제는 "보편법일 수 있는 원칙을 따라 행동하라"는 것이다.

---

176) Ibid., III, S. 351.
177) Ibid., III, S. 338.

그러나 이러한 도덕률이 공허한 것임은 물론이다. 그것은 완성된 도덕률을 피안의 세계에 내맡긴 채 주관의지에 불과한, 보편의지가 아닌, 나의 특수의지임이 분명하다. 이미 헤겔은 「정신의 현상학」에서 절대주관성의 위험을 경고했다.[178]

> "실천적 의지, 감각적 의지는 주관의지에 불과하다. 그것은 특수의지이며 보편의지가 아니다. 우리의 의식이 가지고 있는 이 이성적 자의식의 진리는 인륜적 실체이다. … 인륜적 실체는 [자연충동의 실현에 따라] 자기를 상실한 술어로 전락하고 이의 살아있는 주체인 개인들은 그들의 보편성으로 자기 자신을 통해서 채우고 자기로부터 자기들의 규정을 위해서 보살핀다."

"자기 자신을 통한 이성적 자의식의 실현"은 "자만의 광기"로 끝나고 만다는 것이 헤겔의 비판이었다.[179]

칸트에 대한 헤겔의 마지막 논쟁은 칸트의 「판단력비판」에 향해진다. 헤겔은 거기서 "마치 감각적 세계로서 자연개념과 초감각적 세계로서의 자유개념 사이에는 엄청난 심연이 고정되어 있는" 것을 발견한다. 그리고 판단력은 오성과 이성의 사이에 놓여있는 부분으로 보고 그 가교(架橋) 역할을 "성찰적 판단력"(die reflektierende Urteilskraft)에 맡기고 있다. 곧 칸트의 "판단력"은 자연개념과 자유개념의 가교, 전자의 후자로 넘어가는 이행을 담당해야 한다. "성찰적 판단력은[180]

> 오성의 추상적 보편과 특수의 통일, 자유로우며 동시에 합법칙적인 필연성의 이념, 혹은 자신의 내용과 직접적으로 통일된 자유의 이념을 자신의 원리로 만든다. 여기에서 성찰적 판단력은 일반

178) *Phänomenologie des Geistes*, S. 268.

179) Ibid., S. 263~291.

180) *Geschichte der Philosophie*, III, S. 374.

> 법칙에 따라 규정적인 것이 아니라 '특수가 있는 곳에 보편이 발견되어야만 한다'는 의미에서 성찰적이다."

그러나 성찰적 판단력은 주관적 합목적성을 자연세계에 도입한 것에 불과하다고 헤겔은 지적한다. 여기서 목적론적 종점인 신에 대하여 칸트의 마지막은 "신은 믿어져야 하는 실천이성의 가정"으로서 그러나 "신이 존재한다는 증명은 주어질 수 없다"[181]는 한계에 갇히고 만다. 그것은 "미지의 신"이다. 인식될 수 없는, 증명될 수 없는, 그러나 "상정될 수 있는," "믿어져야 하는" 신의 무력은 바로 "이성의 게으름"에서 나온 것이라고 헤겔은 부언하였다.

---

181) Ibid., III, S. 382.

제11장

마르크스와 엥겔스

제1절 그들의 생애와 저작들

본장에서 저자는 마르크스와 엥겔스의 사상을 구분하지 않고 하나의 철학체계로 이해하는 입장을 취한다. 물론 엄격한 의미에서 그들의 사상은 일정한 분업의 성격을 띠고 있으며 양자 간의 차이를 극대화해서 보여줄 수도 있다. 또한 사상사에서 두 사상가를 한데 묶어 취급하는 것은 보기 드문 경우일 것이다. 그럼에도 불구하고 두 사상가를 마치 하나의 체계인 양 이해하는 것은 이들의 사상은 긴밀한 협력관계 속에서 공동작업의 성격을 보이고 있을 뿐 아니라 서로가 상대편의 입장에 완전히 동의하고 있다는 데 있다. 소크라테스의 사상을 플라톤의 「대화」에서 떼어내서 이해하려 들거나, 혹은 예수, 마호메트, 석가모니의 교의를 이를 설파한 제자들로부터 분리해서 추리하려는 누군가는 극히 미미한 성과를 내보일 수 있을지 모르나 본래의 사상의 정수를 상실하는 대가를 치를 수밖에 없다. 마르크스와 엥겔스는 「독일이데올로기」(*Die Deutsche Ideologie*; 1845), 「신성가족론」(*Die Heilige Familie*; 1847), 「공산당선언」(*Manifest der Kommunshichen Partei*; 1848), 뒤링씨의 과학혁명

(Herrn Eugen Dührings Umwälzung der Wissenschaft)(일명 Anti-Dühring, 1878) 및 New York Daily Tribune 신문에 보낸 수많은 정기논문들(1854~63)을 공유했으며, 마르크스가 「자본론」(*Das Kapital*, 1867)을 엥겔스의 "민족경제학 비판의 개요"(*Umrisse zu einer Kritik des Natianalökonoie*, 1843)에 그 근거를 두었다고 인정하고 엥겔스가 그의 자본론 제 2 권(1894), 제 3 권(1894)을 완성 · 편집하였던 것은 이들 간의 인간적, 지적, 동지적 관계를 고려할 때, 단지 강조의 색조와 영역의 분업에서 차별성을 인정할 수 있을 뿐이라고 해석하는 것이 보다 합리적이라 생각한다. 어떻든 이들은 어디에서도 상호간에 대립된 의견과 표현이 있지 않으며, 그들의 정신은 서로간에 보완관계에 있다고 보아야 한다. 마르크스와 엥겔스는 40년에 걸친 삶의 동반자였으며, 투쟁의 동지였으며, 공동작업을 통해 하나의 이론적 저자였다고 — 그들이 살아있는 동안 그 누구도 이들을 분리시켜 생각할 수 없었다 — 이해해야 한다.

마르크스와 엥겔스는 처음 1842 혹은 1843년 만났으며 그 이래로 1883년 마르크스가 죽기까지 평생을 동지로서 변함없는 같은 관계를 나누었다. Karl Marx는 1818년 5월 5일 Trier에서 변호사의 가정에서 태어났다. Trier의 김나지움을 나와 1835년 Bonn 대학에 입학하여 법학을 시작하였으나 일 년 후 Berlin 대학 — 오늘날 Humboldt 대학 — 에서 철학을 공부하였고 1842년 Jena 대학에 논문을 제출해 다음해 in absentia로 박사학위를 받았다. 그의 학위논문은 「데모크리토스와 에피쿠로스의 자연철학의 차이」(*Differenz der demokritischen und epikureischen Naturphilosophie*)였다.

혁명적 고양기를 반영하는 시대의 분위기 속에서 그의 급진사상은 Bonn 대학의 강단에서 허용되지 않았고 1842년부터 Rheinische Zeitung에서 편집을 맡게 되었으며 그는 Arnold Ruge와 더불어

1843년 말에는 「독불연보」(*Deutsche-Französische Jahrbücher*) 1·2권 합병호를 파리에서 간행하고, "헤겔법철학비판: 입문"(Zur Kritik der Hegelschen Rechtsphilosophie) "유대인 문제"(Zur Judenfrage)를 썼으며 1930년 햇볕을 보게 된 "경제·철학 수고(手稿)"(Ökonomische-Philosophische Manuskripte — 이 제목은 뒤에 붙여진 것이다 —)를 썼다.

Friedrich Engels는 1820년 11월 28일 Barmen의 공장주의 가정에 태어나 Elberfeld의 김나지움에서 수학하던 중 Bremen의 상인집에 보내졌다. 아버지는 상당한 재산을 모은 방직공장의 사업주였으며 영국 맨체스터에 동업자 Erman과 회사를 가질 정도였다. 그러나 엥겔스의 급진사상을 두려워했던 그는 엥겔스가 대학에 가는 것을 반대했기 때문에 포병하사관 교육을 받으며 베를린에 배속되어 1840년경 마르크스가 포이에르바하, 바우어형제, 스티르너, 그륀 등과 논쟁하는 장면을 부근에서 보고 이를 스케치하기도 했다. 그는 이미 1830년대 후반부터 독일의 신문에 기고하였으며 1840년대 초에 F. Oswald라는 익명으로 헤겔의 후임으로 일하게 된 Schelling에 대해 「쉘링과 계시」(*Schelling and die Offenbarung*) 등 헤겔주의적 입장에서 비판을 하면서 상당히 알려져 있었다. 그렇게 때문에 그들이 출판한 첫번째 공동작업인 「신성가족론」은 엥겔스와 마르크스로 저자순위가 되어 있다.

엥겔스가 「독불연보」에 그의 유명한 "민족경제비판의 개요"를 기고하느라 마르크스의 사무실을 방문하면서 그들은 가까워졌다. 그러나 엥겔스의 아버지는 그를 공산주의사상에서 떼어내려고 엄혹한 조건을 달았다. 즉 그는 맨체스터에 있는 "엥겔스와 어먼회사"에서 20년의 평사원으로 일하지 않을 경우 그의 유산은 무효가 되도록 했다. 엥겔스가 "바빌론의 유폐"라 부른 그의 맨체스터 공원생활은

1843년부터 시작되었다. 그는 1844년 노동계급의 생활에 관한 최초의 저술이라고 할 「영국 노동계급의 상황」(*Die Lage der Arbeitende Klasse in England*, 1845)을 간행했다. 그러나 생활에 쫓겨 그는 대부분의 진지한 연구를 친구인 마르크스에게 맡기고 그의 뒷바라지를 하는 데 자기의 힘을 쏟았다. 「뉴욕데일리 트리뷴」지에의 기고들은 거의 엥겔스가 대부분 마르크스의 이름으로 썼으며 원고료는 전액 마르크스에게 지불되었다. 1848~49년 Köln에서 마르크스는 일시정부의 완화된 분위기를 얻어 귀국하여 「Neue Rheinisiche Zeitung」을 편집하였으나 정부의 반동정책에 따라 독일을 떠나 파리로 갔으나 마침내는 런던에 정착하고 말았다.

마르크스와 엥겔스는 당시 헤겔좌파의 경향을 비판하고 운동을 한 단계 더 급진화하기 위해 방대한 「독일이데올로기」(1845~46)를 썼으나, 출판사를 찾지 못해 훗날로 미룬다. 한편 프랑스에서 추방된 마르크스는 브뤼셀에서 1847년 프루동(Pierre Proudhon)의 「빈곤의 철학」에 대한 반론으로 「철학의 빈곤」(*Das Elend der Philosophie: Antwort auf Proudhons Philosophie de la Misère*, 1847)을 출간했다. 거기서는 엥겔스의 "Umrisse"를 따라 철학의 범주, 개념은 영속적인 것이 아니라 그들이 지칭하는 현실의 변화를 따라 있는 "과도기적인" 것임을 밝혔다. 이 무렵 그들은 Weitling, Grün, Proudhon과 투쟁하였다. 혁명의 분위기가 고조됨에 따라 그는 프로이센에서도 브뤼셀에서도 추방되었다. 그는 마지막 망명지로 영국을 택했으며 런던에서 생을 마칠 때까지 거주한다. 엥겔스도 마침내 영국으로 이주하여 런던을 왕래하면서 주로 맨체스터에 거주한다. 1847년 그들이 속한 「의인동맹」(Bund der Gerichten)이 엥겔스의 동의로 그 명칭을 공산동맹(Bund des Kommunisten)으로 개정하기로 결의하고 이의 초안을 의뢰한 것이 계기가 되어 엥겔스는 "공산주의의 원리" (Grundsätze des Kommunismus)를 쓰고 이의 퇴고를 마르크스에게 맡겼는바 유려한 문체의 「공산당선언」이 작성되어 1848년 2월 파리혁명의 전야에 — 1월 15일 — 런던 거리에 뿌려졌다.

"선언"이 나오자 벨기에 정부는 이들에 대한 추방령을 내렸고 그러나 1848년 2월 혁명이 성공하자 독일에 있던 마르크스와 영국에 있던 엥겔스는 임시정부의 초청을 받기도 했지만 그곳에서의 형세는 5월 반전하여 6월의 탄압으로 이어졌다. 그리고 혁명의 여진은 1년이 채 지나지 않아 가라앉고 말았다. 예컨대 프로이센의 프리드리히는 혁명에 굴복하여 헌법을 약속하고 베를린이 민중의 손에 들어가기도 했지만 1849년 11월에는 모두가 제자리로 되돌아가고 명령 하나에 의회는 해산되었다. 1850년대는 혁명의 하강기였다. 경기는 회복되어 호경기가 계속되었고 마르크스와 엥겔스는 어려운 생활의 굴레에 갇혀 있었다. 곧 마르크스는 어려운 경제형편으로 자식 3명이 굶어죽었다. 엥겔스는 맨체스터에 붙어있어야 했다. 1851~2년에 마르크스는 "프랑스의 계급투쟁: 1848~1850"(*Die Klassenkämpfe in Frankreich 1848 bis 1850*)과 "루이 보나파르트의 부뤼메르 18일"(*Der achtzente Brumaire des Louis Bonaparte*)를 썼다. 그러나 마르크스는 런던박물관에 나가 새로이 정치경제학을 공부하기 시작했고 엥겔스는 "독일의 농민전쟁"(*Die Deutsche Bauernkrieg, 1850*), 독일의 혁명과 반혁명(*Revolution und Konter-revolution in Deutschland*), 전세계 — 인디아, 중국은 물론 동구의 상황에 따른 — 의 정치상황을 예리한 분석으로 써나갔다.

1857년 10월 ~ 1858년 8월 마르크스는 헤겔의 논리학의 영향하에서 그의 「정치경제학 비판의 기초」(*Grundrisse der Kritik der Politischen Ökonomie*)를 썼다. 그것은 1944년에야 출간된다. 그리고 그의 최초의 정치경제학 비판서인 *Zur Kritik der Politischen Ökonomie*

(1859)를 간행한다. 그것은 뒤에 나온 「자본론」의 첫부분에 해당한다. 특히 이 책의 "서문"(Einleitung)에서 그는 자신의 사상적 관점 — 뒤에 '유물사관'으로 알려진 — 을 「독일이데올로기」에 이어 명확하고 간결하게 집약하였다.

1864년 무렵 마르크스의 경제형편은 나아졌다. 엥겔스는 그를 런던의 빈민가로부터 주택가로 옮기고 그 자신도 아버지회사의 짐을 벗어 런던으로 이주하여 마르크스의 주택 맞은편에 이사했다. 마르크스의 「자본론」 1권도 끝나고 그는 2권의 내용에 들어와 있을 때였다. 그의 어머니의 사망과 더불어 일정한 유산이 그에게 건네졌다. 1865년경 그는 Hamburg를 방문하여 출판계약을 맺기도 한다. 1867년 그의 평생의 노작 「자본론」이 출간되었다. 500권이 찍혔으며, 그러나 학계는 이를 침묵으로 무시하였다. 그러나 그의 저서는 러시아 등에서 반향을 일으키고 1872년 Danielson에 의한 번역본이 출간된다. 수많은 외국어판에 뒤져 영어판은 1887년에서야 Samuel Moore가 번역했으며 엥겔스가 뒤에 있었음은 물론이다.

「자본론」 이후 이제 마르크스의 명성은 사회주의운동의 역사에서 보호되지 않으면 안되는 상황이 되었다. 그는 이후에도 1870년대 중반까지 자본론 2권을 위한 작업을 쉬지 않았지만 별다른 변화를 보이지는 못했다. 그는 「Wagner의 정치경제학에 대한 여백(餘白)」(*Randglossen zu Adolph Wagners Lehrbuch der politischen Ökonomie*, 1879) 을 썼고 혹은 1875년 Gotha에서 Lassalle 지지파와 마르크스 지지파의 연합회의에서 채택한 강령을 비판한 Kritik des Gothaer Programms을 썼다. 그러나 출판을 의도한 것도 진지한 독자적 체계를 쓴 것도 아니었다. 오히려 마르크스가 집중한 것은 1864년 그와 엥겔스와 중심이 되어 창설한 국제노동자협회(International Working-men's Association)에서 그들의 신념을 Proudhon 등 조합주의자들과의 투쟁에, 그리고 Bakhunin 등 무정부주의자들과의 투쟁에 바친 것이었다. 1871년 파리코뮌이 3월 18일 결성되고 그것은 약 2개월간 지속된 후 파리를 포위하고 있던 프로이센군대 — 당시 프랑스는 프로이센에 항복했다 — 와 지방의 반 파리세력을 모은 Thiers 정부군에 의해 4만 명의 Communards가 참혹하게 사망했다. 이어 6월에 있은 협회의 총회에서 발표된, 그가 쓴 프랑스내전을 분석한 "프랑스의 내전" (Der Burgerkrieg in Frankreich)을 발표했다. 그해 말 유럽열강의 압력 아래 사실상 노동자협회는 폐쇄되어 처음에 the Hague로 그리고는 뉴욕 부근의 Hoboken — 뉴욕에서 불과 수마일 떨어져 있으면서도 아무도 기억하지 못하는, 그러나 마르크스의 가까운 동료 Sorge가 이주해 살고 있는 — 으로 옮기면서 1872년 이래 협회의 그 이후는 알 길이 없다.

1870년대부터 엥겔스의 이론작업은 눈부신 결과를 낳고 있다. 그는 1876~78년 유명한 「Anti-Dühring」을 써서 당시에 Bernstein 등이 세력을 만들어가던 Dühring 주의자에 대항했다. 또 1884년 「가족, 사유재산, 국가의 기원」(*Der Ursprung der Familie, des Privat eigentums und des Staats*)을 출간했으며 1888년에는 「루드비히 포이에르바하와 독일관념론의 종언」(*Ludwig Feuerbach und der Ausgang der klassischen deutschen Philosophie*)을 출간했다. 그가 마르크스의 유업을 정리하느라 그의 시력은 거의 상실되는 처지에 들어갔지만 그는 자본론의 제 2 권과 제 3 권을 완결했다. 그가 끝내지 못한 부분 — 마르크스가 원래 자본론 3권으로 기획했던 — 은 뒤에 소련정부에 의해서 「잉여가치의 제 이론」(*Theorien über den Mehrwert*, 3 vols.)으로 출간되었다. 엥겔스는 자연, 자연과학의 변증법을 구상했다. 그러나 1880년대의 그의 생활은 집중적인 연구의 시간을 주지 않았다. 후에 그가 남긴 수고는 「자연의 변증법」(*Dialektik der*

Natur) 그리고, 또는 「자연과학의 변증법」(*Über die Dialektik der Naturwissenschaft*)으로 출간되었다.[1]

1883년 마르크스가 사망했을 때 그는 이미 2년 전 타계한 부인 Jenny von Westphalen과 함께 런던 교외에 있는 Highgate-Friedhof 공동묘지에 묻혔다. 이때 엥겔스의 조사가 감동적이었다.[2] 뒤에 Jenny의 친구이며 가정부인 Helene Demuth, 그리고 Paul Lafargue와 그의 처 Laura — 마르크스의 딸 —, 그리고 마르크스의 막내딸 Eleanor가 함께 묻혔으며 마르크스의 흉상 아래에는 “전세계의 노동자는 단결하라!”고 쓰여 있다. 1895년 엥겔스가 사망했을 때 철저한 유물론자인 그의 유언에 따라 화장된 그의 재는 강 위에 뿌려졌다. 그는 일부일처제를 부르주아가족제로 보았으며 결코 결혼하지 않았다. 그의 정신이 그가 남긴 저작들 속에서 살아있을 것을 그는 확신하였을 것이다.

제 2 절 마르크스의 초기저작

마르크스의 사상은 「공산당선언」(1848)을 분기점으로 초기저작과 후기저작 사이를 나누는 것이 일반적이다. 그가 후기에서 유물사관의 관점을 철저하게 관철한 데 비해 이들 초기저작에서는 주로 휴머니스트적인, 급진민주주의자로서의 모습을 보이고 있기 때문이

---

1) Engels, Dialektik der Natur, in *Marx Engels Werke*, Bd. 20, S. 305~707; Engels, *Über die Dialektik der Naturwissenschaft*(Köln: Pahl-Rugenstein Verlag, 1979).

2) 엥겔스는 1883. 3. 16. 마르크스의 묘지 곁에서 연설했으며 마르크스의 공헌은 ① 계급주의적 유물사관과, ② 잉여가치의 발견으로 요약하면서 “그의 이름은 100년은 더 지속할 것이며 그의 작품도 또한 그러할 것이다”고 예견했다. *Marx Engels Werke*, Bd. 19, 337.

다. 1930년 발견된 "파리수고"(Manuscrits de 1844)를 두고 거기에 나타나는 '소외'의 논의가 — 물론 그 이전에는 그 정도로 상세하게 그의 초기저작이 알려지지 않았던 것도 사실이지만 — 진정한 마르크스의 사상이라는 식의 흥분도 있었지만, 대체로 이들 논의는 그의 사상의 발전에서 초기의 한 형태로 이해하는 것이 타당하다. 따라서 예컨대 알투제(Louis Althusser)가 1845년 "포이에르바하에 관한 테제"를 계기로 마르크스가 과학의 모습을 갖추게 되었다고 주장한 것은 의미있는 지적일 것이다.

마르크스와 엥겔스의 사상은 헤겔, 포이에르바하, 프루동, 바우어형제, 모제스 헤스, 막스 스티르너 등 젊은 헤겔파, 라쌀레, 바쿠인, 뒤링 등 수많은 당대의 지식인들에 대한 투쟁을 통해 발전하고 명료화되었다. 여기서는 특히 마르크스가 어떻게 헤겔의 철학을 비판하고 혹은 수용하면서 그의 사상, 특히 유물사관의 관점을 발전시켜 나갔는가가 중요한 관심이 된다. 헤겔에 대한 마르크스와 엥겔스의 평가는 이중적이다. 그들은 헤겔사상이 지닌 엄청난 풍부성과 깊이, 그의 독창성과 백과사전적 섭렵을 높이 평가했다. 특히 그들은 헤겔의 변증법적 방법을 적극 수용했다. 그러나 동시에 그에 담긴, 관념론적 편향과 신비화, 범주들의 이행을 통한 변증법적 전개를 사유의 체계 속에 폐쇄하려는 그의 시도를 거부했다. 헤겔 철학에 대한 그들의 이해와 접근은 비판적 수용을 통해 그들의 유물사관적 관점을 확립하는 필수적인 과정이 되었던 것이다. 그러한 노력은, 어찌보면 1850년대 마르크스가 정치경제학에로 몰입하게 된 이유를 추측케 한다. 즉 이념적, 정치적, 사회적 형태의 분석은 그 토대가 되는 경제양식의 분석을 통한 법칙의 구명 없이는 무익한 언어의 논쟁으로 끝날 수도 있는 것이라고 마르크스는 생각했을 것이다. 이와 같은 견해가 확고해졌을 때, 마르크스는 이미 유물사관을 확립했다. 우리는 적어도 그 이전의 그의 사상의 발전을 여기서 살펴보는 데 그친다.

마르크스의 최초의 철저한 헤겔논의는 그가 1843년 3월~8월 기간에 썼던 "헤겔 법철학의 비판"이다.[3] 그것은 헤겔의 「법철학강요」 가운데 §§ 261~313에 이르는 부분에 관한 그의 평가, ── 헤겔의 수용과 비판 ── 를 담고 있다. 그가 파리에서 Arnold Ruge와 편집한 「독불연보」(*Deutsche-Frazösische Jahrbücher,* 1844 봄), S. 71~85에 실린 "헤겔 법철학비판에 관하여: 서문"은 다분히 논의에서 응축된 결론을 써놓고 있기 때문에 헤겔에 대한 논의라 보기 어렵다.

헤겔의 국가와 시민사회, 가족의 관계에 대한 다음 구절을 중심으로 살펴보자.

> §262. "실질적 이념은 정신이며, 정신은 개념의 두 관념영역, 즉 가족과 시민사회로 자신을 분열시켜 유한적 단계로 들어간다. 그러나 이 실질적 이념은 자기의 관념성을 넘어서 일어나 무한적인 실질적 정신으로 나타나기 위하여서만 그렇게 [이 유한적 단계에] 들어간다. 그러므로 실질적 이념이 이 자신의 유한적 실질성인 재료들, 곧 물질덩어리로서 인간을, 관련 영역들에, 어떤 특정개인에게 정해진 기능이 그의 상황, 변덕 그리고 삶에서 직분의 개인적 선택에 의해 명시적으로 매개되는 방식으로 배분되는 것이다."

헤겔은 국가를 가족과 시민사회의 "안에 내재적인 목적"(§ 261)이라고 보기 때문에 가족과 시민사회의 활동의 합리적 결과가 국가에서 이루어진다고 주장한다. 그러면서도 국가이성(Staatsvernunft)은 이의 "상황, 변덕 그리고 삶에서 직분의 개인적 선택"과 같은 매개

---

3) Marx, "Kritik der Hegelschen Staatsrechts," in *Marx Engels Werke*, Bde. 39 (Berlin: Dietz Verlag, 1988), S. 203~333. 영역본으로는 Joseph O'Malley ed. and tr., *Critique of Hegel's 'Philosophy of Right'*(Cambridge: Cambridge University Press, 1970)이 있다.

방식으로 실현된다고 말하고 있다. 이에 관해서 마르크스는 첫째, 가족, 시민사회를 여기서 헤겔이 국가개념의 영역으로 이해함으로써 "논리적, 범신론적 신비주의를 명확히 나타낸다"[4]고 비판한다. 또한 헤겔은 논의되는 합리성이 "상황, 변덕, 개인적 선택" 자체에서가 아니라 "이념의 결과로서, 매개된 현상"이기 때문에 있게 된다고 보고 있는 것이다. 곧 합리성의 근거를 "그들이 바로 이념의 유한성인 데서" 찾고 있다고 비판한다. 그러나 실제는 어떤가? 마르크스는 "가족과 시민사회는 국가의 존재양식이며, 그들이 스스로 국가를 만들어낸다. 이들은 국가의 적극적 요소[힘들]이다"고 말한다. 곧 "가족과 시민사회는 국가의 빛이 일어나는 어두운 자연토대로 나타난다."[5]

> "경험적 실재는 있는 그대로 받아들여지고 합리적이라고 말해진다. 그러나 그 자체의 이유로 합리적인 아니라 경험적 존재에 있어서 경험적 사실이 다른 것이라는 의미를 가지기 때문이다. 출발점이어야 할 사실은 그 자체로 생각되는 것이 아니라 오히려 신비적 결과로 상정되고 있다. 실재적인 것은 현상이다. 그러나 이념은 이 현상 이외에 다른 내용을 가지고 있는 것이 아니다. 더구나 이념은 논리적 목적, 즉 '무한적 실제정신으로서 실현된 것'에 불과하다."

시민사회가 실체이며, 국가는 이를 실현하는 수단임에도 불구하고 헤겔은 그 반대로 시민사회의 합리성이 국가에서 완성된다고 보고 있을 뿐 아니라 국가 그 자체를 이념의 한 현실태로 이해하고 있다. 곧 헤겔의 신비주의는 바로 이 관념론의 산물이라고 마르크스는 비판한다. "헤겔은 언제나 이념을 주어로 만들고 고유한, 실질적인 주어인, 예컨대 '정치적 정서' 같은 주어를 술어로 만든다는 것이

4) Ibid., S. 205.
5) Ibid., S. 207.

중요하다. 그러기에 발전은 언제나 술어부분에서 진행된다."[6] 곧 그는 실제의 주어를 "이념의 산물이며 술어로" 변형시켰다.[7]

> "그는 객관적인 것으로부터 그의 사상을 발전시킨 것이 아니라, 객관적인 것을 논리학의 추상영역에 기원을 두고 있는 선행관념과 합치시키고 있는 것이다."

곧 헤겔은 국가와 시민사회의 실제적 관계를 분석하는 대신에 시민사회에서 국가로의 이행을 논리학의 범주이행에서 설명해내고 있다. 시민사회와 가족이 "적극적 요소"로 작용하는 것이 아니라 "범주들이 활동적 원리로 제시되고" 있는 것이다. 헤겔의 신비주의는 심지어 종교적 교리를 원용한 듯한 색조를 띠고 있다. 즉 "개념은 이념 속에서, 아버지인 신 속에서 아들이며, 규정적이고 차별화하는 원리, 즉 능동자(agens)이다."[8]

여기서 헤겔은 현실적 인간들이 실제로 실현하는 데 나타나는 이성이 아니라 추상적 개념의 계기들의 실현이라는 의미에서 합리성을 논의하고 있는 것이 분명하다.[9]

> "국가의 목적과 국가의 권력은 신비화되어, 이들은 실제존재로부터 이끌어내고 거기서 절연된, 실체의 존재양식의 현상을 취하고 있으며 이 실체는 … 스스로 아는 그리고 의지하는 정신이다."

결국, 마르크스는 헤겔이 현대사회를 이해한 것에 대체로 동의하면서, 단지 신비에 덮인 방식으로 제시된 그의 표현에 비판을 가하고 있는 것이다. 마르크스는 모든 과학이 경험적 현실의 분석에서

---

6) Ibid., S. 209.
7) Ibid., S. 213.
8) Ibid.
9) Ibid.

시작해야 하며, 이에 비추어 명제를 발전시켜 나아갈 것을 요구한다.

「독불연보」에 나온 "유대인 문제"(Zur Judenfrage)[10] 에서 마르크스는 프랑스혁명의 계급적 성격을 "인간과 시민의 권리선언"(1789)의 분석을 통해 철저히 파헤치고 있다. 이의 10조에서 "어느 누구도 자신의 견해, 심지어는 종교적인 견해 때문에 박해받아서는 안된다"고 하고, 1791년 헌법 1장은 "모든 사람은 그가 신봉하는 종교를 행할 자유"를 인간의 권리로 보장하고 있다. 그리고 1793년 헌법은 인권선언 2조의 권리(자연적인 천부의 권리)가 "평등, 자유, 안전, 소유권이다"고 재확인하고 있다.

그러나 마르크스는 "인권선언"이 "인간의 권리를 시민의 권리로부터 분리시키고" "이기적 인간, 다른 사람과 사회로부터 분리된 인간, 곧 시민사회의 성원으로서 권리"로 변형시키고 있음을 지적한다. 1793년 헌법 6조는 말한다.[11]

> "사유재산의 권리는 자기의 동산과 수입, 자기의 노동과 근면의 과실을 향유하고 마음대로 처분할 모든 시민의 권리에 속한다."

그것은 "이기심의 권리"에 불과하다. "안전의 자유는 시민사회가 자신의 이기주의를 넘어서는 것을 허용하지 않는다. 안전은 또 하나의 이기심의 안전판이다."[12] 한마디로, 그는 프랑스의 "정치혁명은 시민사회의 혁명이다"[13]고 결론짓는다. 그렇다면, 마르크스가 기대했던 진정한 혁명은 무엇인가? 그것은 "경제 · 철학수고"에서 명

---

10) Marx, "Zur Judenfrage," in *MEW*, Bd. 1, S. 347~377. 영역본으로는 David McLellan tr., *Karl Marx: Early Texts*(New York: Barnes & Noble, 1971), pp. 85~114가 있다.

11) Ibid., S.364.

12) Ibid., S. 366.

13) Ibid., S. 367.

확히 나타나는 것처럼 "인간해방의 혁명"이다. 이와 관련해서 그는 루소의 「사회계약론」에서 인간성의 개조를 논의한 부분을 인용하고 있다. 그것은 "인간이 자기 자신의 힘을 사회적 힘으로 인식하고 이를 조직하며, 사회적 힘을 더 이상 정치적 힘의 형태로 분리하지 않는" 지점에 도달하면서 인간해방이 완결된다고 제 1 부의 끝에서 그는 명백하게 제시하고 있다.[14]

"헤겔 법철학의 비판에 관하여: 서문"에서 마르크스는 헤겔의 추상적이고 관념론적 관점에 반대하여 "인간은 인간, 국가, 사회속의 사람이다"고 실제적 인간을 중심으로 시작한다. 소외된 인간현실 속에서 인간의 "자기소외를 세속적인 형태에서 발견하는 것이 철학의 첫번째 과제"라면, 그것은 문제의 근본뿌리에로 파고들면서 가장 "급진적인," 그리고 진정한 철학이 될 수 있다고 주장한다.

인간소외의 현실 속에서 가장 철저하게 억압된 계급은 프롤레타리아트이다. 그것은 "보편적 고통"을 대변한다. 스스로는 시민사회의 계급이 아니면서, 이 "사회를 해체시킬 수 있는 특수계급은 프롤레타리아트이다." 프롤레타리아트는 지금까지 발전해온 "사유재산[의 체계]에 대한 부정"이며 "미래의 세계에 대한 프롤레타리아트의 역사적 권리"를 마르크스는 인정하고 있다.[15]

철학은 역사의 담지자와 결합하지 않는 한 무력하다. 또한 프롤레타리아트는 철학의 도움 없이는 자의식에, 즉 계급의식에 도달하지 못한다. 여기서 철학과 프롤레타리아트는 사회 내에서 성장해온 미래의 세계를 정복할 힘으로 융합된다.[16]

---

14) Ibid., S. 370.

15) Marx, "Zur Kritik der Hegelschen Rechtsphilosophie," in *MEW*, Bd. 1, S. 390.

16) Ibid., S. 385, 391.

> "비판의 무기는 물론 무기의 비판을 대체할 수 없다. 물질적 힘은 물질적 힘에 의해서 굴복되어야 한다. 그러나 이론은 민중을 붙들은 순간 또한 물질적 힘이 된다."
>
> "철학이 프롤레타리아트에게서 물질적 무기를 발견하는 것처럼 프롤레타리아트도 또한 철학에서 자신의 지적 무기를 발견한다.…"
>
> "철학은 프롤레타리아트를 지양하지 않고서는 자신을 실현할 수 없으며, 프롤레타리아트는 철학을 실현하지 않고서는 자기 자신을 지양할 수 없다."

1930년 발견된 마르크스의 "경제·철학수고"(1844)는 4부로 구성되어 있으며 헤겔 철학에 대한 이해와 비판을 통해, 특히 소외와 공산주의 개념을 발전시키고 있다. 거기서 그는 "헤겔의 「현상학」과 「논리학」 이래 진정한 이론적 혁명을 포함한" 포이에르바하의 저작을 언급하면서 "최초의 긍정적 인간주의적 및 자연주의적 비판은 포이에르바하에서 시작한다"고 높이 평가했다.[17] 사유재산의 제도에 의해 자본주의는 인간을 자연으로부터 분리했다. 그러나 "자연은 인간의 무기적 신체이다." 자연으로부터 인간의 분리는 노동 이외에는 생존의 방법을 가지지 못한 노동자를 만들어냈고, "소외된 노동은 1) 인간으로부터 자연을 그리고 2) 인간들 그 자신으로부터 소외시킨다. 그것은 또한 인간으로부터 인류를 소외시킨다. 그것은 그의 종적(種的) 삶을 개인적 삶을 향한 수단으로 만들어놓는다."[18]

> "인간소외와 일반적으로 인간의 자기 자신에 대한 모든 관계의 소외는 인간의 다른 사람과의 관계 속에서 처음으로 실현되고 표현된다."

---

17) Marx, "Economic and Philosophic Manuscripts of 1844," in David McLellan tr., *Karl Marx: Early Texts*(New York: Barnes & Noble, 1971), p. 132.

18) Ibid., pp. 139, 141.

사회관계의 소외는 바로 임금과 사유재산이 동일한 것임을 보여준다.[19]

> "임금은 소외된 노동의 직접적 결과이며, 소외된 노동은 사유재산의 직접적 원인이다."
> "사유재산은 외화(外化)된 노동, 즉 외화된 인간, 소외된 작업, 소외된 삶, 소외된 인간개념의 분석의 결과이다."

그러므로 마르크스는 노동소외의 극복은 "진정한 인간적인 소유"를 가져올 것이며, 그것은 최종적 단계로서 "공산주의"라고 보았다. 즉 이 시기 공산주의라는 용어는 잘 알려지지 않았을 뿐더러 마르크스 자신도 여기서 공산주의로의 첫걸음을 내딛는 것을 보여준다. 그의 진정한 공산주의 개념을 자세히 인용해 보자.[20]

> "세 번째로[마지막으로], 사유재산의 긍정적 폐기와 이로서 인간소외의 지양으로서 따라서 인간에 의한 인간을 위한 인간본질의 진정한 재사용으로서 공산주의가 있다. 이 공산주의는 모든 이전의 발전에서 만들어진 부를 보존하면서 인간이 사회적, 즉 인간적 존재로 완전하게 의식적으로 되돌아가는 것이다. 완전한 자연주의로서 공산주의는 인간주의인 동시에 완전한 인간주의는 자연주의이다. 그것은 인간과 자연의, 그리고 인간과 인간의 대립에 대한 진정한 해결이다. 그것은 존재와 본질, 객체화와 자기확인, 자유와 필연, 개인과 종 사이의 투쟁에 대한 진정한 해결이다. 공산주의는 역사의 수수께끼에 대한 유일한 해결이며 공산주의 자체가 이 해결임을 알고 있다."

인간의 자기소외는 공산주의적 사회관계에 들어서면서 극복되고 새로이 "종적 의식"을 획득하면서 개체는 사유하는 존재로서 보

19) Ibid., pp. 144, 143,
20) Ibid., p. 148.

편성 속에서 자신의 종적 존재를 확인하게 된다.

마르크스는 헤겔의 「정신의 현상학」을 "헤겔 철학의 산실"이라 부르면서, 헤겔은 바로 인간의 소외를 이론적으로 붙들었다고 격찬하였다.[21]

> "이처럼 「현상학」은 여전히 스스로 흐릿하고 신비화하는 숨겨진 비판이다. 그러나 그것이 인간의 소외를 붙든 한에서, 비록 인간이 정신의 형태로서만 나타나고 있음에도 불구하고, 그것은 감추어진, 헤겔 자신의 관점을 훨씬 넘어선 방식으로 자주 이에 준비되고 설명된, 비판의 모든 요소를 포함하고 있다."
>
> "그러나 헤겔은 그럼에도 불구하고 단지 추상적이고 논리적이고 사변적인 역사적 운동의 표현을 발견했으며, 이 속에서 부정의 부정이 담긴 긍정적 측면을 유일한, 고유한 긍정으로 파악했으며 거기에 담긴[부정의 부정에 담긴] 부정적 측면을 모든 존재의 진정한 자기확인만으로 이해했다. 이 역사는 전제된 주체로서 인간의 진정한 역사는 아직 아니다.…"
>
> "헤겔에게는 인간적 본질, 인간은 자의식과 같은 것이다. 따라서 인간본질의 모든 소외는 자의식의 소외 이외의 아무것도 아니다."

마르크스의 헤겔평가는 위에서 보는 것처럼 유보적인 부분이 있음에도 불구하고 대체로 매우 높은 평가라고 할 수 있으며, 약간의 수정이 허용된다면 자신의 사상에 그대로 부합하는 것이라고 인정하고 있다. 따라서 그는 헤겔의 사상, 특히 그의 변증법에 대하여 무한한 경의를 보이고 있다.[22]

> "그러므로 헤겔의 「현상학」과 이의 최종적 산물인, 운동과 창조

---

21) Ibid., pp. 163, 160, 165.

22) Ibid., p. 164.

> 의 원리로서 부정의 변증법의 위대성은 … [여기에] 있다. 곧 헤겔은 인간의 자기창조를 과정으로서, 객체화를 대상의 상실로서, 외화와 이 외화의 지양으로서 파악한다. 따라서 이것은 그가 노동의 본질을 붙들었으며, 실제의 인간 그 자신의 노동의 결과로서[보았기] 때문에 객관적 인간을 진정한 것으로 이해한 것을 의미한다."

그리고 "포이에르바하에 대한 테제"(1845)에서 마르크스는 철학의 임무를 세계의 해석에 그치지 말고 변혁시키는 데 있다고 주장했다.[23)]

> "테제 11: 지금까지 철학자는 세계를 이러저러한 방식으로 해석해왔다. 문제는 [어떻게 세계를] 변혁하는가에 있다."

그것은 이론과 실천의 통일을 요구하는 마르크스주의의 특징을 이룬다. 동시에 마르크스 특유의 지식이론의 근거를 제공하는 것이기도 하다.

제 3 절 마르크스·엥겔스의 철학: 유물사관과 유물변증법

마르크스와 엥겔스의 철학은 유물사관과 유물변증법으로 설명되고 있다. 그들이 수많은 글들을 남겼지만 자신들의 사상을 철학적으로 체계화한 것은 아니다. 더구나 유물사관은 처음 헤겔의 관념론적 역사인식에 반대하여 현실주의적인, 경험론적 관점에서 역사를 보아야 한다는 단순한 제시에서 시작하여 나아가 역사를 관통하는 중심적인 토대를 유물론적 관점에서 경제구조, 특히 각 단계에서 있

---

23) Marx, "Thesen über Feuerbach," 11. in *MEW*, Bd. 3, S. 7.

게 되는 생산력과 생산관계의 모순을 해결하고 다시 다음 단계에서 새로운 모순으로 발전해가는 방식으로 설명하는 역사해석이다. 그것은 때로는 역사발전의, 사회내부를 관통하는 법칙으로 생각되었으나, 보다 합리적으로 본다면, 사회과학의 가장 유효한 가설 혹은 경향으로 보는 것이 타당하다.

마르크스와 엥겔스의 유물사관은 처음 「독일이데올로기」(1845)에서 구체화되었고 「철학의 빈곤」(1847), 「공산당선언」(1848)에서 부분적으로 적용되었다. 그러나 그것이 정식화된 것은 마르크스의 「정치경제학비판에 관하여」(1859)의 "서문"과 엥겔스의 「반 뒤링론」(1878)에서 찾아볼 수 있다.

유물변증법은 마르크스와 엥겔스의 사상을 종합적으로 정리하면서 도달하는 그들의 전체 철학의 체계라고 할 수 있다. 그것은 역사(사회)는 물론, 자연과 사유를 지배하는 법칙이다. 역사(사회)는 자연의 일부로서 그러나 자연으로부터 분리된 특수한 전개라는 측면에서 유물변증법이 적용되는 특수범주이며 복잡하고 조건이 부수되는 법칙이라고 할 수 있다. 사유의 변증법은 이의 효력과 진리가 객관적 현실에 부합할 때에만 인정될 수 있는 것으로서, 이들 세 개의 영역은 서로 연관된 단일의 변증법이다. 곧 사유의 변증법은 자연·역사의 변증법의 발전에 상응하여 수정되고 보다 타당한 법칙으로 인정된다.

마르크스와 엥겔스는 그들의 후기에 와서야 유물변증법을 체계화하는 작업에 착수할 수 있었다. 곧 엥겔스는 1776~78년의 「반 뒤링론」에서 이의 상당부분을 제시했다. 그리고 그들은 헤겔의 주관변증법을 확대하여, 헤겔체계의 신비적 부분을 제거함으로써, 유물변증법의 관점과 법칙을 어느 정도 제시할 수 있었다. 그럼에도 불구하고 그들의 전체 철학은 엥겔스가 1866년부터 76년까지 자연의 변증법에 대한 깊은 연구가 있기까지 — 불행히도 그는 다른 긴급한 투쟁의 과제와 마르크스의 유업을 완결하는 임무에 밀려 —, 그리고 그의 말년의 간헐적인 연구를 통한 지속적인 관심을 쏟았지만 「자연의 변증법」— 그리고 또는 「자연과학의 변증법」— 을 완성하지 못했다.

그들 생애의 대부분의 논의가 유물사관에 집중되고 있기 때문에 여기서 먼저 이를 간략히 정리해 보겠다. 이 분야는 과학으로 정립하는 데 어려움이 많기 때문에 오늘날에는 러시아의 경우 "철학연구소"에서 Viacheslav Stepin 소장의 지도하에 연구가 진행되고 있으며, 유물변증법은 쌍뜨 뻬쩨르부르크(구 레닌그라드) 대학 철학부 V. P. Rozin 학장의, 그리고 오늘날에는 Yuri Solonin 학장의 지도하에서 중심적으로 진행되고 있다.

1. 유물사관

마르크스와 엥겔스의 역사관은 헤겔의 관념론이 제기하는 문제에서 출발했다. 역사를 정신의 운동으로 보았던 헤겔의 역사철학은 독일의 역사학의 "가장 세련된 표현"이었음에도 불구하고, "이 관념은 그러나 역사영역에서 [관념론적] 철학에 종지부를 찍는다. 마치 자연의 변증법적 관념이 모든 자연철학을 불필요하고 또한 불가능하게 만든 것처럼,"[24] 마르크스와 엥겔스는 역사의 유물론적 해석을 그에 대신하여 제시하고 있다.[25]

---

24) Engels, "Ludwig Feuerbach und der Ausgang der Klassischen deutschen Philosophie,"(1888) in *Marx Engels Werke*, in 42 Bde.(Berlin: Dietz Verlag, 1969), Bd. 21, S. 306.

25) Marx und Engels, Die Deutsche Ideologie, in *Marx Engels Werke*, Bd. 3, S. 37.

"[민족]역사를 세계역사로 변화시키는 것은 실로 단지 세계정신 또는 어떤 형이상학적 유령의 편에서 '자의식'으로 일어나는 추상적인 행위가 아니라 완전히 물질적인, 경험으로 증명할 수 있는 행위, 모든 개인은 오고 가는 동안 스스로 먹고 입는 데서 증거가 제공되는 행위임이 위의 논의로부터 따라온다."

그들에게 유물론적 관점에서 인간의 삶에 가장 중요한 것은 생산이었다. "첫번째 역사적 행위는 그들의 필요를 충족시킬 수단의 생산, 즉 물질적 삶 그 자체의 생산이다"고 그들은 말한다.[26]

"인간은 그들의 관념, 이념들의 생산자이다. 실제의, 활동하는 인간으로서 그들은, 더 이상의 형태에 이르기까지, 그들의 생산력과 이에 상응하는 교환의 일정한 발전에 의해 조건지워진다."

"일정한 방식으로 생산에서 활동적인 개인들은 일정한 사회, 정치적 관계에 들어간다."

여기서 마르크스와 엥겔스는 인간의 삶과 역사는 무엇보다도 먼저 물질적 생산의 과정에 의해서 결정된다고 보고 있다. 이러한 개괄적인 관점은 1859년 마르크스의 「정치경제학에 관하여」(*Zur Kritik der Politischen Ökonomie*)에서 정식화되고 있다.[27]

"인간이 수행하는 사회적 생산에 있어 그들은 필수적인 그리고 그들의 의지와 관계없이 일정한 관계에 들어간다: 이들 생산관계는 이들의 물질적 생산력의 일정한 발전단계에 상응한다. 이들 생산관계의 총계는 사회의 경제구조를 구성하며, 이 진정한 기초 위에서 법적, 정치적 상부구조가 일어나며 일정한 사회의식의 형태가 그에 상응한다. 물질적 삶의 생산양식이 삶의 사회적, 정치적, 정신적 과

---

26) Ibid., S. 26, 25.

27) Marx, "Vorwort," Zur Kritik der Politischen Ökonomie," in *Marx Engels Werke*, Bd. 13, S. 8~9.

정의 일반성격을 규정한다."

물질적 생산은 다시 생산력과 생산관계로 나뉘고, 다시 사회는 "경제구조"와 "상부구조"로 나뉜다. 뒤에 보는 것처럼 의식이 존재에 종속되는 것처럼, 상부구조는 경제구조, 곧 토대에 의해 규정되며, 생산관계는 생산력에 상응할 수밖에 없다는 관점이 여기서 설명된다. 그러한 설명이 설득력을 갖기 위해서는, 하나가 다른 하나에 미치는 영향의 성격을 분명히 하는 것이 필요하다. 이에 관해서 엥겔스는 편지에서 다음과 같이 말한다.[28)]

> "역사의 유물론적 관념에 관하여, 역사에서 최종적으로 결정적인 요소는 실질적 삶의 생산과 재생산이다. … 경제적 조건은 토대이다. 그러나 상부구조의 다양한 요소들, … 이 모두가 역사적 투쟁에 영향을 발휘하고 많은 경우에는 이 투쟁의 형식을 결정한다."

위에 인용한 엥겔스의 최후의 발언은 많은 의미를 함축하고 있다. 첫째, "실질적 삶의 생산과 재생산"은 문명에서처럼 단지 물질적인 생산만도 아니다. 문명 이전의 사회에서는 인간 자체의 재생산이 더욱 중요하다. 자본주의 이후의 사회가 문명 이전의 사회의, 보다 높은 단계에서, 재현이라면 우리는 이 부분을 좀더 상세히 살펴볼 필요가 있으며 다음 절에서 논의하게 될 것이다. 우선 엥겔스의 이 부분을 들어보자.[29)]

> "유물론적 관념에 의하면, 역사에서 결정적 요소는 최종적으로는 직접적 삶의 생산과 재생산이다. 그러나 이 자체는 두 개의 성

---

28) "Engels to J. Bloch in Königsberg"(1890. 9. 21, London), in *Marx, Engels, Lenin, On Historical Materialism*(Moscow; Progress Publishers, 1972), p. 294.

29) "Zur ersten Auflage 1884," Der Ursprung der Familie, des Privateigentums und des Staats, in *Marx Engels Werke*, Bd. 21, S. 27~28.

격을 가지고 있다. 한 편에 있어서는 생계수단의, 즉 식료, 옷, 주거, 따라서 필요한 도구 같은 것의 생산이며, 다른 한편은 인간 자체의 생산, 곧 인류의 번식이다. … 고대사회는 성별집단에 근거했다."

둘째, 토대와 상부구조의 영향력의 비교에서 "최종적으로" 토대의 선차성(先次性)을 인정하고 있지만, 중간단계에서 상부구조의 중요성은 "많은 경우에는 이 투쟁의 형식을 결정하는" 정도이다. 결국, 우리는 언제가 최종적인지 확인하기 어려우며, 우리가 이를 생산력과 생산관계에 관련시킨다면 형식의 내용에 대한 선차성을 간접적으로 — 그리고 부분적으로 — 시인하는 것은 아닌가 하는 문제가 제기될 수 있다. 이에 관해서는 변증법에 관한 「소련의 철학」의 한 구절이 도움이 된다.[30]

"내용과 형식은 항상 함께 발견된다. 내용이 결정적인 면이지만, 형식은 비록 내용에 종속되기는 하지만 수동적인 것은 아니다. 형식은 내용에 작용하며 발전에서 매우 커다란 역할을 수행한다."

마르크스와 엥겔스는 사회를 하나의 유기체로 이해했다. 특히 마르크스는 그의 「정치경제학 비판의 기초」(1857~58)에서 사회를 "경제적 사회구성체"(die ökonomische Gesellschaftsformation)라 부르며 역사의 진행을 생산력(내용)이 그에 상응하는 생산관계(형식)의 질적 변화를 통해 만들어가는 과정으로 이해한다. 마치 헤겔에게서 정신이 역사의 주체라면 여기서 우리는 물질적 존재로서 생산력이 그에 해당하는 인상을 받는다. 생산력은 사회 내의 자원, 노동총계, 축적된 부, 기술과 조직의 수준 등을 가리킨다. 그리고 생산력 가운

30) Thomas Blakeley, *Soviet Philosophy: A General Introduction to Contemporary Soviet Thought*(Dordrecht, Holland: D. Reidel Publishing Co., 1964), p. 31.

데 가장 중요한 것은 "생산수단" — 한 사회의 기술수준과 축적된 자본의 결합형태 — 이다.[31] 기술, 혹은 과학 그 자체는 한 사회의 발전을 측정하는 지표이지만 형식이지 내용이 아니다.

생산력과 생산관계의 모순은 경제위기에서 첨예화한다. 끊임없이 발전해가는 생산력은 고정된 형식으로서 생산관계의 한계를 깨뜨리고 새로운 형식으로 이행할 수밖에 없다. 그리고 이 모순은 정치적 형태로 부상한다. 곧 생산관계 속에 들어간 계급들 간의 투쟁이 역사의 과정을 이룬다. 따라서 "지금까지의 역사는 계급투쟁의 역사이다"고 그들은 「공산당선언」에서 밝혔다.[32]

> "국가 내의 모든 투쟁, 즉 민주정·귀족정·왕정을 위한 투쟁, 선거권투쟁 등등은 상이한 계급들이 그들 사이에 치루어내는 진정한 투쟁의 환상적 형태에 불과하다."

마르크스와 엥겔스는 사회의 모든 투쟁의 형태들을 계급투쟁에로 환원했을 뿐만 아니라 계급투쟁이 계급들 간의 이익과 이해를 반영하는 투쟁일 것이라고 처음에는 단순화했다.[33]

> "관계가 사건을 필연적으로 만들어낸다는 것이 지적되자마자 어떠한 외적 조건하에서 사건이 실제로 일어나고, 비록 필요가 있

---

31) "물질적 재화의 생산방식"을 "생계유지의 수단의 확보유형과 방식"의 핵심으로 보는 유물사관은 "생산도구"(Produktionsinstrumente)를 가장 중요한 요소로 보고 있다. "Über dialektischen und historischen Materialismus," in *Geschichte der kommunistischen Partei der Sowjetunion*(Berlin: SWA Verlag, 1947), S. 162. 최근의 소련에서는 생산수단을 "사회적 물질"(die soziale Materie)과 모든 사회적 관계의 객관적 토대(die objektive Grundlage aller gesellschaftlichen Verhältnisse)의 결합으로 인식한다. F. Konstantinow et. al., *Grundlagen der Marxistisch-Leninistischen Philosophie*(Berlin: Dietz Verlag, 1971), S. 314. 마르크스도 "노동수단(Arbeitsmittel)을 통해서 [사회구성체의] 경제단계가 구별된다"고 말하고 있다. *Das Kapital*, Bd. 1, S. 194~195.

32) Die Deutsche Ideologie, in *MEW*, Bd. 3, S. 33.

33) *Marx Engels Werke*, Bd. 1, S. 177.

다고 하더라도 일어날 수 없는가 규정하는 것은 어렵지 않다. 마치 화학자가 어떤 외적 조건하에서 물질이 결합하는가를 규정할 수 있는 것처럼 누구나 거의 동일한 확실성을 가지고 이를 규정할 수 있는 것이다."

이러한 예측의 확실성은 존재가 의식을 결정한다는 유물론적 관점에서 노동계급은 노동계급의 이익을 위해 투쟁한다는, 즉자적 노동자는 대자적 노동자일 것이라는, 그리고 노동계급의 투쟁은 이를 대변하는 정당에 의해서 반영될 것이라는 초기의 단순한 기대에 근거한 것이다. 그러나 1850년대에 들어가면서 그들은 이들 사이에는 매개변수가 작용한다는 사실을 깨닫게 된다. "프랑스의 계급투쟁"(1852)에서 마르크스는 자조적(自嘲的)으로 다음과 같은 분석을 내놓았다.[34)]

> "프랑스공업가들은 … 자기들의 계급이익을 전면에 내놓았다. 그들은 … 그들 계급의 집산적 이익에 반대하는 이익에 [사건의 경과에 따라] 봉사하지 않으면 안되었다. … 프랑스에서 쁘띠부르주아는 산업부르주아가 정상적으로 하는 일을 한다. 그리고 노동자는 정상적으로는 쁘띠부르주아의 과제를 수행한다. 노동자의 과제는 누가 해낸단 말인가? 아무도 없다."

그들이 「공산당선언」에서 단순화했던 계급관계도 계층분화가 다양화함에 따라 더욱 복잡해졌다는 점이 이제 분명해졌다. 마르크스는 "노동자, 자본가, 지주들 간의 사회적 노동분화에 의해 야기된 이해와 직분의 무한한 단편화"[35)]를 지적하였다. 그러면서도 마르크

---

34) Marx, "Die Klassenkämpfe in Frankreich 1848 bis 1850," in *Marx Engels Werke*, Bd. 7, S. 79.

35) 영국의 경우를 가리켜 그는 "거기에서는 계급의 계층화는 순수형태로 나타나지 않는다. 여기서는 중간, 과도단계들이 모든 특정경계를 지워버린다"고 지적하면서 계급분석의 한계를 의식하고 있다. *Das Kapital*, Bd. 3, S. 870~871.

스는 이행의 객관적 조건, 즉 사회화된 노동과 사적 전유(私的 專有)의 모순, 과잉생산과 과소소비의 공황, 생산재 부문과 소비재부문의 불균형을 「자본론」에서 설명할 수 있었으며, 이행의 주관적 조건으로서 단일화된 프롤레타리아계급과 그에 봉사하는 철학의 존재를 들어 임박한 혁명을 예고했다.

자본제사회가 사회주의사회로 이행하는 것이 "역사적 필연성"을 가지고 있다고 보았던 그들은 미래의 사회는 생산수단의 국유화를 통해 계획경제를 실시할 것이라고 전망했다. 지배계급의 수단이었던 국가는 생시몽이 예견했던 "사물의 관리"로 그 역할이 전환된다. 그러면서 원래의 의미의 국가는 고사(枯死)한다고 그들은 주장했다. 그리고 모든 사람은 능력에 따라 일하고 필요에 따라 향유하는 사회로 들어선다. "생산자들의 자유로운 결사"인, 파리코뮌과 같은, 공동체(Gemeinde)에서 각 개인은 그의 신체적, 정신적인 모든 재능을 발달시킬 기회를 제공함으로써 생산적 노동이 그들의 해방의 수단이 될 것이다[36]고 엥겔스는 주장했다. 그것은 돌바하가 타인을 행복하게 함으로써 자신도 행복해진다는 자연법을 강조한 요지를 실천적 규율로 생활화한 것을 의미한다고 하겠다.

2. 유물변증법

유물변증법은 "자연, 사회, 인간의 사유에 관한 가장 보편적인 법칙"이다. 그러나 마르크스와 엥겔스는 그들의 유물변증법을 생애의 후기인 1870년대부터 구체화하기 시작했고 특히 엥겔스는 이를 완성하지 못한 채 생을 마감하고 말았다. 유물변증법이 자연과 사회

36) Cf. Anti-Dühring, in *MEW*, Bd. 20, S. 288.

의 발전에 따른 객관자료에 의해 보완되고 입증되어야 하는 것인 이상, 그것은 발전과정에 놓여있는 법칙이다. 그들이 대부분의 저작을 유물사관의 관점에서 취급했기 때문에 유물변증법의 상당부분은 그에 기원을 두고 있다. 곧 "여기 [유물사관]에서 유물변증법의 가르침에 관한 많은 부분의 기원을 볼 수 있다."[37] 우리는 유물변증법을 설명하는 데 필요한 최소한의 논의를 유물사관에 관한 그들의 논점을 중심으로 요약하고, 이어서 헤겔의 논리학이 사유의 변증법으로서 대부분 수용되고 있기 때문에 이를 다시 간단히 변증법의 제 법칙과 관련하여 살펴볼 것이다. 그리고 자연의 변증법에 관해서는 입문적인 수준에서 언급하고 뒷절에서 보다 깊이있게 논의하게 될 것이다.

유물변증법의 한 부분이며, 사회를 대상으로 하는 변증법, 즉 사회와 역사에 관한 법칙을 유물사관이라 한다. 곧 변증법의 일부로서 유물사관은 자연의 일부이며 동시에 특수한 영역 — 즉 여기에서는 물질의 축적, 그리고 모순에 대한 인위적, 제도적 확장과 인간의 의식, 지식에 의한 실천적 개입의 특수성 — 이기 때문에 유물변증법의 일반법칙은 "적용되지만 특수한 형태로서" 나타난다. 그리고 이 분야에 대한 마르크스와 엥겔스의 폭넓고 깊이있는 연구가 있었기 때문에 우리는 보다 풍부하게 검증의 논의를 할 수가 있는 것이다.

인간사회는 자연의 일부이며 인간은 자연적 존재라는 전제에서 유물사관은 유물변증법의 일부이다. 역사가 자연사 — 인간의 집산적 실천이 모순에 대한 인식을 기초로 있게 되는 진정한 인간의 역사와 구분하여 — 에 머무르는 한, 거기에 작용하는 법칙의 발견은

37) Blakeley, op. cit., p. 54.

유물사관을 "과학"으로 승격시킬 수 있게 해준다. 마르크스가 「자본론」 1권에서 "현대사회의 경제적 운동법칙"[38]을 규명하려고 했던 것도 이러한 의도에서였다. 마르크스가 그의 초기의 글들에서 "철학"을 논의하고 있는 것도 대체로 이러한 법칙에 근거한 자유와 합리성의 실현이라는 과제로 의미하고 있다. 곧 그것은 자본제사회의 냉혹한 분석과 해방의 과제이다. 마르크스와 엥겔스는 철학을 노동계급과 결합시키려고 했다. 왜냐하면 노동계급은 자본제사회와 가장 모순되는, 생산관계 속에서 적대세력일 뿐 아니라 이 생산관계의 형식을 깨뜨릴 혁명주체이기 때문이다. 그들은 노동계급을 "중산계급적 사회의 노예제"에서 심지어 이 외피를 극복할 수 있는 물질적 힘, 즉 "생산력 그 자체이다"고 「신성가족론」에서 말하고 있다. 그리고 철학은 노동계급과 결합하여 이의 지적인 무기가 될 수 있다.[39]

> "이 생산력 자체는 더욱 강화된 에너지와 함께 기존 모순의 제거를 향하여, 자본으로서 그들의 속성을 폐지하는 것을 향해, 사회적 생산력으로서의 그들의 성격을 실제로 인정받도록 밀고 나아간다."

그리고 이 결합의 문제는 현대사회주의가 "노동계급의 반영"[40]이기 때문에 이 문제는 곧 의식과 존재의 동일성을 확보하는 문제

---

38) *Das Kapital*, Bd. 1, S. 15.

39) Anti-Dühring, in *MEW*, Bd. 20, S. 258.
"철학이 프롤레타리아계급에서 자신의 무기를 발견하는 것처럼 바로 그렇게 프롤레타리아계급은 철학에서 자신이 지적 무기를 발견한다." 그러나 이러한 초기사상의 표현보다도 엥겔스의 위 인용이 더욱 중요하다. 우리는 여기서 라메트리에게 왜 철학이 즐거운 유희가 아닌, 위험한, 치열한 명제인가를 생각하게 된다.

40) Anti-Dühring, in *MEW*, Bd. 20, S. 250. 동일성의 확보는 그러나 간단하게 주어지는 것이 아니다. 한 시대의 지배적 사상은 지배계급의 사상이며 노동계급은 그에 포섭되어 있다. 사회주의로 무장한 정당만이 "외부로부터" 노동계급에게 의식을 수혈·각인할 수 있는 것이다.

가 된다. 헤겔 철학에 관하여, 그리고 이미 포이에르바하를 포함하여, 마르크스는 철학의 과제를 "이 세계를 이해하는 것만이 아니라 이를 변혁시키는 데 있다"[41]고 선언한다. 그리고 독일노동계급운동은 독일고전철학[— 헤겔과 마르크스, 엥겔스의 철학을 포함하여 —]의 상속자이다[42]라고 엥겔스는 확인한다.

유물사관은 크게 세 부분으로 나눠볼 수 있다. 첫째, 생산양식과 상부구조로 구성된 유기적인 사회체의 단계적 변형이다. 이는 생산양식을 구성하는 생산력과 생산관계의 모순에서 일어나며 끊임없이 운동하는 생산력이 고정된 생산관계를 깨뜨림으로써 발생한다. 둘째, 자본제사회의 발전과 함께 부르주아지와 프롤레타리아트의 적대세력 간의 계급투쟁이 정치투쟁의 형태로 진행한다. 이의 근저에는 생산관계의 중심에 놓여 있는 소유관계가 중요하다. 셋째, 자본주의의 근본모순인 사회화된 생산력과 전유의 사적 형식은 계급투쟁을 통해 이의 극복형태인 사회주의로 나아간다. 생산수단의 국유화를 기초로 한 경제계획하에서 시민사회적 대립과 계급도구로서 국가는 그 의미를 잃는다.

사유의 변증법은 유물사관의 요약을 다시금 3개 법칙의 관철로 설명한다. 헤겔은 논리학에서 정신의 자기운동으로서 자의식의 전개를 논의했지만 그가 사용한 변증법적 사고는 사회와 자연의 경험 속에서 녹아나온 것이다. 따라서 엥겔스는 헤겔은 "변증법적 사고의 가장 본질적 형태들을 분석했다"[43]고 평가했다.

---

41) "Die Philosophen haben die Welt nur verschieden *Interpretiert*; es kömmt drauf an, sie zu verändern."

42) Ludwig Feuerbach und die Ausgang …, in *Marx Engels Werke*, Bd. 21, S. 307.

43) Engels, *Herrn Eugen Dührings Umwälzung der Wissenscheft*, in *Marx Engels Werke*, Bd. 20, S. 23, note.

사유의 변증법은 3가지로 설명된다. 첫째, 양의 질로의, 그리고 그 반대로의 전화이다. 전개과정에는 양의 증대, 그리고 이의 한계에서 질적인 비약 — 결절점(Kuotenpunkt)에서 도약(Sprung) — 이 있고 다시 새로운 양의 증대로 나아가는 것이 묘사된다. 연속성과 단절, 그리고 연속성이 물질세계의 운동에서 그리고 사회구성체의 역사에서 관철된다고 그들은 보았다. 엥겔스는 이를 고체상태의 물이 액체로, 다시 기체로 열을 가하면서 형태변화를 일으키는 것으로 설명한다.[44] 사회의 역사에서 생산관계의 형식변화를 이에 대입할 수 있을 것이다.

둘째, 대립물의 상호침투의 법칙이다. "모든 규정은 한계이다"는 스피노자의 명제처럼 변증법은 운동의 삶을 통해 모든 존재의 대립물을 화해로 이끌며 보다 높은 단계에서 이를 다시 분화시키는 것이다.[45] 여기서 대립과 화해, 즉 통일의 관계가 문제된다. 즉 대립은 긴 시간에 걸치는 과정이며, 통일은 새로운 테제의 출발점이다. "전개는 대립물의 '투쟁'이다"고 보는 레닌은 대립물의 통일(일치, 동일성, 결과물)은 조건적, 일시적, 과도기적, 상대적인 데 비하여, "상호간에 배제하는 대립물의 투쟁은 절대적이다"고 「변증법에 관하여」(1914)에서 말하고 있다.[46]

셋째, '부정의 부정' 법칙이다. 엥겔스는 보리알이 파종되어 성장하고 마침내 곡식을 수확하면서 원래의 보리알이 과정에서 부정되었다가 마침내 그에 대한 부정으로 곡식으로 생산되는 것을 예를 들어 설명한다.[47] 대립물의 상호침투법칙은 자본주의 사회에서 부르

---

44) Ibid., S. 117~118.

45) Dialektik der Natur, in *Marx Engels Werke*, Bd. 20, S. 282.

46) Lenin "On the Question of Dialectics,"(1914), in *Collected Works*, in 45 vols., vol. 38, p. 358.

47) Anti-Dühring, in *MEW*, Bd. 20, S. 126.

주아지가 프롤레타리아트를 양산하며 이들 간에는 통일에 이르기까지 모순 속에서 투쟁한다는 것을 보여준다. 또 부정의 부정법칙은 인류역사의 전사(前史)인 원시·야만의 단계에 있었던 gens 사회가 국가의 무력과 함께 등장한 사유제적 문명사회를 거쳐 보다 높은 단계에서 원래의 사회로 귀환하는 것을 예고하고 있다고 해석한다. 그것은 원시공산사회의 보다 높은 생산력의 기초 위에 서 있는, 재현인 것이다.

유물변증법은 자연에 관한 일반법칙이다. 그것은 물질존재나 이의 존재양식인 운동에 관한 과학적 인식에 근거하여 세워진 가설이다. 물질은 인간의 인식과 관계없이 존재하며 인간의 감관에 반영, 복사, 사진 찍어진 객관현실을 지칭하는 철학적 범주이다. 그것의 개념은 자연과학의 발달과 함께 끊임없이 발전한다. 그것은 사유의 창조물로서 사유의 영역에만 존재하는 개념이 아니다. 단지 물질의 개념은 자연과학의 발달에 의해 더욱 밝혀지는 객관적 현실을 가리키는 것이다. 엥겔스는 물질이 운동과 분리되어 생각할 수 없는 존재이며 운동을 "물질의 존재양식"이라고 규정했다. 또한 물질은 비파괴적이며 시간·공간에서 무한한 것이라고 말한다. 물질의 속성에 관한 그의 설명은 대체로 현대에서 라메트리, 돌바하의 설명과 일치한다. 또한 그들과 유사하게 물질의 여러 형태(무기·유기적 존재들) 간의 경계를 상대적인 것으로 보면서, 의식과 사유능력도, 물질의 자기운동능력을 전제하고서 특수한 조건하에서 화학·생물학적 결합의 결과로 획득된 운동의 한 형식으로 본다는 점에서 라메트리, 돌바하와 마찬가지이다. 단지 엥겔스는 사유와 언어는 긴 시간에 걸친 물질의 유전과 적용의 연속 속에서 고도로 발달한 기능이라고 부언한다.

물질은 영원하며, 끝없는 것이며 무제한적이다. 엥겔스는 물질은 창조되지 않는 것이라고 부르고 시간과 공간 속에서 무한한 것이며 그 깊이에서 소진할 수 없는 존재라고 불렀다. 그러나 그는 고대 자연과학자들이 부른 일자의 개념을 받아들이는 대신 철학적 범주로서 "물질 그 자체"가 변증법적이라고 말하는 데 그치고 있다. 물질의 형태가 거의 무제한적으로 변환될 수 있다는 점을 감안한다면, "비파괴적"이라고 부른 물질의 속성은 더 이상 입증이 불필요한 것이 되었다. 원자의 세계가 소우주의 장(場)임을 밝힌 마하(Mach)주의자에 대한 레닌의 이론투쟁에서도 물질의 정의가 고정된 것이 아닌, 끊임없이 발전해가는 철학범주라는 것을 생각하면 물질의 소멸이론은 이후 더 이상 논의의 대상이 아님이 분명하다.

과학의 발전은 물질의 개념을 변화시킨다. 환언하면 자연과학의 발달은 그에 근거해서 세워진 자연의 이해를 더욱 풍부하게 만들고 새로이 알려진 자연에 대한 변증법의 공식을 수정·발전시킨다. 반대로 자연의 변증법은 자연을 인식하는 개별자연과학분야의 조사와 연구에 보다 효율적인 지침과 사고능력을 제공한다. 그것은 자연의 모든 과정이 상호연관된 체계 속에 있다는 가정 위에 서 있다.

엥겔스는 그의 시대의 눈부신 자연과학적 발견에 크게 감명받았다. 그리고 그에 근거하여 그의 「자연의 변증법」을 구상했다. 과학의 발달은 세 분야에서 두드러졌다. 유기체 — 식물과 동물 — 에서 기본단위로 세포가 발견되었다. 세포의 물질적 존재인 화학적·생리학적 성분에 대한 충분한 연구는 생명의 생산을 가능하게 할 개연성을 높였다. 두 번째, 에너지의 변환이다. 다양한 기계적 힘은 열, 방사선, 전기, 전자, 화학의 에너지로 치환될 수 있다. 이로서 물질운동의, 다양한 형태에도 불구하고, 보편성이 확립되었다. 세 번째, 다윈의 종의 진화이론이다. 라마르크와 멘델의 연구는 유기체의 진화가 선별(選別)과 우성유전에 의한 것임을 예고했었다.

유물변증법은 객관관념론 및 기계적 변증법과도 구별된다. 전자는 헤겔처럼 대상을 관찰자의 밖에 놓여 있는 관념적인 것(신, 정신, 개념 등)이 그의 의식에 물화(物化)되어 나타난 것으로 보는 데 반해, 후자는 물질의 선차성을 전제하고 모든 현상을 물질의 결합으로 보는 관점이다. 그러므로 유물변증법은 물질의 선차성을 전제하면서 현실이 끊임없는 전개를 해가는 동안 변증법적인 구조로 되어 있다는 것을 인정한다.[48]

엥겔스의 유물변증법은 몇 가지의 비판에 부딪쳤다. 첫째, 그것이 존재가 아닌 철학범주에 근거한 이론이라는 비판이다. 물질이 철학범주라 하더라도 그것은 객관현실을 지칭하는 개념이라는 점에서 우리는 앞에서 이미 설명하였다. 둘째, 엥겔스의 주장은 자연을 인과관계의 결정론에로 몰아 목적론적 관점을 가진다는 비판이다. 자연은 그 자체 목적을 가지고 있지 않지만 필연적 원인이 있는 곳에는 결과가 있다는 것이 엥겔스의 주장이다. 그리고 자연의 인과적 연계체계는 결과를 다른 곳에서 원인으로 바꾸어 놓는다. 그가 결정론자라고 비난할 수는 있겠지만 — 그리고 엥겔스는 형식의 내용에 대한 반작용을 유의한 신중성을 지녔다 — 그를 형이상학자라고 부르는 것은 잘못된 것이다. 그리고 엥겔스는 모든 변화를, 언어의 오용을 통해, 모순으로 부르고 있는데 특히 그가 "운동이 그 자체 그리고 대자적으로 모순"이라고 암시한다고 비난하면서 그에 대한 해결책을 다음과 같이 내놓고 있다.[49]

---

48) Blakeley, op. cit., p. 12.

49) James Gregor, *A Survey of Marxism: Problems in Philosophy and the Theory of History*(New York: Random House, 1965), p. 66. 그리거의 지적은 미적분학과 적분을 이용하여 물질의 정지상태와 운동상태를 동시에 모순없이 설명하려는 흥미있는 반박이다. 고대사상가 제논의 논리처럼, 시간을 무한히 나누어 물체를 정지상태로 표현하고 이를 다시 무한소로 적분한다면 연속적인 움직임으로 될 것이라는 가설 위에 서 있다. 이 이론은 물질의 운동을 수학적으로 정식화하려는 시도이다. 이의 타당성은 제한적으로 인정될 수 있겠지만, 그러

"미적분학은, 모순적인 정식화에 의존함이 없이, 순간상태와 물질체계의 진행을 대변하도록 효율적으로 쓰이는 수학적 변수를 제공한다."

그러나 수학적 해결방안이 물질의 운동을 변화시킬 수는 없으며, 곧 상징의 표현이 존재의 세계를 대체할 수 없다. 오히려 물질운동의 모순적 측면은 유물변증법적인 부단한 인식의 진전을 통해서 그 내용이 밝혀지는 것이다.

제 4 절 자본제사회의 경제분석

마르크스의 「자본론」은 마르크스와 엥겔스가 초기저작에서 발전시켜온 사회에 대한 유물변증법, 즉 유물사관의 실험장이다. 그들에게 인간사회는 생산력의 발전에 따라 Formen의 형태변형을 거치면서 발전하는 하나의 유기체, 곧 "경제적 사회구성체"(die ökonomische Gesellschaftsformation)이다. 자본제사회는 봉건제사회의 형태(Form)를 벗어내고 새로이 얻어진 가장 발전된 사회형태이다. 크게 볼 때, 그것은 인류의 전사(前史)를 부정하고 등장한, 사유재산에 근거한 최후적인 생산양식이라고 할 수 있다. 그렇다면, 그것은 인류의 역사에서 부정의 형태의 완성된 모습인 것이다.

나 현대의 양자역학적 측면에서 볼 때 유지될 수 없는 듯하다. 곧 "하이젠베르크의 불확실성의 원리"(Heisenberg's uncertainty principle)에 의하면, 물체의 위치와 그 운동은 동시에 서술할 수 없다는 것이 증명되었고 이는 현대과학에 의해 확립되고 있는 것이다. 부연하면, 실제물체의 물질이 완전히 정지상태로 존재하는 것이 불가능한 이상 물체의 위치는 정확히 알거나 그 운동을 정확히 서술한다는 것은 도달될 수 없는 가정이다. 현대과학은, 역으로, 마르크스와 엥겔스가 수용한 헤겔의 "모순"이론에 간접적으로 정합한다고 하는 해석이 더 설득력을 가진다고 생각된다.

자본제사회는 마르크스와 엥겔스의 시대에 여전히 발전과정에 있었다. 그리고 마르크스는 생산양식으로서 자본주의가 "정상적으로"(in its normality) 운영되는 영국을 그의 분석의 대상으로 삼았다. 그것은 대상의 전체적인, 정상적인 운동을 관찰하는 것이 필요했기 때문이었다. 공업적으로 더욱 발전된 사회만이 보다 덜 발전된 사회에 대해서 그것 자신의 미래의 이미지를 보여준다.[50] 환언하면 유기체의 가장 진화된 형태는 그 이전의 형태들의 변화경로를 가리키는 것이다. 이를 근거로 모든 사회의, 부정의 완성을 향한, 발전에 대한 전체적인 평가가 가능하게 된다. "경제적 사회구성체의 진화를 하나의 자연사의 과정으로 보는 관점"[51]을 가지고 그는 자본제 생산양식을 분석하고 있다. 그의 분석대상, 범위는 이 사회의 토대가 되는 경제구조이며, 즉 그는 「자본론」에서 "자본제 생산양식과 생산조건 그리고 이 양식에 상응하는 교환조건을 분석해야 한다"고 말한다. 그리고 이 분석을 통하여 그가 얻어내려고 하는 목표를 다음과 같이 요약하고 있다.

> "그것은 자본제 생산의 자연법칙으로부터 결과되는 사회적 적대의 높고 낮은 발전 정도의 문제가 아니다. 그것은 이 법칙 자체의 문제, 필연적 결과를 향해 철의 필연성으로 작용하는 이들 경향의 문제이다."[52]

마르크스는 분석대상으로서 자본제사회가 끊임없이 변화하는 것을 전제한다. 그에 따라 이 사회의 사물을 지칭하는 범주들은 고정된 것이 아니다. 자본제사회는 영속적인, 고정된 사회가 아닌, 과도기에 놓인 사회일 뿐이다. 안정을 위한 처방은 발전에 역기능적일

50) Marx, *Das Kapital*, in *MEW*, Bd. 23, S. 12.
51) Ibid., S. 16.
52) Ibid., S. 12.

뿐 아니라 장기적으로 불가능한 미봉책이다. "현재의 사회는 결코 단단한 크리스탈이 아니라, 변화가능한 그리고 끊임없이 변화하는 유기체이다."[53] 마르크스는 이러한 변화의 성격을 헤겔의 변증법 속에서 찾아내고 있다. 즉 변증법의 합리적 형태에 있어서 자본제사회는 역사의 현존재, "실증성"을 가지고 나타나는 것이지만 동시에 운동과정에서 그에 대한 부정의 미래를 예고해준다.[54]

> "그것[변증법]의 합리적 형태에 있어서, 부르주아들에게 … 그것은 스캔들이며 증오이다. 왜냐하면 그것은 자신의 의미에 있어 그리고 사물의 현존상태에 대한 긍정적 인정에 있어, 동시에 또한 이의 필연적인 분열을 포함하기 때문에, 그리고 모든 역사적으로 발전한 사회형태를 유동적인 운동 속에서 보며 따라서 사회의 과도기적 성격과 마찬가지로 사회의 일시적 존재를 고려하기 때문에, 그리고 변증법은 그에 대한 어떤 것도 허용하지 않으며 본질에 있어 비판적이고 혁명적이기 때문이다."

마르크스의 「자본론」은 단순한 경제학 서적은 아니다. 그것은 「자본론」 속에 사용되는 전문용어의 채택에서 분명히 나타난다. 따라서 [자본론]의 의미를 진정으로 이해하는 데는 무엇보다도 마르크스 자신의 설명에 따라 "제 1 장 상품들"에 대한 이해 — 철학적 접근 — 가 필요하다. 그에 대한 노력 없이는 「자본론」은 또 하나의 경제서적으로 전락할 수 있다. 우리는 먼저 제 1 장의 논의를 면밀히 검토하고, 이어 자본주의적 생산, 자본의 유기적 구성, 자본의 집중과 사회화된 노동을 각각 모순 혹은 위기에 관련시켜 논의하려고 한다.

---

53) Ibid., S. 16.

54) "Nachwort zur zweiten Auflage," in ibid., S. 27~28.

(1) 상품의 가치형태와 가치

경제적 사회구성체로서 자본제사회에 작용하는 운동법칙을 찾아내기 위해서는, 마치 인체에 대한 세포의 분석처럼 물체에 대한 구성분자의 인식이 먼저 선행해야 한다고 마르크스는 보고 있다. 그리고 자본제사회에서 부는 이의 세포인 상품의 분석을 요구한다.[55]

> "자본제 생산양식이 지배하는 사회에서 부는 엄청난 상품의 축적으로 나타나며, 이의 단위는 단일상품이다. 우리의 조사는 따라서 단일상품의 분석에서 시작한다."
>
> "그러나 부르주아사회에서 노동생산물의 상품형태 — 혹은 상품의 가치형태 — 는 경제적 세포형태이다."

마르크스는 지금까지 사회의 운동법칙을 파악할 수 없었던 것은 바로 이 분석단위의 설정과 설명에서 기인했다고 생각한다. "인간의 사고는 5천년 이상 그것[상품]의 밑바닥까지 도달하려고 헛되게 모색했다. 반면, [단일상품이 아닌] 보다 훨씬 합성적이고 복합적인 형태들에 대한 성공적인 분석은 최소한 근접한 성과를 가져왔다. 왜냐? 유기적 전체로서 물체는 이 물체의 세포들보다 훨씬 쉽게 관찰되기 때문이다."[56] 상품의 분석은 경험론적으로 관찰될 수도 없으며 실험적 방법으로도 접근될 수 없다. 그것은 오직 "추상의 힘"(die Abstraktionskraft), 곧 수준높은 이성의 변증법적 논리만으로 가능하다.[57]

> "경제적 형태의 분석에 있어서는, 더구나, 현미경도 화학적 시

55) Das Kapital, I, ch. 1, sec. 1, in ibid., S. 49; "Vorwort zur ersten Auflage," in ibid., S. 12.

56) "Vopwort zur ersten Auflage," in ibid.

57) Ibid.

약(試藥)도 소용이 없다. 추상의 힘이 이 양자를 대체해야 한다."

마르크스는 이처럼 상품의 분석을 강조하고 그러면서도 이 "경제적 세포"의 분석이 하찮은 미세한 것인 양, 혹은 그것 없이도 그의 「자본론」이 이해될 수 있는 것처럼 보여질 수 있다는 것을 의식하고 있었다.[58] 그러나 제 1 장의 중요성은 제아무리 어려워도 그냥 넘어갈 수 없다고 마르크스는 단언한다.[59]

> "가치형태에 관한 절을 제외하고는 따라서 이 책은 어렵다는 이유로 비난받을 수는 없다. 나는 물론 독자가 새로운 어떤 것을 배울 의사가 있고 따라서 스스로 생각하려고 힘쓸 것을 전제한다."
>
> "모든 시작이 어렵다는 것은 모든 과학에서 유효하다. 제 1 장을 이해하는 것, 특히 상품의 분석을 담고 있는 절을 이해하는 것은 따라서 가장 어려운 것이 될 것이다."

마르크스는 상품의 가치를 사용가치와 교환가치로 나누어 한 상품의 교환가치는 그것과 바꾸려는 상품의 사용가치(혹은 그에 담겨 있는 가치)와 동일하다고 설명한다. 곧 모든 상품은 그것의 교환가치가 다른 상품이 지닌 물질적 특성에서는 상이하면서도 그 가치는 동일하기 때문에 서로 교환될 수 있는 것이다. 분업과 등가물의 교환이 전제되어 있다. 또한 상품은 사용가치와 교환가치가 동일할 수밖에 없는 것은 교환가치는 상대적 사용가치 — 남이 필요로 하는 사용가치 — 이기 때문이다. 분업의 구조 속에서 상품의 교환가치는

---

58) Ibid., S. 12. "피상적인 관찰자에게는 이러한 형태의 분석이 미세한 것에 집중하는 것처럼 보인다. 그것은 실제로 미세한 것을 다룬다. 그러나 이들은 현미경적인 해부에서 취급되는 동일한 수준의 질이다."; Joan Robinson, *An Essay on Marxian Economics*, 2nd Edition(New York: St. Martins Press, 1966), p. 22. "마르크스의 주장에서 어떤 의미있는 부분도 노동가치이론에 의존하지 않는다는 것이 … 명백해질 것이다."

59) *Das Kapital*, I, in ibid., S. 11~12.

그에 농축된 노동시간, 즉 추상적 노동시간의 양에 의해 결정된다. 곧 모든 상품은 상품을 만들어내는 데 드는 비용에 의해 결정된다. 그리고 상품의 사용가치와 교환가치는 동일하다.

문제는 노동상품의 성격이다. 노동시장에서 구입하는 노동상품은 다른 상품과 마찬가지로 인체에 담긴 지력, 기술, 힘 등이다. 그것의 가치는 노동자의 생산비용으로 결정된다. 물론 이 비용은 단순히 생계비로 산정할 수도, 또한 개인의 가용노동기간만을 고려해서 결정되는 것은 아니다. 그것은 역사·사회적 관련 속에서, 그리고 종(種)으로서 노동자의 생산이라는 관점에서, 최종적으로는, 결정될 문제이다. 그리고 이 가치는 노동자의 교환가치이다. 자본가는 노동시장에서 이를 지불하고 노동상품을 구입한다.

그러나 실제로 구입된 노동상품은 만들어진 상품이 아니라 앞으로 사용될 수 있는 노동자의 힘, 능력, 하나의 가능성이다. 곧 노동자의 사용가치는 교환가치와 달리 아직 정해지지 않는 "노동력"(Arbeitskraft)이다. 자본가는 노동상품을 교환가치로 구입하여 생산과정에서 이의 사용가치에 따른 잉여가치를 얻어낸다. 환언하면 그는 노동자의 필요노동시간 이상의 잉여노동시간이 낳는 잉여가치를 자본주의적 생산양식 속에서 전유할 수 있게 되는 것이다.

노동상품이 물화(物化)되어 보편형식 속에 포섭된 자본주의 상품관계 속에서 모든 상품에 대한 "물신숭배"(Fetischismus)가 일반화된다. 그러한 관점에 섰을 때, 잉여가치는 노동의 속성이 아니라 자본의 생산성에 귀착된다. 거기서는 노동의 가치가 지닌 이중성이 은폐된 채 다른 상품과의 차별성이 거부된다. 모든 자연의 사물은 교환가치를 가진 상품으로 물화되고, 사회관계는 이들 상품의 재생산 구조의 산물로서 고정된 채 자연적 질서로 인식된다.

마르크스는 "그것[상품]의 배후에 숨어있는 가치에 도달하기 위하여 교환가치에서, 혹은 상품들의 교환관계에서 출발했다”[60]고 말한다. 즉 가치는 거기서 “사회적 상형문자로 전환된” 것이다.[61] 상품으로 나타나있는 이 사회적 산물의 신비성을 파헤치기 위해서는 이 상형문자를 해독하는 것이 필요하다.

저자는 마르크스의 가치규명은 4단계로 진행되고 있다고 본다. 첫째, 그는 상품의 가치는 노동시간량으로 결정되며, 노동생산성에 반비례하는 모순을 낳는다고 지적한다. “가치로서, 모든 상품은 응결된 노동시간의 일정한 양일 뿐이다.”[62] 노동자의 임금이 일정한 상황에서 그는 더 많이 생산할수록 자신의 가치는 더욱 작아지는 모순에 들어간다. “노동생산성이 커질수록, … 가치는 작아진다.”[63] 생산물의 원천이 유용한 노동인 이상 유용한 노동력은 생산성에 비례하지만 “생산성의 변화는 가치에 의해 대변되는 노동에 영향을 미치지 않는다.”[64]

둘째, 이러한 모순은 바로 상품에 붙여진 가치가 자연적인, 불변의 속성이 아니라 사회적 존재성을 가지고 있다는 데서 야기되는 현상이라는 것이다. 마르크스는 “만약 상품들의 가치가 순수하게 사회적 실재성을 가진다면 …, 이 가치는 상품의 상품에 대한 사회적 관계 속에서 자기 자신을 나타낼 수 있을 뿐이다”[65]고 말하고 있다. 상품의 가치가 사회적 필요에 관계해서 있을 수 있다면, 이미 그것은 “사회적 사물”임을 증명한다.[66]

---

60) Das Kapital, I, ch. 1, sec. 4, in ibid., S. 62.
61) Ibid., sec. 4, in ibid., S. 88.
62) Ibid., sec. 1, in ibid., S. 54.
63) Ibid., S. 55.
64) Ibid., sec. 2, in ibid., S. 60~61.
65) Ibid., sec. 3, in ibid., S. 62.
66) Ibid., sec. 4, in ibid., S. 85.

셋째, 상품은 따라서 사회경제의 역사적 형태에 따라 상이한 범위로 인정되었으며 그것이 토지와 인체를 포함하여 일반적 형태를 취하게 된 것은 자본주의에 고유한 것이다.[67)]

> "노동의 모든 생산물은 사회의 모든 상태들 속에서, 사용가치이다. 그러나 그러한 생산물이 상품이 되는 것은 사회발전에 있어 일정한 역사적 단계에서만, 즉 유용한 물건의 생산에 소비된 노동이 이 물건의 객관적 속성의 하나인, 곧 이의 가치로서 표현된 시대에서만 가능하다. 그러므로 기본적 가치형태는 또한 원시적 형태이며 그 아래서 노동생산물이 역사적으로 상품으로 나타났으며 이러한 생산물이 상품들로 점차 변형되어간 것은 가치형태의 발전과 함께 진행한다는 것이 따라온다."

노동상품이 등장하는 전제로서 인간이 자기 몸의 소유자라는 관념은 이미 거기에 자본주의적인 단계가 진입되었다는 것을 의미하고 있다.[68)]

> "자본주의적 단계는 따라서 곧 노동력이 노동자 자신의 눈에 자신의 소유물인 상품의 형태를 취한다는 것, 그 결과로 그의 노동은 임노동이 된다는 것에 의해 특징지워진다. 다른 한편, 노동의 산물이 상품으로 보편화되는 것은 오직 이 시점으로부터서이다."

노동상품화와 더불어 상품의 물신성(物神性)은 보편화되고 이제 상품은 객관적 존재로 신비화된다. 그러나 노동의 상품화가 지양되면 상품의 신비성도 그 베일을 벗게 된다.[69)]

> "물질생산에 토대를 둔 사회의 삶의 과정은 그것이 자유로이

---

67) Ibid., sec. 3, 4, in ibid., S. 76.
68) Ibid., ch. VI, 3, S. 184, note 41.
69) Ibid., ch. I, sec. 4, in ibid., S. 94.

결합된 사람들이 [합의로] 정해진 계획에 합치하여 규제된 생산으로 될 때까지 그것의 신비적인 베일을 벗지 않는다."

넷째, 신비의 베일이 벗겨진 이후에 상품의 가치는 어떻게 되는가? 그에 관한 마르크스의 직접적인 설명은 없다. 그러나 우리는 여기서 그의 "고타강령비판"(1876)에 나오는 "각자의 능력으로부터 각자의 필요에 따라"라는 구호에서 보듯이 공산주의의 높은 단계에서 생산물의 가치가, 다른 의미에서, 다시 사회적 존재로 나타난다는 것을 예상할 수 있다. 또한 마르크스는 다음과 같이 말한다.[70]

"운동과정에 있는 인간의 노동력, 혹은 인간노동은 가치를 창조하지만, 그 자체가 가치는 아니다. 그것은 어떤 객체의 형태로 구현되었을 때 노동의 응결된 상태에서만 가치가 되는 것이다."

그러므로 우리는 여기서 마르크스가 노동의 상품화를 거부하고 자유인의 결사체가 만들어낸 노동생산물의 가치를 사회적 필요에 따라 배분하는 것을 기대했다고 정리할 수 있을 것이다.

(2) 자본주의적 생산과 위기

자본주의 생산양식은 인류의 전사(前史)에 대한 부정으로 등장한 문명기의 가장 발전된 형태이다. 그것은 사유재산을 근거로 생산의 증대를 통한 역사적 기능을 담당했으며 특히 자본주의는 이전의 어떤 단계보다도 획기적인 발전을 가져왔다고 마르크스는 「공산당 선언」에서 크게 인정한다. 그러나 전사에 대한 부정인 문명의 완성태인 자본주의는 자체에 내재하는 모순뿐만 아니라 자신의 역사적 기능이 소멸됨으로써 부정의 부정법칙을 증명할 것이라고 예고했다. 그러한 이론적 설명은 자본주의적 생산과 유통 간의 위기, 자본주의

70) Ibid., ch. I, sec. 2, in ibid., S. 65.

적 생산의 고도화에 따른 부문간 자본의 유기적 구성의 불균형위기, 그리고 자본집중에서 일어나는 전면적 위기 — 극소수의 자본가와 절대다수의 프롤레타리아트로의 분열, 산업예비군의 증대와 강화, 노동의 사회화와 자본주의적 전유방식의 모순에 따른 자본주의의 역사적 기능의 소진 — 로 설명된다.

1) 자본주의적 생산과 유통 간의 위기

분업이 시작된 이래 모든 생산자는 자기의 필요를 충족시키기 위해 노동의 산물을 교환하게 된다. 즉 그는 자신의 생산물을 타인의 생산물과 교환하여 자기의 필요를 충족시킨다. 이 과정은 전면적인 상품생산의 사회에서도 유효하다. 즉 그는 상품을 다른 상품과 교환하는데, 이들 상품을 매개하는 화폐는 "가장 발전된 모습의 가치형태"[71]로서 보편적 등가물의 역할을 한다. 그 결과 하나의 상품의 사용가치는 화폐를 매개로 다른 하나의 질적으로 상이한 사용가치와 교환된다. 첫번째 상품의 소유자는 두 번째 상품의 사용가치를 필요로 하며 이를 통해 충족되고 여기서 끝나는 운동과정은 계속해서 반복된다. 즉 상품(Ware) — 화폐(Geld) — 상품(Ware)의 과정을 밟는다. 첫번째 상품의 소유자는 두 번째 상품의 사용가치를 필요로 하는 소비자이다.

자본주의적 생산의 운동과정은 그 반대의 순환과정을 밟는다. 곧 자본가는 자신의 자본을 투자하여 상품을 구입하고 생산과정을 통해 변형된 상품을 판매하여 이윤을 수취한다. 곧 자본가는 자본의 증식을 목적으로 상품을 필요로 하는 것이지 상품의 사용가치를 필요로 하지는 않는다.[72]

---

71) Ibid., S. 11~12. 마르크스는 교환가치의 물질적 실체가 추상화된 최종적인 형태가 화폐임을 지적한다. *Das Kapital*, Bd. 1, S. 162.

72) Ibid., ch. 4, 1, in ibid., S. 166; Cf. S. 168. "이 끝없는 부에의 탐욕, 이 열정

"그는 화폐가 [자기를] 떠나가도록 하지만 단지 이를 다시 회수할 의도로서만 그렇게 하는 것이다. 그러므로 화폐는 소비되는 것이 아니고 단지 미리 지불된 것이다."

교환가치의 발전된 형태로서 화폐형태는 교환가치의 일반형태이다. 자본가는 화폐로 상품을 구입하고 다시 화폐로 전환함으로써 자신의 목적을 일단 달성한다. 곧 자본가는 화폐(Geld) — 상품(Ware) — 화폐(Geld)의 운동과정을 진행시킨다. 그의 목적은 선대된 자본보다 더 큰 크기의 화폐를 얻어내는 목적으로 — 이 점에서 그는 대부업자와 차이가 없다[73] — 상품을 구입한다. 그에게 상품은 단지 투자의 수단일 뿐 상품의 사용가치는 그에게 필요치 않다. 그는 보편적 가치형태인 화폐를 특수한 가치형태인 상품과 교환하며 그 결과물을 다시 화폐로 바꾼다. 그리고 이익을 취득한다. 만약 이 과정에서 가치의 증식이 기대되지 않는다면 자본가에 의한 자본의 운동도 있지 않게 될 것이다. 등가물의 교환이 원칙으로 전제된 가운데 이루어진 가치증식은 어디에서 온 것일까? 리카르도는 노동의 이중성을 인식할 수 없었기 때문에 물신주의적 자본가처럼 그에게 증가된 가치는 유통과정의 밖에서 혹은 유통과정 안에서 이루어진 것으로 보는 모순에 빠졌다고 마르크스는 지적한다.[74]

"그[고리대업자와 상업자본가]의 완전히 발전된 자본가로의 발전은 함께 유통의 영역 안에서 그리고 유통의 영역 밖에서 일어나

적인 교환가치의 추적은 자본가와 수전노에게 공통된 것이다."

73) Ibid., IV Kapitel, 1, S. 168. 마르크스는 아리스토텔레스를 인용하여 화폐로부터 이자(그리스어로 tokos)를 만들어내는 것을 "자연에 가장 반하는" 것으로 보고 있다고 소개한다.

74) Ibid., IV Kapitel, 2, S. 181.
"화폐 – 상품 – 화폐로의 순환에서 화폐의 반응은 바로 이의 사용방식에 의해 조건지워진다. 이 반응이 없다면, 운동과정은 실패할 것이며 혹은 이의 보상적인, 최종단계 즉 판매가 결여된 이유로 과정은 단절되고 불완전하게 끝난다."

야 한다. 이것이 문제의 조건이다. 여기가 로두스다, 여기서 뛰라!"

그러나 이미 설명한 것처럼, 노동의 이중성 때문에 자본가는 노동자의 교환가치를 구입하고 그러나 그가 구입한 것은 노동력이라는 사용가치이기 때문에 이를 생산에 투입하여 가치를 증식시킨다.[75]

> "노동력의 가치는 다른 모든 상품의 경우와 마찬가지로 생산에, 따라서 이 특수물품의 재생산에, 필요한 노동시간에 의하여 결정된다. … 노동력의 생산에 필요한 노동시간은 이들 생계수단의 생산에 필요한 것으로 축소된다. 환언하면, 노동력의 가치는 노동자의 유지에 필요한 생계수단의 가치이다."

노동의 교환가치, 즉 자본가가 지불하는 노동임금은 노동상품의 생산비이다. 그러나 노동력은 노동능력이라는 아직 실현되지 않은 가치, 즉 노동자를 일정시간 사용할 권리라는 특수상품이다.[76]

> "노동력 혹은 노동능력에 의해서 인간존재에 담겨 있는 정신적, 물질적 능력의 집적이며 그는 이들 능력을 발휘해서 모든 종류의 사용가치를 생산하는 것으로 정의되어야 한다."

모든 다른 상품이 등가물의 교환이라는 점에서 가치증식에 기여할 수 없으며 노동에 의존해서 자신의 가치를 이전, 변형시킨 채 보존하는 데 비해 노동의 사용가치는 자신의 교환가치를 그리고 자본가에게 증가된 가치를 만들어내지 않으면 안된다. 곧 노동자는 필요노동과 잉여노동을 함께 해내는 것이다.[77]

---

75) Ibid., IV Kapitel, 3, S. 184~185.
76) Ibid., S. 181.
77) Ibid., VII Kapitel, 1, S. 230~231.

> "나는 노동일 가운데 재생산이 이루어지는 부분을 "필요한" 노동시간이라고 그리고 이 시간 동안 소비된 노동을 "필요한" 노동이라고 부른다. 그것은 노동자에 관해서 필요한 것이다. 왜냐하면 그의 노동은 특수한 사회형태에 종속되는 것이 아니기 때문이다. 그것은 자본에 그리고 자본가의 세계에 관해서도 필요한 것이다. 왜냐하면 노동자의 지속적인 존재에 그들[자본가들]의 생존이 의존하고 있기 때문이다."

잉여노동은 필요노동 — 노동자의 재생산에 필요한 노동시간 — 이외의 노동시간에 쓰여진 노동이다. 이를 통해서 잉여가치가 창출된다. 잉여가치의 현상형태인 이윤, 이자, 지대 등의 가격은 최종적으로 잉여가치에 근거하고 있다. 잉여가치는 순수한 양적 증가를 통해 증식될 수 있으며 자본, 기술, 산업합리화의 결과로 증식될 수 있다. 역사적으로 자본가는 노동시간의 증가, 노동자의 증가를 통해 절대적 잉여가치를 증식할 수 있었다. 그러나 역사의 발전에 따라 상대적 잉여가치가 중요해졌다. 우리는 이 문제를 자본의 유기적 구성과 관련해 다음 항목에서 논의하겠다. 단지 여기서는 자본의 축적이 상대적 잉여가치의 수취를 가능하게 했다는 점을 언급함으로써 충분하다.[78]

> "그[자본가]의 행동이 단순히 자본의 기능 — 마치 자본이 그의 인체에서 의식과 의지가 부여된 것처럼 — 에 불과한 점에서 그 자신의 사적인 소비는 축적을 빼앗는 강도질이다. 그것은 마치 복식부기에서 자본가의 사적인 비용을 그의 계좌에서 자본에 대한 부채부문에 기입하는 것과도 같다. 축적하는 것은 사회적 부의 세계를 정복하는 것이며, 그에게 착취당하는 인간군의 물질덩어리를 증가하는 것이며, 이처럼 자본가의 직접적·간접적 지배를 함께 확장하

78) Ibid., XXII Kapitel. 3, S. 619.

는 것이다."

자본주의적 생산은 실현의 위기를 내재적으로 안고 있다. 왜냐하면 자본가는 생산에만 관심이 있을 뿐 유통과정에는 관계하지 않기 때문이다. 그는 교환가치로서 상품의 생산을 증대하는 것에만 신경을 쓰며 그것이 소비되는가, 즉 사용가치를 가지는가는 그의 의식의 밖에 놓여 있다. 따라서 상품에 이미 내재하는 사용가치와 교환가치의 긴장은 이제 생산과 유통의 과정으로 나뉘면서 가치의 생산과 실현 간의 간격 혹은 대립으로 나타난다. 그것은 자본주의적 생산이 무정부상태가 지속되는 한 보다 확대되고 심화되는 주기적인 위기를 만들어낸다. 이것은 생산과 소비 간의 불균형이 빚는 위기의 첫번째 유형이다. 환언하면, 이 위기를 매개로 자본주의생산은 더욱 힘차게, 더욱 넓게 진행해간다. 그리고 이 위기는 총자본의 재생산 조건을 부분적으로 유효수요의 창출을 통해서 혹은 전면적으로 생산의 계획화를 통해서 중절시키지 않는 한 순환의 종점이며 또 하나의 출발점이 되는 결절점에서 폭발할 개연성이 크다. 그러나 최소국가를 본질로 하는 자본주의사회는 이를 해결할 수 없다고 마르크스는 보았던 것이다.

2) 자본의 유기적 구성과 위기

자본주의의 발전과 더불어 자본의 유기적 구성은 심화된다. 즉 자본의 규모는 확대되고 자본의 배분비율은 상대적으로 노동부문에 작은 증가를, 그리고 소비부문에 낮은 투자를 가져온다고 마르크스는 설명하고 있다. 국가가 자본재생산에 개입하지 않는 조건하에서, 자본가계급의 경쟁을 극대화하고 증가된 산업의 순환에 "산업예비군"의 흡수를 제한하며 생산수단 간의 불균형을 심화시켜 경제의 안정적인 발전에 위기의 요소를 마련해 놓는다.

마르크스는 자본주의적 생산은 증대되는 규모로 확대재생산일 수밖에 없다는 사실을 이미 「공산당선언」에서 확보하고 있다.[79)]

> "부르주아지는 생산수단을 끊임없이 혁명하지 않고서는, 그리고 이에 의해서 생산관계와 이와 함께 사회의 전체 관계를 변혁시키지 않고서는 존재할 수 없다."

우리는 여기서는 생산수단의 증대경향만을 집중하기로 한다. 자본주의적 생산이 더욱 발달하면서 "점차로 더 많이 생산되고 더 많이 소비하면서, 따라서 더 많은 생산물이 생산수단으로 전환되어야 한다."[80)] 곧 기술 내지 생산수단의 증대는 자본주의 발전 정도의 척도가 된다.[81)]

> "노동수단: 인간노동이 도달한 발전 정도의 기준을 제공할 뿐만 아니라 이들 수단은 또한 노동이 수행되는 사회적 조건의 지표들이다."

노동의 생산수단에 대한 비율은 가치의 측면에서 보면 가변자본(das variable Kapital)에 대한 불변자본(das konstante Kapital)의 비율이 된다. 즉 그것은 총임금에 대비 생산수단에 투자한 기금의 비율이다.[82)]

> "생산수단에 의해서, 원재료와 부수재료 및 노동수단에 의해서 대변되는 자본의 부분은 생산과정에서 가치의 어떤 질적인 변화를 겪지 아니한다. 따라서 나는 그것을 자본의 불변적 부분 혹은 좀더 줄여서 불변자본이라고 부른다.

---

79) Marx und Engels, "Manifest der Kommunistischen Partei," in *Marx Engels Werke*, in 42 Bde.(Berlin: Dietz Verlag, 1980), Bd. 4, S. 466.

80) *Das Kapital*, Bd. 1, XXII Kapitel, 3, S. 624.

81) Ibid., XXII Kapitel, 1, S. 194.

82) Ibid., V Kapitel, 1, S. 223~224.

다른 한편 노동력에 의해 대변되는 자본의 부분은 생산과정에서 가치의 변화를 겪는다. 그것은 자신의 가치를 가진 등가물을 재생산하면서 함께, 상황에 따라 다소간 다양한, 초과분, 곧 잉여가치를 함께 재생산해낸다. 자본의 이 부분은 끊임없이 불변적 규모에서 가변적 규모로 변형되고 있다. 따라서 나는 그것을 자본의 가변적 부분, 혹은 줄여서 가변자본이라 부른다."

생산수단은 성격상 과거의 노동, 응결된 노동, 지급되지 않은 노동인 데 비하여 노동력은 현재의 노동, 운동중인 노동, 필요노동과 잉여노동의 결합이라고 할 수 있다. 자본주의의 발달과 함께 양자의 물질량과 가치량은 증가한다. 마르크스는 전자를 "자본의 기술적 구성"이라 부르며 노동량에 대한 생산수단량의 비율로 측정한다. 그리고 후자는 자본의 가치구성이라 부르며 가변자본에 대한 불변자본의 비율로 측정한다. 노동의 생산성은 단위당 생산수단의 배분율에 의해 결정된다. 기술적 구성이나 가치구성에서 노동부문의 상대적 증가가 불변자본보다 낮은 것은 노동생산성이 증가하는 것을 말해주지만 동시에 불변자본의 증가에 상응하는 노동력 수요의 증가를 의미하는 것이 아니다. 오히려 노동력은 자본의 증가에 비해 상대적으로 완만하게 증가할 뿐이다.[83)]

"후자[노동력 규모]의 증가는 따라서 그에 의해서 움직여지는 생산수단의 물질량에 비례하여 노동물질량의 감소에서, 혹은 객관적 요소에 비교할 때 노동과정의 주관적 요소의 감소에서 나타난다.

자본의 기술적 구성에 있어 이러한 변화, 곧 운동을 만들어내는 노동력의 물질량에 비교할 때 생산수단의 물질량의 증가는 이어 가치구성에서, 즉 가변구성부분의 감소에 의해 생겨나는 자본의 불변구성부분의 증가에서 다시 반영된다."

---

83) Ibid., XXII Kapitel, 2, S. 651.

그러나 마르크스는 자본의 가치구성에서 노동임금의 상대적 감소는 "이의 물질적 구성부분의 변화를 단지 개략적으로 접근할 뿐이다"[84]고 말한다. 물질구성보다 가치구성에서 노동구성부분의 상대적 증가가 느리다는 것은 무엇을 의미하는가? 분명치 않다. 노동에 대한 사회적 수요가 가치구성에서 더 분명히 모순적으로 나타난다는 것을 시사하는 듯하다.

또한 마르크스는「자본론」제 2 권에서 자본제 생산을 생산재부문과 소비재부문으로 나누어 이 양자 간의 불균형을 논의하고 있다. 그것은 생산재부문에서 일어나는 생산성의 증가 — 이는 물신적으로 보면 상대적 자본 투하량에서 반증된다 — 는 그에 상응하는 소비재부문의 증가를 가져오지 않기 때문에 사회 전체적으로는 자본의 낭비 혹은 생산수단의 능력규모에 대해 소비재의 충족이 따르지 못하는 측면을 밝혀주고 있다.

자본의 유기적 구성의 심화는 동시에 자본가계급에 돌아가는 잉여가치율의 감소라는 압박요인을 제공한다. 물론 이는 총량적인 증가나 이러한 경향에 반대되는 반경향의 출현을 미리 봉쇄하는 것은 아니다. 그러나 최소한 자본주의적 생산은 더욱 발전할수록 자본가계급의 더욱 치열한 경쟁을 유발하는 객관조건을 여기서 보여주고 있는 것이다.

3) 사회화된 노동과 사적 전유의 모순과 위기

자본주의적 생산은 자신의 발전에 따라 "산업예비군"의 확대, 강화를 수반한다. 자본주의적 생산은 내부의 자본가들 간의 투쟁을 더욱더 폐회로 속으로 몰아넣어 "자본의 집중"을 실현한다. 한편 생산부문 간의 불균형에 따른 자본능력의 낭비와 사회적 과잉생산에

---

84) Ibid.

따른 경제공황을 주기적으로 불러일으킨다. 다른 한편 노동 자체는 생산력의 전 사회적 지배에 따라 완전히 사회화되어 있는 반면 극소수의 수중에 집중된 자본의 전유과정은 자본주의 생산양식의 역사적 기능이 거의 소진되어가고 있다는 것을 보여준다.

축적을 통한 확대재생산은 "한 축에 더 많은 자본가 혹은 큰 자본가를, 다른 축에 더 많은 임노동자를" 가져오는 "자본관계를 재생산한다."[85] 곧 "자본의 축적은 프롤레타리아트의 증가이다." 자본주의의 발전은 여기서 끝나지 않는다. 자본의 집중은 자본가의 숫자를 급격히 감소시키는 방식으로 개별자본의 규모를 확대한다.[86]

> "그러므로 축적은 한편 생산수단의 증대하는 집중을 그리고 노동에 대한 지배의 집중을 가져온다. 다른 한편 그것은 많은 개별자본 상호간에 척력(斥力)을 가져온다. … 이미 형성된 자본의 집중은 그들[개별자본들]의 개별적 독립성을 파괴하고 자본가에 의한 자본가의 탈취, 많은 소자본의 몇 안되는 대자본에로 변형을 가져온다."

프롤레타리아트계급의 증가는 축적과 함께 필연적이다. 그러나 그와 함께 자본주의 생산의 주기적 공황에 의하여 실업노동자군을 필연코 양산한다. 사실 이들 "산업예비군"은 경기순환에서 경제불황의 희생물로 생겨난 것이 대부분임에도 불구하고 자본주의생산 자체는 이들 잉여인구의 존재를 전제하고 있다.[87]

---

85) 최근의 「뉴욕타임스」(2007. 10. 19), A25. "거대맥주[회사]를 두려워 말라"를 보면, 1800년대 4,000개 넘는 맥주회사는 1970년대 40개 정도로 감소했고 앤호이저-부시 회사와, 최근에 합병된 밀러-쿠어스의 맥주시장 점유물은 60% 정도에 이른다고 한다. 1,500개 정도의 가업(家業)맥주(craft brewers)의 점유율은 5%에도 미치지 못한다.

Ibid., XXIII Kapitel, 1, S. 640~641,

86) Ibid., S. 642, 654.

87) Ibid., XXIII Kapitel, 3, S. 661.

"만약 잉여노동인구가 축적의, 자본주의 토대에서 부의 발전에 필연적 산물이라면 이 잉여인구는 그 반대로 자본주의적 축적의 지렛대, 아니, 자본주의 생산양식의 존재조건이 된다. 그것은 처분가능한 산업예비군을 형성한다. …"

자본주의사회의 "잉여인구" 문제에 이어, 생산과정에 주기적으로 나타나는 경제공황은 실업자군을 자본주의 발전에 따라 더욱 확대시킨다.88)

"사회적 부가 크면 클수록, …, 산업예비군은 증가한다. … 그러나 일하는 노동군에 비해 이 예비군이 증가할수록 정확한 잉여인구의 물질량은 커지며 이들의 비참은 노동의 고통에 반비례한다. 최종적으로 노동계급의 Lazarus[최하]층군, 즉 산업예비군이 더욱 광범할수록, 공식적 극빈계층은 더욱 커진다. 이것은 자본주의적 축적의 절대적 일반법칙이다."

이러한 자본주의의 전반적 위기상황은 무엇을 의미하는가? 그것은 자본주의의 생산력이 자신의 형식을 넘어섰다는 것을 보여준다.89)

"생산수단의 집중과 노동의 사회화는 마침내 이것들이 자신의 자본주의 외피(外皮)와 조화할 수 없는 지점에 도달했다. 이 외피는 부서지고 만다. 자본주의 사유재산의 조종(弔鐘)은 울린다. …

자본주의적 전유양식은 자본주의 생산양식의 결과로서 자본주의 사유재산을 만들어 낸다. 이것은 소유자의 노동에 기초한 개인적 사유재산의 첫번째 부정이다. 그러나 자본주의적 생산은 무자비한 자본주의의 법칙으로서 자기 자신의 부정을 낳는다. 그것은 부정의 부정이다."

---

88) Ibid., XXIII Kapitel, 4, S. 673~674.
89) Ibid., XXIV Kapitel, 7, S. 791.

봉건제사회로부터 자본주의로의 이행은 "자본주의적 사유재산이 이미 실제로 사회화된 생산에 근거하고 있으므로, 사회화된 재산으로 변형하는 것보다, 자연히 비교할 수 없이 더 지구적(持久的)이고 격렬하고 어려웠던 과정"이었다.[90] 현대자본주의에 대한 마르크스의 분석은 이미 정치경제학이 조건 없이 연구되기에는 자본주의에 내재적인 모순을 감출 수 없었던 시기에 그가 유물사관의 관점에서 제시한 하나의 과학적 시도이었다.

제 5 절 유물사관의 확대: 인류의 전사(前史)

1884년 출간된 엥겔스의 「가족, 사유재산, 국가의 기원」(*Der Ursprung der Familie, des Privateigentums und des Staats*)는 사유재산과 그에 따른 계급관계의 발생, 변화된 가족개념, 그리고 국가의 출현에 관한 마르크스 자신의 연구 "요약"(*Konspekte*, 1881~82)과 Lewis Henry Morgan의 「고대사회」(*Ancient Society*, 1877), 그리고 엥겔스의 "Celts 및 Deutschen"에 관한 독자적 연구 — 이 부분은 「기원」의 제 7 장의 주요 구성부분이 된다 — 의 종합적인 결과로서 종래 문명역사와 사회에 대한 그들의 유물사관을 확대하여 인류의 전사(前史)를 포함시켜 역사일반을 관통하는 관점으로 완성하고 있다. 특히 엥겔스의 이러한 작업은 모르간의 연구가, 산발적으로 발견되고 있던 사료를 넘어, gens 사회를 문명 이전의 인류사회의 보편적 형식으로 발견함으로써 가능하게 되었다. 엥겔스는 모르간의 젠스사회의 발견을 일러 다윈의 진화이론, 마르크스의 잉여가치의

90) Ibid.

발견에 버금가는 것으로 높이 평가했다.[91)]

물론 모르간의 인류전사의 연구는 그 세세한 부분, 특히 원시사회의 가족형태, 예컨대 Punaluan 형태, 짝짓기 형태 등은 약간의 수정이 요청될 뿐더러 매우 느슨한 상호관계를 고찰하는 데 만족하고 있다. 그러나 엥겔스는 모르간의 경험적 연구에 기초하여 보다 철저하게 유물사관의 관점에 서서 젠스사회 전반을 검토하고 있다. 예컨대 그는 이 사회의 발명·발견이 미치는 영향, 혼인관계, 모르간이 어슴푸레 지적하는 소유관계의 구체적 모습, 그리고 그가 지나치고 있는 이 사회의 계급관계와 거기서 출현하게 되는 국가의 3유형을 체계적으로 제시하려고 노력했다. 모르간의 연구에서 중심을 이루는 혼인관계도 원시·야만·문명시기에 상응하는 3종류의 발전형태를 그는 모델화하여 설명함으로써 가족에 관한 연구를 이론적으로 접근하였던 것이다.

1. L. H. Morgan의 「고대사회」(Ancient Society, New York: Henry Holt and Company, 1877)에 나타난 연구의 요약

이 책은 부제를 "원시기에서 야만기를 거쳐 문명기에 이르는 인간 진보를 따라간 연구"(Ancient Society or Researches in the Line of Human Progress from Savagery, Through Barbarism To Civilization)이다. Morgan은 1818년 태어나 Union College, New York에서 공부했으며 법학박사학위를 받은 뒤 1881년 그가 죽을 때까지 뉴욕주의 Rochester에서 변호사로 일했다. 그의 아메리카 원주민에 관한 관심

91) "Die Ursprung der Familie, …," in *Marx Engels Werke*, Bd. 21, S. 48.

과 연구는 1840년 그가 주도해서 설립한 「Iraquois 연구회」까지 거슬러 올라간다. 1847년 모르간은 인디언들의 경제변화와 사회관계를 연구하면서 자주 이라쿠아 종족의 거주지에 머물렀으며 Seneca 부족의 매(Hawk) 씨족집단에 입양되었다. 1851년에는 두 권으로 된 「Iraquois 동맹」을, 1871년에는 「인간가족의 혈통과 친족관계」를 출간하였고, 1875년에는 인류학분과위원장이, 1879년에는 인류학회(American Association for Science-Development)의 회장이 되어 아메리카 원주민 연구에서, 특히 40년에 이르는 그의 이라쿠아 종족연구는 북미대륙의 인디언 원주민들, 오스트레일리아의 원주민, 그리고 오세아니아의 폴리네시안(Polynesians) 원주민의 연구로 확대하였으며 1877년에 나온 「고대사회」—(저자는 '고대사회'보다 「원(原)사회」라는 번역이 더 적합한 표현이라고 보고 싶다)—는 고대의 그리스와 로마의, 그리고 부분적으로는 히브리(Hebrew) 종족의 역사를 아울러 살펴보면서 인류에게 전사(前史) 시기의 보편적인 원사회 형태로서 'gens 사회' 개념을 제시하기에 이르렀다.[92)]

> "문화민족들이 누렸던 부권(父權)적 gens 사회의 전단계로서 시원적인 모권(母權)적 gens 사회의 재발견은 생물학에서 다윈의 진화이론과 정치경제학에서 마르크스의 잉여가치이론과 동등한 중요성을 가진다."

1891년 엥겔스는 위와 같이 모르간의 업적을 평가하였다. 모르간은 인류역사를 원시기, 야만기, 문명기로 나누고 각각 단계의 내부에 하위시기, 중위시기, 상위시기로 세분화하면서 원시기 중위시기부터 야만기 상위시기—이 상위시기는 문명기 하위시기로 이행하는 바로 전(前)시기이다—를 중심으로 주요 부문을 설정해 집중

92) Ibid., S. 481.

적으로 살펴보고 있다. 부연하면, 그는 특정시기에서 생산기술의 수준을 측정하는 발명과 발견, 가족의 형태, 각 시기의 정부관념의 변화, 소유형태의 유형을 고찰했다. 그 결과 모르간은 이들 부문들 간에 의미있는 정도로 연관관계가 있다는 사실을 알게 되었다. 인류의 출발점이라고 할 인류의 유아기, 즉 원시단계의 하위시기는 우리에게 별로 알려져 있지 않다. 단지 이 시기가 끝나고 중위시기에로 넘어가면서 어패류의 식용화, 불의 발견이 이들 시기 간의 구분점을 만들어 준다. 곧 불의 발견은 원시단계의 중위시기가 시작되었음을 증명한다. 그에 의하면 원시단계의 상위시기는 활과 화살의 사용에서 시작되고 옹기의 제작에서 끝나고 있다. 그러므로 그는 만약 어떤 종족에게 음성부호와 문자의 사용이 없었다고 하더라도 옹기를 사용한 흔적이 발견되면, 그들은 야만단계의 하위시기에 들어선 것을 의미한다고 보았다. 야만단계의 하위시기는 다양한 동물의 가축화와 경작이 주요한 생산활동을 이룬다. 이 시기는 주거용 벽돌을 만들어내는 데서 끝난다. 중위시기는 광석에서 동, 주석, 철 등을 추출해내면서 상위시기로 이행한다. 야만단계의 상위시기는 철의 생산을 보여주고 있으며, 음성언어와 문자의 사용을 통해 시기를 마감하고 있다. 호메로스의 시기, 로마건국이 있기 얼마 전의 시기, 그리고 독일민족에게는 케사르의 시기가 바로 야만단계가 마감되면서 문명단계로 진입하는 이행기가 된다.

모르간은 생계 기초의 확대가 인류의 생존과 발전에 결정적 요인임을 확인한다. 그는 생계수단을 확대하려는 내부적 요구를 충족할 수 있는가가 인류사회의 팽창에 대한 한계를 결정지웠다고 지적했다.[93] 확대된 생계수단을 확보하려는 기술의 진전은 5단계, 즉 1.

93) Morgan, *Ancient Society*, p. 19.

과실과 뿌리, 2. 어패류, 3. 곡식과 식물(— 이는 야만단계의 하위시기에 등장), 4. 육류와 우유, 그리고 마지막에는 5. 전답농업에로 진행하면서 나타났다.

생계수단을 확대하려는 요구에 응하여 이루어진 이상의 발견, 발명은 각각의 시기에 상응한 가족형태를 만들어냈다고 모르간은 지적했다. 즉 기술의 변화는 가족형태의 변화를 수반하였다. 이들 시기에 맞추어 나타난 가족유형은 각각 1. 순혈가족, 2. Punalua형 가족 — (하와이 폴리네시안들에 남아 있는 일부다처형과 동시에 일처다부형이 공존한다) —, 3. Syndiasmia형 가족 — (순혈보존이 더 이상 가능하지 않게 된 한 쌍의 느슨한 동거이다) —, 4. 가부장적 가족 — (히브리인들, 유목인들에게 발견되는 일부다처형이다) —, 5. 일처일부형 가족 — (한 쌍의 배타적인 동거이다) — 으로 구분된다. 이로부터 제 5 단계인 전답농업이 등장하고 그에 상응해서 일부일처형 가족이 성립되어 있으면, 이 사회는 문명으로의 이행기에 들어선 것을 보여주며, 문명의 단계에 진입중이다. 이러한 자료들은 인류가 야만단계와 문명단계의 경계에 놓인 것의 증거가 된다.

정부관념도 초보적으로 생겨나고 변천을 거듭하였다. 원래의 gens 사회는 성(性)에 기초한 사회였다. 곧 혼교(混交)의 시기에 사회를 보존하려는 유기적 원리로서 모권은 당연히 수용되었다. 순혈주의의 요구에 순응하여 gens 사회는 여성을 중심으로 이를 지켜낼 수 있었다. 모르간은 Kamilaroi 종족의 가족형성을 설명하면서 그는 이 종족이 6개의 gentes — gens의 복수형 — 로 구성된다고 한다. 이 부족들은 한쪽에 3, 다른 한쪽에 3으로 나뉘고 각각 3개의 gentes는 내부에 서로 간에 결혼을 통해 가족을 이루는 것이 금지되고 있다. 따라서 각각은 여계(女系)만 유지한다. 그는 "아이들은 그들 어머니의 gens에 머무르는 한편, 그들은 동일한 gens 속에서 부모 중 하나와 상이한 부분(class)에로 넘어갔다"고 설명한다.[94] 그 결과로, 형제자매는 서로 간에 결혼할 수 없고, 각 구성원은 다른 gens의 타성(他性)과 결혼하게 된다.[95]

	Male	Female	Male	Female
gentes				
1. Iguana 모두가	Murri 와	Mata, 혹은	Kubbi 와	Kapota
2. Emu	Kumbo	Buta	Ippai	Ippata
3. Kangaroo	Murri	Mata	Kubbi	Kapota
4. Bandicoot	Kumbo	Buta	Ippai	Ippata
5. Opossum	Murri	Mata	Kubbi	Kapota
6. Black Snake	Kumbo	Buta	Ippai	Ippata

gens 사회는 생산에도 일정한 관심을 가지고 있기는 하지만 사회를 유지하는 본질적 기초는 성에 근거한 재생산구조였다. 사회유지는 모계를 중심으로 자연스럽게 해결될 수 있었다. 성의 재생산구조는 모권사회의 성격을 부여했다. 이러한 자연적 사회형태는 모계를 통한 순혈주의의 패배와 이를 점차로 교체해간 부계(父系)의 등장과 함께, 그러나 부권사회로 전도된다. 그럼에도 불구하고 문명단계 이전의 gens 사회는 여전히 문명과는 구별되는 민주주의 원리에 근거한 사회였다고 모르간은 확인하고 있다. Iraquois 종족의 gens 사회에 대한 자료와 조사를 토대로 그는 다음과 같이 관찰하였다.[96]

94) Ibid., p. 55. 이를 도식화하면 다음과 같다.

	남	여	남	여
classes	1	4	3	2
	2	3	4	1
	3	2	1	4
	4	1	2	3

95) Ibid., p. 56.

96) Ibid., pp. 62, 64.

> "첫번째의 그리고 가장 오래된 것은 gens, 부족, 종족에 기초한 사회조직이었다. 두 번째의 시간적으로 뒤에 나타난 것은 지역과 재산에 기초한 정치조직이었다."
>
> "재산상속에서도 점차 남계친족(男系親族)에로, 그리고 시간이 지나면서 사망자의 자식에게로 넘어갔다."

원시인들이 사용한 재산은 별것 아니었다. 그것은 미미하였던 관계로 그나마 보존할 만한 가치가 있다고 여겨지면 gens 사회 전체에 혹은 그보다 소집단에게 넘어갔다. 거기에는 "그것[재산]의 소유에 대한 정념이 거의 존재하지 않았다."[97] 더구나 토지는 재산의 대상은 더더욱 아니었다. 그것은 종족이 공동으로 전유하고, 주거건물도 거주자들의 공동자산으로 생각되었다.[98]

> "gens 제도의 등장과 더불어 사망자의 동산은 그가 속한 gens 구성원들 간에 분배하도록 하는 첫번째 상속의 큰 원칙이 나타나게 되었다. 실제로 유물들은 가장 가까운 친족에 의해 전유되었다. 그러나 재산은 사망자의 gens에 보존되어야 하고 이 gens의 구성원들 사이에 분배된다는 원칙은 일반적이었다. 이 원칙은 그리스와 라틴계의 gens 사회에서도 문명으로 넘어가면서 유지되었다. 아이들은 어머니로부터 상속하였지만, 그들에게 인정된 아버지로부터는 아무것도 취하지 않았다."

순전히 자기 자신에게만 속하는 것으로 생각되는 물건들은 점차 사유물로 인정되었다. 그리고 "가장 가치있는 것이라고 여겨진 것들은 사망한 소유자의 무덤에 함께 묻어져서 그가 정신의 땅에서 계속 사용할 수 있도록 했다." 그러나 시간의 흐름과 더불어 gens 사회 안에는 재산이 늘어났다. 특히 암컷동물의 가축화는 상당한 재

---

97) Ibid., p. 527.
98) Ibid., p. 528.

산을 만들어냈고 이에 따라 개별화 경향이 gens 내부에 자리잡아 가면서 사유화의 근거를 마련해 주었다. 사회가 점차 한 쌍의 느슨한 가족형태로 부계(父系)가 정착해 가면서, 개인재산의 커다란 증가와 함께, 상속제도의 출현과 개별화과정이 진행되었다. gens 사회 구성원들 간에 배분되었던 첫번째 상속원칙은 무너지고 그에 대체하여 남아있는 gens 구성원을 배제한 채 재산을 남계친족에게 넘겨주는 두 번째 상속원칙이 세워졌다. 그 결과 gens 구성원 사이의 상속은 혐오를 일으키기에 이른다.

야만단계의 상위시기에 들어가면서 재산관념은 일반적으로 수용되는 현상이었다. Pueblo 인디언의 경우 주거건물마저도 남녀가 거주하는 방공간에 대하여 소유권이 인정되었다. 그러나 아메리카의 인디언들은 결코 야만단계의 상위시기에 진입하지는 않았다.[99] 문명은 단지 이 상위시기의 관행을 법적으로 보장하는 것에 불과하다. 문명단계에서, 솔론의 "법은 재산에 대한 절대적인 개인적 소유권을 인정했다."[100]

어떻게 하여 이러한 변화가 일어났는가? 모르간은 "재산의 과대성장"은 문명의 도래와 함께 gens 사회가 "관리할 수 없는 힘"으로 발전하였고, 인간은 "자기의 창조물의 존재 앞에서 어찌할 바를 모르고 있다"고 문명단계의 현시기를 진단하였다.[101] "우연적인 상황이 연속적으로 일어난 결과"인 역사의 전개, 곧 원시·야만기로부터 문명기로 발전한 것을 그는 "신의 뜻"이라 부른다. 그리고 "사유재산이 목표인 사회의 종결"을 의미하는 현사회의 해체를 대신해서 들어설 미래사회를 다음과 같이 예견하였다.

---

99) Ibid., p. 539.

100) Ibid., p. 549.

101) Ibid., p. 552.

"그것은 고대 gens 사회의 자유, 평등, 우애를 보다 높은 형태로 재생할 것이다."

그것은 유사한 조건하에서 유사한 수단을 사용한 인류가 보편적인 gens 사회를 형성하고 공동의 길을 걸어왔듯이 현재의 단일화된 조건과 높은 생산력을 기초로 부정의 부정법칙을 통해 원사회의, 보다 높은 형태로의, 재현을 예고한 것이었다.[102]

2. 엥겔스의 「가족, 사유재산 국가의 기원」(1884)

모르간의 원사회연구는 문명 이전의 역사, 즉 인류의 전사(前史)에 관한 일대혁명을 의미했다. 그의 저작의 중요성을 곧장 파악한 마르크스와 엥겔스는 모르간의 원사회의 발견은 보편형태로서 전사(前史)사회와 문명사회 간의 근본적인 변화를 가르쳐 주었다고 인정했다. 곧 그의 연구는 성(性)에 근거한 무계급적인 공산사회조직으로부터 지역과 재산에 근거한, 국가권력을 동원한, 계급적대적인, 사유재산의 정치사회로 이행한 것을 역사적으로 증명했다. 따라서 그들의 연구는 모르간의 설명을 대체로 수용하면서, 자신들의 연구와 Kovalesky, Bahofen 등의 연구를 보완하여 보다 체계적이고 논리적인 원사회를 유물사관의 관점에서 제시하는 과제를 가지고 있었다.

엥겔스는 인류의 역사를 모르간에 따라 원시기, 야만기, 문명기로 시기구분을 하고 각 시기에 상응하는 상이한 가족 유형을 일반화했다. 즉 각 시기에 맞추어 집단혼가족, 한 쌍의 느슨한 가족, 일부일처가족제도로 발전해 갔다고 정식화한다. 가족은 "적극적 원리"

102) Ibid.

로 작용했으며 혈연은 “소극적 원리”로 이에 참가하였다. 가족은 살아있는 사회단위였으며, 예컨대 부모, 자식, 형제, 자매는 가족 내부에서 권리와 의무가 주어지고 이 사회적 조건에 의해 전체적으로 결정되었다. 곧 가족에 부여된 이들 명칭은 단순히 명예를 상징하는 칭호가 아니라 오히려 엄격하고 진지한 상호적인 권리·의무관계를 규정하고 있었으며, 이러한 사회적 관계의 총체가 gentes의 사회헌법을 본질적으로 구성하는 부분을 이루고 있다.[103)]

엥겔스는 원시사회의 집단혼의 성격에 관해서도 유의한다.[104)]

> “이로부터 어지러운 난교(亂交)가 일상적 관행이었다는 사실은 결코 반드시 따라오지 않는다. 일정기간 동안 지속되는 개별적인 한 쌍[의 현상]은 결코 배제되지 않는다. 실제로 심지어는 집단혼에 있어서도 그러한 [개별적인 한 쌍을 지속적으로 유지하는] 현상은 여기서 대부분의 경우를 구성한다.”

인류의 원사회는 모계사회이다.[105)]

> “대부분의 여성, 심지어는 전체 여성들이 하나의 동일한 gens에 속하고 그러나 남자들은 다양한 gentes로 분포된 [곧 여러 gentes에서 넘어와 여성의 gens에 정착한] 공산주의 가계(家系)는 원시사회에서 보편적으로 널리 퍼진 여성우월권의 물적 토대이다.”

그러나 이 원사회는 점차 부의 증가가 있게 되면서 재산의 귀속을 둘러싼 문제를 자기 자식들에게 유리하도록 전통적인 상속질서를 전복하려는 경향이 생겨나면서 gens 사회는 남계(男系) 중심으로의 변화를 겪게 되었고 마침내 모계사회는 부권(父權)사회로 대체

---

103) Engels, Die Ursprung der Familie, des Privateigentums und des Staats, in *Marx Engels Werke*, in 42 Bde.(Berlin: Dietz Verlag, 1969), Bd. 21, S. 37.
104) Ibid., S. 43.
105) Ibid., S. 54.

되었다. "모권의 전복은 여성의 세계역사적 패배였다."[106)]

먼저 가부장적 가족형태가 과도기적 제도로서 등장했고 이 가부장적 가족의 내부에서 처음으로 계급적대적 조건이 태어났다. 이를 가리켜 마르크스는 다음과 같이 명료하게 가족의 성격을 지적하였다.[107)]

> "현대의 가족은 맹아형태로 노예제뿐만 아니라 … 농노제도 포함하고 있다. 그것은 자체 내의 모든 대립의 축소판을 포함하며 이것[계급적대적 관계]은 사회와 국가에서 더욱 발전한다."

가부장적 가족의 등장과 함께 인류는 쓰여진 역사의 영역으로 넘어온다. 이 과도적 시기를 거쳐 가족의 형태는 야만기의 후기에 최종적으로 일부일처 가족제도에 정착한다. 일부일처가족은 계급적대를 가족내부에 완성한 극치이다. 엥겔스는 이 가족유형의 성격을 다음과 같이 설명한다. "역사에 나타난 최초의 계급적대는 일부일처혼에서 남녀 간의 적대[관계]와 일치하고 있으며, 최초의 계급압제는 남성에 의한 여성억압과 일치하고 있다."[108)] 곧 가족의 유형으로서 일부일처혼은 역사적으로 커다란 제도적 진전이었지만, 가족내부에 노예제와 사유재산을 도입하고 공고화했다. 거기에는 역사발전의 변증법적 계기가 숨어 있다.[109)]

> "모든 진보는 동시에 상대적인 퇴보이다. 거기에는 하나[집단]의 복지와 발전이 다른 하나[집단]의 불행과 억압을 통해서 도달된다."

---

106) Ibid., S. 61.
107) Ibid.
108) Ibid., S. 68.
109) Ibid.

이처럼 가족유형의 변화의 원인인 새로운 부의 귀속을 둘러싼 이해의 대립에서 찾아진다. 곧 새로 생겨난 커다란 부는 사적 소유의 관념을 만들어내어 gens 사회 전체에 귀속되었던 상속의 관계를 뒤엎고 자기 자식에게로 재산을 넘겨주기 위해서는 모계사회는 부계중심의 gens로의 이행을 통해, 그리고 사유재산을 확보하려는 상속제도의 최종적 변형을 보장하는 일부일처혼에 도착하였던 것이다. 원사회는 이미 생산물이 상품으로 인식되기 시작한 화폐관계, 특히 부분적으로 상품생산의 현상이 나타나면서 더 이상 자신의 기능이 불가능해졌다. 공산적 사회는 무력화되었다.[110)]

> "옛 gens 헌법은 화폐의 전승행진 앞에서 무력함을 증명했을 뿐 아니라 이 조직은 또한 자기 내부의 구조 속에서 화폐, 대부자, 빚쟁이, 빚의 강제적 수취와 같은 것들을 [해결하기] 위한 공간을 찾아내는 데 완전히 무능했다."

고대 아테네와 로마의 경우가 이러한 상황을 극명하게 보여준다. 아테네에서는 상공업의 발달로 인해 인구는 노동분화에 따라 직업군(職業群)으로 구분하여 지역중심의 부족들로 재편되었다. 그 결과 gentes 간의 구분은 의미를 잃게 되고 "gens 헌법의 기구들은 공공의 업무에서 제거되었다." 사유재산을 보장하기 위하여 국가가 무력기구로서 출현했던 것이다. 고대 로마의 경우, 새로이 유입해 들어온 엄청난 신 인구는 기존의 gentes 사회구조의 밖에 놓여 있은 채 공적인 권리에서 배제된 이들 민중(plebs)은 gentes에 근거한 옛 민중(populus)에 대한 군사적 위협으로 성장하였다. 여기서 어떻게 국가가 탄생했는가에 관한 실증적 자료는 침묵하고 있지만, "개인적 혈연관계에 근거한 옛 사회질서는 파괴되고 … 실질적인 국가헌법

110) Ibid., S. 111.

이 이를 대체했다."[111]

마지막으로 켈트(Celts) 족과 독일의 gens 사회의 경우를 보면, 그들은 방대한 로마영토를 정복하면서 이의 직접적 결과로서 국가가 생겨나게 되었다. 이 사회는 자신의 경제토대를 그대로 둔 채 영토에 근거한 변화된 형태로서 gens 헌법을 수세기 동안 지속할 수 있었다. 이상의 논의는 "gens 헌법의 잔해 위에 세워진 국가의 3가지 주요 형태"를 반영하고 있다.[112]

> "아테네는 가장 순수한, 가장 고전적 형태를 대변한다. 여기서 국가는 gens 사회 내부에서 발전한 계급적대에서 주로 직접적으로 태어났다. 로마에서는 gentes 사회는 수많은 … plebs 속에서 배타적 귀족층으로 되었다. … plebs의 승리는 성(性)에 기초한 옛헌법을 파괴하고 그 잔해 위에 국가를 구축했다. … 로마제국을 정복한 독일인들에게는 마침내 방대한 외국영토의 정복으로부터 직접적으로 국가가 태어[나는 계기가 되었다]."

이상의 논의는 국가의 기원에 관한 엥겔스의 설명이다. 국가는 gens 사회를 파괴하고 옛 gens 헌법의 잔해 위에 사유재산을 보장하기 위해 동원된 무력기구이다. 그것은 경제발전의 일정단계에 관련하여 사회의 계급분열이 불러온 "역사적 필연"의 산물이다. 국가는 사유재산의 보호, 사유재산의 현단계인 자본재생산의 일반조건을 담보하는 생산의 전제로 된다. 문명기의 본질인 계급적대는 문명기의 정치적 기제인 국가의 해체 없이는, 사유재산의 폐기가 없이는 문명기의 모순의 순환을 벗어날 수 없다.[113]

"문명의 기초는 다른 계급에 의한 한 계급의 착취이므로, 문명

---

111) Ibid., S. 125.
112) Ibid., S. 164.
113) Ibid., S. 171.

의 전체의 전개는 끊임없는 모순 속에서 운동한다. 어떠한 생산의 진보도 동시에 억압된 계급, 곧 대다수[인민]의 상태에[관해서는] 또 하나의 퇴보이다."

그러나 국가의 존재가 "생산에 적극적인 장애"로까지 나아가는 경제발전의 한계점에 도달하면, 국가의 필연성은 상실되고 자신의 효용성은 오히려 경제비용으로 전환된다. 곧 거기서 국가는 자신의 기능을 잃고 존재의 필연성이 더 이상 있지 않은 시기에 국가는 고사(枯死)한다.

그에 대체하여 "생산자들의 자유·평등한 연합의 기초 위에서 생산을 새로 조직할" 사회가 나타날 것이며,[114] "사회의 보다 높은 다음 단계"는 "고대 gentes의, 보다 높은 형태로, 자유·평등·우애의 재생일 것이다"고 예견했던 모르간의 희망이 담긴 메시지에 엥겔스는 동의하였다. 이에 관한 연구를 통해 마르크스와 엥겔스는 인류역사의 전사, 문명사 그리고 미래에 관한 유물사관의 관점을 개략적으로 체계화했던 것이다.

제 6 절 유물변증법의 심화: 엥겔스의 「자연의 변증법」

헤라클레이토스에서 시작하는 변증법적 사유의 논리는 헤겔에 오면서 결정적 내용을 얻게 되었다. 헤겔은 이를 통해 종래의 형식논리학과 대조적으로 전개되어온 변증법의 내용을 더욱 풍부하게 정식화할 수 있었다. 그 결과 하나의 사유방식으로서 변증법은 존재의 안정적 상태에 적용되는 형식논리학과 함께 사물의 과정, 변화,

---

114) Ibid., S. 168.

이행을 인식하는 효율적인 수단이 될 수 있었다. 그러나 헤겔의 변증법은 역사과정을 그의 관념론적 입장에 종속시켜 정신의 실현형식으로 이해하였고 또한 그에게 변증법은 정신 자신의 운동, 즉 사유의 법칙으로 한정하는 한계를 가지고 있었다.

마르크스와 엥겔스는 헤겔의 한계를 충분히 인식하고 이를 제거한 다음 그들 자신의 변증법적 내용을 더욱 발전시켜 유물론자의 입장에서 자연과 역사(사회)에 확대·적용하였다. 사유의 변증법은, 때로는 사유능력의 도움을 받아 객관변증법에 앞서 어떤 형식을 제시할 수도 있고 또한 객관변증법의 내용을 더욱 철저하게 단순화하여 그에 뒤섞인 불완전성 — 우연과 필요치 않은 원인의 개입으로 야기되는 — 을 순수카테고리의 분석을 통해 사유에서 극복해감으로써 자기 운동의 가능성을 가지고 있는 것이기는 하지만, 대체로 자연과 사회에서 일어나고 있는 변증법적 현상을 두뇌에서 반영한다는 의미에서 일종의 '매개된' 변증법이다.

마르크스와 엥겔스는 유물사관의 관점에서 사회에 대한 변증법을 크게 발전시켰다. "프랑스의 계급투쟁," "독일의 농민전쟁," "공산당선언" 등 정치적·사회학적 수준에서의 계급분석, 자본제사회에 대한 정치경제학적 접근, "가족, 사유재산 국가의 기원"에서와 같은 인류통사에 대한 유물론적 적용을 통해 그들은 유물변증법의 한 영역, 곧 사회에 대한 변증법을 실험하였다. 그럼에도 불구하고, 비록 변증법이 사유와 인간역사에서 적용되지만, 그들의 연구가 후기에 이르기까지 자연에 대해 확장되지 않은 것은 아마도 헤겔의 구분에 제약되었을 수 있을 것이다. 곧 헤겔은 자연을 반복과 상호병렬성 혹은 시간이 배제된, 역사가 부재한 영역으로 인식하였기 때문에 엄청난 자연과학적 자료와 성과를 검토하지 않고서는 그들에게 자연에 대한 변증법의 적용문제는 선뜻 입장을 정리하기가 쉽지 않았을 수 있다. 그러나 마르크스의 「자본론」이 출간된 이래 이 문제는 더 이상 회피될 수 있는 것이 아니게 되었다. 곧 그들에게 자연의 변증법은, 약간의 특수성이 개입된, 사회의 변증법과 사유의 변증법의 토대가 되는 철학적 문제가 되었던 것이다.

먼저 작업의 노동분화가 정해졌다.115) 그리고 마르크스의 건강에 미루어 그것의 대부분은 엥겔스의 몫으로 떨어졌다. 이에 따라 엥겔스는 1873년부터 「자연의 변증법」을 저술할 목적으로 상당한 자료를 수집하고, 자연과학의 분과에서 얻어진 연구성과물을 검토하면서 단편들을 쓰는 등, 준비하고 있었으며 이에 관한 "서문"을 마쳤으나 1876년에는 작업을 중단하지 않을 수 없었다. 그 당시 사회주의운동에 엄청난 시련을 가져온 오이겐 뒤링의 「과학의 혁명」이 직접 오염시켰던 풍토를 폭풍처럼 정화할 필요에 직면하였기 때문이다. 1876년부터 2년 동안 엥겔스는 사회주의 당기관지 「Vorwärts」에 글을 쓰면서 이에 대응하였고 뒤링은 그 후에는 흔적없이 사라졌다. 이 글을 모은 것이 「반 뒤링론」 혹은 「뒤링의 '과학혁명'론」(*Herrn Eugen Dührings Umwälzung der Wissenschaft*, 1878)이었다. 거기에는 체계적이지는 않지만 마르크스 · 엥겔스의 자연변증법에 대한 상당한 관점이 실려 있다. 그러나 「반 뒤링론」은 사회주의운동에 뒤섞인 모든 분파와 기회주의, 사이비 이론가들에 대한 마르크스주의의 투쟁이 간명한 내용으로 된 그들의 철학과 입장에 의해서 표현되고 있다.

이제 엥겔스는 다시 「자연의 변증법」에도 돌아갈 수 있었다.

---

115) 마르크스의 「자본론」 출간은 이들의 분업적 협력의 형태를 변화시켰다. 곧 1840년대 말부터 엥겔스는 생계에 집중하고 마르크스가 이론작업에 들어갔다면 이후에는 마르크스보다 엥겔스에게 이론적 문제 — 마르크스가 다루지 못한 — 가 맡겨졌다.

그의 두 번째 작업은 1878~82년 동안 지속되었다. 그러나 1883년 마르크스가 타계하면서 엥겔스는 그와의 약속을 지키기 위해 자신의 가장 소중한 시간들을 보내지 않으면 안되었다. 그는 거의 매일 오전에서 시작된 작업가능한 최상의 시간들을 「자본론」의 2권과 3권을 정리하는 데 분주했다. 더구나 그는 마르크스가 단지 「자본론」 1권의 준비밖에 해놓은 것이 없을 거라는 세간의 평가가 커다란 부담으로 느껴졌을 것이다. 더구나 그는 이제 사회주의운동을 지도할 유일한 사람으로서 현장의 문제에 매달리지 않을 수 없었다. 결과적으로 그는 「자연의 변증법」을 완성하지 못한 채 중단해야 했고 단지 「자본론」의 2권과 3권을 출간할 수 있었다. 1877년의 모르간의 「고대사회」 출간은 엥겔스에게 유물사관을 체계화할 긴급한 필요성을 제기했다. 그는 이에 관하여 1888년에서야 작업을 끝낼 수 있었다. 「가족, 사유재산, 국가의 기원」은 문명기의 사회형태에 앞선 전사(前史)시기에 유물사관적 해석으로서 그것은 문명기 이후의 사회형태에 대한 중요한 지침이 된다.

미완의 「자연의 변증법」은 아마도 시대의 자연과학의 성과에 놓인 한계에도 영향을 받고 있었을 것이다. 따라서 「자연의 변증법」은 정교한 법칙을 제시하기보다는 몇몇의 일반적인 관념과 특질을 거론하는 데 그칠 수밖에 없었다. 이 수고들은 1925년에야 소비에트연방에 의해서 「자연의 변증법」(*Dialektik der Natur*)으로 처음 출간되었다.

자연의 변증법은 변증법의 적용범위를 자연에 확대한 것이다. 그러나 좀더 정확히 말하면 자연, 사회, 사유에 관한 가장 광범한 일반법칙을 그 중심대상인 자연에서 세우는 작업이었다. 이미 헤겔은 「논리학」에서 사유의 변증법을 거의 완성했다. 비록 그가 이 법칙을 "단순한 사유의 법칙"에 한정하였지만, 그의 존재론은 양과 질

사이에서의 전화(轉化)문제, 본질론에서 대립물의 상호침투현상, 그리고 전체구조에 관통하는 근본법칙으로서 부정의 부정의 법칙을 논의했다.[116] 그러나 사유의 법칙은 그 자체로서 타당한 것이 아니라 사유의 대상이 되는 객관현실을 반영하는 법칙에 불과하다. 곧 그들은 헤겔의 관념론을 벗어버리고 자연과 사회에서 이 법칙의 타당성이 검증되어야 하는 것이라고 확인한다.「자연의 변증법」은 자연에서 작용하는 법칙을 다음과 같이 정식화하고 있다.[117]

> "양의 질로의, 그리고 그 반대로의 전화의 법칙
> — 대립물의 상호침투의 법칙.
> — 부정의 부정법칙."

그리고 엥겔스은 이에 "전개의 나선(螺線) 형태"[118]를 이에 추가한다. 여기서 자연은 헤겔처럼 역사가 결여된 반복활동이 아니라 자연의 역사를 수용하고 자연의 과정에 변증법의 제 법칙이 작용하는 것을 말하고 있다. 즉 "그것[제 법칙]은 인간사회와 마찬가지로 자연사로부터 변증법이 추상된 것이다." "이 법칙은 역사적 전개의 양 국면에 담긴 보편적 법칙, 또한 사유 자체의 보편적 법칙 이외의 아무것도 아니다."[119]

이러한 주장은 몇 가지의 자세한 논의를 필요로 한다. 헤겔의 관념론적 입장과 마르크스·엥겔스의 유물론적 입장의 차이를 분명히 하는 것이다. 둘째, 헤겔의 변증법을 역사에 적용할 때 제기되는 문제이다. 셋째, 우리가 여기서 나아가 변증법을 자연에 적용하면서 부딪칠 여러 난점에 관한 것이다. 헤겔은 자신의 관념론적 입장에도

116) Engels, *Über die Dialektik der Naturwissenschaft*, S. 65.
117) Ibid., S. 307.
118) Engels, Dialektik der Natur, in *Marx Engels Werke*, Bd. 20, S. 348.
119) Ibid.

불구하고 계몽사상의 비판에서 "이성이 모든 것의 척도가 되었다"고 지적했다. 엥겔스는 헤겔의 비판에 동의하면서, 곧 "그것은 헤겔이 말하듯 세계가 자신의 머리로 서 있는 시기였다"고 말한다.[120] 그리고 헤겔의 비판은 곧 그 자신의 방법론의 근거에 대한 비판으로 된다. 헤겔은 고대 이래의 선입관을 이어서 "이성적 인식"을 주장하고 있지만, 그 근거를 받아들일 수 없는 것이라고 엥겔스는 보고 있다. 곧 고대에서는 "자연은 비이성적일 수 없다"는 인식을 가지고 있으며,[121] 헤겔 또한 자연은 이성적으로 바라보는 사람에게 이성적으로 다가온다고 말하고 있는데, 거기에는 객관적인 근거가 없다.

둘째, 헤겔에게 역사는 정신의 전개사이다. 역사를 단지 정신의 활동공간으로 인식하고 이에서 자연을 정신의 잠자는 상태로 보았던 헤겔의 관념론은 "하나의 거대한 유산(流産), 그러나 그러한 유형의 마지막 유산이었다."[122] 마르크스와 엥겔스가 유물론적 관점에서서 역사를 "계급투쟁의 역사"로 규정하고 있는 것은 너무도 잘 알려져 있다.

셋째, 헤겔은 자연과 역사를 구분하여 자연은 역사 없이, 반복의 노고를 거듭한다고 보았다. 자연에는 진보, 전개의 관념이 없다고 그는 생각했던 것이다. 그 결과 상당히 변증법적인 그림자에도 불구하고 그의 「자연철학」은 기성의 형이상학의 지배 아래 들어간 느낌이다. 자연과학의 발달은 헤겔시대에 알 수 없었던 새로운 변증법의 작용을 인식시켰으며, 특히 3대발견을 통해 자연과학은 자연을 변증법이 적용되는 영역으로 확인하는 계기가 되었다고 엥겔스는

---

120) "Einleitung," Anti-Dühring, in *Marx Engels Werke*, Bd. 20, S. 16.
121) Dialektik der Natur, in *MEW*, Bd. 20, S. 490.
122) "Einleitung," Anti-Dühring, *MEW*, Bd. 20, S. 23.

평가했다. 그가 지적한 "3대발견은 유기적 세포의 발견, 에너지의 보존·전환의 법칙, 다윈의 진화이론"이다.[123] 보다 구체적으로는

- Schleiden과 Schwann(1838~39)의 유기체의 세포이론
- Mayer, Joule, Grove, Colding, Helmholtz(1842~47)의 에너지 보존의 법칙
- Darwin의 유기체의 진화이론을 들고 있다.

그뿐만 아니라 칸트의 항성이론은 "코페르니쿠스 이래 천문학에서 이루어진 최대의 진전"[124]이며 이로 인해 "처음으로 자연은 시간에서 역사가 없다는 관념이 흔들리기 시작했다"[125]고 의미를 부여한다. 엥겔스는 헤겔적 형태에서 결여한 것은 바로 그것이 "자연에서 어떤 상호간 선후성(Nacheinander)도 인정하지 않고 단지 상호 병존성(Nebeneinander)만을 허용한 데 있다"고 지적했다. 곧 헤겔의 자연철학에는 어떤 시간의 전개도 인정하지 않는다는 것이었다. 먼저 다양한 사실과 발견 속에서 자연을 변증법적으로 이해할 수 있는 체계의 인식의 계기를 3대발견은 주었다. 이러한 발견을 통해서 자연의 운동이론을 체계화하는 데 한 걸음 더 나아갈 수 있었다고 엥겔스는 인정하였다.

엥겔스는 물질의 교환, 특히 "물질의 유기적 교환은 삶의 가장 보편적이고 특징적인 현상"[126]이지만 "자연일반은 [유기체의] 삶이 없이도 또한 일어난다"고 말함으로써 이 현상을 자연의 "보편적 교환작용"으로 확장하고 있다.[127]

---

123) Vorwort, in *MEW*, Bd. 20, xiv.

124) Anti-Dühring, *MEW*, Bd. 20, S. 52.

125) über die *Dialektik der Naturwissenschaft*, S. 15.

126) Anti-Dühring, *MEW*, Bd. 20, S. 75.

127) *Über die Dìalektik der Naturwissenschaft*, S. 36; Anti-Dühring, in *MEW*, Bd. 20, S. 20.

> "우리가 자연 혹은 인간역사 혹은 우리의 정신활동을 관찰하고 조사할 때 우리는 연계와 상호작용의 무한히 얽혀있는 영상을 보며, 그 안에서 아무것도 과거처럼 존재, 장소, 상태에서 지속되지 않고 모든 것은 운동하고 변화하며 형성되고 사라진다."

엥겔스는 헤겔의 관념론이 지닌 한계, 그리고 그의 자연에 대한 제한적 이해에도 불구하고 그의 "획기적인 공헌은 이러한 과제를 제기했다는 데 있다"[128]고 지적한다. 이처럼 엥겔스는 헤겔의 자연철학의 내재적인 벽에도 불구하고 그를 격찬하면서 헤라클레이토스의 세계관은 헤겔의 체계에서 계승되었다고 인정한다.[129]

> "이 새로운 독일철학은 헤겔의 체계에서 종결을 발견하는데, 거기에서 처음으로 — 그리고 그것이 그의 위대한 공헌이다 — 자연적, 역사적, 정신적 전체 세계를 하나의 과정으로, 즉 부단한 운동, 변화, 변형, 전개로 인식한 것이 제시되었다. 그리고 거기에서 이러한 운동과 전개의 내적 연관성을 입증하려는 시도가 이루어졌다."

이상에서 살펴본 것처럼 형이상학적 방법과 달리 변증법적 방법은 자연과 역사에서 일어나고 있는 사물의 운동과 전개에 담긴 내적 연관성을 밝혀내려는 방법론이라고 할 수 있다. 먼저 사물들의 인과관계는 개별적인 경우에만 타당한 것이지만[130] 관계규정으로서 사물을 인식하는 전제가 선행될 것이 요청된다. 왜냐하면 자연의 모든 사물들은 상호연계된 가운데 운동하고 있기 때문이다.[131]

> "운동하는 물질을 관찰하면서 첫번째로 우리의 관심을 끄는 것은 개별물체의 개별운동의 연관성, 즉 개별문체들 상호간에 서로가

128) Anti-Dühring, *MEW*, Bd. 20, S. 23.

129) Ibid., S. 22~23.

130) Ibid., S. 21. "원인과 결과는 개별적 경우에 적용될 때에만 타당한 관념이다."

131) Dialektik der Natur, in *MEW*, Bd. 20, S. 497.

조건지워진 존재(Bedingtsein)라는 사실이다."

모든 개별물체들은, 고립된 존재가 아닌, 연관된 존재, 즉 "조건지워진 존재"이기 때문에 사물을 있는 그대로 파악하려는 변증법은 "총체적 연관에 관한 과학"이다.[132] 자연변증법은 곧 자연세계의 운동과 전개를 총체적 연관 속에서 파악하는 작업이 된다. 동시에 자연변증법은 운동의 복합적 형태를 단일의 형태로 환원하고 물질의 다양성을 통일성에서 이해할 것을 요구한다. 환언하면 자연의 변증법은 운동의 공통적 단일형태, 물질의 통일성을 전제하고 있다. 먼저 자연적 세계의 물질적 동일성을 들어가 보자.[133]

> "우리에게 접근가능한 전체의 자연은 하나의 체계, 곧 물체들의, 하나의 총체적 연관을 형성한다. 그리고 우리는 여기서 물체를 천체별에서 원자까지, 실로 존재가 허용된다면 미세한 에테르에 이르기까지 모든 물질적 존재로 이해한다. 이 물체들의 연관 속에 있다는 것은 이들이 상호작용하고 있다는 사실에서 이미 인식되었다. 그리고 이들 사이의 상호작용이 바로 운동이다."
>
> "전체 유기적 자연은 형식과 내용의 동일성 혹은 불가분성의 지속적인 증명이 되고 있다."

엥겔스가 여기서 자연을 하나의 전체로, 곧 "하나의 체계, 곧 물체들의, 하나의 총체적 연관"으로 이해하고 있으며 세계의 물질적 통일성을 물체들 간의 상호작용과 거기서 얻어지는 연관성에서 찾고 있는 것이 확인된다. 그의 이해는 세계의 물질적 혹은 원자적 단일성에 근거한 것이 아니라, 모든 물질영역은 한계관계의 밖에 있는 다른 물질영역과의 동일성을 도약과 전화, 소멸과 생성 등 물질적

132) Ibid., S. 307.
133) Ibid., S. 335; Ibid., S. 563.

이행과정을 통해서 확보하는 방식으로 물질적 통일성을 수용하고 있는 것이다. 그것은 존재의 동일성의 문제가 아니라 동일성의 원칙에 따른 자연세계의 물질적 통일성이다.[134]

> "세계는 하나일 수 있기 전에 먼저 세계가 존재해야 하기 때문에 비록 세계의 존재가 세계의 통일성의 전제이지만, 세계의 통일성은 세계의 존재에 있는 것이 아니다. 실로 존재는 우리의 관찰범위에 속하는 한계의 밖에서는 항상 알려진 문제이다. 세계의 실제적 통일성은 세계의 물질성에 있다. 그리고 이는 용어놀이에 의해서가 아니라 오랜 시간에 걸친 길고 지루한 철학과 자연과학의 발전에 의해서 증명된다."

세계의 물질적 통일성은 바로 물질성에 있다. 물질은 무한성(Unerschöpflichkeit)을 가지고 있다.

> "더 나아가 물질이 생겨나지도 않은 것과 마찬가지로 파괴할 수 없는 소여(所與)의 존재로 우리에게 직면하고 있다면, 운동도 또한 생겨나지도 파괴할 수도 없는 것이라는 점이 거기서 따라온다. 일단 우주가 하나의 체계, 곧 물체들의 연계로 인식되자마자 이러한 결론은 거부할 수 없는 점이 되었다."

과거의 유물론은 물질이 자기운동적이라는 관념을 가지고 있었는데, 여기서 더 나아가 엥겔스는 물질과 운동을 동시간적인 것으로 보고 있다. 곧 운동과 분리된 물질의 개념은 불가능하다. "운동은 물질의 존재양식이다."[135] 자연에서 나타나는 모든 현상은 물질의 전개이며, 수많은 운동의 형태로 우리에게 인식될 수 있는 것이다. 그리고 우리가 운동의 형식을 분석하면 물질의 특성이 규명된다.

---

134) Anti-Dühring, *MEW*, Bd. 20, S. 41.
135) Ibid., S. 55.

모든 자연현상을 물질의 운동형태로 이해하는 자연변증법은 물질의 운동형식에 따라 자연과학을 분류하며 이들 간의 상호이행을 통한 물질적 통일성이 담보된 가운데 각 개별운동형식의 내용을 파악한다. 자연과학의 변증법은 가장 단순한 운동형식에서 가장 복잡한 운동형식에 이르기까지 다음과 같이 5개의 운동형식을 구분하고 있다.[136]

> "I 기계적 운동형식(낙하, 접촉, 압력 — 정태학, 물의 정태학 가스, 음(音), 열, 광선, 전기, 자장)
> Ⅱ 천체물리학(음 제외)
> Ⅲ 물리학(유기물리학 제외), 화학
> Ⅳ 태양계, 지구(의 역사)
> Ⅴ 유기학"
>
> "과학분야의 분류: 각각은 단일운동형식 혹은 함께 속하거나 상호 이행하는 일련의 운동형식을 분석하고, 따라서 이와 함께 분류, 이들에 고유한 순서에 따른 배열, 그리고 거기에 과학분과들의 중요성이 있다."

엥겔스는 복합적 운동형식이 모두 단일의 운동형식으로 환원될 수 있다고는 확인하지 않는다. 그의 논의는 단지 운동형식들 간의 호환가능성에 근거하여 복잡한 운동이 보다 단순운동에로 어느 정도 수렴될 수 있으리라는 가정을 한 것에 불과하다. 또한 그는 운동들 간의 변증법적 이행에 집중하고 있기 때문에 운동들의 연관성을 — 이미 물체들의 총체적 연계 속에서 가정되었다 — 통해 여기서 다양한 운동들의 통일성 개념을 붙들고 있는 것이다.

달리 말하면, 엥겔스는 운동들 간의 결절선을 상정하고 이들이 서로 간에 한계관계에 서 있지만 이행을 통해 결절선을 넘어가면

---

136) Dialektik der Natur, in *MEW*, Bd. 20, S. 513, 514.

그때는 주어졌던 구분이 사라지고 이행한 새로운 운동형식은 자연과학의 다른 분과의 주제로 변형된다는 것을 말하고 있을 뿐이다. 결절선은 운동형식의 현존재를 규정하는 분류의 상대적 경계인 셈이다. 그리고 하나의 운동형식은 다른 운동형식에로 이행할 수 있다.[137)]

> "모든 점진성에도 불구하고 하나의 운동형식으로부터 다른 하나의 운동형식으로의 이행은 언제나 하나의 도약, 하나의 결정적 변화이다."

그는 이러한 결정적 변화를 구체적으로 설명하고 있다.[138)]

> "천체기계론에서 어떤 특정천체의 소질량의 기계론으로의 이행에서 인정하는 것처럼, 열, 광선, 전기, 자장 같은 고유의 물리학에서 연구되는 운동형식을 포함하여 질량기계론에서 분자기계론으로의 이행에서도 동일하게 사실이다. 동일한 방식으로 분자물리학에서 원자물리학 — 화학 — 으로의 이행도 차례로 결정적인 도약을 수반한다. 그리고 이는 일상적인 화학반응에서 우리가 생명이라 부르는 단백질[Eiweißes]의 화학작용에서 더욱 그러하다."

과학은 대상을 인과적 연계 속에서 추구해야 한다고 그는 말했다. 그의 주장은 다음과 같이 해석해 볼 수 있다. 곧 모든 연관성을 분석하는 것은 불가능할 뿐더러 인과관계는 일단 정태적으로 개별물질의 인과성을 규명하는 것이 선행하여야 한다. 그리고 이 위에서 합법칙적인 연관을 따라 우리가 다루는 대상이 "조건지워진 존재"라는 연계성 속으로 넘어가면서 법칙의 타당성과 보편성이 확보되는 것이다. 이와 같은 설명방식으로 엥겔스는 자연세계의 물질적 통

---

137) Anti-Dühring, in *MEW*, Bd. 20, S. 61.

138) Ibid.

일성과 운동형식들의 이행문제를 논의했다. 이에 따라 자연은 과학으로서 변증법이 작용하는 영역이 된다. 우리의 역할은 변증법을 만들어내는 것이 아니라 자연에서 이를 발견하는 것이다.[139]

> "자연은 변증법의 시험대이다. 그리고 자연은 이러한 실험을 위해서 매우 풍부한, 매일 쌓여진 자료를 인도한다는 사실을 우리는 현대자연과학을 향하여 말해야 하며 자연에서는 최종적인 경우에, 형이상학적이 아닌, 변증법적으로 일어난다는 것 그리고 항상 반복적으로 순환하는 영원한 불변성을 가지고 운동하는 것이 아니라 하나의 실제적인 역사를 계속한다는 사실을 그와 더불어 증명해왔다."

곧 자연변증법은 유물사관과 마찬가지로 객관변증법이다. 그것은 객관적인 현상으로서 사회에서는 인간의 실천이 개입하지만 스스로 가능성을 실현하는 형태로 나타난다. 그러므로 자연변증법은 유물사관보다 더 일반적인 법칙을 정립할 수 있다. "현대유물론은 [자연과 사회의] 역사에서 [자연과] 인류의 전개과정을 [보며], 이의 운동법칙을 발견하는 것이 자신의 과제이다"[140]고 엥겔스는 결론짓는다. 환언하면 유물사관과 마찬가지로, 자연에서 물질의 전개과정을 인식하며 자연의 변증법적인 운동법칙을 발견해내는 것이 자연변증법의 과제이다. 자연에서 일어나고 있는 변증법적인 법칙을 발견해내는 작업이 우리의 과제이지, 우리의 의식에서 설정된 어떤 가설을 자연의 변증법으로 만들어내는 것은 우리의 과제가 아니다.[141]

> "자연의 변증법을 세우는 문제는 있을 수 없는 일이며, 단지 자연에 있는 변증법[의 작용활동]을 발견하며 그리고 이로부터 발전시키는 문제가 있을 뿐이다."

---

139) *Über die Dialektik der Naturwissenschaft*, S. 38.

140) Ibid.

141) Anti-Dühring, in *MEW*, Bd. 20, S. 12.

이러한 전제 아래, "무수한 변화의 용광로 속에서 자연에서는 마치 역사에서 사건에 외적인 우연성을 지배하는 것처럼 동일한 운동의 변증법이 관철하고 있다"[142]는 것을 확인하기 위해서 엥겔스는 수학과 자연과학에 대한 재정의를 의도하였다. 특히 그는 여기서 헤겔이 자연에 시간을 양보하지 않았기 때문에 변증법의 적용범위에서 자연을 제외시켰으며, 그가 역사에 적용한 "포괄적이고 신비한 형태로 된," 즉 관념론적인 사유의 변증법을 자연에 대해서는 인색하게 단지 조금만을 허용하였던 것을 지적했다.

자연에서 작용하고 있는 법칙을 인식하는 데 인간의 편견과 형이상학적 관념은 필요 없다. 이들은 오히려 우리의 인식능력에 장애가 된다. "현실세계, 곧 자연과 [사회의] 역사는 관념론적 선입견이 없는 사람들에게 나타나는 대로 파악하는 것이다."[143] 자연과학에서 형이상학은 더 이상 불가능하기 때문에 낡은 형이상학은 청산된다. 그렇다고 그것은 "있는 그대로," 즉 감각적 인식만으로는 충분치 않다. 엥겔스는 헤겔이 이미 「정신의 현상학」에서 지적한 감각적 지식의 한계를 지적하면서 자연주의적 해석을 경계했다. 곧 "변증법은 자연과 인간사회의 역사로부터 추상화한 지식이다."[144] 심지어 엥겔스는 "사유의 과학"마저도 역사과학의 영역으로 옮기는 듯한 인식을 주고 있다. 왜냐하면 사유 그 자체는 추상적인 진공에서 우연히 일어난 것이 아니기 때문이다.[145]

> "사유의 과학은 또한 다른 학문도 마찬가지로 역사과학이며 인간사유의 역사적 전개에 관한 과학이다. 그리고 경험적 영역에 사

142) Ibid., S. 11.

143) Ludwig Feuerbach und der Ausgang der klassischen deutschen Philosophie, in *MEW*, Bd. 21, S. 291, 294.

144) Dialektik der Natur, in *MEW*, Bd. 20, S. 507.

145) Ibid., S. 338.

유의 실제적 적용을 위해서 또한 중요하다."

철학을 포함한 모든 역사과학의 본질은 인식의 발전이 "나선형태"로 나타난다는 것이다. 이 나선적 인식의 역사는 전진성과 비약, 부정의 부정의 형식으로 발전해간다.

자연변증법은 유물사관 및 사유변증법에 영향을 마치면서 동시에 이로부터 일정한 지원을 기대할 수 있다. 자연변증법의 대상은 자연이며 전체인 자연현상의 추상화이지만, "자연 그 자체로서가 아니라 인간에 의한 자연의 변형이 인간사유의 가장 본질적이고 직접적인 토대이므로"[146] 자연을 변형시켜 인간을 위한 새로운 존재조건을 만들어내는 등 "인간의 자연에 대한 반작용"이 그에 포함되고 있기 때문에 여타의 변증법, 특히 유물사관과 일정정도 관련을 가진다. 자연변증법의 발전은 순수한 사유활동으로부터도 도움을 받는다. 자연과학의 내적 상호연관성에 합치하는 법칙을 발견하는 데는 "이론적 사유"가 반드시 요구되기 때문이다. 이론과학은 이러한 요구의 결과이다.[147]

> "각 단계의 이론적 사유는 우리들 시대의 역사적 산물이며 상이한 시기에 상이한 형태와, 그와 더불어, 매우 상이한 내용을 채택한다."

따라서 객관변증법은 자연과 인간역사의 객관세계에 대한 관찰로부터 얻어지며, 양자의 상호침투의 정도에 따라 서로의 영역을 일정부분 교차시키며 그리고 사유변증법과 같은 주관변증법에 의해 더욱 발전할 수 있다. 그것은 변증법이 형식논리학에 의해 보완될 수 있는 것과 마찬가지로 객관변증법은 사유변증법에 의해 새로운

---

146) Ibid., S. 498.
147) Ibid., S. 330.

관점, 일반이론, 법칙의 정립에서 도움받을 수 있다. 사유변증법을 자연에 그대로 치환하는 것이 아니라 자연 속에서 변증법적 작용을 발견해내는 작업과 무수한 자료를 정리하고 일반화하는 데에서도 "사유형태, 즉 사유규정의 연구는 매우 유익하고 필요한 것이다."[148) 자연의 현상에 대한 이론적 접근에 사유능력은 필수적이다.[149)

> "오늘날의 과학을 위해서 바로 변증법은 중요한 사유형식이다. 왜냐하면 그것만이 유추를, 그리고 이와 함께 자연에서 일어나고 있는 전개과정에 전체에 있어 그리고 큰 부분에서 상호연관을, 한 연구영역에서 다른 연구영역으로의 이행을 설명하는 방법을 제공한다."
>
> "[자연] 변증법은 자연의 실제적인 전개법칙이며 이론적 자연연구에 또한 타당하다."

화제를 바꾸어, 엥겔스는 과학의 역사를 고대자연철학, 아랍인들의 발견들, 그리고 1500년대 이래 현대자연과학으로 발전해왔다고 설명한다. "고대의 뛰어난 자연-철학적 직관, 대부분 결과없이 사라져버렸던, 극단적으로 중요한 그러나 간헐적인 아랍인들의 발견들을 대체하면서 등장한, 과학적, 체계적, 전면적 발전을 이루게 된, 1500년대에 시작된 자연에 대한 현대적 연구"[150)를 그는 특히 지적하였다. 그리고 엥겔스의 시대에 이루어진 3대발견의 결과로 현대의 유물론적 자연관은 이전 시기와 비교할 때 완전히 다른 확고한 기반 위에서 세워질 수 있게 되었다고 말한다.[151) 앞에서 말한 것처럼 이들 발견은 에너지의 전환법칙, 유기적 세포의 발견, 유기체의 진화

148) Ibid., S. 507.
149) Ibid., S. 330~331, 349.
150) Ibid., S. 318, Cf. ibid., S. 464.
151) *Über die Dialektik der Naturwissenschaft*, S. 43.

이론이다.[152] "고대철학은 시원적, 자연발생적인 유물론이었다."[153] 오늘날의 유물론의 과제는, 엥겔스의 전망에 따르면, 이 유물론을 보다 높은 수준에서 재확립하는 데 있다.[154]

> "진정한 [변증법, 즉] 자연적인, 역사적인 변증법적 부정은 물론 진실로 모든 존재의 경향이다. 즉 [이 부정은] 대립물들의 분열, 이의 투쟁과 해소, 그에 의하여 시원적 출발점에서 획득된 경험의 근거에서, 사유에서 완전하게 (역사에서 부분적으로) 보다 높은 단계로 다시 도달된다."

변증법의 발전사에서 우리는 3단계를 규정할 수 있다. 제 1 단계는 고대 그리스인들, 특히 헤라클레이토스와 아리스토텔레스가 얻어낸 결과, 즉 자연현상의 보편적 연관에 관한 인식이다. 그들은 대체로 직관적인 철학에 의존하였으므로 특수를 증명할 수 없었다. "만약 그리스인들에 비교할 때 형이상학이 개별에서 옳았다면, 형이상학에 비교할 때 그리스인들은 전체와 큰 부문에서 옳았다"[155]고 지적하면서 이 첫번째 단계는 제 2 단계인 현대를 넘어 제 3 단계에서 다시 귀환하는 지점이라고 확인한다. 곧 "철학[곧 변증법]은 이 조그만 민족이 이룬 성과에로 항상 언제나 되돌아가야만 한다." 거기에는 자연 전체의, 그리고 그에 대한 인간인식의, 부단한 유전(流轉), 즉 불휴적(不休的) 운동과 변화 속에서 붙들어지는 전망이다. 제 2 단계는 현대의 관념론적인 "칸트와 헤겔의 변증법이다. 특히 헤겔이 정식화한 변증법에 대하여 엥겔스는 높이 평가하고 있다." 칸

152) Ibid., S. 41~42.
153) Ibid., S. 79.
154) Ibid., S. 79~80.
155) Dialetik der Natur, in *MEW*, Bd. 20, S. 338; *Über die Dialektik der Naturwissenschaft*, S. 58.

트의 변증법연구는 “불필요하게 힘들고 성과가 거의 없는 노동”인데 반해 이에 대조적으로 헤겔은 “완전히 거짓된 출발점으로부터 전개되는 변증법의 편람이 헤겔 저작 속에 제출되어 있다”[156]고 그는 언급하였다.

유물변증법은 헤겔변증법에 제시된 내용을, 그 관념론적 중핵(中核)을 제거하고, 대체로 수용하면서 유물론적 관점에서 그리고 그들의 유물사관의 확장으로서 발전된 것이다. 헤겔은 처음으로 명료하게 변증법의 주요 형식을 정식화했다. 그러나 그는 이를 단지 사유의 방법으로 인식하는 데 그쳤다. 제 3 의 단계라 할 수 있는 마르크스와 엥겔스에서 시작하는 변증법은 헤겔변증법의 유산 — 정신과 객관세계의 변증법 속에서 파악한 내용이 상당부분, 관념론을 벗어버리면, 객관현실 그 자체의 변증법이라는 사실이 밝혀진다 — 과 자연과학의 발전의 결과, 그리고 마르크스와 엥겔스가 발전시켜온 유물사관이 함께 참여하여 윤곽을 그린 객관변증법이다. 유물변증법의 과제는 이미 엥겔스가 말한 그리스 자연철학의 관점으로의 귀환, 그리고 유물사관에서 볼 때 제 3 절에서 논의한 전사(前史)시기의 원사회의 재현이라는 커다란 방향이 잡혀있다.

객관변증법은 주관변증법에 근거를 두고, 나아가 주관변증법의 미래를 규정하는 것이다. 그러나 그것의 발전에는 주관변증법에 동원되는 “이론적 사유”의 지원에 크게 의존한다. 환언하면 형식적으로 볼 때 양자는 서로를 교정하고 발전시키는 계기로 쓰일 수 있다. 그런 의미에서 헤겔의 「논리학」에서 정식화된 3대법칙은 자연과 역사에 적용된다는 것이 마르크스와 엥겔스의 결론이었다. 그러나 헤겔처럼 사유의 법칙을 자연과 역사에 강요하는 것이 아니라 그에

156) Dialetik der Natur, in *MEW*, Bd. 20, S. 334.

대한 관찰을 통해 확인함으로써 타당한 객관법칙의 자리를 인정하는 방식을 취한다.

엥겔스는 제 1 법칙, 양의 질로의 전화 혹은 그 반대로의 전화와 제 2 법칙, 대립물의 상호침투에 관해서 상세한 논의를 하고 있지만[157] 여기서는 생략하겠다. 단지 그동안 설명되지 못한 부정의 부정법칙 — 제 3 법칙이라 부르자 — 과 전개의 나선형태 — 여기서 제 4 법칙이라 부르자 — 만을 간략히 설명하는 데 그친다. 대립물의 투쟁과 통일을 논의하는 제 2 법칙과는 달리 제 3 의 법칙은 통합적이다. 그것은 과정의 내부에 있는 단계이동에 관한 것이라기보다는 전 과정을 포괄하는 상태를 가리킨다. 제 3 법칙은 과거의 부정으로서 현재, 현재의 부정으로서 미래 같은 식으로 이해하는 법칙이며 현재는 어떤 지점이 아닌 전체 과정으로서의 공간이다. 엥겔스에 의하면, 제 3 법칙은 헤겔이 발견했다고 한다. "자연과 역사에서, 또한 우리 머리에서 인식될 때까지 무의식적으로 작용하고 있는 부정의 부정법칙은 오직 헤겔에 의해서만 처음으로 인식되었다."[158]

제 1 법칙과 제 3 법칙 간에는 교차하는 느낌을 줄 수 있고 이 때문에 마르크스와 엥겔스가 약간 착오를 일으킨 것으로 보이는 부분이 있다. 그러나 이미 설명한 것처럼 명제에 대한 부정의 시기가 전 과정을 의미한다고 생각한다면 이러한 혼동을 피하는 방향으로 다소 도움을 줄 수 있을 것이다. 먼저 "부정한다"(negieren)는 것의 의미를 살펴본다.[159]

---

157) 엥겔스는 Anti-Dühring, in *MEW*, 20, S. 111~120에서 제 1 법칙을, *Über die Dialektik der Naturwissenschaft*, S. 66~76에서 제 1 법칙과 제 2 법칙을 상술하고 있다.

158) Anti-Dühring, in *MEW*, Bd. 20, S. 133.

159) Ibid., S. 132.

"변증법에서 부정한다는 것은 단순히 아니다라고 말하는 것이 아니다. 혹은 하나의 사물이 존재하지 않는 상태에 있다고 하는, 혹은 임의의 방식으로 파괴한다고 설명하는 것이 아니다. 이미 스피노자는 '모든 규정은 부정이다'는 명제에서 각각의 한계 혹은 규정은 동시에 부정이라고 말했다."

여기서 부정의 부정은 무엇을 가리키는 것인가? 그에 대하여 엥겔스는 "가장 보편적이고 확실히 그 때문에 가장 뚜렷하게 멀리 작용하고 중요한, 자연, 역사, 사유의 전개법칙이다"160)라고 말하고 있다. 부정의 부정은 한 상태의 완전한 부정이 아니다. 자연에서는 하나의 부정은 뒤따라오는 부정의 공간을 허용하는 방식으로 이루어지고 있다. 그것은 전개과정의 보편형태로서 새로운 질의 등장을 의미한다.

어떻든 헤겔이 「정신의 현상학」에서 씨앗은 꽃으로, 그리고 다시 열매로 변화되어 가는 것을 묘사한 부분이나, 엥겔스가 보리알이 식물로 성장하고 마침내 곡식으로 매듭짓는 것, 그리고 역사에서 생산양식의 논의에서 이행이 부정으로, 곧 노예제가 봉건제에 의해 부정되고 다시 자본제로 부정되는 방식으로 이해한 마르크스와 엥겔스의 이해는 제 1 법칙과 착종하는 인상을 준다. 오히려 야생동물 - 가축 - 희귀한 보호대상으로, 자연식물 - 값싼 곡물 - 효용성이 없어 자연으로 버려진 식물, 원사회 - 문명사회 - 새로운 공산사회와 같은 공식이 부정의 부정법칙에 적합하지 않을까?

그런 의미에서 엥겔스는 「가족, 사유재산, 국가의 기원」에서 전사에 대한 부정으로 문명을 그리고 이에 대한 부정, 즉 부정의 부정

160) *Über die Dialektik der Naturwissenschaft*, S. 83. 그것이 법칙으로 정립되는 것은 모순을 지양하는 힘을 내부에 가지고 있기 때문이다. Dialetik der Natur, in *MEW*, Bd. 20, S. 558. "자기 스스로 지양하는 모순은 법칙이라고 이야기할 수 있으며 법칙으로 붙들어질 수 있다."

으로서 전사로의 귀환을 논의했다. 또한 그는 마르크스의 「자본론」을, 저자가 이해한 것과 궤를 같이하여, 부정의 부정으로서 전문명 시기로부터 공산체로 귀환하는 공산주의를 확인한 것으로 판단하였다.[161)]

> "비틀린, 오만한, 열등한 epigonoi에 대조적으로 마르크스는 처음으로 다시 잊혀진 변증법을, 헤겔변증법과의 관련 및 후자와 구별된 것으로서 전면에 내놓았으며 동시에 경험과학, 즉 정치경제학의 사실들에 관하여 「자본론」에서 이 방법을 적용하였다."

엥겔스는 객관변증법뿐만 아니라 주관변증법의 전개는 나선형태[162)]로 진행된다고 말하고 있으며 이는 뒤에 레닌의 「철학수고」에서 다시 논의된다.[163)] 객관현실과 그에 대한 인식은 이 나선형태의 발전을 통해 확대되고 심화되어 가는 것이다. 작은 순환에서 낡은 것으로의 표면적인 복귀는 상대적으로 완결된 발전주기 속에서만 나타나며, 이를 통해 보다 높은 보다 넓은 주기의 출발점이 된다고 그는 보고 있다. 자연과 사회에 대한 나선형태의 전개를 인식하는 것, 그것은 얼핏 후퇴로 보이는 현상에 대해서도 역사의 축적을 그 안에서 내용으로 얻으면서 새로운 형식이 시작되었다는, 동시에 작은 원환으로서 하나의 발전주기가 완결되었다는 사실을 현상의 외관상 후퇴는 보여주고 있는 것이다. 거기에는 완전한 패배도, 무위

---

161) Ibid., S. 535. 마르크스 또한 공산주의를 문명의 부정으로 인식했다. 곧 그것은 부정의 부정으로서 원시공산체로의 귀환이다. Marx, *Das Kapital*, Bd. 1, S. 793.

162) Dialektik der Natur, in *MEW*, Bd. 20, S. 307; Lenin, *Collected Works*, vol. 38, p. 245. 레닌은 헤겔의 「철학사강좌」 독해에서 "주변에 수많은 원환을 가진, 원환(圓環)"에 담긴 나선형의 발전을 두고 "매우 심오한 비교이다. 사유의 분지는 각각 인간사유일반의 발전에 있어 거대한 (나선형) 원환의 [작은] 원환이다"라고 언급하였다.

163) Engels, Dialektik der Natur, in *MEW*, Bd. 20, S. 307.

로 돌아가는 현실도 없다.

자연변증법은 자연과학연구의 계획—방향, 연구대상, 결과의 기대 등—과 이를 위한 조직에 커다란 도움을 줄 수 있다고 엥겔스는 말하고 있다. 그렇기에 레닌도 뒤에 자연과학의 혁명적 발전의 성과를 철학적으로 이해하고 자연과학자들이 자신의 연구로부터 철학적인 결론을 이끌어내는 데 변증법을 사용하라고 적극적으로 희망했다. 그것은 현대자연과학이 대립된 두 개의 철학적 경향으로부터 자유롭지 못한 시대에 이론투쟁의 한 형태를 보여주는 것이다.

찾아보기

저자 약력

서울대 정치학과 졸
미국 러트거스(Rutgers)대 정치철학 박사
미국 러트거스대, 데이비스 엘킨스대, 머리대 강의
미국 하버드(Harvard)대 연구교수
서강대 교수, 조선대 교수, 서울대·고대·연대·한양대·외대 강사
독일 베를린 자유대학(Freie Universität Berlin) 연구교수
러시아 철학연구소 노연구원
러시아 상뜨 뻬쩨르부르크국립대학 명예철학박사
러시아 인문과학원 원사
중국 사회과학원(北京) 명예교수
중국 요녕성 사회과학원(沈陽) 特邀연구원

저 서

국가이론과 분단한국(한울, 1985) 공저
분단의 우상(사계절, 1993)
사회주의의 제 문제(나남, 1993)
자본제시대의 사상(창비, 1993)

논 문

사유재산과 자유의 역사에서 본 시원인: 루소와 마르크스·엥겔스 연구
(학위논문: 1978. 5. 25.)
"레닌과 농업문제" 미정치학회(워싱턴 D.C., 1979)
"사상가 레닌" 국제정치학회(모스크바, 1979)

政治思想史

2008년 2월 29일 초판발행
2010년 3월 10일 중판발행

著 者 金 弘 明
發行人 安 鍾 萬
發行處 (株)博 英 社
서울特別市 鍾路區 平洞 13-31番地
電話 (733) 6771 FAX (736) 4818
登錄 1959. 3. 11. 제300-1959-1호(倫)

www.pakyoungsa.co.kr e-mail: pys@pakyoungsa.co.kr

定 價 38,000원 ISBN 978-89-7189-586-3